Die politische Ökonomie
von Arbeitsmarktreformen in Argentinien

Göttinger Studien zur Entwicklungsökonomik
Göttingen Studies in Development Economics
Herausgegeben von/Edited by Hermann Sautter

Bd./Vol. 16

PETER LANG
Frankfurt am Main · Berlin · Bern · Bruxelles · New York · Oxford · Wien

Derk Bienen

Die politische Ökonomie von Arbeitsmarktreformen in Argentinien

PETER LANG
Europäischer Verlag der Wissenschaften

Bibliografische Information Der Deutschen Bibliothek
Die Deutsche Bibliothek verzeichnet diese Publikation in der Deutschen Nationalbibliografie; detaillierte bibliografische Daten sind im Internet über <http://dnb.ddb.de> abrufbar.

Zugl.: Göttingen, Univ., Diss., 2004

Gedruckt mit freundlicher Unterstützung des
Ibero-Amerika-Instituts für Wirtschaftsforschung,
Göttingen.

D 7
ISSN 1439-3395
ISBN 3-631-53992-4

www.peterlang.de

DANKSAGUNG

Ohne die Unterstützung vieler Personen wäre dieses Buch nicht oder zumindest nicht in der vorliegenden Form erschienen. Dank gebührt zuallererst Hermann Sautter, der mir in allen Phasen der Arbeit stets mit konstruktiv kritischen Fragen und hilfreichen Anmerkungen zur Seite stand. Den Teilnehmern des Doktorandenkolloquiums am Ibero-Amerika-Institut in Göttingen, mit denen ich verschiedene Teile der Arbeit diskutieren konnte, verdanke ich wertvolle konzeptionelle Hinweise. Bei der internationalen Arbeitsorganisation haben mir vor allem das Statistikbüro in Genf sowie das Regionalbüro in Lima Einblick in Arbeitspapiere und Datenbanken gewährt. Wolfgang Wagner nahm eine Entwurfsfassung kritisch unter die Lupe und trug wesentlich zur Verbesserung der Lesbarkeit bei. Peter Rühmann danke ich für seine Bereitschaft, das Zweitgutachten für die Dissertation zu übernehmen. Hans-Jürgen Burchardt stellte sich freundlicherweise für die Disputation zur Verfügung; Andreas Boeckh danke ich für die schnelle und unkomplizierte Unterstützung in diesem Zusammenhang.

Andreas v. Brühl-Pohl danke ich für das Entgegenkommen bei meiner Arbeitszeitgestaltung, ebenso meinen Kollegen, die dadurch in Form von Mehrarbeit getroffen wurden, insbesondere Ramona Kettenstock, Jennifer Sugden und Håkon Vist. Schließlich danke ich dem Verein der Freunde und ehemaligen Mitglieder des Ibero-Amerika-Instituts für Wirtschaftsforschung der Universität Göttingen für die finanzielle Unterstützung.

Moralische Unterstützung habe ich von vielen Seiten erhalten, vor allem von meinen Eltern Roman und Gisela Bienen sowie von Jasmine Scheck, Esther Schinke und Stefan Stilling. Einen ganz besonderen Dank schulde ich meiner Frau Karin Kerber und unseren Kindern Johanna und Charlotte. Dass die Arbeit beendet wurde, verdanke ich nicht zuletzt meiner Großmutter Martha Magdalena Bienen, die mich immer wieder motivierte, die Fertigstellung des Projektes aber nicht mehr erlebt hat. Ihr ist dieses Buch gewidmet.

VORWORT DES HERAUSGEBERS

Unter den wirtschaftspolitischen Reformen, die seit den 1990er Jahren in vielen Schwellenländern durchgeführt worden sind, nimmt die Arbeitsmarktreform keine prominente Stelle ein. Mit einem fehlenden Handlungsbedarf lässt sich dies nicht erklären. Eher ist das Zögern vieler Regierungen mit den zu erwartenden Widerständen der betroffenen Interessengruppen zu erklären. Es bietet sich also an, die politische Umsetzung arbeitsmarktpolitischer Reformprogramme mit einem Interessengruppen-Modell zu erklären.

Dieses Vorgehen hat Derk Bienen gewählt, und es gibt wohl kaum ein anderes Land, bei dem sich die gewählte Methode besser anwenden ließe als Argentinien. Die argentinische Gewerkschaftsbewegung ist aus der politischen Entwicklung des Landes nicht hinweg zu denken, und auch die gut organisierten Arbeitgeberverbände haben bei der Gestaltung der Wirtschafts- und Sozialpolitik immer wieder eine wichtige Rolle gespielt. Es ist also besonders reizvoll, die Erfolge bzw. Misserfolge der argentinischen Arbeitsmarktreformen auf der Grundlage eines Interessengruppen-Modells herauszuarbeiten.

Der Autor geht dabei in sechs Schritten vor. Auf der Grundlage eines ökonomischen Analysemodells deduziert er in einem ersten Schritt, welche Interessengruppen von einer Reformmaßnahme überhaupt betroffen sein können und wer die für die Implementierung einer Reform verantwortlichen Akteure sind. In einem zweiten Schritt werden – ebenfalls auf der Grundlage ökonomischer Erkenntnisse – die Interessen bzw. Präferenzen aller Beteiligten hergeleitet. Je nach dem Grad der positiven oder negativen Betroffenheit werden positive oder negative Skalenwerte einer „Präferenzintensität" festgelegt. Ein dritter Schritt gilt der Klärung der „strukturellen Durchsetzungsfähigkeit" der einzelnen Interessengruppen. Deren Größe, ihr Organisationsgrad, ihre Kohärenz, der Grad ihrer Hierarchie und ihre Ressourcenausstattung werden als die dafür maßgeblichen Faktoren angesehen. Der Autor hat mit großer Sorgfalt das vorhandene Datenmaterial ausgewertet, um zu quantitativen Messgrößen für die gruppenspezifischen Möglichkeiten der Politik-Beeinflussung zu gelangen. Viertens wird die jeweilige „situationsbezogene Durchsetzungsfähigkeit" ermittelt, die sich aus der Kombination von Präferenzintensität und „struktureller Durchsetzungsfähigkeit" ergibt. Aus der Saldierung der positiven und negativen Werte dieser Größe für Reformbefürworter bzw. –gegner werden dann fünftens ex post-Prognosen für die Implementierung bzw. das Scheitern eines Reformvorhabens hergeleitet. Diese Prognosen werden in einem sechsten Schritt mit der tatsächlichen Entwicklung konfrontiert. Es zeigt sich, dass sich Erfolge und Misserfolge eines Reformschrittes relativ gut mit den nach diesem Verfahren deduzierten Präferenzintensitäten sowie den empirisch ermittelten Indikatoren der Durchsetzungsfähigkeit einzelner Gruppen erklären lassen.

Dieses Vorgehen ist insofern originell, als der Autor die herkömmlichen Interessengruppen-Modelle formalisiert und sich dadurch zur größtmöglichen Präzision seiner

Aussagen zwingt. Der eingeschlagene Weg erlaubt es ihm ferner, überprüfbare Prognosen zur Interaktion der relevanten Akteure zu gewinnen. Auf diese Weise wird transparent, inwiefern notwendige wirtschaftspolitische Reformen im Dickicht der Interessenpolitik eines Landes hängen bleiben. Dies ist nicht nur ein Gewinn an theoretischer Erkenntnis. Auch die Effektivität der reformpolitischen Praxis gewinnt, wenn Klarheit über das Interessenkalkül und das Durchsetzungspotential einzelner Gruppen besteht. Die Arbeit von Derk Bienen leistet dazu einen wertvollen Beitrag.

Göttingen, Februar 2005 Hermann Sautter

Inhaltsverzeichnis

Abbildungsverzeichnis XV

Tabellenverzeichnis XVII

Abkürzungsverzeichnis XIX

TEIL 1 – EINFÜHRUNG 1

1 Einleitung 1

1.1 Fragestellung und Ziele der Arbeit 1

1.2 Überblick über das Vorgehen 4

2 Operationalisierung des Untersuchungsgegenstands: Arbeitsmarktreformen 6

2.1 Definition von Arbeitsmarktreformen 6

2.2 Konzeptualisierung von Reformen: Gesamtgesellschaftliche Effizienzverbesserung oder Verteilungsproblematik 7

2.3 Reformerfolg und Reformscheitern 9

2.3.1 Phasen von Reformprozessen und formales Reformscheitern 10

2.3.2 Operationalisierung von inhaltlichem Reformerfolg und Reformscheitern 13

TEIL 2 – ÖKONOMISCHE ASPEKTE DER ARBEITSMARKTREFORMEN IN ARGENTINIEN 15

3 Die ökonomische Begründung von Arbeitsmarktreformen 15

3.1 Das neoklassische Basismodell des Arbeitsmarktes 16

3.1.1 Theorie des Arbeitsangebots 16

3.1.1.1 Individuelles Arbeitsangebot 16

3.1.1.2 Erwerbspersonenanzahl 18

3.1.2 Theorie der Arbeitsnachfrage 19

3.1.3 Grundmodell des Arbeitsmarktes 25

3.1.4 Anpassungsmechanismen im neoklassischen Arbeitsmarktgrundmodell 26

3.2 Einige Modellanwendungen und -erweiterungen 28

3.2.1 Mindestlöhne 29

3.2.2 Gewerkschaften 32

3.2.3 Lohnnebenkosten 35
3.2.4 Beschäftigungssicherheit und Kündigungsschutz 37
3.2.5 Arbeitsmarktsegmentierung 38

3.3 Ziele neoklassischer Arbeitsmarktreformen 40

3.4 Neoklassisch begründete Reformmaßnahmen im Bereich des Arbeitsmarktes 43
3.4.1 Reformmaßnahmen zur Erhöhung der Preisbildungsflexibilität 43
3.4.1.1 Flexibilisierung kollektiver Verhandlungen 44
3.4.1.2 Abschaffung oder Verringerung von Mindestlöhnen 46
3.4.1.3 Verringerung von Lohnnebenkosten 48
3.4.1.4 Andere Maßnahmen zur Senkung der Lohnstückkosten 49
3.4.2 Reformmaßnahmen zur Erhöhung der Beschäftigungsflexibilität 51
3.4.2.1 Verringerung der Beschäftigung im öffentlichen Sektor 51
3.4.2.2 Liberalisierung des Kündigungsschutzes 52
3.4.2.3 Förderung befristeter Arbeitsverhältnisse 53
3.4.3 Sicherung der Rahmenbedingungen auf dem Arbeitsmarkt 54
3.4.3.1 Verhinderung oder Verringerung von Marktmacht auf dem Arbeitsmarkt 54
3.4.3.2 Befolgung der Regeln durch die Akteure 55

3.5 Zusammenfassung 56

4 Eine Abschätzung des neoklassisch begründeten Reformbedarfs: die Rigidität des argentinischen Arbeitsmarktes im lateinamerikanischen Kontext 57

4.1 Formale und faktische Arbeitsmarktrigidität 58

4.2 Die Messung formaler Arbeitsmarktrigiditäten 59
4.2.1 Lohnnebenkosten 61
4.2.2 Mindestlöhne 61
4.2.3 Kollektive Verhandlungen 63
4.2.4 Kündigungsschutz 65
4.2.5 Aggregierter Rigiditätsindikator 66

4.3 Die Messung faktischer Arbeitsmarktrigiditäten 70
4.3.1 Arbeitslosigkeit 71
4.3.2 Unterbeschäftigung und informeller Sektor 72
4.3.3 Beschäftigung 73
4.3.4 Lohnentwicklung 73

4.4 Zusammenfassung: Vergleichende Abschätzung des Reformbedarfs auf dem argentinischen Arbeitsmarkt 75

TEIL 3 – POLITÖKONOMISCHE ASPEKTE DER ARBEITSMARKTREFORMEN IN ARGENTINIEN 77

5 Ein politökonomisches Modell zur Analyse von Arbeitsmarktreformen 77

5.1 Politökonomische Ansätze - ein Überblick 77
5.1.1 Strukturelle Ansätze 79
5.1.2 Wahlansätze 81
5.1.3 Interessengruppenansätze 82

5.2 Das Analysemodell ... 84
5.2.1 Grundannahmen ... 84
5.2.1.1 Kollektive Akteure ... 84
5.2.1.2 Unterscheidung von Gruppen und Organisationen ... 85
5.2.1.3 Unterscheidung von Reformverantwortlichen und Reformbetroffenen ... 87
5.2.2 Identifikation der für Arbeitsmarktreformen relevanten Akteure ... 88
5.2.2.1 Reformverantwortliche ... 89
5.2.2.2 Reformbetroffene ... 91
5.2.2.3 Zusammenfassung ... 95
5.2.3 Struktur des Analysemodells ... 95
5.2.3.1 Eigennutzen, Grundinteressen und Präferenzen ... 96
5.2.3.2 Durchsetzungsfähigkeit ... 97
5.2.3.3 Reformumfeld ... 99
5.2.3.4 Reformgegenstand und Präferenzintensität ... 101
5.2.4 Determinanten der strukturellen Durchsetzungsfähigkeit kollektiver Akteure ... 103
5.2.4.1 Determinanten der strukturellen Durchsetzungsfähigkeit reformbetroffener Akteure ... 103
5.2.4.2 Determinanten der strukturellen Durchsetzungsfähigkeit reformverantwortlicher Akteure ... 112
5.2.4.3 Aggregierung und Gewichtung der Determinanten ... 113
5.2.5 Die Bestimmung von Grundinteressen und Präferenzen der für Arbeitsmarktreformen relevanten Gruppen und Organisationen ... 114
5.2.5.1 Reformverantwortliche ... 114
5.2.5.2 Reformbetroffene 1: Gesellschaftliche Gruppen ... 116
5.2.5.3 Reformbetroffene 2: Bürokratische Gruppen ... 119
5.2.5.4 Zusammenfassung: Präferenzen der Reformbetroffenen ... 122

5.3 Operationalisierung, Erhebungsmethoden und Datenquellen ... 123
5.3.1 Operationalisierung ... 123
5.3.1.1 Strukturelle Durchsetzungsfähigkeit ... 123
5.3.1.2 Inhaltliche Präferenzen und Präferenzintensität ... 125
5.3.1.3 Situationsspezifische Durchsetzungsfähigkeit ... 125
5.3.1.4 Erfolgswahrscheinlichkeit der Reform ... 126
5.3.2 Erhebungsmethoden und Datenquellen ... 126
5.3.2.1 Strukturelle Durchsetzungsfähigkeit ... 126
5.3.2.2 Präferenzen und Präferenzintensität ... 127

6 Die politökonomische Analyse der Arbeitsmarktreformen in Argentinien, 1983-2004 ... 128

6.1 Abschätzung der Durchsetzungsfähigkeit reformverantwortlicher Akteure ... 129
6.1.1 Regierung ... 129
6.1.1.1 Hierarchieposition ... 129
6.1.1.2 Kompetenzen ... 132
6.1.1.3 Zusammenfassende Bewertung ... 134
6.1.2 Parlament ... 134
6.1.2.1 Hierarchieposition ... 135
6.1.2.2 Kompetenzen ... 135
6.1.2.3 Zusammenfassende Bewertung ... 135
6.1.3 Jurisdiktion ... 136
6.1.3.1 Hierarchieposition ... 136
6.1.3.2 Kompetenzen ... 136
6.1.3.3 Zusammenfassende Bewertung ... 136
6.1.4 Zusammenfassung ... 137

6.2 Abschätzung der strukturellen Durchsetzungsfähigkeit reformbetroffener Akteure ... 138
6.2.1 Gesellschaftliche Gruppen ... 138
6.2.1.1 Arbeitnehmer im formellen Sektor ... 138
6.2.1.2 Arbeitgeber/Unternehmer ... 154
6.2.1.3 Arbeitslose und informell Beschäftigte ... 169
6.2.2 Bürokratische Akteure ... 176
6.2.2.1 Arbeitsverwaltung ... 176
6.2.2.2 Wirtschaftsbürokratie ... 181
6.2.2.3 Internationale Finanzinstitutionen ... 184
6.2.2.4 Internationale Arbeitsorganisation ... 188
6.2.3 Zusammenfassung: Strukturelle Durchsetzungsfähigkeit der Reformbetroffenen, 1983-2004 ... 190
6.3 Erwartete Präferenzen und situationsspezifische Durchsetzungsfähigkeit der kollektiven Akteure ... 191
6.3.1 Präferenzen und Präferenzintensitäten ... 191
6.3.2 Situationsspezifische Durchsetzungsfähigkeit ... 193
6.4 Prognosen über Wahrscheinlichkeit und Zeitpunkt der Durchführung von Reformen ... 194

TEIL 4 – ARBEITSMARKTREFORMEN IN ARGENTINIEN SEIT 1983 UND IHRE ERKLÄRUNG ... 199

7 Arbeitsmarktreformen in Argentinien seit 1983 ... 199
7.1 Ausgangssituation: Argentinien nach dem Ende der Militärdiktatur ... 200
7.1.1 Die politische und wirtschaftliche Situation ... 200
7.1.2 Arbeitsrechtliche Bestimmungen ... 201
7.1.2.1 Kollektive Verhandlungen ... 202
7.1.2.2 Mindestlöhne ... 203
7.1.2.3 Lohnnebenkosten ... 203
7.1.2.4 Arbeitszeiten und andere Determinanten von Lohnstückkosten ... 204
7.1.2.5 Kündigungsregelungen ... 204
7.1.2.6 Befristung von Arbeitsverhältnissen ... 205
7.1.2.7 Existenz von Marktmacht auf dem Arbeitsmarkt ... 205
7.1.2.8 Sicherung der Regelbefolgung auf dem Arbeitsmarkt ... 206
7.2 Reformansätze der 1980er ... 206
7.2.1 Reformumfeld ... 206
7.2.2 Reformbedarf ... 207
7.2.3 Die beobachteten Präferenzen der kollektiven Akteure ... 207
7.2.4 Der Reformprozess ... 209
7.2.5 Reforminhalte und Bewertung ... 212
7.3 Die Reform von 1991 ... 214
7.3.1 Reformumfeld ... 214
7.3.2 Reformbedarf ... 214
7.3.3 Die beobachteten Präferenzen der kollektiven Akteure ... 215
7.3.4 Der Reformprozess ... 217
7.3.5 Reforminhalte und Bewertung ... 218
7.4 Die Reform von 1995 ... 222
7.4.1 Reformumfeld ... 222

7.4.2 Reformbedarf 223
7.4.3 Die beobachteten Präferenzen der kollektiven Akteure 223
7.4.4 Der Reformprozess 225
7.4.5 Reforminhalte und Bewertung 225

7.5 Die Reform von 1998 228
7.5.1 Reformumfeld 228
7.5.2 Reformbedarf 229
7.5.3 Die beobachteten Präferenzen der kollektiven Akteure 229
7.5.4 Der Reformprozess 232
7.5.5 Reforminhalte und Bewertung 235

7.6 Die Reform von 2000 238
7.6.1 Reformumfeld 238
7.6.2 Reformbedarf 238
7.6.3 Die beobachteten Präferenzen der kollektiven Akteure 239
7.6.4 Der Reformprozess 243
7.6.5 Reforminhalte und Bewertung 245

7.7 Die Reform von 2004 247
7.7.1 Reformumfeld 247
7.7.2 Reformbedarf 248
7.7.3 Die beobachteten Präferenzen der kollektiven Akteure 249
7.7.4 Der Reformprozess 251
7.7.5 Reforminhalte und Bewertung 251

7.8 Vergleich und Bewertung der Reformen aus neoklassischer Sicht 253
7.8.1 Inhalte der Reformen 254
7.8.1.1 Flexibilisierung kollektiver Verhandlungen 254
7.8.1.2 Abschaffung oder Senkung der Mindestlöhne 256
7.8.1.3 Verringerung von Lohnnebenkosten 257
7.8.1.4 Arbeitszeitverlängerung und andere Maßnahmen zur Senkung der Lohnstückkosten 258
7.8.1.5 Liberalisierung der Kündigungsregelungen 258
7.8.1.6 Befristete Arbeitsverhältnisse 260
7.8.1.7 Verringerung von Marktmacht auf dem Arbeitsmarkt 261
7.8.1.8 Sicherung der Regelbefolgung 262
7.8.2 Effektivität der Reformen 263
7.8.2.1 Arbeitslosigkeit 263
7.8.2.2 Entwicklung des informellen Sektors 264
7.8.2.3 Beschäftigung 264
7.8.2.4 Lohnentwicklung 264
7.8.3 Zusammenfassende Bewertung 266

8 Schlussfolgerungen für die Theorie 267

8.1 Übereinstimmung von erwarteten und beobachteten Präferenzen 267

8.2 Übereinstimmung zwischen politökonomisch erwarteten und beobachteten Reformen 270
8.2.1 Prognosen über einzelne Arbeitsmarktreformmaßnahmen 271
8.2.2 "Gesamtpaket" der Arbeitsmarktreformen 274

8.3 Zusammenfassende Bewertung, offene Fragen und zukünftiger Forschungsbedarf 279

TEIL 5 – SCHLUSS 283

9 Chancen und Wünschbarkeit neoklassischer Arbeitmarktreformen in Argentinien 283

Literaturverzeichnis 285

Ausgewertete Rechtsquellen 285

Ausgewertete Zeitungen 287

Wissenschaftliche Literatur 287

Anhang 301

Abbildungsverzeichnis

Abbildung 1: Reformpaket, Reformen und Reformmaßnahmen ... 7
Abbildung 2: Reformphasen und Erfolg/Scheitern von Reformen ... 12
Abbildung 3: Individuelles Arbeitsangebot und Reallohnänderungen ... 17
Abbildung 4: Kurzfristige individuelle und aggregierte Arbeitsnachfragekurve ... 21
Abbildung 5: Vergleich der Arbeitsnachfrage bei Monopol und vollkommener Konkurrenz auf dem Gütermarkt ... 23
Abbildung 6: Langfristige Arbeitsnachfrage und Auswirkungen von Faktorpreisänderungen ... 24
Abbildung 7: Das neoklassische Arbeitsmarktgrundmodell ... 25
Abbildung 8: Anpassungsmechanismen im neoklassischen Arbeitsmarktgrundmodell ... 27
Abbildung 9: Einführung eines Mindestlohns ... 30
Abbildung 10: Das Monopol-Modell der Gewerkschaftstätigkeit ... 33
Abbildung 11: Bilaterales Monopol auf dem Arbeitsmarkt ... 34
Abbildung 12: Alternative gewerkschaftliche Nutzenfunktionen ... 35
Abbildung 13: Senkung von Lohnnebenkosten ... 36
Abbildung 14: Sozialbeiträge in Argentinien und ausgewählten Vergleichsländern, 1994, in % vom Bruttolohn ... 61
Abbildung 15: Höhe der Mindestlöhne im Vergleich zur Durchschnittslohnhöhe in der Industrie (in Prozent) ... 62
Abbildung 16: Index of Collective Relations Laws ... 65
Abbildung 17: Argentinien und Vergleichsländer: Abfindungszahlungen bei Entlassung ohne Grund, in Vielfachen des letzten Monatslohns, 1990 ... 66
Abbildung 18: Anzahl ratifizierter ILO-Konventionen in Argentinien und ausgewählten anderen Staaten, 1980-2004 ... 67
Abbildung 19: Argentinien und Vergleichsländer: Arbeitslosigkeit vs. Wirtschaftswachstum, 1980-1991 ... 71
Abbildung 20: Gruppen und Organisationen ... 86
Abbildung 21: Reformverantwortliche und Betroffene, Interessengruppen und Adressaten ... 87
Abbildung 22: Struktur des Analysemodells ... 95
Abbildung 23: Stimmenanteil der Präsidentenpartei im argentinischen Kongress (in % der Sitze), 1983-2005 ... 131
Abbildung 24: Durchsetzungsfähigkeit der Regierung, 1983-2004 ... 134
Abbildung 25: Durchsetzungsfähigkeit des Kongresses, 1983-2004 ... 136
Abbildung 26: Durchsetzungsfähigkeit des Obersten Gerichtshofs, 1983-2004 ... 137
Abbildung 27: Vergleichende Bewertung der Durchsetzungschancen reformverantwortlicher Akteure ... 137
Abbildung 28: Anteil registrierter Arbeitnehmer an den Erwerbspersonen (in %), Großraum Buenos Aires, 1980-2003 ... 139
Abbildung 29: Organisationsgrad der Arbeitnehmer in Argentinien, 1982-2000, alternative Schätzungen (Gewerkschaftsmitglieder in % der abhängig Beschäftigten im formellen Sektor) ... 140
Abbildung 30: Repräsentation der Arbeitnehmer im Kongress (% der Sitze der PJ und linker Parteien), 1983-2004 ... 150
Abbildung 31: Strukturelle Durchsetzungsfähigkeit der Gruppe der Arbeitnehmer, 1983-2004 ... 154
Abbildung 32: Anteil der Arbeitgeber und Freiberufler an den Erwerbspersonen, in %, 1980-2003 ... 155
Abbildung 33: Offizielles Organisationsprinzip der Arbeitgeber ... 157

Abbildung 34: Strukturelle Durchsetzungsfähigkeit der Gruppe der Arbeitgeber, 1983-2004 169
Abbildung 35: Arbeitslose und informell Beschäftigte (in % der Erwerbspersonen), Großraum Buenos Aires, 1980-2003 170
Abbildung 36: Informeller Sektor in Argentinien, Vergleich alternativer Daten, 1980-2003 (Beschäftigte im informellen Sektor in % aller Beschäftigten) 171
Abbildung 37: Strukturelle Durchsetzungsfähigkeit der Gruppe der Arbeitslosen und informell Beschäftigten, 1983-2004 176
Abbildung 38: Strukturelle Durchsetzungsfähigkeit der Arbeitsbürokratie, 1983-2004 181
Abbildung 39: Strukturelle Durchsetzungsfähigkeit der Wirtschaftsbürokratie, 1983-2004 184
Abbildung 40: Strukturelle Durchsetzungsfähigkeit der Internationalen Finanzinstitutionen, 1983-2004 188
Abbildung 41: Strukturelle Durchsetzungsfähigkeit der Internationalen Arbeitsorganisation, 1983-2004 189
Abbildung 42: Vergleich der strukturellen Durchsetzungsfähigkeit reformbetroffener Akteure, 1983-2004 190
Abbildung 43: Situationsspezifische Durchsetzungsfähigkeit in Bezug auf die Gesamtreform 194
Abbildung 44: Durchführungswahrscheinlichkeit von Arbeitsmarktreformen in Argentinien, 1983-2004 195
Abbildung 45: Abfindungszahlungen bei Entlassung in Abhängigkeit von der Betriebszugehörigkeit (in Vielfachen des Monatslohns) 237
Abbildung 46: Ebenen kollektiver Verhandlungen, 1991-2003 (in %) 255
Abbildung 47: Entwicklung der realen Mindestlöhne in Argentinien im regionalen Vergleich, 1980-2004 (Index, 1980=100) 256
Abbildung 48: Entwicklung der Lohnnebenkosten in Argentinien, 1980-2004, Arbeitgeber- und Arbeitnehmeranteile, in % vom Bruttolohn 257
Abbildung 49: Arbeitslosigkeit und Wachstum des BIP in Argentinien: 1980er und 1990er Jahre im Vergleich 263
Abbildung 50: Wachstum der registrierten und unregistrierten abhängigen Beschäftigung und Wachstum des BIP in Argentinien: 1980er und 1990er Jahre im Vergleich 265
Abbildung 51: Wachstum der Reallöhne und Wachstum des BIP in Argentinien: 1980er und 1990er Jahre im Vergleich 265

Tabellenverzeichnis

Tabelle 1: Der Washingtoner Konsens ... 8
Tabelle 2: Verteilungswirkungen von Arbeitsmarktreformen – Überblick ... 56
Tabelle 3: Gesetzliche Regelung kollektiver Verhandlungen in Argentinien und Vergleichsländern, Anfang der 1990er Jahre ... 64
Tabelle 4: Merkmale gewerkschaftlicher Organisation in Argentinien und Vergleichsländern, Anfang der 1990er Jahre ... 64
Tabelle 5: Kündigungsschutzregeln in Argentinien und ausgewählten Vergleichsländern, 1999 ... 65
Tabelle 6: Vergleich aggregierter Indikatoren zur Messung der Arbeitsmarktrigidität ... 69
Tabelle 7: Argentinien und Vergleichsländer: Wachstum des BIP, 1980-1990, in % ... 70
Tabelle 8: Argentinien und Vergleichsländer: Arbeitslosenquote, 1980-1995, in % der Erwerbspersonenanzahl ... 71
Tabelle 9: Argentinien und Vergleichsländer: Beschäftigte im informellen Sektor, 1980-1995, in % der Erwerbspersonenanzahl ... 72
Tabelle 10: Argentinien und Vergleichsländer: Bevölkerungs- und Beschäftigungswachstum, 1981-2000 ... 73
Tabelle 11: Entwicklung der durchschnittlichen Reallöhne in Argentinien und ausgewählten Vergleichsländern, 1980-2000 ... 74
Tabelle 12: Durchschnittliches jährliches Wachstum des BIP und der Reallöhne, 1980er und 1990er Jahre, in % ... 74
Tabelle 13: Gruppen und Akteure in der Arbeitsmarktpolitik ... 94
Tabelle 14: Deduzierte Präferenzen der Betroffenen von Arbeitsmarktreformen – Übersicht ... 122
Tabelle 15: Bestimmungsfaktoren der Gruppendurchsetzungschancen und ihre quantitativen Messgrößen ... 123
Tabelle 16: Strukturelle Durchsetzungsfähigkeit von Reformbetroffenen: Definition der Variablenausprägungen ... 124
Tabelle 17: Strukturelle Durchsetzungsfähigkeit staatlicher Akteure: Definition der Variablenausprägungen ... 124
Tabelle 18: Präferenzen und Präferenzintensitäten: Definition der Variablenausprägungen ... 126
Tabelle 19: Anzahl der beim argentinischen Arbeitsministerium registrierten Gewerkschaften ... 142
Tabelle 20: Entwicklung der Mitgliedszahlen ausgewählter Gewerkschaften seit Anfang der 1980er Jahre ... 143
Tabelle 21: Bruttoauszahlungen von IWF, IBRD und IDB an Argentinien (in USD Mio), 1983-2003 ... 185
Tabelle 22: Präferenzen und Präferenzintensitäten der Reformbetroffenen - Codierung ... 191
Tabelle 23: Wichtigste Probleme in Argentinien nach Umfragen ... 192
Tabelle 24: Verabschiedete Arbeitsgesetze und Vetos, 1983-2004 ... 200
Tabelle 25: Entwicklung ausgewählter Wirtschaftsindikatoren während der Militärdiktatur ... 201
Tabelle 26: Arbeitsmarktreformen der 1980er Jahre - Übersicht ... 212
Tabelle 27: Arbeitsmarktreformen der 1980er Jahre – Reformbedarf, beobachtete Präferenzen und Reformergebnisse ... 213
Tabelle 28: Die Arbeitsmarktreform von 1991 - Übersicht ... 219
Tabelle 29: Die Arbeitsmarktreform von 1991 – Reformbedarf, beobachtete Präferenzen und Reformergebnisse ... 221
Tabelle 30: Die Arbeitsmarktreform von 1995 - Übersicht ... 226
Tabelle 31: Die Arbeitsmarktreform von 1995 – Reformbedarf, beobachtete Präferenzen und Reformergebnisse ... 228
Tabelle 32: Die Arbeitsmarktreform von 1998 – Übersicht ... 235

Tabelle 33: Die Arbeitsmarktreform von 1998 – Reformbedarf, beobachtete Präferenzen und Reformergebnisse ... 237
Tabelle 34: Die Arbeitsmarktreform von 2000 – Übersicht ... 246
Tabelle 35: Die Arbeitsmarktreform von 2000 – Reformbedarf, beobachtete Präferenzen und Reformergebnisse ... 247
Tabelle 36: Die Arbeitsmarktreform von 2004 – Übersicht ... 252
Tabelle 37: Die Arbeitsmarktreform von 2004 – Reformbedarf, beobachtete Präferenzen und Reformergebnisse ... 253
Tabelle 38: Bewertung der argentinischen Arbeitsmarktreformen aus neoklassischer Perspektive ... 254
Tabelle 39: Reformen der kollektiven Verhandlungen ... 254
Tabelle 40: Reform der Kündigungsfristen ... 259
Tabelle 41: Reform der Abfindungszahlungen bei Entlassung ohne triftigen Grund (sin justa causa) ... 259
Tabelle 42: Befristete Arbeitsverhältnisse ... 260
Tabelle 43: Reform der Probezeitregelungen ... 261
Tabelle 44: Lohnkosten, Arbeitsproduktivität und Lohnstückkosten in der Industrie, 1991-2003 ... 266
Tabelle 45: Übereinstimmungsgrad zwischen theoretisch deduzierten und empirisch beobachteten Präferenzen ... 268
Tabelle 46: "Überprüfung" von Prognosen 2, 3, 5 und 6 ... 273
Tabelle 47: "Überprüfung" von Prognosen 2, 3, 5 und 6 – Zusammenfassung ... 274
Tabelle 48: "Überprüfung" von Prognosen 1, 4 und 4' ... 275

Abkürzungsverzeichnis

ABA	Asociación de Bancos de la Argentina
ABRA	Asociación de Bancos de la República Argentina
ACIEL	Asociación Coordinadora de Instituciones Empresarias Libres
ADEBA	Asociación de Bancos Argentinos
ADIMRA	Asociación de Industriales Metalúrgicos de la República Argentina
AEA	Asociación Empresaria Argentina
AILA	Asociación Industrial Latinoamericana
ANSES	Administración Nacional de la Seguridad Social
ART	Aseguradora de Riesgos del Trabajo
ATE	Asociación de Trabajadores del Estado
BID	Banco Interamericano de Desarrollo (=IDB)
BOLSA	Bolsa de Comercio de Buenos Aires
CAC	Cámara Argentina de Comercio
CACON	Cámara Argentina de la Construcción
CAI	Consejo Argentino de la Industria
CAMARCO	Cámara Argentina de la Construcción
CAME	Coordinadora de Actividades Mercantiles Empresarias
CAMENOFE	Cámara Metalúrgica de No Ferrosos
CCC	Corriente Clasista y Combativa
CCT	Ley de Convenciones Colectivas de Trabajo (Gesetz Nr. 14250)
CEA	Consejo Empresario Argentino
CEPAL	Comisión Económica para América Latina y el Caribe (=ECLAC)
CES	Consejo Económico Social
CESS	Centro de Estudios Socioeconómicos y Sindicales
CFT	Consejo Federal del Trabajo
CGE	Confederación General Económica
CGI	Confederación General de la Industria
CGT	Confederación General del Trabajo
CI	Capitanes de la Industria
CLAT	Central Latinoamericana de Trabajadores
CONINAGRO	Confederación Intercooperativa Agropecuaria Limitada
CRA	Confederaciones Rurales Argentinas
CTA	Central de los Trabajadores Argentinos
CTERA	Confederación de los Trabajadores de la Educación de la República Argentina
ECLAC	Economic Commission for Latin America and the Caribbean (=CEPAL)
EPH	Encuesta Permanente de Hogares
FAA	Federaciones Agrarias Argentinas
FOETRA	Federación de Obreros y Empleados Telefónicos de la República Argentina
FREPASO	Frente por un País Solidario
G11	Grupo de los Once
G17	Grupo de los Dieciocho
G8	Grupo de los Ocho
G9	Grupo de los Nueve

GP	Grupo Productivo
ICC	International Chamber of Commerce
ICFTU	International Confederation of Free Trade Unions
IDB	Interamerican Development Bank (= BID)
IMF	International Monetary Fund (=IWF)
INDEC	Instituto Nacional de Estadísticas y Censos
INSSJyP	Instituto Nacional de Servicios Sociales para Jubilados y Pensionados
IOE	International Organisation of Employers
IWF	Internationaler Währungsfonds (=IMF)
KMU	Kleine und mittelständische Unternehmen
LCT	Ley de Contrato de Trabajo (Gesetz Nr. 20744)
LEE	Ley de Empleo Estable (Gesetz Nr. 25250)
LNE	Ley Nacional del Empleo (Gesetz Nr. 24013)
LRT	Ley sobre Riesgos del Trabajo (Gesetz Nr. 24557)
MTA	Movimiento de Trabajadores Argentinos
OAS	Organisation Amerikanischer Staaten
PAMI	Programa de Atención Médica Integral
PEA	Población Económicamente Activa (Erwerbspersonen)
PEN	Poder Ejecutivo Nacional
PJ	Partido Justicialista
PREALC	Programa Regional de Empleo para América Latina y el Caribe
RIN	Registro Industrial de la Nación
SAFJP	Superintendencia de Administradoras de Fondos de Jubilaciones y Pensiones
SIJP	Sistema Integrado de Jubilaciones y Pensiones
SMATA	Sindicato de Mecánicos y Afines del Transporte Automotor de la República Argentina
SRA	Sociedad Rural Argentina
SUPE	Sindicato Unido Petroleros de Estado
UAC	Unión Argentina de la Construcción
UCR	Unión Cívica Radical
UDECA	Unión de Entidades Comerciales Argentinas
UIA	Unión Industrial Argentina
UOCRA	Unión Obrera de la Construcción de la República Argentina
UOM	Unión Obrera Metalúrgica
WCL	World Confederation of Labour
WFTU	World Federation of Trade Unions

TEIL 1 – EINFÜHRUNG

1 Einleitung

1.1 Fragestellung und Ziele der Arbeit

Trotz des erhöhten Wirtschaftswachstums und der generell positiven Entwicklung makroökonomischer Indikatoren seit Beginn der 1990er Jahre kann von einer Konsolidierung der wirtschaftlichen Reformen, die in vielen Ländern Lateinamerikas seit den 1980er Jahren durchgeführt worden sind, nach wie vor nicht die Rede sein. Nachdem bereits gegen Ende der 1980er Jahre Bedenken wegen der ausbleibenden positiven Auswirkungen der Reformen gerade auf die ärmsten Bevölkerungsschichten laut wurden[1] und zu einer modifizierten Anpassungspolitik mit stärkerer Beachtung sozialer Begleitmaßnahmen geführt haben, ist seit den 1990er Jahren vor allem die problematische Entwicklung auf den Arbeitsmärkten in vielen Ländern der Region zum Thema wissenschaftlicher und politischer Diskussion geworden[2]. Vor allem die folgenden problematischen Entwicklungen des Arbeitsmarktes wurden festgestellt (International Monetary Fund - Independent Evaluation Office 2004: 54):

- Zum ersten ist in Lateinamerika trotz des gestiegenen Wirtschaftswachstums die Arbeitslosigkeit fast kontinuierlich von 5,7% im Jahr 1990 auf 10,8% 2002 gestiegen. In Argentinien war dieser Anstieg noch dramatischer: dort verdreifachte sich die Arbeitslosigkeit im gleichen Zeitraum von 6,1% auf 19,7%.
- Zum zweiten gibt auch die Qualität der Beschäftigung Anlass zur Sorge. Seit der Krise der 1980er Jahre hat sich der Anteil des informellen Sektors deutlich vergrößert. In fast allen Ländern der Region sind seit Mitte der 1990er Jahre mehr als 40% aller Beschäftigten im informellen Sektor tätig, wenngleich seit dem Ende der 1990er Jahre das Wachstum des informellen Sektors gestoppt werden konnte. Kennzeichen der Beschäftigung im informellen Sektor, zum Teil aber auch in KMU, sind die relativ geringe Produktivität und die entsprechend niedrigen Löhne.
- Die Reallöhne haben sich im Verlauf der 1990er Jahre in den meisten Ländern der Region zwar erholt, liegen zum Teil aber nach wie vor unter dem Niveau, das sie

1 Zunächst wurde diese Argumentation von Kritikern der Strukturanpassung formuliert (vgl. Cornia et al. 1987), seit Beginn der 1990er Jahre aber auch von Weltbank und Inter-Amerikanischer Entwicklungsbank aufgenommen. Der Chefvolkswirt der Weltbank für Lateinamerika und die Karibik, Sebastian Edwards, stellte beispielsweise 1995 fest: "Two conditions must be present for this wide political endorsement [of structural reforms, DB] to take place: first, growth has to accelerate, and second, and perhaps more important, the benefits of this faster growth should accrue to a large proportion of the population. On the contrary, if the reforms tend to maintain (or increase) the degree of income equality, political polarization will result, and the probability of policy reversal will increase" (Edwards 1995: 264; vgl. auch Emmerij 1995: 111f).

2 Ab etwa Mitte der 1990er Jahre findet sich eine Vielzahl von vergleichenden Studien, insbesondere auch solche mit unmittelbarer Politikrelevanz. Vgl. unter anderem die Sammelbände von Horton/Kanbur/Mazumdar (1994) und Edwards/Lustig (1997), den Weltentwicklungsbericht von 1995 (World Bank 1995), das Sonderheft des *Journal of Labor Economics* von 1997 (Harrison/ Leamer 1997), sowie eine Reihe weiterer Studien, die unter der Ägide der Internationalen Finanzinstitutionen veröffentlicht wurden: Agénor (1996), Inter-American Development Bank (1998b; 2003), Guasch (1999), Heckman/Pagés (2001), Gill/Montenegro/Dömeland (2002). Für eine gewisse Gegenposition standen die Veröffentlichungen der Internationalen Arbeitsorganisation, vgl. Weeks (1998), Berry/Mendez (1999), OIT (2000).

vor der Schuldenkrise der 1980er Jahre hatten. Die Entwicklung in Argentinien ist besonders negativ: die durchschnittlichen Reallöhne lagen dort 2002 fast 25% unter dem Niveau von 1990.

Bedingt durch diese problematischen Entwicklungen hat die Reformnotwendigkeit des Arbeitsmarktes in vielen Ländern Lateinamerikas seit Beginn der 1990er Jahre deutlich zugenommen. Allerdings gehörten Reformen, die auf eine Deregulierung des Arbeitsmarktes abzielen, auch vorher schon in den Kanon der Strukturanpassung. Eine umfassende Deregulierung der Märkte sollte, so wurde auch innerhalb des Washingtoner Konsenses argumentiert, nicht vor dem Arbeitsmarkt halt machen, zumal die Strukturreformen in anderen Bereichen einen funktionierenden, flexiblen Arbeitsmarkt erforderten, um nicht zu lang anhaltender Arbeitslosigkeit und sozialen Spannungen zu führen.

Dennoch sind im Unterschied zu den anderen Reformbereichen des Washingtoner Konsenses im Bereich des Arbeitmarktes in Lateinamerika bisher kaum nennenswerte Reformen durchgeführt worden. 1997 schrieben Sebastian Edwards und Nora Lustig in ihrer Untersuchung der regionalen Arbeitsmärkte im Auftrag der Weltbank: "It is no exaggeration to say that the labor market has been forgotten in Latin America's economic reform" (vgl. auch Rubiolo González 2000: 200f)[3]. Nach Zählungen der Weltbank von 2002 liberalisierten 23 von 26 lateinamerikanischen Staaten den Außenhandel und 24 den Finanzsektor, aber lediglich sechs – Argentinien, Brasilien, Guatemala, Kolumbien, Panama und Peru – haben seit dem Ende der 1980er Jahre nennenswerte Reformen des Arbeitsrechts implementiert (Strega 2000: 283f, Übers. DB; vgl. auch Cortés/Marshall 1999). Selbst in diesen Ländern waren die Reformen durch einen graduellen und partiellen Ansatz gekennzeichnet, der in deutlichem Widerspruch zu vielen drastischen und schnellen Reformimplementationen in anderen Bereichen steht (vgl. auch González 2001). Zudem wurden Reformen im Verlauf der Implementation teilweise abgeschwächt oder wieder zurückgenommen.

Einen interessanten Fall stellt Argentinien dar, wo seit dem Beginn der 1990er Jahre fünf mehr oder weniger weitreichende Arbeitsmarktreformen verabschiedet wurden, die letzte davon Anfang 2004. In der Literatur wird Argentinien oft als Paradebeispiel umfassender Arbeitsmarktreformen in Lateinamerika genannt (Stiglitz 2000: 1). Die Geschichte der Reformen zeigt aber, dass der Reformprozess keineswegs gradlinig verlaufen ist – im Gegenteil: während die ersten beiden Reformen von 1991 und 1995 als schrittweise Flexibilisierung des Arbeitsmarktes interpretiert werden müssen, wurden mit der Reform von 1998 einige wichtige Maßnahmen der beiden vorhergehenden Reformen rückgängig gemacht. Die Reform von 2000 zielte dann wieder auf eine stärkere Flexibilität insbesondere des Tarifrechts ab. Aufgrund der Umstände der Reformverabschiedung – nach bisher nicht vollständig aufgeklärten Vorwürfen wurde die Zustimmung im Senat durch Bestechungsgelder erkauft – wur-

---

3 In einer weiteren Weltbankstudie stellen Burki/Perry fest, dass "labor market reform is the area of structural reform where the least progress has been made in the region" (Burki/Perry 1997: 57). Auch die Interamerikanische Entwicklungsbank zog Ende der 1990er Jahre ein pessimistisches Fazit der Arbeitsmarktreformen in Lateinamerika: "We do not find that structural reforms and monetary stabilization have induced dramatic changes in the functioning of the labor markets" (Inter-American Development Bank 1998b: 2 und 18; vgl. auch Torre/Gerchunoff 1999: 29).

de jedoch das Reformgesetz von 2000 von weiten Teilen der Gesellschaft nie akzeptiert. Es wurde schließlich durch ein Reformgesetz im April 2004 außer Kraft gesetzt und auch inhaltlich revidiert. Nach nunmehr 15 Jahren Reform unterscheiden sich die Arbeitsmarktinstitutionen heute nicht wesentlich von denen zu Beginn der 1980er oder 1990er Jahre.

Gegenstand der vorliegenden Arbeit ist es, eine auf ein allgemeines politökonomisches Modell gestützte Erklärung für die Erfahrungen Argentiniens mit Arbeitsmarktreformen in den vergangenen zwanzig Jahren zu liefern. Zu den Fragen, die im Rahmen der Arbeit beantwortet werden sollen, gehören: Welche Personen oder Gruppen sind es, die den Erfolg von Arbeitsmarktreformen bedrohen? Welche Faktoren erhöhen oder verringern die Wahrscheinlichkeit, dass gesellschaftlicher Widerstand Reformen des Arbeitsmarktes verhindert oder zu Fall bringt? Pointiert formuliert lautet die zentrale Fragestellung der Arbeit: *Welche politischen Faktoren und Vorgänge tragen entscheidend zum Erfolg oder Scheitern von Arbeitsmarktreformen bei?*

Der These der Interamerikanischen Entwicklungsbank, dass "[l]abor policies are a matter of public, and often very noisy, debate from often quite uninformed quarters" (Cavallo 2004: 151) wird in dieser Frage eine Absage erteilt. Zwar ist unstrittig, dass die öffentliche Diskussion von Reformen des Arbeitsmarktes in Lateinamerika (wie auch in anderen Teilen der Welt) kontrovers bis hitzig ist. Dennoch sind auch "uninformierte" Diskussionsbeiträge in der Regel Ausdruck oder Instrument interessegeleiteten Handelns der verschiedenen gesellschaftlichen Akteure. Die Implementation von Arbeitsmarktreformen, oder eben auch das Ausbleiben der Implementation, ist – so die Grundthese der vorliegenden Arbeit – das Resultat des Kräfteverhältnisses von Interessengruppen, wobei jede Interessengruppe als rationaler Akteur nutzenmaximierend handelt.

Die Erklärung wirtschaftlicher und politischer Reformen durch individuelle, rationale und egoistische Präferenzen ist mittlerweile im Mainstream der Wirtschaftswissenschaft wie auch der Politikwissenschaft angekommen. Eine unüberschaubare Vielzahl entsprechender Publikationen ist der Untersuchung von Reformen gewidmet worden[4], wobei aufgrund der Existenz konkurrierender politökonomischer Modelle heute beinahe jedes Politikergebnis mit dem Rückgriff auf die politische Ökonomie erklärt werden kann. Nicht ganz zu Unrecht ist daher der Vorwurf der Tautologie aufgekommen. Nicht zuletzt um diesem Vorwurf zu entgegnen, basiert das hier vorgeschlagene Modell auf einer engen Interpretation der Kernannahmen politökonomischer Ansätze: Erweiterungen des Rationalitätsprinzips und des Nutzenbegriffs, welche etwa vermeintlich irrationales oder altruistisches Verhalten erklären, werden als theoriefremd abgelehnt. Im Gegenzug strebt das Modell aber auch keine universelle Erklärungskraft an: der Erklärungsanspruch beschränkt sich auf wirtschaftspolitische Reformen, welche Individuen oder kollektiven Akteuren Einkommens- oder Kompetenzzugewinne oder –einbußen verursachen können.[5]

4 Für Literaturhinweise vgl. Abschnitt 5.1.

5 Zur Problematik einer "Überdehnung" des politökonomischen Ansatzes vgl. Sautter (2004) und die dort angegebene Literatur.

Die Arbeit verfolgt mit ihrer Fragestellung Ziele auf drei verschiedenen Ebenen: auf der *deskriptiven Ebene* soll zunächst eine Bestandsaufnahme der Arbeitsmarktreformen in Argentinien seit dem Beginn der 1980er Jahre vorgenommen werden. Zudem sollen Faktoren bestimmt werden, die für Erfolg oder Scheitern dieser Reformen verantwortlich sind. Auf der *theoretischen Ebene* soll ein politökonomisches Modell zur Analyse von Reformen in Entwicklungsländern entwickelt und getestet werden. Das Modell soll, zumindest in seiner Grundstruktur, nicht nur für die Analyse der Arbeitsmarktreformen geeignet sein, sondern für die Analyse von Reformen generell. Schließlich soll die Arbeit auch *praxisrelevant* sein: Nur auf der Grundlage gesicherter Kenntnisse über die gesellschaftlichen und politischen Prozesse, die zum Scheitern von Reformen führen (oder, umgekehrt, zum Erfolg von Reformen beitragen), können Maßnahmen ergriffen werden, welche die Chancen auf einen dauerhaften Erfolg von Reformprogrammen erhöhen. In diesem Sinne wird etwa innerhalb der Weltbank gefordert: "[d]evelopment agencies need to devote resources to understanding the political economy of different countries and to finding promising candidates for support" (Stiglitz 2000: 1).

1.2 Überblick über das Vorgehen

Die Arbeit gliedert sich in fünf Teile. Nach der Einführung in die Thematik und der Operationalisierung des Reformbegriffs (Teil 1) wird im zweiten Teil zunächst die neoklassische Arbeitsmarkttheorie in Grundzügen dargestellt und es werden daraus generelle Reformempfehlungen für Arbeitsmärkte abgeleitet (Kapitel 3). Die neoklassische Arbeitsmarkttheorie wird als Ausgangspunkt der Arbeit gewählt, da die Arbeitsmarktreformen in Lateinamerika (wie auch die anderen Wirtschaftsreformen) von einer im Grundsatz neoliberalen Weltsicht geprägt gewesen sind, welche auf der Anwendung neoklassischer Theorie basiert.

An die Darstellung der Theorie schließt sich eine Abschätzung der Flexibilität bzw. der Rigidität des argentinischen Arbeitsmarktes im internationalen, vor allem regionalen Vergleich an, um den in Argentinien bestehenden Reformbedarf des Arbeitsmarktes abschätzen zu können (Kapitel 4).

Der dritte Hauptteil bildet den Kern der Arbeit. Hier wird zunächst ein die neoklassische Theorie ergänzendes allgemeines politökonomisches Modell zur Analyse von Reformprozessen entwickelt und auf den Fall der Arbeitsmarktreformen in Argentinien konkretisiert. Ausgangspunkt des Modells ist eine vom Autor wahrgenommene Lücke in der wissenschaftlichen Literatur zur politischen Ökonomie von Reformen in Entwicklungsländern. Disziplinübergreifend können hier in Wirtschafts- und Politikwissenschaft zwei Forschungsstränge unterschieden werden: Während auf der einen Seite strukturelle (oft formale) Ansätze Reformen auf einer generellen, aggregierten Ebene durch wirtschaftliche oder politische Strukturen einzelner Staaten vergleichend zu erklären versuchen und dabei auf eine oder wenige unabhängige Variablen beschränkt sind, liegt auf der anderen Seite eine Vielzahl von Studien vor, die unter Anwendung einer eher historisch-deskriptiven Vorgehensweise Reformen in einzelnen Ländern zu erklären suchen, ohne dabei ein Analysemodell zu explizieren.

In dem in Kapitel 5 entwickelten Modell wird versucht, die beiden Ansätze komplementär miteinander zu verbinden. Zunächst werden die Grundstrukturen des politökonomischen Modells herausgearbeitet. Der Kerngedanke des Modells ist, dass politische Ergebnisse, d.h. der Output des politischen Entscheidungsprozesses, von den Präferenzen der im Entscheidungsprozess sich durchsetzenden (kollektiven) Akteure abhängen. Sowohl die Präferenzen, als auch die Durchsetzungschancen kollektiver Akteure können ex ante ermittelt werden, so dass testbare Prognosen bzw. Erwartungen über die Erfolgswahrscheinlichkeit von Arbeitsmarktreformen formuliert werden können.

Die Prognosenbildung erfolgt in den folgenden Schritten: Zunächst werden in Kapitel 5 die relevanten kollektiven Akteure identifiziert und aus ihren Grundinteressen ihre Präferenzen in Bezug auf Arbeitsmarktreformen theoretisch deduziert. Sodann werden in Kapitel 6 die Durchsetzungschancen der kollektiven Akteure in Argentinien anhand einer Reihe von Indikatoren ermittelt. Aus dem Verhältnis der relativen Durchsetzungsfähigkeit von Reformgegnern und Reformbefürwortern werden am Ende des sechsten Kapitels Prognosen über die Durchführung von Arbeitsmarktreformen in Argentinien formuliert, welche v.a. die folgenden Fragen betreffen:

- Wann im Untersuchungszeitraum (1983 bis 2004) sind Arbeitsmarktreformen, wenn überhaupt, am ehesten zu erwarten?
- Welche spezifischen Reformmaßnahmen sind am ehesten zu erwarten, und welche am wenigsten?

Nach einer empirischen Untersuchung der Arbeitsmarktreformen in Argentinien seit der Wiederherstellung der Demokratie im Jahr 1983 (Kapitel 7) wird im vierten Teil untersucht, ob und inwieweit die Prognosen zutreffen. Die Prognosenüberprüfung in Kapitel 8 erfolgt in zwei Schritten: zunächst wird überprüft, ob die beobachteten Präferenzen der argentinischen kollektiven Akteure mit den theoretisch deduzierten Präferenzen übereinstimmen (Abschnitt 8.1). Wo dies nicht der Fall ist, werden mögliche Gründe für die Divergenz erläutert und modifizierte Präferenzen über die Reformdurchführung formuliert.

Im zweiten Teil der Prognosenüberprüfung wird der Übereinstimmungsgrad zwischen den verschiedenen formulierten Prognosen und den in Kapitel 7 beobachteten tatsächlich erfolgten Arbeitsmarktreformen geprüft. Daraus werden Schlussfolgerungen für die Erklärungskraft und einige Modifikationen des politökonomischen Analysemodells gezogen sowie weiterer Forschungsbedarf analysiert. Abschließende Beobachtungen bilden den fünften Teil der Arbeit.

2 Operationalisierung des Untersuchungsgegenstands: Arbeitsmarktreformen

2.1 Definition von Arbeitsmarktreformen

Eine genaue Definition und Operationalisierung des Reformbegriffs ist unabdingbar, um eine "Kosten-Nutzen-Analyse"[6] und somit eine politökonomische Analyse überhaupt durchführen zu können.

In der vorliegenden Arbeit sind Reformen definiert als die umfassende Neuausrichtung wirtschaftlicher oder politischer Prozesse oder Strukturen, die über rein operative Politik oder Anpassungen hinausgeht[7]. Zwei wesentliche Merkmale charakterisieren Reformen (vgl. etwa CEPAL 2000: 97ff) sowohl auf der Ziel- als auch auf der Mittelebene:

- Reformbreite (siehe Abbildung 1): Reformen umfassen stets eine Mehrzahl von Maßnahmen. Eine einzelne Politikentscheidung, beispielsweise die Reduzierung von Lohnnebenkosten, ist nicht als Reform anzusehen. Der Reformbegriff erfordert zumindest, dass in einem Politikbereich oder Politikfeld verschiedene Maßnahmen zur Veränderung des status quo geplant oder umgesetzt werden. Auf dem höchsten Aggregationsniveau können alle direkten und indirekten Maßnahmen eines Landes zur Neuausrichtung der Wirtschaftspolitik als *eine* Reform verstanden werden. Oft wird dies auch als Reformpaket verstanden. Der Fokus dieser Arbeit beschränkt sich jedoch auf einen Teilbereich, das Politikfeld des Arbeitsmarktes.
- Reformtiefe: die Reformmaßnahmen führen, wenn sie erfolgreich sind, zu einer *qualitativen* Änderung im Vergleich zum status quo. In der Regel erfordern Reformen zumindest die Änderung von Gesetzen oder vergleichbaren innenpolitischen Normen.

Obgleich definitorisch nicht zwingend, so ist typischerweise mit dem Reformbegriff der normative Anspruch einer Verbesserung gegenüber dem *status quo* verbunden. Eine bestimmte inhaltliche Richtung der Reformen ist dabei aber prinzipiell nicht vorgegeben. Die Zentralisierung von Tarifverhandlungen kann ebenso eine Reform darstellen wie der umgekehrte Prozess.

---

6 Gemeint ist selbstverständlich nicht eine finanzwissenschaftliche Kosten-Nutzen-Analyse, sondern eine Abschätzung der den verschiedenen Akteuren aus der Reform zufallenden Nutzenzuwächsen bzw. -einbußen, sowie die Kosten, die aus einem für oder gegen die Reform gerichteten Engagement entstehen.

7 Die in Lateinamerika seit den 1980er Jahren durchgeführten Reformen haben viele Elemente gemein mit den Reform- oder Transitionsprozessen in den mittel- und osteuropäischen Staaten und der ehemaligen Sowjetunion (vgl. Przeworski 1991; Drazen 2000: 615ff). In Anlehnung an Drazen kann Transition verstanden werden als "the attempt to effect a significant qualitative economic [and political; DB] change, where the magnitude that is contemplated implies that reforms in many areas may be needed" (Drazen 2000: 619f). Die Übereinstimmung dieser Definition mit dem hier verwendeten Reformbegriff ist augenfällig, Transition und Reform sind für das hier untersuchte Thema äquivalent: Auch die lateinamerikanischen Reformen können als wirtschaftliche und politische Transition begriffen werden. Dennoch wird im folgenden nur von Reformen die Rede sein und somit dem üblichen Sprachgebrauch gefolgt, der den Transitionsbegriff für die Reformprozesse in den ehemaligen Ostblockstaaten reserviert hat.

Abbildung 1: Reformpaket, Reformen und Reformmaßnahmen

Politikfeld 1 (Außenhandel)	Politikfeld 2 (Steuerpolitik)	Politikfeld 3 (Arbeitsmarkt)	etc.	Definition
(Global-)Reform, Reformpaket				:= Reformpaket
Handelsreform	Steuerreform	Arbeitsmarktreform	etc.	:= Reform
– Abschaffung NTH – Zollsenkung – etc.	– Verbesserung der Steuerbehörden – Einführung/ Abschaffung von Steuern – etc.	– Abbau des Kündigungsschutzes – Senkungen der Mindestlöhne – Liberalisierung des Tarifvertragsrechts – etc.	– Maßnahme 1 – Maßnahme 2 – etc.	:= Reformmaßnahme

Bei der Betrachtung der wirtschaftlichen Reformprozesse in Lateinamerika (und auch in anderen Weltregionen) seit den 1980er Jahren macht eine solche inhaltliche Offenheit keinen Sinn. Im Zuge dieser Reformen ist der Reformbegriff mit eindeutig definierten übergeordneten Zielvorstellungen normativ näher spezifiziert worden: die Reformen sind von einer im Grundsatz neoliberalen Weltsicht geprägt gewesen. Die Stärkung des Privatsektors und des Marktes, Deregulierung und generell die Verringerung der Rolle des Staates in der Wirtschaft gaben die Richtung der Reformen auch in Lateinamerika vor. Es hat sich eingebürgert, die Gesamtheit der Reformen, welche diesem Weltbild entsprechen, unter dem Begriff des "Washington Consensus" (1998) zusammenzufassen (siehe Tabelle 1).[8]

Zwar gehörten Reformen, die auf eine Deregulierung des Arbeitsmarktes abzielen, von Beginn an zum Kanon des Washingtoner Konsenses (siehe Punkt 9 in Tabelle 1). Eine umfassende Deregulierung sollte, so wurde argumentiert, auch vor dem Arbeitsmarkt nicht halt machen. Dennoch fällt auf, dass Reformen des Arbeitsmarktes nur ein vergleichsweise geringes Gewicht zukommt.

2.2 Konzeptualisierung von Reformen: Gesamtgesellschaftliche Effizienzverbesserung oder Verteilungsproblematik

Die Konzeptualisierung von Reformen beeinflusst die Art und Weise der politökonomischen Analyse. Zwei grundsätzliche Betrachtungsweisen können hierbei unterschieden werden: Das Hauptaugenmerk kann entweder auf den (intendierten) gesamtgesellschaftlichen Auswirkungen von Reformen liegen, d.h. der Erhöhung der gesamtwirtschaftlichen Wohlfahrt, oder auf den Verteilungswirkungen, also dem Verhältnis von Reformverlierern und –gewinnern.

8 Es ist anzumerken, dass der Washingtoner Konsens trotz seiner immensen normativen Wirkung auf die Wirtschaftspolitik – nicht nur in Lateinamerika – von verschiedener Seite kritisch hinterfragt wurde. Zu erwähnen ist nicht nur die Fundamentalkritik der Linken und von sozialen Bewegungen, sondern auch etwa die Kritik an der Beschränktheit bzw. Blindheit des Konsenses im Hinblick auf die Rolle von Institutionen, die innerhalb der Weltbank unter der Ägide von Joseph Stiglitz als Chefvolkswirt formuliert wurde (vgl. World Bank 1997; Burki/Perry 1998).

Tabelle 1: Der Washingtoner Konsens

	Politikbereich	**Politikempfehlungen im Sinne des Washingtoner Konsenses**
1.	Fiskalpolitik	Verringerung bzw. Eliminierung von Defiziten öffentlicher Haushalte (einschl. lokaler Regierungen und Staatsunternehmen)
2.	Struktur der öffentlichen Ausgaben	Erhöhung von Investitionsausgaben zu Lasten von Konsumausgaben; Erhöhung von Ausgaben mit einer hohen volkswirtschaftlichen Rendite (z.B. Bildung, Infrastruktur) zu Lasten von Ausgaben mit niedriger Rendite (z.B. Verteidigung)
3.	Steuerreform	Verbreiterung der Steuerbasis, Verringerung der Grenzsteuersätze, Verbesserung der Steuerverwaltungseffizienz
4.	Finanzpolitik	Schaffung marktbestimmter Zinssätze, Abschaffung präferenzieller Kreditkonditionen, Erzielung positiver realer Zinssätze
5.	Wechselkurspolitik	Schaffung eines einheitlichen Wechselkurses
6.	Außenhandel	Ersetzung nichttarifärer Handelshemmnisse durch Zölle, graduelle Zollsenkungen
7.	Ausländische Direktinvestitionen	Abbau von Zugangsbeschränkungen für ausländische Firmen; Schaffung gleicher rechtlicher Bedingungen für einheimische und ausländische Unternehmen
8.	Privatisierung	Privatisierung von Staatsunternehmen
9.	Marktregulierung	Verringerung des Regulierungsniveaus; Schaffung gleicher Bedingungen für alle Unternehmen; Sicherung des Wettbewerbs; Regulierung nur in begründeten Fällen (z.B. Umwelt, Sicherheit etc.)
10.	Eigentumsrechte	Sicherung/Stärkung der Eigentumsrechte insb. von Privatpersonen[9]; Landreform

Quelle: Williamson (2002: Cuadro 3b)

Unter der Annahme, dass eine Reform zu einer *Pareto-Verbesserung* der gesellschaftlichen Wohlfahrt führt, dass durch die Reform also keine (nichtkompensierbaren) Verlierer geschaffen werden, können Reformen als öffentliches Gut angesehen werden, von dem alle Individuen der Gesellschaft einen Nutzenzuwachs erhalten. Jeder einzelne kann durch die Reform besser gestellt werden[10], keiner kann von dem aus den Reformen erwachsenden Nutzenzuwachs ausgeschlossen werden. Die politökonomische Analyse der Reformen kann dann als Problem kollektiven Handelns modelliert werden (Haggard et al. 1996: 20). In der Sprache der Spieltheorie stellen Reformen ein Koordinationsspiel dar, das wesentliche Problem ist das Auftreten von Trittbrettfahrern.

Im Gegensatz zu diesem ersten Reformverständnis rückt das zweite die Verteilungseffekte von Reformen in den Vordergrund. Reformen haben in aller Regel auch Verlierer (zumindest kurz- und mittelfristig) oder die Kompensationsmechanismen

9 Ein Konsens über die Bedeutung von Eigentumsrechten für die wirtschaftliche Entwicklung und den konkreten Reformbedarf in Lateinamerika konnte *de facto* nicht erzielt werden (vgl. Williamson 1990: 31-33); nicht zuletzt dürfte dies auch daran liegen, dass die Stärkung von Eigentumsrechten und die Durchführung von Bodenreformen konfligierend sind, weshalb sich klare Politikempfehlungen nicht ableiten lassen.

10 Nach einem erweiterten Verständnis (Kaldor-Hicks-Kriterium) gilt das Pareto-Kriterium auch als erfüllt, wenn *nach einer Kompensation* der Reformverlierer durch die Reformgewinner alle Individuen durch die Reform besser gestellt sind.

werden nicht implementiert, d.h. es erfolgt eine Umverteilung, die bei einem oder mehreren Akteuren Nutzeneinbußen zur Folge hat.

Welches Konzept ist nun als Basis für eine politökonomische Analyse von Reformen geeignet? In den Rechtfertigungen der Wirtschaftsreformen seit den 1980er Jahren wird vor allem das Ziel der Effizienzerhöhung betont, Verteilungs- und Gerechtigkeitsfragen sind nachgeordneter Natur. Dass dennoch die Durchführung von Reformen mit Widerständen verbunden ist, macht jedoch deutlich, dass Reformen von den betroffenen Akteuren als Verteilungsproblem angesehen werden. Selbst wenn Reformen langfristig zu einer Effizienzverbesserung führen mögen, so überwiegen doch offenbar im Zeithorizont der wirtschaftlichen und politischen Akteure die Verteilungsprobleme. Ein politökonomisches Modell für die Analyse der Reformen, das ja gerade das (rational motivierte) Handeln der Akteure als Ausgangsbasis nimmt, kommt daher nicht umhin, Reformen als Verteilungsproblem zu konzeptualisieren: die Frage nach Gewinnern und Verlierern der Reformen rückt damit in den Vordergrund.

2.3 Reformerfolg und Reformscheitern

Die Wahrscheinlichkeit für den Erfolg bzw. das Scheitern neoklassischer Arbeitsmarktreformen ist die abhängige Variable der Untersuchung. Der Reformerfolg ist dabei definiert als die erfolgreiche Verabschiedung und Implementierung einer Reform. Analog wird von Reformscheitern gesprochen, wenn Reformen nicht erfolgreich verabschiedet und implementiert werden.

Reformerfolg und Reformscheitern haben eine inhaltliche und eine formale Komponente: Die Nichtimplementierung (z.B. durch Scheitern eines Gesetzesentwurfs im Gesetzgebungsprozess) stellt ein *formales* Scheitern einer Reform dar; dies wird in Abschnitt 2.3.1 näher dargestellt. Oft ist jedoch zu beobachten, dass Reformmaßnahmen zwar verabschiedet und implementiert werden, diese jedoch im Diskussions- und Entscheidungsprozess so verwässert worden sind, dass die mit der Reform verfolgten Ziele nicht erreicht werden können. Diese *inhaltliche* Komponente von Reformerfolg oder -scheitern wird in Abschnitt 2.3.2 eingehender diskutiert.

Die hier verwendete Konzeption des Reformerfolgs unterscheidet sich von derjenigen vieler anderer Studien. Meistens ist die *Effektivität* von Reformen die abhängige Variable, d.h. das Ausmaß, in dem die Reformen die durch sie angestrebten Ziele erreichen. Das Ergebnis von Reformen wird jedoch durch eine Vielzahl exogener Faktoren beeinflusst, welche von einer politökonomischen Analyse nicht berücksichtigt werden können (vgl. Dollar/Svensson 1998: 13f)[11]. Daher erscheint es gerechtfertigt, die Implementationswahrscheinlichkeit und nicht das Ergebnis von Reformen als abhängige Variable zu wählen.

---

11 Natürlich lassen sich diese exogenen Faktoren, insb. exogene Schocks, nicht völlig aus der Analyse ausblenden. So können exogene Schocks Veränderungen des Kosten-Nutzen-Kalküls (und somit der Präferenzen) oder der Durchsetzungswahrscheinlichkeit von Akteuren beeinflussen.

Der – formale oder inhaltliche – Misserfolg von Reformen hängt von einer Reihe notwendiger Voraussetzungen ab, die in dem weiter unten entwickelten politökonomischen Analysemodell im Detail dargestellt werden (vgl. Kapitel 5):

(a) Geplante oder durchgeführte Reformen müssen kollektive Akteure negativ betreffen.
(b) Die negative Betroffenheit muss zu einem gegen die Reformen gerichteten Verhalten führen. Zu untersuchen ist daher, bei welchen Akteuren und unter welchen Umständen die Betroffenheit auch zum Handeln führt und in welcher Form dieses Handeln auftritt.
(c) Die gegen die Reformen Widerstand leistenden Akteure müssen sich gegenüber den Reformbefürwortern durchsetzen. Es ist also festzustellen, welche Akteure über die gesellschaftlichen oder politischen Kapazitäten verfügen, ein Scheitern von Reformen herbeizuführen.

Nur wenn alle drei Bedingungen erfüllt sind, scheitern Reformen.

2.3.1 Phasen von Reformprozessen und formales Reformscheitern

In unterschiedlichen Phasen eines Reformprozesses können unterschiedliche Gefahren für die erfolgreiche Durchführung von Reformen auftreten. Auch die politökonomische Modellierung muss die zwischen den Reformphasen bestehenden Unterschiede hinsichtlich des Kosten-Nutzenkalküls der Akteure und ihrer Durchsetzungschancen berücksichtigen. Daher soll zunächst eine kurze Charakterisierung der unterschiedlichen Reformphasen erfolgen.

Nach Haggard und Kaufman durchläuft jede Reform drei Phasen: Initiierung, Implementierung und Konsolidierung (vgl. Haggard/Kaufman 1992)[12]. Diese Phasenunterscheidung soll hier aufgenommen, jedoch noch um eine weitere Phase zwischen Initiierung und Implementierung ergänzt werden: die Entscheidungsphase, in welcher nach der einleitenden Diskussion und Planung der Reform über die Implementierung (formal) entschieden wird.

In der *Initiierungsphase* werden die Reformen und ihre Maßnahmen geplant. Im Hinblick auf mögliche politische Gefährdungen der Reformen in dieser Phase ist zu untersuchen, ob die Beteiligung möglichst vieler gesellschaftlicher Akteure (die Bildung sog. politischer Pakte) positive Auswirkungen auf eine erfolgreiche Umsetzung der Reformen hat. Aus politökonomischer Sicht könnte argumentiert werden, dass eine Beteiligung vieler Akteure an der Planung von Reformen zu deren Verwässerung führt. Es besteht dann die Gefahr, dass die Reformen langfristig kaum Ergeb-

---

12 In der Demokratisierungsforschung werden die drei Phasen als Liberalisierung, Transition und demokratische Konsolidierung bzw. zweite Transition bezeichnet (vgl. Mainwaring 1992; Maihold 1996: 68f). Speziell im Hinblick auf den wirtschaftlichen Reformprozess unterscheidet die Interamerikanische Entwicklungsbank fünf Reformphasen: "(i) stabilization and adoption of major reforms; (ii) economic recovery or boom; (iii) recovery comes under stress; (iv) correction or crisis; and (v) post reform growth" (Inter-American Development Bank 1996: 8). (i) umfasst sowohl die Initiierung als auch die Implementierung, während (ii) bis (v) die Phase der Konsolidierung untergliedern. Für eine politökonomische Untersuchung, deren Fokus gerade auf der Initiierungs- und Entscheidungsphase liegt, erscheint die IDB-Typologisierung der Reformphase aufgrund ihrer Betonung der Konsoliderungsphase als eher ungeeignet.

nisse hervorbringen. In diesem Sinne bestehen Spannungsverhältnisse zwischen der Vermeidung politischer Gefahren für die Implementierung von Reformen und der Vermeidung wirtschaftlicher und sozialer Gefahren für die Nachhaltigkeit von Reformen.

In der *Entscheidungsphase* wird die formale Entscheidung über die Durchführung einer bestimmten Reform oder Reformmaßnahme getroffen. In Demokratien kann dies etwa in Form einer parlamentarischen Abstimmung (oder auch einer Volksabstimmung) über ein Reformgesetz erfolgen, aber auch in Form eines Kabinettsbeschlusses, eines Regierungsdekretes etc. Die Entscheidungsregeln sind also sehr heterogen, sowohl im Ländervergleich als auch über Zeit und über verschiedene Reformbereiche hinweg. Im Unterschied zu autoritär regierten Staaten finden jedoch in Demokratien formal geregelte Entscheidungsprozeduren Anwendung.

Das Ergebnis einer erfolgreich durchlaufenen Entscheidungsphase ist in der Regel ein offizielles Dokument (Regierungsdekret; Verordnung; Gesetz o.ä.), welches die Ziele und Maßnahmen der Reform spezifiziert und Vorgaben für ihre Implementierung festlegt.

Ist eine Reform erfolgreich verabschiedet, so beginnt die *Implementierungsphase*. Diese umfasst die Umsetzung der verabschiedeten Maßnahmen. Jeder neue Reformschritt, jede neue Reformmaßnahme kann den Widerstand einzelner Akteure herbeiführen und damit das gesamte Reformpaket gefährden.

Auch während der Implementierungsphases besteht wieder die Gefahr eines Trade-Offs zwischen kurz- und langfristigen Erfolgschancen einer Reform. So kann ein Verzicht auf die Implementation einzelner, besonderen politischen oder gesellschaftlichen Widerstand hervorrufender Reformmaßnahmen, der auf die Sicherung des Gesamtreformpakets abzielt, dazu führen, dass die Reform die angestrebten Ziele nicht erreichen kann und dann in der Konsolidierungsphase scheitert.

Die vierte und letzte Phase einer Reform ist die *Konsolidierung*. Im Zusammenhang mit wirtschaftlichen Reformen gilt sie als erreicht, "when there is a generalized recognition that the reforms are generating sustainable and solid results [...]. In most cases, this means that the reformist government has succeeded in forming broad and stable political coalitions and has convinced a large proportion of the population of the merits of the new economic order" (Edwards 1995: 9f). Das Erreichen der Konsolidierungsphase setzt also die erfolgreiche Umsetzung aller wesentlichen Reformmaßnahmen voraus, und das erfolgreiche Bestehen der Konsolidierungsphase setzt voraus, dass die Reformen die angestrebten Ergebnisse in angemessenem Umfang erreichen, d.h. ein Mindestmaß an Effektivität haben.

Bei einer zeitlichen Betrachtung des Reformprozesses wird deutlich, dass der Erfolg einer Reform in jeder der Phasen des Reformprozesses zur Disposition gestellt ist. Eine erfolgreiche Reform ist nur dann gegeben, wenn dem Reformziel dienliche Gesetze oder Dekrete verabschiedet, implementiert und nicht wieder revidiert werden. Diese Bedingungen müssen erfüllt sein, damit von einer erfolgreichen Reform gesprochen werden kann.

Unterscheidet man die oben genannten vier Phasen einer Reform – Initiierung, Entscheidung, Implementierung und Konsolidierung – so existieren die folgenden Varianten einer gescheiterten Reform (siehe Abbildung 2):

- *"Fehlstarter":* Reformansätze werden bereits in einer Frühphase des Diskussionsprozesses gestoppt, ohne dass es zu einer formalen Entscheidung über sie kommt;
- *Formelle Nichtverabschiedung:* dem Reformziel entsprechende Reformmaßnahmen werden nicht oder nur unzureichend beschlossen;
- *Gescheiterte Implementation:* dem Reformziel entsprechende Reformmaßnahmen werden verabschiedet, jedoch nicht oder nur unzureichend umgesetzt;
- *Revision/Abkehr von Reformen:* bereits umgesetzte Reformen werden revidiert[13]. In der Regel haben Reformen in der Konsolidierungsphase nicht mehr den hohen Stellenwert in der öffentlichen Diskussion, den sie in den ersten beiden Phasen oder zu Beginn der Implementierung hatten. Eine solche Abkehr von Reformen ist möglich bei: (a) Veränderungen der Präferenzen der durchsetzungsfähigen Akteure; (b) Veränderungen der Durchsetzungsfähigkeit von Akteuren. Diese können durch die Reform selbst hervorgerufen werden[14] oder durch exogene Schocks. Denkbar ist auch, dass Reformen in anderen Bereichen, etwa politische Reformen oder Dezentralisierung, zu einer innenpolitischen Kräfteverschiebung führen, die mit Rückwirkungen auf wirtschaftliche Reformen verbunden ist.

Abbildung 2: Reformphasen und Erfolg/Scheitern von Reformen

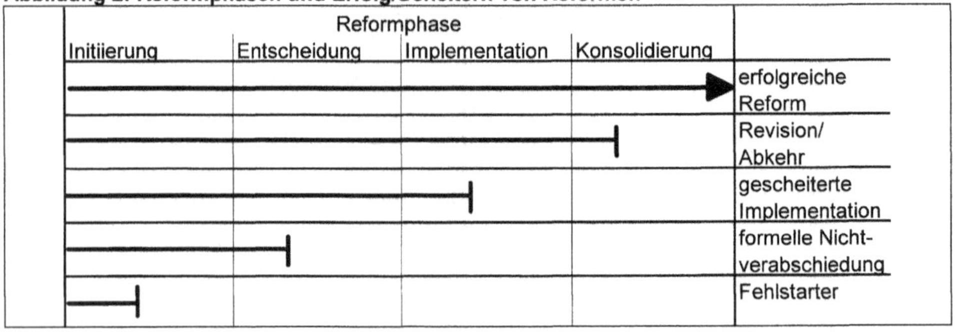

Mit Ausnahme der Fehlstarter lassen sich alle gescheiterten Reformversuche relativ problemlos beobachten, da sie offiziell dokumentiert sind. Um hingegen Fehlstarter

---

13 Eine Abkehr von Reformen kann in zwei Varianten erfolgen: zum einen kann eine amtierende Regierung einen politischen Kurswechsel durchführen. Zu überlegen ist hier, ob dies bei einer demokratischen Regierung eher der Fall ist als bei einer autoritären, da erstere ja dem Volke verantwortlich ist, sich gegenüber dem Willen der Bevölkerungsmehrheit also responsiv zeigen muß. (Diese Frage wird unter dem Begriff der relativen Autonomie von Staaten gegenüber der Gesellschaft seit vielen Jahren v.a. von der neomarxistischen Sozialwissenschaft untersucht. Im Liberalismus entspricht ihr die Unterscheidung von starken und schwachen Staaten.) Zweitens kann die Reformregierung an der Macht abgelöst werden.

14 Bei vollständiger Information und ohne die Berücksichtigung von Unsicherheit wird ein rationaler Akteur die von Reformen induzierten negativen Veränderungen seiner Durchsetzungschancen antizipieren und daher gleich bei der Reforminitiierung Widerstand leisten. Das obengenannte Beispiel trifft daher nur bei unvollständiger Information zu.

zu identifizieren, bedarf es einer eingehenden Analyse des Diskussionsprozesses in der Initiierungsphase.[15]

Das Augenmerk der vorliegenden Arbeit liegt auf den Entscheidungs- und Implementationsphasen.

2.3.2 Operationalisierung von inhaltlichem Reformerfolg und Reformscheitern

Die Beurteilung, ob eine Reform inhaltlich erfolgreich ist, ist naturgemäß ungleich schwerer als die Bewertung der formalen Aspekte. Insbesondere die Initiierungs- und Entscheidungsphase sind hierbei problematisch. In der Implementierungs- und Konsolidierungsphase kann hingegen der "output" der Entscheidungsphase (also das legale Reformdokument, welches Ziele und Mittel der Reform festlegt) als Maßstab für den Reformerfolg herangezogen werden: wenn eine Reform die dort festgelegten Ziele erreicht, ist sie erfolgreich.

In den ersten beiden Reformphasen fehlt ein solcher Maßstab. Als Ausweg bietet sich aber der Rückgriff auf die bereits dargestellte neoklassische Arbeitsmarkttheorie und die aus ihr abgeleiteten Reformerwartung an: eine Reform hat demnach erfolgreich die Initiierungs- und Entscheidungsphase durchlaufen, wenn das legale Reformdokument (also das Gesetz, Dekret, etc.) der neoklassischen Reformerwartung entspricht. Im Rahmen des in der vorliegenden Arbeit entwickelten politökonomischen Modells wird eine Reform als erfolgreich eingestuft, wenn sie formell verabschiedet und von der Bürokratie implementiert wurde und die verabschiedeten Maßnahmen im Einklang mit neoklassischen Vorschlägen zur Arbeitsmarktpolitik sind.

Angesichts der Diskrepanz, welche in Lateinamerika (und insbesondere auch in Argentinien) oft zwischen Normen und Normerfüllung besteht, wird die alleinige Betrachtung der legalen Situation zu Recht als naiv kritisiert[16]. Von der rechtlichen Verabschiedung einer Norm und ihrer Implementierung bis zur effektiven Berücksichtigung in der Praxis ist es oft ein langer Weg, so dass der legale Akt wenig über Erfolg oder Misserfolg der Reform aussagt. Daher wird im Rahmen der Arbeit auch der inhaltlichen, substanziellen Erfolg von Arbeitsmarktreformen (aus neoklassischer Sicht) berücksichtigt. Dies geschieht zum einen durch einen Vergleich der Entwicklung wesentlicher Arbeitsmarktindikatoren vor und nach den Reformen (Arbeitslosigkeit und Beschäftigung, Größe des informellen Sektors, Lohnstruktur; vgl. Abschnitt 7.8.2). Zum anderen wird im Rahmen der Arbeit auch das Arbeitsinspektionswesen untersucht, welches ja gerade zum Ziel hat dass das Arbeitsrecht in den Unternehmen beachtet wird.

Schließlich ist noch zu fragen, welche Skalierung zur Messung des inhaltlichen Reformerfolgs angebracht ist. Schließlich lassen sich alle möglichen inhaltlichen Reformergebnisse auf einem Kontinuum von "völlig der neoklassischen Reformerwartung entsprechend" bis "der neoklassischen Reformerwartung völlig entgegenge-

15 Als Methoden kommen hierfür die Auswertung von Sekundärquellen, die Medienanalyse oder Interviews der relevanten Akteure in Frage.

16 Vgl. hierzu beispielsweise die verschiedenen Papiere von Nino und Waldmann über den anomischen Staat, insbesondere Nino (1992) und Waldmann (1996; 2002).

setzt" abbilden. Irgendwo auf diesem Kontinuum liegt die Grenze zwischen Reformerfolg und Reformscheitern, problematisch ist aber deren Festlegung, wenn sie den Erfordernissen der Validität und Reliabilität gerecht werden soll. Dollar/ Svensson lösen diese Frage, indem sie die Bewertung über Erfolg oder Scheitern von Strukturanpassungskrediten der Weltbank vom *Operations Evaluation Department* der Weltbank übernehmen (1998: 13f). Eine ähnliche Instanz zur Bewertung von Arbeitsmarktreformen liegt leider nicht vor. In der vorliegenden Untersuchung wird daher die Bewertung über Reformerfolg oder –scheitern vom Autor übernommen, wobei die Aspekte einer Reform expliziert werden, die jeweils der neoklassischen Reformerwartung entsprechen bzw. nicht entsprechen.

TEIL 2 – ÖKONOMISCHE ASPEKTE DER ARBEITSMARKTREFORMEN IN ARGENTINIEN

3 Die ökonomische Begründung von Arbeitsmarktreformen

Wie in der Einleitung bereits kurz erwähnt, sind die Arbeitsmarktreformen in Lateinamerika (wie auch die anderen Wirtschaftsreformen) von einer im Grundsatz neoliberalen Weltsicht geprägt, welche auf der Anwendung neoklassischer Theorie basiert. Die neoklassische Arbeitsmarkttheorie stellt damit den Bezugspunkt unserer Analyse dar. Es wird zu untersuchen sein, ob und inwiefern die empirisch zu beobachtenden Arbeitsmarktreformen in Lateinamerika mit den Reformen übereinstimmen, die aus ökonomischer, d.h. neoklassischer Sicht zu erwarten sind. Die These der Arbeit ist dabei, wie bereits in der Einleitung angedeutet, dass aufgrund innenpolitischer Macht- und Interessenkonstellationen die tatsächlich durchgeführten (oder auch unterlassenen) Reformen von den ökonomisch begründeten abweichen.

Noch ein weiterer Grund lässt es sinnvoll erscheinen, die neoklassische Theorie als Ausgangspunkt zu wählen. Da neoklassische Theorie und politökonomische Modelle auf den gleichen Grundannahmen – methodologischer Individualismus und dem *homo oeconomicus*, also nutzenmaximierenden, rationalen Akteur – basieren, lässt sich durch eine Verbindung der beiden Theoriestränge eine in sich konsistente Erklärung dafür finden, weshalb die neoliberalen Arbeitsmarktreformen gesamtwirtschaftlich zwar wünschbar, aber nur schwierig umsetzbar sind.

Ziel dieses Kapitels ist es, aus der neoklassischen Arbeitsmarkttheorie Reformempfehlungen für die lateinamerikanischen Arbeitsmärkte herzuleiten oder doch zumindest generelle Reformrichtungen vorzugeben. Diese Aufgabe wird dadurch erschwert, dass ein explizites neoklassisches Arbeitsmarktmodell, welches als Grundlage der Politikempfehlungen des Washingtoner Konsenses dient und den lateinamerikanischen Gegebenheiten angepasst ist, nicht vorliegt. Am ehesten hat diese Funktion das von der OECD seit etwa Anfang der 1980er Jahre entwickelte und heute als "Standardmodell" (vgl. Marshall 1997: 2ff) geltende Arbeitsmarktmodell. Gleichwohl ist auch dieses Modell theoretisch nicht völlig ausgearbeitet. Es wurde zudem zur Analyse und Politikempfehlung für die Arbeitsmärkte der OECD-Staaten entwickelt, und obgleich es auch in der lateinamerikanischen Arbeitsmarktpolitik eine Beispielrolle übernommen hat, ist es auf die spezifischen Eigenheiten der Region nicht zugeschnitten.

Daher werden im folgenden kurz das im Grundsatz auf Marshall (1920) und Hicks (1932) zurückgehende neoklassische Arbeitsmarktgrundmodell und anschließend einige für Lateinamerika relevante Modellerweiterungen dargestellt. Das OECD-Modell wird bei der Darlegung der neoklassisch begründeten Reformziele und -maßnahmen mitdiskutiert.

Es ist darauf hinzuweisen, dass die folgende Darstellung sich im wesentlichen auf das einfachste Modell beschränkt. Für die Herleitung von Reformempfehlungen sind vor allem die Identifikation der wichtigsten erklärenden Variablen und die grundsätzlichen Beziehungen zwischen exogenen und zu erklärenden Variablen von Bedeutung, weshalb die überwiegende Mehrheit existierender Modellvarianten und –erweiterungen unberücksichtigt bleiben kann. Auch Kritik am Modell und alternative Ansätze bleiben weitestgehend ausgeblendet.

3.1 Das neoklassische Basismodell des Arbeitsmarktes[17]

Aus neoklassischer Sicht, zumindest in der einfachsten Sicht, ist der Arbeitsmarkt ein Markt wie jeder andere (vgl. Sesselmeier/Blauermel 1997: 47f). Eine besondere neoklassische Theorie des Arbeitsmarktes ist daher nicht notwendig – die allgemeinen Gesetzmäßigkeiten etwa des Gütermarktes gelten auch auf dem Arbeitsmarkt. Insofern ist ein Großteil der folgenden Ausführungen lediglich eine Anwendung der neoklassischen Theorie auf den Arbeitsmarkt.

Insbesondere sind die Grundannahmen der Neoklassik natürlich auch für die Arbeitsmarkttheorie gültig. Ausgangspunkt ist der methodologische Individualismus mit dem Gedankenkonstrukt des *homo oeconomicus*, dessen Handeln rational ist und dem Eigeninteresse bzw. der Nutzenmaximierung dient, wobei das Grenznutzentheorem Maßstab für die Bestimmung des Nutzenmaximums ist. Jedes Handeln kann somit als Maximierungs- bzw. Optimierungsproblem behandelt werden. Die Koordination der individuellen Optimierungsprobleme erfolgt auf dem Markt mit dem Preis als zentralem Allokationsmechanismus.

Im folgenden wird die neoklassische Arbeitsmarkttheorie, dem üblichen Vorgehen folgend, in drei Schritten dargestellt. Nach der Theorie des Arbeitsangebots und der Arbeitsnachfrage wird das eigentliche Marktmodell erläutert, welches Aussagen über das Zusammentreffen von Angebot und Nachfrage und die Preisbildung auf dem Arbeitsmarkt macht.

3.1.1 Theorie des Arbeitsangebots

Das Arbeitsangebot – gemessen in Zeiteinheiten pro Periode, etwa Stunden pro Jahr – ergibt sich aus dem Produkt der Anzahl von Personen, die ihre Arbeitskraft zur Verfügung stellen (Erwerbspersonen) und der (durchschnittlichen) Anzahl von Arbeitsstunden die jede Person pro Periode anbietet.

3.1.1.1 Individuelles Arbeitsangebot

Für die Bestimmung des Arbeitsangebots eines Individuums wird angenommen, dass die gesamte ihm zur Verfügung stehende Zeit (T) sich aus Freizeit (L) und Arbeitszeit (H) zusammensetzt. Alle Aktivitäten außer der Arbeit sind dabei als Freizeit definiert. Es wird ferner angenommen, dass die Nutzenfunktion vom Konsum (X) – wobei das

17 Vgl. hierzu unter anderem die Darstellungen von Fallon/Verry (1988), Sapsford/Tzannatos (1993) sowie Franz (1994). Für die Theorie der Arbeitsnachfrage siehe Hamermesh (1993).

gesamte Einkommen für den Konsum aufgewendet wird – und von der Freizeit jeweils positiv abhängt, mit abnehmendem Grenznutzen:

$$U = U(X;L)$$

mit $\frac{\partial U}{\partial X} > 0; \frac{\partial^2 U}{\partial X^2} < 0$

und $\frac{\partial U}{\partial L} > 0; \frac{\partial^2 U}{\partial L^2} < 0$

Nutzenmaximierung unter der Budgetrestriktion $P \cdot X = W \cdot H + Y_0$ (wobei P den Preis des Konsumgutes, W den *Nominal*lohnsatz und Y_0 das sonstige *nominale* Einkommen bezeichnet), führt zur Funktion des Arbeitsangebotes:

$$H = f(\frac{W}{P}; \frac{Y_0}{P})$$

bzw. nach Normierung von P

$$H = f(w;y)$$

Die angebotene nutzenmaximierende Anzahl von Arbeitsstunden hängt also vom *Real*lohn und vom sonstigen *Real*einkommen ab.

Von Interesse ist nun insbesondere, wie das Arbeitsangebot auf Veränderungen des Arbeitslohnes w reagiert. Wie in Abbildung 3 grafisch dargestellt, lässt sich der Gesamteffekt einer Lohnveränderung oder einer Änderung des sonstigen Einkommens in die von der Preistheorie her bekannten Substitutions- und Einkommenseffekte zerlegen. Im Falle einer Lohnerhöhung von w_1 auf w_2 verteuert sich das Gut "Freizeit" relativ zum sonstigen Konsum y. Bei zunächst konstant gehaltenem Nutzenniveau U_1 wird daher die gewählte Menge Freizeit von L_1 auf L' reduziert (Substitutionseffekt S). Gleichzeitig ermöglicht das gestiegene Arbeitseinkommen ein höheres Nutzenniveau; der Einkommenseffekt I kennzeichnet den Übergang von U_1 auf U_2 bei konstanten relativen Preisen.

Abbildung 3: Individuelles Arbeitsangebot und Reallohnänderungen

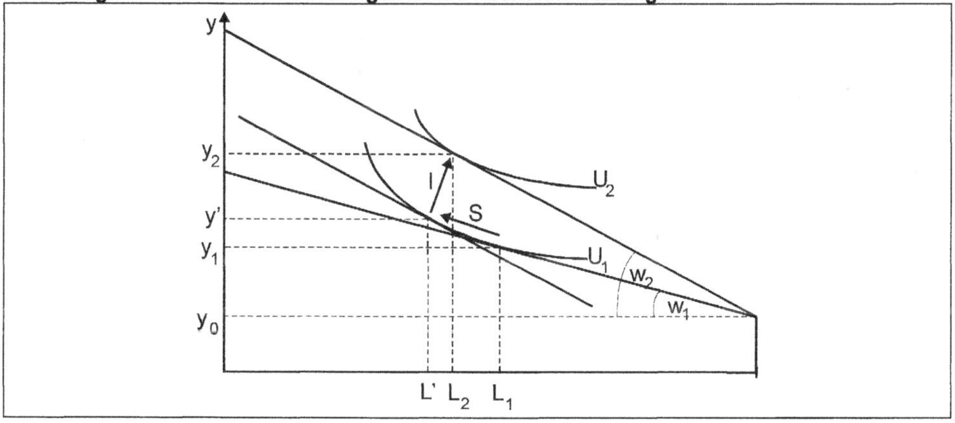

Sind, wie in Abbildung 3, Einkommens- und Substitutionseffekt gegenläufig gerichtet, so handelt es sich bei Freizeit um ein normales Gut, d.h. bei einem steigenden relativen Preis (steigender Reallohn) wird das Gut weniger nachgefragt und umgekehrt. Ob "Freizeit" ein normales oder inferiores Gut ist, ist letztlich aber eine empirische Frage. Die Theorie des Arbeitsangebots vermag hierüber ohne zusätzliche Annahmen über die individuelle Nutzenfunktion keine Aussagen zu machen.

Eine solche Annahme ist, dass ausgehend von einem geringen Arbeitslohn eine Lohnerhöhung zunächst zu einer Erhöhung des individuellen Arbeitsangebotes führt, also der Substitutionseffekt den Einkommenseffekt übersteigt (so wie in Abbildung 3 dargestellt), während bei hohen Ausgangseinkommen eine Lohnerhöhung zu einem Rückgang des Arbeitsangebotes führt, der Einkommenseffekt also den Substitutionseffekt übersteigt. Trifft diese Annahme zu, so wäre für Lateinamerika für den Großteil der Bevölkerung zu erwarten, das Lohnsteigerungen zu einem erhöhten Arbeitsangebot führen.

Im allgemeinen ist die individuelle Entscheidung über die angebotene Arbeitszeit nicht stetig, wie bisher angenommen, sondern diskret. Im einfachsten Fall besteht lediglich die Wahl, Arbeit anzunehmen oder nicht. Eine Person entscheidet lediglich, ob sie auf dem Arbeitsmarkt als Anbieter auftritt oder nicht (Partizipationsentscheidung).[18]

In der obigen Problemdarstellung stellt die Partizipationsentscheidung eine Randlösung mit $H=0$ und $L=T$ dar, d.h. die gesamte Zeit wird als Freizeit genutzt. Das Gesamteinkommen des Individuums entspricht dann seinem nicht durch Arbeit erzielten sonstigen Einkommen; das Individuum gehört dann nicht zu den Erwerbspersonen.

Bei aggregierter Betrachtung ist die individuelle Partizipationsentscheidung zugleich eine wichtige Determinante der Erwerbspersonenzahl, auf die im folgenden Abschnitt eingegangen wird.

3.1.1.2 Erwerbspersonenanzahl

Die Anzahl der Erwerbspersonen hängt von verschiedenen Faktoren ab. Von theoretischer Bedeutung ist dabei vor allem die Entscheidung von Individuen, als Anbieter auf dem Arbeitsmarkt aufzutreten oder nicht; diese Entscheidung bestimmt in ihrer Aggregation die Partizipationsrate. Weitere wichtige Determinanten der Erwerbspersonenanzahl sind die demographische Entwicklung (v.a. Geburtenraten und Migration) sowie institutionelle Faktoren wie die Dauer der Schulzeit oder das Rentenalter etc. Sie spielen zwar empirisch eine wichtige Rolle, sind jedoch aus theoretischer Sicht nur von geringer Bedeutung, da es sich hierbei nicht um Aktionsparameter der Arbeitsanbieter handelt. Sie werden weiter unten, bei der Darstellung der Entwicklung der lateinamerikanischen Arbeitsmärkte seit den 1980er Jahren näher behandelt.

18 Unter Berücksichtigung des informellen Sektors ist streng genommen die Entscheidung immer stetig, da der informelle Sektor die Möglichkeit eröffnet, ab Null Stunden aufwärts zu arbeiten. Dennoch ändert sich nichts an der Gültigkeit der Aussage, dass die Partizipationsentscheidung eine Randlösung der Arbeitszeitentscheidung ist.

Die individuelle Partizipationsentscheidung kann, wie im vorangegangenen Abschnitt erläutert, theoretisch als Randlösung der Entscheidung über die angebotenen Arbeitsstunden einer Person gesehen werden. Geht die Anzahl der von einem Individuum angebotenen Arbeitsstunden H gegen Null, so tritt es nicht mehr als Anbieter auf dem Arbeitsmarkt auf; die Partizipationsrate verringert sich c.p.

Die oben dargestellten Beziehungen zwischen Lohnhöhe bzw. Höhe des sonstigen Einkommens und individuellem Arbeitsangebot lassen sich daher auch auf die Partizipationsrate übertragen, und es lassen sich folgende Hypothesen ableiten:

1. Ausgehend von einem geringen Lohnniveau nimmt bei steigendem Reallohn w c.p. die Partizipationsrate zu und umgekehrt (Resignationseffekt);
2. Mit steigendem anderen Einkommen y_0 sinkt c.p. die Partizipationsrate (Zusatzarbeitseffekt).

3.1.2 Theorie der Arbeitsnachfrage

Die Nachfrage der Unternehmen nach Arbeit ist keine Nachfrage sui generis, vielmehr handelt es sich bei der Arbeitsnachfrage um eine Nachfragefunktion, die aus der Produktionsfunktion der Unternehmen und der Situation auf den Gütermärkten abgeleitet wird. Die Bestimmungsfaktoren und ihre Auswirkungen auf die Arbeitsnachfrage sollen nun schrittweise präzisiert werden.

Im einfachsten Fall werden von der Theorie der Arbeitsnachfrage die folgenden Annahmen getroffen:

- die Produktion des einzigen, homogenen Guts Q hängt von lediglich zwei (in sich homogenen) Produktionsfaktoren ab, Arbeit L und Kapital K. Die Produktionsfunktionen aller Unternehmen sind identisch;
- sowohl auf dem Gütermarkt als auch auf dem Arbeitsmarkt herrscht vollkommene Konkurrenz[19], d.h. jedes einzelne Unternehmen ist Preisnehmer auf beiden Märkten, der Preis P des Gutes Q und der Lohnsatz W sind für das Unternehmen gegeben;
- alle Unternehmen sind Gewinnmaximierer.

Auf der Basis dieser Annahmen wird zunächst die kurzfristige Arbeitsnachfrage eines Unternehmens abgeleitet.

Die (neoklassische) Produktionsfunktion des Unternehmens ist

$$Q = Q(K;L)$$

mit positiver, abnehmender Grenzproduktivität der beiden Produktionsfaktoren, d.h.

$$F_K > 0; F_{KK} < 0 \qquad \text{und} \qquad F_L > 0; F_{LL} < 0 \qquad \text{sowie } F_{KL} > 0; F_{LK} > 0 .$$

19 Für andere Marktformen auf dem Arbeitsmarkt und/oder Gütermarkt ändern sich zwar die Parameter der Arbeitsnachfragefunktion, die generellen Beziehungen bleiben jedoch unverändert. Da es für die hier untersuchte Fragestellung ausreichend ist, die Bestimmungsfaktoren der Arbeitsnachfrage zu ermitteln, beschränken sich die folgenden Ausführungen auf den einfachsten Fall, das Polypol auf Faktor- und Gütermarkt. Für eine Übersicht der Beziehungen in anderen Marktformen vgl. Fallon/Verry (1988: 88ff) und Ott (1991: 273ff).

Bei kurzfristiger Betrachtung kann der Kapitaleinsatz K als konstant angenommen werden (gegebene Produktionstechnologie). Die Produktionsfunktion vereinfacht sich dann zu

$$Q = Q(L) \quad \text{mit} \quad \frac{dQ}{dL} > 0; \frac{d^2Q}{dL^2} < 0.$$

Die notwendige Bedingung für ein Maximum des Unternehmensgewinnes

$$G = P \cdot Q(L) - W \cdot L - f$$

(mit *f* als vom Arbeitseinsatz unabhängigen Kosten) ist dann

$$\frac{dG}{dL} = P \cdot \frac{dQ}{dL} - W = 0 \quad \text{bzw.} \quad P \cdot \frac{dQ}{dL} = W.$$

Die Gewinnmaximierungsbedingung bei kurzfristiger Betrachtung ist also, dass das Grenzwertprodukt des Faktors Arbeit $P \cdot dQ/dL$ mit den Grenzausgaben, also bei vollkommener Konkurrenz dem Preis des Produktionsfaktors Arbeit (d.h. dem Lohnsatz *W*) übereinstimmt[20]. Die hinreichende Bedingung für ein Gewinnmaximum ist

$$\frac{d^2G}{dL^2} = P \cdot \frac{d^2Q}{dL^2} < 0.$$

Obwohl die Unternehmen im Fall der vollkommenen Konkurrenz annahmegemäß identische Produktionsfunktionen besitzen, ist die Gesamtnachfrage nicht durch die horizontale Addition der Nachfragefunktionen zu erhalten. Während nämlich ein einzelnes Unternehmen im Gütermarktpolypol den Preis durch Veränderungen der Produktion nicht beeinflussen kann, muss dieser Effekt bei aggregierter Betrachtung berücksichtigt werden. Dies ist in Abbildung 4 illustriert.

Ein repräsentatives Unternehmen mit der Nachfragefunktion D_1 fragt zum gegebenen Lohn W_0 die Menge L_0 Arbeit nach. Sinkt der Lohnsatz auf W_1, steigt die nachgefragte Arbeitsmenge auf *L'*. Dadurch steigt auch die Produktionsmenge des Unternehmens. Bei aggregierter Betrachtung muss dieser Effekt berücksichtigt werden. Da alle Unternehmen sich annahmegemäß identisch verhalten, d.h. auf eine Lohnsenkung mit erhöhter Nachfrage reagieren und entsprechend die Produktion erhöhen, steigt auch die Gesamtproduktion des Gutes. Der Preis des Gutes sinkt daher, und damit auch das Grenzumsatzprodukt des Faktors Arbeit für das einzelne Unternehmen – die Arbeitsnachfragefunktion verschiebt sich nach links zu D_2. Die sich durch die Lohnsenkung einstellende neue Beschäftigung im Unternehmen ist L_1. Die Punkte L_0/W_0 und L_1/W_1 liegen auf der gedachten Nachfragefunktion *D'* des Unternehmens. Von dieser Nachfragefunktion gelang man durch horizontale Addition zur kurzfristigen Arbeitsgesamtnachfragefunktion.

Im Ergebnis ist also die Elastizität der Arbeitsnachfrage in Abhängigkeit vom Lohnsatz bei aggregierter Betrachtung geringer als bei horizontaler Aggregation der individuellen Arbeitsnachfragefunktionen zu erwarten wäre.

---

20 Äquivalent ist die Aussage, dass im Gewinnmaximum das Grenzprodukt des Faktors Arbeit dem Reallohnsatz $w = W/P$ entsprechen muss.

Abbildung 4: Kurzfristige individuelle und aggregierte Arbeitsnachfragekurve

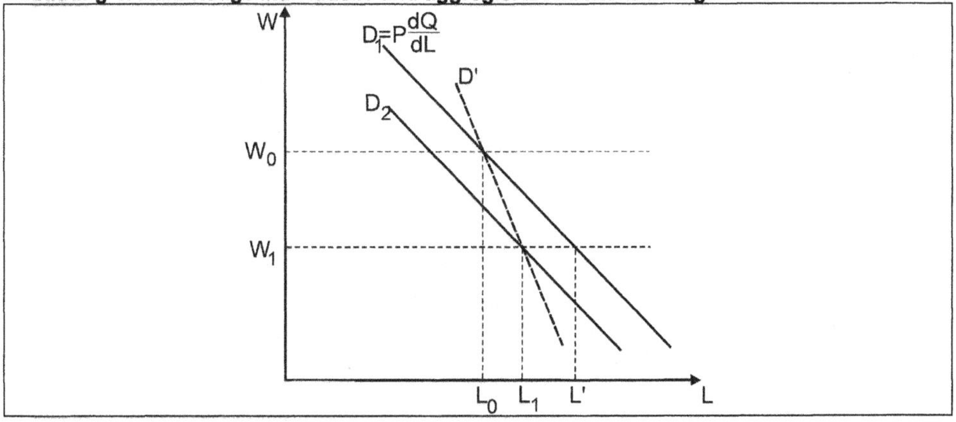

Als erstes Zwischenfazit aus der bisherigen Darstellung des einfachsten Modells kann gezogen werden, dass zwei wesentliche Determinanten der Arbeitsnachfrage der Lohnsatz und die Grenzproduktivität des Faktors Arbeit sind, die ihrerseits durch die Produktionstechnologie bestimmt wird.

In einem zweiten Schritt wird nun die Annahme der vollständigen Konkurrenz auf den Faktormärkten (d.h. Kapitalmarkt und – insbesondere – Arbeitsmarkt) und dem Gütermarkt aufgegeben, d.h. das Unternehmen sieht die Faktor- und Güterpreise nicht als Datum an. Zudem wird die Annahme des konstanten Kapitaleinsatzes aufgehoben; dies entspricht einer langfristigen Betrachtungsweise.

Wie eingangs dieses Abschnitts dargestellt, produziere das Unternehmen mit zwei, jetzt als variabel angenommenen Produktionsfaktoren Arbeit und Kapital ein homogenes Gut:

$$Q = F(K(R); L(W))$$

Zur Ermittlung der Arbeitsnachfragefunktion des Unternehmens wird wieder Gewinnmaximierung unterstellt. Zu maximieren ist die folgende Gewinnfunktion:

$$G = P \cdot Q - W(L) \cdot L - R \cdot K(R) - f$$

(mit R als dem Nominalzinssatz) unter der Nebenbedingung der Produktionsfunktion. Daraus ergeben sich unter Berücksichtigung der Amoroso-Robinson-Relation in allgemeiner Form die notwendigen Gewinnmaximierungsbedingungen

$$F_L = \frac{W}{P} \cdot \frac{1 + \varepsilon_{W,L}}{1 - 1/\varepsilon_{Q,P}} \quad \text{und} \quad F_K = \frac{R}{P} \cdot \frac{1 + \varepsilon_{R,K}}{1 - 1/\varepsilon_{Q,P}}$$

mit $\varepsilon_{Q,P}$ als Preiselastizität der Nachfrage und $\varepsilon_{W,L}$ bzw. $\varepsilon_{R,K}$ als Elastizitäten des Lohn- bzw. Zinssatzes in Abhängigkeit der jeweils eingesetzten Faktormenge.

Die Herleitung der eigentlichen Arbeitsnachfragefunktion des Unternehmens ist mit vertretbarem Aufwand nur unter zusätzlichen Annahmen über die Produktionsfunktion möglich. Darauf soll hier weitestgehend verzichtet werden[21]. Auch auf der Basis der bisherigen Herleitung lassen sich weitere Mechanismen des (neoklassisch modellierten) Arbeitsmarktes verdeutlichen, nämlich die Auswirkungen der Marktstrukturen des Güter- und Arbeitsmarktes auf die Arbeitsnachfrage.[22] Dazu werden auf dem Arbeitsmarkt und auf dem Gütermarkt jeweils vollkommene Konkurrenz und Monopol bzw. monopolistische Konkurrenz voneinander unterschieden.

Bei vollkommener Konkurrenz auf dem Arbeitsmarkt wirken sich Änderungen der Beschäftigung im Unternehmen nicht auf den Lohn aus, d.h. $\varepsilon_{W,L} = 0$. Auf dem Gütermarkt ist die Preiselastizität der Nachfrage unendlich, d.h. $\varepsilon_{Q,P} \rightarrow \infty$; eine auch nur marginale Preiserhöhung würde zum vollständigen Einbruch der Nachfrage führen. Für diesen (bereits zu Beginn des Abschnitts dargestellten) Spezialfall vereinfacht sich die Gewinnmaximierungsbedingung zu

$$F_L = \frac{W}{P},$$

im Gewinnoptimum müssen also Grenzprodukt des Faktors Arbeit und Reallohn übereinstimmen.

Vergleicht man diese Situation nun mit einem Unternehmen, das Monopolist auf dem Gütermarkt, d.h. $\varepsilon_{Q,P} < \infty$, und Preisnehmer auf dem Arbeitsmarkt ist, so ist

$$F_L = \frac{W}{P} \cdot \frac{1}{1 - 1/\varepsilon_{Q,P}}$$

die Optimalitätsbedingung. Da $\varepsilon_{Q,P}$ endlich ist, wird der zweite Bruch auf der rechten Seite größer als 1. Damit die Optimalitätsbedingung erfüllt bleibt, muss F_L größer sein als im Falle vollkommener Konkurrenz. Wegen $F_{LL} < 0$ bedeutet dies, dass die Nachfrage des monopolistischen Unternehmens nach Arbeit geringer als im Falle vollkommener Konkurrenz auf dem Gütermarkt. Abbildung 5 verdeutlicht dies grafisch.

Eine ähnliche Überlegung lässt sich für das Monopson auf dem Arbeitsmarkt anstellen. Für ein monopsonistisches Unternehmen (welches gleichzeitig Preisnehmer auf dem Gütermarkt ist), gilt die Optimierungsbedingung

$$F_L = \frac{W}{P} \cdot \left(1 + \varepsilon_{W,L}\right),$$

wobei $\varepsilon_{W,L} > 0$, d.h. eine Zunahme der Beschäftigung führt zu einem Lohnanstieg. Der Ausdruck in der Klammer ist somit größer als 1. Der Vergleich zwischen dem Monopson und vollkommener Konkurrenz auf dem Arbeitsmarkt hat somit das gleiche Ergebnis wie der Vergleich zwischen Monopol und vollkommener Konkurrenz auf dem Gütermarkt: eine Konzentration von Marktmacht führt zu einer im Vergleich zur vollkommenen Konkurrenz geringeren Arbeitsnachfrage. Dies ist ein zweites wichtiges Ergebnis der neoklassischen Theorie der Arbeitsnachfrage.

---

21 Eine grafische Plausibilitätsüberlegung zum Verhältnis zwischen kurz- und langfristiger Arbeitsnachfrage ist in Abbildung 6b wiedergegeben und wird am Schluss dieses Abschnitts erläutert.

22 Eine analoge Betrachtung kann natürlich auch für den Kapitalmarkt erfolgen, ist hier aber nicht von Interesse.

Abbildung 5: Vergleich der Arbeitsnachfrage bei Monopol und vollkommener Konkurrenz auf dem Gütermarkt

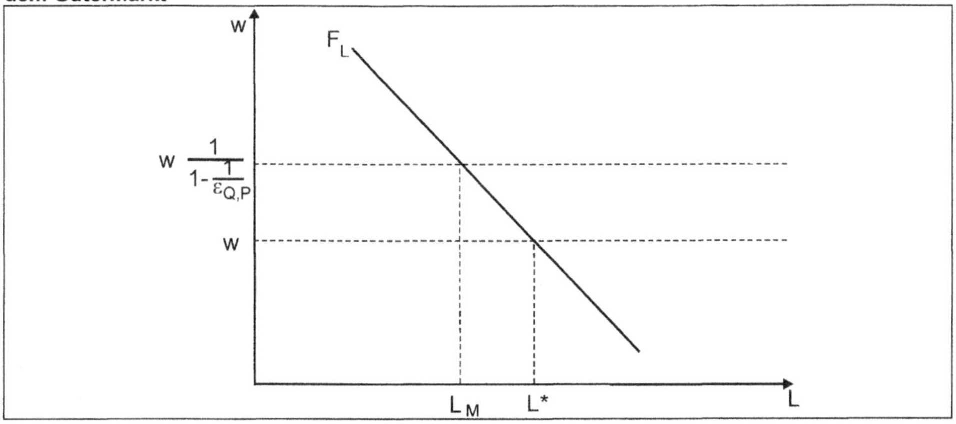

Nun gilt es in einem dritten Schritt noch zu überlegen, wie sich Änderungen der Faktorpreise bei Preisnehmerverhalten auswirken und in welchem Verhältnis die Faktoreinsatzmengen zueinander stehen. Relative Faktorpreisänderungen können sich langfristig etwa durch den technischen Fortschritt, neue Produktionsmethoden usw. verändern, aber auch kurz- und mittelfristig, etwa durch leichteren Zugang zu Kapital infolge der Strukturanpassung etc.

Um die Auswirkungen von Faktorpreisänderungen auf die Arbeitsnachfrage zu untersuchen, sei angenommen, dass ein Unternehmen im Gewinnmaximum operiere, d.h. die oben aufgeführten Bedingungen erfüllt sind. Zwei Effekte einer Faktorpreisänderung können voneinander unterschieden werden: der Substitutionseffekt und der Skaleneffekt.

Der *Substitutionseffekt* beschreibt die Ersetzung des relativ teurer gewordenen Produktionsfaktors durch den relativ billiger gewordenen Faktor unter der Annahme, dass die Produktionsmenge konstant bleibt. Eine Erhöhung des Lohnsatzes oder eine Verringerung der Kapitalkosten wird c.p. also zu einer Verringerung der Beschäftigung führen, und umgekehrt.

Steigt der Preis eines Produktionsfaktors, wird gleichzeitig der gewinnmaximale Output des Unternehmens sinken, und damit auch die Faktoreinsatzmengen. Dieser Sachverhalt wird durch den *Skaleneffekt* beschrieben. Im Unterschied zum Substitutionseffekt wirkt der Skaleneffekt auf alle Produktionsfaktoren gleich, d.h. die Erhöhung des Preises *eines* Produktionsfaktors führt zu einem geringeren Einsatz *aller* Produktionsfaktoren. Die Arbeitsnachfrage hängt neben dem Lohnsatz also auch von den Kosten der anderen Produktionsfaktoren ab.

Für die Summe aus Skalen- und Substitutionseffekt kann festgehalten werden: Im Falle einer Lohnerhöhung wirken Substitutionseffekt und Skaleneffekt in gleicher Richtung auf die eingesetzte Arbeitsmenge, beide führen zu einer Verringerung der Beschäftigung. Der beschäftigungssenkende Effekt einer Lohnsatzerhöhung ist eindeutig. Erhöhen sich hingegen die Kapitalkosten, so führt der Skaleneffekt zu einer Verringerung der Beschäftigung, der Substitutionseffekt hingegen zu einer Beschäftigungserhöhung. Der Nettoeffekt hängt dann davon ab, ob der Skalen- oder der Substitutionseffekt überwiegt.

Abbildung 6: Langfristige Arbeitsnachfrage und Auswirkungen von Faktorpreisänderungen

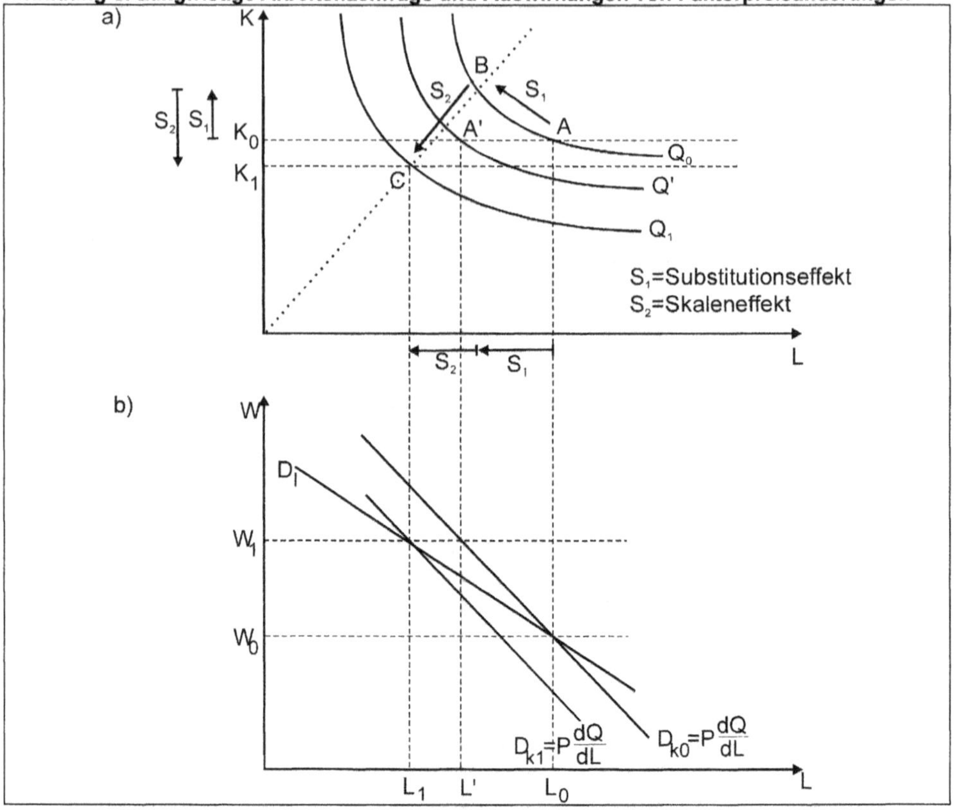

Abbildung 6 veranschaulicht die vorstehenden Überlegungen im Überblick[23]. Ein Unternehmen sei in Punkt A im langfristigen Ausgangsgleichgewicht. Zum Lohnsatz W_0 wird die gewinnmaximale Faktorkombination L_0/K_0 eingesetzt, um den Output Q_0 zu produzieren. Erhöht sich nun der Lohnsatz auf W_1, so wird das Unternehmen bei kurzfristiger Betrachtung, also konstantem Kapitaleinsatz K_0, (und damit kurzfristiger Arbeitsnachfragefunktion D_{k0}) die Beschäftigung auf L' reduzieren (Punkt A'). Langfristig ist Punkt A' jedoch kein Gleichgewicht. Aufgrund der verringerten Beschäftigung sinkt nämlich wegen der angenommenen Eigenschaften der Produktionsfunktion, speziell wegen $F_{KL} > 0$, auch das Grenzprodukt des Faktors Kapital, und damit sinkt das Grenzwertprodukt unter den Faktorpreis. Entsprechend wird das Unternehmen weniger Kapital einsetzen, was seinerseits zu einer Verringerung der Arbeits-

23 Die folgende Darstellung ist angelehnt an Sapsford/Tzannatos (1993: 123ff).

grenzproduktivität führt, usw. Grafisch entspricht dies einer Linksverschiebung der Grenzwertproduktkurve in Abbildung 6b. Im neuen Gleichgewicht C stellt sich eine neue kurzfristige Arbeitsnachfragefunktion D_{k1} ein; die gewinnmaximale Faktoreinsatzkombination ist L_1/K_1. In Abbildung 6b liegen die beiden Punkte L_0/W_0 (ursprüngliches Gleichgewicht) und L_1/W_1 (neues Gleichgewicht) auf der langfristigen Arbeitsnachfragekurve D_l. Aus Abbildung 6b geht hervor, dass die langfristige Arbeitsnachfrage elastischer ist als die kurzfristige Arbeitsnachfrage.

Substitutions- und Skaleneffekt der Lohnsatzerhöhung werden in Abbildung 6a illustriert. Wie man leicht sieht, wirken beide Effekte auf eine Verringerung der Beschäftigung hin, während in Bezug auf den Kapitaleinsatz der Skaleneffekt senkend und der Substitutionseffekt erhöhend wirken. Dabei sind in der Abbildung die Isoquanten so geformt und angeordnet, dass der Skaleneffekt den Substitutionseffekt übersteigt, so dass der Nettoeffekt der Lohnsteigerung auf den Kapitaleinsatz negativ ist.

3.1.3 Grundmodell des Arbeitsmarktes

Arbeitsnachfrage und Arbeitsangebot treffen auf dem Arbeitsmarkt zusammen. Im einfachsten neoklassischen Modell verhält sich der Arbeitsmarkt wie ein ganz normaler Gütermarkt.[24] Grafisch kann der Arbeitsmarkt wie in Abbildung 7 dargestellt werden.[25]

Abbildung 7: Das neoklassische Arbeitsmarktgrundmodell

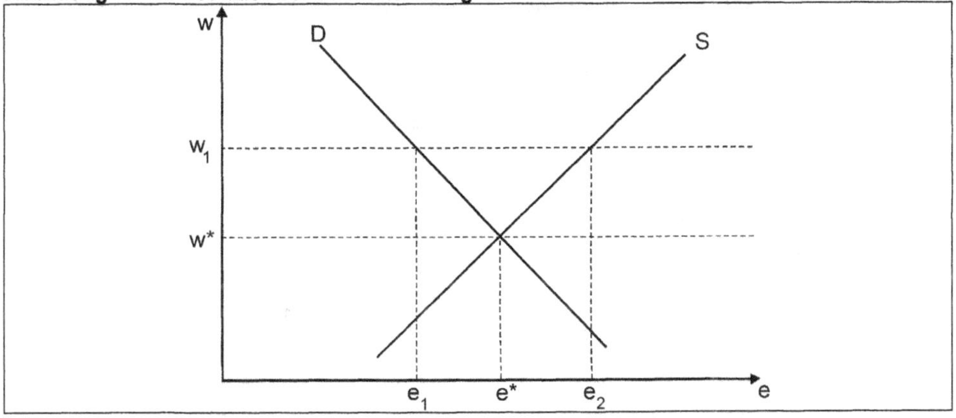

24 Natürlich ist diese Gleichstellung von Güter- und Arbeitsmärkten stark vereinfachend und nur aufgrund der Annahmen der neoklassischen Arbeitsmarktgrundmodells plausibel. Bereits Hicks wies 1932 darauf hin, dass der Arbeitsmarkt Eigenschaften aufweise die eine gesonderte theoretische Behandlung notwendig mache: "The need for a special theory of wages only arises because both the supply of labour, and the demand for it, and the way in which demand and supply interact on the labour market, have certain peculiar properties, which make it impossible to apply to labour the ordinary theory of commodity value without some further consideration" (Hicks 1932: 1).

25 Aus der Sicht eines Unternehmens, das entsprechend der Annahmen im vorherigen Abschnitt Preisnehmer auf dem Arbeitsmarkt ist, ist die Arbeitsangebotskurve eine Waagrechte, d.h. das Arbeitsangebot ist vollkommen elastisch.

Ein Gleichgewicht auf dem Arbeitsmarkt entsteht bei dem markträumendem Lohn *w**; die Beschäftigung *e** ist die zu diesem Lohnsatz angebotene und nachgefragte, miteinander übereinstimmende Arbeitsmenge. (Unfreiwillige) Arbeitslosigkeit tritt nicht auf.

Sind die (von den Unternehmen zu zahlenden) Reallöhne höher als der Gleichgewichtslohnsatz, übersteigen die Lohnkosten also die Bruttowertschöpfung, so kommt es aufgrund der geringeren Nachfrage und des gestiegenen Angebots zu einem Angebotsüberhang. In der obigen Abbildung besteht zum Lohnsatz w_1 unfreiwillige Arbeitslosigkeit in Höhe e_2-e_1.

Die Determinanten des Arbeitsmarktgleichgewichts ergeben sich aus der Lage der Angebots- und Nachfragefunktion. Die wichtigsten, in den beiden vorangegangenen Abschnitten bereits genannten Faktoren, welche die Lage und Form der Angebots- und Nachfragekurven bestimmen, sind:

1. Für das Arbeitsangebot:
- die Partizipationsrate, ihrerseits beeinflusst vom Lohnniveau und der Höhe der sonstigen Einkommen (sowie natürlich den individuellen Nutzenfunktionen der potenziellen Arbeitsanbieter);
- demographische Faktoren wie die Bevölkerungsentwicklung.

2. Für die Arbeitsnachfrage:
- die Lohn(stück)kosten im Verhältnis zu den Kosten anderer Produktionsfaktoren;
- die gesamtwirtschaftliche Produktion bzw. die Wachstumsrate. Insbesondere bei langfristiger Betrachtung ist die Beschäftigungsschwelle, also diejenige Wachstumsrate, bei der die Beschäftigung konstant bleibt, ein wichtiger Indikator. Die Beschäftigungsschwelle bezeichnet den Ausgleich des Effektes der Produktionszunahme, welcher die Arbeitsnachfrage steigert, und des nachfragesenkenden Effektes der Produktivitätssteigerung (vgl. Franck 1998: 56);
- die Struktur des Arbeits- und des Gütermarktes.

Die bisher dargestellte neoklassische Modellierung des Arbeitsmarktes stellt gleichsam den Idealzustand dar und abstrahiert von jeglichen marktfremden Einflüssen. Insbesondere die Rolle von Institutionen wird vernachlässigt.

3.1.4 Anpassungsmechanismen im neoklassischen Arbeitsmarktgrundmodell

Obgleich diese Darstellung des Arbeitsmarktes von extrem vereinfachenden Annahmen abhängt, lassen sich doch schon einige Grundaussagen ableiten, die auch bereits einige grundsätzlichen Tendenzen neoklassisch inspirierter Politikempfehlungen beinhalten. Zur Illustration stellt Abbildung 8 die Anpassungsmechanismen im neoklassischen Arbeitsmarktgrundmodell dar.

Grundsätzlich gibt es zwei Anpassungsmechanismen des Arbeitsmarktes auf Schocks:
- die Beschäftigung bzw. Nachfrage nach Arbeit (Mengenvariable);
- die Reallohnhöhe (Preisvariable).

In Abbildung 8 stellt w_1^*/e_1^* das Ausgangsgleichgewicht des Arbeitsmarktes dar. Durch einen externen Schock, bspw. den Rückgang des wirtschaftlichen Wachstums, sinkt die Nachfrage von D_1 auf D_2. Bei Flexibilität der Löhne stellt sich ein neues Gleichgewicht auf dem Arbeitsmarkt bei w_2^*/e_2^* ein. Beschäftigung und Lohnsatz im neuen Gleichgewicht sind geringer als im Ausgangsgleichgewicht, es tritt jedoch keine unfreiwillige Arbeitslosigkeit auf.

Wenn der Preismechanismus außer Kraft gesetzt ist (z.B. durch gesetzliche Regelungen wie Mindestlohn o.ä.), muss die Anpassung ausschließlich über den Mengenmechanismus erfolgen. Bei festem Lohnsatz w_1 bleibt das Arbeitsangebot konstant in Höhe von e_1^*. Dadurch entsteht nach dem Schock ein Ungleichgewicht mit Arbeitslosigkeit im Ausmaß e_1^*-e.

Abbildung 8: Anpassungsmechanismen im neoklassischen Arbeitsmarktgrundmodell

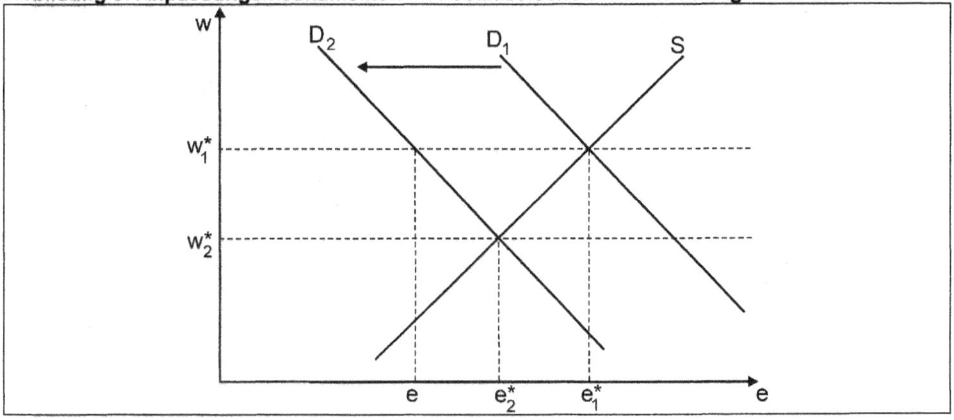

Entsprechend den zwei Anpassungsmechanismen stehen der Politik als Antwort auf einen Schock theoretisch zwei Maßnahmen offen:

- eine Steigerung der Nachfrage durch aktive Beschäftigungspolitik (d.h. eine Verschiebung der Nachfragekurve D_2 nach rechts in Richtung der Ausgangsnachfrage D_1), etwa Erhöhung der Beschäftigten im öffentlichen Sektor, Beschäftigungsprogramme oder ähnliches;
- eine Senkung des Reallohnniveaus durch Verringerung der nominalen Lohnkosten (Senkung von Lohnnebenkosten, Senkung oder Abschaffung von Mindestlöhnen etc.) oder durch eine Anhebung des allgemeinen Preisniveaus, welche den Anstieg der Nominallöhne übersteigt.

Eine theoretische dritte Antwort, die Verringerung des Arbeitsangebots (Verschiebung der Kurve *S* nach links) kommt als politische Option hingegen nicht in Frage.

In Lateinamerika wurden bis in die 1980er Jahre beide Politikoptionen angewandt. Einerseits wurde eine künstliche Nachfrage durch exzessive Beschäftigung im öffentlichen Sektor erzeugt. Andererseits wurden auch Reallohnsenkungen als Anpassungsmechanismus angewandt, erleichtert durch die hohe Inflation. Seitdem die Inflation jedoch (infolge der Stabilisierungsprogramme der 1980er Jahre) reduziert wurde, sind Reallohnsenkungen kaum noch durchsetzbar; der Preismechanismus wurde zunehmend durch den Mengenmechanismus ersetzt.

3.2 Einige Modellanwendungen und -erweiterungen

Erweiterungen des neoklassischen Arbeitsmarktmodells heben üblicherweise eine oder mehrere der Annahmen des Grundmodells auf. Empirischer Hintergrund dieser Erweiterungen ist die Persistenz von Arbeitslosigkeit, die im Grundmodell kaum zufriedenstellend erklärt werden kann. Da im Grundmodell Arbeitslosigkeit nur durch zu hohe Löhne entstehen kann und gleichzeitig eine Gleichgewichtstendenz besteht, ist Arbeitslosigkeit nur als vorübergehende Ungleichgewichts-, d.h. Ausnahmesituation erklärbar, nicht jedoch als Normalzustand (vgl. z.B. Scheuer 1987: 72f).

Zur Erklärung von Arbeitslosigkeit sind in den vergangenen 30 Jahren verschiedene "neue" Arbeitsmarkttheorien entwickelt worden, welche das neoklassische Grundmodell durch die Aufhebung einzelner oder mehrerer Annahmen erweitern. Alle diese Ansätze sind der neoklassischen Theorie zuzurechnen, da sie Arbeitslosigkeit durch *Arbeitsmarkt*rigiditäten oder –unvollkommenheiten erklären und nicht – wie keynesianische Ansätze – durch Unvollkommenheiten auf den Gütermärkten. Als Beispiele für neoklassische Modellerweiterungen sind unter anderem zu nennen (vgl. Scheuer 1987: 73; Fallon/Verry 1988: 193ff)[26]:

- die *Job-Search*-Theorie[27] erklärt (freiwillige) Arbeitslosigkeit im Arbeitsmarktgleichgewicht unter Aufhebung der Homogenitätsannahme und der Annahme vollständiger Information. Weitere wichtige Erweiterungen der neoklassischen Arbeitsmarkttheorie, welche die Homogenitätsannahme für das Arbeitsangebot aufheben und so Lohndifferenziale erklären können, sind die Humankapitaltheorie[28] sowie die auf Gary Becker zurückgehende *Theory of Discrimination*[29].;
- die Kontrakttheorie[30] hebt die Annahme der Risikoneutralität von Arbeitnehmern auf. Risikoaverse Arbeitnehmer schließen mit ihrem Arbeitgeber (implizite) Verträge, in denen sie auf einen Teil ihres Reallohns als Gegenleistung für eine Lohnverstetigung verzichten. Hintergrund ist die Aversion der Arbeitnehmer vor der Unsicherheit zukünftiger Löhne. Im Ergebnis führt dieses Verhalten auf dem Arbeitsmarkt zur einer generellen Rigidität des Reallohnniveaus, welche etwa bei einer Senkung der partiellen Grenzproduktivität des Faktors Arbeit Arbeitslosigkeit hervorruft.
- die Effizienzlohntheorie (Leibenstein 1957) stellt einen rein neoklassischen Ansatz zur Erklärung von Arbeitslosigkeit dar. Grundgedanke ist, dass die Produktivität eines Arbeitnehmers positiv mit der Lohnhöhe korreliert. In einem solchen Fall

---

26 Neben den hier genannten Ansätzen liegt eine Vielzahl weiterer Erklärungsversuche der Arbeitslosigkeit vor. Einen interessanten, mit neoklassischen Annahmen konsistenten Ansatz präsentiert Robert Solow unter Einbeziehung spieltheoretischer Überlegungen (Solow 1990).

27 Die Ursprünge der Job Search-Theorie liegen bei Stigler (1962). Für Überblicke siehe z.B. Lippman/McCall (1976), Pissarides (1985) oder Mortensen (1986). Lehrbuchdarstellungen u. a. bei Fallon/Verry (1988: 195-205) und Sapsford/Tzannatos (1993: 334-352).

28 Für Überblicksdarstellungen vgl. z.B. Sapsford/Tzannatos (1993: 69-108) oder Fallon/Verry (1988: 136-154).

29 Becker (1957); vgl. auch Sapsford/Tzannatos (1993: 209-244).

30 Die Kontraktheorie wurde Mitte der siebziger Jahre entwickelt (vgl. Baily 1974; Gordon 1974; Azariadis 1975). Literaturüberblicke bieten Rosen (1985) und Hart/Holmstrom (1987).

können die durch eine Lohnerhöhung entstehenden höheren Kosten von den aus der Produktivitätssteigerung erwachsenden zusätzlichen Erträgen überkompensiert werden. Das Unternehmen wird dann einen Lohn oberhalb des Gleichgewichtslohnes zahlen; bei aggregierter Betrachtung entsteht Arbeitslosigkeit (vgl. z.B. Sapsford/Tzannatos 1993: 407ff).

Für die vorliegende Arbeit wichtiger sind Modellerweiterungen, welche auf die beobachtete Situation der Arbeitsmärkte in Lateinamerika Bezug nehmen. Hier sind aus neoklassischer Sicht vor allem zwei Sachverhalte bedeutend: erstens die institutionell bedingte Inflexibilität der Arbeitsmärkte, welche beispielsweise zu Lohnsätzen über dem Gleichgewichtslohn führt (etwa durch Vorhandensein von Mindestlöhnen oder durch die Aktivität starker Gewerkschaften), und zweitens die Segmentierung der Arbeitsmärkte – zum einen die Segmentierung in einen formellen und einen informellen Sektor, zum anderen aber auch die Segmentierung innerhalb des formellen Sektors.

3.2.1 Mindestlöhne

Bereits im neoklassischen Arbeitsmarktgrundmodell (mit vollkommener Konkurrenz auf dem Arbeitsmarkt) lassen sich die Auswirkungen eines Mindestlohns untersuchen (siehe hierzu Abbildung 7). Zwei Fälle können hier unterschieden werden. Ein bindender Mindestlohn w_1, der über dem Gleichgewichtslohn w^* liegt, führt zu einer Erhöhung des Arbeitsangebots von e^* auf e_2 und zu einer Verringerung der Arbeitsnachfrage von e^* auf e_1[31]. Der Nettonutzeneffekt der Mindestlohneinführung ergibt sich aus dem lohnzuwachsbedingten Nutzengewinn derjenigen Arbeitnehmer, die ihre Arbeit behalten, und dem Nutzenverlust derjenigen Arbeitnehmer e_2-e_1, die arbeitslos geworden sind. Wird der Mindestlohn hingegen unter dem Gleichgewichtslohn festgelegt (nicht bindender Mindestlohn), so hat dies keine Auswirkungen auf den Arbeitsmarkt.

Geht man vom Modell der vollkommenen Konkurrenz auf dem Arbeitsmarkt ab, so lassen sich jedoch auch auf der Basis der neoklassischen Arbeitsmarkttheorie Situationen abbilden, bei denen die Einführung eines bindenden Mindestlohns zu einer Ausdehnung der Beschäftigung führt.

Wie bereits dargestellt (vgl. Abschnitt 3.1.2), ist die Gewinnmaximierungsbedingung für ein Unternehmen in Abhängigkeit von einem einzigen variablen Produktionsfaktor, dass Grenzumsatzprodukt (GUP) und Grenzausgaben (GA) des Faktors übereinstimmen. Abbildung 9 stellt dies für einen Monopsonisten auf dem Arbeitsmarkt grafisch dar[32]. Die optimale Nachfrage nach Arbeit ist hier e. Bei dieser Beschäftigung stellt sich bei der Arbeitsangebotsfunktion L_S der Lohnsatz w ein. Vergleicht man diese Situation mit der vollkommenen Konkurrenz auf dem Arbeitsmarkt, so ist sowohl der Lohnsatz w geringer als w^*, als auch die Beschäftigung e niedriger als e^*. Durch die Einführung (und effektive Durchsetzung) eines Mindestlohnes w_m, der zwischen w und w' liegt, werden nun sowohl die Arbeitsangebotskurve L_S als auch

31 Eine der ersten Darstellungen dieses Sachverhalts findet sich bei Stigler (1946).

32 Für ähnliche Darstellungen vgl. z.B. Sapsford/Tzannatos (1993: 160-163) oder Ehrenberg/Smith (1997: 82-84).

die Grenzausgabenkurve *GA* verändert. Der Teil der Angebotskurve, der unter dem Mindestlohn liegt wird nach oben abgeknickt, die Angebotskurve ist also w_mAL_S. Wegen des im Bereich $0e'_m$ horizontalen Verlaufs der Angebotskurve sind auch die Grenzausgaben in diesem Bereich konstant; der neue Verlauf der Grenzausgabenkurve ist w_mABGA.

Durch die Modifikation der Grenzausgabenkurve verlagert sich auch der Schnittpunkt von Grenzausgaben- und Grenzumsatzproduktkurve des Faktors Arbeit, d.h. die Optimalitätsbedingung des Monopsonisten. Die sich nun einstellende gewinnoptimale Beschäftigung ist e_m zum Mindestlohnsatz w_m. Im Vergleich zur Situation ohne Mindestlohn steigt also sowohl der Lohnsatz als auch die Beschäftigung. Insgesamt ergibt sich somit ein Nettonutzenzuwachs für die Erwerbspersonen.

Abbildung 9: Einführung eines Mindestlohns

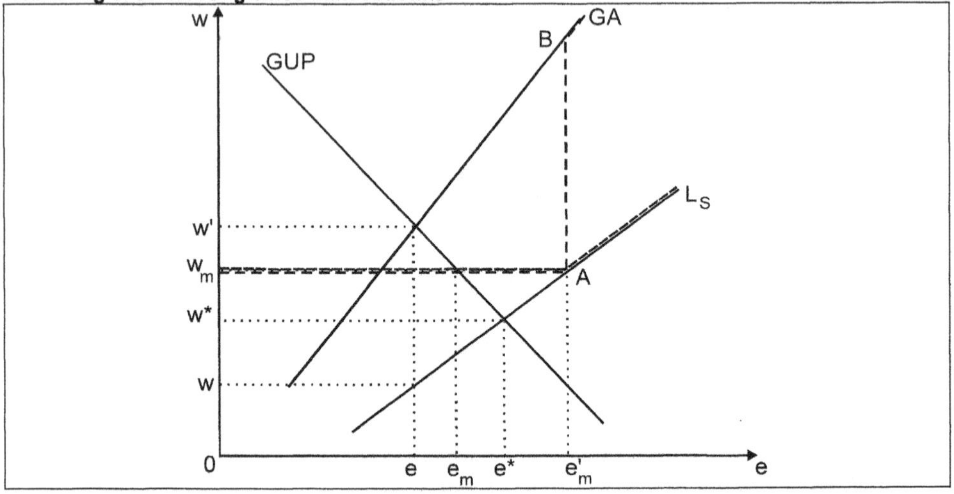

Wie sind also Mindestlöhne aus neoklassischer Sicht zu bewerten? Das typische Ziel der Einführung von Mindestlöhnen ist es, die Einkommen der ärmeren Bevölkerungsschichten zu erhöhen. Die dargestellten Überlegungen erwecken jedoch Zweifel, ob Mindestlöhne dieses Ziel erreichen können.

Im Basismodell mit vollkommener Konkurrenz auf dem Arbeitsmarkt sind Mindestlöhne entweder wirkungslos, wenn sie unterhalb des Gleichgewichtslohnes festgelegt werden, oder sie führen zu Umverteilungen innerhalb der einkommensschwachen Bevölkerung, indem zwar die Einkommen der nach der Lohnerhöhung weiterbeschäftigten Arbeitnehmer erhöht werden, dies jedoch mit Einkommenseinbußen derjenigen Personen erkauft wird, welche durch die Lohnerhöhung ihre Arbeit verlieren.[33]

33 Die meisten empirischen Untersuchungen von Mindestlöhnen in Lateinamerika deuten darauf hin, dass die Beschäftigungswirkungen bindender Mindestlöhne erheblich sind. Lediglich Berry und Mendez (1999: 22) argumentieren unter Hinweis auf eine 1989 veröffentlichte Studie von López und Riveros (1989), dass Mindestlöhne das Lohnniveau nicht über den Gleichgewichtslohn angehoben haben.

Ein eindeutiger Nutzenzuwachs für Arbeitnehmer ergibt sich dagegen aus dem dargestellten Spezialfall des Monopsonisten auf dem Arbeitsmarkt. Die Mindestlohnerhöhung führt sowohl zu einem Nutzenzuwachs bei jedem Arbeitnehmer als auch zu einer Zunahme der Beschäftigung[34]. Gleichwohl ist aus neoklassischer Sicht Skepsis angebracht, ob dieser theoretische Nutzenzuwachs auch praktisch zu erreichen ist. Denn erstens ist fraglich, ob die Modellierung des Monopsons auf dem Arbeitsmarkt für die realen Arbeitsmärkte in Lateinamerika zutrifft. Es kann zwar plausibel angenommen werden, dass Großunternehmen und/oder Arbeitgeberverbände in bestimmten Sektoren oder Regionen Marktmacht auf der Nachfrageseite besitzen; dieser steht in aller Regel aber auch eine entsprechende Marktmacht auf der Angebotsseite entgegen, so dass der Arbeitsmarkt dann eher die Form eines bilateralen Monopols annimmt. Und wie im folgenden Abschnitt gezeigt wird, ist das Marktergebnis im bilateralen Monopol theoretisch unbestimmt, so dass eine positive Wirkung des Mindestlohns auf Beschäftigung und Lohnniveau *a priori* nicht konstatiert werden kann.

Zweitens muss ein Mindestlohn, wie beschrieben, innerhalb einer bestimmten Bandbreite liegen, um die gewünschten positiven Effekte zu erzielen. Während diese Bandbreite theoretisch leicht zu ermitteln ist, ist deren reale Bestimmung mit erheblichen Schwierigkeiten verbunden, die umso größer sind, je unsicherer die Datenlage ist.[35]

Castillo Freeman/Freeman (1991) kommen in ihrer Untersuchung der Einführung der US-Mindestlohngesetzgebung in Puerto Rico 1997, welche zu einer Anhebung der Mindestlöhne auf 63% des Durchschnittslohns in der verarbeitenden Industrie führte, zum Ergebnis, dass die Elastizität der Beschäftigung in Bezug auf den Mindestlohn 0,91 betrug; in der Tat kam es nach Anhebung der Mindestlöhne zu einem Beschäftigungseinbruch. Ein ähnliches Resultat erzielt Bell (1997) in ihrer Studie zu Mindestlöhnen in Kolumbien und Mexiko: während der Mindestlohn in Mexiko nicht bindend ist und daher auch nicht beschäftigungswirksam ist, liegt die Beschäftigungselastizität des Mindestlohns für Arbeitnehmer in Kolumbien zwischen 0,03-0,24 für qualifizierte Arbeitskräfte und 0,15-0,33 für unqualifizierte Arbeitskräfte. Für Arbeiter, deren Lohn in der Nähe des Mindestlohns liegt, sind die Beschäftigungswirkungen noch wesentlich deutlicher – hier liegt die Beschäftigungselastizität des Mindestlohns zwischen 0,55 und 1.22. Bell kommt zum Ergebnis, dass der Mindestlohnanstieg von 10% zwischen 1981 und 1987 zu einer Verringerung der Beschäftigung unqualifizierter Arbeitskräfte von 2%-12% führte. Bells Ergebnis wird auch von Maloney/Nuñez (2001) bestätigt, die für Kolumbien zu einer Abschätzung der Beschäftigungselastizität in Bezug auf den Mindestlohn von 0,15 kommen. Dem entspricht ein Beschäftigungsrückgang von 1,4% infolge der 9%igen Mindestlohnerhöhung von 1999.
Unabhängig von der Beschäftigungswirkung von Mindestlöhnen kommen Lustig und McLeod (1997) zu dem Ergebnis, dass die Höhe des Mindestlohns und das Ausmaß an Armut (unabhängig von der Armutsmessmethode) invers korreliert sind, d.h. eine Erhöhung des Mindestlohns zu einer Verringerung der Armut führt.

34 Empirisch ist eine Beschäftigungszunahme nach einer Mindestlohnerhöhung in einer vieldiskutierten Studie von David Card und Alan Krueger festgestellt worden (1994). Die Autoren untersuchen die 1992 erfolgte Anhebung der Mindestlöhne in der Fast-Food-Industrie in New Jersey um 19% und kommen zu dem Ergebnis, dass "the increase in the minimum wage increased employment" (1994: 792). Dieses Resultat wurde jedoch später in Frage gestellt; vgl. dazu die Debatte zwischen Neumark und Wascher (2000) sowie Card/Krueger (2000).

35 Zudem ist zu berücksichtigen, dass der Monopson auf dem Arbeitsmarkt keine Löhne unterhalb des Gleichgewichtslohns festsetzen kann, wenn Arbeitskräfte mobil sind und andere erreichbare (Teil-)Arbeitsmärkte nicht monopsonistisch sind. In diesem Fall würden die Arbeitnehmer aus dem monopsonistischen Markt in andere Arbeitsmärkte abwandern. Die Bandbreite, in der Mindestlöhne positive Beschäfigungs- und Einkommenswirkungen für die Arbeitnehmer hat, ist dann noch geringer: anstelle im Bereich *w-w'* beträgt sie lediglich *w*-w'*.

Drittens schließlich kann der angestrebte Effekt nur erzielt werden, wenn Mindestlöhne tatsächlich durchgesetzt werden können. Hieran besteht aber gerade in Lateinamerika, wie auch in anderen Entwicklungsländern, angesichts der schwachen Institutionen ein erheblicher Zweifel. Auch die Existenz bedeutender informeller Sektoren mit Lohnsätzen unterhalb gesetzlicher Mindestlöhne spricht dafür, dass erhebliche Probleme in der Durchsetzung von Mindestlöhnen bestehen.

3.2.2 Gewerkschaften

Die Rolle von Gewerkschaften für den Arbeitsmarkt ist seit vielen Jahrzehnten Gegenstand wirtschaftswissenschaftlicher Betrachtungen. Innerhalb der neoklassischen Arbeitsmarkttheorie existiert eine Vielzahl von Modellen, welche die Gewerkschaftsziele und -aktivitäten sowie die Auswirkungen der Gewerkschaftsaktivitäten auf den Arbeitsmarkt, insbesondere die Lohnhöhe und die Beschäftigung, untersuchen.

Auch in der vorliegenden Arbeit kommt der Betrachtung der Gewerkschaften eine zentrale Rolle zu. Die nähere Charakterisierung sowie die Herleitung der gewerkschaftlichen Präferenzen in Bezug auf Arbeitsmarktreformen erfolgt in Kapitel 5. In diesem Abschnitt beschränken wir uns darauf, eine neoklassische Basismodellierung der Gewerkschaftstätigkeit und ihrer Auswirkungen auf den Arbeitsmarkt darzustellen.

Im einfachsten Fall kann eine Gewerkschaft analog zu einem profitmaximierenden monopolistischen Unternehmen angesehen werden. Durch die Organisation und Bündelung der individuellen Arbeitsanbieter tritt am Arbeitsmarkt nur noch ein Anbieter auf. Die Modellierung des Arbeitsmarktes entspricht dann im wesentlichen dem Monopol auf einem Gütermarkt. Die vom Monopol auf dem Gütermarkt bekannte Maximierungsbedingung der Gleichheit von Grenzausgaben und Grenzumsatz entspricht dann der Gleichheit von Grenzumsatz des "Verkaufs" der in der Gewerkschaft zusammengeschlossenen Arbeitskräfte und den Grenzausgaben beim "Einkauf" der Arbeitskräfte, unter Berücksichtigung der exogen gegebenen Arbeitsnachfragefunktion.

Ein wichtiger Unterschied im Vergleich zum Monopol auf dem Gütermarkt ist jedoch, dass die Gewerkschaft selbst nicht Anbieter der Arbeit ist, sondern lediglich das Arbeitsangebot ihrer Mitglieder bündelt (vgl. Sapsford/Tzannatos 1993: 269). Daraus ergibt sich, dass die Gewerkschaft als der Monopolist auf dem Arbeitsmarkt keine Kostenfunktion besitzt, die für die Ermittlung des von ihr gesetzten Lohnes und der Beschäftigung herangezogen werden kann. Als Indikator für die Grenzausgaben kann jedoch die Arbeitsangebotsfunktion herangezogen werden, die bei Nichtexistenz der Gewerkschaft, also bei vollkommener Konkurrenz, gelten würde.

Abbildung 10 stellt das Monopolmodell der Gewerkschaftsaktivität grafisch dar. L_D ist die exogene Arbeitsnachfragefunktion, L_S das Arbeitsangebot bei vollkommener Konkurrenz. Die mit L_D korrespondierende Grenzumsatzfunktion ist *GU*. Die Gewerkschaft maximiert ihren Profit – genauer, ihre Rente – durch Festlegen der Beschäftigung L_M mit dem zugehörigen Lohnsatz W_M; die Höhe der erzielten Rente ist das

Viereck W_Mabc. Im Vergleich zum Marktgleichgewicht bei vollkommener Konkurrenz führt die Gewerkschaftstätigkeit zu einer geringeren Beschäftigung (und bei konstanter Erwerbspersonenzahl zu einer entsprechenden Arbeitslosigkeit) bei höherem Lohnsatz.

Abbildung 10: Das Monopol-Modell der Gewerkschaftstätigkeit

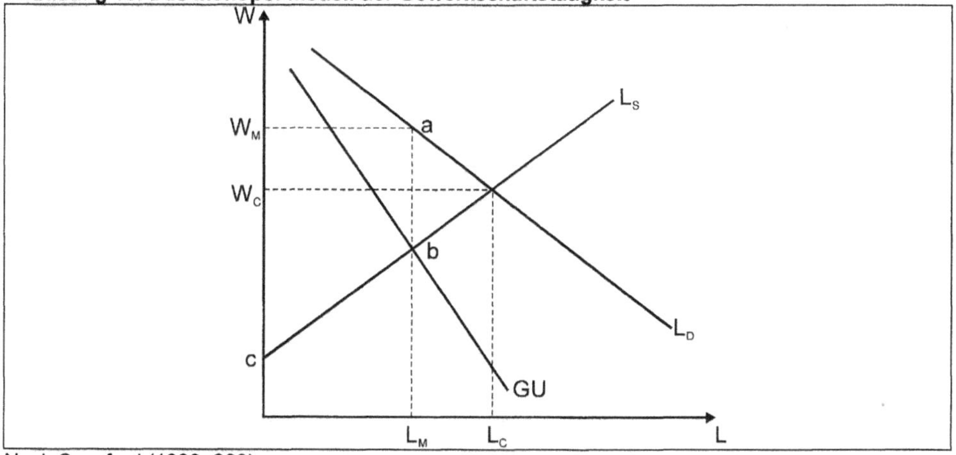

Nach Sapsford (1993: 269)

Das in Abbildung 10 dargestellte Monopolmodell der Gewerkschaftstätigkeit kann mit dem in den Abschnitten 3.1.2 und 3.2.1 oben beschriebenen Monopson auf dem Arbeitsmarkt verbunden werden. Der Arbeitsmarkt hat dann die Form eines bilateralen Monopols (siehe Abbildung 11). Wie gerade dargestellt, wird die Gewerkschaft als Monopolist versuchen, eine Beschäftigung L_{M2} zum Lohnsatz W_{M2} zu setzen. Gleichzeitig wird das monopsonistische Unternehmen entsprechend seiner Gewinnmaximierungsbedingung – Gleichheit von Grenzausgaben und Grenzumsatzprodukt – versuchen, eine Beschäftigung L_{M1} zum Lohnsatz W_{M1} zu setzen.

Die sich tatsächlich einstellende Lohn-Beschäftigungskombination ergibt sich aus der Durchsetzungsfähigkeit bzw. den Verhandlungen zwischen Gewerkschaft und Arbeitgeber und kann im Modell nicht bestimmt werden. Der Lohnsatz kann jedoch nur zwischen W_{M1} – wenn das Unternehmen sich durchsetzt – und W_{M2} – wenn die Gewerkschaft sich durchsetzt – liegen, und die Beschäftigung zwischen L_{M1} und L_C. Letzteres macht deutlich, dass das bilaterale Monopol auf dem Arbeitsmarkt zu einem Marktergebnis führen kann, welches der vollkommenen Konkurrenz entspricht, d.h. es kann Vollbeschäftigung erzielt werden. Je ungleicher aber das Kräfteverhältnis zwischen Gewerkschaft und Arbeitgeber ist, desto unwahrscheinlicher ist die Markträumung.

Es muss betont werden, dass das bisher dargestellte Modell der Gewerkschaften nur eines von vielen möglichen, mit neoklassischen Annahmen konsistenten Modellen ist. Gemeinsam ist allen neoklassischen Gewerkschaftsmodellen, dass die Gewerkschaft ihren Nutzen bzw. den Nutzen der Gewerkschaftsmitglieder zu maximieren sucht. Die Vielzahl der Modelle resultiert nun aus der Vielzahl möglicher gewerkschaftlicher Nutzenfunktionen, selbst wenn der Nutzen lediglich, wie in der wirtschaftswissenschaftlichen Literatur allgemein üblich, als Funktion der beiden Variable Lohnsatz und Beschäftigung konzeptualisiert wird.

Abbildung 11: Bilaterales Monopol auf dem Arbeitsmarkt

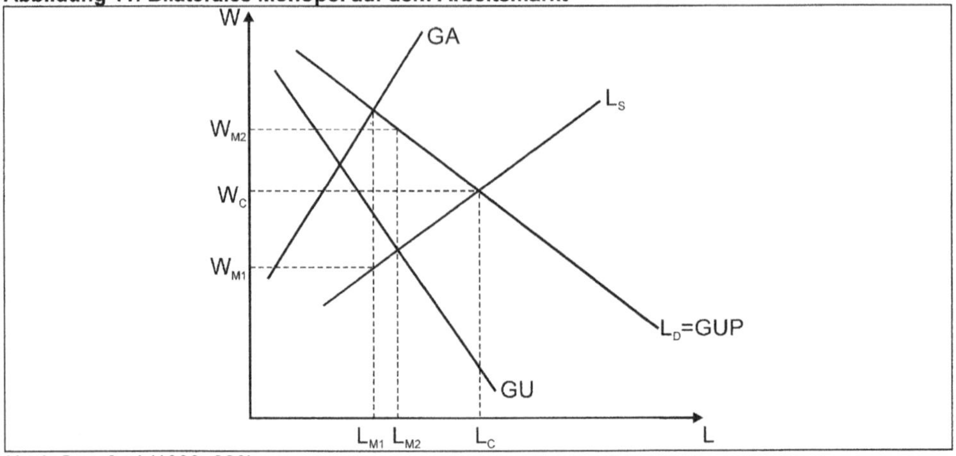

Nach Sapsford (1993: 286)

Wichtig ist jedoch festzuhalten, dass mit einer Ausnahme (siehe Abbildung 12b unten) alle gewerkschaftlichen Nutzenfunktionen stets dazu führen, dass eine Gewerkschaft den Lohnsatz über den Gleichgewichtslohnsatz im Konkurrenzfall anzuheben strebt. Um dies zu zeigen, sei angenommen, dass die gewerkschaftliche Nutzenfunktion von der Beschäftigung der Gewerkschaftsmitglieder und dem Lohnsatz abhängt:

$$U = U(W;L)$$

Die Maximierung der Nutzenfunktion erfolgt stets unter Erfüllung der Nebenbedingung der Arbeitsnachfragefunktion, welche exogen gegeben ist.

Zwei Grenzfälle der Nutzenfunktion sind denkbar: im einen hängt der Gewerkschaftsnutzen ausschließlich (positiv) von der Beschäftigung ab (*U=U(L)*), im anderen hängt der Nutzen ausschließlich (positiv) von der Lohnhöhe eines (beschäftigten) Gewerkschaftsmitglieds ab (*U=U(W)*). Abbildung 12 illustriert diese beiden Grenzfälle sowie eine der unendlich vielen denkbaren Nutzenfunktionen, die sowohl vom Lohnsatz *W* als auch von der Beschäftigung *L* abhängen. Dargestellt werden jeweils einige Indifferenzkurven sowie die Arbeitsnachfragefunktion und der Lohnsatz W_c, der sich bei vollkommener Konkurrenz auf dem Arbeitsmarkt einstellen würde.

Abbildung 12a stellt den Fall einer Gewerkschaft dar, deren Nutzenfunktion ausschließlich vom Lohnsatz abhängt. Das Ziel dieser Gesellschaft ist es, den Lohnsatz eines Gewerkschaftsmitgliedes zu maximieren, selbst wenn dadurch die Beschäftigung abnimmt. Es ist offensichtlich, dass diese Nutzenfunktion absurd ist; das Nutzenmaximum wäre erreicht, wenn nur noch ein Gewerkschaftsmitglied zum Lohnsatz *W** beschäftigt ist, während alle übrigen arbeitslos sind. Den spiegelbildlichen Fall stellt Abbildung 12b dar. Die Nutzenfunktion der Gewerkschaft hängt hier ausschließlich von der Beschäftigung der Gewerkschaftsmitglieder ab. Vollbeschäftigung wird gemäß den Modellannahmen aber im Konkurrenzgleichgewicht mit dem zugehörigen Lohnsatz W_C realisiert. Die Gewerkschaft ist damit funktionslos; ihre Existenz ist modellimmanent nicht zu erklären.

In Frage kommen daher nur gewerkschaftliche Nutzenfunktionen, welche sowohl von der Lohnhöhe als auch von der Beschäftigung der Gewerkschaftsmitglieder abhängen.

Abbildung 12: Alternative gewerkschaftliche Nutzenfunktionen

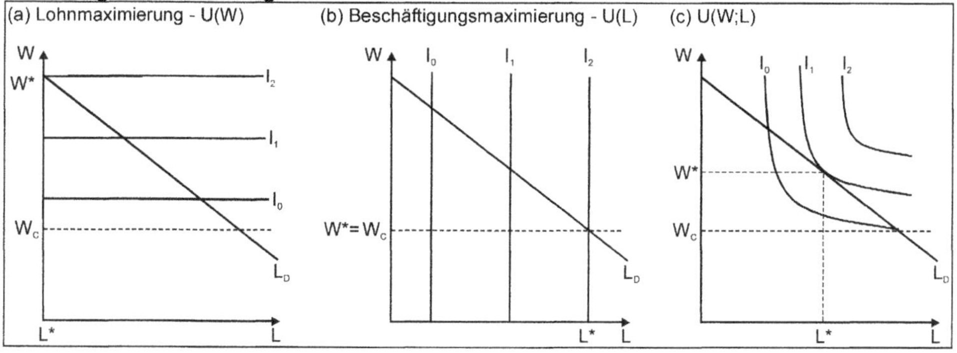

Ein wichtiges Ergebnis der vorstehenden Überlegungen ist, dass – unabhängig davon, welche (modellkonsistente) gewerkschaftliche Nutzenfunktion unterstellt wird – die Gewerkschaft stets bestrebt sein wird, den Lohnsatz über das Gleichgewichtsniveau bei vollkommener Konkurrenz zu heben. Der sich tatsächlich ergebende Lohnsatz kann jedoch ohne weitere Annahmen oder Informationen nicht ermittelt werden. Er hängt insbesondere von der genauen Form der gewerkschaftlichen Nutzenfunktion und von der Durchsetzungsmacht der Gewerkschaften im Vergleich zu der oder den anderen Tarifpartei(en) ab.

3.2.3 Lohnnebenkosten

Allgemein wird unter Lohnnebenkosten oder Lohnzusatzkosten derjenige Teil der Lohnkosten verstanden, welcher über den Direktlohn für geleistete Arbeit hinausgeht. Zu den Lohnkosten gehören daher Zahlungen an den Arbeitnehmer für nicht geleistete Arbeit und Sonderzahlungen wie Lohnfortzahlung im Urlaub und bei Krankheit, Weihnachtsgeld und ähnliches, sowie Zahlungen, welche dem Einkommen des Arbeitnehmers nicht oder nur mittelbar zugute kommen, wie etwa Beiträge zur Sozialversicherung, betriebliche Altersversorgung, Unfallversicherung etc. Theoretisch bedeutsam sind vor allem die zuletzt genannten Zahlungen, da sie einen Keil zwischen Lohnkosten des Arbeitgebers und den vom Arbeitnehmer empfangenen Lohn treiben und somit wie eine Steuer wirken[36]: "The labor market is not distorted simply by the presence of a payroll tax, but by weak links between contributions and benefits" (Cox Edwards 1997: 143).

---

36 Daher ist auch die gebräuchlichere englische Bezeichnung für Lohnnebenkosten "payroll tax" anstelle von "fringe costs" oder "non-wage labour costs".

Abbildung 13 illustriert die Auswirkungen einer Senkung der Lohnnebenkosten in einem einfachen Arbeitsmarktmodell. Im Ausgangszustand werden auf den Nominallohn *W* Lohnnebenkosten (eine Lohnsummensteuer) in Höhe von T_1 erhoben, die vom Arbeitgeber zu zahlen sind. Daneben gibt es keine weiteren Steuern. Dann stellt sich bei gegebener Angebotsfunktion S_1 und Nachfragefunktion D_1 ein Gleichgewicht mit der Beschäftigung L_1^* zum Arbeitnehmerlohn W_1^* ein (die Lohnkosten für den Arbeitgeber sind $W_1^*+T_1$). Werden die Lohnnebenkosten auf T_2 gesenkt, so verschiebt sich die Nachfragefunktion aufgrund der nun geringeren Lohnkosten nach rechts zu D_2. Die Beschäftigung steigt auf L_2' und der Arbeitnehmerlohn auf W_2'. Die Differenz $L_2'-L_1^*$ ist die durch die höheren Lohnnebenkosten im Ausgangszustand verursachte Beschäftigungseinbuße[37].

Abbildung 13: Senkung von Lohnnebenkosten

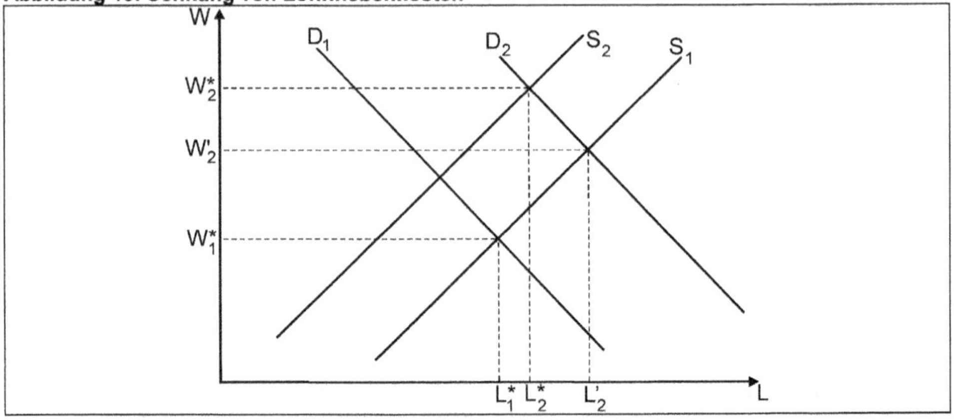

Eine realistischere Annahme ist hingegen, dass als Ausgleich für die Senkung der Lohnnebenkosten andere Steuern, beispielsweise die Mehrwertsteuer, erhöht werden (müssen), um das System der sozialen Sicherung zu finanzieren. Dies führt im Modell zusätzlich zu einer Verschiebung der Angebotskurve nach S_2, weil (bei entsprechender Konstellation von Einkommens- und Substitutionseffekt) die Opportunitätskosten der Freizeit sinken. Das neue Gleichgewicht stellt sich bei der Beschäftigung L_2^* und zum Nominallohn W_2^* ein. Während der Nominallohn ansteigt, hängt der Beschäftigungseffekt ebenso wie der neue Reallohn von der Lage und Steigung der Angebots- und Nachfragekurve ab. Theoretisch ist eine Verringerung der Beschäftigung als Folge der Lohnnebenkostensenkung durchaus möglich. Sie ist aber wenig wahrscheinlich, wenn die neue Steuer eine breitere Basis hat und der Steuersatz geringer ist. Empirische Untersuchungen haben denn auch zumeist gezeigt, dass Senkungen der Lohnnebenkosten zu steigender Arbeitsnachfrage führen (vgl. z.B. OECD 1997; Guasch 1999: 33).

37 Je unelastischer (steiler) die Angebotskurve ist, umso geringer wird der Beschäftigungseffekt sein (vgl. Ehrenberg/Smith 1997: 84ff). In einer empirischen Untersuchung stellte Gruber fest, dass eine Lohnnebenkostensenkung von 25% in Chile tatsächlich aussschließlich Lohneffekte und keinerlei Beschäftigungseffekte nach sich zog (Gruber 1997).

3.2.4 Beschäftigungssicherheit und Kündigungsschutz

Regelungen der Beschäftigungssicherheit bzw. des Kündigungsschutzes treten in ganz unterschiedlichen Ausprägungen auf. Dazu gehören Regeln über "erlaubte" Kündigungsgründe, Kündigungsfristen, Abfindungszahlungen ebenso wie Beschränkungen von Probezeiten und des Abschlusses befristeter Arbeitsverträge. Alle diese Regeln können als Kosten für den Arbeitgeber angesehen werden. Im einfachsten Modell werden Kündigungsschutzregeln daher analog zu Lohnnebenkosten interpretiert und haben entsprechend die gleichen Folgen, d.h. führen zu einem Rückgang der Arbeitsnachfrage und damit der Beschäftigung.

Weiter entwickelte Arbeitsnachfragemodelle lassen demgegenüber keine einfachen Rückschlüsse von Regeln zum Beschäftigungsschutz auf aggregierte Arbeitsmarktvariablen wie Arbeitslosigkeit oder Beschäftigung zu (vgl. z.B. Bertola 1990; Hopenhayn/Rogerson 1993; Bertola/Rogerson 1997). Sie zeigen aber übereinstimmend, dass Kündigungsschutzregeln zu einer Stabilisierung individueller Beschäftigungsverhältnisse führen (also Zugänge in die Arbeitslosigkeit senken) und die Neueinstellungsrate von Unternehmen vermindern (also Abgänge aus der Arbeitslosigkeit ebenfalls senken). Welcher der beiden gegenläufigen Effekte stärker ist, ist theoretisch nicht zu ermitteln.

Auch empirisch sind die Auswirkungen des Kündigungsschutzes auf die Beschäftigung umstritten (vgl. Inter-American Development Bank 1998: 140ff). Eine neuere Studie zu Lateinamerika kommt zu keinem klaren Ergebnis (Márquez/Páges 1998), und auch das Ergebnis einer Untersuchung von Edwards/Cox Edwards ist, dass die Reform des Kündigungsschutzes in Chile keine Auswirkungen auf die Arbeitslosigkeit hatte (Edwards/Cox Edwards 2000)[38]. Dagegen stellen Heckman/Pagés (2000) in einer Untersuchung, die 28 OECD- und 15 lateinamerikanische Länder umfasst, einen stark negativen Effekt von Kündigungsschutzregeln auf die Beschäftigung fest.

Unstrittig ist hingegen, dass diejenigen Arbeitnehmer, für welche die Kündigungsschutzregeln gelten, davon profitieren: "labor protection laws [...] do achieve the objective of increasing employment stability for workers covered by the law" – jedoch geht die IDB davon aus, dass dieser Schutz auf Kosten jugendlicher und schlecht ausgebildeter Arbeitskräfte geht (Inter-American Development Bank 1998: 142-144; vgl. auch Pagés/Montenegro 1999; Galiani 2002: 6ff). Auch das theoretische Ergebnis, dass Kündigungsschutzregeln zur Stabilisierung von Beschäftigungsverhältnissen führen, konnte empirisch bestätigt werden.[39]

Unabhängig von den Auswirkungen der Regeln zur Beschäftigungssicherheit auf die Arbeitslosigkeit und Beschäftigung ist die Beschränkung der Beschäftigungsflexibilität auf der Basis der neoklassischen Theorie negativ zu bewerten, weil sie dazu führt, dass Anpassungsprozesse an sich verändernde wirtschaftliche Rahmenbedingungen nur langsam stattfinden. Die Reallokation von Arbeitskräften von stagnierenden zu

38 Zu einem ähnlichen Ergebnis für die OECD-Länder kommt auch der Employment Outlook der OECD von 1999 (OECD 1999).

39 Vgl. Heckman/Pagés (2000) und die dort zusammengefassten Studien. Speizell für Argentinien vgl. Hopenhayn (2001).

neuen, dynamischen Sektoren wird damit erschwert, wodurch nicht zuletzt das Wachstum behindert wird (vgl. Hopenhayn/ Rogerson 1993).

3.2.5 Arbeitsmarktsegmentierung

Im neoklassischen Arbeitsmarktgrundmodell ist eine Existenz von Teilmärkten aufgrund der Homogenitätsannahme nicht möglich. Die Diskrepanz zwischen dieser Vorstellung und der auf den Arbeitsmärkten (zunächst in Industrieländern, später aber auch in Entwicklungsländern[40]) beobachteten Realität führte seit den siebziger Jahren zur Formulierung einer Reihe von Alternativansätzen zur orthodoxen Arbeitsmarkttheorie, die unter dem Begriff der Segmentationstheorien zusammengefasst werden (vgl. Sesselmeier/Blauermel 1997: 219ff). Gemeinsam ist diesen Ansätzen die Auffassung, dass Teilarbeitsmärkte nicht nach identischen Prinzipien funktionieren. Insbesondere wird die Rolle des Lohns als Ausgleichsmechanismus von Angebot und Nachfrage in Frage gestellt und um institutionelle oder soziologische Einflussgrößen ergänzt.

Hinsichtlich der Art der zu erklärenden Teilarbeitsmärkte können zwei Gruppen von Segmentationstheorien unterschieden werden. Während die erste Gruppe von Ansätzen sich der Erklärung der Trennung von (unternehmens-)internen und externen Teilarbeitsmärkten widmet[41], untersucht die zweite Gruppe die Spaltung des Gesamtarbeitsmarktes in einen primären und einen sekundären Teilarbeitsmarkt[42]. Vor dem Hintergrund der offenkundigen Dualität zwischen formellem und informellem Sektor in den lateinamerikanischen Ländern erscheint es gerechtfertigt, auf eine Darstellung der erstgenannten Ansätze zu verzichten und lediglich einen kurzen Überblick über primäre und sekundäre Arbeitsmärkte zu geben[43].

Gemeinsames Merkmal derjenigen Segmentationstheorien, die dem zweiten Ansatz zuzurechnen sind, ist die These einer Spaltung des Gesamtarbeitsmarktes in einen primären und einen sekundären Arbeitsmarkt. Der primäre Teilarbeitsmarkt ist gekennzeichnet durch hohe Einkommen, stabile Arbeitsplätze, gute Arbeitsbedingun-

---

40 Üblicherweise wird die Segmentierung durch Lohndifferenziale zwischen den Teilarbeitsmärkten gemessen. So sind in Lateinamerika nach Untersuchungen der Interamerikanischen Entwicklungsbank die Lohnsätze in ländlichen Gebieten 30% niedriger als in den Städten und im ländlichen informellen Sektor 20% niedriger als im städtischen informellen Sektor (Inter-American Development Bank 1998a: 6 u. 37ff). Auch innerhalb des formellen Arbeitsmarktes liegen (bei Kontrolle anderer Faktoren) erhebliche Lohnunterschiede vor: so liegen die Löhne in der Landwirtschaft in Lateinamerika im Schnitt 20% unter denen im produzierenden Gewerbe und im Handel, und diese wiederum liegen 20% unter den Löhnen im Transportsektor und mehr als 30% unter denen im Finanzsektor (Inter-American Development Bank 1998a: 42). In einzelnen Ländern sind die Lohndifferenziale noch weit ausgeprägter: so liegt der Unterschied zwischen der Landwirtschaft und dem produzierenden Sektor in Peru und Mexiko bei mehr als 40%, die Löhne im öffentlichen Sektor in Bolivien und Paraguay übersteigen die Löhne in der Industrie um 40% bzw. 70%, und die Löhne im Finanzsektor in Brasilien, Ecuador und Uruguay liegen rund 50% über denen in der Industrie (Inter-American Development Bank 1998a: 42).

41 Darunter die Effizienzlohntheorien; vgl. die Darstellung in Saint-Paul (1996: 25-68) sowie die dort angeführte Literatur.

42 Neben dem dualen Arbeitsmarkt finden sich auch Ansätze, die einen dreigeteilten Arbeitsmarkt nahelegen (vgl. Sesselmeier/Blauermel 1997: 222).

43 Eine ausführliche Darstellung von internen und externen Arbeitsmärkten mit weiteren Literaturhinweisen findet sich in Sesselmeier/Blauermel (1997: 237-251).

gen etc., während der sekundäre Arbeitsmarkt das Gegenteil darstellt. Die beiden Teilarbeitsmärkte sind dabei sowohl angebotsseitig als auch nachfrageseitig von unterschiedlichen Strukturen gekennzeichnet, welche den Preismechanismus relativieren. Auf der Angebotsseite wird eine Segmentierung der Arbeitnehmer aufgrund unterschiedlicher Gruppenzugehörigkeiten hervorgehoben[44], und auf der Nachfrageseite von einer Dualität des Gütermarktes in einen konjunkturunabhängigen Kernmarkt und einen konjunkturabhängigen peripheren Markt ausgegangen (vgl. Averitt 1968). Diese strukturellen Unterschiede bedingen eine dauerhafte Segmentierung der Teilarbeitsmärkte.

Auch im neoklassischen Arbeitsmarktmodell lassen sich unterschiedliche Teilarbeitsmärkte abbilden, wenn die Homogenitätsannahme aufgehoben wird. Eine solche Erweiterung der neoklassischen Theorie ist in der Tat als eine Antwort auf die soeben kurz skizzierten Segmentationstheorien zu sehen. Die Grundannahme der Spaltung des Arbeitsmarktes in einen primären und eine sekundären Teil mit den oben beschriebenen Charakteristika ist auch mit dem neoklassischen Modell kompatibel, entweder als vorübergehender Ungleichgewichtszustand oder bei Existenz von Marktzutrittsbarrieren auch als dauerhafter Zustand. Im Gegensatz zu den Segmentationstheorien funktioniert jedoch jeder Teilmarkt über den bereits dargestellten Preismechanismus.

Prinzipiell ist in der neoklassischen Theorie eine Vielzahl von Teilarbeitsmärkten abbildbar. Die Definition und Abgrenzung der Teilarbeitsmärkte voneinander ist dabei nicht theoretisch vorgegeben, sondern erfolgt induktiv. Bei Betrachtung der lateinamerikanischen Arbeitsmärkte seit den 1980er Jahren erscheint es sinnvoll, zumindest – in Analogie zum von den Segmentationstheorien unterschiedenen primären und sekundären Arbeitsmarkt – den formellen und den informellen Sektor zu unterscheiden. Theoretisch wird die Segmentierung der Arbeitsmärkte oft am Vorhandensein von Nominallohnrigiditäten, etwa Mindestlöhnen oder hohen Lohnnebenkosten, angeknüpft.[45] Der Grundgedanke dieser Modelle ist, dass die Einführung von – beispielsweise – Mindestlöhnen über dem Gleichgewichtslohn Unternehmen und Betroffene, d.h. durch den Mindestlohn von Arbeitslosigkeit bedrohte Arbeitnehmer dazu bringt, die Mindestlöhne zu umgehen, wodurch ein "ungedeckter" oder "informeller" Teilarbeitsmarkt entsteht[46]. Insofern ist die Arbeitsmarktsegmentierung aus neoklassischer Sicht auch kein eigenständiges zu erklärendes Phänomen, sondern lediglich die Folge bestehender Rigiditäten im Arbeitsmarkt.

---

44 Diese Segmentierung wird von den verschiedenen Ansätzen unterschiedlich begründet - für den institutionalistischen Ansatz vgl. Piore (1975); für die marxistisch beeinflussten "radicals" vgl. Reich/Gordon/Edwards (1978). Weitere Theorien diskutieren Sesselmeier/Blauermel (1997).

45 Prinzipiell sind jegliche rechtliche Eingriffe auf den Arbeitsmarkt, welche die Kosten des Faktors Arbeit für die Arbeitgeber erhöhen und deren Umsetzung nicht lückenlos kontrolliert werden kann, potenzielle Auslöser für eine Spaltung des Arbeitsmarktes. Die IDB stellt beispielsweise fest, dass die gesetzlichen Einschränkungen der Vertragsfreiheit, insbesondere die Einschränkungen der Teilzeitarbeit und befristeter Arbeitsverträge, die Segmentierung zwischen dem formellen und informellen Sektor vertiefen und verfestigen (Inter-American Development Bank 1998a: 140; vgl. auch Saint-Paul 1996: 69ff). Auch Márquez und Pagés wählen Kündigungsschutzregelungen (als Proxy für Arbeitsmarktrigidität) als unabhängige Variable für die Erklärung des Ausmaßes der Arbeitsmarktsegmentierung bzw. die Größe des informellen Sektors (Márquez/Pages 1998).

46 Vgl. etwa die Modelle von Harris/Todaro (1970), Welch (1974; 1976) oder Agénor/Aizenman (1999).

Der informelle Sektor kommt dem in Abschnitt 3.1.3 oben beschriebenen Basismodell des Arbeitsmarktes recht nah. Der Lohnsatz als Allokationsmechanismus wird kaum durch marktexterne Eingriffe (Lohnnebenkosten, Mindestlöhne etc.) beeinflusst und ist nach oben und unten flexibel. Institutionelle Vorgaben, welche die Mobilität der Arbeitnehmer zwischen Arbeitsstellen verringern, wie etwa Kündigungsschutz, das Verbot befristeter Arbeitsverträge oder Pflichtabfindungen, liegen nicht vor. Zudem kommt die Marktstruktur dem theoretischen Konstrukt der vollkommenen Konkurrenz nah – sowohl auf der Angebots- als auch auf der Nachfrageseite haben die einzelnen Marktteilnehmer keine Marktmacht. Schließlich liegen auch keine Markteintrittsbarrieren vor, etwa in Form institutioneller Hindernisse oder Markteintrittskosten (durch Investitionen in Ausbildung).

Im Gegensatz dazu unterliegt der formelle Sektor typischerweise den im vorigen Absatz genannten und vielfältigen weiteren Einflüssen auf Preis und Menge der Beschäftigung, welche den Markteintritt von Akteuren aus dem informellen Sektor erschweren und darüber hinaus auch zur Entstehung von Teilarbeitsmärkten innerhalb des formellen Sektors führen, zwischen denen nur ein geringer Austausch an Arbeitskräften stattfindet.[47]

Aus neoklassischer Sichtweise ist vor allem auch von Bedeutung, dass Barrieren zwischen den Teilarbeitsmärkten Strukturwandel verhindern bzw. verlangsamen. Die Herausbildung einer effizienten gesamtwirtschaftlichen Produktionsstruktur, welche sich an verändernde Rahmenbedingungen anpasst, wird damit erschwert.

3.3 Ziele neoklassischer Arbeitsmarktreformen

Aus dem oben skizzierten neoklassischen Grundmodell und seinen Erweiterungen sowie aus der aktuellen Ausgestaltung des argentinischen Arbeitsmarktes lässt sich eine Reihe von Reformzielen und Reformvorschlägen ableiten, die in diesem und dem folgenden Abschnitt kurz diskutiert werden. Eine detaillierte Untersuchung der Entwicklung der argentinischen Arbeitsmarktinstitutionen und -indikatoren und damit eine empirische und statistische Unterfütterung des neoklassisch begründeten Reformbedarfs auf dem Arbeitsmarkt erfolgt in Kapitel 4.

Wie dargestellt liefert das Konkurrenzgleichgewicht im neoklassischen Grundmodell des Arbeitsmarktes ein effizientes Ergebnis, wenn Effizienz als Minimierung von Arbeitslosigkeit bzw. Maximierung der Beschäftigung definiert ist (vgl. Schultz 1999: 4). Ohne reglementierende Eingriffe stellt sich auf dem Arbeitsmarkt ein markträumendes Gleichgewicht ein, welches unfreiwillige Arbeitslosigkeit minimiert (abgesehen von friktionaler Arbeitslosigkeit). Das Auftreten von Marktunvollkommenheiten hat demgegenüber Effizienzeinbußen und Umverteilungseffekte zur Folge. Das prin-

47 Für eine (empirisch an verschiedene lateinamerikanische Arbeitsmärkte anknüpfende) Kritik an der klassischen Sichtweise, dass die Segmentierung durch Übertrittsbarrieren zwischen den Teilarbeitsmärkten verursacht wird, vgl. verschiedene Arbeiten von Maloney (1998a; 1998b; 1998c; 1999). Nach Maloneys Ansicht wird die Beschäftigung im informellen Sektor von bestimmten Arbeitnehmern gegenüber dem formellen Sektor präferiert. Zudem biete der informelle Sektor insbesondere jungen, schlecht ausgebildeten Arbeitnehmern eine Art praktische Ausbildung und bereite sie somit auf eine spätere Beschäftigung im formellen Sektor vor.

zipielle Ziel neoklassisch begründeter (Arbeitsmarkt-)Reformen ist damit der Abbau von Marktunvollkommenheiten und Marktverzerrungen, unter anderem durch eine Verringerung der staatlichen Reglementierung des Arbeitsmarktes. Es geht aber auch darum, die Rahmenbedingungen des Arbeitsmarktes so zu sichern, dass ein effizientes Funktionieren des Marktes gewährleistet ist (vgl. z.B. Loayza/Soto 2003).

In den bisherigen Abschnitten wurden drei wesentliche Typen von Marktunvollkommenheiten dargestellt, auf deren Abschaffung Arbeitsmarktreformen zielen: Marktmachtkonzentration, Mindestlöhne und Marktzugangsbeschränkungen. In Bezug auf den Abbau von Marktmachtkonzentration kann aus dem neoklassischen Modell eine eindeutige Beziehung zwischen Marktkonzentration und geringerer Arbeitsnachfrage und somit Beschäftigung abgeleitet werden. Das aus dieser Beziehung resultierende Reformziel zur Verringerung von Arbeitslosigkeit ist klar: Monopole auf dem Gütermarkt sowie angebots- und nachfrageseitige Monopole auf dem Arbeitsmarkt sind zu vermeiden oder abzubauen.

Die Bedeutung des Abbaus von Marktrigiditäten wie Mindestlöhnen und anderen Beeinflussungen des Marktlohnsatzes (z.B. Lohnnebenkosten, Abfindungen etc.) sowie Marktzugangsbeschränkungen wird vor allem bei dynamischer Betrachtung deutlich, wenngleich sie auch bei statischer Betrachtung aufgrund der klaren positiven Effekte – etwa die Verringerung der Arbeitslosigkeit – als Reformziel gerechtfertigt sind.

Das Konkurrenzgleichgewicht stellt den Idealfall eines flexiblen Arbeitsmarktes dar. Die Anpassung an sich verändernde Rahmenbedingungen (etwa die in Lateinamerika zu beobachtende strukturell bedingte relative Verteuerung des Faktors Arbeit zum Faktor Kapital) bzw. externe Schocks (z.B. ein konjunkturell bedingter Rückgang der Arbeitsnachfrage) erfolgt im theoretischen Modell ohne Verzögerung. Die Flexibilität des Marktes umfasst dabei zwei Dimensionen: die Flexibilität der Lohnsätze und die Flexibilität der Beschäftigung. Arbeitsmarktreformen sollten entsprechend darauf abzielen:

- eine freie Preisbildung des Produktionsfaktors Arbeit auf dem Arbeitsmarkt zu ermöglichen. Hier geht es natürlich vor allem um den Abbau von Barrieren, die Senkungen der Lohnstückkosten verhindern oder erschweren;
- eine Flexibilisierung der Beschäftigung zu erreichen. Hier ist das Ziel, einen möglichst reibungslosen Übergang von Arbeitnehmern von stagnierenden zu dynamischen Sektoren zu ermöglichen.

Bei gleichzeitiger Existenz von zwei oder mehr Marktunvollkommenheiten kann jedoch der Wegfall bzw. die Abschaffung einer Marktunvollkommenheit wohlfahrtsmindernd wirken. Ein Beispiel dafür wurde in Abschnitt 3.2.1 dargestellt: in einem Nachfragemonopol auf dem Arbeitsmarkt kann die Einführung eines Mindestlohns unter bestimmten Gegebenheiten zu einer Wohlfahrtserhöhung führen. Umgekehrt würde eine Reform, welche den Mindestlohn abschafft, ohne die nachfrageseitige Marktkonzentration ebenfalls zu begrenzen, eine Wohlfahrtseinbuße verursachen. In einem anderen Zusammenhang zeigen Basu, Genicot und Stiglitz (1999), dass unter bestimmten Voraussetzungen das Vorhandensein einer Arbeitslosenversicherung bei Vorliegen eines Mindestlohns effizienzsteigernd wirkt.

Unter bestimmten Voraussetzungen sind auf der Grundlage der neoklassischen Theorie also auch Reformen zu rechtfertigen, welche nicht den Abbau von Marktunvollkommenheiten zum Ziel haben. Wie in Abschnitt 3.2.1 bereits erwähnt, gilt dies jedoch nur in ganz bestimmten Situationen. Darüber hinaus besteht das Problem, dass die Parameter für eine Reform mit dem Ziel einer zweitbesten Lösung empirisch schwer bestimmbar sind. Daher lässt sich aus der neoklassischen Theorie keinesfalls eine generelle Empfehlung zur Einführung von Marktunvollkommenheiten ableiten. Die grundlegenden, stets gültigen Ziele neoklassischer Arbeitsmarktreformen bleiben der Abbau von Marktunvollkommenheiten und die Sicherung oder Erhöhung der Arbeitsmarktflexibilität.

Drei wesentliche Ziele neoklassischer Arbeitsmarktreformen können damit festgehalten werden:
- die Erhöhung der Preisbildungsflexibilität bzw. die Senkung der Lohnkosten;
- die Erhöhung der Beschäftigungsflexibilität; und
- die Sicherung der (rechtlichen) Rahmenbedingungen bzw. "Spielregeln" des Arbeitsmarktes.

Als Beleg für die Richtigkeit der neoklassischen Argumentation wird oft die unterschiedliche Entwicklung der Arbeitsmärkte in den USA und Großbritannien auf der einen Seite und Kontinentaleuropa auf der anderen Seite seit der Ölkrise 1973 angeführt: während die liberalen Arbeitsgesetzgebungen in den erstgenannten Ländern trotz niedrigeren Wachstums zu einer hohen Beschäftigung (bei stagnierenden Reallöhnen) führten, stiegen in den westeuropäischen Ländern die Reallöhne auf Kosten der Beschäftigung. Verschiedene Studien, allen voran die *OECD Jobs Study* von 1994 (OECD 1994) kamen zu der Schlussfolgerung, dass die negative Entwicklung in Westeuropa durch exzessive Arbeitsplatzsicherheit, Arbeitslosenunterstützung und Sozialleistungen, hohe Mindestlöhne und generell eine hohe rechtlich bzw. institutionell bedingte Arbeitsmarktinflexibilität verursacht wurde (siehe auch Schultz 1999: 5f).

Das OECD-Modell identifiziert die staatliche (Über-)Regulierung des Arbeitsmarktes und die daraus resultierende Inflexibilität als entscheidende Größe für die persistente Arbeitslosigkeit. Insofern stimmt die Diagnose mit dem neoklassischen Modell überein. Dies gilt auch für die Ziele, welche Arbeitsmarktpolitik bzw. Arbeitsmarktreformen haben sollten. Das OECD-Modell orientiert sich an drei wesentlichen Zielen (vgl. Marshall 1997: 2):
- die Wiederherstellung der Anreizstruktur auf dem Arbeitsmarkt, welche durch Kündigungsschutz und Arbeitslosensicherung ausgehebelt wird (dies entspricht einer Erhöhung der Beschäftigungsflexibilität);
- die Abschaffung von Strukturen, welche Neueinstellungen und Entlassungen von Arbeitskräften durch Unternehmen unterbinden (also Erhöhung der Beschäftigungsflexibilität); sowie
- eine Dezentralisierung der Tarifstrukturen (also eine Erhöhung der Lohn- oder Preisbildungsflexibilität).

Die Übereinstimmungen zwischen dem hier vorgestellten neoklassischen Arbeitsmarktmodell und dem OECD-Modell sind offensichtlich. Das OECD-Modell basiert auf den Grundannahmen der neoklassischen Arbeitsmarkttheorie und leitet daraus grundsätzliche Reformempfehlungen für den Arbeitsmarkt ab. Der Kanon der OECD-Empfehlungen ist jedoch nicht vollständig – außer den drei genannten lassen sich weitere Reformen aus der Theorie ableiten. Dies soll im folgenden Abschnitt geschehen.

3.4 Neoklassisch begründete Reformmaßnahmen im Bereich des Arbeitsmarktes

Aus der generellen Stoßrichtung der Reformen – *Abbau* einer staatlichen Beeinflussung des Arbeitsmarktes – lässt sich ein Katalog von möglichen Reformmaßnahmen ableiten, welcher in den folgenden Abschnitten kurz beschrieben wird. Die verschiedenen Maßnahmen werden dabei entsprechend der im vorigen Abschnitt dargestellten Reformzielen in drei Kategorien zusammengefasst.

Im Hinblick auf die spätere politökonomische Untersuchung ist es auch sinnvoll, die Verteilungseffekte der identifizierten Arbeitsmarktreformen darzustellen. Denn eine der entscheidenden erklärenden Variablen der politökonomischen Analyse ist die (erwartete) Betroffenheit von Akteuren durch die Reformen, also die Frage, welche gesellschaftlichen Gruppen wie von den Reformen betroffen sind[48]. Obgleich die genauen Verteilungswirkungen einer Reformmaßnahme – wenn überhaupt – nur vor dem Hintergrund der Ausgangssituation und der konkreten Reformausgestaltung ermittelt werden können, so wird in den folgenden Abschnitten auf der Basis des dargestellten neoklassischen Arbeitsmarktmodells und seiner Erweiterungen bereits eine grobe Abschätzung der Verteilungswirkungen der verschiedenen dargestellten Reformen gegeben.

3.4.1 Reformmaßnahmen zur Erhöhung der Preisbildungsflexibilität

Eine Flexibilisierung der Lohnkosten kann in zweierlei Hinsicht erfolgen. Zum einen kann, bei statischer Sichtweise, eine Erhöhung der Flexibilität über Sektoren bzw. zwischen Unternehmen angestrebt werden. Grundgedanke hierfür ist die unterschiedliche Produktivität des Faktors Arbeit in verschiedenen Sektoren bzw. Branchen und in verschiedenen Unternehmen, beispielsweise KMU und Großunternehmen. Da aus neoklassischer Sicht die Lohnkosten der Produktivität des Faktors Arbeit entsprechen (sollten), sind die Arbeitsmarktinstitutionen so auszugestalten, dass die entsprechenden Lohndifferenziale zwischen den Sektoren, Branchen oder, am besten, Unternehmen ermöglicht werden.

Bei einer dynamischen Betrachtung ist darüber hinaus auch eine Erhöhung der Lohnkostenflexibilität über Zeit erstrebenswert. Die (realen) Löhne sollten konjunkturelle und strukturelle Schwankungen der Arbeitsnachfrage widerspiegeln können. Hierbei ist natürlich insbesondere die Ermöglichung von Lohnkostensenkungen gefragt.

---

48 Eine andere Frage ist, ob die Akteure die aus den Reformen zu erwartenden Nutzeneffekte tatsächlich genauso bewerten, wie es die neoklassische Theorie nahe legt. Dieses Problem wird in Abschnitt 8.1 thematisiert.

Die Erhöhung der Preisbildungsflexibilität und die Verringerung der Lohnstückkosten kann, je nach Kontext, durch eine Reihe von Reformmaßnahmen angestrebt werden. Mögliche alternative Reformansätze sind (vgl. auch Inter-American Development Bank 1998: 18):

- die Flexibilisierung der kollektiven Verhandlungen;
- die Abschaffung oder Senkung der Mindestlöhne;
- die Verringerung von Lohnnebenkosten; und
- andere Maßnahmen zur Senkung der Lohnstückkosten.

3.4.1.1 Flexibilisierung kollektiver Verhandlungen

Aus der oben angeführten Erfordernis von Lohndifferenzialen bei unterschiedlicher Produktivität des Faktors Arbeit in unterschiedlichen Branchen und Unternehmen lässt sich unmittelbar die Reform- oder Politikempfehlung ableiten, dass die Lohnfestsetzung und somit auch die Lohnverhandlungen möglichst dezentral, d.h. auf Unternehmensebene stattfinden sollten. Zugleich wird durch die Dezentralisierung auch die Verhandlungsmacht von Gewerkschaften verringert (siehe Abschnitt 3.4.3.1). Eine erste Reformmaßnahme zielt also auf die Dezentralisierung der Tarifverhandlungen ab.[49]

Nach den Studien von Calmfors und Driffil (1988; vgl. auch Freeman 1988; Norbäck 2001) besteht ein U-förmiger Zusammenhang zwischen dem Zentralisierungsgrad der Tarifverhandlungen und der ökonomischen Performance eines Arbeitsmarktes, und damit c.p. einer Volkswirtschaft. Erklärt wird dieser dadurch, dass bei hochgradig zentralisierten Tarifverhandlungssystemen[50] Externalitäten internalisiert werden, während bei Tarifverhandlungen auf Unternehmensebene effiziente Lohnhöhen ausgehandelt werden können (allerdings auf Kosten ungleicherer Löhne). Dennoch lässt sich eine Reformempfehlung im Sinne einer *Zentralisierung* der Tarifverhandlungen aus diesen Studien kaum ableiten. Denn erstens konnte der Effizienzgewinn vom Übergang eines mittleren zu einem hohen Zentralisierungsgrad in späteren Studien nicht bestätigt werden (OECD 1997). Zweitens besteht bei zentralisierten Verhandlungen stets eine höhere Gefahr der Politisierung von Lohnverhandlungen, so dass die von Calmfors und Driffil konstatierten Effizienzgewinne nur für den Fall politisch unbeeinflusster Tarifverhandlungen zwischen annähernd gleich starken Partnern realisiert werden können. Insofern muss die *Dezentralisierung* der Tarifverhandlungen als klare neoklassische Reformempfehlung angesehen werden.

Die Dezentralisierung stellt jedoch nur eine mögliche Maßnahme zur Flexibilisierung der kollektiven Verhandlungen dar. Ein umfassendes Reformprogramm wird von Cox Edwards wie folgt formuliert:

---

49 Unter Berücksichtigung von Transaktionskosten ist die optimale Tarifverhandlungsebene nicht die maximal dezentralisierte, also individuelle Verhandlungen zwischen Arbeitgeber und jedem einzelnen Beschäftigten.

50 Üblicherweise werden Systeme, bei denen Arbeitgeber und Arbeitnehmer (sowie in der Regel der Staat) zentral über Arbeitsmarktpolitik und Wirtschaftspolitik beraten und entscheiden, unter dem Begriff der Korporatismus diskutiert. In einem engen Verständnis können korporatistische Staaten definiert werden als "capitalist economiew in which there are strong, and relatively centralized, employers' and workers' organizations" (Rowthorn 1992: 82).

> "government intervention and the strict application of principles of seniority in wage determination have to give way to a system that rewards effort, high productivity, and good management within a framework that relies on the voluntary negotiation of working conditions between workers and firms (individually or collectively), rather than on the reinforcement of conditions imposed by law. This requires the removal of a number of statutory provisions – such as those restricting firm-level bargaining, narrowing the scope of negotiation items, and preventing employers from replacing striking workers – that isolate collective bargaining from market realities" (Cox Edwards 1997: 137).

Aufgrund der hervorgehobenen Bedeutung der Dezentralisierung unter den genannten Maßnahmen werden die Begriffe der Dezentralisierung und der Flexibilisierung häufig synonym verwendet.

Die Verteilung von Gewinnern und Verlierern einer Dezentralisierung der Tarifverhandlungen ist relativ komplex, selbst wenn lediglich Arbeitgeber und Arbeitnehmer als relevante Akteure in Betracht gezogen werden. Verschiedene Konfliktlinien müssen hier unterschieden werden. Zum ersten werden durch eine Verlagerung der Tarifverhandlungen von der zentralen auf eine dezentrale Ebene Kompetenzen umverteilt. Dach- oder Spitzenverbände bzw. Verbandsspitzen – gleiches gilt für Gewerkschaften – verlieren an Kompetenzen, während Arbeitgeber und Gewerkschaften auf Unternehmensebene Kompetenzen hinzugewinnen. Die (erwarteten) materiellen Konsequenzen der Dezentralisierung hängen dann wiederum von der relativen Stärke der Tarifparteien auf der zentralen und dezentralen Ebene ab. Eine straff bis auf die nationale Ebene organisierte Gewerkschaft mit hoher Mitgliederzahl wird bei zentral durchgeführten Tarifverhandlungen besser Druck ausüben können (und folglich in einer besseren Verhandlungsposition sein für den Abschluss arbeitnehmerfreundlicher Tarife) als auf dezentraler Ebene. Umgekehrt wird ein relativ lose organisierter Arbeitnehmerverband auf zentraler Ebene eher dem Druck der Arbeitnehmervertretung nachgeben müssen.

Die gerade dargestellte Situation dürfte in der Realität am häufigsten vorkommen. Der Organisationsgrad von Gewerkschaften ist in der Regel höher als derjenige von Unternehmen. Insofern sind Gewerkschaften üblicherweise von der Dezentralisierung der Tarifverhandlungen tendenziell negativ betroffen, während Arbeitgeber davon profitieren.

Schließlich ist noch eine weitere Gewinn- und Verlust-Dimension zu berücksichtigen, die sich aus den Produktivitätsunterschieden zwischen Unternehmen herleitet. Wie oben beschrieben, ist ein wesentliches Ziel der Dezentralisierung von Tarifverhandlungen, dass Produktivitätsunterschiede der Arbeit in entsprechenden Lohnunterschieden ihre Entsprechung finden können. C.p. können Arbeitnehmer in hoch produktiven Betrieben dann bessere Tarifabschlüsse erzielen als Arbeitnehmer in weniger produktiven Betrieben. Tatsächlich entscheidend für die Gewinn- und Verlustverteilung der Dezentralisierung ist aber ohne Frage die Ausgangssituation: entsprechen zentral ausgehandelte Tarife eher der Arbeitsproduktivität in Unternehmen mit niedriger oder hoher Produktivität? Üblicherweise ist letzteres der Fall: Großunternehmen mit höherer Produktivität als KMU verfügen typischerweise auch über einen höheren gewerkschaftlichen Organisationsgrad und sind somit für Tarifabschlüsse von entscheidender Bedeutung. Arbeitnehmer in den KMU profitieren davon und erhalten gemessen an der Produktivität zu hohe Lohnsätze. Eine Dezentralisierung der Tarifverhandlungen lässt damit erwarten, dass Arbeitnehmer in KMU oder allgemein Unternehmen mit niedriger Arbeitsproduktivität mittelfristig schlechtere Tarifabschlüsse erzielen als bei zentralen Tarifverhandlungen; Arbeitnehmer in Großunternehmen bzw. Unternehmen mit hoher Arbeitsproduktivität sind hingegen wenig von der Dezentralisierung betroffen. Für Arbeitgeber gilt natürlich die spiegelbildliche Argumentation.[51]

Als Zwischenfazit kann somit gelten, dass die Dezentralisierung der Tarifverhandlungen die Gewerkschaften insgesamt eher negativ betrifft, wobei dies vor allem für die Gewerkschaftsspitze und organisierte Arbeitnehmer in Unternehmen mit niedriger Arbeitsproduktivität zutrifft.

3.4.1.2 Abschaffung oder Verringerung von Mindestlöhnen

Wie bereits dargestellt, begrenzen (zumindest bindende) Mindestlöhne die Flexibilität der Löhne. Sie führen zudem, zumindest im neoklassischen Arbeitsmarktbasismodell, zu einer Erhöhung der Arbeitslosigkeit und haben somit auch regressive Verteilungswirkungen innerhalb der einkommensschwachen Schichten.

Um die von bindenden Mindestlöhnen induzierte Lohnrigidität abzubauen ist es nötig, die realen Mindestlöhne zu senken oder die Mindestlöhne ganz abzuschaffen. Eine Senkung der (realen) Mindestlöhne kann in verschiedener Form erfolgen: zunächst formell durch eine Verringerung der festgesetzten Mindestlöhne durch entsprechende Gesetzesänderungen (oder ähnliche Änderungen der rechtlichen Grundlagen für Mindestlöhne). Eine zweite Möglichkeit ist, keine ausreichende Indexierung, also keine den durch die Inflation entstehenden Wertverlust ausgleichende Anpassung von (nominalen) Mindestlöhnen vorzunehmen, wie es etwa in Mexiko in der Folge der Tequila-Krise 1994-95 geschah, was zu einer Verringerung der realen Mindestlöhne von etwa 25% führte (vgl. Maloney/Nuñez 2001: 5). Drittens schließlich kann der Staat darauf verzichten, die Umsetzung der rechtlichen Vorgaben für Mindestlöhne zu überwachen und so eine schleichende Erosion der Mindestlöhne ermöglichen.

Die dritte Option scheidet als neoklassische Reformempfehlung aus, da sie klar mit dem Ziel der Stärkung der rechtlichen Rahmenbedingungen konfligiert. Eine Tolerierung der Nichtberücksichtigung wesentlicher Rechtsgrundlagen für den Arbeitsmarkt, zu denen Mindestlöhne zweifellos gehören, würde zu einer Unterminierung des Glaubens der Wirtschaftssubjekte in die Institutionen generell führen. Auch die zweite Option kann kaum als Reform bezeichnet werden, da hier lediglich die Indexierungspraxis eine je nach Inflationsrate mehr oder weniger schnelle Erosion der Mindest-

51 Ein Standardargument gegen eine starke Dezentralisierung der Tarifverhandlungen ist, dass die resultierende hohe Lohndifferenzierung den Anreiz für Unternehmen und Branchen mit vergleichsweise niedriger Produktivität zu Produktivitätssteigerungen verringert.

löhne toleriert und somit die Bindungswirkung des Mindestlohns ausgehebelt wird. Damit ist *de facto* zwar eine Flexibilisierung der Löhne erreicht, rechtlich jedoch nicht.

Als klare Reformmaßnahme bleibt somit die erste Option, eine Verringerung oder Abschaffung von Mindestlöhnen (hierzu würde – im Unterschied zur Option 2, welche sich ausschließlich auf die Indexierungspraxis bezieht – auch eine gesetzliche Aufhebung der Mindestlohnindexierung gehören).

Welche Verteilungswirkungen einer Senkung oder Abschaffung eines bindenden Mindestlohns lassen sich nun aus dem neoklassischen Modell ableiten?[52] Wie in Abschnitt 3.2.1 dargestellt, führt im einfachsten Modell die Mindestlohnverringerung zu einer Senkung des allgemeinen Lohnniveaus und einem Anstieg der Beschäftigung. Die Gewinner der Reform sind damit zum einen die Unternehmen, deren Arbeitsstückkosten sinken, sowie die Arbeitslosen, die nach der Lohnsenkung Beschäftigung finden. Reformverlierer sind hingegen die in der Ausgangssituation mit Mindestlohn bereits Beschäftigten; sie haben Einkommenseinbußen zu verzeichnen.[53]

Auch wenn eine Segmentierung der Arbeitsmärkte berücksichtigt wird, behält diese Aussage über die generelle Verteilungswirkung ihre Gültigkeit. Unterscheidet man zwischen formellem Sektor mit Mindestlohn und informellem Sektor ohne Mindestlohn, so wird die Mindestlohnabschaffung wegen der zusätzlichen Arbeitsnachfrage im formellen Sektor und der daraus resultierenden Verknappung des Arbeitsangebots im informellen Sektor zu einer Erhöhung des Lohnniveaus in letzteren und einer Senkung des Lohnniveaus im formellen Sektor führen. Beschäftigte im informellen Sektor und Arbeitslose sind die Gewinner, Beschäftigte im formellen Sektor die Verlierer der Reform. Letzteres gilt jedoch nur mit Einschränkung. Bei Existenz weiterer Arbeitsmarktsegmente ist nur ein Teil der Arbeitnehmer im formellen Sektor negativ von der Reform betroffen. Vor allem kann davon ausgegangen werden, dass eine Mindestlohnabschaffung für hochqualifizierte Arbeitnehmer mit entsprechenden Löhnen keine Konsequenzen hat.[54]

---

52 Offenbar hat die Abschaffung eines nicht bindenden Mindestlohns keine realen Wirkungen und entsprechend auch keine Verteilungseffekte.

53 Es ist darauf hinzuweisen, dass die regressiven Verteilungswirkungen des Mindestlohns in empirischen Studien überwiegend nicht nachweisbar sind. Im Gegenteil wird Mindestlohnerhöhungen überwiegend eine (wenngleich geringe und nicht gezielt den ärmsten Bevölkerungsschichten zu gute kommende) Verringerung der Ungleichheit bescheinigt. An der Gültigkeit des neoklassischen Modells (zumindest in der hier vorgestellten einfachsten Form) bestehen daher berechtigte Zweifel. Für einen Überblick über empirische Studien und alternative Erklärungsansätze vgl. Lustig und McLeod (1997) sowie den Bericht der Interamerikanischen Entwicklungsbank über den wirtschaftlichen und sozialen Fortschritt in Lateinamerika (Inter-American Development Bank 1998a: 153ff). Trotz der Kritik bekräftigen Lustig/McLeod jedoch die Vormachtstellung der neoklassischen Theorie in der politischen Debatte: "the conventional wisdom holds that minimum wage laws are likely to harm uncovered and rural workers in developing countries" (Lustig/McLeod 1997: 66).

54 Diese Aussage steht auch mit dem empirischen Befund in Einklang, dass die Einführung von Mindestlöhnen vor allem für diejenigen Arbeitnehmer Lohn- und Beschäftigungskonsequenzen hat, deren Einkommen in der Nähe des Mindestlohns liegt. Demgegenüber nehmen die Auswirkungen für Arbeitnehmer mit zunehmendem Einkommen ab. Vgl. etwa Bell (1997).

Die Verteilungswirkungen einer Mindestlohnverringerung für die Arbeitgeber sind in segmentierten Arbeitsmärkten nicht so deutlich: da die Lohnkosten im informellen Sektor steigen, erleiden die Arbeitgeber in diesem Sektor Nutzeneinbußen, während die Arbeitgeber im formellen Sektor von der Reform profitieren.

In der Realität wird die Mindestlohnsenkung oder -abschaffung kaum zu unmittelbaren Lohnsenkungen führen, sondern erst mit einiger Verzögerung (etwa durch den Abschluss niedrigerer Tarifabschlüsse in folgenden Lohnverhandlungen). Dennoch behält die allgemeine Aussage über die Verteilung von Gewinnern und Verlierern dieser Reformmaßnahme mittel- und langfristig Gültigkeit.

3.4.1.3 Verringerung von Lohnnebenkosten

Die in Abschnitt 3.2.3 beschriebene verzerrende Wirkung von Lohnnebenkosten kann durch zwei Typen von Reformen verringert werden: durch eine gesetzliche Senkung der Lohnnebenkosten, zum Beispiel durch Verringerung der Sozialbeiträge, sowie durch die Herstellung einer klaren Beziehung zwischen Sozialbeiträgen und Leistungen der sozialen Sicherung. Dies ist der Hintergrund der Reformen der sozialen Sicherung, bei welchen das Umlagesystem durch individuelle Arbeitnehmerkonten ersetzt wird. Entsprechende Reformen wurden in Argentinien zum Beispiel für die Alterssicherung und Arbeitsunfälle eingeführt, und für die Arbeitslosenversicherung zumindest diskutiert.

Die Systemveränderungen der sozialen Sicherung sind ein komplexes Thema, dem ein eigener Forschungsbereich gewidmet ist. Sie werden daher in der vorliegenden Arbeit nur insoweit berücksichtigt, als sie für die Arbeitsmarktinstitutionen unmittelbar relevant sind. Im übrigen beschränken sich die weiteren Ausführungen auf die Senkung der Lohnnebenkosten. Diese stellen in den meisten Ländern prinzipiell eine sehr simple, einfach umzusetzende Reformmaßnahme dar, da die Träger der sozialen Sicherung meist in staatlicher Hand sind. Üblicherweise werden die Beiträge auch per Gesetz oder Verordnung festgelegt. Problematisch ist hingegen die Gegenfinanzierung der Lohnkostensenkungen, sie erfolgt zumeist durch das allgemeine Steueraufkommen.

Welche Verteilungswirkungen haben Lohnnebenkostensenkungen? Die *Arbeitgeber* profitieren offensichtlich, da die Lohnkosten sinken[55]. Die Effekte auf die *Arbeitnehmer im formellen Sektor* hängen von der Art der Nebenkosten ab:

- *Lohnnebenkosten, die wie eine Steuer wirken:* Durch eine Senkung von Nebenkosten, bei denen keine direkte Beziehung zwischen Höhe der Lohnnebenkosten und dem Leistungsempfang des Arbeitnehmers besteht (typisches Beispiel sind die Sozialversicherungsbeiträge im Umlagesystem), sind die Arbeitnehmer unmittelbar nicht betroffen. Ihre Nettoeinkommen bleiben konstant. Mittelbar sind die Arbeitnehmer jedoch in (fast) jedem Fall negativ betroffen: durch die Senkung der Beiträge zum System der sozialen Sicherung sinkt dessen Mittelausstattung. Außer dem (wenig wahrscheinlichen) Fall, in dem die Verringerung der Mittel in vol-

55 Es sei denn, die Senkung der Lohnnebenkosten führt zu einem Anstieg der Nettolöhne in gleicher Höhe. Da aber üblicherweise die *Arbeitgeber*beiträge gesenkt werden, die in Tariflöhnen nicht berücksichtigt werden, dürfte dies kaum praktische Bedeutung haben.

lem Umfang durch Effizienzsteigerungen in der sozialen Sicherung aufgefangen werden kann, zieht dies entweder eine Einschränkung der Leistungen nach sich oder eine anderweitige Erhöhung der Einnahmen, z.B. durch eine Steuererhöhung. In beiden Fällen sind die Arbeitnehmer negativ betroffen.

- *Lohnnebenkosten, welche den Arbeitnehmern unmittelbar zukommen:* Von einer Senkung solcher Lohnnebenkosten (Familien-, Transportzuschläge, etc.) sind die Arbeitnehmer unmittelbar negativ betroffen – ihre Einkommen sinken durch die Reform.

Die *Arbeitslosen* profitieren mittelbar von der Reform, insofern die Beschäftigung im formellen Sektor infolge der geringeren Lohnkosten ansteigt. Unmittelbar sind sie nicht von der Reform betroffen, wenn die Gewährung von Leistungen konstant bleibt. Werden hingegen Leistungen für Arbeitslose aufgrund der Beitragssenkungen gekürzt, so sind die Arbeitslosen unmittelbar negativ betroffen. Gleiches gilt auch für andere Leistungsempfänger des Systems, wie etwa Rentner und Kranke. Der Nettoeffekt hängt somit von der konkreten Ausgestaltung der Reform ab.

Die *im informellen Sektor Beschäftigten* profitieren ebenfalls mittelbar von der Reform, insofern die Beschäftigung im formellen Sektor infolge der geringeren Lohnkosten ansteigt. Unmittelbar sind sie nicht betroffen, da sie weder zum System beitragen noch Leistungen empfangen (können).

Schließlich ist auch der *Staat* von einer Lohnnebenkostensenkung betroffen. In vielen Fällen, gerade auch in Lateinamerika, werden die Sozialversicherungsbeiträge nicht für Leistungen an Versicherte verwendet, sondern fungieren als allgemeine Staatseinnahme. Eine Senkung der Lohnnebenkosten führt dann zumindest kurzfristig zu einem Einnahmenausfall des Staates. Andererseits führt die nachfolgende (erwartete) Zunahme der Beschäftigung zu geringeren Sozialausgaben (für Arbeitslose) und einer Erweiterung der Beitragsbasis, so dass der Nettoeffekt positiv sein kann (vgl. Guasch 1999: 50).

3.4.1.4 Andere Maßnahmen zur Senkung der Lohnstückkosten

Weitere Maßnahmen, die zu einer Senkung der Lohnstückkosten führen, sind unter anderem die direkte Senkung des Realwerts der ausgezahlten Löhne und die Steigerung der Arbeitsproduktivität (vgl. z.B. Guasch 1999: 31; Inter-American Development Bank 2001: 121ff). Die staatlichen Möglichkeiten zur Einflussnahme auf die Arbeitsproduktivität sind jedoch begrenzt und bestehen größtenteils aus der Schaffung von (positiven oder negativen) Anreizen für Unternehmen und Arbeitnehmer. Eine wichtige dem Staat zu Verfügung stehende arbeitsmarktpolitische Maßnahme zur Erhöhung der Arbeitsproduktivität ist die Verkürzung des bezahlten gesetzlichen Urlaubs bzw. die Verlängerung der gesetzlichen Arbeitszeiten[56].

56 Darüber hinaus existiert eine Vielzahl von Politikmaßnahmen, welche ebenfalls die Erhöhung der Arbeitsproduktivität zum Ziel hat, etwa die Förderung der beruflichen Aus- und Weiterbildung, die Förderung von Forschung und Entwicklung, die Förderung von Sektoren mit hoher Arbeitsproduktivität oder die Förderung der unternehmerischen Zusammenarbeit mit Hochtechnologiefirmen (Lizenzierung, Förderung von Joint Ventures, etc.). Auf eine nähere Betrachtung dieser Maßnahmen wird in der vorliegenden Arbeit jedoch verzichtet.

Die staatlichen Beeinflussungsmöglichkeiten der *Reallohnhöhe* hängen nicht zuletzt von den rechtlichen Rahmenbedingungen auf dem Arbeitsmarkt ab. Besteht das Recht auf kollektive Verhandlungen zwischen Arbeitgebern und Arbeitnehmern ohne staatliche Beteiligung, so können für den Privatsektor lediglich Empfehlungen zur Lohnzurückhaltung abgegeben werden. Anders ist die Situation, wenn der Staat die Lohnhöhe direkt festlegt – dies war in Argentinien bis 1988 im Rahmen der Stabilisierungsprogramme noch der Fall. Im öffentlichen Sektor hingegen ist der Staat selbst Tarifpartner und kann die Lohnhöhe unmittelbar beeinflussen. Durch Lohnkürzungen bei den öffentlichen Angestellten kann, vor allem in Staaten mit großem öffentlichen Sektor, die durchschnittliche landesweite Reallohnhöhe durchaus beeinflusst werden.

Die Senkung der Reallöhne könnte theoretisch auch dadurch erreicht werden, dass die Preissteigerungsrate größer ist als die Steigerungsrate der Nominallöhne. Bis in die 1980er Jahre, als zwei- oder dreistellige Inflationsraten in vielen lateinamerikanischen Ländern keine Seltenheit waren, spielte diese Option eine wichtige Rolle, so auch in Argentinien. Nach den Erfolgen der Stabilisierung bei der Senkung der Inflationsraten sind Reallohnsenkungen auf diese Weise jedoch kaum noch zu erzielen.

Wie bei wenigen anderen Reformmaßnahmen lassen sich die unmittelbaren Gewinner und Verlierer von Lohnsenkungen benennen: die von Lohnkürzungen betroffenen Arbeitnehmer erleiden Nutzeneinbußen, die Arbeitgeber (Unternehmen oder der Staat) profitieren von geringeren Lohnkosten. Die gleichen Verteilungswirkungen hat die "schleichende" Reallohnsenkung durch Inflation. Unter den Annahmen der neoklassischen Theorie, d.h. insbesondere vollständiger Information der Marktteilnehmer und Abwesenheit von Geldillusion, sind explizite Lohnsenkungen und inflationsbedingte implizite Lohnsenkungen in dieser Hinsicht äquivalent.

Die *Ausdehnung der Arbeitszeit* eines Beschäftigten bei Konstanthaltung (oder unterproportionaler Erhöhung) des Lohns kann sowohl durch eine Erhöhung der Wochenarbeitszeit als auch durch eine Erhöhung der Jahresarbeitszeit (durch Verkürzung des bezahlten Jahresurlaubs, Abschaffung oder Verkürzung von bezahltem Sonderurlaub, Mutterschutz etc.) erreicht werden.

Mit Ausnahme der öffentlichen Angestellten kann der Staat nur den gesetzlichen Rahmen für die Arbeitszeitregelung offener gestalten. Eine unmittelbare Wirkung auf die tatsächliche Arbeitszeit wird damit nur ausgeübt, sofern keine tarifvertraglichen Regelungen über Arbeitszeiten und Urlaub bestehen. Wenn dies der Fall ist, so müssen die rechtlichen Reformen in den Tarifverhandlungen zwischen Arbeitgebern und Arbeitnehmern noch umgesetzt werden, und der Grad der Umsetzung hängt dann von der Verhandlungsmacht der Tarifparteien ab.

Bei der Arbeitszeitverlängerung handelt es sich um eine klassische Umverteilungsmaßnahme zu Lasten der Arbeitnehmer und zu Gunsten der Arbeitgeber. Die Beschäftigten müssen länger arbeiten, ohne eine entsprechende monetäre Kompensation für die Nutzenverluste aus entgangener Freizeit zu erhalten (vgl. Abschnitt 3.1.1.1 oben). Für die Arbeitgeber erhöhen sich hingegen c.p. die Gewinne aufgrund der geringeren Lohnstückkosten. Führen die geringeren Lohnstückkosten zur Einstellung zusätzlicher Mitarbeiter, so profitieren auch die Arbeitslosen von der Arbeitszeitverlängerung.

3.4.2 Reformmaßnahmen zur Erhöhung der Beschäftigungsflexibilität

Die Erhöhung der Beschäftigungsflexibilität bzw. der Abbau verzerrter Beschäftigungsstrukturen kann durch verschiedene Reformmaßnahmen angestrebt werden:
- der Abbau der Beschäftigung im öffentlichen Sektor;
- die Liberalisierung des Kündigungsschutzes; und
- die Förderung befristeter Arbeitsverhältnisse.

Neben diesen Maßnahmen existiert eine Vielzahl weiterer, die das Ziel haben den Übergang von Arbeitskräften zwischen Unternehmen und Sektoren zu fördern. Dazu gehören die Schaffung oder Verbesserung von Arbeitsvermittlungen, die Bereitstellung von Informationen über offene Stellen und Stellensuchende etc. Diese Maßnahmen spielen jedoch in Argentinien wie auch den meisten vergleichbaren Ländern nur eine untergeordnete Rolle und werden daher hier nicht weiter betrachtet.

3.4.2.1 Verringerung der Beschäftigung im öffentlichen Sektor

Eine wichtige Dimension der verzerrenden Wirkung staatlicher Aktivitäten in Bezug auf die Arbeitskräfteallokation ist die überhöhte staatliche Nachfrage nach Arbeitskräften durch einen aufgeblähten öffentlichen Sektor. Diese führt zu einer ineffizienten Allokation der Arbeitskräfte, da Arbeitskräfte produktiver in anderen Sektoren eingesetzt werden könnten, und senkt somit bei gesamtwirtschaftlicher Betrachtung die Produktivität des Faktors Arbeit sowie das Wirtschaftswachstum.

Die aus dieser Argumentation resultierende Politikempfehlung ist eine Verringerung der Beschäftigung im öffentlichen Sektor. Diese kann durch verschiedene Maßnahmen erreicht werden; die wichtigsten sind die Privatisierung von Staatsbetrieben und die Entlassung von öffentlichen Angestellten. In Bezug auf ersteres ist zu berücksichtigen, dass die (rechtliche) Privatisierung keine realen Auswirkungen auf den Arbeitsmarkt hat, da zunächst einmal der Verringerung der öffentlichen Beschäftigung eine entsprechende Erhöhung der privaten Beschäftigung gegenübersteht. Jedoch führen die im Privatisierungsprozess durchgeführten Restrukturierungen von Staatsbetrieben (entweder vor oder nach der Privatisierung) in der Regel doch zu – teilweise erheblichem – Stellenabbau und wirken somit beschäftigungsdämpfend.

Die offensichtlichen Verlierer der Verringerung öffentlicher Beschäftigung sind die öffentlichen Angestellten bzw. die Beschäftigten staatlicher Unternehmen, die entlassen werden. Indirekt können auch Arbeitslose und Beschäftigte im Privatsektor (vor allem im informellen Sektor) Nutzeneinbußen erleiden. Ist die Anzahl der entlassenen öffentlichen Angestellten groß genug und erhöht sich das freie Arbeitsangebot entsprechend, so ist aus theoretischer Sicht unter der Voraussetzung von Lohnflexibilität eine Verringerung der Löhne zu erwarten – dies dürfte im informellen Sektor der Fall sein. Zudem erhöht sich durch die Entlassungen die Anzahl der Arbeitslosen und damit verringert sich c.p. die Wahrscheinlichkeit eines einzelnen Arbeitslosen, eine Stelle zu finden.

Positive Auswirkungen hat die Verringerung der staatlichen Beschäftigung aufgrund der sinkenden Lohnkosten in erster Linie für den Staatshaushalt. Zwar müssen den Lohnkostensenkungen die zu zahlenden Abfindungen und Kosten von eventuellen Abfederungs- und Beschäftigungsprogrammen gegenübergestellt werden, doch zumindest mittelfristig ist von einem eindeutigen positiven Effekt für den Staat auszugehen. Indirekt profitieren darüber hinaus die Arbeitgeber im Privatsektor von den Entlassungen: durch die Erhöhung des Arbeitsangebots sind sinkende Löhne zu erwarten – die Argumentation ist analog zu der im vorherigen Absatz.

Die Senkung der Beschäftigung im öffentlichen Sektor wird üblicherweise nicht als Element der Arbeitsmarktreform diskutiert, sondern in jeweils eigenen Kontexten. Im Washingtoner Konsens stellt die Privatisierung beispielsweise einen eigenen Politikbereich dar, und der Stellenabbau im öffentlichen Sektor wird in der Regel im Zusammenhang mit der Verringerung von Staatsausgaben gesehen (Politikbereich "Fiskalpolitik" im Washingtoner Konsens; siehe Tabelle 1). In der Tat sind die entsprechenden Maßnahmen in den meisten lateinamerikanischen Staaten bereits vor Diskussion geschweige denn der Durchführung von Arbeitsmarktreformen umgesetzt worden. Sie werden daher in der vorliegenden Arbeit nur am Rande behandelt. Gleichwohl lässt sich die Verringerung der Beschäftigung im öffentlichen Sektor, wie gezeigt, auch arbeitsmarktpolitisch rechtfertigen.[57]

3.4.2.2 Liberalisierung des Kündigungsschutzes

Eine Liberalisierung des Kündigungsschutzes hat Auswirkungen sowohl auf die Beschäftigungsflexibilität als auch auf die Lohnkosten. Da Kündigungsschutzregeln für den Arbeitgeber die Kündigungskosten erhöhen, können sie auch als eine Art Lohnnebenkosten interpretiert werden. Das allgemeine Ziel der Kündigungsschutzregeln ist jedoch, die Beschäftigungssicherheit von Arbeitnehmern zu erhöhen. Typische Instrumente des Kündigungsschutzes sind die folgenden:

- Die Beschränkung der "erlaubten" Kündigungsgründe, bei deren Vorliegen ein Arbeitnehmer entlassen werden kann, ohne dass dem Arbeitgeber (hohe) Kosten entstehen. In fast allen Ländern stellt die grobe Verletzung von Vertragspflichten einen solchen Grund dar. Aus neoklassischer Sicht ist insbesondere von Interesse, ob das Vorliegen wirtschaftlicher Gründe einen erlauben Kündigungsgrund darstellt. Ist dies nicht der Fall, werden Unternehmen nötige Anpassungsprozesse verzögern, wodurch bei gesamtwirtschaftlicher Betrachtung Produktivitätseinbußen entstehen.
- Abfindungszahlungen, die der Arbeitgeber dem Arbeitnehmer bei der Entlassung zahlen muss, sind vor allem in Entwicklungsländern, in denen üblicherweise keine oder nur eine sehr eingeschränkte Arbeitslosenversicherung besteht, ein verbreitetes Instrument. In der Regel werden Abfindungszeiten in Abhängigkeit von der Beschäftigungsdauer als Vielfache des letzten Monatslohns bezahlt (etwa ein Monatslohn pro Beschäftigungsjahr), so dass die Kündigungskosten mit der Beschäf-

57 Vgl. hierzu im Detail Oliva (2000). Oliva weist auch darauf hin, dass sich die Anzahl der Staatsangestellten in Argentinien seit 1991 kaum verändert hat, sondern der Rückgang der nationalen Staatsangestellten durch einen entsprechenden Anstieg der Angestellten in den Provinzen kompensiert wurde.

tigungsdauer ansteigen. Für erlaubte Kündigungsgründe gelten meist reduzierte Abfindungszahlungen.
- Kündigungsfristen, die ebenfalls in der Regel mit der Beschäftigungsdauer ansteigen, wirken aus Sicht des Arbeitgebers wie Abfindungszahlungen, da in der Regel ab dem Aussprechen der Kündigung der Arbeitnehmer nicht mehr produktiv ist.

Für eine Liberalisierung des Kündigungsschutzes werden einzelne oder verschiedene dieser Instrumente in ihrer Wirkung begrenzt. So können die erlaubten Kündigungsgründe erweitert werden, Kündigungsfristen verkürzt oder Abfindungszahlungen verringert werden.

Als Folge einer Liberalisierung des Kündigungsschutzes auf dem Arbeitsmarkt erhöht sich die Wahrscheinlichkeit für Arbeitslose, eine Stelle zu finden; sie profitieren von der Reform. Auch für Arbeitnehmer verbessern sich durch die Reform die Chancen, die Stelle wechseln zu können. Andererseits steigt aber auch das Entlassungsrisiko. Insofern sind die Nettowirkungen der Reform auf die Arbeitnehmer nicht klar; risikoaverse Arbeitnehmer werden sich aber von der Reform negativ betroffen fühlen.

Die Arbeitgeber profitieren hingegen von der Liberalisierung. Kündigungsschutzregeln sind für sie mit zusätzlichen Kosten verbunden, welche durch die Liberalisierung wegfallen bzw. verringert werden.

3.4.2.3 Förderung befristeter Arbeitsverhältnisse

Die Förderung befristeter Arbeitsverhältnisse ist prinzipiell äquivalent zur Reduzierung des Kündigungsschutzes. Durch die Anwendung von Zeitverträgen werden Kündigungskosten reduziert, da üblicherweise zum Ablauf der Vertragslaufzeit keine Abfindungszahlungen geleistet werden müssen und eine Kündigungsfrist sich erübrigt. Aus Sicht des Arbeitgebers sind eine Eliminierung von Kündigungsfristen und Abfindungszahlungen bei unbefristeten Arbeitsverträgen und die Möglichkeit zum Abschluss erneuerbarer Zeitverträge mit jeweils kurzer Laufzeit äquivalent. Ebenfalls die gleiche Wirkung haben Probezeiten, die auch als befristeter Arbeitsvertrag gesehen werden können, der bei Ablauf der Probezeit automatisch in ein unbefristetes Arbeitsverhältnis überführt wird.

Die Verteilungswirkungen einer Ausweitung befristeter Arbeitsverhältnisse entsprechen prinzipiell denen einer Kündigungsschutzliberalisierung: Arbeitgeber und Arbeitslose profitieren. Arbeitnehmer, die bereits vor der Reform in einem unbefristeten Arbeitsverhältnis stehen, sind hingegen nicht betroffen, da die Förderung befristeter Arbeitsverhältnisse (bzw. die Ausweitung von Probezeiten) stets nur auf zukünftig abgeschlossene Arbeitsverträge Anwendung findet.

Der Vorteil einer Reform, welche die Möglichkeiten befristeter Verträge erweitert, liegt in der relativ einfachen Umsetzbarkeit. Da bestehende Arbeitsverhältnisse davon nicht betroffen sind, wird der Widerstand gegen eine solche Reform geringer sein als gegen eine Verringerung von Kündigungsschutzregeln, welche in der Regel auch bestehende Arbeitsverhältnisse betrifft (vgl. Galiani 2002)[58].

Der Nachteil besteht darin, dass durch die Einführung oder Förderung von befristeten Arbeitsverhältnissen automatisch zwei Klassen von Arbeitnehmern bzw. zwei Teilarbeitsmärkte geschaffen werden: ein primärer Arbeitsmarkt mit "guten", unbefristeten Beschäftigungsverhältnissen und ein sekundärer mit den "schlechten", befristeten Arbeitsverhältnissen. Damit wird durch die Förderung befristeter Arbeitsverhältnisse die Arbeitsmarktsegmentierung gefördert. Daher ist der allgemeine Abbau von Kündigungsschutzregeln der Förderung befristeter Arbeitsverhältnisse vorzuziehen (vgl. Galiani/Nickell 1999).

3.4.3 Sicherung der Rahmenbedingungen auf dem Arbeitsmarkt

3.4.3.1 Verhinderung oder Verringerung von Marktmacht auf dem Arbeitsmarkt

Neoklassische Reformanforderungen nach einer Verringerung von Marktmacht auf dem Arbeitsmarkt beziehen sich in der Regel auf eine Verringerung der gewerkschaftlichen Macht. Nachfragemonopole auf dem Arbeitsmarkt werden nicht durch spezifische Arbeitsmarktreformen angegangen, sondern durch eine allgemeine Förderung des Wettbewerbs (vgl. Galiani 2002).

Die Aktivität von Gewerkschaften kann zu verschiedenen unerwünschten Effekten für die Wirtschaft führen (vgl. Layard et al. 1991; Pencavel 1991). So sind die Forderungen von Gewerkschaften nach Erhöhungen der Reallöhne üblicherweise nicht – zumindest nicht vorwiegend – an Produktivitätskriterien orientiert, sondern am allgemeinen Preisanstieg, der durch die Lohnsteigerungen zumindest ausgeglichen werden soll. Wie in Abschnitt 3.2.2 dargestellt, versuchen Gewerkschaften stets, Reallöhne über das Gleichgewichtsniveau anzuheben. Zudem suchen Gewerkschaften, in ihrer Eigenschaft als Interessengruppe, für ihre Mitglieder Einkommensgewinne zu erzielen, welche zu Lasten anderer gesellschaftlicher Gruppen gehen (vgl. Pencavel 1997: 42ff; 1999).

Da diese verzerrenden Effekte um so stärker sind, je größer die gewerkschaftliche Verhandlungsmacht ist, sollten Reformen die gewerkschaftliche Macht begrenzen. Ein mögliches Instrument dafür ist die bereits dargestellte Dezentralisierung der Tarifverhandlungen (Abschnitt 3.4.1.1). Aber auch die Förderung von Unternehmensgewerkschaften, der Abbau institutioneller Vorrechte – etwa die Einführung von Wettbewerb zwischen Gewerkschaften innerhalb einer Branche oder eines Unternehmens, die Möglichkeit, dass nichtgewerkschaftliche Arbeitnehmervertreter in kollektive Verhandlungen treten können, etc. – oder Modifikationen des Streikrechts können zum Abbau von Gewerkschaftsmacht führen. Die Zahl der möglichen Maßnahmen ist hoch; sie werden durch das jeweilige Gewerkschafts- und Kollektivverhandlungssystem im Ausgangszustand bestimmt.

58 Dies ist natürlich ein politökonomisches Argument, welches auf der impliziten Annahme basiert, dass Reformen gegen den Widerstand von Arbeitnehmern nicht durchsetzbar sind; vgl. Kapitel 5.

Reformen, welche auf eine Beschränkung gewerkschaftlicher Macht abzielen, haben eine unmittelbar negative Wirkung auf die Gewerkschaften. Mittelbar wird sich eine verringerte Gewerkschaftsmacht in niedrigeren Löhnen ausdrücken, es findet also eine Umverteilung zukünftiger Einkommen von (gewerkschaftlich organisierten) Arbeitnehmern zu den Arbeitgebern statt. Arbeitslose profitieren, wenn geringere Löhne zu einer höheren Beschäftigung führen.

3.4.3.2 Befolgung der Regeln durch die Akteure

Das beste Arbeitsrecht nutzt wenig, wenn es in der Praxis nicht umgesetzt wird. Dieser Aspekt ist gerade in Lateinamerika von nicht zu unterschätzender Bedeutung, worauf in der Literatur mehrfach hingewiesen worden ist (vgl. Squire/Suthiwarti-Narueput 1997; Beccaria/ Galin 2002).

Anreize zur Befolgung der arbeitsrechtlichen Regeln können vor allem durch zwei Maßnahmen geschaffen werden: durch Kontrollmechanismen und durch Sanktionierung von Regelverstößen. Der ökonomische Hintergrund ist wie folgt: die Einhaltung von Regeln verursacht den Wirtschaftssubjekten Kosten (in Form von Sozialabgaben, Kosten der Arbeitssicherheit, etc.), welche durch Nichtbeachtung eingespart werden können. Im Gegenzug dazu verursacht die Regelmissachtung erwartete Kosten, die sich aus der Höhe der Sanktion/Strafe und der Wahrscheinlichkeit der Entdeckung ergeben, die umso größer ist, je besser bzw. umfangreicher das Kontrollwesen ist. Sind die erwarteten Kosten eines Regelverstoßes höher als die Kosteneinsparung, so ist die Regelmissachtung nutzensenkend.

Die mangelnde Beachtung arbeitsrechtlicher Regeln stellt in Lateinamerika eines der schwerwiegendsten wirtschaftlichen Probleme dar: in vielen Ländern liegt der Anteil der Beschäftigung im informellen Sektor bei über 50%, d.h. mehr als die Hälfte der Beschäftigten zahlt keine Beiträge zur Sozialversicherung und arbeitet unter Bedingungen, die in der Regel nicht den gesetzlichen Anforderungen an die Arbeitsbedingungen, Arbeitszeiten, Arbeitssicherheit, sanitäre und Hygienebedingungen, Mindestlöhne, etc. entsprechen.

Um die Beachtung arbeitsrechtlicher Regeln zu erhöhen, kann einerseits das Arbeitsinspektionswesen verbessert bzw. ausgebaut werden und andererseits die Anwendung von Sanktionen verstärkt bzw. das Strafmaß erhöht werden.

Da die Befolgung arbeitsrechtlicher Regeln vor allem den Arbeitgebern Kosten auferlegt, ziehen diese auch den größten Nutzen aus der Nichtbeachtung. Aus Sicht eines Arbeitgebers, der im Zustand vor der Reform Arbeitsregeln missachtet, ist der Ausbau des Inspektionswesens oder die Erhöhung von Strafen gleichbedeutend mit einer Erhöhung der Lohnkosten. Ein solcher Arbeitgeber ist von der Reform negativ betroffen. Unternehmen, in denen arbeitsrechtliche Regel bereits vor der Reform befolgt werden, sind hingegen von der Reform nicht betroffen.

Nun kann nicht generell gesagt werden, dass Arbeitgeber im formellen Sektor grundsätzlich alle Regeln befolgen und somit von der Reform nicht betroffen sind, und umgekehrt alle Arbeitgeber im informellen Sektor von der Reform negativ betroffen werden, da sie per Definition das Arbeitsrecht verletzen. Die Auswirkungen der Reform hängen vielmehr von der Art und Weise der Reformumsetzung ab. So wird eine Intensivierung von Inspektionen in Sektoren oder Gebieten mit hoher Informalität vor allem Arbeitgeber im informellen Sektor betreffen, während eine Erhöhung von Strafen bei unverändertem Inspektionswesen eher registrierte Unternehmen betreffen wird, die Normen verletzen.

Die erwarteten Auswirkungen der Reform auf die Arbeitnehmer sind ambivalent: Arbeitnehmer in regelbefolgenden Unternehmen sind nicht betroffen. Arbeitnehmer, welche von der Regelmissachtung betroffen sind – also etwa solche, die unter unerlaubten Arbeitsbedingungen arbeiten –, können von der Reform profitieren, wenn sie dazu führt, dass Regeln eingehalten werden. Sie können aber auch negativ betroffen sein, wenn sie aufgrund der gestiegenen Kosten entlassen werden.

Die Arbeitslosen schließlich sind von den Reformen kaum betroffen. Eine nennenswerte Veränderung der Arbeitsnachfrage und somit der Einstellungswahrscheinlichkeit als Folge der Reformen ist unwahrscheinlich.

Tabelle 2: Verteilungswirkungen von Arbeitsmarktreformen – Überblick

Reformmaßnahme	Reformgewinner	Reformverlierer	nicht/ nicht eindeutig betroffen
Flexibilisierung der Löhne			
Flexibilisierung kollektiver Verhandlungen	Arbeitgeber	Gewerkschaften, Arbeitnehmer	Arbeitslose
Abschaffung oder Senkung der Mindestlöhne	Arbeitgeber, (Arbeitslose)	Arbeitnehmer	
Verringerung von Lohnnebenkosten	Arbeitgeber	Arbeitnehmer	Arbeitslose
Andere Maßnahmen zur Senkung der Lohnstückkosten (Arbeitszeitverlängerung etc.)	Arbeitgeber, (Arbeitslose)	Arbeitnehmer	
Flexibilisierung der Beschäftigung			
Liberalisierung des Kündigungsschutzes	Arbeitgeber, (Arbeitslose)	Arbeitnehmer	
Förderung befristeter Arbeitsverhältnisse	Arbeitgeber, (Arbeitslose)		Arbeitnehmer
Sicherung der Rahmenbedingungen auf dem Arbeitsmarkt			
Verhinderung oder Verringerung von Marktmacht auf dem Arbeitsmarkt	(Arbeitgeber), (Arbeitslose)	Gewerkschaften, (Arbeitnehmer)	
Befolgung der Regeln durch die Akteure		(Arbeitgeber)	Arbeitnehmer, Arbeitslose

Angaben in Klammern: mittelbare oder schwache Betroffenheit

3.5 Zusammenfassung

Einige der bisher genannten Reformmaßnahmen[59] werden üblicherweise nicht als Arbeitsmarktreformen verstanden, sondern in anderen Reformkontexten diskutiert. Dazu gehören z.B. die Verbesserung der Bildungssysteme oder auch die Verringe-

59 Siehe auch den Reformkatalog bei Galiani (2002).

rung der öffentlichen Beschäftigung. Im weiteren Verlauf dieser Arbeit beschränkt sich die Untersuchung auf Reformen der Arbeitsmarktinstitutionen im engeren Sinne, d.h. staatlich festgelegte Lohnkosten (Lohnnebenkosten, Mindestlöhne, Abfindungen), kollektive Verhandlungen, Kündigungsschutz und die Förderung flexibler Beschäftigungsverhältnisse, sowie die Sicherung der Rahmenbedingungen auf dem Arbeitsmarkt.

Tabelle 2 gibt einen Überblick über die aus der neoklassischen Theorie abgeleiteten Arbeitsmarktreformen und fasst die typischen Gewinner und Verlierer der Reformen zusammen, wobei lediglich grob zwischen Arbeitgebern, Arbeitnehmern bzw. Gewerkschaften und Arbeitslosen unterschieden wird. Wie man sieht, konstituieren die meisten Reformmaßnahmen die gleichen Gewinner und Verlierer: Reformgewinner sind fast immer die Arbeitgeber, während die Arbeitnehmer und Gewerkschaften überwiegend negativ betroffen sind. Die Arbeitslosen gehören meist zu den Reformgewinnern, allerdings basieren die positiven Effekte zumeist auf den von den Reformen erwarteten Beschäftigungszuwächsen; sie sind also nur mittelbar von den Reformen betroffen. In Abschnitt 5.2.5 werden die in Tabelle 2 zusammengefassten Überlegungen im Rahmen des politökonomischen Analysemodells weiter konkretisiert.

4 Eine Abschätzung des neoklassisch begründeten Reformbedarfs: die Rigidität des argentinischen Arbeitsmarktes im lateinamerikanischen Kontext

In der Literatur wird übereinstimmend festgestellt, dass in den meisten lateinamerikanischen Staaten die institutionellen Ausgestaltungen der Arbeitsmärkte traditionell sehr rigide waren (und noch sind). Wie in vielen Ländern Lateinamerikas stammte in Argentinien bis in die 1990er Jahre die Arbeitsgesetzgebung noch aus den 1950er und 1960er Jahren und basierte auf den folgenden Kriterien (vgl. Guasch 1999: 3):

- Arbeitsplatzsicherheit bzw. lebenslange Beschäftigungsgarantie im öffentlichen Sektor;
- hohe Lohnnebenkosten zur Finanzierung von Sozialleistungen;
- zentralisierte Tarifverhandlungen; mangelnde Ankoppelung des Arbeitslohnes an die Produktivität.

Der traditionelle Mangel an Flexibilität bzw. die Rigidität der (formellen) Arbeitsmärkte in Argentinien und anderen Ländern der Region führte zur Herausbildung signifikanter informeller Sektoren sowie zur Segmentierung von Teilarbeitsmärkten innerhalb des formellen Sektors, etwa zwischen produktiven Großunternehmen auf der einen Seite und KMU auf der anderen Seite. Zudem verhinderte die Arbeitsmarktrigidität eine schnelle Anpassung der Arbeitsmärkte an die von der Strukturanpassung verursachten strukturellen Veränderungen der Volkswirtschaften, so dass latente Arbeitsmarktprobleme durch die Strukturanpassung erst auftraten bzw. akzentuiert wurden.

Aus neoklassischer Sicht resultiert der Reformbedarf der lateinamerikanischen Arbeitsmärkte im wesentlichen

- aus dem (traditionellen) Mangel an Flexibilität der (formellen) Arbeitsmärkte;
- aus der daraus resultierenden Segmentierung von formellem und informellem Sektor; sowie
- aus der Verschärfung der latenten Arbeitsmarktproblematik durch die Strukturanpassung.

Wenngleich eine quantitative Abschätzung der aus der Arbeitsmarktrigidität und ihren Folgen entstehenden Effizienzverluste kaum möglich ist (vgl. Schultz 1999: 2ff) und somit die potenziell durch eine Reform erzielbaren Effizienzgewinne nicht messbar sind, so kann dennoch der aus neoklassischer, theoretischer Sicht bestehende Reformbedarf zumindest qualitativ ermittelt werden. Dazu wird in diesem Kapitel die Rigidität des argentinischen Arbeitsmarktes im Untersuchungszeitraum, also seit Beginn der 1980er Jahre, mit anderen Arbeitsmärkten – vor allem in Lateinamerika – verglichen. Natürlich ist hierbei zu berücksichtigen, dass die Auswirkungen der in diesem Zeitraum erfolgten Arbeitsmarktreformen in Argentinien und anderswo sich in den untersuchten Arbeitsmarktindikatoren niederschlagen. Daher wird in Kapitel 7 noch einmal kurz der aktuelle bzw. akute Reformbedarf vor jeder Reform rekapituliert. In diesem Kapitel geht es darum, die Flexibilität bzw. Rigidität des argentinischen Arbeitsmarktes im internationalen Vergleich darzustellen, wobei der Schwerpunkt auf den 1980er und frühen 1990er Jahren liegt, als weder in Argentinien noch in anderen Ländern Lateinamerikas wesentliche Reformen durchgeführt worden waren.[60]

4.1 Formale und faktische Arbeitsmarktrigidität

Die Inflexibilität eines Arbeitsmarktes kann grundsätzlich auf zwei unterschiedliche Arten gemessen werden. Da sie (aus neoklassischer Sicht) vor allem durch staatliche Regulierung hervorgerufen wird, führt ein erster Weg über die Untersuchung der rechtlichen Rahmenbedingungen auf dem Arbeitsmarkt, also die Anzahl und Inhalte der einschlägigen Gesetze und Verordnungen. Je zahlreicher und detaillierter rechtliche Vorgaben den Arbeitsmarkt regeln, desto größer ist die Wahrscheinlichkeit, dass Marktverzerrungen und Inflexibilität vorliegen.

Problematisch ist an der Messung der Rigidität mittels der arbeitsrechtlichen Vorgaben, dass der Grad der Umsetzung von Arbeitsrecht auf dem Arbeitsmarkt gerade in Lateinamerika und anderen Ländern mit vergleichbarem Entwicklungsstand (im Gegensatz zu Industrieländern) unter Umständen nur gering ist, so dass lediglich die *formale Arbeitsmarktrigidität*, also theoretische Arbeitsmarktrigidität "auf dem Papier" gemessen wird (vgl. auch Forteza/ Rama 2000: 10). In der Tat ist festgestellt worden, dass in denjenigen Staaten, welche den stärksten formalen Regulierungsgrad aufweisen, die Umsetzung und Überwachung arbeitsrechtlicher Normen besonders lückenhaft ist (vgl. Squire/Suthiwarti-Narueput 1997).

---

60 Nur in Brasilien wurde bereits in den 1980er Jahren, nämlich 1988, eine Reform des Kündigungsschutzes durchgeführt; vgl. Heckman/Pagés (2000).

Ein zweiter Ansatzpunkt zur Messung der Arbeitsmarktrigidität ist daher, nicht auf die arbeitsrechtlichen Vorgaben abzuheben, sondern die *faktische Arbeitsmarktinflexibilität* zu bestimmen. Auch dieser Weg ist jedoch nicht ohne Probleme. Schon die Definition von "Rigidität" oder "Inflexibilität" ist schwierig, da Rigidität mehrere Dimensionen umfasst. Beispielsweise können, wie in Abschnitt 3.4, Lohn- und Beschäftigungsrigidität unterschieden werden, und beide setzen sich jeweils noch aus verschiedenen Komponenten zusammen. Die Aggregation dieser Komponenten und ihre Gewichtung in einem Indikator zur Messung der Arbeitsmarktrigidität muss bis zu einem gewissen Grad subjektiv bleiben. Ein praktisches Messproblem ergibt sich darüber hinaus aus der zum Teil völlig unzureichenden Datenverfügbarkeit, insbesondere wenn ein längerer Zeitraum – wie in der vorliegenden Arbeit rund 20 Jahre – betrachtet wird.

Aus theoretischer Sicht bildet vor allem die faktische Arbeitsmarktrigidität das Maß für die Ermittlung des Reformbedarfs von Arbeitsmärkten. Rechtliche Rahmenbedingungen sind für das Funktionieren des Arbeitsmarktes ohne Bedeutung, wenn sie nicht oder nur unzureichend implementiert werden. Insofern ist trotz der erwähnten Problematik der Konstruktion eines Indikators der Messung faktischer Arbeitsmarktrigidität grundsätzlich der Vorzug zu geben.

Die Unterscheidung von faktischer und formaler Rigidität eines Arbeitsmarktes findet ihre Entsprechung in der Messung von Inhalten und Effektivität von Arbeitsmarktreformen bzw. "policy indicators" und "outcome indicators" (Loayza/Soto 2003). Während erstere das Ergebnis der Entscheidungsphase messen, beziehen sich letztere auf das Ergebnis der Implementationsphase (vgl. Abschnitt 2.3 oben).

In den folgenden Abschnitten wird versucht, die formale *und* faktische Rigidität des argentinischen Arbeitsmarktes im internationalen Vergleich zu ermitteln und somit den neoklassisch begründeten Reformbedarf abzuschätzen.

4.2 Die Messung formaler Arbeitsmarktrigiditäten

Wie bereits dargestellt ist der Begriff der Arbeitsmarktrigidität komplex; eine allgemein akzeptierte Definition liegt nicht vor, ebensowenig ein Indikator zur empirischen Bestimmung. In der Literatur hat es verschiedene Ansätze gegeben, die Arbeitsmarktrigidität zu messen. Forteza und Rama (2000) ziehen hierzu fünf verschiedene Indikatoren heran, darunter vier Indikatoren zur Bestimmung partieller Rigiditäten und einen aggregierten Indikator.[61] Die Einzelindikatoren sind die Höhe der Mindestlöhne, die Höhe der gesetzlich vorgeschriebenen Lohnnebenkosten, die Stärke der Arbeiterbewegung und die Höhe der staatlichen Beschäftigung. In den aggregierten Indikator gehen die Einzelindikatoren gleichgewichtig ein. Vergleicht man die Indikatoren mit dem in Abschnitt 3.4 eingeführten Reformkatalog, so fällt auf, dass Beschäftigungsrigiditäten in den Indikator von Forteza und Rama nicht eingehen.[62] Angesichts

61 Darüber hinaus messen Forteza und Rama zur Kontrolle auch die formale Rigidität anhand der Anzahl an ILO-Konventionen, die ein Staat ratifiziert hat (Forteza/Rama 2000: 10ff).

62 Die Autoren begründen dies mit der schlechten Datenverfügbarkeit. Für Lateinamerika und die Karibik liegt jedoch von Heckman und Pagés (2000) eine vergleichende Studie der Beschäfti-

der Bedeutung von Kündigungsschutz und ähnlichen Regelungen in Lateinamerika kann auf die Messung der Beschäftigungsrigidität aber in der vorliegenden Arbeit kaum verzichtet werden. Auf der anderen Seite sind die Höhe der staatlichen Beschäftigung und vor allem die Stärke der Arbeitnehmerbewegung Indikatoren, welche vor allem vor dem Hintergrund der politischen Ökonomie bedeutsam sind – sie können als Indikatoren für die Verhandlungsmacht der Arbeitnehmer gesehen werden. Da diese Argumentation im Rahmen der Vorstellung des politökonomischen Analysemodells gesondert untersucht wird (vgl. Abschnitte 5.2.4 und 6.2.1.1), werden diese beiden Indikatoren hier nicht weiter betrachtet.

Einen auf Forteza/Rama aufbauenden, aber weiter differenzierenden Vorschlag zur Messung von Arbeitsmarktreformen (und somit auch von Arbeitsmarktrigidität) liefern die Weltbankmitarbeiter Loayza/Soto (2003). Die Autoren schlagen die Unterscheidung von vier Indikatorgruppen jeweils mit einer Reihe möglicher Einzelindikatoren vor:

- Beschränkungen der Beschäftigungsflexibilität: Einzelindikatoren sind die rechtliche Akzeptanz von Entlassungen aus wirtschaftlichen Gründen, die Existenz von individuellen Fonds für Arbeitnehmer bei Arbeitslosigkeit, die Höhe der Abfindungszahlungen und die Existenz von Restriktionen für befristete Beschäftigungsverhältnisse;
- Löhne und Lohnkosten: Indikatoren sind die Existenz bindender Mindestlöhne, die Höhe von Lohnnebenkosten und Arbeitgeberbeiträgen zur sozialen Sicherung, sowie die Existenz eines Nexus zwischen geleisteten Sozialbeiträgen und Leistungsansprüchen;
- Kollektive Verhandlungen: Zu den Indikatoren gehören die Rolle des Staates in den kollektiven Verhandlungen, die Existenz von Restriktionen bezüglich der Verhandlungsebene, die Freiheit der Gewerkschaftswahl sowie rechtliche Regeln über Arbeitskonflikte;
- Beschäftigung im öffentlichen Sektor: der vorgeschlagene Indikator ist die Existenz von Programmen zur Senkung der öffentlichen Beschäftigung.

Diese Indikatorgruppen entsprechen mit Ausnahme der öffentlichen Beschäftigung, die hier nicht weiter untersucht wird, annähernd der Unterscheidung von Beschäftigungs- und Preisbildungsflexibilität, wobei Löhne und Lohnkosten sowie kollektive Verhandlungen hier unter die Preisbildungsflexibilität subsumiert werden.

In den folgenden Abschnitten wird die (formale) Rigidität des argentinischen Arbeitsmarktes im Vergleich zu einigen anderen lateinamerikanischen Ländern – als Referenzgruppe werden Brasilien, Chile, Mexiko und Uruguay herangezogen – anhand der gesetzlichen Lohnnebenkosten, der Mindestlöhne, der kollektiven Verhandlungen und der Kündigungsschutzregeln untersucht. Darüber hinaus werden verschiedene aggregierte Indikatoren zur Messung der Arbeitsmarktrigidität dargestellt.

---

gungssicherheit und der daraus für die Unternehmen entstehenden Kosten vor. Vgl. unten in diesem Abschnitt.

4.2.1 *Lohnnebenkosten*

Als Indikator zur Messung der Lohnnebenkosten wird üblicherweise der Prozentsatz der Sozialbeiträge vom Basislohn herangezogen.[63] Wie Abbildung 14 zeigt, war die Höhe der Sozialbeiträge in Argentinien im Jahr 1994 im regionalen Vergleich hoch und im internationalen Vergleich durchschnittlich. Allerdings ist zu berücksichtigen, dass Anfang 1994 in Argentinien bereits eine deutliche Senkung der Arbeitgeberbeiträge in Kraft getreten war. Zieht man die 1993 geltenden Abgaben (Arbeitgeberbeitrag von 33%) als Vergleichsmaßstab heran, so war Argentinien unter den Ländern mit der höchsten Abgabenlast. Dementsprechend bestand bis 1993 ein hoher Reformbedarf bei den Lohnnebenkosten.

Abbildung 14: Sozialbeiträge in Argentinien und ausgewählten Vergleichsländern, 1994, in % vom Bruttolohn

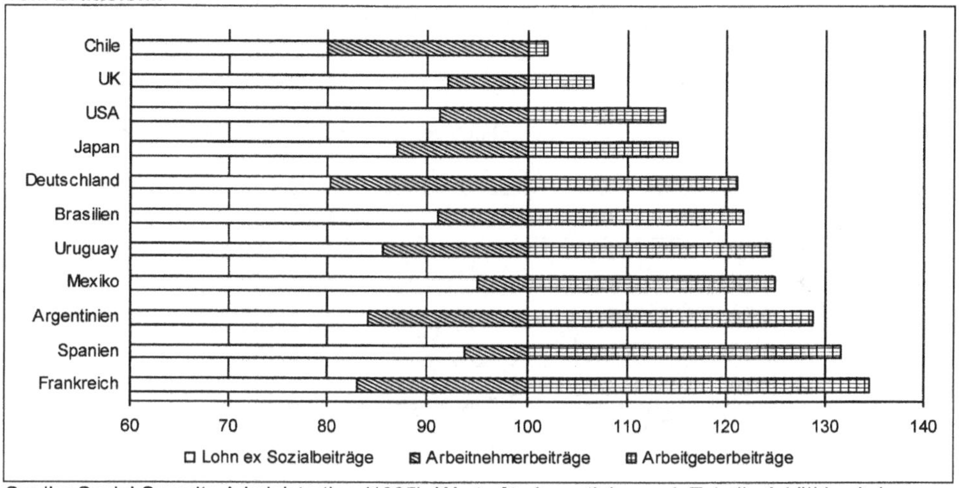

Quelle: Social Security Administration (1995); Werte für Argentinien: vgl. Tabelle A-VIII im Anhang.

4.2.2 *Mindestlöhne*[64]

Mindestlöhne stellen einen der am besten untersuchten Teilaspekte der Arbeitsmärkte in Lateinamerika dar. Eine Vielzahl v.a. empirischer Studien widmet sich der Frage, inwiefern Mindestlöhne zur Einkommenssicherung bzw. Armutsverringerung beitragen oder aber durch eine Anhebung des Lohnniveaus über den Gleich-

63 Ob die Höhe der Lohnnebenkosten ein Indikator für formale oder faktische Arbeitsmarktrigidität sind, ist Interpretationssache. Da es sich bei der Höhe der Sozialabgaben aber zunächst einmal um eine rechtliche Vorgabe handelt, deren Implementationsgrad schwanken kann, werden sie hier zu den Indikatoren für formalen Rigidität gerechnet.
Forteza/Rama schlagen vor, als *Proxy* für die Lohnnebenkosten die Anzahl der Tage bezahlter Mutterschutzzeit zu verwenden (2000: 16). Angesichts der guten Datenverfügbarkeit über die Sozialbeiträge erscheint dieser Umweg aber nicht nötig zu sein.

64 Dieser Abschnitt basiert auf Bienen (2002).

gewichtslohn zu wachsender Arbeitslosigkeit bzw. Abwanderung in den informellen Sektor führen.[65]

Einen verbreiteten Indikator zur Messung der durch Mindestlöhne verursachten Verzerrung der Lohnstruktur stellt die festgelegte Höhe der Mindestlöhne dar. Für eine quantitative Messung der Mindestlöhne stehen prinzipiell verschiedene Möglichkeiten zur Verfügung: Im einfachsten Fall werden die absoluten Mindestlöhne betrachtet; eine solche Messung ist aber, insbesondere für einen Ländervergleich, ungeeignet, da wichtige Unterschiede bei der Produktivität oder im Preisniveau zwischen Ländern unberücksichtigt bleiben. Daher wird als Messindikator üblicherweise die Höhe des Mindestlohns in Relation zu einer Vergleichsgröße gewählt, etwa dem Durchschnittslohn oder dem Pro-Kopf-Einkommen (vgl. z.B. Forteza/Rama 2000). Für die Bewertung des Reformbedarfs gilt dann: je höher der Mindestlohn im Vergleich zur Basisgröße ist, desto rigider ist der Arbeitsmarkt. Einen Extremfall stellt die Gleichheit von Mindestlohn und Durchschnittslohn dar: In diesem Fall stellt der Mindestlohn den Einheitslohn dar, den alle Arbeitnehmer erhalten.

Abbildung 15: Höhe der Mindestlöhne im Vergleich zur Durchschnittslohnhöhe in der Industrie (in Prozent)

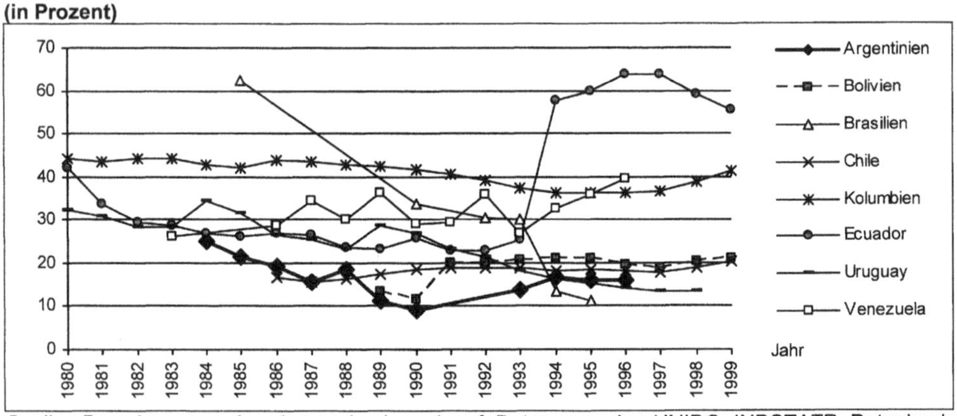

Quelle: Berechnungen des Autors basierend auf Daten aus der UNIDO INDSTATR Datenbank (Durchschnittslöhne in der Industrie) sowie aus der ILO LABMINW Datenbank und nationalen Institutionen (Mindestlöhne).

Abbildung 15 stellt die Höhe der monatlichen Mindestlöhne im Verhältnis zur Höhe der Durchschnittslöhne in der Industrie im Zeitraum 1980 bis 1999 dar. Auffällig sind vor allem die hohen relativen Werte der gesetzlichen Mindestlöhne in Paraguay (einziger verfügbarer Wert 1991 bei 68% des Industrielohns), Brasilien 1985 (63%) und Ecuador, wo der Wert 1994 abrupt von ca. 25% auf ca. 60% anstieg und bis 1999 ungefähr auf diesem hohen Niveau verblieb. Auch in Kolumbien lagen die Mindestlöhne im gesamten Untersuchungszeitraum bei einem vergleichsweise hohen Wert von 36%-44%, und in Venezuela war in den Jahren 1993 bis 1996 ein stetiger Anstieg von 27% auf 40% zu beobachten. Am anderen Ende des Spektrums haben

65 Vgl. López/Riveros (1989), Castillo Freeman/Freeman (1991), Lora (1993), Riveros (1996), Bell (1997), Lustig/McLeod (1997), Berry/Mendez (1999), González Anaya (1999), Guasch (1999), Forteza/Rama (2000), Maloney/Nuñez (2001).

Argentinien, Bolivien, Chile, Peru und Uruguay seit Mitte der 1980er Jahre (Uruguay seit 1991) Mindestlohnniveaus, die weniger als ein Viertel des Durchschnittslohnes entsprechen.

Mit Ausnahme von Ecuador und Venezuela war das Verhältnis von Mindestlöhnen zu Industrielöhnen in den 1990er Jahren kleiner als in den 1980er Jahren. Ein besonders deutliches Absinken des Indikators ist in Brasilien zu beobachten, wo der Quotient von 63% im Jahr 1985 auf zunächst rund 30% (1992 und 1993) und dann nochmals deutlich auf unter 15% (1994 und 1995) sank.

Auf der Basis dieses Indikators kann für den Reformbedarf in Argentinien festgehalten werden: Da im gesamten Untersuchungszeitraum der Anteil des Mindestlohns gemessen am Durchschnittslohn in der Industrie niedrig ist, ist der Reformbedarf durchweg gering.

4.2.3 Kollektive Verhandlungen

Wie bereits dargestellt können kollektive Verhandlungen und Tarifverträge aufgrund verschiedener Eigenschaften Verzerrungen auf dem Arbeitsmarkt hervorrufen. Die verzerrende Wirkung hängt unter anderem vom Zentralisierungsgrad der Verhandlungen, vom Umfang staatlicher Eingriffe auf den Verhandlungsprozess und von dem Umfang an Asymmetrie an Verhandlungsmacht zwischen den Tarifparteien ab.

Tabelle 3 und Tabelle 4 stellen die gesetzlichen Regelungen über kollektive Verhandlungen und die Organisation der Gewerkschaften in Argentinien und der Referenzgruppe Anfang der 1990er Jahre dar. In beiden Bereichen gehört Argentinien zu den am stärksten verregelten Ländern: Der Zentralisierungsgrad sowohl der Gewerkschaften als auch der Kollektivverhandlungen ist hoch, ebenso wie der Umfang staatlicher Intervention. Das Kräfteverhältnis zwischen Arbeitnehmern und Arbeitgebern in Tarifkonflikten ist vergleichsweise arbeitnehmerfreundlich.

Der Befund einer hohen Rigidität des Kollektivverhandlungsrechts wird auch durch den Index kollektiver Beziehungen von Botero et al. (2004) bestätigt. Der Index besteht aus zwei Subindices, welche die rechtlichen Grundlagen für kollektive Verhandlungen bzw. die Verhandlungsmacht von Gewerkschaften (*Labour Union Power*) und das Streikrecht (*Collective Disputes*) bewerten (Abbildung 16)[66]. Das Kollektivverhandlungsrecht in Argentinien gehört demnach sowohl im regionalen als auch im weltweiten Vergleich zu den rigideren.

Zusammenfassend kann daher festgehalten werden, dass der Reformbedarf in Bezug auf eine Flexibilisierung der kollektiven Verhandlungen hoch war.

---

66 Zwar beziehen sich die Daten des Index auf 2003, in Argentinien sind jedoch seit 1983 keine nennenswerten Reformen des Tarifverhandlungsrechts durchgeführt worden.

Tabelle 3: Gesetzliche Regelung kollektiver Verhandlungen in Argentinien und Vergleichsländern, Anfang der 1990er Jahre

	Zentralisierung: Erlaubte Verhandlungsebenen	Arbeitnehmerrechte				Arbeitgeberrechte		Staatliche Intervention in kollektive Verhandlungen
		Streikrecht	Zeitliche Begrenzung von Streiks	Lohnersatzleistungen während Streik	Rückkehr an Arbeitsplatz vor Streikende	Aussperrung	Ersetzung streikender Mitarbeiter	
Argentinien	**Branche*** Unternehmen	im Kontext kollektiver Verhandlungen, erst nach Scheitern der Schlichtung	Nein	Nein, wenn zuvor kein Schlichtungsversuch; ja, bei Aussperrung	Nein	Nein Nur bei illegalen Streiks	Nein	hoch Genehmigung von Tarifverträgen; obligatorische Schlichtung
Brasilien	Unternehmen Gruppen von Unternehmen	im Kontext kollektiver Verhandlungen, nach Urabstimmung	Nein	Nein	Ja	Nur nach vorheriger Genehmigung	Nein Außer nach gerichtlicher Genehmigung	hoch obligatorische Schlichtung; Genehmigung von Aussperrungen
Chile	**Unternehmen*** Gruppen von Unternehmen (seit 1991)	im Kontext kollektiver Verhandlungen	Streikende, wenn mehr als 50% der Streikenden die Arbeit wieder aufgenommen haben	Nein	Ja	Ja Wenn mehr als 50% der Mitarbeiter streiken	Ja Ab erstem Tag wenn Arbeitgeberangebot zumindest dem alten Tarifvertrag entspricht; sonst nach 15 Tagen	gering aber detaillierte prozedurale Vorgaben
Mexiko	Branche Unternehmen Gruppen von Unternehmen	nur wenn Streik als "existent" (legal) erklärt wird	Nein	Nur, wenn Arbeitgeber den Streik verschuldet hat	Nein	Nein	Nur, wenn Aktivitäten des Unternehmens "essenziell" sind	hoch obligatorische Schlichtung; Genehmigung von Streiks etc.
Uruguay	**Branche*** Unternehmen (keine gesetzl. Regelung)	nur nach erfolglosem Schlichtungsversuch	Nein	Nein	Ja	Ja	(keine gesetzl. Regelung)	hoch unmittelbar an Verhandlungen beteiligt

* Vorherrschende Ebene;
Quellen: Cox Edwards (1997); O'Connell (1999); OIT (2000a); Cassoni/Labadie/Fachola (2001).

Tabelle 4: Merkmale gewerkschaftlicher Organisation in Argentinien und Vergleichsländern, Anfang der 1990er Jahre

	Vorherrschende Ebene	Pluralität	Staatliche Intervention
Argentinien	Zentralistisch Dominanz von Branchengewerkschaften	gering Monopol der repräsentativsten Gewerkschaft pro Branche/ Berufskategorie	hoch Gewährung des Monopols *(personería gremial)*
Brasilien	Zentralistisch	gering Monopol pro Beruf	hoch
Chile	Dezentral Firmengewerkschaften	hoch auf Firmenebene	gering Registrierung, aber keine Autorisation erforderlich
Mexiko	Zentralistisch Firmengewerkschaften, aber enge Koordination	gering nur registrierte Gewerkschaften sind zu kollektiven Verhandlungen berechtigt	hoch Registrierung (Autorisation) von Gewerkschaften obligatorisch
Uruguay	Zentralistisch Firmengewerkschaften, aber enge Koordination (keine gesetzl. Regelung)	hoch (keine gesetzl. Regelung)	gering (keine gesetzl. Regelung)

Quellen: Cox Edwards (1997); O'Connell (1999); OIT (2000a); Cassoni/Labadie/Fachola (2001).

Abbildung 16: Index of Collective Relations Laws

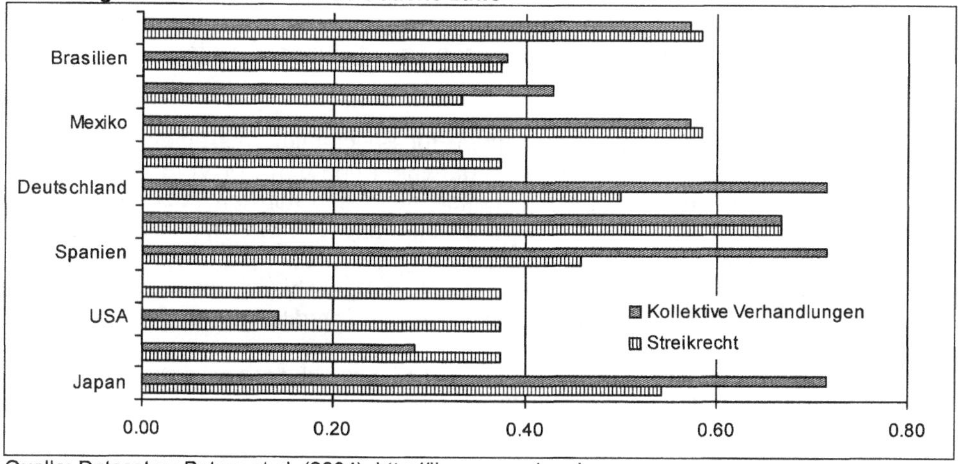

Quelle: Dataset zu Botero et al. (2004), http://iicg.som.yale.edu.

4.2.4 Kündigungsschutz

Regelungen zur Arbeitsplatzsicherheit treten, wie bereits erwähnt, in vielfältigen Formen auf, darunter z.B. (vgl. z.B. Inter-American Development Bank 1998: 140f) die Begrenzung der Länge von Probezeiten, Kündigungsfristen, Abfindungszahlungen, Einschränkungen oder Verbot von Zeitverträgen, oder Beschränkungen der Kündigungsgründe. Tabelle 4 vergleicht die wichtigsten Regeln in Argentinien mit denen anderer ausgewählter Länder in Lateinamerika vor der Durchführung von Reformen. Unter den betrachteten Ländern gehörten die Kündigungsregeln in Argentinien zu den arbeitnehmerfreundlichsten, insbesondere was Kündigungsfristen und Probezeit anging. Das Verbot von Probezeiten machte insbesondere in Verbindung mit der Mindestabfindungszahlung bei Entlassungen ohne Grund die Neueinstellung zu einem finanziellen Risiko für Arbeitgeber, die es so in keinem der Vergleichsländer gab.

Tabelle 4: Kündigungsschutzregeln in Argentinien und ausgewählten Vergleichsländern, 1990

		Abfindungzahlungen						
	Kündigungsfrist	**begründete Kündigung**	**Kündigung ohne Grund (Normalfall)**	**wirtschaftl. Gründe**	**Kündigung durch Arbeitnehmer**	**Minimum (Normalfall)**	**Maximum (Normalfall)**	**max. Probezeit**
Argentinien	1-2 Monate zum Monatsende	0	x * N	0,5 x * N	0	2 * x	x = 3 Mindestlöhne	0 Monate
Brasilien	1 Monat	Fonds	1,4 * Fonds	1,4 * Fonds	Fonds	0	keine Begrenzung	12 Monate
Chile	1 Monat	0	1,2 x * N	x * N	1,2 x * N für N = 7	0	N = 11	12 Monate
Mexiko	0-1 Monat	3 * x	2/3 x * N	2/3 x * N	0	0	keine Begrenzung	keine Begrenzung
Uruguay	keine	x * N	x * N	x * N	0	0	N = 6	3 Monate

x: Monatslohn; N: Beschäftigungsdauer im Unternehmen in Jahren

Quellen: Argentinien: nationale Gesetze; andere Länder: Inter-American Development Bank (1996).

Als einfacher quantitativer Indikator zum Vergleich von Kündigungsschutzregeln wird üblicherweise auf die Höhe der Abfindungszahlungen rekurriert, wobei ein typischer Arbeitnehmer mit einer vorgegebenen Beschäftigungsdauer im Unternehmen unterstellt wird.

Abbildung 17 stellt die Abfindungszahlungen für Beschäftigte mit einem, fünf, zehn und 20 Jahren Betriebszugehörigkeit in Argentinien und den vier Vergleichsländern dar. Argentinien war demnach nach Brasilien das Land mit den höchsten Entlassungskosten, was vor allem an der Mindestabfindung von zwei Monatslöhnen und der fehlenden Höchstgrenze für die Zahlungen liegt (es existierte nur eine Obergrenze für die Berechnungsgrundlage der Abfindungszahlung, nach der ein "Monatslohn" die Höhe von drei Mindestlöhnen nicht überschreiten durfte).[67]

Abbildung 17: Argentinien und Vergleichsländer: Abfindungszahlungen bei Entlassung ohne Grund, in Vielfachen des letzten Monatslohns, 1990

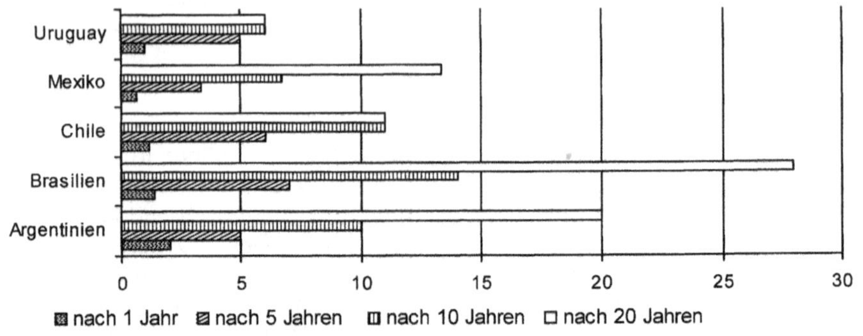

Quelle: Tabelle 4 oben.

Insgesamt muss im Bereich des Kündigungsschutzes bzw. der Beschäftigungssicherheit zum Beginn der 1990er Jahre ein substanzieller Reformbedarf in Argentinien festgestellt werden.

4.2.5 Aggregierter Rigiditätsindikator

Ein einfacher, in der Literatur relativ weit verbreiteter aggregierter Indikator für den formalen Regulierungsgrad (und damit auch die Inflexibilität) von Arbeitsmärkten ist

67 Für eine Kritik an der Höhe der Abfindungszahlungen als Indikator für den Kündigungsschutz siehe Heckman/Pagés (2000). Als Alternative berechnen Heckman/Pagés einen *Job Security Index* aus dem Erwartungswert der Entlassungskosten für einen unbefristet Beschäftigten zum Zeitpunkt der Einstellung. Obgleich diese Vorgehensweise theoretisch sinnvoll ist, erscheint die Anwendung der Autoren inadäquat. So wird für alle untersuchten Länder (Lateinamerikanische und OECD Länder) der gleiche Zinssatz und die gleiche Arbeitskräftefluktuationsrate unterstellt. Das Ranking der hier betrachteten Länder bei Heckman/Pagés unterscheidet sich zwar von dem aus Abbildung 17 ableitbaren, gleichwohl gehört Argentinien zu den restriktiveren Ländern: von 36 Ländern ist Brasilien auf Platz 13, Uruguay auf 18, Argentinien auf 24, Mexiko auf 26 und Chile auf 29. Die Liste wird angeführt von den USA, Neuseeland und Australien, während Ecuador, Portugal und Bolivien auf den Plätzen 34 bis 36 sind.

die Anzahl der von einem Staat ratifizierten ILO-Konventionen[68]. Die ILO-Konventionen regeln weite Bereiche des Arbeitsrechts ausgehend von der Grundannahme, dass die Arbeitnehmer der schwächere Marktteilnehmer sind und gegenüber den Arbeitgebern geschützt werden müssen. Aus neoklassischer Sicht verzerren die Konventionen daher die Arbeitsmärkte. Umgekehrt kann allerdings auch argumentiert werden, dass die ILO-Konventionen oft Detailbereiche von Arbeitsbedingungen betreffen, welche sich auf Lohn- und Beschäftigungsflexibilität kaum auswirken, so dass die Anzahl ratifizierter Konventionen allenfalls einen sehr ungenauen Indikator für den generellen Regulierungsgrad bzw. die Rigidität des Arbeitsmarktes darstellen.

Die Vorteile der Anzahl ratifizierter ILO-Konventionen als Indikator für die Arbeitsmarktrigidität liegen auf der Hand: Da eine Konvention durch die Ratifizierung im betreffenden Land bindendes Recht wird und eventuell nicht mit ihr konforme Rechtsgrundlagen aufhebt, ist der Indikator eine gute Proxy für die arbeitsrechtlichen Normen des Landes. Zudem ist die Vergleichbarkeit über verschiedene Länder hinweg gewährleistet, und schließlich ist auch die Datenverfügbarkeit sehr gut.

Abbildung 18 stellt die Anzahl der ratifizierten ILO-Konventionen in Argentinien und einer Reihe von Vergleichsländern seit 1980 dar. In Argentinien stieg von 1980 bis 2004 die Anzahl ratifizierter Konventionen von 60 auf 70. Damit liegt es im Mittelfeld sowohl der lateinamerikanischen Staaten als auch weltweit: während in Europa – selbst in Großbritannien - die Anzahl ratifizierter Konventionen noch deutlich höher ist, ist sie in Asien und den USA deutlich geringer. Auf der Basis dieses Indikators müsste für Argentinien somit 1980 ein mittlerer Reformbedarf konstatiert werden, der seither angestiegen ist.

Abbildung 18: Anzahl ratifizierter ILO-Konventionen in Argentinien und ausgewählten anderen Staaten, 1980-2004

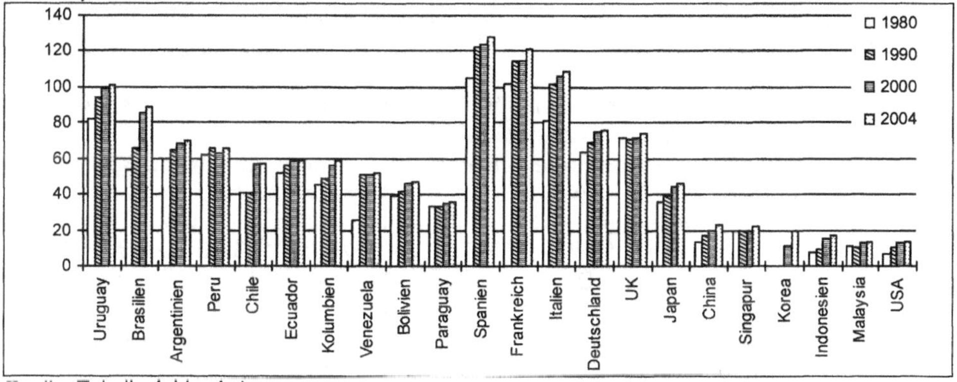

Quelle: Tabelle A-I im Anhang

Wie problematisch der Indikator "Anzahl ratifizierter ILO-Konventionen" für die Messung der realen Arbeitsmarktrigidität ist, zeigt sich exemplarisch an der Tatsache, dass in Brasilien nach empirischen Studien ca. 18% der Kinder zwischen 10 und 14

68 Vgl. z.B. Edwards/Lustig (1997: 2), Guasch (1999: 85) und Forteza/Rama (2000).

Jahren arbeiten – trotz Ratifikation und somit Rechtskräftigkeit der ILO-Konvention 138 zum Verbot der Kinderarbeit (vgl. Cox Edwards 1997: 149). Auch der Sachverhalt, dass in Lateinamerika neben Peru lediglich in Ecuador und Venezuela – sicherlich keine Muster-Reformländer – im Verlauf der letzten 15 Jahre keine nennenswerte Zunahme der ratifizierten ILO-Konventionen zu verzeichnen war, spricht dafür, diesen Indikator mit Vorsicht zu genießen. Die Zunahme ratifizierter ILO-Konventionen würde bedeuten, dass die Arbeitsmarktflexibilität zum Teil trotz der Durchführung von Reformen abgenommen hat. In der Tat tritt die explizite Annullierung von ILO-Konventionen generell nur in Ausnahmefällen auf[69], hingegen scheint die Nichtbeachtung ratifizierter Konventionen eine nicht unübliche Praxis zu sein, wie das eingangs dieses Absatzes geschildert Beispiel Brasilien zeigt.

Insgesamt erscheint die Anzahl der ratifizierten ILO-Konventionen als Indikator für die Arbeitsmarktrigidität nur begrenzt tauglich zu sein. Auch Forteza und Rama kommen in ihrer Untersuchung über die Auswirkungen der Arbeitsmarktrigidität auf den Erfolg wirtschaftlicher Reformen zu dem Ergebnis, dass "the number of ILO conventions ratified is not a good indicator of labor market rigidity" (Forteza/Rama 2000: 23).

In der Literatur liegt eine Reihe weiterer aggregierter Indikatoren zur Messung der Arbeitsmarktrigidität vor. Unter den wichtigsten sind:

- der Subindex "Wages and Prices" innerhalb des *Index of Economic Freedom* der *Heritage Foundation*: der Index beansprucht, staatliche Lohn- und Preiskontrollen zu messen, erscheint aus wissenschaftlicher Sicht aber höchst problematisch: die Codierung, ebenso wie die Gewichtung zwischen Preis- und Lohnkontrollen ist unklar, anhand der vorliegenden Berichte scheint der Index eher auf Preiskontrollen als auf Lohnkontrollen ausgerichtet zu sein. Zudem liegen Werte erst ab 1995 vor.
- innerhalb des *Economic Freedom Index* des kanadischen *Fraser Institute* wird die Flexibilität der Arbeitsmarktinstitutionen (Subindex *Labor Market Regulations*) anhand von fünf Indikatoren gemessen: Mindestlöhne, Kündigungsschutzregeln, Anteil der Arbeitnehmer im Geltungsbereich von zentralisiert ausgehandelten Kollektivverträgen, Höhe der Leistungen für Arbeitslose und das Vorhandensein von Wehrpflicht (vgl. Gwartney/ Lawson 2004).
- der aggregierte Indikator von Forteza/Rama (2000) wurde bereits in der Einleitung dieses Abschnittes diskutiert (vgl. 4.2 oben). Obgleich der Indikator wesentliche Dimensionen der Arbeitsmarktrigidität umfasst, ist kritisch anzumerken, dass Forteza/Rama lediglich einen Wert für die Periode 1970 bis 1999 bilden, also für einen Zeitraum von 30 Jahren. Die in diesem Zeitraum erfolgten Veränderungen von Arbeitsmarktinstitutionen können mit dem Indikator nicht abgebildet werden.
- der umfassendste Indikator wird innerhalb des Weltbankprojekts *Cost of Doing Business* verwendet. In der Kategorie *Hiring & Firing*, wird ein *Employment Laws Index* kalkuliert, der aus drei Subkategorien – Flexibilität der Arbeitskräfteeinstellung, Beschäftigungsbedingungen und Kündigungsflexibilität – mit insgesamt

69 Seit 1980 wurden von südamerikanischen Regierungen insgesamt 11 ILO-Konventionen deratifiziert, vier in den 1980er Jahren, sechs in den 1990er Jahren und eine seit 2000; für Details vgl. Tabelle A-I im Anhang.

27 Einzelindikatoren besteht[70]. Der große Nachteil des Indikators für die vorliegende Studie ist, dass eine historische Entwicklung des Indikators nicht verfügbar ist; Daten liegen nur für Januar 2003 vor.

Tabelle 6 vergleicht die Werte der kurz vorgestellten vier aggregierten Indikatoren für Argentinien und einige Referenzländer. Für den hier besonders interessierenden Zeitraum bis Anfang der 1990er Jahre liefern nur die Indizes von Forteza/Rama und des Fraser Institute Werte. Nach beiden Indices gehörte der argentinische Arbeitsmarkt zu den rigideren. 1990 belegte Argentinien den neunten Rang unter elf bzw. 12 Ländern und war damit hinter den anderen lateinamerikanischen Ländern mit Ausnahme Uruguays platziert. Auch auf der Basis dieses Befundes ist also ein deutlicher Reformbedarf in Argentinien für die 1980er und den Beginn der 1990er Jahre zu konstatieren.

Tabelle 6: Vergleich aggregierter Indikatoren zur Messung der Arbeitsmarktrigidität

	Forteza/Rama /a		Fraser Institute /b											
Land	1970-99	*Rang**	1980	*R*	1985	*R*	1990	*R*	1995	*R*	2000	*R*	2002	*R*
Argentinien	**0,38**	***9***	**3,7**	***6***	**3,7**	***6***	**3,5**	***9***	**5,9**	***5***	**6,1**	***4***	**4,9**	***7***
Brasilien	0,28	*5*	4,1	*4*	4,1	*4*	4,8	*6*	5,3	*6*	4,6	*11*	4,5	*8*
Chile	0,15	*2*	..	..	..	..	4,9	*5*	5,3	*6*	4,9	*8*	4,2	*11*
Mexiko	0,33	*7*	..	..	..	..	5,7	*4*	6,3	*4*	4,8	*9*	4,4	*10*
Uruguay	0,47	*11*	..	..	..	..	..	..	..	..	5,9	*5*	5,8	*4*
Deutschland	0,30	*6*	3,3	*8*	3,3	*8*	3,5	*9*	3,6	*10*	2,9	*12*	2,5	*12*
Frankreich	0,61	*12*	3,9	*5*	3,8	*5*	3,8	*7*	3,4	*11*	5,0	*7*	5,1	*5*
Spanien	0,35	*8*	3,6	*7*	3,4	*7*	3,7	*8*	4,1	*9*	5,3	*6*	5,1	*5*
UK	0,43	*10*	6,7	*3*	6,8	*3*	7,2	*2*	7,2	*3*	6,9	*2*	6,7	*2*
USA	0,22	*3*	7,7	*2*	7,7	*2*	7,7	*1*	7,5	*1*	7,2	*1*	7,3	*1*
Japan	0,26	*4*	8,0	*1*	8,1	*1*	7,2	*2*	7,5	*1*	6,5	*3*	6,0	*3*
China	0,10	*1*	..	..	..	..	3,2	*11*	4,5	*8*	4,7	*10*	4,5	*8*

	Heritage Foundation /c						World Bank Hiring & Firing 2003 /d							
Land	1995	*R*	2000	*R*	2004	*R*	Hiring	*R*	CoE	*R*	Firing	*R*	ELI	*R*
Argentinien	**2,0**	***1***	**2,0**	***1***	**3,0**	***11***	**71,0**	***9***	**81,0**	***9***	**46,0**	***9***	**66,0**	***9***
Brasilien	3,0	*7*	2,0	*1*	2,0	*1*	78,0	*11*	89,0	*12*	68,0	*11*	78,0	*12*
Chile	3,0	*7*	2,0	*1*	2,0	*1*	56,0	*5*	65,0	*7*	29,0	*6*	50,0	*6*
Mexiko	3,0	*7*	2,0	*1*	2,0	*1*	81,0	*12*	81,0	*9*	70,0	*12*	77,0	*11*
Uruguay	2,0	*1*	2,0	*1*	2,0	*1*	58,0	*6*	56,0	*4*	3,0	*1*	39,0	*4*
Deutschland	2,0	*1*	2,0	*1*	2,0	*1*	63,0	*7*	46,0	*3*	45,0	*7*	51,0	*8*
Frankreich	3,0	*7*	3,0	*10*	2,0	*1*	63,0	*7*	61,0	*5*	26,0	*5*	50,0	*6*
Spanien	3,0	*7*	3,0	*10*	2,0	*1*	76,0	*10*	88,0	*11*	45,0	*7*	70,0	*10*
UK	2,0	*1*	2,0	*1*	2,0	*1*	33,0	*2*	42,0	*2*	9,0	*3*	28,0	*2*
USA	2,0	*1*	2,0	*1*	2,0	*1*	33,0	*2*	29,0	*1*	5,0	*2*	22,0	*1*
Japan	2,0	*1*	2,0	*1*	2,0	*1*	39,0	*4*	64,0	*6*	9,0	*3*	37,0	*3*
China	3,0	*7*	3,0	*10*	3,0	*11*	17,0	*1*	67,0	*8*	57,0	*10*	47,0	*5*

* Rang innerhalb der Referenzgruppe

a/ Quelle: Forteza/Rama 2000. Indikatorwerte zwischen 0 (bester Wert) und 1.

b/ Quelle: Gwartney/Lawson 2004. Indikatorwerte zwischen 10 (bester Wert) und 0.

c/ Quelle: http://www.heritage.org. Indikatorwerte zwischen 1 (bester Wert) und 5.

d/ Quelle: http://rru.worldbank.org/DoingBusiness/TopicReports/HiringAndFiringWorkers/Default.aspx. Indikatorwerte zwischen 1 (bester Wert) und 100. CoE: Conditions of Employment; ELI: Employment Laws Index, entspricht dem Durchschnitt aus Hiring, CoE und Firing.

---

70 Der Indikator wurde ursprünglich entwickelt von Botero et al. (2004).

Im übrigen zeigen die teilweise erheblichen Unterschiede in den Bewertungen der verschiedenen Indices noch einmal die Problematik der Messung von Arbeitsmarktrigidität auf: so hat China nach dem Index von Forteza/Rama den flexibelsten Arbeitsmarkt, während er nach der Bewertung der Fraser Institute zu den rigidesten in der Referenzgruppe gehört.

4.3 Die Messung faktischer Arbeitsmarktrigiditäten

Die zentralen generellen Indikatoren für die Messung und Bewertung der Arbeitsmarktentwicklung – und damit der faktischen Auswirkungen von Arbeitsmarktinstitutionen auf den Arbeitsmarkt – sind die Arbeitslosigkeit und Unterbeschäftigung, die Beschäftigung und die (Real-)Lohnentwicklung.[71]

In der Wirtschaftswissenschaft herrscht zudem weitgehende Einigkeit darüber, dass das gesamtwirtschaftliche Wachstum eine der Hauptdeterminanten der Entwicklung auf dem Arbeitsmarkt ist[72] (Uneinigkeit herrscht hingegen über die genauere Spezifizierung des Verhältnisses zwischen Wachstum und Arbeitsmarktentwicklung). Die genannten Arbeitsmarktindikatoren können daher nur vor dem Hintergund der gesamtwirtschaftlichen Entwicklung – in der Regel gemessen am BIP-Wachstum – Aussagekraft haben.[73]

Tabelle 7 stellt zunächst das Wachstum des BIP in Argentinien und den Vergleichsländern zwischen 1980 und 1990 dar. Über diesen Gesamtzeitraum wies Argentinien mit einem Gesamtwachstum von –0,7% die schlechteste Entwicklung auf; es war das einzige Land der Gruppe, in welchem das BIP zu Beginn der 1990er Jahre niedriger war als ein Jahrzehnt zuvor.

Tabelle 7: Argentinien und Vergleichsländer: Wachstum des BIP, 1980-1990, in %

	1981	1982	1983	1984	1985	1986	1987	1988	1989	1990	1980-85	1985-90	1980-90
Argentinien	-6,1	-2,3	5,8	2,9	-6,9	7,1	2,5	-1,8	-6,6	-2,0	-1,4	0,0	-0,7
Brasilien	-4,3	0,8	-2,9	5,4	7,9	7,5	3,5	-0,1	3,2	-4,6	1,3	1,9	1,6
Chile	6,5	-12,1	-3,7	5,7	4,1	5,4	6,0	7,2	9,8	3,3	-0,2	6,3	3,0
Mexiko	8,7	-0,7	-3,8	3,4	2,3	-3,3	1,8	1,3	4,2	5,1	1,9	1,8	1,9
Uruguay	1,9	-8,1	-10,4	-1,1	1,2	8,9	8,0	-0,1	1,4	0,5	-3,5	3,7	0,0

Quelle: CEPAL (2004), Wachstumsraten basierend auf BIP in konstanten Preisen von 1990.

71 Auch die faktische Wirkung einzelner partieller Rigiditäten lässt sich messen. In Bezug auf den *Mindestlohn* wäre dann zum Beispiel zu berücksichtigen, inwiefern die vorgegebenen Mindestlöhne in der Praxis tatsächlich respektiert werden. In Bezug auf Beschäftigungsrigiditäten wäre die Quote der Zugänge in und Abgänge aus der Arbeitslosigkeit zu messen. Da vergleichende Daten hierzu aber kaum vorliegen, wird auf die Messung partieller faktischer Rigiditäten hier verzichtet. Für die Messung der faktischen durch Mindestlöhne induzierten Rigidität vgl. aber Bienen (2002: 20ff).

72 Im einfachsten Modell hängt die Arbeitsnachfrage lediglich vom Output und dem relativen Faktorpreis der Arbeit ab (vgl. Pessino/Gill 1996; Berry/Mendez 1999).

73 Da vergleichbare Daten für die 1980er Jahre nicht in genügender Zahl vorliegen, werden hier lediglich die Beziehungen von Arbeitslosigkeit und Löhnen zum Wirtschaftswachstum in Beziehung gesetzt.

4.3.1 Arbeitslosigkeit

Die Arbeitslosenquote ist ein Messinstrument für die Höhe der Nachfragelücke nach dem Faktor Arbeit; sie gibt das Ausmaß an, in dem das Arbeitsangebot die Nachfrage übersteigt. Dennoch ist die Arbeitslosigkeit als Indikator für die Arbeitsmarktentwicklung nur bedingt geeignet: zum einen ist die Definition von Arbeitslosigkeit von Land zu Land verschieden und nicht zuletzt oft von politischen Faktoren mitbestimmt (man denke an Neudefinitionen von Arbeitslosigkeit in Krisenzeiten, um die Quote "herunterzurechnen"). Zum anderen hängt die Arbeitslosenquote von einer ganzen Reihe von Faktoren ab, die von der wirtschaftlichen Entwicklung und den strukturellen Gegebenheiten des Arbeitsmarktes zumindest unmittelbar unabhängig sind. Insbesondere demographische Faktoren beeinflussen die Arbeitslosenquoten spürbar. Zu den Determinanten der Erwerbspersonenzahl gehören unter anderem Bevölkerungswachstum und -struktur, Partizipationsraten von Teilen der Gesellschaft (Frauen, Jugendliche etc.). Trotz dieser Unzulänglichkeiten stellt die Arbeitslosigkeit einen wichtigen Indikator für die Arbeitsmarktentwicklung dar (Tabelle 8).

Tabelle 8: Argentinien und Vergleichsländer: Arbeitslosenquote, 1980-1995, in % der Erwerbspersonenanzahl

	1980	1981	1982	1983	1984	1985	1986	1987	1988	1989	1990	1991	1992	1993	1994	1995
Argentinien	2,6	4,6	5,3	4,6	4,6	6,1	5,6	5,9	6,3	7,7	7,4	6,5	7,0	9,6	11,5	17,5
Brasilien	6,3	7,9	6,3	6,7	7,1	5,3	3,6	3,7	3,8	3,4	4,3	4,8	5,8	5,4	5,1	4,6
Chile	10,4	11,3	19,6	16,1	15,3	15,3	12,1	11,0	9,8	7,9	7,8	8,2	6,7	6,5	7,8	7,4
Mexiko	4,5	4,2	4,2	6,6	5,7	4,4	4,3	3,9	3,5	2,9	2,7	2,7	2,8	3,4	3,7	6,2
Uruguay	7,4	6,7	11,9	15,5	14,0	13,1	10,7	9,1	8,6	8,0	8,5	8,9	9,0	8,3	9,2	10,3

Quelle: CEPAL (2004).

In der ersten Hälfte der 1980er Jahre war die Arbeitslosigkeit im regionalen Vergleich sehr niedrig. Allerdings stieg sie seit Beginn des Jahrzehnts fast kontinuierlich an und überschritt 1989 das erste Mal 7%; selbst die beiden Wachstumsperioden 1983/84 und 1986/87 führten zu keinem nennenswerten Rückgang der Arbeitslosenquote. Der Anstieg der Arbeitslosigkeit beschleunigte sich in der Folgezeit und vor allem in der Folge der Tequila-Krise von 1994. In allen Referenzländern war die Entwicklung der Arbeitslosigkeit positiver.

Abbildung 19: Argentinien und Vergleichsländer: Arbeitslosigkeit vs. Wirtschaftswachstum, 1980-1991

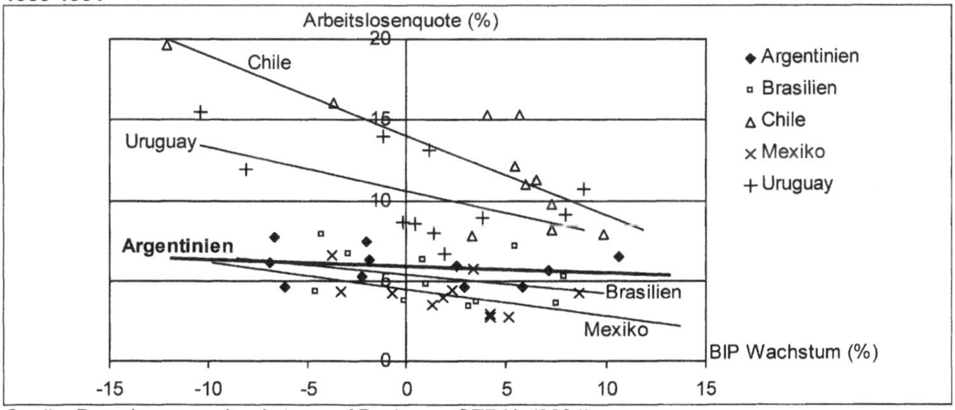

Quelle: Berechnungen des Autors auf Basis von CEPAL (2004).

Abbildung 19 vergleicht die Entwicklung der Arbeitslosigkeit in den 1980er Jahren vor dem Hintergrund des Wirtschaftswachstums. Demnach reagierte die Arbeitslosenquote in Argentinien weniger auf Veränderungen des BIP als in den Vergleichsländern; dies ist ein Indiz für eine vergleichsweise geringe Beschäftigungsflexibilität auf dem Arbeitsmarkt.

Der kontinuierliche Anstieg der Arbeitslosigkeit in Argentinien über eineinhalb Jahrzehnte deutet in der Tat auf ein strukturelles Problem auf dem Arbeitsmarkt hin, so dass die extreme Verschlechterung seit dem Beginn der 1990er Jahre den akuten Reformbedarf nur noch verdeutlichte. Auch die im regionalen Vergleich schwache Beziehung zwischen Wachstum und Arbeitslosigkeit spricht für einen hohen Reformbedarf der Beschäftigungsregeln in Argentinien am Beginn der 1990er Jahre.

4.3.2 Unterbeschäftigung und informeller Sektor

Der Begriff des informellen Sektors in der vorliegenden Arbeit ist insofern irreführend, als damit typischerweise die Konnotation von kleinen und Mikrounternehmen mit geringer Produktivität und oft im tertiären Sektor einhergeht. Worum es bei den Arbeitsmarktreformen in Argentinien geht, ist aber die Dualität zwischen registrierten/formellen und nicht registrierten/informellen Beschäftigten, wobei letztere auch (und zunehmend) in mittleren und großen Unternehmen beschäftigt sind. Wann immer in der vorliegenden Arbeit vom informellen Sektor die Rede ist, wird diese Unterscheidung gemeint. Nichtsdestotrotz basieren die meisten Messungen, vor allem im internationalen Vergleich, natürlich auf der Definition des informellen Sektors auf der Basis der Unternehmensgröße. Auch hier wird für den Vergleich auf diese übliche Definition des informellen Sektors als Näherungswert für die unregistrierte Beschäftigung zurückgegriffen.

Wesentliche Unterschiede in Größe und Entwicklung des informellen Sektors im Zeitraum 1980 bis 1995 sind, wie Tabelle 9 zeigt, nicht festzustellen. In allen Vergleichsländern erhöhte sich der Anteil der informell Beschäftigten an den Erwerbspersonen im Verlauf der 1980er Jahre von rund einem Fünftel auf die Hälfte, um dann bis 1995 nur noch leicht anzusteigen.

Tabelle 9: Argentinien und Vergleichsländer: Beschäftigte im informellen Sektor, 1980-1995, in % der Erwerbspersonenanzahl

				Wachstum p.a.	
	1980	1990	1995	90/80	95/90
Argentinien	21,4	47,5	53,3	8,3	2,3
Brasilien	16,5	52,0	57,6	12,2	2,1
Chile	21,7	49,9	51,2	8,7	0,5
Mexiko	22,0	55,5	59,4	9,7	1,4
Uruguay	19,0	36,3	37,7	6,7	0,8
Durchschnitt Lateinamerika (14 Länder)	*19,4*	*51,6*	*56,1*	*10,3*	*1,7*

Quellen: 1980: PREALC (1982); 1990 und 1995: OIT (1998)[74].

74 PREALC war ein befristetes Programm der OIT für Lateinamerika und die Karibik. Die Daten aus beiden Quellen sind daher zumindest zu einem gewissen Grad vergleichbar, zumal sie alle unter der Leitung der Regionaldirektors Victor Tokman erhoben wurden.

Basierend auf diesen Daten ist für alle betrachteten Länder spätestens ab Beginn der 1990er Jahre ein hoher Reformbedarf festzustellen. Die Ausgliederung von der Hälfte der Beschäftigten in den informellen Teil des Arbeitsmarktes ist aus neoklassischer Perspektive ein deutliches Indiz für den exzessiven Regulierungsgrad im formellen Sektor.

4.3.3 Beschäftigung

Tabelle 10 stellt das Wachstum von Bevölkerung und Beschäftigung in Argentinien und den Vergleichsländern gegenüber. Obgleich in Argentinien während der 1980er Jahre die Beschäftigung kontinuierlich anstieg, war es das einzige Land, in welchem das Bevölkerungswachstum stets das Beschäftigungswachstum überstieg. Somit hinkte die Beschäftigungsentwicklung in Argentinien den Referenzländern während der 1980er Jahre hinterher. Hingegen überstieg in den 1990er Jahre das Beschäftigungswachstum Argentiniens das aller Vergleichländer deutlich.

Tabelle 10: Argentinien und Vergleichsländer: Bevölkerungs- und Beschäftigungswachstum, 1981-2000

Wachstum der Bevölkerung (%)											Durchschnitt p.a.	
	1981	1982	1983	1984	1985	1986	1987	1988	1989	1990	1980-1990	1990-2000
Argentinien	1,5	1,5	1,5	1,5	1,5	1,5	1,5	1,4	1,4	1,3	1,5	1,3
Brasilien	2,3	2,2	2,1	2,1	2,0	1,9	1,9	1,8	1,7	1,7	2,0	1,4
Chile	1,5	1,5	1,6	1,6	1,6	1,6	1,7	1,7	1,7	1,7	1,6	1,5
Mexiko	2,4	2,3	2,3	2,2	2,2	2,1	2,0	2,0	2,0	2,0	2,1	1,7
Uruguay	0,6	0,6	0,6	0,6	0,7	0,5	0,6	0,6	0,6	0,9	0,6	0,7

Wachstum der Beschäftigung (%)											Durchschnitt p.a.	
	1981	1982	1983	1984	1985	1986	1987	1988	1989	1990	1980-1990	1990-2000
Argentinien	1,0	1,0	1,0	1,0	1,0	1,2	1,2	1,1	1,1	1,1	1,1	3,4
Brasilien	2,3	2,2	2,2	2,1	2,0	2,0	1,9	1,8	1,8	1,7	2,0	1,6
Chile	2,5	2,5	2,5	2,6	2,5	2,3	2,3	2,3	2,3	2,3	2,4	2,3
Mexiko	3,0	2,9	2,9	2,8	2,7	2,9	2,8	2,8	2,7	2,7	2,8	2,2
Uruguay	0,6	0,5	0,6	0,6	0,6	0,6	0,6	0,6	0,6	1,0	0,6	2,3

Quelle: Marquetti (2004)

4.3.4 Lohnentwicklung

Laut IDB ist die Lohnentwicklung als Resultante auf dem Arbeitsmarkt ein exzellenter Indikator für die Arbeitsmarktentwicklung (vgl. Inter-American Development Bank 1998: 11). Es ist jedoch anzumerken, dass Anpassungen auf dem Arbeitsmarkt entweder durch Anpassungen der Lohnhöhe (Preisanpassungen) oder durch Anpassungen der Beschäftigung (Mengenanpassungen) – oder durch beliebige Kombinationen der beiden Mechanismen – stattfinden können. Die Auswahl der Lohnhöhe als Arbeitsmarktindikator ist jedoch vor dem lateinamerikanischen (und insbesondere auch argentinischen) Hintergrund der inflexiblen Beschäftigungsstrukturen durchaus gerechtfertigt.

Tabelle 11 stellt die Entwicklung der durchschnittlichen Reallöhne in der Referenzgruppe seit 1980 dar. Während der 1980er Jahre sanken die Reallöhne in Argentinien im Schnitt um 2,8% pro Jahr; sie verloren damit im Verlauf der Dekade ein

Viertel ihres Wertes[75]. Nur Mexiko hatte noch einen stärkeren Lohnverfall aufzuweisen.

Tabelle 11: Entwicklung der durchschnittlichen Reallöhne in Argentinien und ausgewählten Vergleichsländern, 1980-2000

													Wachstum p.a.	
	1980	1990	1991	1992	1993	1994	1995	1996	1997	1998	1999	2000	90/80	00/90
Argentinien	100,0	75,0	76,0	77,0	75,7	76,5	75,6	75,5	75,1	74,9	76,2	77,4	-2,8	0,3
Brasilien	100,0	96,7	90,9	98,3	108,7	113,4	124,2	128,4	132,9	135,7	130,8	128,8	-0,3	2,9
Chile	100,0	105,8	112,9	118,2	122,4	128,5	133,1	142,6	146,0	149,9	153,4	155,5	0,6	3,9
Mexiko	100,0	59,6	61,9	67,6	69,6	72,4	63,5	59,1	59,1	61,1	62,0	65,4	-5,0	0,9
Uruguay	100,0	110,8	115,8	117,5	123,8	122,9	115,5	114,2	113,8	116,7	118,5	117,5	1,0	0,6
Gew. Durchschnitt	*100,0*	*84,7*	*83,4*	*89,1*	*92,8*	*96,4*	*99,4*	*100,3*	*102,8*	*106,2*	*104,8*	*104,6*	*-1,6*	*2,1*

Index 1980 = 100; Quelle: Organización Internacional de Trabajo (2002)

Tabelle 12 stellt die durchschnittlichen jährlichen Wachstumsraten des BIP und der Reallöhne in den 1980er und 1990er Jahren gegenüber. Es zeigt sich, dass die Elastizität der Löhne in Bezug auf den Output in Argentinien während der 1980er Jahre höher war als in den Vergleichsländern. Die Löhne reagierten also sensibel auf Veränderungen des BIP.

Tabelle 12: Durchschnittliches jährliches Wachstum des BIP und der Reallöhne, 1980er und 1990er Jahre, in %

	1980-1990			1990-2000		
	BIP	Reallöhne	Elastizität	BIP	Reallöhne	Elastizität
Argentinien	-0,7	-2,8	4,0	4,1	0,3	0,1
Brasilien	1,6	-0,3	-0,2	2,6	2,9	1,1
Chile	3,0	0,6	0,2	6,0	3,9	0,7
Mexiko	1,9	-5,0	-2,7	3,5	0,9	0,3
Uruguay	0,0	1,0	..	2,9	0,6	0,2

Quelle: Berechnungen des Autors auf Basis von Organización Internacional de Trabajo (2003) und CEPAL (2004).

Die Flexibilität der Löhne stellt in gewisser Weise das Gegengewicht zur Rigidität der Beschäftigung dar. Anpassungsprozesse auf dem Arbeitsmarkt fanden in den 1980er Jahren vor allem in Form von Lohnanpassungen statt.

Durch die Verringerung der Inflationsraten im Zuge der Stabilisierung hat sich die Flexibilität der Reallöhne in Argentinien stark verringert (vgl. Tabelle 12, Zeitraum 1990-2000). In der Tat sind Reallohnsenkungen, die bei hoher Inflationsrate durch eine Anpassung der Nominallöhne unterhalb der Inflationsrate möglich waren, nun kein gangbarer Weg mehr (vgl. Inter-American Development Bank 1998: 13 und 18). Tarifabkommen über Nominallöhne legen bei Abwesenheit von Inflation (bzw. konstanter, erwarteter Inflationsrate) auch die Reallohnentwicklung fest. Und typischerweise sind Lohnsenkungen in Tarifverhandlungen kaum durchsetzbar.

75 Für eine detaillierte Untersuchung der Reallohnentwicklung in Argentinien während der 1980er Jahre vgl. Riveros/Sánchez (1994).

4.4 Zusammenfassung: Vergleichende Abschätzung des Reformbedarfs auf dem argentinischen Arbeitsmarkt

Der Reformbedarf der argentinischen Arbeitsmarktinstitutionen war während der 1980er Jahre und zu Beginn der 1990er Jahre, gemessen an formalen Kriterien, generell hoch. Lediglich die geringe Höhe der Mindestlöhne und ihre demgemäß geringe verzerrende Wirkung machten ein Ausnahme. In Bezug auf die Lohnnebenkosten, den Kündigungsschutz und die kollektiven Verhandlungen gehörte der argentinische Arbeitsmarkt zu den am stärksten verregelten in der Referenzgruppe.

Diese institutionell bedingte Rigidität des Arbeitsmarktes führt dazu, dass Anpassungen an sich verändernde Wirtschaftsstrukturen zu langsam erfolgen (Inter-American Development Bank 1998: 2)[76]. Insbesondere die sektoralen Verschiebungen der Arbeitsnachfrage – steigende Nachfrage im Sektor handelbarer Güter zu Lasten des Sektors nicht handelbarer Güter –, die sich aus den seit Beginn der 1990er Jahre in Argentinien durchgeführten Strukturreformen ergeben haben, machten und machen einen verstärkten Arbeitskräfteaustausch zwischen den Sektoren erforderlich.

Gleichzeitig haben die Strukturreformen das Funktionieren des bisherigen Arbeitsmarktmodells in dreierlei Hinsicht nachhaltig gestört[77]: Erstens führte die durch den Konvertibilitätsplan von 1991 induzierte Senkung der Inflationsraten zu einer Deflexibilisierung der Reallöhne. Da Anpassungen im bestehenden Modell in Argentinien angesichts der starren Beschäftigungsstrukturen bis dato vor allem über den Preis (d.h. den Lohn) erfolgten, hat die Stabilisierung die vorherrschende Funktionsweise des Arbeitsmarktes in einer grundsätzlichen Weise ausgehebelt. Die Notwendigkeit einer Identifikation anderer Anpassungsmechanismen auf dem argentinischen Arbeitsmarkt – etwa eine Erhöhung der Beschäftigungsflexibilität – ist somit seit Beginn der 1990er dramatisch gestiegen.

Zweitens wurde durch die im Rahmen der Strukturanpassung erfolgte Öffnung der lateinamerikanischen Märkte (in Argentinien vor allem seit Beginn der 1990er) der Zugang zu Kapital vereinfacht und somit der Produktionsfaktor Kapital im Gegensatz zum Faktor Arbeit verbilligt (vgl. Inter-American Development Bank 1998: 13). Unternehmen haben damit den Anreiz, den Faktor Arbeit durch Kapital zu substituieren, was den Arbeitsmarkt (v.a. Beschäftigung und Arbeitslosigkeit) ebenfalls nachhaltig negativ betrifft.

Drittens schließlich führte die Strukturanpassung zu einem starken Produktivitätsanstieg vor allem in zuvor geschützten Sektoren sowie in staatlichen oder parastaatlichen Unternehmen. Dies brachte eine Abnahme oder zumindest einen nur unterdurchschnittlichen Anstieg der Beschäftigung in diesen Sektoren mit sich, der den Arbeitsmarkt zusätzlich belastete.

---

76 Abweichende Meinungen sind hier rar. Maloney argumentiert beispielsweise, dass die Rigiditäten der Arbeitsgesetzgebung die Fluktuationsrate keineswegs drücken, sondern im Gegenteil fördern, da Arbeitnehmern im formellen Sektor aufgrund der Gesetzgebung Aufstiegschancen innerhalb eines Unternehmens erschwert werden; Arbeitsplatzwechsel sind dann für karriereorientierte Arbeitnehmer unumgänglich (Krebs/Maloney 1999).

77 Eine detaillierte Analyse der Auswirkungen von Strukturreformen auf die Arbeitsmärkte in Lateinamerika legte die Inter-American Development Bank vor (2003: Kap. 5).

Zusammengefasst kann festgehalten werden, dass durch die Strukturanpassung die ohnehin vorhandene ökonomisch begründete Reformnotwendigkeit des Arbeitsmarktes in Argentinien (aber auch in vielen Ländern Lateinamerikas) spätestens seit Beginn der 1990er Jahre deutlich zugenommen hat.

TEIL 3 – POLITÖKONOMISCHE ASPEKTE DER ARBEITSMARKTREFORMEN IN ARGENTINIEN

5 Ein politökonomisches Modell zur Analyse von Arbeitsmarktreformen

Wie im vorangegangenen Kapitel festgestellt, war der Reformbedarf nicht nur des argentinischen, sondern auch anderer lateinamerikanischer Arbeitsmärkte in den 1980er und beginnenden 1990er Jahren hoch. Dennoch wurden nur in wenigen Ländern Reformen durchgeführt. Auf der Basis der neoklassischen Wirtschaftstheorie ist die Diskrepanz zwischen theoretischer Wünschbarkeit von Reformen und deren praktischem Ausbleiben unerklärlich.

Einen wichtigen Ansatz zum Schließen dieser Erklärungslücke stellen politökonomische Ansätze dar, die, wie erwähnt, das Zustandekommen von Reformen mit Hilfe der Präferenzen durchsetzungsfähiger Akteure erklären. In diesem Kapitel werden zunächst unterschiedliche politökonomische Ansätze vorgestellt und dann ein Modell zur Analyse von Arbeitsmarktreformen ausgearbeitet, welches dann in Kapitel 6 für Argentinien spezifiziert wird.

5.1 Politökonomische Ansätze - ein Überblick

Dass das Zustandekommen und der Erfolg von wirtschaftspolitischen Reformen nicht alleine auf der Basis wirtschaftlicher Optimierungsprobleme erklärbar ist, hat sich in den vergangenen Jahren als Konsens in der Wirtschaftswissenschaft herausgestellt. In zunehmendem Maße hat sich die Wirtschaftswissenschaft politischen Faktoren zur Erklärung von Wirtschaftspolitik geöffnet und somit den politökonomischen Erklärungsansätzen der 1960er Jahre zu einer Renaissance und Weiterentwicklung verholfen. Dollar und Svensson stellen fest, dass "success or failure of reform depends largely on political-economy factors within the country attempting to reform" (Dollar/ Svensson 1998: 2f; vgl. auch Nelson 1994b; Haggard et al. 1995: 19).

Als Vater der politökonomischen Ansätze[78] wird Knut Wicksell angesehen, dessen 1896 veröffentlichte "Finanztheoretische Untersuchungen" (Wicksell 1896) erst nach einem von James Buchanan 1949 veröffentlichten Aufsatz (Buchanan 1949) in den 1950er Jahren wieder Beachtung fand. Die wichtigsten Grundlagenwerke wurden in den späten 1950er und 1960er Jahren verfasst[79]. Diese wurden kontinuierlich weiter-

78 In der Politikwissenschaft bezeichnet der Begriff der politischen Ökonomie ganz allgemein den Wechselbezug von Wirtschaft und Politik. Ansätze, welche das Zustandekommen politischer Entscheidungen auf der Basis von typischen Annahmen und Mitteln der Wirtschaftswissenschaften erklären, werden dort als "Neue Politische Ökonomie" bezeichnet. In der vorliegenden Arbeit wird der Einfachheit halber der Begriff "politische Ökonomie" vorgezogen. Alternativ wird der im Englischen verwendete Begriff "public choice" benutzt. Zur Entwicklungsgeschichte vgl. auch Sautter (2004).

79 Zu den wichtigsten Werken zählen Downs (1957), Black (1958), Buchanan/Tullock (1962) und Olson (1965).

entwickelt und für unterschiedlichste Politikbereiche spezifiziert, so dass heute eine fast unüberschaubare Vielzahl von Veröffentlichungen vorliegt.[80]

Dementsprechend stellt die politische Ökonomie kein kohärentes und konsistentes Theoriegebäude dar. Vielmehr können verschiedene, miteinander konkurrierende und zum Teil auch konfligierende Strömungen unterschieden werden, die wenig mehr gemein haben als einige wenige zentrale Grundannahmen, insbesondere die Annahme des rationalen, nutzenmaximierenden Akteurs. Die Pluralität der Ansätze ist nicht zuletzt dadurch bedingt, dass die politische Ökonomie zum Mainstream sowohl der Wirtschaftswissenschaft als auch der Politikwissenschaft gehört und der interdisziplinäre Meinungsaustausch zumal im deutschen Sprachraum nur fragmentarisch ist[81]. Dies ist nicht zuletzt wohl eine Folge der Methodenunterschiede zwischen den Disziplinen: während in der Wirtschaftswissenschaft mathematisch-quantitative Untersuchung vorherrschen, bevorzugt die Politikwissenschaft tendenziell qualitative Methoden. Diese Methodenunterschiede spiegeln sich in den jeweiligen politökonomischen Ansätzen wider.

Gemeinsamer Nenner aller politökonomischen Ansätze ist, dass das Handeln von Individuen im Zentrum der Untersuchung steht (vgl. z.B. Buchanan/Tullock 1962: 1ff; Buchanan 1989). Die Ansätze sind damit der Tradition des methodologischen Individualismus verpflichtet. Es sind stets Individuen, nicht Kollektive, die handeln. Zwar können sich Individuen zu Gruppen zusammenschließen und so kollektive Akteure bilden. Dennoch lässt sich jedes beobachtete Handeln stets auf die Aktionen von Individuen zurückführen. Dabei gehen politökonomische Ansätze davon aus, das der Austrag der konfligierenden Interessen von Individuen oder kollektiven Akteuren maßgeblich durch die Beschaffenheit der gesellschaftlichen Interessenvermittlungsstrukturen bestimmt wird. Damit werden die Interessen derjenigen Akteure, die sich im politischen Interessenvermittlungsprozess durchsetzen können, zum zentralen Bestimmungsfaktor von Politikergebnissen.

Diese methodologische Grundannahme wird ergänzt durch eine Annahme über die Verhaltensdisposition von Individuen, mit denen politökonomische Ansätze an die klassischen Utilitaristen des frühen 19. Jahrhunderts wie Jeremy Bentham und J. S. Mill anknüpft. Das Individuum wird als homo oeconomicus konzeptualisiert (Downs 1957: 3-20; Buchanan/ Tullock 1962: 17-39). Das Konzept des *homo oeconomicus* umfasst zwei Annahmen: In Bezug auf die Ziele von Individuen wird angenommen,

---

80 Einen exzellenten Überblick bietet Dennis Muellers "Public Choice", das selbst schon zu den Klassikern zählt und mittlerweile in der dritten komplett überarbeiteten Fassung vorliegt (Mueller 1979; 2003). Die Zunahme des Seitenumfangs mag als Indikator für die Weiterentwicklung des Theoriefeldes dienen: während die erste Fassung von "Public Choice" (1979) rund 300 Seiten hatte, ist der Umfang von "Public Choice III" (2003) auf knapp 770 Seiten angewachsen.

81 Trotz der Öffnung der wirtschaftswissenschaftlichen Literatur zur Berücksichtigung politischer Einflussgrößen wird die umfassende politikwissenschaftliche Literatur zum Thema m.E. nur unzureichend rezipiert. Oft wird lediglich in einer Fußnote pauschal auf die Unzulänglichkeit der politikwissenschaftlichen Literatur hingewiesen und eine willkürliche Auswahl an Literatur aufgelistet (vgl. etwa Kraemer 1997; Dollar/Svensson 1998: 7). Zum Wettstreit der Disziplinen siehe auch die Beiträge von Chrystal, Pennant-Rea und Jackson/Garratt im Sammelband "Public Choice Analysis of Economic Policy" (Chrystal 2000; Jackson/Garratt 2000; Pennant-Rea 2000); Jackson/ Garratt schließen: "There remains much work to be done to build the bridge between economics and political science in the search for a universal political economy" (Jackson/Garratt 2000: 118).

dass ein Individuum seinen Eigennutzen zu maximieren sucht.[82] Sie besitzen eine transitive Präferenzordnung, auf der sich alle in einer konkreten Entscheidungssituation möglichen Alternativen abbilden lassen. Ein Akteur wählt in einer solchen Entscheidungssituation stets diejenige Alternative, die seinen (Netto-)Nutzen maximiert.

In Bezug auf die Mittel, die ein Akteur wählt, um seine Ziele zu erreichen, bedeutet das Rationalitätsprinzip, dass gegebene Ziele mit dem geringstmöglichen Mittelaufwand angestrebt werden. Die Realisierung eines Zieles wird nur dann aktiv angestrebt, wenn der erwartete Ertrag die aufzubringenden Kosten übersteigt.

Zwei Hauptströmungen politökonomischer Ansätze können unterschieden werden. Zum einen sind das Ansätze, die vor allem auf die Bedeutung von Wahlen für Politikergebnisse verweisen (im Zentrum dieser Ansätze steht i.a. der Medianwähler). Zu dieser Strömung gehören auch die Pluralismustheorien. Die zweite Gruppe bilden Ansätze, die Politik vor allem durch Interessengruppen erklären. Unter diese Strömung fallen u.a. die Netzwerkmodelle und Korporatismustheorien. Schließlich gibt es noch verschiedene politökonomische Ansätze, in denen die politökonomischen Grundannahmen nur implizit auftauchen. Es handelt sich hierbei um Ansätze, welche Politikergebnisse vor allem durch die Beschaffenheit der (institutionellen) Strukturen von Staaten erklären, innerhalb derer die rationalen Akteure agieren.

5.1.1 Strukturelle Ansätze

Strukturelle Ansätze erklären Politikergebnisse auf einer generellen, aggregierten Ebene. Es werden nicht spezifische Politiken untersucht (etwa administrative Dezentralisierung, Privatisierung der Altersvorsorge, einzelne Maßnahmen innerhalb der Arbeitsmarktreform u.ä.), sondern die abhängige Variable ist beispielsweise der Erfolgsgrad der Stabilisierung oder Strukturanpassung insgesamt. Als erklärende Variable wird meist eine strukturelle Eigenschaft des politischen Systems gewählt – etwa die politische Stabilität, der Grad an Autonomie des Staates gegenüber der Gesellschaft, die Regierungsform bzw. der Regimetyp, das Rechtssystem, etc. – aus der unmittelbar auf die Ausprägung der abhängigen Variable geschlossen wird.[83]

Auf strukturellen Ansätzen basierte die vor allem in den 1980er Jahren verbreitete Argumentation, dass autoritäre Staaten Reformen eher durchführen können als demokratische. Grundgedanke der Argumentation war die mittlerweile widerlegte

---

82 Die Annahme rationaler, eigennutzorientierter Akteure ist in der Wirtschaftswissenschaft weit verbreitet. Archetypisch ist etwa George Stigler's Postulat: "There is, in fact, only one general theory of human behaviour, and that is the utility maximising theory" (Stigler 1975: 137); dennoch finden sich immer wieder Versuche, die Annahme zu erweitern. In Bezug auf die Ziele wird ein Akteur stets seinen Eigennutzen zu maximieren versuchen. Selbsttäuschungen, wie sie etwa Williamson pauschal für die venezolanische Bevölkerung seit den 1980er Jahren konstatiert (Williamson 1996: 248) sind ebensowenig mit dieser Annahme kompatibel wie ideologisch motiviertes Handeln (vgl. Kraemer 1997). Auch Versuche, altruistisches Verhalten auf Eigennutzenmaximierung zurückzuführen – etwa durch eine Inkorporation der Nutzenfunktion von Mitmenschen in die Nutzenfunktion des betrachteten Akteurs (vgl. Kaltefleiter 1995) –, werden in der vorliegenden Arbeit nicht weiter berücksichtigt.

83 Einige Beispiele für solche Ansätze sind Sloan/Tedin (1987), Krueger (1993), Dollar/Svensson (1998) und, speziell für Reformen des Arbeitsmarktes, Botero et al. (2004).

Auffassung, dass autoritäre Staaten weniger abhängig von Partikularinteressen sind als demokratische Staaten und somit eine autoritäre Regierung kurzfristig und mittelfristig unpopuläre Maßnahmen eher durchführen können. Ein Problem der Ansätze war jedoch, dass die größere Autonomie des autoritären Staates gegenüber der Gesellschaft lediglich postuliert wurde. Diese Annahme stellte sich jedoch in Nachhinein als falsch heraus.[84]

Eine wichtige Stärke dieser Ansätze ist ihre relativ gute Handhabbarkeit, gerade für komparative Studien.[85] Durch die starke Aggregation politischer Willensbildungsprozesse bis hin zu einer Variablen (bzw. einem Set von Variablen) sind statistische Analysen möglich. Korrelationsanalysen zwischen einem strukturellen Merkmal und dem Ausgang einer Reform ermöglichen dabei auch Präskription in Form von Wahrscheinlichkeitssaussagen. Beispielsweise stellen Dollar und Svensson in ihrer Analyse von 220 weltbankunterstützten Strukturanpassungsprogrammen fest, dass demokratische Regierungen deutlich erfolgreicher bei der Durchführung von Strukturanpassungen sind als autoritäre Regime (Dollar/Svensson 1998: 15ff).

Die Schwächen der strukturellen Ansätze sind vor allem auf der analytischen, aber auch auf der praktischen Ebene zu sehen und resultieren gerade aus dem hohen Aggregationsniveau der Variablen: die "Analyse" beschränkt sich auf das Auffinden statistischer Zusammenhänge durch Korrelationsanalysen. Die Ergebnisse hängen oft entscheidend von der Operationalisierung der Variablen ab; entsprechend kommen verschiedene Studien zu widersprüchlichen Ergebnissen, so dass einige Kritiker in Bezug auf die Erklärungskraft der strukturellen Ansätze generell skeptisch sind (vgl. etwa Haggard/Kaufman 1994; auch Rubiolo González 2000: 48f). Aus theoretischer Sicht schwerwiegender ist, dass ein Wirkungsmechanismus in der Regel allenfalls als *ex post*-Erklärung nachgereicht wird und oft wenig mehr ist als eine nachrangige Plausibilisierung der statistischen Ergebnisse. Daher können strukturelle Ansätze ihrem eigenen Anspruch, "politökonomische" Analysen darzustellen, oft nicht gerecht werden. Das Kosten-Nutzen-Kalkül der wirtschaftlichen oder politischen Akteure wird nicht expliziert: Die Durchführung von Reformen kann aus der Sicht der strukturellen Ansätze durch gesellschaftliche Interessen oder bestimmte Interessenvermittlungsstrukturen erklärt werden, aber auch durch das Vorliegen bestimmter Überzeugungen in der Regierung, also einem der politökonomischen Analyse gänzlich fremden Konzept.[86]

Auch die Praxisrelevanz der strukturellen Ansätze ist begrenzt. Selbst wenn ein eindeutiger Zusammenhang zwischen einer exogenen Variable und der Erfolgswahrscheinlichkeit einer Reform festgestellt wird, bietet dies politischen Entscheidungsträgern in aller Regel keine Hilfestellung in der Praxis. Dies liegt wiederum am hohen Aggregationsniveau der unabhängigen Variablen – die Regierungsform oder die poli-

---

84 Vgl. Haggard/Lafay/Morrisson (1995: 19f), Morrisson (1996). Für eine Neubewertung siehe Oatley (2004).

85 Vgl. auch Bienen/Freund/Rittberger (1999) für eine Kritik der strukturellen Ansätze.

86 So zählen Dollar/Svensson politische Instabilität, das Vorhandensein von Verteilungskonflikten, die ideologische Ausrichtung der Regierung, die Glaubwürdigkeit der Reformer, die Regierungsform und die Stärke der wirtschaftlichen Krise vor Beginn der Reformen als erklärende Variablen für den Erfolg von Strukturanpassung auf (Dollar/Svensson 1998: 7-11).

tische Stabilität eines bestimmten Staates lässt sich eben üblicherweise nicht unmittelbar verändern.

5.1.2 *Wahlansätze*

Wirtschaftswissenschaftliche politökonomische Ansätze basieren in der Regel auf dem Medianwählermodell (Beispiele sind Fernandez/Rodrik 1998; Saint-Paul 2000; McNutt 2002). Der wesentliche Grund dafür dürfte sein, dass die Annahmen dieses Modells sich für eine formale Modellierung eignen, insbesondere die Annahme, dass die Durchsetzungsfähigkeit aller Wähler gleich ist – jeder Wähler hat eine Stimme. Auch die Tatsache, dass Wahlen eine einfache Methode der Präferenzaggregation darstellen (keine Verhandlungen, Kompromisse etc.), vereinfacht die Modellierung.

Der klassische Vertreter dieser Richtung ist Anthony Downs' "Ökonomische Theorie der Demokratie" (Downs 1968). Zwar hat es diverse Weiterentwicklungen des Modells gegeben, in denen die restriktiven Annahmen gelockert wurden bzw. die Wahlmodi modifiziert wurden, um so eine größere Realitätsnähe zu erreichen.[87] Verschiedene grundsätzliche Bedenken gegen eine Anwendung der Wahlansätze zur Erklärung der Arbeitsmarktreformen in Argentinien sind allerdings so grundsätzlicher Natur, dass sie von Modellmodifikationen unberührt bleiben.

Kritisch ist erstens anzumerken, dass Wahlansätze nur in Demokratien anwendbar sind. In der Tat sind üblicherweise die OECD-Mitgliedstaaten Gegenstand der Analyse. In vielen Entwicklungsländern und auch in Lateinamerika weicht die politische Praxis deutlich von der Vorstellung einer durch Wahlen legitimierten Regierung ab. So wird beispielsweise durch den Klientelismus die Bedeutung von Wahlen nur untergeordnet. Entscheidend sind hier vielmehr die Präferenzen der wichtigen gesellschaftlichen Gruppen, welche mit Hilfe klientelistischer Beziehungen Bevölkerungsschichten für Wahlen mobilisieren können.

Zudem basieren Medianwählermodelle auf der Fiktion, dass der jeweils betrachtete Politikgegenstand (allein) wahlentscheidend ist. In Bezug auf Arbeitsmarktreformen ist die Annahme also, dass die Wähler ausschließlich über diese Reformen abstimmen. Dies wäre jedoch ausschließlich bei einem Volksentscheid über anstehende Arbeitsmarktreformen der Fall. Entsprechende plebiszitäre Elemente sind aber in den wenigsten Demokratien auf nationaler Ebene vorgesehen, in Lateinamerika ebensowenig wie in den OECD-Staaten. Stattdessen stehen Parlamentsabgeordnete und Präsidenten zur Wahl. Obgleich Arbeitsmarktreformen ein wichtiges Politikfeld sind, kann jedoch kaum davon ausgegangen werden, dass sie (alleine) die Wahlentscheidung jedes einzelnen Wählers bestimmen.

Schließlich entzieht sich das Konzept des Medianwählers generell der empirischen Überprüfung. Üblicherweise werden Annahmen über den Medianwähler bzw. über die Mehrheitsverhältnisse getroffen, und dann postuliert, der Medianwähler gehöre zur größten Gruppe[88]. In der Tat liegt der Fokus der Wahlansätze in der Regel eher

87 Für Literaturüberblicke siehe Coughlin (1990) und Mueller (2003).

88 Klassische Beispiele für solche Annahmen finden sich bei Saint-Paul: "The central idea is simple: Given that the unemployed are a minority, political decisions are likely to reflect the interests of

auf der theoretischen denn auf der empirisch überprüften Erklärung des Zustandekommens von Politikergebnissen. Für eine empirische Analyse erscheint das Modell daher als kaum geeignet.

5.1.3 Interessengruppenansätze

Im Gegensatz zu den bisher dargestellten Ansätzen, deren Hauptaugenmerk entweder auf den Politikverantwortlichen oder den Wählern liegt, sind kollektive Akteure im Zentrum von Interessengruppenansätzen.

Interessengruppenansätze waren, seit Bentleys Grundlagenwerk *"The Process of Government"* (Bentley 1908), lange die Domäne der Politikwissenschaft. Erst in den 1970er Jahren beschäftigten sich Wirtschaftswissenschaftler näher mit Interessengruppen. Wichtige Beiträge kamen von Becker (1983; 1985). Dennoch sind wirtschaftswissenschaftliche Interessengruppenansätze noch immer in der Minderzahl[89]. Als wesentlicher Grund hierfür ist die Komplexität der formalen Modellierung zu sehen. Denn im Gegensatz zu Wahlansätzen müssen erstens die Nutzenfunktionen, zweitens die Unterschiede in der Durchsetzungsfähigkeit von Interessengruppen und drittens die Interaktion von Interessengruppen modelliert werden.

Es wundert daher nicht, dass die meisten Interessengruppenansätze in der Wirtschaftswissenschaft auf stark vereinfachenden Annahmen basieren, etwa auf der Annahme identischer, d.h. gleich starker Interessengruppen.[90] Diese Annahme eignet sich zwar für die formale Modellierung, führt aber dazu, dass der Interessengruppenansatz dem Medianwählermodell angeglichen wird, sein potenzieller Mehrwert also verschwindet: Entscheidend für ein Politikergebnis ist dann die Median-Interessengruppe (Fernandez/Rodrik 1998: 73). Damit wird der Interessengruppenansatz *ad absurdum* geführt, denn sein konstitutives Element ist ja gerade, dass sich die Durchsetzungschancen der Interessengruppen unterscheiden.

Wenn Unterschiede in den Interessengruppen modelliert werden, so wird die Anzahl in der Regel auf zwei oder drei Gruppen reduziert, um eine handhabbare mathematische Modellierung zu ermöglichen[91]. Was jedoch allen Ansätzen fehlt, ist die explizite Berücksichtigung staatlicher Akteure; die implizite Annahme ist, dass die Regierung die Interessen der sich durchsetzenden Interessengruppe umsetzt; die Regierung

---

the employed rather than the unemployed" (1996: 177). In einer späteren Arbeit nimmt Saint-Paul an, dass der Medianwähler ein beschäftigter Arbeitnehmer ist (2000). Diese Annahme scheint angesichts der sich verändernden Gesellschaftsstruktur in westeuropäischen Ländern (für welche die Modelle entwickelt sind) mit sinkender Erwerbsquote zunehmend problematisch. Für lateinamerikanische Länder (auch Argentinien), in denen Arbeitslose und im informellen Sektor Beschäftigte oft rund die Hälfte oder mehr der Erwerbspersonen bilden, ist die Annahme, dass die Politik die Interessen der größten Gruppe vertrete, also der Arbeitnehmer im formellen Sektor, erst recht unhaltbar (siehe Abschnitt 6.2.1.3.1).

89 Einen umfassenden Beitrag liefern allerdings Grossman/Helpman (2001). Für einen Überblick siehe Austen-Smith (1997).

90 Auf dieser Annahme basieren die meisten Beiträge in Sturzenegger/Tommasis "Political Economy of Reform" (Sturzenegger/Tommasi 1998): Aizenman (1998), Alesina/Drazen (1998), Mondino/Sturzenegger/Tommasi (1998) und Velasco (1998).

91 Beispiele sind Becker (1983), Austen-Smith/Wright (1992), Labán/Sturzenegger (1994; 1998), Tornell (1995) und Grossman/Helpman (2001).

selbst ist dabei nicht als Interessengruppe konzipiert, sondern lediglich Instrument. Zudem beschränkt sich die Untersuchung – basierend auf der US-amerikanischen Praxis – üblicherweise auf die Unterstützung, welche Interessengruppen Politikern bei Wahlen gewähren (*campaign contributions*), während Lobbying in Bezug auf bestimmte Politik kaum Beachtung findet.[92]

Während die Kritik an Interessengruppenansätzen wirtschaftswissenschaftlicher Prägung vor allem an der Rigidität der Annahmen ansetzt, ist die deutlichste Schwäche politikwissenschaftlicher Ansätze die Abwesenheit eines stringenten Analysemodells; unabhängige und abhängige Variablen werden nur selten spezifiziert, und Fallstudien erschöpfen sich oft in einer Deskription und *ad hoc*-Erklärung historischer Prozesse[93]. Allgemeine Aussagen oder vergleichende Analysen sind auf der Basis solcher Ansätze kaum möglich.

Neben der bisher dargestellten Unterscheidung wirtschafts- und politikwissenschaftlicher Interessengruppenansätze können nach ihrem theoretischen Anspruch heuristische und theoretisch determinierte Ansätze voneinander unterschieden werden. Heuristische Ansätze ordnen den Akteuren keine bestimmte, theoretisch abgeleitete oder a priori postulierte Durchsetzungsfähigkeit zu. Zu diesen Ansätzen gehören Pluralismusansätze, Politiknetzwerk-Ansätze und auch das hier vorgestellte Modell. Diese Ansätze machen es erforderlich, dass die Interessen *und* die Durchsetzungschancen aller Akteure explizit analysiert werden (vgl. Chrystal 2000: 4f).

Theoretisch determinierte Ansätze deduzieren hingegen, welche Gruppen sich im politischen Entscheidungsprozess durchsetzen werden. Folglich müssen zur Erklärung von Politikergebnissen lediglich die Interessen der durchsetzungsfähigen Akteure ermittelt werden. Beispiele für theoretisch determinierte Ansätze sind vor allem die verschiedenen Korporatismustheorien, aber auch verschiedene marxistische Ansätze. Diese zweite Spielart der Interessengruppenansätze kann auch zu den strukturellen Ansätzen gerechnet werden. Denn letztlich wird bei theoretisch determinierten Ansätzen aus politisch-institutionellen oder wirtschaftlichen Strukturen die Durchsetzungsfähigkeit einzelner Akteure abgeleitet und damit ein Politikergebnis erklärt.

Die vorliegende Arbeit versucht, die Lücke zwischen politikwissenschaftlichen und wirtschaftswissenschaftlichen Ansätzen zu schließen, indem ein heuristisches Interessengruppenmodell entwickelt wird, dessen Annahmen einerseits relativ wenig restriktiv sind, so dass von der Realität nur wenig abstrahiert wird, das aber andererseits explizit die Variablen und Kausalprozesse offen legt. Die Grundlagen des Modells werden in den folgenden Abschnitten vorgestellt.

---

92 Vgl. Mueller (2003: 472ff). Eine wichtige Ausnahme sind Grossman/Helpman (2001: 103ff), die eine ausführliche Lobbying-Theorie vorlegen, wobei als Instrument einer Interessengruppe aber lediglich die Bereitstellung von Informationen berücksichtigt wird. Andere wichtige Aktivitäten von Interessengruppen, wie Streiks, Demonstrationen etc., bleiben ausgeblendet.

93 Beispiele solcher Ansätze für die Untersuchung von Politik und Reformen in Argentinien sind Manzetti (1993), Birle (1995), Muranaka (1997), Pfister (1998) oder Rubiolo González (2000).

5.2 Das Analysemodell

Das hier entwickelte und vorgestellte Modell gehört zu den Interessengruppenansätzen, es erklärt Politikergebnisse durch die Einwirkungen von wirtschaftlichen und politischen Interessengruppen.

Die Grundstruktur des Modells ist die folgende[94]: Politikergebnisse, darunter auch das Scheitern oder der Erfolg von Reformen, werden von den *Präferenzen* der im innenpolitischen Entscheidungsprozess *sich durchsetzenden Akteure* bestimmt. Um Vorhersagen über die Wahrscheinlichkeit von Erfolg oder Scheitern von Reformen machen zu können, müssen folglich die sich durchsetzenden Akteure *und* ihre Präferenzen ex ante ermittelt werden können.

Das Modell umfasst dementsprechend zwei Komponenten:

- Die *Präferenzen* der Gruppen werden im Modell aus einem Grundinteresse (an Einkommen und, bei staatlichen und externen Gruppen, Macht) unter Berücksichtigung der Rationalitätsannahme sowie unter Zuhilfenahme der neoklassischen Theorie abgeleitet.
- Im Gegensatz zu den Präferenzen liegen keine Theorien vor, welche es erlauben, die *Durchsetzungschancen* der verschiedenen Gruppen auf analoge Weise zu deduzieren oder a priori zu ermitteln. In der politökonomischen Literatur finden sich lediglich Hinweise auf verschiedene Faktoren, welche die Durchsetzungsfähigkeit beeinflussen[95]. Aufgrund dieses Fehlens einer Theorie über die Durchsetzungschancen muss der Anspruch des Modells in diesem Bereich geringer sein: Es handelt sich hier um ein heuristisches Modell, welches dazu dienen soll, die Empirie zu strukturieren und zu analysieren. Ein wichtiges Ergebnis der Arbeit wird es dann sein, dass auf der Basis der empirischen Untersuchung nähere Aussagen über Relevanz und Gewicht verschiedener Einflussfaktoren auf die Durchsetzungsfähigkeit von Gruppen gemacht werden können.

5.2.1 Grundannahmen

5.2.1.1 Kollektive Akteure

Das hier vorgestellte Modell basiert zwar, wie alle politökonomischen Ansätze, auf dem methodologischen Individualismus. Dennoch stehen Zusammenschlüsse von Individuen, also kollektive Akteure – im weiteren Verlauf auch als Interessengruppen oder Organisationen bezeichnet – im Zentrum der Analyse.

Grundlage dieser Annahme ist die Beobachtung, dass im politischen Entscheidungsprozess Institutionen und Organisationen maßgeblich beteiligt sind. Zwar werden Entscheidungen von Individuen getroffen, jedoch handeln diese als Organisationsvertreter.

---

94 Teilaspekte des hier vorgestellten Modells wurden aus Bienen/Freund/Rittberger (1999) weiterentwickelt. Wesentliche Unterschiede ergeben sich aus der Tatsache, dass das Modell von Bienen et al. zur Analyse des *außenpolitischen* Verhaltens von Staaten entwickelt wurde.

95 Existierende Modelle kranken alle an der Unmöglichkeit der Ableitung überprüfbarer Hypothesen; ein gutes Beispiel dafür liefern Haggard, Lafay und Morrisson (1995: 35-38).

Für das Wesen eines kollektiven Akteurs ist entscheidend, dass in ihm Individuen "gebündelt" werden, die in Bezug auf die untersuchte Reform identische Präferenzen haben, bzw. denen identische Präferenzen unterstellt werden.

5.2.1.2 Unterscheidung von Gruppen und Organisationen

Eine Gruppe wird allgemein definiert als eine Mehrzahl von Individuen, welche zumindest ein gemeinsames Merkmal besitzen. Es ist offenkundig, dass diese Definition umfassend und dementsprechend diffus ist. Die Bandbreite denkbarer Gruppen ist fast unerschöpflich; sie reicht vom Ehepaar oder der Familie über die Nation bis hin zur Gruppe aller Frauen oder Erwachsenen etc. Für das hier behandelte Thema erscheint eine engere Definition zweckmäßiger: Alle Individuen, die in Bezug auf eine (Arbeitsmarkt-)Reform gleiche Präferenzen besitzen, konstituieren eine Gruppe. Die Präferenzen hinsichtlich einer Reform (also im einfachsten Fall Ablehnung oder Befürwortung der Reform) hängen wiederum davon ab, ob der erwartete Nutzen der Reform positiv oder negativ ist. Die Frage der Betroffenheit und der Präferenzen wird in Abschnitt 5.2.4.2 noch näher erörtert.

Wie Olson in seinem Grundlagenwerk "Logik des kollektiven Handelns" (Olson 1992) gezeigt hat, hat eine Gruppe nur mit einem Mindestmaß an Organisation und Kohärenz einen Akteurstatus bzw. kann als Interessengruppe am politischen Entscheidungsprozess teilnehmen. Je besser eine Gruppe organisiert ist, umso besser kann sie ihre Interessen gegenüber anderen Akteuren artikulieren und umso höher sind ihre Durchsetzungschancen. Aufgrund des qualitativen Unterschieds zwischen nicht organisierter und organisierter Gruppe ist es sinnvoll, zwischen der Gruppe und der Interessengruppe (oder Organisation) zu unterscheiden (vgl. Abbildung 20). Unter Interessengruppe bzw. Organisation wird hierbei die Institution verstanden, welche innerhalb der Gruppe besteht und die Interessen der Gruppenmitglieder vertritt. *Entsprechend ist nicht die Gruppe, sondern die Organisation als der kollektive Akteur konzipiert*, in dem Individualinteressen gebündelt werden[96]. Die Organisation oder Interessengruppe ist der (bzw. ein) Agent der Gruppe.

Abbildung 20 zeigt verschiedene mögliche Relationen zwischen Gruppe und Organisation auf. Stets gilt, dass eine Organisation eine Teilmenge derjenigen Gruppe darstellt, für die sie agiert. Denkbar ist, dass innerhalb einer Gruppe mehrere Organisationen existieren (Gruppe A in Abbildung 20, etwa mehrere Gewerkschaften oder Unternehmerverbände in einer Branche), oder dass Gruppe und Organisation übereinstimmen (Gruppe C, alle Gruppenmitglieder sind auch Organisationsmitglieder; dies ist z.B. bei bürokratischen Gruppen in der Regel der Fall, etwa bei dem Arbeitsministerium). Gruppe B in Abbildung 20 zeigt schließlich noch den Fall einer unorganisierten Gruppe. Ihr wird im Modell kein Akteurstatus zuerkannt.

Aus theoretischer Sicht erscheint es zunächst unerklärlich, weshalb es mehrere Interessengruppen in einer Gruppe geben sollte. Denn wenn eine Interessengruppe

---

96 Die Begriffe "Organisation", "Interessengruppe" und "kollektiver Akteur" werden in der vorliegenden Arbeit synonym verwendet.

lediglich der organisierte Teil einer (interessenhomogenen) Gruppe ist, sollte maximal eine Organisation pro Gruppe existieren.

Abbildung 20: Gruppen und Organisationen

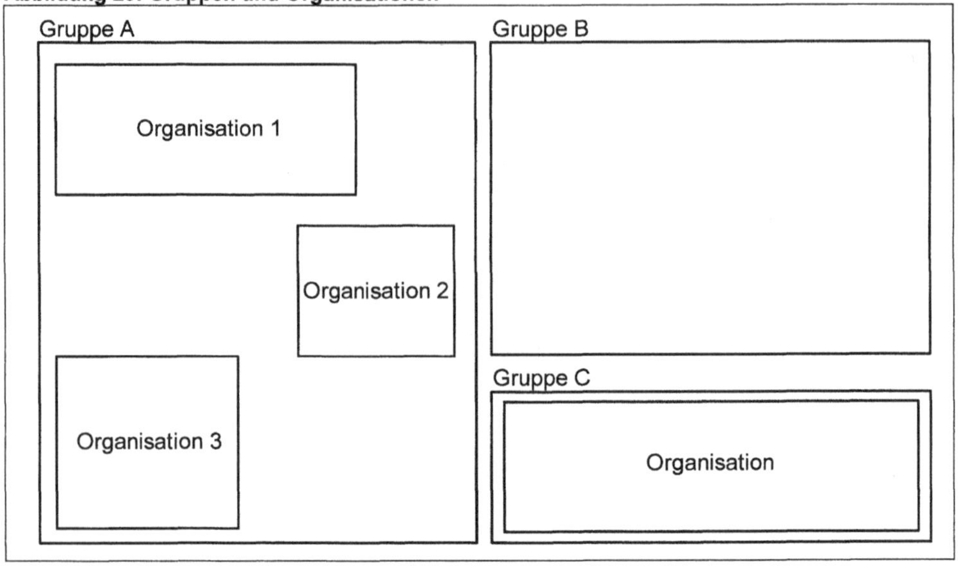

Diese Argumentation ist richtig, wenn die Betrachtung auf einen Reformgegenstand beschränkt bleibt oder aber wenn Organisationen zur Interessenvertretung der Gruppe in Bezug auf einen bestimmten Reformgegenstand gegründet würden, was offensichtlich nicht der Fall ist. Wenn jedoch berücksichtigt wird, dass Individuen überschneidende Gruppenzugehörigkeiten aufweisen, wird die Existenz verschiedener Organisationen in einer Gruppe schnell erklärlich. So kann ein mittelständischer Unternehmer, welcher in einem anderen Verband organisiert ist als ein Großunternehmen, von einer Arbeitsmarktreform in gleicher Weise profitieren wie das Großunternehmen; in Bezug auf die Reform sind die beiden also Mitglieder derselben Gruppe und dennoch in verschiedenen Organisationen.

Eine politökonomische Analyse kann auf zwei Ebenen angesiedelt sein: Der Zusammenschluss von Individuen zu Interessengruppen/Organisationen bzw. kollektiven Akteuren wird von der Theorie der Gruppen untersucht (vgl. z.B. Olson 1992). Darauf wird in der vorliegenden Arbeit nicht näher eingegangen. Da das Modell als heuristisches Instrument zur Erklärung des Zustandekommens von Arbeitsmarktreformen dienen soll, wird die vorgefundene Struktur von Gruppen und Organisationen als exogen betrachtet und nicht weiter hinterfragt.

Die zweite Ebene ist der Wettstreit der Interessengruppen im politischen Entscheidungsprozess. Auf dieser Ebene liegt das Hauptaugenmerk der vorliegenden Arbeit.

5.2.1.3 Unterscheidung von Reformverantwortlichen und Reformbetroffenen

Eine weitere wichtige Unterscheidung ist die zwischen Reformbetroffenen[97] und den für Konzeption und Implementierung von Reformen verantwortlichen Akteuren. Letztere sind vor allem die verschiedenen staatlichen Institutionen, welche für die Durchführung der Reform verantwortlich sind, also Regierung, Legislative und gegebenenfalls auch die Rechtsprechung.

Die Betroffenen einer Reform sind vor allem die bereits in Abschnitt 3.4 und 3.5 genannten gesellschaftlichen Gruppen in der klassischen Unterscheidung von Arbeitgebern, Arbeitnehmern und Arbeitslosen. Es können aber neben den Gruppen auch Organisationen unmittelbar von Reformen betroffen sein (siehe Abbildung 21, schwarze Pfeile). Im Bereich der Arbeitsmarktreformen betrifft etwa eine Senkung der Mindestlöhne die *Gruppe* der beschäftigten Arbeitnehmer (v.a. diejenigen mit geringem Einkommen), während die Dezentralisierung der Tarifverhandlungen Arbeitnehmer*organisationen*, also die Gewerkschaften, unmittelbar schwächt.

Abbildung 21: Reformverantwortliche und Betroffene, Interessengruppen und Adressaten

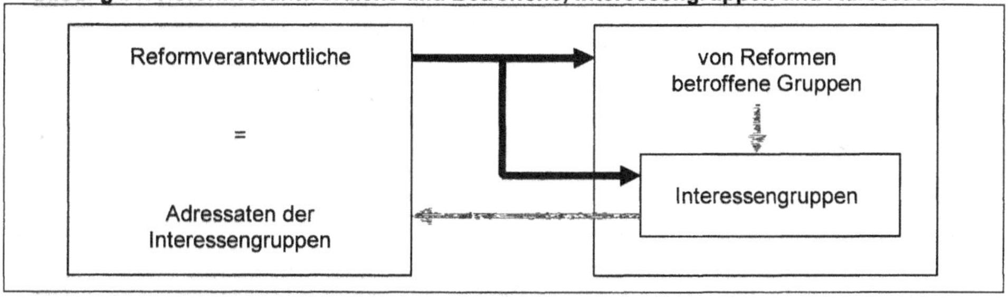

Bürokratische Akteure, welche im Reformprozess zweifelsohne eine wichtige Rolle spielen können – etwa das Arbeitsministerium in Form der Bereitstellung von Informationen über den Arbeitsmarkt oder sogar der Formulierung von Gesetzesentwürfen, oder internationale Organisationen durch die Entsendung technischer Berater –, lassen sich nicht ohne weiteres in das Raster von Reformverantwortlichen und Reformbetroffenen einordnen. Sie sind einerseits nicht formal für Reformen verantwortlich und in der Regel auch nicht unmittelbare Adressaten des Handelns von Interessengruppen. Andererseits sind sie von vielen Reformmaßnahmen nicht in vergleichbarer Form wie gesellschaftliche Gruppen von den Reformen direkt betroffen (eine Ausnahme wäre das Arbeitsministerium im Zusammenhang mit einer Reform, welche Meldepflichten und Kontrollen verringert). Da sie aber mit den gesellschaftlichen Gruppen um die Beeinflussung der Reformverantwortlichen konkurrieren und im Gegensatz zu den letzteren originäre inhaltliche Präferenzen in Bezug auf die Reformen besitzen (vgl. dazu Abschnitt 5.2.5.3), werden sie hier den Reformbetroffenen zugeordnet.

---

97 Der Begriff der Betroffenheit wird hier nicht im negativen Sinn gebraucht, sondern neutral. Eine Gruppe oder Organisation kann also von einer Reform positiv (Nutzengewinn) oder negativ (Nutzeneinbuße) betroffen werden.

Der Unterscheidung von Reformverantwortlichen und Betroffenen entspricht, annähernd spiegelbildlich, die Unterscheidung von Interessengruppen und deren Adressaten (siehe Abbildung 21, graue Pfeile). Die Reformverantwortlichen sind die Adressaten der Interessengruppen – sie sollen in ihren Entscheidungen im Sinne der Interessengruppen bzw. der von ihnen vertretenen Gruppe beeinflusst werden.

Ein für die politökonomische Analyse wichtiger Aspekt ist die Asymmetrie zwischen "Betroffenheitsbeziehung" und "Einflussbeziehung" bei gesellschaftlichen Gruppen. Zwar können Gruppen unmittelbar von Reformen betroffen sein. Da sie jedoch keinen Akteurstatus besitzen, sind sie auf das Vorhandensein einer Organisation oder Interessengruppe angewiesen, um Einfluss auf die Reformverantwortlichen auszuüben.

5.2.2 Identifikation der für Arbeitsmarktreformen relevanten Akteure

Die legal für eine Reform verantwortlichen Akteure sind, unabhängig vom Reformgegenstand, prinzipiell stets die gleichen, bereits genannten: die Regierung, das Parlament und die Judikative. Sie werden in Abschnitt 5.2.2.1 näher charakterisiert.

Im Gegensatz zu den Reformverantwortlichen muss die Identifikation der von einer Reform betroffenen Gruppen und Interessengruppen in Abhängigkeit vom betrachteten Politikgegenstand vorgenommen werden, da unterschiedliche Politiken auch unterschiedliche Gewinner und Verlierer konstituieren. Auch das Aggregationsniveau wird im allgemeinen vom betrachteten Untersuchungsgegenstand abhängen. So mag es in bestimmten Reformkontexten ausreichen, öffentlichen Sektor und Privatsektor als Gruppen zu konzipieren, während in anderen Kontexten eine Unterscheidung zwischen importsubstituierendem und exportorientiertem Sektor genügt und in wieder anderen Kontexten darüber hinaus zwischen Arbeitnehmern und Arbeitgebern in den verschiedenen Sektoren erforderlich ist, usw.

Entscheidendes Kriterium für die Auswahl relevanter betroffener Akteure ist, dass die Nutzenfunktion der in einer Gruppe gebündelten Individuen von der beobachteten Reform in hinreichendem Ausmaß betroffen ist. Ist dies nicht der Fall, wird die korrespondierende Interessengruppe in Bezug auf die Reformalternativen in der Regel indifferent sein.[98]

Ausgehend von den Überlegungen zur Betroffenheit von Arbeitsmarktreformen in Abschnitt 3.4 werden in der vorliegenden Arbeit nur die folgenden reformbetroffenen gesellschaftlichen Gruppen in Betracht gezogen: (1) Arbeitnehmer im formellen Sektor, (2) Arbeitgeber bzw. Unternehmen, und (3) Arbeitslose und informell Beschäftigte; sowie die Organisationen dieser Gruppen. Daneben werden unter den bürokratischen Gruppen das Arbeitsministerium, das Wirtschaftsministerium sowie verschiedene internationale Organisationen berücksichtigt. In Abschnitt 5.2.2.2 werden diese Gruppen kurz charakterisiert und auf ihren Akteurstatus geprüft.

98 Lediglich, wenn eine Reform Teil eines Reformpaketes ist und die Gruppe von anderen Teilen des Paketes betroffen ist, wird die Gruppe auch eine Präferenz hinsichtlich der Arbeitsmarktreform entwickeln. Hierbei handelt es sich aber um eine übertragene Präferenz, welche in keiner Weise aus der Arbeitsmarktreform abgeleitet werden kann.

Ein politisch zweifellos wichtiger Akteur wird im Modell nicht berücksichtigt, die Parteien. Aus politökonomischer Sicht stellen Parteien einen Transmissionsriemen zwischen gesellschaftlichen Gruppen und/oder Organisationen und dem Staat dar. Im Extremfall könnten Parteien auch als Organisation innerhalb einer Gruppe bestehen. Ein Beispiel sind Arbeiterparteien, die (neben den Gewerkschaften) *ausschließlich* die Interessen der Arbeiter vertreten. Im Regelfall sind Parteien jedoch heterogener und versuchen, in unterschiedlichen Kontexten die Präferenzen unterschiedlicher Gruppen zu vertreten – im Übrigen trifft dies selbst auf die Arbeiterparteien zu. Ein solches Verhalten entspricht dem Eigeninteresse der Organisation Partei, weil dadurch die Wahlchancen und somit Macht und Ressourcenausstattung erhöht werden.

Angesichts der Tatsache, dass Parteien weder unmittelbar von Arbeitsmarktreformen betroffen sind noch eindeutig als Organisationen reformbetroffener Gruppen anzusehen sind, werden sie im Modell nicht als Akteur konzipiert.[99]

In Argentinien kommt ein empirisches Argument hinzu. Dort spielen Parteien nur eine untergeordnete Rolle: "parties have failed as an agent of democratic legitimation, have been unable to create political trust, and have remained weakly institutionalized" (Manzetti 1993: 77). Die beiden großen Bewegungen, die Peronisten und die Radikalen, und deren Parteien, die PJ und die UCR, haben auch kaum die Funktion der Interessenaggregation der verschiedenen gesellschaftlichen Klassen erfüllt. Im Gegenteil: "both movements purposely ignored the demands of the most important economic interest groups" (Manzetti 1993: 77).[100]

5.2.2.1 Reformverantwortliche

Ob dem Staat oder einzelnen staatlichen Institutionen überhaupt ein eigener Akteurstatus zugemessen werden sollte, war in der politischen Philosophie und der wirtschafts- und politikwissenschaftlichen Diskussion lange umstritten. In der politischen Theorie galt der Staat lange Zeit als Instrument des Gemeinwillens[101], als "Arena" für die Interessenkonkurrenz gesellschaftlicher Akteure[102] bzw. als Instrument der herrschenden Klasse[103]. Im Kontrast dazu konzipierte die Wirtschaftstheorie in der Pigou'schen Tradition den Staat lange als Sozialplaner, welcher ohne eigene Interessen Marktimperfektionen korrigierte[104]. Es ist eine der Leistungen der politischen Ökonomie, staatliche Akteure ebenso wie wirtschaftliche Akteure als rationale (Eigen-)Nutzenmaximierer zu konzipieren: "The key innovation of public choice analysis

99 Dies bedeutet nicht, dass Parteien im Reformprozess generell keine Rolle spielen. Bei Existenz von Affinitäten können Parteien durchaus die Präferenzen von Interessengruppen im Parlament und in der Regierung vertreten. Diese Rolle wäre aber vor allem unter dem Aspekt der Durchsetzungsfähigkeit reformbetroffener Gruppen zu untersuchen.

100 Zur Rolle der Parteien in Argentinien vgl. auch Birle (2002b) und Mustapic (2002).

101 Diese Sichtweise geht auf Jean-Jacques Roussaus "Du Contrat Social" von 1762 zurück (1972).

102 So die Grundauffassung der Pluralismustheorie; vgl. Krasner (1984: 229f), Mitchell (1991: 79ff), Smith (1993: 356). Zu den Grundlagen des Pluralismus vgl. Truman (1951), Dahl (1961) und Easton (1965).

103 Für einen Überblick über das Staatsverständnis der marxistischen Staatstheorie vgl. Skocpol (1985) und die dort angegebene Literatur.

104 Vgl. neben dem grundlegenden Werk "The Economics of Welfare" von Pigou (1920) z.B. Bator (1958), Baumol (1965) und Arrow (1970). Für einen Überblick vgl. Richter/Wiegard (1993).

is to see policymakers as economic agents with their own agenda and operating under a set of constraints. In other words, the public choice approach applies the same optimising principles to policymakers as microeconomics applies to consumers and firms" (Chrystal 2000: 4).

Dennoch können staatliche Akteure nicht in derselben Weise wie gesellschaftliche Akteure modelliert werden. Denn erstens unterliegen staatliche Akteure nicht den gleichen Gesetzmäßigkeiten wie gesellschaftliche Gruppen – staatliche Akteure sind per Definition organisierte Gruppen. Zweitens sind staatliche Akteure (mit Ausnahme der Bürokratie; vgl. unten) als Reformverantwortliche von den Reformen inhaltlich in der Regel nicht oder nur unwesentlich betroffen: so wird beispielsweise weder ein Regierungschef noch ein Minister noch ein Parlamentsabgeordneter von einer Herauf- oder Herabsetzung der Mindestlöhne oder der Lohnnebenkosten unmittelbar betroffen sein[105].

Der Staat in seiner Gesamtheit konstituiert keine einzelne Gruppe bzw. Organisation, da von einer Interessenhomogenität der im Staat (bzw. Staatsapparat) vertretenen Individuen auch in Bezug auf einzelne Reformvorhaben nicht ausgegangen werden kann. Stattdessen werden, dem üblichen institutionellen Aufbau bzw. der Gewaltenteilung demokratischer Systeme (und auch der jeweiligen spezifischen Rolle im Reformprozess entsprechend), die folgenden Gruppen bzw. Akteure unterschieden: die Regierung; das Parlament und die Rechtsprechung. Es muss eingestanden werden, dass diese Aufteilung dem Postulat der Konstitution von Gruppen aufgrund von Interessenhomogenität nicht gerecht wird. Aufgrund der nicht vorhersehbaren Interessenkonstellationen und Gruppenbildung z.B. im Parlament ist es jedoch nicht möglich, interessenhomogene staatliche Gruppen ex ante zu identifizieren. Die Unterscheidung von staatlichen Gruppen anhand ihrer Rolle im Reformprozess findet dabei hilfsweise Verwendung.

5.2.2.1.1 Regierung bzw. Regierungschef

Die Regierung ist die (zumindest in Demokratien) durch Wahlen legitimierte Exekutive. Sie bestimmt maßgeblich die Grundlinien der Politik; in praktisch allen modernen Staaten hat die Regierung darüber hinaus eine entscheidende Rolle bei der Gesetzgebung, indem sie Gesetzesvorhaben im Parlament einbringen kann. Insofern ist die Regierung ein wichtiger Akteur sowohl bei der Konzeption von Reformen als auch bei der Reformimplementation.

Eine Präzisierung des Akteurs "Regierung" erscheint noch nötig: in allen modernen Staaten setzt sich die Regierung aus verschiedenen von Ministern geführten Ressorts zusammen, denen ein Regierungschef vorsteht. Üblicherweise ist nur der Regierungschef durch Wahlen legitimiert (entweder durch Direktwahlen – etwa in den Präsidialsystemen der meisten lateinamerikanischen Staaten – oder durch das Parlament), während die Minister vom Regierungschef bestimmt werden. Der Amtsverbleib von Ministern hängt somit üblicherweise zum einen vom Amtsverbleib des

---

105 Zumindest nicht, wenn er oder sie das Amt hauptamtlich ausfüllt und nicht gleichzeitig Arbeitgeber oder Arbeitnehmer ist.

Regierungschefs ab (neue Regierungschefs berufen üblicherweise neue Kabinettsmitglieder), zum anderen aber auch von den Entscheidungen eines amtierenden Regierungschefs. Dieser doppelten Abhängigkeit der Position entspricht auch die Doppelfunktion, welche Minister innehaben: sie sind einerseits als Regierungsmitglieder Reformverantwortliche, andererseits aber auch oberster Vertreter ihres jeweiligen Ministeriums, d.h. der Bürokratie.

5.2.2.1.2 Parlament

Das Parlament ist der entscheidende Akteur im Gesetzgebungsverfahren. Jede Reform, welche in Form eines Gesetzes implementiert werden soll, muss vom Parlament diskutiert und verabschiedet werden. Damit ist formal das Parlament der wichtigste Akteur für die Verabschiedung von Reformen in Gesetzesform.

5.2.2.1.3 Jurisdiktion

Die Rechtsprechung kann auf zwei Arten am Reformprozess beteiligt sein: zum einen interpretieren Arbeitsgerichte das bestehende kodifizierte Arbeitsrecht und können somit durch die Neuauslegung bestehender Gesetze und Dekrete Arbeitsmarktreformen implementieren, ohne dass die Legislative oder Exekutive beteiligt ist. Die Reichweite dieser Reformmaßnahmen ist jedoch in der Regel begrenzt und dies umso mehr, je konkreter die Gesetze sind. Im Rahmen der vorliegenden Arbeit, die Arbeitsmarktreformen anhand der Änderung gesetzlicher Regeln untersucht, wird die Interpretation arbeitsrechtlicher Normen durch Gerichte nicht näher untersucht.[106]

Zum anderen kann die Rechtsprechung die (sowohl formale als auch substanzielle) Rechtmäßigkeit von Reformen in Form von erlassenen Gesetzen und Dekreten überprüfen. Hierfür ist üblicherweise der oberste Gerichtshof zuständig.

5.2.2.2 Reformbetroffene

5.2.2.2.1 Gesellschaftliche Gruppen

Wie in Abschnitt 3.4 und 3.5 gezeigt, können grob drei gesellschaftliche Gruppen Betroffener von Arbeitsmarktreformen unterschieden werden: Nachfrager von Arbeit (Unternehmen/Arbeitgeber), erfolgreiche Anbieter von Arbeit (Beschäftigte/Arbeitnehmer) und erfolglose Anbieter von Arbeit (Arbeitslose/Beschäftigte im informellen Sektor). Je nach dem konkreten Reforminhalt sind unter Umständen jeweils nur Teile dieser Gruppen von einer Reform betroffen; die grundsätzliche Unterscheidung der drei Gruppen bleibt aber in jedem Fall bestehen. Ein Beispiel wäre etwa eine Reform, welche kleine und mittelständische Unternehmen von Kündigungsschutzregeln ausnimmt – die (positiv) betroffenen Arbeitgeber wären dann lediglich KMU, die (negativ) betroffenen Arbeitnehmer eben nur die in KMU Beschäftigten.

---

106 Aus forschungspragmatischen Gründen ist eine Beschränkung auf formale Arbeitsmarktreformen auf der nationalen Ebene nötig; eine Untersuchung arbeitsrechtlicher Gerichtsentscheidungen über einen Untersuchungszeitraum von 20 Jahren würde eine eigene Studie erfordern.

Arbeitnehmer im formellen Sektor
Die klassische Organisationsform der Arbeitnehmer sind die Gewerkschaften. Diese können aber, je nach Geschichte und rechtlichen Rahmenbedingungen in einem bestimmten Land sehr unterschiedliche Formen annehmen – von Gewerkschaften auf Betriebsebene bis zu nationalen Einheitsgewerkschaften reicht die Bandbreite. Die am häufigsten – auch in den meisten lateinamerikanischen Ländern vorzufindende – Gewerkschaftsstruktur basiert auf Branchengewerkschaften, die in Gewerkschaftsdachverbänden zusammengeschlossen sind; konkurrierende Gewerkschaften und Dachverbände sind keine Seltenheit. In allgemeinen politischen Fragen, so auch in der Arbeitsmarktpolitik, nehmen vor allem die Dachverbände und die größten Einzelgewerkschaften Stellung.

Arbeitgeber
Die Organisation der Gruppe der Arbeitgeber ist oft komplexer als die der Arbeitnehmer. Nicht immer existieren explizite Arbeitgeberorganisationen, sondern deren Funktionen (z.B. in kollektiven Verhandlungen) werden von anderen Wirtschaftsverbänden, etwa Unternehmerverbänden oder auch Industrie- und Handelskammern übernommen. Im übrigen ist die Struktur der Arbeitgeberverbände oft spiegelbildlich zu den Gewerkschaften: sektorale Arbeitgeberverbände sind zu (in der Regel) einem Arbeitgeberdachverband zusammengeschlossen. In wirtschafts- und arbeitsmarktpolitischen Fragen nimmt üblicherweise der Dachverband Stellung, ebenso wie die anderen Wirtschaftsverbände, welche ebenfalls "den Unternehmer", d.h. den Arbeitgeber, repräsentieren.

Eine weitere Organisation in der Gruppe der Arbeitgeber stellen (meist große) Einzelunternehmen dar, welche unmittelbar, d.h. ohne den Umweg über einen Verband, Politikergebnisse zu beeinflussen suchen.

Arbeitslose und informell Beschäftigte
Wie in Abschnitt 3.4 und 3.5 dargelegt, sind die Arbeitslosen und die im informellen Sektor Beschäftigten die primär von Arbeitsmarktrigiditäten negativ Betroffenen. Im Gegensatz zu den Beschäftigten im formellen Sektor und den Arbeitgebern gibt es für diese Gruppe aber kein typisches Organisationsmuster. Teilweise werden ihre Interessen von Gewerkschaften (mit-)vertreten, teilweise sind – vor allem seit den 1980er Jahren – organisierte soziale Bewegungen entstanden.

Die Organisationsformen der Gruppe "Arbeitslose und informell Beschäftigte" sind detailliert zu untersuchen, zumal diese Gruppe neben den Arbeitgebern einen klaren Gewinner von neoklassisch geprägten Arbeitsmarktreformen darstellt.

5.2.2.2.2 Bürokratische Gruppen

Nationale Bürokratien: Arbeits- und Wirtschaftsministerium
Bürokratische Gruppen nehmen eine Zwitterstellung ein: einerseits sind sie von den Reformen betroffen, sofern diese Auswirkungen auf ihre Kompetenzen oder ihr Budget haben. Andererseits sind sie selbst an Konzeption (bzw. Initiierungsphase) und Implementation von Arbeitsmarktreformen beteiligt. Während der Initiierungsphase ist ihre Rolle eher informell, kann gleichwohl aber den Reforminhalt entschei-

dend beeinflussen: hier trägt die Bürokratie Informationen zusammen, stellt Analysen zur Verfügung und entwirft oft auch die Gesetzesvorlagen, welche dann von der Regierung formell im Parlament eingebracht werden. In der *Implementationsphase* von Reformen sind bürokratische Akteure dann in der Regel auch formal für die Reformumsetzung verantwortlich.

Nicht die gesamte staatliche Bürokratie ist an Arbeitsmarktreformen beteiligt. Es sind vielmehr zwei bürokratische Gruppen, welche eine wichtige Rolle in der Reform – zumindest bei der Reformplanung – spielen. Zum einen ist dies die staatliche Arbeitsverwaltung (einschl. der Verwaltung von Sozialleistungen für Arbeitslose), in der Regel unter Federführung eines Arbeitsministeriums (manchmal existiert neben dem Arbeitsministerium noch ein Ministerium für Soziales, welche für die Sozialleistungen verantwortlich ist). Dem stehen die für die wirtschaftliche Entwicklung primär verantwortlichen bürokratischen Akteure gegenüber, in der Regel unter Federführung des Wirtschaftsministeriums. In manchen Ländern existiert auch nur ein Ministerium für Arbeit und Wirtschaft; die zwei bürokratischen Gruppen konstituieren sich dann innerhalb des Ministeriums auf Direktionsebene. Die Implementierung der Reform obliegt in aller Regel exklusiv der Arbeitsbürokratie.

Die staatliche Arbeitsbürokratie ist potenziell auch Betroffener von Arbeitsmarktreformen, insofern als durch diese die Zuweisung von Kompetenzen und Mitteln an die Arbeitsbürokratie abhängen. So zieht z.B. ein Ausbau des Arbeitsinspektionswesens beispielsweise in aller Regel einen institutionellen Ausbau und eine Erhöhung von Mitarbeitern nach sich. Umgekehrt verringert die Privatisierung der sozialen Sicherung oder von Teilen davon die Kompetenzen und das Budget der Arbeitsbürokratie. Auch die Kompetenzen des Wirtschaftsministeriums können von Arbeitsmarktreformen betroffen sein, wenngleich dies nur seltener der Fall sein dürfte.

Aufgrund ihrer unterschiedlichen Interessenlage sind diese beiden Gruppen voneinander zu unterscheiden. Der Einfachheit halber werden die beiden bürokratischen Akteure in der vorliegenden Arbeit als Arbeitsministerium und Wirtschaftsministerium bezeichnet.

Internationale Organisationen

Internationale und transnationale Akteure werden seit den 1980er Jahren zunehmend wichtig als "externer innenpolitischer Akteur". Im Rahmen der politischen Konditionalität haben internationale Geber die Vergabe von Krediten an die Erfüllung innenpolitischer Auflagen seitens der Kreditnehmer geknüpft. Die Auflagen betreffen nicht selten die Durchführung wirtschaftspolitischer Reformen. Obgleich die Literatur bisher noch zu keinem eindeutigen Ergebnis darüber gelangt ist, ob die politische Konditionalität positive oder negative Konsequenzen für den Erfolg von Reformen hat (vgl. z.B. Mosley et al. 1995: 305; Collier 1997; Burnside/Dollar 1997; Dollar/Svensson 1998), spielen Geber im innenpolitischen Entscheidungsprozess unzweifelhaft eine wichtige Rolle.

Für den Bereich der Arbeitsmarktreformen müssen alle externen Gruppen in Betracht gezogen werden, die (a) im betrachteten Land aktiv sind und die (b) Arbeitsmarktpolitik oder Arbeitsbeziehungen zu ihren Tätigkeitsfeldern zählen.[107] In Frage kommen damit die folgenden Organisationen:

- Internationale Finanzinstitutionen, die im betrachteten Land Programme durchführen. In Südamerika sind dies vor allem die Weltbank, der Internationale Währungsfonds und die Interamerikanische Entwicklungsbank. Da alle drei Organisationen sich in Bezug auf die Arbeitsmarktpolitik in einer ähnlichen Position befinden (vgl. Abschnitt 5.2.5.3.3), können die IFI als eine Gruppe behandelt werden.
- Die Internationale Arbeitsorganisation (*International Labour Organization*, ILO, bzw. *Organización Internacional de Trabajo*, OIT) ist eine Sonderorganisation der Vereinten Nationen. In ihren Organen sind Regierungen, Arbeitgeber und Arbeitnehmer (jeweils über die nationalen Verbände oder Dachverbände) vertreten. Das Kernziel der ILO, die Verbesserung der Lebensbedingungen der arbeitenden Bevölkerung, wird vor allem durch die Schaffung internationaler Arbeits- und Sozialnormen und im Rahmen der Entwicklungszusammenarbeit zu erreichen versucht. Die ILO ist in den meisten südamerikanischen Ländern durch Projekte und Programme der technischen Zusammenarbeit vertreten.
- Internationale Verbände der Sozialpartner, also internationale Gewerkschaftsverbände (ICFTU, WFTU, WCL, CLAT, etc.) und internationale Arbeitgeber- und Unternehmerverbände (z.B. ICC, IOE, AILA) zählen zwar Arbeitsbeziehungen zu ihren Kerntätigkeitsfeldern. Gleichwohl erscheint ihre Berücksichtigung als Interessengruppen in Bezug auf Arbeitsmarktreformen in südamerikanischen Ländern als nicht nötig, da die internationalen Verbände eine subsidiäre Funktion haben, also nicht unmittelbar in einzelnen Ländern aktiv werden.

Tabelle 13: Gruppen und Akteure in der Arbeitsmarktpolitik

Gruppe	korrespondierende Organisation/Interessengruppe
(1) Reformverantwortliche Akteure	
Regierung	Regierung bzw. Präsident
Parlament	Parlament
Jurisdiktion	Oberster Gerichtshof
(2) Reformbetroffene Akteure	
Arbeitnehmer	- Gewerkschaften - Gewerkschaftsdachverbände
Arbeitgeber	- Unternehmerverbände (einschl. Dachverbände) - einzelne Unternehmen (insb. Großunternehmen)
Arbeitslose	- (Gewerkschaften) - sonstige Organisationen, soziale Bewegungen, NRO
Arbeitsbürokratie	- Arbeitsministerium - nachgeordnete Behörden der Arbeitsverwaltung
Wirtschaftsbürokratie	Wirtschaftsministerium
Internationale Finanzinstitutionen	- Weltbank (IBRD) - Internationaler Währungsfonds - Interamerikanische Entwicklungsbank
Internationale Arbeitsorganisation	Internationale Arbeitsorganisation

107 Eine unmittelbare Betroffenheit durch Arbeitsmarktreformen wird für externe Gruppen eher die Ausnahme sein.

5.2.2.3 ZUSAMMENFASSUNG

Tabelle 13 stellt noch einmal im Überblick die relevanten Akteure für die Arbeitsmarktpolitik bzw. Arbeitsmarktreformen dar. Nur die in der Tabelle angegebenen Akteure werden als Interessengruppen in der Fallstudie berücksichtigt.

5.2.3 Struktur des Analysemodells

Die bereits in der Einleitung dieses Kapitels skizzierte Grundstruktur des analytischen Modells und die daraus resultierende Vorgehensweise der politökonomischen Untersuchung können nun näher spezifiziert werden. Wie der Überblick über die Modellstruktur in Abbildung 22 zeigt, basiert das Modell auf einer klaren, bereits erwähnten Trennung von zwei Fragen:

1. Welche Akteure setzen sich im politischen Entscheidungsprozess durch (Durchsetzungsfähigkeit)? und
2. Was wollen diese Akteure? (Grundinteressen bzw. inhaltliche Präferenzen).

Hierbei wird die Erfolgswahrscheinlichkeit einer Reform durch situationsabhängige Faktoren erklärt (der situationsspezifischen Durchsetzungsfähigkeit von kollektiven Akteuren und ihren inhaltlichen Präferenzen), die aber ihrerseits aus strukturellen Faktoren (den Grundinteressen und der strukturellen Durchsetzungsfähigkeit der Akteure) unter Berücksichtigung dreier intervenierender Variablen (Reformumfeld, Reformgegenstand und Präferenzintensität) abgeleitet werden.

Abbildung 22: Struktur des Analysemodells

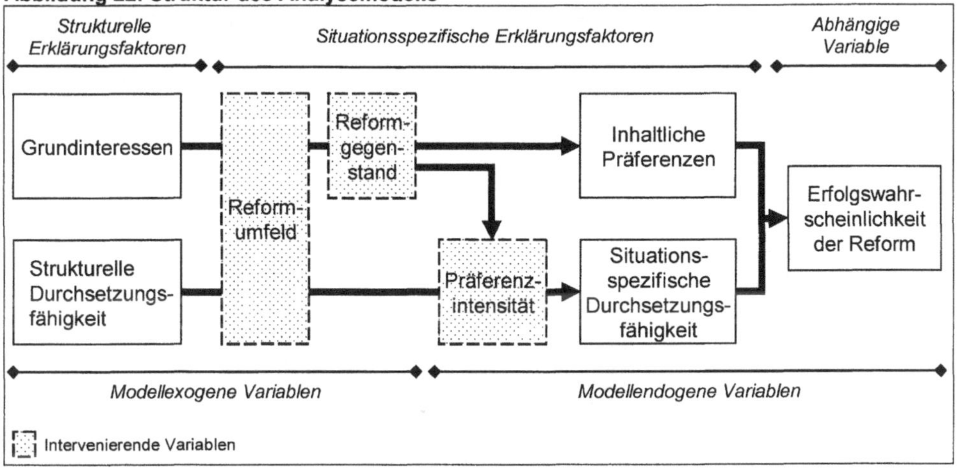

Das Modell basiert auf vier exogenen Variablen: Die *Grundinteressen* der Akteure werden aus den theoretischen Grundannahmen des Modells abgeleitet (vgl. Abschnitt 5.2.5). Die *strukturelle Durchsetzungsfähigkeit* (vgl. Abschnitt 5.2.4) ist ein Komposit aus verschiedenen wesentlichen Eigenschaften von Gruppen, Organisationen und deren Verhältnis zueinander). Die Grundinteressen werden in Bezug auf einen bestimmten *Reformgegenstand* und im Kontext eines bestimmten *Reformumfelds* in inhaltliche, reformspezifische Präferenzen übersetzt.

Das Reformumfeld kann gleichzeitig auch die strukturelle Durchsetzungsfähigkeit eines Akteurs in Bezug auf eine bestimmte Reform stärken oder schwächen. Schließlich wirkt auch der Reformgegenstand indirekt über die Präferenzintensität auf die situationsspezifische Durchsetzungsfähigkeit eines Akteurs ein.[108] Ob und in welchem Ausmaß eine Gruppe ihre strukturellen Möglichkeiten zur Durchsetzung ihrer Präferenzen im Zusammenhang mit einem konkreten Reformprojekt einsetzen wird, hängt nicht zuletzt vom Reformgegenstand selber und vom wirtschaftlichen, politischen und sozialen Kontext ab, in dem die Reformen diskutiert und implementiert werden.

Aufgrund der strukturellen Unterschiede zwischen reformverantwortlichen (staatlichen) Akteuren und Reformbetroffenen (und anderen Gruppen, welche versuchen, das Handeln der Reformverantwortlichen zu beeinflussen), müssen zwei Subsysteme unterschieden und separat analysiert werden, Reformverantwortliche und Reformbetroffene. Die durchsetzungsfähigen Akteure und deren Präferenzen werden in jedem dieser zwei Subsysteme getrennt ermittelt.[109]

Bevor darauf im Detail eingegangen wird, sollen erst einmal die erklärenden Variablen des Modells grundsätzlich charakterisiert und voneinander abgegrenzt werden.

5.2.3.1 Eigennutzen, Grundinteressen und Präferenzen

Die grundlegende Annahme politökonomischer Ansätze, dass Akteure ihren Eigennutzen zu maximieren suchen (vgl. Abschnitt 5.1 oben), macht es erforderlich, den Begriff des Eigennutzens bzw. der Nutzenfunktion inhaltlich zu spezifizieren. Hierzu ist es sinnvoll, die (bereits erwähnten) Begriffe der (Grund-)Interessen und Präferenzen voneinander zu unterscheiden. Als *(Grund-)Interesse* eines Akteurs wird im folgenden die Maximierung seines Eigennutzens verstanden. Aus dem Grundinteresse werden gemäß der individuellen Nutzenfunktion unter bestimmten strukturellen Gegebenheiten und in bestimmten Handlungskontexten *Präferenzen* abgeleitet. Während das Grundinteresse von Akteuren auf einer theoretischen Annahme basiert und dementsprechend über Zeit konstant ist, können Präferenzen sich verändern, wenn der Handlungskontext sich ändert[110]. Dies ist insbesondere der Fall, wenn Handlungsrestriktionen hinzukommen oder wegfallen.

Welches sind nun die Grundinteressen eines Akteurs? Welche Art von Nutzen sucht ein Akteur zu maximieren? Brennan und Buchanan schlugen vor, das Postulat der Nutzenmaximierung ausschließlich auf die Maximierung von materiellem Reichtum zu beschränken, weil ansonsten die Gefahr bestehe, das Modell des *homo oeconomicus* nicht testen zu können. Wenn 'Nutzen' alles erfassen könne, so sei das Konzept analytisch wertlos (Brennan/Buchanan 1984: 383). Aber während frühe

---

108 Durch die über die Präferenzintensität vermittelte Beziehung zwischen Reformgegenstand und situationsspezifische Durchsetzungsfähigkeit wird also die Trennung der beiden Kausalstränge des Modells durchbrochen.

109 Vgl. für ein ähnliches Vorgehen Bienen/Freund/Rittberger (1999).

110 Präferenzen sind in der vorliegenden Arbeit also definiert als die situationsbezogene Ausprägung der Grundinteressen, während das übliche Begriffsverständnis Präferenzen als über Zeit konstant ansieht.

public choice-Ansätze die Einbeziehung von Macht in die Nutzenfunktion der Akteure noch explizit ablehnten (vgl. Buchanan/Tullock 1962: 23f), hat sich die Beschränkung des Nutzenbegriffs auf materielle Gewinne in bestimmten Kontexten und für bestimmte Akteure als zu eng erwiesen, so dass das Nutzenkonzept um Faktoren wie Macht oder die Besetzung politischer Ämter erweitert wurde (vgl. Blair/Maser 1978: 12; Buchanan 1989: 41f). Auch in der Politikwissenschaft hat sich mittlerweile etabliert, zwei Varianten von Nutzen zu unterscheiden, "power" und "plenty"[111]. Politische Akteure streben demnach sowohl nach Einkommen als auch nach Kompetenzen bzw. Macht[112].

Im Einklang mit dieser doppelten Konzeptualisierung wird in der vorliegenden Arbeit das Grundinteresse als Maximierung von Einkommen oder Kompetenzen konzeptualisiert, und daraus werden Präferenzen in Bezug auf Arbeitsmarktreformen abgeleitet. Für einzelne Akteure und in spezifischen Reformzusammenhängen ist aber jeweils zu klären, ob das Einkommens- oder Kompetenzinteresse vorrangig ist (vgl. Abschnitt 5.2.5).

5.2.3.2 Durchsetzungsfähigkeit

Im theoretischen Modell der direkten Demokratie ist die Frage, ob Reformen erfolgreich sind, leicht zu klären: Reformen werden dann nicht durchgeführt, wenn die Mehrheit der Wähler gegen sie ist. In repräsentativen Demokratien, in denen das Volk nicht über einzelne Reformvorhaben abstimmt, sondern über Parteien oder Politiker, funktionieren Wahlansätze nur, wenn zusätzliche Annahmen getroffen werden (vgl. oben). Nun ist die Realität in den Staaten Lateinamerikas (wie in jedem anderen Staat der Welt) vom Idealtypus der direkten Demokratie weit entfernt. In einer Reihe von Staaten in der Region ist auch zweifelhaft, ob sie als repräsentative Demokratien zu bezeichnen sind. Darüber hinaus sind die politischen Strukturen und institutionalisierten Entscheidungsprozesse von Staat zu Staat verschieden; man denke etwa an die Unterschiede zwischen parlamentarischen und präsidenziellen Demokratien (Nohlen/Fernández 1991).

---

111 Diese beiden Begriff verweisen auf den Titel von Katzensteins Buch "Between Power and Plenty. Foreign Economic Policies of Advanced Industrial States" (Katzenstein 1978; vgl. Weede 1996: 7; Zürn 1997: 299).
Bienen/Freund/Rittberger leiten die beiden Grundinteressen der Einkommensmaximierung und des Machterhalts vom Überlebensinteresse eines jeden Individuums ab (1999: 5f u. 19ff). Je nach der Position eines Akteurs wird sich sein Grundinteresse der Überlebenssicherung in Form der Maximierung von Einkommen (v.a. wirtschaftliche Akteure) oder Kompetenzen bzw. Macht manifestieren (vor allem politische und bürokratische Akteure).

112 Es könnte argumentiert werden, dass die Unterscheidung von Macht und Einkommen als voneinander unabhängigen Nutzenkategorien in Entwicklungsländern weniger relevant ist als in Industrieländern. In Lateinamerika, wie auch in anderen Weltregionen, kann als plausibel gelten, dass das Interesse an Macht bzw. Kompetenzerhalt (zumal im Bereich der Innenpolitik) dem Interesse an Einkommen untergeordnet ist. Ämter und Kompetenzen sind demnach lediglich Mittel zur materiellen Absicherung. Dennoch können die Auswirkungen einer Reform auf die Kompetenzen von Akteuren nicht unberücksichtigt bleiben: es gibt viele Reformgegenstände, welche die Einkommenshöhe einzelner Akteure nicht unmittelbar beeinflussen – in der Tat wird das Einkommen von staatlichen, externen und auch gesellschaftlichen Gruppen in den wenigsten Fällen unmittelbar von Arbeitsmarktreformen berührt –, so dass nur auf der Basis des monetären Interesses kaum Präferenzen abgeleitet werden könnten.

Für die Frage nach dem Widerstand gegen Reformmaßnahmen und seines Erfolgs ist generell, d.h. unabhängig vom politischen System, die gesellschaftliche Machtkonstellation entscheidend. "The fate of any reform effort [...] hinges on the political balance of power between the winners and losers in the reform effort" (Haggard/ Webb 1994: 8). Die (subjektiv) am stärksten Betroffenen und größten Gegner einer Reform leisten dabei nicht notwendigerweise auch den politisch wirkungsvollsten Widerstand (vgl. Sautter/Schinke 1994: 11).

Nötig ist daher neben der Analyse der Auswirkungen von Reformen auf die verschiedenen Gruppen bzw. die von ihnen gebildeten Interessengruppen auch die genaue Analyse der gesellschaftlichen Kräfteverhältnisse im untersuchten Land, um die Durchsetzungschancen der Gruppen bzw. Organisationen abschätzen zu können. Die Durchsetzungschance ist hierbei definiert als die Wahrscheinlichkeit, dass ein kollektiver Akteur in Bezug auf ein konkretes Reformprojekt seine Präferenz notfalls auch gegen Widerstand anderer kollektiver Akteure durchsetzen kann.

In Entwicklungsländern, und insbesondere in autoritären Regimen und jungen Demokratien, sind die Durchsetzungschancen verschiedener Interessengruppen typischerweise sehr viel unterschiedlicher als in industrialisierten Ländern. Latenten Interessengruppen ohne feste Organisation und mit geringen Ressourcen (z.B. Tagelöhnern, Kleinbauern), die kaum das Potential zu strukturiertem und geplantem Lobbying haben, stehen straff organisierte, effiziente Interessengruppen mit gutem Zugang zur Regierung gegenüber (vgl. Haggard/ Lafay et al. 1995: 31).

Der Widerstand gegen (aber auch die Unterstützung von) Reformen kann mit sehr unterschiedlichen Mitteln artikuliert werden: von informellen Gesprächen mit Parlaments- oder Regierungsmitgliedern über Streiks und Demonstrationen bis zu offenem Straßenkampf (oder gar Regierungssturz) sind alle Aktionsformen möglich.[113] Hierbei stehen nicht alle Instrumente den verschiedenen Gruppen in gleicher Weise zur Verfügung. Dass unterschiedliche (Interessen-)Gruppen verschiedene spezifische Methoden und Einflusskanäle zur Verfolgung ihrer Interessen nutzen, ist seit vielen Jahren bekannt und wenig umstritten. Samuel Huntington stellte 1968 pointiert fest: "Each group employs means which reflect its peculiar nature and capabilities. The wealthy bribe, students riot, workers strike, mobs demonstrate, and the military coup" (1968: 196).[114]

113 Greskovits unterscheidet fünf Typen sozialer Reaktionen auf Reformen: "riots (and violent demonstrations, street blockades, and hunger strikes); strikes (including strike threats and lockouts, but also general political strikes); hoarding, unsecured borrowing, and capital flight (but also other practices, like lobbying for subsidies, cartels, investment restraint, or disinvestment); going informal (tax evasion, illegal employment, illegal street trading, organized crime, and stripping public firms of their assets), and protest voting (but also protest by abstention, and by mobilizing for referenda)" (Greskovits 1998: 76). Diese Typologie ist in zweierlei Hinsicht nicht als Typologie der Einflussmöglichkeiten auf Regierungspolitik geeignet. Zum einen werden lediglich Reaktionen auf Reformmaßnahmen betrachtet, während proaktives Handeln von Akteuren ausgeblendet bleibt. Zum anderen werden lediglich Protestmaßnahmen gegen Reformen berücksichtigt, keine reformstützenden Aktivitäten.

114 Darüber hinaus beeinflussen die einem Akteur zur Verfügung stehenden Einflussmöglichkeiten auch sein Kosten-Nutzen-Kalkül. So sind etwa die Kosten informellen Lobbyings innerhalb von Parlament und Regierung auf der Basis guter persönlicher Beziehungen wesentlich geringer als die Kosten offenen Widerstands auf der Straße. Vgl. Abschnitt 5.2.4.1.5

Wovon hängt nun ab, welche Mittel ein kollektiver Akteur einsetzt und mit welchem Erfolg? In der Literatur werden eine Reihe von Variablen genannt, welche die Durchsetzungschancen eines Akteurs beeinflussen; sie werden in den folgenden Abschnitten näher dargestellt. Allgemein können hierbei situationsunabhängige Faktoren von situationsabhängigen unterschieden werden. Während die erstgenannten Faktoren die *strukturelle* Durchsetzungsfähigkeit bestimmen, geben die situationsabhängigen Faktoren an, inwiefern das vorhandene Durchsetzungspotenzial in Bezug auf eine Reform auch tatsächlich genutzt wird. Erst aus dem Zusammenhang von situationsunabhängigen und –abhängigen ergibt sich also die *effektive* Durchsetzungsfähigkeit.

Die Determinanten der strukturellen Durchsetzungsfähigkeit einer Interessengruppe ergeben sich aus den Eigenschaften der Organisation und der Gruppe, aus den Beziehungen zwischen Gruppe und Organisation sowie den Beziehungen zwischen Interessengruppe und Adressat:

- **Eigenschaften der Gruppe:** die *Größe* einer Gruppe, d.h. die absolute Anzahl an Mitgliedern;
- **Eigenschaften der Beziehung zwischen Gruppe und Organisation(en):**
  - der *Organisationsgrad* der Gruppe, d.h. das Verhältnis zwischen der Gruppengröße und der Anzahl an Organisationsmitgliedern;
  - die *Kohärenz* innerhalb der Gruppe, d.h. die Anzahl und Bedeutung konkurrierender Organisationen innerhalb einer Gruppe;
- **Eigenschaften der Organisation:**
  - der *Hierarchisierungsgrad*, d.h. die qualitative Beziehung zwischen einer Organisation/Organisationsführung und der Gruppe/den Organisationsmitgliedern;
  - die *(materielle) Ressourcenausstattung* der Organisation;
- **Eigenschaften der Beziehung zwischen Organisation und Reformverantwortlichen:** die *Intensität der Beziehungen* zwischen Organisation und den verschiedenen Reformverantwortlichen.

Obwohl Determinanten der strukturellen Durchsetzungsfähigkeit einer Interessengruppe, also die Eigenschaften der Gruppe, Organisation und ihren Beziehungen zueinander, grundsätzlich stabil sind, können sie sich im Zeitablauf verändern. Sie können insbesondere auch durch die Reformen selbst verändert werden. "Both political and economic transformations alter the structure, agendas, alliances, and strategies of major interest groups" (Nelson 1994b: 4). Bei einem Untersuchungszeitraum von 20 Jahren sind daher Entwicklungen der strukturellen Durchsetzungsfähigkeit über Zeit zu berücksichtigen.

5.2.3.3 Reformumfeld

Wie bereits angedeutet kann der Reformkontext, also die wirtschaftlichen, politischen und sozialen Rahmenbedingungen einer Reform, sowohl die Präferenzen als auch die Durchsetzungschancen der verschiedenen Gruppen modifizieren. Hierbei ist insbesondere zu bedenken, dass das Reformumfeld verschiedene Gruppen bzw. Organisationen in unterschiedlicher Weise betreffen kann. Daher muss das Reformumfeld selbst in einer Einzelfallstudie wie der vorliegenden in jedem Fall mitberücksichtigt werden.[115]

Zu den in der Literatur genannten wichtigen Rahmenbedingungen einer Wirtschaftsreform gehören:

- das *Vorliegen einer wirtschaftlichen Krise* in der Ausgangssituation: Die Frage, inwiefern die wirtschaftliche Ausgangssituation bei Beginn der Durchführung von (Struktur-) Reformen eine Rolle spielt, ist in der politökonomischen Literatur oft behandelt worden (vgl. Dollar/Svensson 1998: 10f). Verschiedene Autoren haben darauf hingewiesen, dass tief greifende Krisen die Durchführung von Reformen erleichtern.[116] Leider gibt es kaum über Plausibilitätserklärungen hinausgehende empirische Untersuchungen oder theoretische Herleitungen, weshalb eine wirtschaftliche Krise die Durchführung von Reformen begünstigt. So argumentiert beispielsweise Edwards, dass es in Lateinamerika aufgrund der schwerwiegenden Wirtschaftskrise und der daraus erwachsenden Unzufriedenheit über die bestehende Wirtschaftsordnung leicht war, die wirtschaftlichen und politischen Reformen zu beginnen, ohne dies näher zu begründen (vgl. Edwards 1995: 9 u. 263). Ein zweites verbreitetes Argument ist, dass die Kosten der Krise höher als die Kosten der Reform sein können: "When populist leaders in Argentina, Bolivia, Venezuela, Peru and Brazil adopted non-populist policies it was because the crisis in the countries was so deep that even the costs of sticking to populist policies became higher than the costs of adjustment" (Bresser Pereira et al. 1993: 57).

  Diese und ähnliche Argumentationen beziehen sich allerdings in der Regel auf Stabilisierungs- und umfassende Strukturanpassungsprogramme. Reformen des Arbeitsmarktes nehmen hier eine Sonderstellung ein, als kein enger und unmittelbar wirkender kausaler Bezug zwischen den in den Argumenten angesprochenen wirtschaftlichen Krisen (in der Regel Hyperinflation, Überschuldung etc.) und der Rigidität des Arbeitsmarktes besteht. Da Arbeitsmarktreformen kaum kurzfristige Effekte auf die wirtschaftliche Entwicklung zeitigen, sind sie als Mittel zur Bewältigung akuter Krisen ungeeignet. Der subjektive Reformdruck auf den Arbeitsmarkt tritt vor allem in der Phase der wirtschaftlichen Erholung nach einer Krise auf, wenn Makroindikatoren (wie das gesamtwirtschaftliche Wachstum) sich verbessern, ohne dass dies auf die Indikatoren des Arbeitsmarktes durchschlägt.

  Für die vorliegende Arbeit ist daher vorrangig von Bedeutung, dass wirtschaftliche Krisen die Durchsetzungsfähigkeit von Akteuren in unterschiedlicher Weise betreffen können. So führt etwa ein Anstieg der Arbeitslosigkeit in einer wirtschaftlichen Krise zu einem sinkenden Organisationsgrad der Arbeitnehmer und somit c.p. zu einer Verschlechterung der Durchsetzungsfähigkeit.

- die *Offenheit der Volkswirtschaft*: beispielsweise sind Lohnkosten in einer offenen Volkswirtschaft nicht auf die Preise abwälzbar. Daher werden Arbeitgeber in einer

115 In vergleichenden Studien muss in jedem Fall das Reformumfeld kontrolliert werden, um mögliche verzerrende Effekte auszuschließen.

116 Beispiele sind Bates/Krueger (1993), Cavarozzi/Nelson/Urrutia (1994: 43ff), Gamarra (1994), Nelson (1994a), Williamson (1994), Haggard/Kaufman (1995), Przeworski (1995) und Llanos (2002). Kritisch dazu: Rodrik (1996) und Corrales (1999).

offenen Volkswirtschaft eine stärkere Präferenz gegen Lohnkostenerhöhungen (bzw. für Lohnkostensenkungen) haben als in einer geschlossenen Volkswirtschaft.

- die *Einkommensverteilung in der Ausgangssituation*: so argumentieren Haggard/Kaufman, dass extreme Ungleichheit Umverteilungsforderungen akzentuiert und damit ein generell schwieriges Umfeld für Reformen schafft (vgl. Haggard et al. 1995: 44). In einer solchen Situation besteht die Gefahr, dass Reformen als Nullsummenspiel wahrgenommen werden: entweder gestaltet die Regierung die Reformen nach den Vorstellungen der privilegierten Schichten – dies erhöht die Gefahr sozialer Unruhen – oder die Nichtprivilegierten setzen sich bei Reformgestaltung durch, was einen starken Widerstand der Privilegierten zur Folge hat. In beiden Fällen muss die Regierung mit hohen politischen Kosten (und potenziell mit dem Verlust der Macht rechnen) und mag daher eine dritte Option favorisieren, nämlich Reformen zu verschieben.

- die *Stabilität des politischen Systems* ist ein weiterer wichtiger Faktor, welcher auf die Wahrscheinlichkeit einer Reformdurchführung einwirkt. So argumentieren Dollar/Svensson, dass politische Instabilität den Zeithorizont der Regierung verkürzt und Reformen dadurch unwahrscheinlicher werden (vgl. Dollar/Svensson 1998: 8). Dafür sprechen zwei Faktoren: Erstens ist in Zeiten politischer Instabilität die Wahrscheinlichkeit besonders hoch, dass die amtierende Regierung abgewählt wird (oder auf andere die Macht verliert). Die mit einer Reform typischerweise zunächst einhergehenden sozialen Kosten erhöhen diese Wahrscheinlichkeit noch. Zudem werden die zukünftig erwarteten politischen "Erträge" einer erfolgreichen Reform (in Form politischer Unterstützung) von der Regierung sehr stark abgezinst, da zu erwarten ist, dass sie einer Nachfolgerregierung zufallen werden. Das Kosten-Nutzen-Kalkül der Regierung spricht daher gegen die Reformdurchführung.

5.2.3.4 Reformgegenstand und Präferenzintensität

Der Stellenwert eines konkreten Entscheidungsgegenstands für die verschiedenen Akteure ist für die Herausbildung von Präferenzen von Bedeutung (vgl. Goldmann 1988: 52ff). Anzunehmen ist, dass Entscheidungsgegenstände, die einem Akteur das Erzielen nur geringer Nutzengewinne ermöglichen, nicht zur Herausbildung starker Präferenzen führen werden.

Wenn aber die Präferenzintensität gering ist, werden Interessengruppen auch kaum alle ihnen zur Verfügung stehenden Mittel zur Durchsetzung ihrer Präferenz nutzen (vgl. Olson 1991: 43). Dies ergibt sich aus einem einfachen Kosten-Nutzenkalkül: je geringer der erzielbare Nutzengewinn (oder drohende Nutzenverlust) durch eine Reform, umso geringer die Kosten, die ein Akteur bereit ist, für die Verwirklichung bzw. Verhinderung der Reform aufzuwenden.[117]

117 Anders formuliert: Ein Akteur wird nur Lobbying betreiben, so lange die Grenzkosten des Lobbying kleiner sind als die durch die Reform verursachte Grenznutzenveränderung.

Die entsprechende Hypothese lautet:

> *Je höher die Präferenzintensität ist, je unmittelbarer also der Reformgegenstand die Grundinteressen der Gruppe oder der Organisation berührt, umso höher sind c.p. die Durchsetzungschancen.*

Wovon hängt nun die Präferenzintensität eines Akteurs ab? Neben der Nutzenfunktion spielt hierfür auch die Gruppengröße sowie die Unsicherheit oder unvollkommene Information eine Rolle.

Unsicherheit ist nach Drazen neben Reformbreite und Reformtiefe das dritte konstituierende Element von Reformen (Drazen 2000: 616) – aufgrund der umfassenden Veränderungen bringe der Reformprozess ein hohes Maß an Unsicherheit mit sich. Fernandez/ Rodrik gehen noch einen Schritt weiter und leiten aus der reformimmanenten Unsicherheit einen latenten Widerstand der Bevölkerung gegen Reformen ab:

> "when individuals do not know how they will fare under a reform, aggregate support for reform can be lower than what it would have been under complete information, even when individuals are risk-neutral and there is no aggregate uncertainty. Moreover, the role of uncertainty in determining the outcomes is not symmetric, since reforms that are initially rejected will continue to be so in the future while reforms that are initially accepted may find themselves reversed over time" (Fernandez/Rodrik 1998: 62; vgl. auch Drazen 1998).

Auf der Basis der neoklassischen Theorie besteht bezüglich der Auswirkungen von Arbeitsmarktreformen auf die Gruppen bei kollektiver Betrachtung wenig Unsicherheit. Die Reformen ziehen, wenn sie denn implementiert werden, die in den Abschnitten 3.4 und 3.5 beschriebenen Auswirkungen nach sich. Die einzige Unsicherheit besteht also in der Frage, ob die Reformen implementiert werden. Anders kann sich die Situation für das einzelne Gruppenmitglied darstellen. Die erwarteten Auswirkungen der Reform auf die individuelle Nutzenfunktion ergeben sich aus der Wahrscheinlichkeit, mit der das Gruppenmitglied von der Reform getroffen wird, und der Erhöhung oder Verringerung des Einkommens (bzw. der Macht) als Folge der Reform. Beispielsweise ergibt sich der erwartete Nutzenzuwachs eines Arbeitslosen als Folge einer Liberalisierung des Kündigungsschutzes aus der Wahrscheinlichkeit, aufgrund der Reform eine Arbeitsstelle zu finden, und der Einkommenserhöhung durch die neue Stelle.

Allgemein ist in großen Gruppen die Wahrscheinlichkeit für das einzelne Gruppenmitglied, von der Reform getroffen zu werden, geringer ist als in kleinen Gruppen. Entsprechend ist auch der Erwartungswert der Nutzenveränderung und somit die Präferenzintensität geringer.

Welche Präferenzen in Bezug auf Arbeitsmarktreformen aus den Grundinteressen der verschiedenen Akteure abgeleitet werden können und in welcher Intensität sie sich entwickeln, wird in Abschnitt 5.2.5 näher untersucht.

5.2.4 Determinanten der strukturellen Durchsetzungsfähigkeit kollektiver Akteure

5.2.4.1 Determinanten der strukturellen Durchsetzungsfähigkeit reformbetroffener Akteure

In den folgenden Abschnitten werden die Bestimmungsfaktoren der strukturellen Durchsetzungsfähigkeit näher betrachtet und Indikatoren zur Messung der Durchsetzungschancen kollektiver Akteure erläutert. Dabei geht es in der vorliegenden Arbeit nicht darum, die Durchsetzungschancen eines Akteurs *absolut* zu ermitteln, also für einen bestimmten Zeitpunkt, in einem bestimmten Land und in Bezug auf ein bestimmtes Reformvorhaben eine Prognose abgeben zu können, welche Interessengruppe ihre Position durchsetzt. Vielmehr soll das Modell es lediglich erlauben, *Veränderungen* der Durchsetzungschancen von Interessengruppen *über Zeit* abzuschätzen und *Vergleiche* der Durchsetzungschancen von kollektiven Akteuren *zwischen Ländern* anzustellen. Die vorliegende Arbeit beschränkt sich auf einen Längsschnittvergleich. Die dazu notwendige Ermittlung relativer Veränderungen der Durchsetzungschancen über Zeit ist empirisch weniger problematisch als die Bestimmung absoluter Werte.

Eine besondere Schwierigkeit für die Messung der Durchsetzungschancen stellt die Heterogenität der Akteure dar. Insbesondere die strukturellen Unterschiede zwischen gesellschaftlichen und bürokratischen Gruppen erfordern die Anwendung unterschiedlicher Messindikatoren. Auf dieses Problem wird in den jeweiligen Abschnitten eingegangen.

5.2.4.1.1 Gruppengröße

Die Gruppengröße, definiert als die Anzahl der Mitglieder einer Gruppe, ist auf den ersten Blick einer der einfachsten Faktoren, wenn es um die Durchsetzungschance von Gruppen geht. Die entsprechende Hypothese lautet:

> *Je mehr Mitglieder eine Gruppe hat, umso größer ist c.p. ihre Durchsetzungschance.*

Hinter dieser Hypothese steckt die bereits skizzierte Überlegung, dass größere Gruppen über ein größeres Wählerpotenzial verfügen und somit die Regierung in Wahlen bestrafen oder belohnen können (vgl. auch Lafay/Lecaillon 1993: 102). Auch einige andere Formen der politischen Einflussnahme – v.a. Demonstrationen oder Streiks – erfordern die Teilnahme vieler Personen, so dass sie positiv mit der Gruppengröße korreliert sind.

Aus dem vorgehenden folgt, dass die Gruppengröße vor allem einen Einfluss auf die Durchsetzungschancen gesellschaftlicher Gruppen hat, nicht oder kaum jedoch auf die Durchsetzungschancen bürokratischer Gruppen, die eine sehr geringe Mitgliedsanzahl haben (als Gruppenmitglieder sind hier die im Land befindlichen Mitarbeiter der internationalen Organisationen) und für die Wahlen und Massenmobilisierung kein politisches Instrument darstellen.

Bei genauerer Betrachtung ist auch noch zu berücksichtigen, dass nicht Gruppen, sondern Organisationen in unserem Modell die Akteure sind. Eine eindeutige Beziehung zwischen Größe einer *Organisation* und ihrer Durchsetzungschance kann aber argumentativ kaum abgeleitet werden. Vielmehr wird eine Organisation in der politischen Diskussion immer auf die Größe der von ihr vertretenen *Gruppe* rekurrieren. Die Gruppengröße kann dann aber nur glaubhaft als politische Ressource zur Interessendurchsetzung genutzt werden, wenn der Organisationsgrad und/oder der Hierarchisierungsgrad der Gruppe hinreichend hoch ist[118]. Darauf ist in den folgenden Abschnitten noch einzugehen.

Die Messung der Gruppengröße ist zumindest auf theoretischer Ebene relativ einfach. Es muss lediglich die absolute Anzahl der Gruppenmitglieder ermittelt werden – als die Anzahl der Arbeitnehmer (im formellen Sektor), der Arbeitgeber bzw. Unternehmen, der Arbeitslosen und informell Beschäftigten, der Mitarbeiter in Bürokratien etc.

Da aber vor allem der Vergleich der Gruppen interessant ist, ist es sinnvoller, die relative Größe einer Gruppe in Bezug auf die anderen Gruppen darzustellen. Dazu wird der Anteil der Gruppenmitglieder an der Bevölkerung oder der Erwerbspersonenzahl als Indikator herangezogen. Während der Anteil an der Bevölkerung vor allem auf die Stärke der Gruppen bei Wahlen Bezug nimmt[119], vergleicht der Anteil der Gruppe an den Erwerbspersonen die Größe der betrachteten Gruppen unmittelbar miteinander, da die Erwerbspersonen die Summe aus Arbeitnehmern, Arbeitgebern und Arbeitslosen (sowie im informellen Sektor Beschäftigten) darstellen.[120] Im weiteren Verlauf dieser Arbeit wird die Gruppengröße zur Anzahl der Erwerbspersonen in Bezug gesetzt.

5.2.4.1.2 Organisationsgrad

Der Organisationsgrad bezeichnet den Quotienten aus organisierten Gruppenmitgliedern (d.h. Mitgliedern in Organisationen innerhalb der Gruppe) und der Gesamtheit aller Gruppenmitglieder. Sind Gruppe und Organisation identisch, so nimmt der

---

118 Wie bereits dargestellt, sind nach Olson (1992) die Größe einer Gruppe und deren Organisationsfähigkeit invers korreliert. Olson konzipiert die Güter, welche eine organisierte Gruppe ihren Mitgliedern zur Verfügung stellt, als kollektive Güter. Daraus folgt, dass der Anreiz für ein einzelnes Gruppenmitglied, sich an den Kosten der Organisation zu beteiligen, umso geringer ist, je größer die Gruppe ist. Kleine Gruppen werden sich daher eher organisieren als große Gruppen.
Jedoch ging es Olson um die Erklärung der *Entstehung* von organisierten Gruppen (und insbesondere um die Erklärung der herausragenden Rolle von Partikularinteressenvertretern in der US-amerkianischen Innenpolitik), nicht jedoch um eine Erklärung der Durchsetzungschancen *bereits bestehender* organisierter Gruppen. Insofern ist das Argument, dass die Vertreter einer gut organisierten Gruppe die Größe der Gruppe als Ressource zur Durchsetzung der Gruppeninteressen verwenden können und insofern eine positive Beziehung zwischen Größe und Durchsetzungschance einer Gruppe besteht, konsistent mit Olsons Argumentation zur Organisationsfähigkeit großer Gruppen.

119 Streng genommen müsste dann die Wahlbevölkerung als Bezugsgröße gewählt werden.

120 Daneben ist zu berücksichtigen, dass die Erwerbspersonen in der Regel weniger als die Hälfte der Gesamtbevölkerung umfassen; Kinder und Jugendliche, Rentner und nicht Arbeitssuchende gehören nicht zu den Erwerbspersonen. Da diese Personengruppen jedoch *per definitionem* keine Akteure auf dem Arbeitsmarkt sind, kann unterstellt werden, dass sie keine Präferenz in Bezug auf Arbeitsmarktreformen haben. Sie werden daher in der politökonomischen Analyse nicht berücksichtigt.

Organisationsgrad den Wert 1 an. Dies ist, wie bereits dargestellt, bei den bürokratischen und externen Gruppen per Definition der Fall.

Die Hypothese über die Auswirkung des Organisationsgrades auf die Durchsetzungschancen einer Gruppe lautet:

> *Je höher der Organisationsgrad einer Gruppe, d.h. je mehr Gruppenmitglieder auch Mitglieder von Organisationen in der Gruppe sind, umso höher sind c.p. die Durchsetzungschancen der Gruppe.*

Mit anderen Worten, je besser eine Gruppe organisiert ist, umso besser kann sie ihre Interessen gegenüber anderen Akteuren artikulieren und, gegebenenfalls durch Mobilisierung ihrer Mitglieder, durchsetzen. Dafür gibt es verschiedene Gründe: zum einen erhöht die Anzahl der Gruppenmitglieder, für die eine Organisation spricht, das Gewicht der vertretenen Position. Ein Mindestrepräsentationsgrad ist oft auch erforderlich, um als Organisation überhaupt zu politischen Willensbildungsprozessen zugelassen zu werden. Schließlich steigt in der Regel die finanzielle Ausstattung einer Organisation mit der Anzahl der Mitglieder.

Die Messung des Organisationsgrades ist ähnlich einfach wie die der Gruppengröße. Zusätzlich zur Anzahl der Gruppenmitglieder muss lediglich die Anzahl der Organisationsmitglieder in der Gruppe bekannt sein. Der Organisationsgrad ist dann der Quotient aus organisierten Gruppenmitgliedern und allen Gruppenmitgliedern, also beispielsweise die Anzahl der Gewerkschaftsmitglieder bezogen auf die Anzahl der Beschäftigten im formellen Sektor.

5.2.4.1.3 Kohärenz

Es ist intuitiv einleuchtend, dass die Chancen zur Durchsetzung des Gruppeninteresses c.p. dann am größten sind, wenn die Gruppe mit einer Stimme spricht, d.h. nur eine Organisation innerhalb der Gruppe existiert[121]. Sobald mehrere Organisationen innerhalb der Gruppe existieren, besteht zumindest die Möglichkeit, dass sie in Bezug auf ein bestimmtes Thema unterschiedliche Interessen vertreten. Die Durchsetzungsfähigkeit einer Gruppe ist daher invers mit der Anzahl der Organisationen innerhalb der Gruppe korreliert. Besonders problematisch für die Durchsetzungsfähigkeit der Gruppe kann es sein, wenn die Organisationen ungefähr gleich stark sind.

Die Hypothese über die Auswirkung der Kohärenz auf die Durchsetzungschancen einer Gruppe lautet demgemäß:

> *Je größer die Kohärenz einer Gruppe, d.h. je geringer die Anzahl miteinander konkurrierender Organisationen innerhalb der Gruppe und je größer die Dominanz einer Organisation innerhalb der Gruppe, umso höher sind c.p. die Durchsetzungschancen der Gruppe.*

Der Zusammenhalt bzw. die Kohärenz der Gruppe ist eine Funktion von Anzahl, Interessengleichheit und Stärke der Organisationen/Interessengruppen innerhalb der

121 Oder aber verschiedene Organisationen zwar existieren, aber die gleiche Präferenz vertreten. Es stellt sich dann aber die Frage, weshalb überhaupt verschiedene Organisationen innerhalb derselben Gruppe existieren.

Gruppe. Da jedoch die Interessen bzw. Präferenzen nicht unabhängig vom Politikgegenstand ermittelt werden können (vgl. unten), kommen der Organisationsanzahl und -stärke zur Messung der Kohärenz eine besondere Bedeutung zu.

Der einfachste Indikator rekurriert lediglich auf die Anzahl der Organisationen innerhalb einer Gruppe. In der vorliegenden Arbeit wird aber darüber hinaus versucht, auch die relative Stärke der verschiedenen Organisationen innerhalb einer Gruppe zu berücksichtigen. Die Kohärenz wird auf der Grundlage der folgenden Überlegungen ermittelt:

- *bei gesellschaftlichen Akteuren:* die Anzahl und relative Bedeutung (gemessen an der Mitgliederanzahl oder anderen Indikatoren) von Gewerkschaften oder Verbänden innerhalb der Gruppe. Die Existenz von Dachverbänden mag sich bei Existenz verschiedener Organisationen innerhalb einer Gruppe positiv auf den Gruppenzusammenhalt auswirken; ihre Bedeutung hängt aber letztlich von den Befugnissen des Dachverbands gegenüber den Organisationen ab.
- *bei bürokratischen Akteuren:* anhand der Anzahl der für einen Reformgegenstand zuständigen gleichrangigen Organisationen bzw. Organisationseinheiten und ihrer relativen Stärke zueinander (gemessen an Kompetenzen).

Die bisher dargestellten strukturellen Determinanten der Kohärenz können in bestimmten Situationen modifiziert werden. Denn wie bereits erwähnt stellt die Existenz mehrerer Organisationen innerhalb einer Gruppe nur eine notwendige, keinesfalls aber eine hinreichende Bedingung für einen geringen Gruppenzusammenhalt dar. Wenn die Präferenzen verschiedener Organisationen in Bezug auf ein bestimmtes Reformvorhaben übereinstimmen, so können sie ihre Aktivitäten koordinieren; trotz der Existenz verschiedener Organisationen in der Gruppe kann die Kohärenz durch Koalitionsbildung in diesen Situationen sehr groß sein. Unter einer Koalition wird hierbei die zeitlich und/oder thematisch begrenzte Zusammenarbeit verschiedener Organisationen verstanden.[122] Möglich sind sowohl Koalitionen zwischen Organisationen *innerhalb einer Gruppe* als auch Koalitionen zwischen Organisationen *verschiedener* Gruppen.

Prinzipiell sind auch Koalitionen von Interessengruppen mit unterschiedlichen Präferenzen denkbar. Eine solche Koalition wird dann entweder einen zuvor ausgehandelten Kompromiss oder die Präferenz *einer* in der Koalition vertretenen Interessengruppe durchzusetzen versuchen. Im letzteren Fall wird die tonangebende Interessengruppe üblicherweise Ausgleichszahlungen an die anderen Koalitionsmitglieder leisten, etwa durch die Unterstützung von deren Präferenzen in anderen Politikbereichen.

In der Literatur wird darauf hingewiesen, dass eine typische Koalition oft zwischen Mittelschicht und armer Bevölkerung zu beobachten ist: "These alliances empower the poor with some support for their interests. Therefore, if middle-income groups are politically mobilized against reform, it is easy for them to enlist the 'neutral' poor on behalf of antireform actions" (Greskovits 1998: 142; vgl. auch Nelson 1992). Auch die Tatsache, dass Gewerkschaften oft im Namen von Arbeitslosen agieren, passt in

122 Es ist darauf hinzuweisen, dass Koalitionen lediglich zwischen Organisationen, nicht aber zwischen Gruppen gebildet werden können.

dieses Muster. Es wird jedoch in der Fallstudie zu prüfen sein, ob bei solchen Aktionen tatsächlich von Koalitionen (im Sinne der Zusammenarbeit zwischen Organisationen) gesprochen werden kann, oder ob es sich um kontextbedingte Mobilisierung der Armen bzw. Arbeitslosen durch die Mittelschicht bzw. Gewerkschaften handelt.

5.2.4.1.4 Hierarchisierungsgrad

Während der Organisationsgrad die Beziehung zwischen Organisation und Gruppe quantitativ erfasst, misst der Hierarchisierungsgrad die Qualität der Beziehung sowie den inneren Zusammenhalt der Organisation. Er gibt an, inwiefern eine Organisation (bzw. deren Führung) in der Lage ist, verbindliche Entscheidungen für seine Mitglieder zu treffen (vgl. Atkinson/Coleman 1989: 53). Die Hypothese über den Zusammenhang zwischen Hierarchisierungsgrad und Durchsetzungschance lautet:

> *Je größer der Hierarchisierungsgrad einer Organisation, d.h. je besser die Organisationsführung in der Lage ist, verbindliche Entscheidungen für ihre Mitglieder zu treffen, umso höher sind c.p. die Durchsetzungschancen.*

Die Hypothese basiert auf zumindest zwei theoretischen Argumenten: zum einen ist eine Interessengruppe in Verhandlungen mit anderen Interessengruppen umso glaubhafter und verbindlicher, je mehr gewährleistet ist, dass Verhandlungsergebnisse auch von den Mitgliedern der Gruppe akzeptiert werden. Zum anderen kann eine hierarchische, straff geführte Organisation die Gruppenmitglieder mobilisieren (zu Streiks, Demonstrationen und ähnlichen Aktionsformen) und verfügt daher über zusätzliche Instrumente zur Interessendurchsetzung.

Als Indikatoren zur Messung des Hierarchisierungsgrades kommen die Kompetenzen der Organisation, die Art und Weise der Berufung (und Abberufung) von Funktionären und insbesondere Spitzenfunktionären sowie die Anwesenheit oder Existenz von organisationsinternen Flügeln oder Abweichlergruppen in Frage. Werden Spitzenfunktionäre von den Mitgliedern gewählt (womöglich noch in geringen zeitlichen Abständen), so deutet dies auf einen niedrigen Hierarchisierungsgrad hin. Ein Anzeichen für einen hohen Hierarchisierungsgrad ist hingegen beispielsweise, wenn der Führungszirkel einer Organisation selbst die Funktionäre bestimmt und die Mitgliedsbasis nicht oder nur ex post befragt wird.

In Bezug auf die Kompetenzen einer Organisation ist insbesondere zu prüfen, ob die Organisation für Aktivitäten jeweils ein gesondertes Mandat von den Mitgliedern benötigt, ob Konsultationspflichten bestehen bzw. ob von der Organisation erreichte (Verhandlungs-)Ergebnisse von den Mitgliedern genehmigt werden müssen. Bei bürokratischen Organisationen ist der Hierarchisierungsgrad stets hoch.

Im Gegensatz zur bisherigen Argumentation könnte auch argumentiert werden, dass ein geringer Hierarchisierungsgrad die Durchsetzungsfähigkeit einer Organisation positiv beeinflusst, weil die einfachen Mitglieder der Organisation sicher sein können, dass die Organisationsführung die Interessen der Basis vertritt und nicht die Interessen der Organisationsbürokratie. Den Extremfall in dieser Hinsicht stellt die Identität von Organisationsmitgliedern und Organisationsführung dar. Aber auch die Existenz imperativer Mandate und die (häufige) Personalwahl durch die Mitgliederbasis ermöglichen eine gute Kontrolle der Organisationsführung und vermeiden das "Auseinanderdriften" von Basis und Funktionären. Obgleich diese Argumentation durchaus richtig sein kann, ist sie für für kleine Gruppen relevant und kann auf große gesellschaftliche Gruppen, wie sie in der vorliegenden Arbeit im Vordergrund stehen, kaum angewendet werden. Denn in großen Gruppen hat das einzelne Mitglied keinen hinreichenden Anreiz zur Kontrolle der Funktionäre (vgl. Olson 1992 und Abschnitt 5.2.1.2 oben).

Generell ist zu berücksichtigen, dass der Hierarchisierungsgrad bei Existenz mehrerer Organisationen in einer Gruppe für jede (relevante) Organisation geprüft werden muss.

5.2.4.1.5 Ressourcenausstattung

Ressourcen ermöglichen Organisationen Aktivitäten, welche der Verfolgung und letztendlich Durchsetzung der Gruppeninteressen dienen. Darunter fallen z.B. die Mobilisierung der Gruppenmitglieder, aber auch Gruppenfremder, durch entsprechende Medienberichterstattung, Schalten von Anzeigen, Organisation von Veranstaltungen, etc. – die ganze Spannbreite der Lobbyingaktivitäten. Auch das "Erkaufen" von Zustimmung – von Ausgleichszahlungen bis hin zur Korruption – erfordert, dass Organisationen über angemessene Mittel verfügen.
Die Basishypothese über den Zusammenhang zwischen Ressourcenverfügbarkeit und Durchsetzungschance lautet:

> *Über je mehr Ressourcen eine Organisation verfügt, umso höher sind c.p. ihre Durchsetzungschancen.*

Einschränkend ist zu erwähnen, dass gruppenspezifische Aktionsformen finanzielle Ressourcen in unterschiedlichem Umfang benötigen: so sind z.B. Streiks, wenn Streikgeld gezahlt wird, ungleich kostenintensiver als informelle Gespräche zwischen Organisationsvertretern und Regierungsmitgliedern. Umgekehrt können für Spenden (oder illegale Zahlungen an Reformverantwortliche) beträchtliche Finanzmittel erforderlich sein. Insofern kann ein einfacher Vergleich der finanziellen Ressourcen verschiedener Organisationstypen irreführend sein. Erschwerend kommt hinzu, dass nur ein Teil der gesamten Mittel, nämlich die für die Lobbyarbeit verfügbaren, die Durchsetzungschance einer Organisation beeinflussen.

Auch die Art der Beziehung zwischen eingesetzten Finanzmitteln und Einfluss auf die Reformverantwortlichen ist unklar. Erhöht beispielsweise eine Verdoppelung von Spenden an die Regierungspartei die Wahrscheinlichkeit, die eigene Präferenz durchzusetzen, ebenfalls um 100%? Dass ein einfacher mathematischer Zusammenhang zwischen finanzieller Ressourcenausstattung und Durchsetzungschance besteht, erscheint eher fraglich. Dennoch ist der generell postulierte positive Zusammenhang plausibel.

Stärker noch als bei den bisher betrachteten Einflussgrößen auf die Durchsetzungsfähigkeit wird die Messung der materiellen Ressourcenausstattung aufgrund des mangelnden Zugangs zu Daten erschwert. Bereits die Abschätzung der Gesamtressourcen einer Organisation ist, vor allem bei den gesellschaftlichen Organisationen, kaum möglich. Leider liegen verlässliche Daten über die finanzielle Ausstattung von Interessengruppen so gut wie gar nicht vor, die materielle Ressourcenausstattung ist daher kaum ermittelbar. Es können lediglich Plausibilitätsüberlegungen über Veränderungen in der Ressourcenausstattung von Organisationen angestellt werden. Noch größere Schwierigkeiten ergeben sich natürlich bei der Messung der für Lobbyarbeit verfügbaren Mittel. Die Ermittlung dieses Anteils ist nun selbst bei externen Gruppen kaum möglich; weder kann sie theoretisch abgeleitet werden, noch kann sie empirisch beobachtet werden. Daher muss auf die Abschätzung der Gesamtressourcenausstattung von Organisationen als Näherungswerte zurückgegriffen werden.

Neben der finanziellen Ressourcenausstattung spielen auch nichtmonetäre Aspekte ein Rolle. Zu denken ist etwa an organisatorische und logistische Kenntnisse, die für den Einsatz bestimmter Aktionsformen benötigt werden. Wie bei den finanziellen Ressourcen gilt, dass je nach Aktionsform unterschiedliche Ressourcen benötigt werden können. Zudem sind nichtmonetäre Ressourcen nur qualitativ bestimmbar.

5.2.4.1.6 Intensität der Beziehungen zwischen Organisation und Reformverantwortlichen

Neben den bisher genannten Faktoren beeinflusst auch die Art und Intensität des Verhältnisses zwischen einer Interessengruppe und den Reformverantwortlichen die Durchsetzungschancen der Interessengruppe:

> *Je enger die Beziehungen zwischen einer Organisation und den durchsetzungsfähigen Reformverantwortlichen sind, umso höher sind c.p. die Durchsetzungschancen der Organisation.*

Die Intensität der Beziehungen zwischen Interessengruppen und der Regierung wird in der Literatur unter dem Begriff der "Autonomie" diskutiert. Im Unterschied zur hiesigen Verwendung liegt das Hauptaugenmerk bei der Autonomiediskussion vor allem auf der Regierung und deren Beziehungen zu *allen* gesellschaftlichen Interessengruppen, während hier die einzelne Interessengruppe betrachtet wird.[123] Dass deren Durchsetzungschancen positiv mit der Intensität ihrer Beziehungen zu den Entscheidungsträgern zunimmt, ist intuitiv einleuchtend. Zur Beurteilung der Beziehungsintensität ist neben der Frage nach der *Art* der Beziehung oder den zur Verfügung stehenden Instrumenten aber auch zu klären, zu *welchen* Reformverantwortlichen Beziehungen bestehen. Nur Beziehungen zu den durchsetzungsfähigen Reformverantwortlichen tragen zur Durchsetzungsfähigkeit bei und werden bei der Bewertung der Beziehungsintensität berücksichtigt.

Zudem nutzen nicht alle kollektiven Akteure die gleichen *Instrumente* zur Einflussnahme auf die Reformverantwortlichen. Nach der Intensität der Beziehungen können die folgenden Instrumente unterschieden werden:

- direkte Beeinflussung der Reformverantwortlichen (in unterschiedlicher Intensität);
- Streiks;
- Demonstrationen und andere Formen des Massenprotests;

---

123 Vgl. etwa die These von Haggard, Lafay und Morrisson (1995: 21), dass eine rationale Regierung auch gegen den Willen starker Interessengruppen Reformen in Gang setzen kann, wenn sie über eine hohe Autonomie gegenüber gesellschaftlichen Akteuren verfügt.

- Wahlen;
- Medienberichterstattung.

Die *direkte Beeinflussung der Reformverantwortlichen* durch andere Interessengruppen kann über institutionalisierte oder informelle Wege erfolgen. Beispiele für erstere sind alle Formen des Korporatismus wie Pakte ("Beschäftigungspakt"), runde Tische, die Bereitstellung von Informationen, Analysen und technischer Unterstützung und nicht zuletzt die Beteiligung im Parlament oder an der Regierung. Informelle Einflussnahme findet unter anderem in Form persönlicher Beziehungen und der Bereitstellung finanzieller Mittel (legal als Spenden oder illegal als Korruption) statt.

Die institutionalisierten Formen der Einflussnahme erfordern ein hohes Maß an Organisation: die Beteiligung an Pakten und offiziellen Gesprächsrunden mit der Regierung sind in der Regel den großen gesellschaftlichen Verbänden vorbehalten. Auch die Bereitstellung von Informationen erfordert ein hohes Maß an Professionalität (in der Regel durch die Bürokratie, arbeitgeber- oder arbeitnehmernahe Institute sowie durch internationale Organisationen). Eine gewisse Ausnahme bildet die Beteiligung an der Regierung, die prinzipiell allen Gruppen möglich ist; aber üblicherweise von Vertretern von Arbeitgebern/Unternehmen, Arbeitnehmern oder der Bürokratie eingenommen wird.

Im Gegensatz zu den institutionalisierten Formen basieren informelle Formen der Einflussnahme auf persönlichen Beziehungen und/oder erfordern, dass die Gruppe über ausreichende finanzielle Mittel verfügt. Persönliche Beziehungen ergeben sich etwa durch die gemeinsame Mitgliedschaft in Aufsichtsräten von Unternehmen, Klubs, usw. In diesen sind in der Regel die Spitzen von Verbänden (der Arbeitgeber und Arbeitnehmer) oder Unternehmen zu finden.

In *Wahlen* können Regierungen ab- oder wiedergewählt werden. Zwar ist, wie bereits dargestellt, die Wahlentscheidung in den seltensten Fällen monokausal, d.h. die Position der Regierung in Bezug auf eine Arbeitsmarktreform wird kaum alleine eine Wahl entscheiden. Dennoch kann die Mobilisierung der eigenen Gruppe (und eventuell von zusätzlichen Mitgliedern anderer Gruppen) von Interessengruppen als Druckmittel gegenüber der Regierung eingesetzt werden. Es liegt auf der Hand, dass dieses Instrument nur Organisationen in zahlenmäßig großen Gruppen zur Verfügung steht, d.h. den Arbeitnehmern und Arbeitslosen.

Streiks und *Demonstrationen* (in den verschiedenen Formen bis hin zum Straßenwiderstand) unterscheiden sich von der direkten Einflussnahme, da sie vor allem Instrumente des Widerstands gegen Reformen sind. Theoretisch sind zwar auch Streiks und Demonstrationen zur Reformunterstützung denkbar, in der Praxis aber kaum zu beobachten. Dies ist nicht zuletzt dadurch zu erklären, dass Streiks und Demonstrationen das spezifische Instrument einer großen Gruppe von Reformverlierern darstellen, nämlich der beschäftigten Arbeitnehmer.[124]

---

124 Demonstrationen sind freilich auch das Instrument zur Einflussnahme schlechthin der Arbeitslosen, die als Gruppe von den Reformen gemäß der neoklassischen Theorie profitieren. Unter diesem Gesichtspunkt sollten auch Demonstrationen zu erwarten sein, welche die Durchführung von Arbeitsmarktreformen fordern.

Stärker noch als bei Streiks und Demonstrationen richtet sich die *Medienberichterstattung* nicht nur an die Reformverantwortlichen, sondern an die gesamte Bevölkerung. Die Medien können damit ein günstiges oder ungünstiges Umfeld für das Agieren von Interessengruppen schaffen und damit die Durchsetzungschancen beeinflussen.

In einem pluralistischen Mediensystem haben prinzipiell alle Gruppen den gleichen Zugang zu den Medien. Jedoch gilt auch hier, dass die Möglichkeit der Nutzung der Medien als Instrument zur Kommunikation der eigenen Position positiv von der Organisation und Kohärenz der Gruppe abhängt. Zudem sind die Medien (nicht nur) in Lateinamerika relativ stark konzentriert. Die öffentliche Meinung wird durch eine geringe Anzahl von Medien (Fernsehen, Radio, Printmedien) beeinflusst und gebildet, die oft zum Teil von der Regierung kontrolliert werden. Dies fördert einen selektiven Zugang von Interessengruppen.

Wie in den vorangehenden Absätzen bereits angedeutet, ist die Intensität der Beziehungen zwischen Interessengruppen und Reformverantwortlichen teilweise eine Funktion anderer Faktoren, etwa der Ressourcenausstattung oder des Organisationsgrades. Zudem ergeben sich strukturelle Unterschiede in den Beziehungen auch aus der spezifischen Position einer Organisation im politischen Entscheidungsprozess. So verfügen die staatlichen Akteure naturgemäß über besonders enge Beziehungen untereinander.

Auch in Bezug auf *Adressaten* des Handelns kollektiver Akteure lassen sich Unterschiede zwischen den Organisationen verschiedener Gruppen feststellen, welche meist strukturell bedingt sind, d.h. durch die spezifische Position eines Akteurs im Geflecht der politischen Institutionen erklärt werden können.

Wie bereits erwähnt sind prinzipiell all jene Akteure potenzielle Adressaten des Handelns von Interessengruppen, welche ein formales Mitentscheidungsrecht bei der Konzeption oder Implementation von Reformen haben (kurz: die Reformverantwortlichen). Gesellschaftliche oder externe Gruppen sind folglich nicht primäre Adressaten kollektiven Handelns, sondern ausschließlich staatliche Gruppen.[125]

---

125 Darüber hinaus dient die Öffentlichkeitsarbeit dazu, der Bevölkerung die eigene Position nahezubringen und im besten Fall die Bevölkerung zu mobilisieren. Auch diese Instrumentalisierung der Bevölkerung dient letztendlich aber der Einflussnahme auf die (staatlichen) Akteure, welche formal an der Regierungskonzeption und –implementation beteiligt sind.
Ein alternatives Modell, welches die Einflussnahme der Reformverantwortlichen auf die gesellschaftlichen Gruppen thematisiert und somit die hier vertretene Beziehung Interessengruppe–Adressat gleichsam umkehrt, haben Haggard, Lafay und Morrisson entwickelt (Haggard et al. 1995: 33ff). Nach ihrem Modell beruht die Wahrscheinlichkeit einer Regierung, im Amt zu bleiben, auf zwei Faktoren: dem Ausmaß an Unterstützung, das sie erhält, und dem Ausmaß an Repression, das sie gegenüber der Bevölkerung einsetzt. Während ersterer Faktor eindeutig positiv mit dem Amtserhalt korreliert, führt Repression kurzfristig zwar zum Amtserhalt, langfristig jedoch zu einem Verlust an Unterstützung und somit zu einer Verringerung der Chancen auf Amtserhalt. Dieses Problem ist, so die Autoren, insbesondere bei Demokratien und autoritären Regimen, nicht jedoch bei Diktaturen, bedeutsam. Da wirtschaftliche Reformen oft mit einem Verlust an Popularität einhergehen, der mit (zumindest kurzfristiger) erhöhter Repression kompensiert werden muss, stellen die Reformen stets eine Gefahr für das Überleben einer demokratischen Regierung da. Eine Regierung wird Reformen also nur implementieren, wenn sie entweder über einen

Zu den Fragen, die zur Beurteilung der Beziehungsintensität gestellt werden müssen, gehören die folgenden: Ist die Gruppe an der Regierung beteiligt? Entsendet sie Vertreter in das Parlament, und wie viele? Ist sie in korporatistischen Formen der Zusammenarbeit vertreten? Ist sie an Gesetzgebungsverfahren (z.B. in Expertenanhörungen) beteiligt? Stellt sie der Regierung wichtige Informationen zur Verfügung? Welche Interessengruppen verfügen über persönliche Beziehungen zur Regierung/zu Parlamentariern? Welche Interessengruppen stellen der Regierung/den im Parlament vertretenen Parteien finanzielle Mittel zur Verfügung?

Einige dieser Fragen, insbesondere die nach den informellen Einflussmöglichkeiten, können kaum systematisch beantwortet werden, da entsprechende Informationen nicht umfassend vorliegen. Dennoch muss auf das Vorliegen solcher Einflussmöglichkeiten geachtet werden.

5.2.4.2 Determinanten der strukturellen Durchsetzungsfähigkeit reformverantwortlicher Akteure

Auch die Bestimmung der Durchsetzungschancen der reformverantwortlichen Akteure erfolgt in ähnlicher Weise wie bei den gesellschaftlichen Akteuren. Jedoch unterscheiden sich die Determinanten der strukturellen Durchsetzungschancen reformverantwortlicher Akteure von denen der Reformbetroffenen. Dies ist im wesentlichen eine Folge des hohen Institutionalisierungsgrades der staatlichen Akteure, durch welchen *inhaltliche Kompetenzen* und Beziehungen der Akteure (bzw. die *Position eines Akteurs in der Hierarchie* der staatlichen Institutionen) untereinander festgelegt werden. Die Durchsetzungschancen eines staatlichen Akteurs ergeben sich somit großteils bereits aus seiner Stellung im politisch-administrativen System und können aus den einschlägigen konstitutiven rechtlichen Dokumenten abgelesen werden. So wird das Verhältnis zwischen Regierung, Legislative und Jurisdiktion in der Regel von der Verfassung festgelegt und die Kompetenzen der Bürokratie (und der Ministerien) in Gesetzen.

Neben dem Rückgriff auf die Rechtsquellen ist für die Beurteilung der Durchsetzungschancen staatlicher Akteure aber auch ein Blick auf die politische Praxis unumgänglich, gerade in Lateinamerika, wo oft eine große Diskrepanz zwischen Rechtstext und Rechtswirklichkeit besteht. Es ist hierbei zu prüfen, inwiefern die normativ zugewiesenen Kompetenzen eines Akteurs in der Praxis auch ausgeübt (oder gegebenenfalls auch überschritten) und die vorgegebenen Beziehungen zu anderen Akteuren respektiert werden.

Die Hypothesen über die Durchsetzungsfähigkeit eines staatlichen Akteurs lauten:

> *Je stärker die Kompetenzen für einen Reformbereich in einem staatlichen Akteur gebündelt sind, umso höher sind c.p. seine Durchsetzungschancen.*
>
> *Je höher ein staatlicher Akteur in der Hierarchie des staatlichen Systems positioniert ist, umso höher sind c.p. seine Durchsetzungschancen.*

---

genügend großen Rückhalt unter den gesellschaftlichen Akteuren verfügt oder die Verantwortung für die durch die Reform entstehenden Kosten auf andere Akteure abwälzen kann.

Da im Modell drei reformverantwortliche Akteure unterschieden werden, müssen für jeden Akteur jeweils die Beziehungen zu den anderen beiden Akteuren geprüft werden, um die Hierarchieposition festzustellen (etwa das Verhältnis der Regierung zur Legislative und zur Jurisdiktion).

Die verwendeten Indikatoren zur Messung der Determinanten für die Durchsetzungsfähigkeit staatlicher Akteure sind:

- Indikatoren für die Messung von *Kompetenzen*: der Grad an Verantwortlichkeit des Akteurs für den betreffenden Reformgegenstand sowie die Existenz von Kompetenzüberschneidungen mit anderen staatlichen Akteuren;
- Indikatoren für die Messung der *Hierarchieposition* (jeweils gegenüber den beiden anderen Akteuren: die Existenz von Weisungsbefugnissen und Rechenschaftspflichten gegenüber den anderen staatlichen Akteuren.

5.2.4.3 Aggregierung und Gewichtung der Determinanten

Da die Variable "strukturelle Durchsetzungsfähigkeit" verschiedene Komponenten berücksichtigt, kommt der Aggregierung bzw. Gewichtung dieser einzelnen Komponenten eine wichtige Rolle zu. Ist beispielsweise eine Gruppe mit hohem Organisationsgrad, aber geringer Kohärenz durchsetzungsfähiger als eine, deren Organisationsgrad niedrig, aber Kohärenz hoch ist? Oder: was ist der Nettoeffekt auf die Durchsetzungschance, wenn sich im Zeitablauf eine Indikator erhöht und ein anderer verringert?

Ex ante ist im Rahmen des Modells keine theoretische begründbare Gewichtung der Variablen möglich, mit Ausnahme der Gruppengröße, welche den anderen Variablen nachgeordnet ist. Daher werden in der Fallstudie zunächst die Einzelindikatoren unabhängig voneinander ermittelt und zum Zwecke einer zusammenfassenden Darstellung gleichgewichtig addiert.

Aus wissenschaftstheoretischer Sicht ist die Unmöglichkeit der ex ante-Gewichtung der Variablen wenig problematisch, da es sich hier um ein heuristisches Modell handelt, nicht um einen Theorietest. Daher wird zunächst der einfachste Fall, d.h. die Gleichgewichtigkeit der verschiedenen Indikatoren unterstellt. Nur wenn die empirisch beobachteten Ergebnisse mit den Modellerwartungen nicht übereinstimmen, ist zu prüfen, ob durch eine andere Gewichtung der Indikatoren die Erklärungskraft des Modells verbessert werden kann.

Im Zusammenhang mit der Gewichtung und Aggregierung der Variablen ist auch zu berücksichtigen, dass die Variablen nicht völlig voneinander unabhängig sind. So ist beispielsweise davon auszugehen, dass die (materielle) Ressourcenausstattung zumindest teilweise vom Organisationsgrad abhängt – je mehr Mitglieder eine Organisation hat, umso mehr Mitgliedsbeiträge wird sie in der Regel erhalten.

5.2.5 Die Bestimmung von Grundinteressen und Präferenzen der für Arbeitsmarktreformen relevanten Gruppen und Organisationen

5.2.5.1 Reformverantwortliche

5.2.5.1.1 Regierung

Wie bereits erwähnt werden die Erhöhung von Einkommen und Machterhalt üblicherweise als Grundinteressen von Regierungen genannt (vgl. z.B. Blair/Maser 1978: 12; Katzenstein 1978; Buchanan 1989: 41f; Haggard et al. 1995: 18 u. 33ff). Auch die vorliegende Arbeit geht von dieser Annahme aus. Es muss aber das Verhältnis dieser beiden Grundinteressen zueinander noch näher spezifiziert werden.

Während in vielen Zusammenhängen davon ausgegangen werden kann, dass die beiden Grundinteressen kongruent sind, so ist doch denkbar, dass Entscheidungsfelder existieren, in denen Machtinteresse und Einkommensinteresse nicht positiv miteinander korreliert sind. Für diese Fälle wird hier die Annahme gesetzt, dass das Machtinteresse dem Einkommensinteresse vorgeordnet ist: die Regierungsposition ermöglicht den Regierungsmitgliedern die Erhöhung ihres Einkommens. Die Regierung wird daher zuallererst daran interessiert sein, im Amt zu bleiben. "Political leaders are utility-maximizers, who desire to remain in power most of all. Their utility comes from remaining in office, not from pursuing a particular [...] policy" (Milner 1997: 86)[126]. In diesem Sinne sind Regierungen opportunistisch (vgl. Alesina 1988: 16; Kraemer 1997: 185ff). Sofern die Regierung eigene inhaltliche Ziele verfolgt (zur Einkommensmaximierung) so sind diese dennoch stets dem Interesse am Machterhalt nachgeordnet.

Aus dem Grundinteresse der Regierung am Verbleib im Amt, d.h. die Vermeidung von Amtsenthebung und die Wiederwahl (in Demokratien) kann abgeleitet werden, dass sie keine Reformen voranbringen wird, von denen sie eine Verringerung der Wiederwahlchancen erwartet. Für die Präferenzen der Regierung in der Arbeitsmarktpolitik bedeutet dies, dass die Regierung prinzipiell inhaltlich völlig opportunistisch ist; es wird diejenige Politik betrieben, von der am ehesten der Machterhalt erwartet wird.

Inwiefern das Wiederwahlinteresse durch die Reform betroffen ist, hängt davon ab, ob der Reformgegenstand eine zentrale Rolle in der Politik spielt. Als Indikator hierfür können zum einen Umfragedaten herangezogen werden, in denen die Befragten die wichtigsten Probleme nennen und gewichten sollen. Zum anderen kann für die Untersuchung der Arbeitsmarktreformen auch die Entwicklung der Arbeitsmarktlage als Proxy herangezogen werden, wobei gilt: je schlechter die Arbeitsmarktlage, umso wichtiger ist die Arbeitsmarktpolitik für die Wiederwahl.

Wenn davon auszugehen ist, dass Arbeitsmarktreformen *nicht* wahlentscheidend sind, wird eine Regierung solche Arbeitsmarktreformen vorantreiben (oder eben nicht vorantreiben), welche den Präferenzen der durchsetzungsfähigen Interessengruppen

---

126 Vgl. auch Stigler (1975: 125), Gwartney/Wagner (1988: 7f), Haggard/Lafay/Morrison (1995: 33), Hall (1997: 178-180) und Alston/Libecap/Mueller (1999: 18).

entsprechen. Werden Arbeitsmarktreformen hingegen als wahlentscheidend angesehen, werden sie so konzipiert, dass sie von der Mehrheit der Bevölkerung (oder dem Medianwähler) als positiv empfunden werden. Die inhaltlichen Präferenzen der Regierung sind dann, in Abhängigkeit vom Termin der Reform[127], die folgenden: generell werden diejenigen Reformmaßnahmen umgesetzt, von denen erwartet wird, dass sie vor der nächsten Wahl zu einer Verbesserung des Arbeitsmarktes (oder zumindest einer Verbesserung der Position wichtiger Wählergruppen bzw. der Wählermehrheit) führen. Daher ist eine Präferenz der Regierung für neoklassische Arbeitsmarktreformen wenn überhaupt, so am ehesten unmittelbar *nach* Wahlen vorhanden, da diese Reformen, wie in Abschnitt 3.4 gezeigt, die Arbeitnehmer (und somit eine große Wählergruppe) zunächst negativ betreffen und positive Effekte allenfalls mittelfristig zu erwarten sind.

Kurz *vor* Wahlen sind hingegen eher Maßnahmen zu erwarten, welche den Arbeitnehmern oder Arbeitslosen bzw. informell Beschäftigten eine kurzfristige Einkommenserhöhung bieten. Streng genommen hat in diesem Fall die Regierung keine eigene inhaltliche Präferenz, sondern macht sich die Präferenz der größten Gruppe zu Eigen. Dies ist der einzige Fall, in der sich eine unorganisierte Gruppe durchsetzen kann.

Die Regierung kann eine Präferenz für die Durchführung von Arbeitsmarktreformen also nur entwickeln, wenn erstens die Situation auf dem Arbeitsmarkt wahlentscheidend ist und zweitens der zeitliche Abstand zur nächsten Wahl hinreichend groß ist. Hinzu kommt noch eine dritte wesentliche Voraussetzung: die Regierung muss erwarten, dass die Arbeitsmarktreform tatsächlich bis zur Wahl eine Verbesserung auf dem Arbeitsmarkt herbeiführt (und das gleiche Ergebnis nicht auch durch andere, weniger kontroverse Reformen erzielt werden kann). Ist eine der drei Voraussetzungen nicht erfüllt, wird eine Regierung in Bezug auf die Durchführung von Arbeitsmarktreformen indifferent sein oder sogar eine Präferenz gegen Reformen haben.

5.2.5.1.2 Parlament

Auch für das Parlament bzw. die Parlamentsabgeordneten ist das Interesse an der Wiederwahl grundlegend; insofern unterscheiden sie sich nicht von der Regierung. Im Unterschied zur Regierung ist aber eine direkte Verantwortlichkeit einzelner Parlamentsabgeordneter für die Politik oder gar Politikergebnisse nicht ersichtlich. Daher wird in der Literatur davon ausgegangen, dass ein Bezug zwischen Wirtschaftsentwicklung und Parlamentswahlergebnissen nicht in dem gleichen Maß existiert wie bei Präsidentschaftswahlen (vgl. Crain et al. 1978)[128].

Für die Wiederwahlchancen eines Parlamentsabgeordneten oder einer Partei ist das Abstimmungsverhalten seiner bzw. ihrer Kernwählerschaft entscheidend. Unter der

---

127 Die Frage des Timings von Reformen wird in der umfangreichen Literatur zu Wahlzyklen bzw. "political business cycles" untersucht. Vgl. die entsprechenden Abschnitte in Drazen (2000) und Mueller (2003) für einen Überblick und weitere Literaturverweise.

128 Diese These wurde, zumindest für die USA, mehrfach empirisch bestätigt. Vgl. den Überblick bei Mueller (2003: 433ff).

Voraussetzung, dass Parteien klar abgegrenzte und bestimmbare Kernwählerschaften haben, werden sie deren Präferenzen vertreten. In Argentinien ist dies im allgemeinen (mit Ausnahme, unter Einschränkungen, der PJ) aber nicht der Fall, wie in Abschnitt 5.2.2.1.2 erläutert wurde.

Welche Präferenzen von Parlamentsabgeordneten lassen sich also aus den grundlegenden Interessen an der Wiederwahl und der Einkommensmaximierung ableiten? Wenn intensive Beziehungen zwischen reformbetroffenen Akteuren und Parlamentariern (oder Fraktionen) existieren, so werden die Parlamentarier/Fraktionen die Präferenzen dieser Akteure vertreten. Gibt es jedoch keine intensiven Beziehungen so können Parlamentarier eigene inhaltliche Präferenzen entwickeln. Da die Betroffenheit aber in der Regel gering ist (es sei denn, ein Parlamentarier ist gleichzeitig auch Arbeitgeber) werden die Präferenzen nur in geringer Intensität vorliegen und daher nicht durchsetzungsfähig sein.

Zusammenfassend wird sich im Parlament also die Präferenz derjenigen Organisation von Reformbetroffenen durchsetzen, welche über die besten Beziehungen zur Mehrheit des Parlaments verfügen. Dem Parlament wird also in Bezug auf die Arbeitsmarktreformen kein eigener Akteursstatus zuerkannt, es fungiert ausschließlich als Instrument reformbetroffener Interessengruppen.

5.2.5.1.3 Jurisdiktion

Die obersten Richter werden in der Regel nominiert und üben ihr Amt unbefristet aus; dies ist auch in Argentinien der Fall. Machterhalt und Wiederwahl sind damit als Grundinteressen nicht relevant, und aus dem Interesse an Einkommensmaximierung lassen sich keine Präferenzen in Bezug auf Arbeitsmarktreformen ableiten. Die Präferenzen der Jurisdiktion sind somit aus dem Modell heraus nicht erklärbar. Wie in Abschnitt 6.1.3 dargelegt wird, ist aber auch die Durchsetzungsfähigkeit der Jurisdiktion für Arbeitsmarktreformen im Vergleich zum Parlament und zur Regierung nur untergeordnet; die Präferenzen der Jurisdiktion sind daher für das Zustandekommen von Arbeitsmarktreformen nicht relevant. Dennoch bleibt es aus theoretischer Perspektive unbefriedigend, dass "the motivation of judges in an independent judiciary remains largely an empty black box in the public choice literature" (Mueller 2003: 401).

5.2.5.2 Reformbetroffene 1: Gesellschaftliche Gruppen

Das Grundinteresse gesellschaftlicher Akteure besteht in der Erhöhung ihres Einkommens. Dies gilt für alle in der Arbeit unterschiedenen gesellschaftlichen Gruppen: Arbeitgeber/Unternehmen suchen ihre Gewinne zu maximieren, Arbeitnehmer und Arbeitslose ihre (Lohn-)Einkommen.

Die Präferenzen der gesellschaftlichen Gruppen in Bezug auf Reformen des Arbeitsmarktes ergeben sich daher aus den erwarteten Auswirkungen der Reform auf das Einkommen. Sie werden im folgenden, basierend auf den Überlegungen in den Abschnitten 3.4 und 3.5, erläutert.

5.2.5.2.1 Arbeitnehmer im formellen Sektor

Die *Dezentralisierung von Tarifverhandlungen* sowie die *Verringerung der Marktmacht von Gewerkschaften* betreffen die Einkommen der Arbeitnehmer nicht unmittelbar. Lediglich, wenn die Verhandlungsposition auf der dezentralen Ebene bzw. die verringerte gewerkschaftliche Macht generell zukünftig schlechtere Verhandlungsergebnisse erwarten lässt, sind die Arbeitnehmer negativ betroffen. Im Gegensatz dazu werden die Kompetenzen der Gewerkschaften, zumal diejenigen der nationalen Gewerkschaften und die Dachverbände, durch die Dezentralisierung und andere Maßnahmen zur Beschränkung ihrer Macht unmittelbar verringert, so dass sie eine starke Präferenz gegen die Reform haben werden.

Auch die *Senkung der Lohnnebenkosten* (zumindest der Sozialabgaben) und der *Mindestlöhne* sowie die *Förderung von befristeten und Teilzeitarbeitsverhältnissen* betrifft die Einkommen der Arbeitnehmer nicht unmittelbar. Indirekt ist aber eine negative Auswirkung auf die Nettoeinkommen zu erwarten: durch die Lohnnebenkostensenkung werden entweder die Sozialleistungen eingeschränkt oder andere Finanzierungsarten nötig (z.B. Steuererhöhungen, private Vorsorge), durch sinkende Mindestlöhne und Teilzeitarbeit entsteht ein zunehmender Druck auf Tariflöhne. Die Arbeitnehmer werden daher Präferenzen gegen alle diese Maßnahmen haben, wenngleich nicht in einer hohen Intensität.

Die *Arbeitszeitverlängerung* (ohne vollen Lohnausgleich) und *Liberalisierung des Kündigungsschutzes* betreffen hingegen die Einkommen der Arbeitnehmer unmittelbar. Daher werden sie eine starke Präferenz gegen diese Maßnahmen haben.

Die einzige Reformmaßnahme, welche die Arbeitnehmer unterstützen dürften, ist der *Ausbau des Arbeitsinspektionswesens*, zumal dieser vor allem den Schutz der Arbeitnehmer betrifft. Die Einhaltung von Arbeitsschutz- und hygienischen Richtlinien verringern das Risiko von Arbeitsunfällen und Krankheit, und die Gewährleistung, dass Arbeitgeber Sozialabgaben zahlen, verhindern einerseits, dass Arbeitnehmer im Unternehmen der Konkurrenz (billigerer) Schwarzarbeiter ausgesetzt sind, und zum anderen garantieren sie, dass die Arbeitnehmer Zugang zu den Sozialleistungen erhalten. Da diese Effekte sich aber nur mittelbar auf das Einkommen auswirken, ist die Präferenzintensität nur gering.

Da die Arbeitnehmer mit Ausnahme einer Reformmaßnahme alle Reformbestandteile ablehnen, haben sie eine deutliche *Präferenz gegen die Gesamtreform.*

5.2.5.2.2 Arbeitgeber

Die Präferenzen der Arbeitgeber in Bezug auf die einzelnen Arbeitsmarktreformmaßnahmen verhalten sich in fast allen Fällen spiegelbildlich zu denen der Arbeitnehmer.

Maßnahmen, welche eine unmittelbare Senkung der Lohnkosten zur Folge haben, werden stark befürwortet. Dazu gehören die *Senkung der Lohnnebenkosten* (Arbeitgeberanteile der Sozialabgaben, sonstige Lohnnebenkosten), die *Verlängerung der Arbeitszeit* und andere Maßnahmen zur Begrenzung der Lohnstückkosten (wie etwa gesetzliche Obergrenzen für Lohnsteigerungen), die *Liberalisierung des Kündigungsschutzes* und die *Einführung oder Ausweitung befristeter Arbeitsverhältnisse.*

Maßnahmen, welche nur mittelbar die Lohnkosten senken, werden ebenfalls unterstützt, wenngleich die Präferenzintensität nur gering ist. Hierzu gehören die *Dezentralisierung der Tarifverhandlungen*, die *Senkung der Mindestlöhne* und die *Verringerung der Verhandlungsmacht der Gewerkschaften* in kollektiven Verhandlungen.

Die einzige Reformmaßnahme, welche die Arbeitgeber ablehnen, ist der *Ausbau des Arbeitsinspektionswesens.* Die Beachtung von Arbeitnehmerschutzregeln ist mit Kosten verbunden ist, welche durch eine laxe Anwendung vermieden werden können. Auch die Einstellung von Schwarzarbeitern senkt die Lohnkosten, weil keine Sozialabgaben gezahlt werden. Der Ausbau der Inspektionen oder die Erhöhung von Strafen erhöhen die Kosten der Arbeitgeber für die Umgehung der arbeitsrechtlichen Regelungen oder führen dazu, dass Arbeitgeber die Regeln beachten. In jedem Fall führen die Reformmaßnahmen zu höheren Kosten und werden daher abgelehnt.

Trotz dieses letzten Aspektes sind die Auswirkungen einer neoklassisch begründeten Arbeitsmarktreform auf die Lohnkosten klar positiv. Daher haben *die Arbeitgeber eine starke Präferenz für die Reform.*

5.2.5.2.3 Arbeitslose und informell Beschäftigte

Ähnlich wie die Arbeitgeber profitieren die Arbeitslosen und die im informellen Sektor Beschäftigten von den meisten Maßnahmen einer Arbeitsmarktreform, allerdings nur mittelbar. Es ist daher zu erwarten, dass sie eine *Präferenz für die Arbeitsmarktreform* haben, jedoch in nur geringer Intensität.

Die meisten Reformmaßnahmen, welche zu einer Lohnkostensenkung führen oder die Beschäftigungsflexibilität erhöhen – *die Verringerung der Lohnnebenkosten, die Senkung der Mindestlöhne, die Flexibilisierung der Kündigungsregelungen und die Förderung befristeter Arbeitsverhältnisse* –, ziehen gemäß der neoklassischen Arbeitsmarkttheorie eine Erhöhung der Arbeitsnachfrage nach sich. Dadurch erhöhen sich die Chancen für Arbeitslose und für informell Beschäftigte, im formellen Sektor eine Stelle zu finden. Da die Löhne im formellen Sektor höher sind als im informellen Sektor, bzw. mit der Beschäftigung im formellen Sektor das Anrecht auf den Empfang von Sozialleistungen einhergeht, führt eine Wechsel vom informellen in den formellen Sektor zu einer Verbesserung der Einkommen für informell Beschäftigte. Die Höhe der individuellen Nutzenerhöhung durch die Reform hängt aber von verschiedenen Faktoren ab. Sie ist umso größer, je höher die Preiselastizität der Arbeitsnachfrage, je höher das Einkommensdifferenzial zwischen formellem und informellem Sektor und je höher die Wahrscheinlichkeit, tatsächlich eine Stelle im formellen Sektor zu finden. Letzteres hängt nun wieder von der Höhe des Arbeitsangebots ab, also von der Anzahl der Arbeitslosen und im informellen Sektor Beschäftigten. Deren Anzahl ist in Argentinien im Verlauf der 1990er Jahre stark angestiegen; daher ist allenfalls von einer schwachen Präferenz der Arbeitslosen und informell Beschäftigten für die meisten Reformmaßnahmen auszugehen.

In Bezug auf andere Maßnahmen sind die Arbeitslosen und informell Beschäftigten hingegen indifferent: die *Dezentralisierung der Tarifverhandlungen* sowie die *Verringerung der Macht von Gewerkschaften* betrifft die Gruppe nicht, und die erwarteten Auswirkungen der *Arbeitszeitverlängerung* sind ambivalent: einerseits wirkt die durch Arbeitszeitverlängerung induzierte Lohnkostensenkung nachfrageerhöhend, gleichzeitig ist aber die Angebotserhöhung (durch die Ausdehnung der Arbeitszeit) in der Maßnahme enthalten, so dass der Nettoeffekt unklar ist.

Die *Ausweitung des Arbeitsinspektionswesens* schließlich wird von der Gruppe – insbesondere von den informell Beschäftigten – abgelehnt, da diese Maßnahme eine Erhöhung der Lohnkosten bedeutet und somit das Risiko für schwarz beschäftigte Arbeitnehmer steigt, entlassen zu werden.

5.2.5.3 Reformbetroffene 2: Bürokratische Gruppen

Die Kompetenzen bürokratischer Gruppen hängen in formal-legaler Hinsicht von der Regierung ab. Das Grundinteresse bürokratischer Akteure besteht darin, ihre Bedeutung als Ausführungsorgane für Programmentscheidungen der Regierung zu erhalten oder zu erhöhen (vgl. Downs 1967: 7; Niskanen 1971).[129] Ähnlich wie bei der Regierung hängt die Position und letztlich das Überleben bürokratischer Akteure zunächst und vor allem davon ab, dass sie über die für die Erfüllung der ihnen zugewiesenen Aufgaben nötigen Kompetenzen verfügen. Materielle Ressourcen sind für die Überlebenssicherung zwar ebenso nötig, deren Gewährung ergibt sich im Normalfall jedoch maßgeblich durch Art und Umfang der Kompetenzen eines bürokratischen Akteurs. Die Erhöhung der ökonomischen Mittel, über die ein bürokratischer Akteur verfügen kann, ist daher gegenüber der Erhöhung seiner Kompetenzen nachrangig[130].

Die in dieser Arbeit berücksichtigten externen Gruppen – die internationalen Finanzinstitutionen und die ILO – sind ebenfalls bürokratische Akteure; sie gehorchen demnach grundsätzlich denselben Gesetzmäßigkeiten wie das Arbeits- und Wirtschaftsministerium (vgl. Vaubel 1986; Lafay/Lecaillon 1993: 58ff; Haggard et al. 1995: 28ff): ihr Grundinteresse ist die Kompetenz- und Budgeterweiterung; diese ist eine Folge "erfolgreicher" Arbeit entsprechend des Organisationszwecks. Lafay und Lecaillon weisen daraufhin, dass das Budgetmaximierungsinteresse bei internationalen Organisationen noch stärker ausgeprägt ist, weil – anders als bei nationalen Bürokratien – das Überleben der Organisation keineswegs gesichert ist (Lafay/ Lecaillon 1993: 61ff). Die Präferenzen der externen Akteure in Bezug auf Arbeitsmarktreform werden

---

129 Gleichzeitig hängt die Bürokratie jedoch auch von ihren Kunden, d.h. gesellschaftlichen Akteuren ab (vgl. z.B. Alston et al. 1999: 18f).

130 In frühen Untersuchungen wird im allgemeinen ein umfangreicher Katalog von Zielen der Bürokratie genannt. Die Ableitung einer eindeutigen Präferenzordnung ist aber nur möglich, wenn die verschiedenen Ziele eine hierarchische Ordnung bilden (vgl. Downs 1967: 79-87).
Niskanen (1971: 36-42)) nimmt im Gegensatz zu der vorliegenden Arbeit an, dass Budgetmaximierung das oberste Ziel bürokratischer Akteure darstellt. Kompetenzen tauchen in seinem Modell hingegen nicht auf. Da Kompetenzen aber die Existenzbedingung bürokratischer Akteure darstellen, erscheint es gerechtfertigt anzunehmen, dass das Interesse der bürokratischen Akteure am Kompetenzerhalt oder -ausbau grundlegender ist als das Interesse der Budgetmaximierung. Vgl. auch Jacksons Kritik am Modell Niskanens (Jackson 1983: 131-135).

also im Einklang mit den grundsätzlichen Organisationszielen bzw. Strategien und Programmen der Organisation sein.

5.2.5.3.1 Arbeitsbürokratie

Für die Arbeitsbürokratie lassen sich die allgemeinen Überlegungen über bürokratische Akteure wie folgt spezifizieren: Die traditionelle Rolle der Arbeitsministerien im alten Entwicklungsmodell war der Ausgleich in Verteilungskonflikten zwischen Arbeitgebern und Arbeitnehmern (Gewerkschaften), zum Teil auch die unmittelbare Festlegung der Lohnhöhe. Durch die allgemeinen Strukturreformen ist dieses Rollenverständnis obsolet geworden. Die Funktion des Ministeriums verlagert sich, wie bei anderen Ressorts auch, von der operativen auf die strategische Ebene bzw. auf die Festlegung der Rahmenbedingungen für die Funktionsweise des Arbeitsmarktes. Gleichzeitig nimmt die Bedeutung der Arbeitsverwaltung aufgrund der geringeren staatlichen Umverteilungsleistungen ab.

Dieser Wandel hat für die Arbeitsbürokratie wichtige Konsequenzen: Durch den Verlust der direkten Einmischung in die Aushandlung bzw. Festlegung der Lohnhöhe geht auch die Möglichkeit verloren, Renten zu erzielen. Zudem führt der Wandel von der operativen zur strategischen Ebene dazu, dass ein geringeres Personal und eine geringere Mittelausstattung nötig sind. Andererseits könnte, wenn die Umstrukturierung des Arbeitsministeriums gelingt, der Organisationsgrad bzw. der Konzentrationsgrad des Ministeriums verbessert werden.

Weniger als die Ziele der verschiedenen Maßnahmen einer Arbeitsmarktreform ist daher die konkrete Form ihrer Ausgestaltung für die Arbeitsbürokratie entscheidend. Wichtigste Frage hierbei ist, welche Kompetenzen in der Umsetzung der Reform das Arbeitsministerium und die nachgeordneten Behörden erhalten. Beispielsweise wird die Arbeitsbürokratie gegenüber der *Dezentralisierung der Tarifverhandlungen* indifferent sein, so lange die Erfordernis der staatlichen Genehmigung der Verhandlungsergebnisse bestehen bleibt (wenn die Genehmigungserfordernis abgeschafft wird, wird die Arbeitsbürokratie gegen die Maßnahme sein). Generell wird die Arbeitsbürokratie bestrebt sein, bei allen Reformmaßnahmen Überwachungs- oder Registrierungsmechanismen einzubauen, für die sie dann die Kompetenzen erhält.

Dennoch ist nicht zu übersehen, dass der Grundtenor der Reform, die Deregulierung des Arbeitsmarktes, auf eine Verringerung der staatlichen Einmischung und damit eine Reduzierung der Kompetenzen der Arbeitsbürokratie abzielt. Viele Reformmaßnahmen, wie die *Flexibilisierung des Kündigungsschutzes*, die *Vereinfachung des Abschlusses befristeter Arbeitsverträge* und die *Reduzierung der Lohnnebenkosten*, verringern tendenziell das Budget und die Kompetenzen der Arbeitsverwaltung. Insgesamt wird die *Arbeitsbürokratie daher eine Präferenz gegen neoklassisch begründete Arbeitsmarktreformen* haben.

Lediglich bei einer Reformmaßnahme, dem *Ausbau des Inspektionswesens*, ist diese Kompetenzerweiterung integraler Bestandteil. Die Arbeitsbürokratie wird daher eine starke Präferenz für diese Reformmaßnahme haben.

5.2.5.3.2 Wirtschaftsministerium

Die Kompetenzen und Mittelausstattung des Wirtschaftsministeriums sind von Arbeitsmarktreformen üblicherweise nur mittelbar betroffen. Daher ist eine Herausbildung starker Präferenzen nicht zu erwarten. Das Wirtschaftsministerium ist aber in der Regel insofern von Arbeitsmarktreformen betroffen, als diese im Kontext weitreichender wirtschaftspolitischer Strukturreformen erfolgen, für die das Wirtschaftsministerium verantwortlich ist. Da die Liberalisierung des Arbeitsmarktes eine wichtige Voraussetzung für den Erfolg neoliberaler Strukturanpassung darstellt und die Kompetenzen des Wirtschaftsministeriums vom Erfolg der Wirtschaftsreformen abhängen, ist zu erwarten, dass das Wirtschaftsministerium eine *Präferenz für die Durchführung neoklassisch begründeter Arbeitsmarktreformen* haben wird. In Bezug auf einzelne Maßnahmen wird es allerdings indifferent (bzw. lediglich diffus zustimmend) sein.

5.2.5.3.3 Internationale Finanzinstitutionen

Die Situation der internationalen Finanzinstitutionen ist analog zum Wirtschaftsministerium. Da Wirtschaftsstrukturreformen in aller Regel mit finanzieller und technischer Unterstützung der IFI durchgeführt werden, ist ein Erfolg der Reformen positiv mit Kompetenzen und Mittelausstattung der IFI korreliert. Da andererseits Arbeitsmarktreformen eine notwendige Bedingung für den Erfolg der Wirtschaftsreformen sind, haben die internationalen Finanzinstitutionen *eine Präferenz für die Durchführung von neoklassisch begründeten Arbeitsmarktreformen* (vgl. auch Frey 1985: 140ff); dies gilt für *alle hier untersuchten Reformmaßnahmen*. Da andererseits Argentinien nur ein Mitgliedsland unter vielen ist, werden die Auswirkungen eines Reformerfolgs oder –scheiterns auf die Kompetenzen und das Budget der IFI nur von begrenztem Ausmaß sein. Daher ist die *Intensität der Präferenzen nur gering*.

5.2.5.3.4 Internationale Arbeitsorganisation

Entsprechend ihres Organisationszwecks wird die internationale Arbeitsorganisation Präferenzen für all jene Reformen des Arbeitsmarktes herausbilden, welche die Lebensbedingungen der arbeitenden, insbesondere der armen Bevölkerung, sowie die Schaffung, Abschaffung oder Modifikation internationaler Arbeits- und Sozialnormen betreffen. Dies ist insbesondere die *Stärkung des Arbeitsinspektionswesens* und die *Verhinderung von Monopolen auf dem Arbeitsmarkt*.

Reformen, welche die Lebensbedingungen negativ betreffen oder Arbeits- und Sozialnormen aufweichen, werden hingegen abgelehnt. Aus dem Kanon der untersuchten Reformmaßnahmen betrifft dies die *Senkung der Mindestlöhne*, die *Ausdehnung der Arbeitszeiten* sowie die *Liberalisierung des Kündigungsschutzes*.

In Bezug auf andere Reformmaßnahmen ist eine Herausbildung von Präferenzen nicht zu erwarten. Dies gilt beispielsweise für die *Dezentralisierung der Tarifverhandlungen*, die *Senkung von Lohnnebenkosten* oder die *Einführung befristeter Arbeitsverhältnisse*.

Die Präferenz der ILO in Bezug auf die Gesamtreform ist somit insgesamt ambivalent und wird von der genauen Zusammensetzung der Reformmaßnahmen abhängen. In einer Reform, welche alle der hier untersuchten acht Maßnahmenpakete umfasst, halten sich Ablehnung und Zustimmung der ILO zu den verschiedenen Maßnahmen in etwa die Waage, die *ILO wird daher in Bezug auf die Gesamtreform indifferent* sein.

5.2.5.4 ZUSAMMENFASSUNG: PRÄFERENZEN DER REFORMBETROFFENEN

Tabelle 14 resümiert die theoretisch deduzierten Präferenzen der reformbetroffenen Gruppen und Organisationen im Hinblick auf die verschiedenen Maßnahmen in den betrachteten Reformbereichen sowie im Hinblick auf die Arbeitsmarktreform insgesamt.

Tabelle 14: Deduzierte Präferenzen der Betroffenen von Arbeitsmarktreformen – Übersicht

Reformmaßnahme	**Arbeitnehmer**	**Arbeitgeber**	**Arbeitslose**	**Arbeitsbürokratie**	**Wirtschaftsbürokratie**	**IFI**	**ILO**
Flexibilisierung/Senkung der Löhne							
Flexibilisierung kollektiver Verhandlungen	- / --*	+	o	o / -	o	+	o
Verringerung von Lohnnebenkosten	-	++	+	-	o	+	o
Senkung der Mindestlöhne	-	+	+	o	o	+	-
Lohnstückkostensenkung (Arbeitszeitverlängerung etc.)	--	++	o	o	o	+	-
Flexibilisierung der Beschäftigung							
Liberalisierung des Kündigungsschutzes	--	++	+	o / -	o	+	-
Förderung befristeter Arbeitsverhältnisse	-	++	+	o / -	o	+	o
Sicherung der Rahmenbedingungen auf dem Arbeitsmarkt							
Verringerung von Marktmacht auf dem Arbeitsmarkt	- / --*	+	o	o	o	+	+
Ausbau des Inspektionswesens/ Sicherung der Regelbefolgung	+	-	-	++	o	+	+
Allgemeine Präferenz	**--**	**++**	**+**	**-**	**+**	**+**	**o**

Erläuterung: * Gewerkschaften; ++ starke Präferenz für Reform; + schwache Präferenz für Reform; o keine Präferenz; - schwache Präferenz gegen Reform; -- starke Präferenz gegen Reform.

Es ist darauf hinzuweisen, dass die deduzierte Präferenz in Bezug auf die Gesamtreform sich nicht notwendigerweise aus den Präferenzen in Bezug auf die einzelnen betrachteten Reformmaßnahmen ergibt. Denn erstens stellen die im Rahmen dieser Arbeit betrachteten Reformmaßnahmen, wie in Abschnitt 3.4/3.5 erwähnt, nur einen Ausschnitt aller Reformmaßnahmen dar. Hinzu kommt, zweitens, dass Präferenzen in Bezug auf Arbeitsmarktreformen auch durch exogene, d.h. nicht im Bereich der Arbeitsmarktreform liegende, Faktoren beeinflusst werden können. Ein wichtiges Beispiel hierfür ist etwa die erwartete generelle Präferenz des Wirtschaftsministeriums für die Durchführung von Arbeitsmarktreformen bei gleichzeitiger Indifferenz in Bezug auf einzelne Reformmaßnahmen.

5.3 Operationalisierung, Erhebungsmethoden und Datenquellen

5.3.1 Operationalisierung

5.3.1.1 STRUKTURELLE DURCHSETZUNGSFÄHIGKEIT

Gruppengröße, Organisationsgrad und Kohärenz sind prinzipiell verhältnisskaliert (siehe Tabelle 15), Ressourcenausstattung, Hierarchisierungsgrad und die Intensität der Beziehungen zu den Reformverantwortlichen sind ordinal skaliert. Angesichts der mangelnden Datenverfügbarkeit werden jedoch in der vorliegenden Arbeit lediglich für die Gruppengröße und den Organisationsgrad die Indikatoren gemäß Tabelle 15 verwendet. Alle anderen Variablen werden nur qualitativ gemessen und dabei drei Ausprägungen "hoch", mittel und "niedrig" (oder vergleichbar) unterschieden, denen die Werte 1, 0,5 und 0 zugeordnet werden. Wenn eine Gruppe nicht organisiert ist, erhalten alle Variablenwerte außer der Gruppengröße den Wert 0.

Tabelle 15: Bestimmungsfaktoren der Gruppendurchsetzungschancen und ihre quantitativen Messgrößen

Gruppengröße	$\gamma = \begin{cases} \frac{2 \cdot n}{N} & \text{für } \frac{n}{N} < 0{,}5 \\ 1 & \text{für } \frac{n}{N} \geq 0{,}5 \end{cases}$
Organisationsgrad	$\omega = \frac{m}{n}$
Kohärenz	$\kappa = \frac{\sum_{i=1}^{k} m_i^2}{m^2}$
mit	n = Anzahl der Gruppenmitglieder N = Erwerbspersonenzahl m = Gesamtanzahl der organisierten Gruppenmitglieder k = Anzahl der Organisationen in der Gruppe m_i = Anzahl der Mitglieder in Organisation i; mit i = 1,..., k

Tabelle 16 und Tabelle 17 spezifizieren die Bedingungen für die Reformbetroffenen bzw. die Reformverantwortlichen, die erfüllt sein müssen, damit einer Variable ein bestimmter Wert zugeordnet wird.

Im Rahmen der empirischen Untersuchung werden die Ausprägungen der unabhängigen Variablen für jede der Interessengruppen und jedes Jahr im Verlauf des Untersuchungszeitraumes ermittelt, sofern Daten verfügbar sind.

Die einzelnen Werte werden, wie bereits erwähnt, durch einfache Addition gleichgewichtig zur Variable "Strukturelle Durchsetzungsfähigkeit des Akteurs X" aggregiert. Gemäß der Anzahl der aggregierten Variablenkomponenten können die Variablenwerte zwischen 0 und 6 (Reformbetroffene) bzw. 0 und 2 (Reformverantwortliche) variieren.

Tabelle 16: Strukturelle Durchsetzungsfähigkeit von Reformbetroffenen: Definition der Variablenausprägungen

Determinante	Ausprägung	Bedingung
Gruppengröße	0, ..., 1	Indikatorwert gemäß Tabelle 15
Organisationsgrad	0, ..., 1	Indikatorwert gemäß Tabelle 15
Kohärenz	hoch / 1	Existenz von einer Organisation in der Gruppe, klarer Dominanz einer Organisation, oder institutionalisierter Zusammenarbeit der Organisationen
	mittel / 0,5	Existenz von 2-3 etwa gleich starken Organisationen in einer Gruppe
	gering / 0	Existenz von mehr als drei etwa gleich starken Organisationen in einer Gruppe
Hierarchisierungsgrad	hoch / 1	Keine inhaltliche Kontrolle der Organisationsführung durch die Mitglieder, Abhängigkeit der Mitglieder von der Organisationsbürokratie; oder Identität von Organisationsmitgliedern und -führung
	mittel / 0,5	Ex post-Validierung von Entscheidungen der Organisationsführung durch die Mitglieder notwendig
	gering / 0	Unmittelbare (ex ante-) Beteiligung der Organisationsmitglieder in den Entscheidungsprozessen der Organisation
Ressourcenausstattung	hoch / 1	Verfügungsgewalt über hinreichende Mittel bei stabilem Mittelzufluss
	mittel / 0,5	Verfügungsgewalt über hinreichende Mittel bei instabilem Mittelzufluss
	gering / 0	keine hinreichenden Mittel vorhanden
Intensität der Beziehungen	hoch / 1	Existenz einer stabilen direkten Beziehung (formeller oder informeller Art) zwischen Organisation und durchsetzungsfähigen Reformverantwortlichen
	mittel / 0,5	Existenz einer punktuellen direkten Beziehung (formeller oder informeller Art) zwischen Organisation und anderen Reformverantwortlichen
	gering / 0	keine direkten Beziehungen der Organisation zu Reformverantwortlichen

Tabelle 17: Strukturelle Durchsetzungsfähigkeit staatlicher Akteure: Definition der Variablenausprägungen

Determinante	Ausprägung	Bedingung
Kompetenzen	hoch / 1	Alleinige und unmittelbare Verantwortlichkeit für den Reformgegenstand
	mittel / 0,5	Unmittelbare Verantwortlichkeit für einen Teilbereich des Reformgegenstands oder Mitspracherecht in Bezug auf den Reformgegenstand
	gering / 0	Keine Verantwortlichkeit und kein Mitspracherecht
Hierarchieposition	hoch / 1	Weisungsbefugnis gegenüber Akteuren mit hohen Kompetenzen in Bezug auf den Reformgegenstand
	mittel / 0,5	Gleichstellung zu Akteuren mit hohen Kompetenzen in Bezug auf den Reformgegenstand
	gering / 0	Subordination unter Akteure mit hohen Kompetenzen in Bezug auf den Reformgegenstand

Die strukturelle Durchsetzungsfähigkeit der Akteure innerhalb des Subsystems (Reformbetroffene bzw. Reformverantwortliche) kann dann einfach verglichen werden.

5.3.1.2 Inhaltliche Präferenzen und Präferenzintensität

Wie dargestellt können je nach Reformgegenstand und Reformumfeld die Präferenzen einer Organisation bzw. Interessengruppe in unterschiedlicher Stärke oder Intensität vorliegen. Die Präferenzintensität hängt dabei von den (erwarteten) Auswirkungen der Reform auf Nutzenfunktionen der Gruppenmitglieder ab, wobei angenommen wird, dass die Nutzenfunktionen – und folglich auch die sich herausbildenden Präferenzen und Präferenzintensitäten – aller Gruppenmitglieder identisch sind.

Da die Nutzenfunktionen nicht bekannt sind, werden im Modell hinsichtlich des *Inhalts* der Präferenzen lediglich "Zustimmung" und "Ablehnung" einer Reform unterschieden, je nachdem ob eine Gruppe positiv oder negativ von der Reform betroffen ist (ist der Akteur nicht betroffen, so ist er der Reform gegenüber indifferent, d.h. er entwickelt kein Präferenz). Hinsichtlich der Intensität werden "stark" und "schwach" ausgeprägte Präferenzen (bzw. Präferenzen "hoher" und "niedriger" Intensität) unterschieden gemäß der folgenden Kriterien:

- stark ausgeprägte Präferenzen einer Interessengruppe liegen vor, wenn Grundinteressen der *Organisation* direkt durch die Reform betroffen sind, d.h. Einkommen oder Kompetenzen der Organisation erhöht oder verringert werden;
- stark ausgeprägte Präferenzen einer Interessengruppe liegen ebenfalls vor, wenn Grundinteressen der *Gruppe* (nicht jedoch der Organisation) direkt durch die Reform betroffen sind und der Hierarchisierungsgrad gering ist;
- schwach ausgeprägte Präferenzen einer Interessengruppe liegen vor, wenn Grundinteressen der *Gruppe* direkt durch die Reform betroffen sind und der Hierarchisierungsgrad hoch ist,
- schwach ausgeprägte Präferenzen einer Interessengruppe liegen ebenfalls vor, wenn die Grundinteressen der Gruppe nur mittelbar von der Reform betroffen sind.

In Analogie zur Codierung der Durchsetzungsfähigkeit wird die Präferenzintensität mit Beträgen zwischen 0 und 1 codiert (Tabelle 18). Die inhaltliche Präferenz wird durch das Vorzeichen wiedergegeben, wobei eine Ablehnung der Reform durch negatives und eine Reformzustimmung durch positives Vorzeichen angegeben werden.

5.3.1.3 Situationsspezifische Durchsetzungsfähigkeit

Aus der strukturellen Durchsetzungsfähigkeit und der Präferenz bzw. Präferenzintensität kann für jede Organisation in Bezug auf jede einzelne Reformmaßnahme die situationsspezifische Durchsetzungsfähigkeit errechnet werden. Diese wird *definiert als das Produkt aus dem Wert für die strukturelle Durchsetzungsfähigkeit und dem Wert für die Präferenz bzw. Präferenzintensität.*

Die Werte der Variable "situationsspezifische Durchsetzungsfähigkeit" schwanken bei Reformbetroffenen zwischen –6 (starke Ablehnung einer Reform durch eine

Organisation mit maximaler struktureller Durchsetzungsfähigkeit) und +6 (starke Präferenz für Reform durch eine Organisation mit maximaler struktureller Durchsetzungsfähigkeit). Ist eine Gruppe indifferent in Bezug auf eine Reformmaßnahme, so ist ihre situationsspezifische Durchsetzungsfähigkeit gleich 0.

Tabelle 18: Präferenzen und Präferenzintensitäten: Definition der Variablenausprägungen

Ausprägung	Bedingung
-1	starke Ablehnung des Reformvorhabens
-0,5	schwache Ablehnung des Reformvorhabens
0	Indifferenz
0,5	schwache Zustimmung zum Reformvorhaben
1	starke Zustimmung zum Reformvorhaben

5.3.1.4 Erfolgswahrscheinlichkeit der Reform

Um eine Prognose für die Erfolgswahrscheinlichkeit der Reformen bzw. einzelner Reformmaßnahmen abgeben zu können, muss in einem letzten Schritt noch die situationsspezifische Durchsetzungsfähigkeit von Reformgegnern und Reformbefürwortern verglichen werden. Hierzu gibt es zwei Möglichkeiten: Erstens können alle Reformgegner und Reformbefürworter zu "Koalitionen" zusammengefasst werden, indem die Werte aller situationsspezifischen Durchsetzungschancen addiert werden (unter Beibehaltung des Vorzeichens für die inhaltliche Präferenz). Im Ergebnis wird also ein Wert von 0 ein Gleichgewicht von Gegnern und Befürwortern einer Reform anzeigen, positive Werte zeigen ein Übergewicht der Reformbefürworter. Je größer der Wert, umso höher die Implementationswahrscheinlichkeit der Reform.[131]

Zweitens kann in ähnlicher Weise auch die spezifische Durchsetzungsfähigkeit der jeweils stärksten Gruppe innerhalb der Reformgegner und der Reformbefürworter miteinander verglichen werden, indem der Maximalwert und der Minimalwert (wieder unter Beibehaltung des Vorzeichens für die inhaltliche Präferenz) addiert werden. Dieses Vorgehen würde einer politischen Praxis entsprechen, in der Koalitionen zwischen verschiedenen Gruppen mit gleicher Präferenz nicht zustande kommen.

Im weiteren Verlauf der Arbeit werden beide Vorgehensweisen angewendet.

5.3.2 Erhebungsmethoden und Datenquellen

5.3.2.1 Strukturelle Durchsetzungsfähigkeit

Die Indikatoren zur Messung der Determinanten der Durchsetzungsfähigkeit werden in der Fallstudie mit verschiedenen Erhebungsmethoden gemessen. Im Vordergrund steht die Analyse von Sekundärliteratur. Der Rückgriff auf Sekundärliteratur erlaubt durch den Vergleich verschiedener Interpretationen insbesondere bei den qualitativ zu ermittelnden Faktoren eine höhere Reliabilität der Untersuchung. Ergänzend wer-

131 Anzumerken ist, dass der Begriff der Erfolgswahrscheinlichkeit hier nicht im streng formalen Sinn verwendet wird; entsprechend kann die Erfolgswahrscheinlichkeit Werte größer als 1 annehmen.

den auch Primärquellen genutzt, vor allem für die jüngere Vergangenheit, für die Sekundärquellen noch nicht bzw. nur in geringer Anzahl vorliegen.

5.3.2.2 Präferenzen und Präferenzintensität

Präferenzen können entweder empirisch-induktiv oder theoretisch-deduktiv ermittelt werden. Bei der ersten Methode werden Präferenzen unmittelbar beobachtet. Hierbei sind zumindest drei Formen der empirischen Ermittlung denkbar. Zum einen ist es möglich, vom beobachteten Verhalten der Akteure Rückschlüsse auf ihre Präferenzen zu ziehen. Zweitens können Äußerungen der Akteure auf die Offenbarung von Präferenzen hin untersucht werden, beispielsweise durch die Analyse von Dokumenten. Schließlich können Experten nach ihrer Einschätzung der Politikpräferenzen der Akteure gefragt werden[132].

Aus methodologischer Sicht besitzt die empirisch-induktive Bestimmung von Akteurspräferenzen verschiedene Nachteile. So ist die Gefahr von Zirkelschlüssen sehr groß, wenn vom Verhalten eines Akteurs auf die zugrunde liegenden Präferenzen dieses Akteurs geschlossen wird (Snidal 1985: 40f). Werden stattdessen die Präferenzen anhand von Äußerungen der Akteure ermittelt, so besteht die Gefahr, dass ein Akteur nicht stets seine wahren Präferenzen offenbart. Die induktive Präferenzermittlung bietet keine Möglichkeit zu überprüfen, ob die wahren Präferenzen genannt werden. In vielen Fällen sind die Präferenzen auch gar nicht beobachtbar, da sie nicht offen geäußert werden. Dies ist insbesondere bei den Präferenzen von Arbeitsbürokratie, Wirtschaftsministerium und Regierung zu erwarten, da zwischen diesen Akteuren Aushandlungsprozesse oft hinter verschlossenen Türen stattfinden. Schließlich ist auch die Intensität der Präferenzen in der Regel nicht beobachtbar[133].

Der größte Nachteil der induktiven Präferenzermittlung besteht jedoch darin, dass sie nicht die Möglichkeit bietet, zwischen eigennutzenorientierten und wertorientierten Präferenzen zu unterscheiden. Um entscheiden zu können, ob eine bestimmte Politikpräferenz den Nutzen eines Akteurs erhöht, muss dessen Nutzenfunktion, zumindest aber dessen Grundinteresse bekannt sein. Dies ist bei der induktiven Präferenzermittlung aber nicht der Fall.

Im Gegensatz zur empirisch-induktiven Methode werden bei der theoretisch-deduktiven Bestimmung die Präferenzen der Akteure in bestimmten Handlungskontexten und Entscheidungssituationen aus den theoretisch angenommenen Grundinteressen der Akteure logisch abgeleitet. Ausgangspunkt der theoretisch-deduktiven Bestimmung von Akteurspräferenzen ist die grundlegende Rationalitätsannahme in Verbindung mit der Annahme, dass Individuen ihren individuellen Nutzen zu maximieren suchen. Ist bekannt, welche Nutzenfunktion ein Individuum hat, oder zumindest,

---

132 Bei der Expertenbefragung handelt es sich nicht notwendigerweise um eine empirisch-induktive Methode der Präferenzbestimmung, da die befragten Experten ihrerseits die Akteurspräferenzen theoretisch-deduktiv ermitteln können. Da jedoch verschiedene Experten Präferenzen kaum nach der gleichen Methode ermitteln, so dass eine wohldefinierten Kriterien gehorchende theoretisch-deduktive Präferenzbestimmung bei Befragung verschiedener Experten nicht möglich ist, wird die Expertenbefragung hier zu den empirisch-induktiven Methoden gezählt.

133 Für weitere Kritikpunkte an der induktiven Bestimmung von Präferenzen vgl. Snidal (1985: 40ff).

worin seine grundlegende Handlungsmotivation besteht, so können für konkrete Situationen die Präferenzen der Akteure abgeleitet werden: "actors' preferences can be derived in every situation from a fundamental motivation that is prescribed by structural constraints" (Zürn 1997: 298f).

Da kein gesichertes Wissen über die Nutzenfunktionen der Akteure oder ihre grundlegenden Handlungsmotivationen vorliegt bzw. diese von Individuum zu Individuum unterschiedlich sein können, beginnt die theoretische Bestimmung von Präferenzen mit Annahmen über die grundlegende Handlungsmotivation der Akteure. Daraus lassen sich dann für konkrete Situationen die Präferenzen ableiten, die ein rationaler Akteur hat. Dieses Vorgehen der logischen Deduktion von Präferenzen zielt auf die Erstellung eines Interessenprofils der Akteure ab, indem aus den angenommenen grundsätzlichen und langfristigen Interessen für gegebene Situationen die Präferenzen bestimmt werden, die ein Akteur unter angebbaren Beschränkungen der ihm zur Verfügung stehenden Informationen und Handlungsoptionen hat.

Wegen der genannten Nachteile der empirisch-induktiven Präferenzermittlung ist der theoretisch-deduktiven Präferenzbestimmung der Vorzug zu geben. In Abschnitt 3.4 wurde durch die Ermittlung der erwarteten Auswirkungen von Arbeitsmarktreformen auf die verschiedenen *gesellschaftlichen* Gruppen dafür bereits der Grundstock gelegt, indem die Betroffenheit der verschiedenen gesellschaftlichen Gruppen von den verschiedenen Arbeitsmarktreformen aus der neoklassischen Theorie abgeleitet wurde. In Abschnitt 5.2.5 wurden die theoretisch abgeleiteten Präferenzen für *alle* im Modell berücksichtigten Akteure expliziert.

Dennoch ist empirisch zu überprüfen, ob die von den verschiedenen Interessengruppen artikulierten Präferenzen mit den theoretisch abgeleiteten übereinstimmen. In der vorliegenden Arbeit wird dazu auf die Dokumentenanalyse (Analyse der Tagespresse, Pressemitteilungen von Interessengruppen, Jahresberichte, Kommuniqués und Veröffentlichungen von Interessengruppen) sowie auf Sekundärliteratur zurückgegriffen.

6 Die politökonomische Analyse der Arbeitsmarktreformen in Argentinien, 1983-2004

Nachdem nun das analytische Modell dargestellt ist, werden in diesem Kapitel Prognosen über den Zeitpunkt und Erfolg von Arbeitsmarktreformen am Beispiel Argentinien abgeleitet. Die Prognosenbildung erfordert die folgenden Schritte:

1. Ermittlung der strukturellen Durchsetzungschancen von Akteuren anhand der oben identifizierten Determinanten;
2. Rekapitulation der in Abschnitt 5.2.5 deduzierten inhaltlichen Präferenzen der Akteure in Bezug auf die betrachteten Reformkomponenten/-maßnahmen.
3. Ermittlung der situationsspezifischen Durchsetzungsfähigkeit anhand der Präferenzintensität und der strukturellen Durchsetzungsfähigkeit.
4. Vergleich der situationsspezifischen Durchsetzungsfähigkeit von Reformgegnern und Reformbefürwortern.

Das Ergebnis des Kapitels werden Prognosen über den Politikausgang sein, d.h. über die Wahrscheinlichkeit, ob und wann eine betrachtete Reformkomponente umgesetzt wird, und mit welcher Zielrichtung sie gegebenenfalls umgesetzt wird.

6.1 Abschätzung der Durchsetzungsfähigkeit reformverantwortlicher Akteure

6.1.1 Regierung

Die Regierung in Argentinien wird vom Präsidenten angeführt, der gleichzeitig auch Staatsoberhaupt ist. Die legalen Kompetenzen und Beziehungen des Präsidenten zu den anderen staatlichen Akteuren während des Untersuchungszeitraums ergeben sich aus den Verfassungen Argentiniens von 1853 und 1994. Die politische Praxis wich aber ab 1983 zunehmend vom Verfassungstext ab und wurde teilweise durch die Verfassungsreform von 1994 formalisiert und legalisiert.

6.1.1.1 HIERARCHIEPOSITION

Im gesamten Untersuchungszeitraum besaß der Präsident eine hervorgehobene Stellung gegenüber allen anderen staatlichen Akteuren, wobei Kompetenzen und Machtfülle zumindest bis Mitte der 1990er Jahre noch deutlich ausgebaut wurden (vgl. Llanos 2002: 55f). Mit der Verfassungsreform wurde die Position des Kabinettschefs (*Jefe de Gabinete de Ministros*) geschaffen, welcher eine eher administrative Funktion zwischen Kabinett, Legislative und Präsident einnimmt.

Gegenüber den *Ministern und der Bürokratie* hat der Präsident gemäß der Verfassung (Art. 86 der Verf. von 1853 bzw. Art. 99 der Verf. von 1994) weitreichende Kompetenzen: als Regierungsoberhaupt und oberster Verantwortlicher für die Landesverwaltung kann er Minister einsetzen und entlassen (in Zusammenarbeit mit dem Kongress) und er überwacht deren Aktivitäten. Dazu sind die Minister verpflichtet, dem Präsidenten über ihre Arbeit jederzeit Bericht zu erstatten. Im Fall von Kompetenzstreitigkeiten zwischen Ministerien entscheidet der Präsident (Gesetz Nr. 22520).

Trotz der formalen Richtlinienkompetenz des Präsidenten gab es im Untersuchungszeitraum immer wieder offene Interessenskonflikte zwischen den Ressorts, auch gerade zwischen Wirtschafts- und Arbeitsministerium, die nur teilweise durch autoritative Entscheidungen des Präsidenten aus der Welt geschafft wurden. Für die Anfangszeit der Regierung Menem stellt Llanos beispielsweise fest: "Abgesehen von der Vertretung eigener Interessen hatten alle Mitglieder der Exekutive [d.h. alle Kabinettsmitglieder, D.B.] auch ihre eigenen Vorstellungen von Wirtschaftspolitik." (Llanos 2002: 377). Um dieser Heterogenität innerhalb der Regierung zu begegnen wurde die Konzentration der Macht in der Person des Präsidenten durch fortschreitende Berufung von Technokraten als Minister gefördert (vgl. Llanos 2002: 77f); dies gilt sowohl für das Wirtschaftsministerium unter Cavallo als auch für das Arbeitsministerium unter Caro Figueroa. Gleichzeitig wurde, zumindest in den Krisenjahren 1989 bis 1991, eine Parallelverwaltung neben der bestehenden Bürokratie aufgebaut, um Reformen (z.B. Privatisierung) schnell voranzubringen (Llanos 2002: 373, Fußnote 20).

Der Oberste Gerichtshof (*Corte Suprema de Justicia*) ist gemäß der Verfassung die höchstrichterliche Instanz. Der Oberste Gerichtshof hat jedoch kein Kontrollrecht gegenüber dem Präsidenten. Vielmehr können Anklagen des Präsidenten nur durch die Deputiertenkammer erfolgen (Art. 53, Verf. v. 1994) und werden dann im Senat unter Vorsitz des Präsidenten des Obersten Gerichtshofes verhandelt, wobei für eine Verurteilung ein Quorum von zwei Dritteln nötig ist (Art. 59, Verf. v. 1994). Andererseits hat der Präsident das Vorschlagsrecht für die (unbefristet amtierenden) Richter am Obersten Gerichtshof; der Senat muss mit Zweidrittelmehrheit zustimmen. Insgesamt besteht zwar keine klare hierarchische Beziehung zwischen Präsident und Oberstem Gerichtshof, jedoch verfügt der Präsident durchaus über eine starke Position, da er nicht unmittelbar vom Obersten Gerichtshof kontrolliert wird. Es ist zudem anzumerken, dass Präsident Menem eine Erhöhung der Richterzahl am Obersten Gerichtshof von fünf auf neun erwirkte, um die neuen Positionen mit ihm nahe stehenden Richtern zu besetzen (vgl. Nino 1992: 71ff). Dadurch war eine wirksame Kontrolle des Präsidenten durch den Obersten Gerichtshof zumindest bis zum Ende der Amtszeit Menems 1999 praktisch unmöglich. Schließlich ist noch anzumerken, dass die Kompetenzen des Obersten Gerichtshofes in Bezug auf die Arbeitsmarktreformen begrenzt sind (vgl. unten).

Auch gegenüber der *Legislative* verfügt der Präsident über eine Position, die durchaus als hierarchisch übergeordnet interpretiert werden kann:

- *Laut Verfassung* (Art. 68ff der Verf. von 1853 bzw. Art. 77ff der Verf. von 1994) hat der Präsident das Recht, Gesetzesinitiativen in den Kongress einzubringen. Er verfügt darüber hinaus de facto über eine Vetomacht im Gesetzgebungsverfahren: wird ein Gesetz von beiden Kammern des Kongresses verabschiedet, so wird es dem Präsidenten zugeleitet, der innerhalb von zehn Arbeitstagen sein (vollständiges oder, seit 1994, auch partielles) Veto einlegen kann. Dieses kann nur mit Zweidrittelmehrheit in beiden Kammern des Kongresses überstimmt werden.
  Neben der normalen Gesetzgebung hat der Präsident darüber hinaus seit der Verabschiedung der Verfassung von 1994 (Art. 99) das Recht, Notstands- und Dringlichkeitsdekrete (*decretos de necesidad y urgencia*) zu erlassen, die ex post vom Kongress mit absoluter Mehrheit (beider Kammern) bestätigt werden müssen.

- *In der politischen Praxis* war der Gebrauch des partiellen Vetos bereits vor 1994 bekannt (es war seit 1960 per oberstem Gerichtshof legalisiert). Notstands- und Dringlichkeitsdekrete wurden seit 1983 zunehmend erlassen: zwischen 1853 und Juli 1989, also dem Abschluss der Präsidentschaft Alfonsíns, waren 35 Dekrete erlassen worden, zwischen Juli 1989 und August 1994 aber 336 (Ferreira Rubio/Goretti 1996: 451). Die neue Qualität der Entmachtung des Kongresses und Konzentration von Exekutiv- und Legislativfunktion in der Person des Präsidenten Menem sowie die Neutralisierung des obersten Gerichtshofes wurde auch als "Hyperpräsidentialismus" (Nino 1992: 73) bezeichnet.

Der Präsident hat also einerseits durch den Erlass von Dekreten die Möglichkeit, das parlamentarische Gesetzgebungsverfahren zu umgehen, andererseits kann er mit seinem Veto parlamentarisch verabschiedete Gesetze blockieren.

Inwiefern de facto eine hierarchische Beziehung zwischen Kongress und Präsident besteht, hängt von den Mehrheitsverhältnissen im Kongress ab. Verfügt der Präsident in beiden Kammern über eine absolute Mehrheit von Getreuen, so steht weder der Verwendung von Vetos noch von Dekreten ein parlamentarisches Hindernis im Wege. Und selbst wenn der Präsident nur über eine Sperrminorität von einem Drittel der Abgeordneten in einer Kammer verfügt, so steht ihm noch das Instrument des Vetos in vollem Umfang zur Verfügung.

Abbildung 23 gibt die Entwicklung der Mehrheitsverhältnisse im argentinischen Kongress seit 1983 wieder. Dargestellt sind jeweils die Stimmenanteile der Partei des Präsidenten in den beiden Kammern. Wie man sieht, war – unter der Voraussetzung, dass die Partei jeweils diszipliniert hinter dem Präsidenten steht – der Einsatz des Vetos nur im Jahr 2001 gefährdet, als die Allianz in beiden Kammern nur ca. 34% der Abgeordneten stellte. Eine Aufhebung von Notstands- und Dringlichkeitsdekreten durch das Parlament wäre demnach in den Perioden 1983 bis 1989 und 1999 bis 2001 wahrscheinlich gewesen – in diesen Perioden stellte die Partei des Präsidenten in beiden Kammern weniger (oder nur unwesentlich mehr) als die Hälfte der Abgeordneten.

Abbildung 23: Stimmenanteil der Präsidentenpartei im argentinischen Kongress (in % der Sitze), 1983-2005

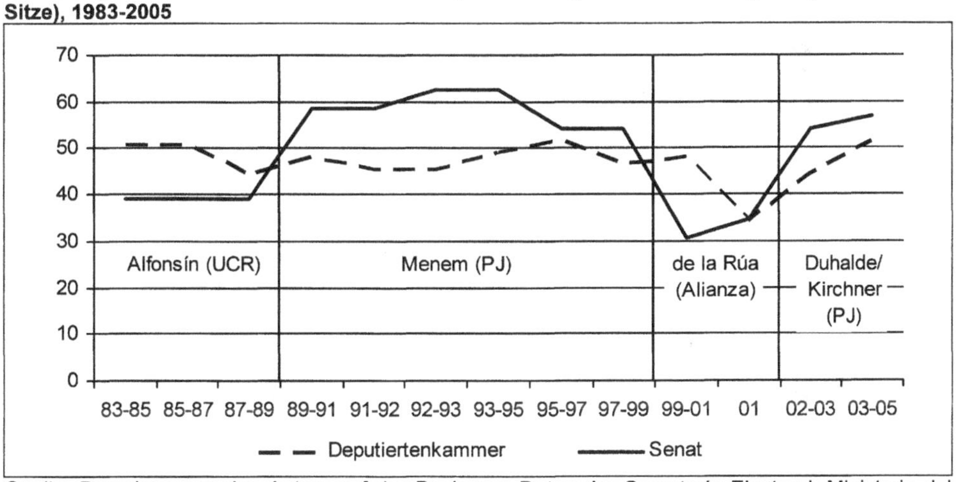

Quelle: Berechnungen des Autors auf der Basis von Daten der Secretaría Electoral, Ministerio del Interior

Die Annahme der parlamentarischen Parteidisziplin trifft aber in Argentinien nicht immer zu. Insbesondere die Peronisten neigen zu einer internen Fraktionierung, im Rahmen derer stets nur ein Teil den Präsidenten unterstützt, so dass Abbildung 23 den parlamentarischen Rückhalt der Präsidenten Menem, Duhalde und Kirchner überbewertet. In diesem Sinne stellt auch Llanos fest, dass die parlamentarische Mehrheit des Präsidenten in der zweiten Amtszeit Menems nicht mehr garantiert war, so dass Dekrete in dieser "konfliktiven Phase"[134] nur noch in vermindertem Umfang

134 Llanos unterscheidet insgesamt drei Phasen des Verhältnisses zwischen der Regierung Menem und dem Kongress (Llanos 2002: 67f): eine "delegative Phase" von 1989 bis 1991, in der Menem

eingesetzt wurden, da Gefahr bestand, dass sie vom Kongress außer Kraft gesetzt werden (vgl. Llanos 2002: 68f).

Von einer klaren Dominanz des Präsidenten im Verhältnis zum Kongress kann somit in den Perioden 1989 bis 1995 und ab 2002 gesprochen werden (Variablenwert 1). In den Jahren 1983 bis 1989 sowie 1995 bis Anfang 2001 beschränkte sich die präsidenzielle Macht in der Gesetzgebung auf die Ausübung des Vetos (Variablenwert 0,5), während im Jahr 2001 die Situation des Präsidenten gegenüber dem Parlament als schwach zu bezeichnen ist (Variablenwert 0).

6.1.1.2 Kompetenzen

Seit den 1940er Jahren verfügt Argentinien über ein detailliertes Arbeitsrecht, welches dem Staat eine wichtige Rolle in den Arbeitsbeziehungen einräumt, nicht zuletzt auch durch die enge Verknüpfung zwischen Staat und Gewerkschaftsbürokratie. Eine Folge ist, dass Konflikte zwischen den Sozialpartnern nicht direkt, sondern vermittelt über den Staat ausgetragen werden. Es fand (und findet) ein "Klassenkampf durch Mittelsmann" statt (Schvarzer/ Sidicaro 1987; vgl. auch Birle 2002a: 155). Der Staat, und innerhalb des Staates die Regierung, verfügt in seiner Rolle als Mittelsmann gegenüber Arbeitnehmern und Arbeitgebern über weitreichende Kompetenzen.

Die zunehmende Konzentration von Kompetenzen im Amt des Präsidenten seit 1983 erfolgte parallel zur Festigung der hierarchischen Beziehungen gegenüber den übrigen Akteuren. Insgesamt kann festgestellt werden, dass die Kompetenzen der Präsidenten, welche bereits zu Beginn des Untersuchungszeitraumes 1983 als hoch zu bewerten sind, bis Mitte der 1990er Jahre noch zugenommen haben, um dann auf einem hohen Niveau zu verbleiben.

Während der Präsidentschaft Alfonsín (1983-1989) wurde der Präsidentialismus gegenüber allen anderen – nicht nur staatlichen – Akteuren durch eine Reihe von Maßnahmen und Entwicklungen gestärkt:

- Eine Stärkung der Position des Präsidenten gegenüber der Regierungspartei ergab sich durch die Gründung einer eigenen Strömung in der Partei (*Renovación y Cambio*) sowie einer Gruppe, die dem Präsidenten direkt zuarbeitet (*Junta Coordinadora Nacional*). Damit wurde der Präsident von der Zusammenarbeit mit der Partei in Sachfragen unabhängig;
- Zunehmende Kompetenzen gegenüber den Ministerien und der Legislative ergaben sich durch den zunehmenden Rückgriff auf präsidenzielle Dekrete, v.a. in der Wirtschaftspolitik, wobei die wirtschaftliche Krisensituation und die Erfordernis schneller Entscheidungen als Rechtfertigung für die Machtkonzentration innerhalb der Exekutive angeführt wurden (vgl. Rubiolo González 2000: 201). Andererseits kann dieser Rückgriff auch als eine Form der Schwäche des Präsidenten gegenüber dem Kongress gesehen werden. Tatsächlich hatte die UCR während der gesamten Amtszeit nie eine Mehrheit in beiden Kammern, weshalb sie für die Verabschiedung von Gesetzen stets auf die Zusammenarbeit der Opposition an-

---

seine Politik ohne Rücksicht auf den Kongress durchsetzte, eine "kooperative Phase" von 1991 bis 994, und eben die "konfliktive Phase" der zweiten Amtszeit von 1995 bis 1999.

gewiesen war. Diese Situation verschärfte sich bis 1989 kontinuierlich – ab 1987 sah sich der Präsident mit einer Mehrheit der oppositionellen PJ in beiden Kammern konfrontiert. Daher schließt Rubiolo nicht zu unrecht: "Die Anwendung von Dekreten [...] wurde allmählich ein übliches Instrument, um die Situation parlamentarischer Blockade zu überwinden" (Rubiolo González 2000: 121);

- Eine Grundauffassung der Regierung Alfonsín war es gewesen, dass die gesellschaftlichen Interessengruppen Partikularinteressen verträten und ihr Einfluss auf die Politik schädlich sei. Ein Ziel Alfonsíns war es daher, den Einfluss von Interessengruppen auf die Politik einzudämmen. Prinzipiell suchte daher die Regierung ihre Politik unilateral, d.h. ohne Abstimmung mit Interessengruppen umzusetzen. Die vor allem ab 1985 zunehmend unilateralen Entscheidungen in der Wirtschaftspolitik führten aber dazu, dass eine Basis für vertrauensvolle Zusammenarbeit gar nicht entstehen konnte (vgl. de Riz 1989: 23; Rubiolo González 2000: 118f). Daher waren die verschiedenen Vorstöße der Regierung zur Bildung von Sozialpakten mit Unternehmern und Gewerkschaften, welche im Verlauf der Präsidentschaft zur Durchsetzung zentraler Politiken gebildet werden sollten, wenig erfolgreich.

Diese Tendenzen setzten sich unter Präsident Menem zunächst fort. Unmittelbar nach der Amtsübernahme im Sommer 1989 wurden unter dem Eindruck der Hyperinflation zwei Rahmengesetze verabschiedet (das Wirtschaftsnotstandsgesetz – *Ley de Emergencia Económica* – und das Staatsreformgesetz – *Ley de Reforma del Estado*), die den Einflussspielraum des Kongresses verringerten und der Exekutive mehr Kompetenzen gewährten[135]: "Beide Gesetze gaben der Exekutive große Machtbefugnisse in die Hände und leiteten eine unilaterale Regierungszeit ein, in der es der Regierung möglich war, strukturelle Reformen ohne größere institutionelle Hindernisse zu implementieren. Dem Kongress verblieben lediglich Kontrollfunktionen zur Verfolgung der Implementierung dieser Gesetze durch die Einrichtung zweier Ausschüsse, bestehend aus Mitgliedern beider Kammern (*comisiones bicamerales*)" (Llanos 2002: 372; vgl. auch Palermo/Novaro 1996: 256ff).

An der Kompetenzverteilung zwischen Präsident und Parlament änderte sich auch in der Folgezeit nichts, obgleich die verschiedenen Reformen des Arbeitsrechts im Untersuchungszeitraum vorwiegend auf normalem Wege durch Gesetzgebungsverfahren im Kongress erfolgten (vgl. auch Llanos 2002: 65f). Dennoch wurden die entsprechenden, substanziellen Gesetzesinitiativen ausschließlich vom Präsidenten im Kongress eingebracht.[136] Darüber hinaus zeigt auch die punktuell immer wieder auftretende Anwendung von arbeitsmarktpolitischen Dekreten von allen Präsidenten seit Beginn der 1990er Jahre, dass *die Kompetenzen des Präsidenten in Bezug auf die Reform des Arbeitsrechts im Untersuchungszeitraum durchgängig als hoch zu bewerten sind (Variablenwert 1)*.

---

135 Beide Gesetze wurden mit Unterstützung der UCR im Zuge der vorzeitigen Machtübergabe von Alfonsín auf Menem verabschiedet.

136 Gesetzesinitiativen von Diputierten oder Senatoren beschränkten sich in der Regel auf die Forderung nach der Aussetzung oder Revokation bestehender Gesetze, vor allem nach 2000.

6.1.1.3 ZUSAMMENFASSENDE BEWERTUNG

Abbildung 24 visualisiert die Bewertung der Durchsetzungschancen der Regierung unter Verwendung der in Abschnitt 5.2.4 eingeführten Skalierung.

Abbildung 24: Durchsetzungsfähigkeit der Regierung, 1983-2004

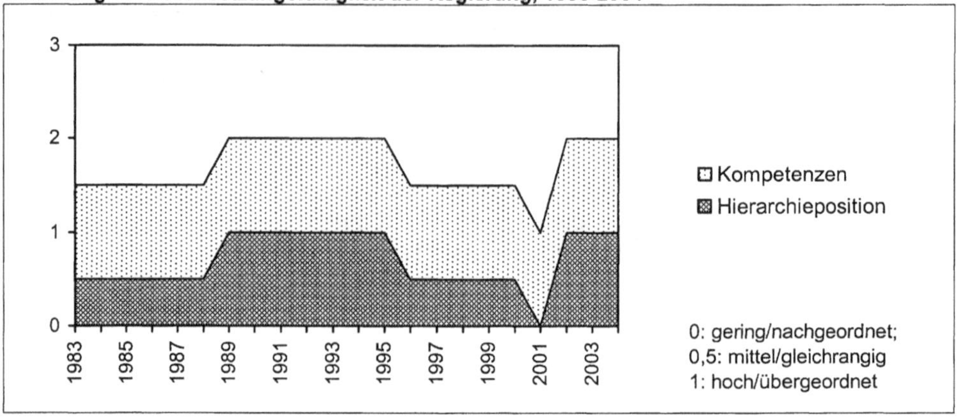

6.1.2 Parlament

Der argentinische Kongress (*Congreso de la Nación*) besteht (in Anlehnung an den US-amerikanischen Kongress) aus zwei Kammern, welche gemeinsam und gleichberechtigt für die Gesetzgebung verantwortlich sind.

Die Deputiertenkammer (*Cámara de Diputados*) besteht aus 257 Abgeordneten (bis 1994: 254), welche in den Provinzen direkt gewählt werden, wobei die Anzahl der Abgeordneten pro Provinz von der Bevölkerungszahl abhängt[137]. Die Dauer des Mandats beträgt vier Jahre, eine unbegrenzte Wiederwahl ist möglich. Alle zwei Jahre wird die Hälfte der Abgeordneten gewählt.

Der Senat (*Senado*) ist die Vertretung der Provinzen. Bis zur Verfassungsreform stellte jede Provinz[138] zwei von den Provinzparlamenten gewählte Senatoren, die jeweils ein – unbegrenzt erneuerbares – Mandat von neun Jahren hatten (Art. 46ff; Verf. v. 1853). Durch die Verfassungsreform von 1994 wurde die Zahl der Senatoren pro Provinz auf drei erhöht (entsprechend erhöhte sich die Gesamtzahl der Senatoren von 48 auf 72) und gleichzeitig die Dauer des Mandats auf 6 Jahre verringert (Art. 54ff, Verf. v. 1994) Die wichtigste Änderung durch die Verfassungsreform betraf den Wahlmodus: nach der neuen Verfassung werden die Senatoren in den Provin-

137 Die Anzahl der Deputierten hängt von der Bevölkerung ab und wird in periodischen Abständen anhand von Volkszählungsdaten aktualisiert. Laut Verfassung kommt auf jeweils 33.000 Einwohner ein Deputierter (Art. 37 der Verf. von 1853 bzw. Art. 45 der Verf. von 1994).

138 Sowie die Stadt Buenos Aires, die keine Provinz im eigentlichen Sinn ist.

zen direkt gewählt (Art. 54)[139]. Zur Verstetigung der Parlamentsarbeit wird nach zwei (bis 1994) bzw. drei Jahren (ab 1994) jeweils ein Drittel der Senatoren gewählt.

Gesetzesinitiativen können prinzipiell – mit Ausnahme einiger weniger Themenbereiche, zu denen die Arbeitsgesetzgebung nicht gehört – von beiden Kammern ausgehen. Die Verabschiedung von Gesetzen erfordert grundsätzlich die absolute Mehrheit beider Kammern.

6.1.2.1 HIERARCHIEPOSITION

Da das Parlament grundsätzlich für die Gesetzgebung zuständig ist, ist es der Exekutive in Bezug auf Arbeitsmarktreformen, so weit sie in Form von Gesetzen implementiert werden, formal hierarchisch übergeordnet: das Parlament erlässt die Gesetze, die Exekutive implementiert sie. Allerdings verfügt, wie im vorangegangenen Abschnitt gezeigt, der Präsident in Argentinien über weitreichende Mitspracherechte im Gesetzgebungsprozess, die de facto über lange Zeit im Untersuchungszeitraum dem Präsidenten eine hervorgehobene Stellung auch in der Gesetzgebung ermöglicht haben. Für die Hierarchieposition des Parlaments gelten dabei die Aussagen des Abschnitts 6.1.1.1 in umgekehrter Form, d.h. nur *im Jahr 2001 bestand eine klare gesetzgeberische Vormachtstellung des Kongresses gegenüber dem Präsidenten (Variablenwert 1). Dagegen ist das Parlament in den Perioden 1989 bis 1995 und ab 2002 dem Präsidenten nachgeordnet (Variablenwert 0). In den übrigen Zeiträumen besteht keine klare Hierarchie in den Beziehungen (Variablenwert 0,5).*

Gegenüber dem Obersten Gerichtshof – der aber nur über geringe Kompetenzen in Bezug auf Arbeitsmarktreformen verfügt – besteht, wie in Abschnitt 6.1.3.1 ausgeführt wird, keine klare hierarchische Beziehung.

6.1.2.2 KOMPETENZEN

Die Arbeitsgesetzgebung ist expliziter Bestandteil der Kompetenzen des Kongresses und obliegt beiden Kammern gemeinsam (Art. 67, Nr. 11, Verf. v. 1853 bzw. Art. 75, Nr. 12 & 19, Verf. v. 1994), und in der Tat sind alle wesentlichen Arbeitsmarktreformen im Untersuchungszeitraum im Wege des normalen Gesetzgebungsprozesses durchgeführt worden.

Die Legislative verfügte also im Untersuchungszeitraum über durchweg *hohe Kompetenzen zur Verabschiedung von Arbeitsmarktreformen (Variablenwert 1).*

6.1.2.3 ZUSAMMENFASSENDE BEWERTUNG

Abbildung 25 visualisiert die Bewertung der Durchsetzungschancen des Parlaments unter Verwendung der in Abschnitt 5.3.1 eingeführten Skalierung.

---

139 Da die amtierenden Senatoren über die Verfassungsreform hinaus ihr Amt behielten, war die Übergangszeit für den neuen Wahlmodus erst 2001 beendet, d.h. erst seit 2001 sind alle Senatoren direkt gewählt.

Abbildung 25: Durchsetzungsfähigkeit des Kongresses, 1983-2004

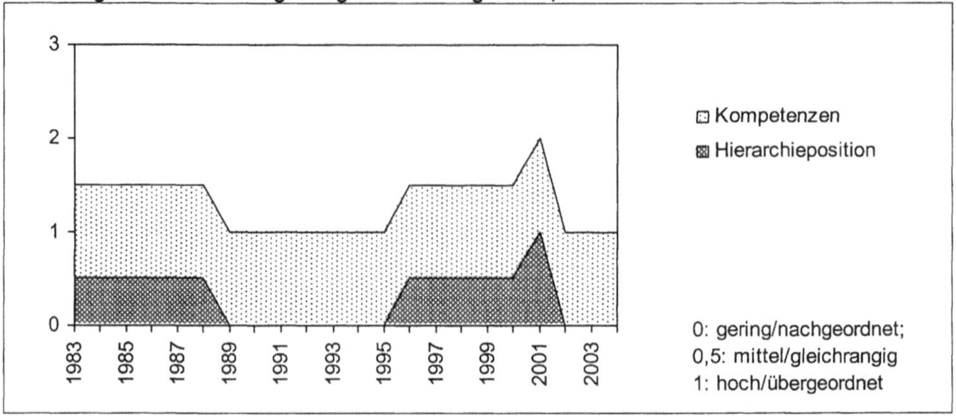

6.1.3 Jurisdiktion

6.1.3.1 Hierarchieposition

Wie erwähnt, verfügt der Oberste Gerichtshof über keine direkten Kontroll- oder Weisungsbefugnisse gegenüber der Exekutive oder der Legislative; er nimmt umgekehrt aber auch keine Weisungen entgegen. Insofern besteht im gesamten Untersuchungszeitraum *keine hierarchische Beziehung zwischen der obersten Instanz der Jurisdiktion und den anderen Gewalten. Die Jurisdiktion steht vielmehr als gleichwertige Institution neben den anderen staatlichen Gewalten (zugewiesener Variablenwert: 0,5).*

6.1.3.2 Kompetenzen

Der Oberste Gerichtshof kann die (sowohl formale als auch substanzielle) Rechtmäßigkeit von Reformen in Form von erlassenen Gesetzen und Dekreten überprüfen. Im Regelfall ergeht dann der Auftrag an die Legislative, beanstandete Normen zu modifizieren. Damit der Oberste Gerichtshof aktiv wird, ist es jedoch erforderlich, dass er von einem (gesellschaftlichen, bürokratischen oder politischen) Akteur angerufen wird; er kann nicht auf eigene Initiative aktiv werden. Die *Kompetenzen der Rechtsprechung sind daher nur als gering* einzuschätzen (Variablenwert 0,5).

6.1.3.3 Zusammenfassende Bewertung

Abbildung 26 visualisiert die Bewertung der Durchsetzungschancen des Obersten Gerichtshofs.

Abbildung 26: Durchsetzungsfähigkeit des Obersten Gerichtshofs, 1983-2004

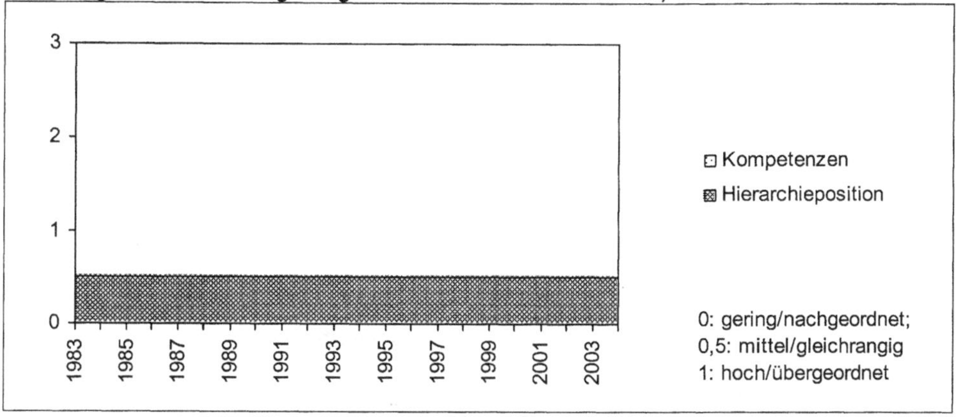

6.1.4 Zusammenfassung

Abbildung 27 fasst die ermittelten Durchsetzungschancen von Regierung, Kongress und Oberstem Gerichtshof zusammen. Unter den Reformverantwortlichen war die Regierung, und insbesondere das Amt des Präsidenten, über lange Perioden im Untersuchungszeitraum (von 1989-1995 und 2002-2004) der dominierende Akteur. Die Regierung verfügte sowohl über weitreichende Kompetenzen (alle Arbeitsmarktreformen wurden von der Regierung initiiert) als auch über eine herausragende Position in der Hierarchie der staatlichen Institutionen, welche es ihr erlaubten, im Zweifel ohne Berücksichtigung der anderen staatlichen Akteure Reformen durchzuführen. Während der ersten Amtszeit von Menem wurde die "Konzentration der Entscheidungsmacht in der Exekutive [...] auch von den restlichen politischen Akteuren wahrgenommen. Die mächtigen Akteure haben versucht, den Druck direkt auf die Exekutive und nur ganz vereinzelt im Kongress auszuüben" (Rubiolo González 2000: 165).

Abbildung 27: Vergleichende Bewertung der Durchsetzungschancen reformverantwortlicher Akteure

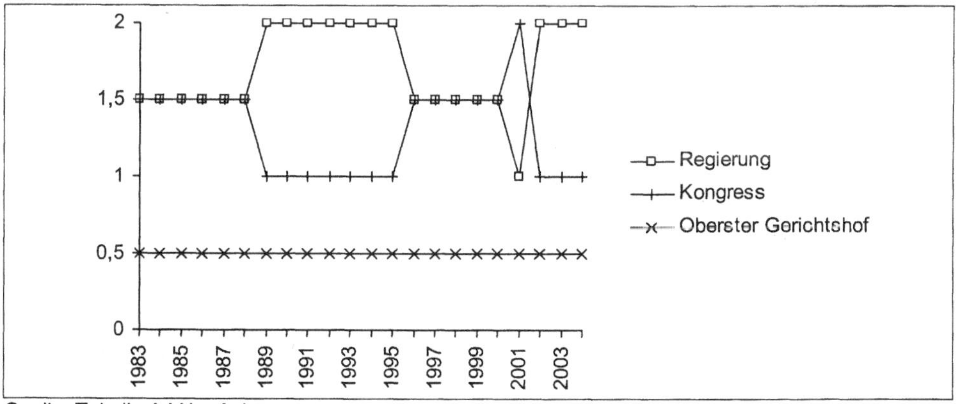

Quelle: Tabelle A-V im Anhang.

Die Legislative verfügt zwar über weitreichende inhaltliche Kompetenzen für die Verabschiedung von Arbeitsmarktreformen, war jedoch im Untersuchungszeitraum der Regierung de facto teilweise hierarchisch nachgeordnet. Nur im Zeitraum zwischen den Wahlen und dem Rücktritt von Präsident de la Rúa im Jahr 2001 kann aufgrund der für den Präsidenten extrem ungünstigen Mehrheitsverhältnisse eine Dominanz des Kongresses gegenüber dem Präsidenten festgestellt werden. Allerdings handelt es sich hierbei lediglich um einen Zeitraum von rund drei Monaten (Oktober bis Dezember 2001). In den Zeiträumen, in denen weder Regierung noch Kongress dominierten, sind ihre Durchsetzungschancen in etwa gleich (1983-1989 und 1995-2001).

Die Rolle des Obersten Gerichtshofes für Reformen des Arbeitsrechts ist hingegen als subsidiär anzusehen. Das primäre Reforminstrument stellen Gesetze und Erlasse dar, an deren Diskussion und Verabschiedung im Regelfall die Rechtsprechung nicht beteiligt ist. Insofern ist auch die Intensität der Beziehungen zwischen reformbetroffenen Akteuren und Oberstem Gerichtshof nicht weiter zu untersuchen.

6.2 Abschätzung der strukturellen Durchsetzungsfähigkeit reformbetroffener Akteure

6.2.1 Gesellschaftliche Gruppen

6.2.1.1 Arbeitnehmer im formellen Sektor

6.2.1.1.1 Gruppengröße

Kontinuierliche Daten über die Entwicklung der Arbeitnehmeranzahl (im formellen Sektor) seit 1980 liegen nur für den Großraum Buenos Aires vor. Abbildung 28 stellt diese Entwicklung dar, ebenso wie den Anteil der Arbeitnehmer an den Erwerbspersonen der Region. Als Definitionskriterium für den formellen Sektor wurde die Registrierung eines Arbeitnehmers im System der Sozialen Sicherung (genauer: der Alterssicherung) gewählt. Dieses Kriterium hat den Vorteil, dass es in den Haushaltsumfragen erhoben wird und somit leicht verfügbar ist. Zudem ist die Unterscheidung zwischen informellem und formellem Sektor anhand der Beitragsleistung zum System der Sozialen Sicherung auch aus theoretischen Überlegungen zu rechtfertigen, da die Lohnnebenkosten maßgeblich von diesen Beiträgen beeinflusst werden.[140]

Wie Abbildung 28 zeigt, pendelte der Anteil der Arbeitnehmer an den Erwerbspersonen von 1980 bis 1992 zwischen 45% und 50% und sank seither fast kontinuierlich auf ein Drittel ab.[141] Obgleich dies noch immer ein erheblicher Anteil unter den Erwerbspersonen ist, *hat sich die Durchsetzungsfähigkeit der Gruppe der im formellen Sektor Beschäftigten gemessen an der Gruppengröße seit 1992 spürbar verringert.*

---

140 Für weitere Details vgl. Abschnitt 6.2.1.3.

141 Die absolute Anzahl der abhängig Beschäftigten im formellen Sektor in Argentinien lag (hochgerechnet auf der Basis der Werte für den Großraum Buenos Aires; vgl. Tabelle A-II im Anhang) im Jahr 2003 mit etwa 4,5 Mio wieder auf dem niedrigen Niveau von 1980. Zwischenzeitliche Höchstwerte erreichte sie 1992 mit 5,5 Mio und 2000 mit 5,2 Mio.

Abbildung 28: Anteil registrierter Arbeitnehmer an den Erwerbspersonen (in %), Großraum Buenos Aires, 1980-2003

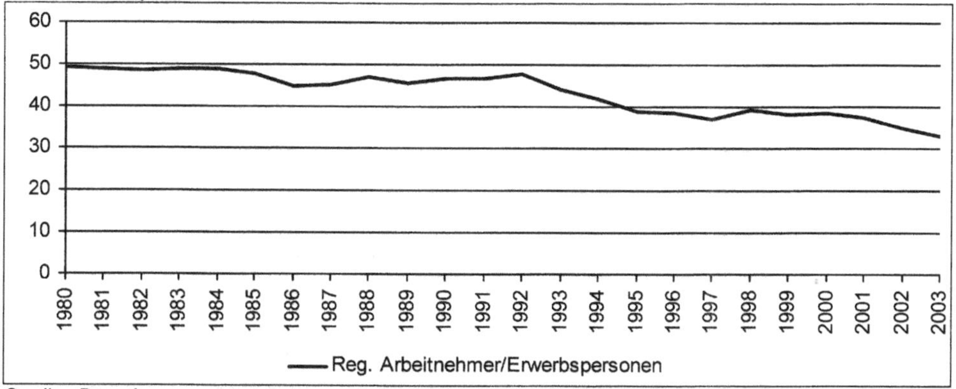

Quelle: Berechnungen des Autors auf Basis des EPH; Werte bis 1986 beziehen sich auf Oktober; Werte ab 1987 auf Mai; vgl. Tabelle A-II im Anhang.

6.2.1.1.2 Organisationsgrad

Wie bereits erwähnt ist die klassische Messgröße für den Organisationsgrad der Arbeitnehmer das Verhältnis zwischen gewerkschaftlich organisierten Arbeitnehmern und gesamter Arbeitnehmerschaft (Gewerkschaftsdichte oder "union density ratio"). Für die politökonomische Untersuchung ist dieser Indikator jedoch ungeeignet, da die Arbeitnehmerschaft den formellen und den informellen Sektor, mithin also zwei unterschiedliche Gruppen umfasst. Besser geeignet ist daher das Verhältnis zwischen Gewerkschaftsmitgliedern und Arbeitnehmern im formellen Sektor.

Die Ermittlung der Gewerkschaftsdichte in Argentinien wird durch die Tatsache erschwert, dass offizielle Statistiken kaum vorliegen. Zwar melden die im Arbeitsministerium registrierten Gewerkschaften in der Regel ihre Mitgliedszahlen, doch sind diese Daten oft unzuverlässig und für die Aggregierung kaum geeignet (vgl. auch González 2001). Denn erstens sind die Daten oft veraltet (zum Teil ein bis zwei Jahrzehnte) und zweitens sind die gewerkschaftlichen Angaben in der Regel zu hoch – die Gewerkschaften haben ein Interesse daran, ihren Repräsentationsgrad als möglichst hoch anzugeben, da davon zum Teil auch die offizielle Anerkennung durch das Ministerium und somit der Status der *personería gremial* abhängt.

Als Folge dieser Unzulänglichkeiten liegen nur mehr oder weniger grobe Schätzungen über die Organisation der Arbeitnehmerschaft vor, wobei längere Zeitreihen selten sind.

Abbildung 29 präsentiert einen Vergleich verschiedener Schätzungen.[142] Demnach schwankte der Anteil der Gewerkschaftsmitglieder an allen im formellen Sektor

142 Der Begriff der Gewerkschaftsdichte wird von den verschiedenen Studien unterschiedlich definiert. Als Bezugsgröße wird wahlweise die Zahl der Arbeitnehmer insgesamt, der Erwerbspersonen oder der Erwerbspersonen außerhalb der Landwirtschaft gewählt. Um die Vergleichbarkeit der Schätzungen zu ermöglichen, wurden alle Werte auf die hier relevante Bezugsgröße der Arbeitnehmer im formellen Sektor umgerechnet.

tätigen Arbeitnehmern im Zeitraum von 1980 bis 2000 zwischen 50% und 80%: Damit war zu jedem Zeitpunkt und unabhängig von der Quelle mehr als die Hälfte der Arbeitnehmer im formellen Sektor gewerkschaftlich organisiert. Ein deutlicher Trend des Organisationsgrades über Zeit ist hierbei nicht abzulesen. Bemerkenswert ist, dass der Organisationsgrad Mitte der 1990er Jahre mit rund 70% über den Werten der 1980er Jahre (ca. 60%) liegt; seitdem scheint er leicht zurückzugehen. In absoluten Zahlen entspricht dies rund 2,7 Millionen Gewerkschaftsmitgliedern in den 1980er Jahren und mehr als 3,3 Millionen Mitte und Ende der 1990er Jahre (vgl. Tabelle A-III im Anhang).

Abbildung 29: Organisationsgrad der Arbeitnehmer in Argentinien, 1982-2000, alternative Schätzungen (Gewerkschaftsmitglieder in % der abhängig Beschäftigten im formellen Sektor)

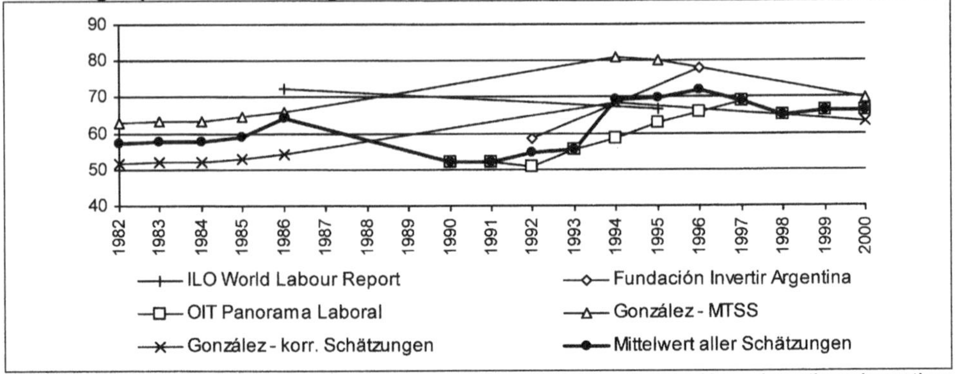

Quellen: ILO World Labour Report: ILO (1998); Fundación Invertir Argentina: http://www.invertir.com/argentina/c17-223.html; OIT Panorama Laboral: OIT (2002: Cuadro 3b); González – MTSS und González – korr. Schätzungen: González (2001); siehe auch Tabelle A-III im Anhang.

Diese Daten stehen in klarem Widerspruch zur gängigen Auffassung, dass die Gewerkschaften seit dem Beginn der 1980er Jahre durch steigende Arbeitslosigkeit und Beschäftigung im informellen Sektor einen Mitgliederschwund zu verzeichnen hatten. So konstatiert etwa Birle: "Insgesamt erfuhren die Gewerkschaften [...] eine erhebliche Schwächung, die sich auch in einer rückläufigen Mitgliederzahl und sinkenden Beitragszahlungen niederschlug" (Birle 2002a: 165; vgl. auch Böhne 1995; Rubiolo González 2000: 200; González 2001; Palomino 2002: 244f).

Dieser scheinbare Widerspruch kann durch das Wachstum der CTA erklärt werden, welche 1992 in Konkurrenz zu den etablierten Gewerkschaften gegründet wurde. Die CTA hat heute nach eigenen Angaben rund 850.000 Mitglieder, darunter auch viele Arbeitslose und Rentner. Der in Abbildung 29 dargestellte Anstieg des Organisationsgrades seit 1993 kann somit den steigenden Mitgliedszahlen der CTA zugerechnet werden. Insofern beziehen sich die oben zusammengefassten Aussagen über den Mitgliederschwund seit den 1980er Jahren nur auf die traditionellen Gewerkschaften. Zieht man die Mitglieder der CTA ab, so lag die Anzahl der Mitglieder der traditionellen Gewerkschaften Ende der 1990er Jahre bei rund 2,5 Millionen, also deutlich unter dem Niveau der 1980er Jahre von rund 2,7 Millionen.[143] Die hier bereits angedeuteten Kräfteverschiebungen im Arbeitnehmerlager betreffen die Kohärenz der Gruppe und werden in Abschnitt 6.2.1.1.3 näher analysiert.

Zusammenfassend kann festgehalten werden, *dass der Organisationsgrad der Gruppe der im formellen Sektor Beschäftigten im gesamten Untersuchungszeitraum hoch gewesen ist und zwischen etwa 1993 und 1995 ausgehend von einem hohen Wert von rund 50% nochmals angestiegen ist, um dann wieder leicht abzusinken.*

6.2.1.1.3 Kohärenz

Die Anzahl der Gewerkschaften in Argentinien stieg im Untersuchungszeitraum von über 1.000 auf über 3.200 an (Tabelle 19), wobei die Heterogenität der Gewerkschaft sehr groß ist. Das Spektrum reicht von Kleinstgewerkschaften mit nur wenigen Dutzend Mitgliedern bis hin zu den großen Industriegewerkschaften mit mehreren Hunderttausend Mitgliedern.

Die starke Zersplitterung der Gewerkschaften, welche auf eine geringe Kohärenz hinweist, wird aber erstens durch die Bündelung der Gewerkschaften in Föderationen und Dachverbänden relativiert. Das argentinische Gewerkschaftssystem unterscheidet drei Hierarchiestufen: Gewerkschaften *ersten Grades* sind lokale Gewerkschaften, oft beschränkt auf Mitarbeiter eines Unternehmens, und Branchengewerkschaften oder Unionen, z.B. die Metallgewerkschaft *Unión Obrera Metalúrgica* (UOM). Gewerkschaften ersten Grades sind in der Regel, mit Ausnahme der Unionen, zu Föderationen (Organisationen *zweiten Grades*) zusammengeschlossen. Gewerkschaftsdachverbände oder Konföderationen schließlich stellen Organisationen *dritten Grades* dar und entstehen aus dem Zusammenschluss verschiedener Föderationen. Es ist zu betonen, dass das hierarchische Ordnungsprinzip mit einer Ausnahme (der CTA) nicht durchbrochen wird, d.h. nur Organisationen ersten Grades können Mitglieder von Föderationen und nur Organisationen zweiten Grades Mitglieder einer Dachgewerkschaft sein. Nur Gewerkschaften ersten Grades haben individuelle Mitgliedschaften.

Tabelle 19 stellt die Entwicklung der Anzahl der Gewerkschaften auf den verschiedenen Hierarchieebenen im Zeitablauf dar. Wie man sieht, hat die Gesamtanzahl registrierter Gewerkschaften im Untersuchungszeitraum stark zugenommen. Gab es beispielsweise 1989 vier Gewerkschaftsdachverbände, so waren es 2002 bereits 11 und 2004 14.

Im Hinblick auf die Kohärenz der Arbeitnehmergruppe ist zweitens zu berücksichtigen, dass das argentinische Arbeitsrecht zwei Klassen von Gewerkschaften kennt. Vollwertige Gewerkschaften sind nur solche, denen vom Arbeitsministerium der Status der *personería gremial* zuerkannt wurde. Dieser Status verleiht Gewerkschaften eine Reihe von Exklusivrechten: nur sie haben das Recht, individuelle und

143 Zudem ist anzumerken, dass die Werte in Abbildung 29 ab Mitte der 1990er Jahre den Organisationsgrad der Arbeitnehmer etwas überschätzen, da Arbeitslose und Rentner als CTA-Mitglieder zwar zu den Gewerkschaftsmitgliedern gezählt werden, aber nicht zur Grundgesamtheit der abhängig Beschäftigten im formellen Sektor gehören.

kollektive Arbeitnehmerinteressen zu vertreten, Tarifverhandlungen zu führen, Sozialwerke zu führen (die sog. *obras sociales*, welche das Äquivalent zu den gesetzlichen Krankenversicherungen in Deutschland darstellen). Schließlich werden die Beiträge für Gewerkschaften mit *personería* durch die Arbeitgeber direkt von den Löhnen aller Beschäftigten abgezogen – egal, ob sie Gewerkschaftsmitglied sind oder nicht –, die unter den Tätigkeitsbereich der Gewerkschaft fallen. Die *personería gremial* wird in jedem Unternehmen bzw. jeder Branche oder Aktivität stets der Gewerkschaft mit dem höchsten Repräsentationsgrad verliehen. Die Übertragung der *personería* von einer Gewerkschaft auf eine andere ist nur möglich, wenn die Mitgliederanzahl des "Herausforderers" mindestens 10% höher ist als die des "Inhabers". So ist auch der relativ geringe Anstieg der Gewerkschaften mit *personería* seit 1989 zu erklären (Tabelle 19).

Tabelle 19: Anzahl der beim argentinischen Arbeitsministerium registrierten Gewerkschaften

Status	Grad	1989	2002	2004*
Personería gremial	1. Grad	1 161	1 282	1 292
	2. Grad	69	70	70
	3. Grad	3	4	5
	Summe	*1 233*	*1 356*	*1 367*
Inscripción gremial	1. Grad	386	1 240	1 861
	2. Grad	5	24	33
	3. Grad	1	7	9
	Summe	*392*	*1 271*	*1 903*
Gesamtanzahl	1. Grad	1 547	2 522	3 153
	2. Grad	74	94	103
	3. Grad	4	11	14
	Summe	*1 625*	*2 627*	*3 270*

* einschließlich laufender Genehmigungsverfahren. Nicht in der Tabelle berücksichtigt sind 77 Gewerkschaften (65 ersten Grades, elf zweiten Grades und eine dritten Grades), die 2004 vom Arbeitsministerium als inaktiv registriert waren.
Quellen: Beccaria/Galin (2002: 70) für Daten bis 2002; MTEySS Gewerkschaftsdatenbank für Daten ab 2002

Demgegenüber haben Gewerkschaften mit *inscripción gremial* lediglich sehr eingeschränkte Rechte. Sie können auf Antrag eines Mitgliedes dessen individuelle Interessen gegenüber dem Arbeitgeber vertreten und kollektive Verhandlungen durchführen, wenn in dem betreffen Umfeld keine Gewerkschaft mit *personería* existiert – ein Fall, der in der Realität kaum auftritt.

Angesichts der Beschränkungen, denen Gewerkschaften mit *inscripción* unterliegen, ist es wenig verwunderlich, dass alle wichtigen Gewerkschaften solche mit *personería* sind, mit einer Ausnahme, der CTA. Für die Abschätzung der Kohärenz müssen nur sie berücksichtigt werden.[144] Wie Tabelle 19 zeigt, stieg die Anzahl der Gewerkschaftsdachverbände zwischen 1989 und 2004 von 3 auf 5.

144 González weist darauf hin, dass die *personería gremial* die Anzahl der Ansprechpartner unter den Arbeitnehmern für die Regierung verringert und dadurch dem Staat erlaubt, die Zustimmung der Gewerkschaften zu bestimmten Reformprojekten durch die Gewährung von Pfründen zu erhalten (González 2001).

Trotz des durch die *personería gremial* manifestierten Tarifverhandlungsmonopols besteht aber eine latente Konkurrenz der Gewerkschaften bei kollektiven Verhandlungen, d.h. die personería gremial trägt nicht notwendigerweise zu einer erhöhten Kohärenz unter den Gewerkschaften bei. Ein Beispiel dafür sind die Tarifverhandlungen bei Fiat 1995/1996 (vgl. Montuschi 1997: 23ff). Nachdem das Unternehmen zunächst erfolglos mit der Metallarbeitergewerkschaft UOM verhandelt hatte, wurden schließlich Verhandlungen mit der Gewerkschaft der Automobilindustrie SMATA aufgenommen und ein Abschluss erzielt. Dieser Abschluss wurde schließlich vom obersten Gericht bestätigt, nachdem UOM Klage eingereicht hatte.

Tabelle 20: Entwicklung der Mitgliedszahlen ausgewählter Gewerkschaften seit Anfang der 1980er Jahre

	1980er		1990er		2000er
	1. Hälfte	2. Hälfte	1. Hälfte	2. Hälfte	1. Hälfte
3. Grad					
Confederación General del Trabajo (CGT)	..	2.600.000	..	..	..
Central de los Trabajadores Argentinos (CTA)	..	..	..	635.197	805.720
Confederación de los Trabajadores de la Educación (CTERA)	..	..	195.828	189.473	233.585
Confederación de Educadores Argentinos	..	..	..	..	59.100
Conf. Sindical de Trab. de los Medios de Comunicación Social	..	..	..	54.325	..
2. Grad					
Federación Argentina de Empleados de Comercio y Servicios	261.000	405.676	..	500.000	..
Federación de Asociaciones de Trabajadores de la Sanidad	100.000	..	176.329	..	169.547
Federación de Trabajdores de la Industria de la Alimentación	60.000	..	181.000	85.300	81.300
Federación Argentina de Trabajdores de Luz y Fuerza	60.000	..	63.999	59.871	..
1. Grad					
Unión Obrera Metalúrgica (UOM)	306.000	341.712	..	341.712	208.470
Unión del Personal Civil de la Nación	75.835	..	224.288	215.934	194.550
Unión Obrera de la Construcción	250.000	..	146.585	..	160.212
Asociación Trabajadores del Estado (ATE)	115.000	..	..	161.733	143.740
Unión de Trabajadores del Turismo, Hoteleros y Gastronómicos	64.816	..	138.121	152.040	122.718
Sindicato Empleados de Comercio de Capital Federal	..	..	69.887	80.730	..
Sindicato de Mecánicos y Afines del Transporte Automotor	120.000	..	71.935	69.555	73.335
Unión Tranviarios Automotor	75.912	..	63.956	54.756	53.234
Unión Ferroviaria	164.200	..	119.316	61.065	50.134
Asociación Bancaria	83.000	..	104.494	63.891	45.931
Asociación Obrera Textil	108.000	..	64.719	..	33.962
Unión de Obreros y Empleados Municipales	65.332	..	..	..	..

Quellen: 1. Hälfte 1980er - Szafowal (1994: 215); 2. Hälfte 1980er - Schreuers (1995: 87ff); ab 1990er - MTEySS Gewerkschaftsdatenbank

Ein drittes Merkmal, welches die Kohärenz beeinflusst, ist die jeweilige Bedeutung der miteinander konkurrierenden Organisationen. Wie Tabelle 20 zeigt, ist die Größe der Dachgewerkschaften sehr unterschiedlich. Klar an der Spitze steht die CGT, gefolgt von der CTA, welche jedoch seit ihrer Gründung 1992 einen starken Mitgliederzuwachs zu verzeichnen hat. Die übrigen registrierten Gewerkschaftsdachverbände sind demgegenüber bedeutungslos.[145] Bevor ein kurzes Zwischenfazit gezogen wird, sollen die beiden wichtigsten Dachgewerkschaften kurz vorgestellt werden:

- die *Confederación General del Trabajo* (CGT), wurde 1930 gegründet und von den Peronisten nach 1946 zur führenden Organisation nicht nur der Arbeitnehmerschaft, sondern innerhalb der gesamten Gesellschaft ausgebaut. In den folgenden Jahrzehnten sah sich die CGT (insbesondere unter den Militärdiktaturen)

145 CTERA ist Mitglied der CTA.

immer wieder Angriffen ausgesetzt, konnte ihre führende Rolle durch Kooperation mit den Regierungen aber bis zum Beginn der letzten Militärdiktatur stets bewahren (vgl. Borner/Marmora 1985: 28ff), jedoch zum Preis einer inneren Fraktionierung in konfrontative und kooperative Flügel (dazu unten mehr). 1979 wurde die CGT verboten (Gesetz Nr. 22105, Art. 75), blieb in der Illegalität aber weiter aktiv. Unmittelbar nach dem Ende der Militärherrschaft 1983 wurde die wieder zugelassen, 1984 von der Regierung als de facto-Vertreterin der Arbeiterschaft anerkannt, und 1986 erhielt sie die *personería gremial* formal zurück.

- die *Central de los Trabajadores Argentinos* (CTA; bis 1997 lautete der Name *Congreso de los Trabajadores Argentinos*) wurde 1992 als alternativer Dachverband von Dissidenten aus der CGT gegründet und erhielt 1997 den Status der *inscripción gremial* vom Arbeitsministerium. Sie vertritt vor allem Angestellte des öffentlichen Sektors – prominenteste Mitbegründer waren die ATE und CTERA (ihrerseits bedeutende Gewerkschaften; vgl. Tabelle 20) –, daneben aber auch weitere Gewerkschaften, Arbeitslosen-, Rentner- und Frauengruppen. Im Unterschied zur CGT und anderen Dachgewerkschaften erlaubt die CTA auch individuelle Mitgliedschaften; eine weitere charakteristische Eigenschaft, welches die Sonderrolle der CTA unter den argentinischen Gewerkschaften unterstreicht, ist die von den Mitgliedern in direkter Wahl bestimmte Führung.

Auf der Basis der bisherigen Darstellung, die auf einer Auswertung der offiziell registrierten Gewerkschaften und der formalen Organisation des Gewerkschaftswesens basiert, ist bis Mitte der 1990er Jahre eine hohe Kohärenz der Gruppe der Arbeitnehmer zu konstatieren, da nur ein wichtiger Gewerkschaftsdachverband, nämlich die CGT, existierte. Seit der Gründung der CTA im Jahr 1992, vor allem aber seit ihrer Registrierung im Arbeitsministerium 1997 ist die Kohärenz jedoch deutlich gesunken.

Diese Bewertung ist jedoch irreführend, da sie erstens einige offiziell nicht registrierte, jedoch politisch wichtige Arbeitnehmerorganisationen wie die linke *Corriente Clasista y Combativa* (CCC) nicht berücksichtigt, zweitens die innerhalb der CGT latent bestehenden und immer wieder aufbrechenden Flügelkonflikte ausblendet und drittens die Tatsache nicht berücksichtigt, dass neben den Dachgewerkschaften auch einige wichtige Gewerkschaften ersten und zweiten Grades, insbesondere die UOM und die Gewerkschaften der öffentlichen Angestellten, unmittelbar politisch aktiv sind.

Während der Regierung Alfonsín spielten diese drei Faktoren noch eine vergleichsweise geringe Rolle. In der Tat führte das gleich bei Amtsantritt 1983 vorangetriebene Vorhaben der Regierung, die Gewerkschaften zu demokratisieren, zu einem Schulterschluss der beiden Fraktionen der CGT nach drei Jahren Spaltung[146]. Zwar gab es in den Folgejahren Konflikte zwischen verschiedenen Strömungen (bis hin zu Spaltungstendenzen) in der CGT, eine offene Spaltung konnte aber angesichts der gemeinsamen negativen Grundhaltung gegenüber der UCR-Regierung vermieden werden (vgl. Godio/Robles 2001). Zudem spielten andere Arbeitnehmerorganisationen neben der CGT keine nennenswerte Rolle. Die CGT genoss somit den Allein-

146 Die beiden konkurrierenden Fraktionen waren die konservative *CGT-Azopardo* unter Jorge Triaca, welche von den Militärs erlaubt war, und die *CGT-Brasil* unter Saúl Ubaldini. Die Namen stammten von den Straßen, in denen die beiden CGTs ihren Hauptsitz hatten.

vertretungsanspruch der Arbeitnehmer. Innerhalb der CGT existierten während der Regierung Alfonsín die folgenden vier Hauptströmungen[147]:

- die "Gruppe der 62", angeführt von Lorenzo Miguel, dem Chef der Metallarbeitergewerkschaft UOM, sammelte die Vertreter des orthodoxen, eher konservativ orientierten Peronismus und lehnte eine kontinuierliche Konfrontationshaltung der CGT gegenüber der Regierung als kontraproduktiv ab. In Bezug auf die Gewerkschaftsstrukturen befürworteten die "62" die etablierten hierarchischen Strukturen;
- die linksgerichtete "Gruppe der 25" (SMATA, ATE, FOETRA) befürwortete eine Demokratisierung der Gewerkschaften und die Konfrontation mit der Regierung. Aus dieser Gruppe ging später die CTA hervor;
- der sogenannte *Ubaldinismo*, benannt nach dessen Führer Saúl Ubaldini, spaltete sich Mitte der 1980er Jahre von den "25" ab und war das Sammelbecken der Gegner von Alfonsín;
- die konservative "Gruppe der 15", die von Jorge Triaca geleitet wurde, dem Führer der Plastikgewerkschaft und späteren Arbeitsminister unter Menem, entstand 1987 und unterstützte die Politik von Alfonsín und trat für eine enge Zusammenarbeit mit Unternehmern ein.

Nach dem Amtsantritt der Regierung Menem im Sommer 1989 nahmen die Spaltungstendenzen innerhalb der CGT wegen unterschiedlicher Positionen zur Regierungspolitik von Menem wieder zu (vgl. z.B. Birle 1995: 289; Pfister 1998: 171f; Palomino 2002). Ende Oktober 1989 kam es zu einer (internen) Spaltung der CGT in zwei Hauptflügel: Menem-Treue wählten Güerino Andreoni zum Vorsitzenden der CGT. Der von Andreoni vertretene Teil der CGT wird als "*CGT-Mesa de enlace*", "*CGT San Martín*" oder "*CGT-Andreoni*" bezeichnet. Seine wichtigsten Mitglieder waren die Gewinner des Plan *Bunge & Born*, also die Gewerkschaften der Fleisch- und Leichtindustrie, der Dienstleistungen, des Handels, des Finanzsektors. Demgegenüber blieb Saúl Ubaldini, der vorherige Generalsekretär der CGT, der Führer der regierungskritischen "*CGT Azopardo*", welche v.a. die Gewerkschaften der öffentlichen Angestellten vertrat (vgl. Pressecommuniqué der *CGT Azopardo* v. 25.10.1989). Indem die Regierung die *CGT San Martín* im Herbst als repräsentative und rechtmäßige CGT anerkannte, wurden die traditionellen peronistische Gewerkschaften entscheidend vom Zugang zur Regierung getrennt und entmachtet (vgl. Sommavilla 1996: 269).

Tatsächlich war die CGT während der Regierung Menem aber noch stärker fraktioniert. Bereits für das Jahr 1989 werden in der Regel nicht zwei, sondern vier gewerkschaftliche Strömungen unterschieden (Godio/Robles 2001; Birle 2002a: 166ff):

- "menemistische Hardliner", welche den Regierungskurs ohne wenn und aber unterstützten und als Ausgleich auf Zugeständnisse der Regierung in Bezug auf das Regime der Sozialwerke und bei den Privatisierungen setzten;
- verhandlungsbereite Gewerkschaften (später als "*sindicatos gordos*" bezeichnet, da in dieser Gruppe die größten Einzelgewerkschaften zu finden waren) setzten auf Verhandlungen und Kompromisse mit der Regierung, legten jedoch auf eine

147 Es handelt sich hierbei nur um eine grobe Darstellung, um die Begrenztheit der Kohärenz innerhalb der CGT zu illustrieren. Für eine detaillierte Darstellung der Entwicklung der Gewerkschaftsbewegung während der Präsidentschaft Alfonsíns vgl. McGuire (1997: 185ff).

gewisse Autonomie gegenüber der Regierung Wert und hatten gleichzeitig Verbindungen zu anderen peronistischen Flügeln sowie zur UCR;
- orthodox-peronistische Gewerkschaften forderten die Wiederherstellung der privilegierten Rolle der Gewerkschaften innerhalb der Regierung;
- eine Frontalopposition zum neoliberalen Wirtschaftsmodell Menems wurde schließlich von Gewerkschaften eingenommen, welche eine nationalistische Wirtschaftspolitik forderten.

Im Laufe der beiden Regierungsperioden Menems vertieften sich die Spaltungen zwischen den Gewerkschaften.[148] 1992 vereinigten sich die beiden Hauptflügel der CGT wieder, aber gleichzeitig spaltete sich der *Congreso de los Trabajadores Argentinos* (CTA) ab und schuf damit erstmals eine institutionell unabhängige Arbeitnehmerorganisation in Konkurrenz zur CGT. 1994 entstand eine neue Dissidentenbewegung innerhalb der CGT, der *Movimiento de Trabajadores Argentinos* (MTA).

Bis in die Gegenwart werden vier wesentliche gewerkschaftliche Gruppierungen unterschieden[149]:
- die offizielle CGT (*CGT oficial* oder *CGT-Daer*, nach dem Generalsekretär Rodolfo Daer), welche sich vor allem aus den menemistischen Gewerkschaften und den *sindicatos gordos* zusammensetzt;
- die aus dem MTA hervorgegangene *CGT disidente* (oder *CGT-Moyano*, nach dem Generalsekretär Hugo Moyano) wird vor allem von orthodoxen Peronisten (v.a. den Transportgewerkschaften, aber auch der UOM) gebildet, welche konfliktiven Kurs gegenüber der Regierung fordern. Der offene Bruch der MTA mit der CGT und die Bildung der *CGT disidente* erfolgte im Frühjahr 2000 wegen des Streits über die Reform der Arbeitsgesetzgebung durch die Regierung de la Rúa (vgl. Argentinisches Tageblatt v. 26.02.2000 und v. 18.03.2000);[150]
- die CTA (vgl. oben);
- die trotz ihrer geringen Größe vor allem im Landesinneren starke CCC, welche eine wichtige Rolle im Anschluss an die Tequila-Krise 1995 spielte. Die CCC ist gleichzeitig auch eine der wichtigsten Organisationen der Arbeitslosen (vgl. Abschnitt 6.2.1.3).

Neben diesen vier Hauptströmungen existiert eine große Anzahl unabhängiger Gewerkschaften, welche die ideologischen Konfliktlinien ablehnen.

Das weiter oben aus der formellen Struktur der Arbeitnehmerorganisation gezogene Fazit muss angesichts der Existenz verschiedener gewerkschaftlicher Strömungen

---

148 Die Entwicklung der Gewerkschaftsbewegung seit dem Beginn der Amtszeit Menems ist so komplex, dass sie eine eigene Untersuchung verdient (und auch bekommen hat). Die Anzahl der wechselnden Koalitionen und Pakte, welche innerhalb des Arbeitnehmerlagers geschlossen und wieder verworfen wurden, kann im Rahmen der vorliegenden Arbeit unmöglich nachgezeichnet werden. Vgl. aber McGuire (1997: 226ff), Godio/Robles (2001), Senen González (2001), Birle (1995; 2002a) und Palomino (2002).

149 Vgl. Godio (2001; 2004) sowie Senen Gozález (2001), Birle (2002a: 167ff) und Palomino (2002: 265ff).

150 Eine Wiedervereinigung der CGT gelang erst im Juli 2004, als eine neue Führung der CGT bestehend aus drei Vertretern gewählt wurde, welche die unterschiedlichen Flügel repräsentierten (vgl. Argentinisches Tageblatt v. 17.07.2004).

innerhalb und außerhalb der CGT modifiziert werden. *Die strukturelle Kohärenz der Gruppe der Arbeitnehmer ist bis zum Ende der Amtszeit Alfonsín im Jahr 1989 mittel (Variablenwert 0,5), nimmt unter der Regierung Menem jedoch ab und wird ab 1994 als niedrig bewertet (Variablenwert 0).*

Trotz der institutionellen Spaltung gibt es aber nach wie vor gemeinsame Aktionen der Gewerkschaften: "Mehrfach bemühten sich die oppositionellen Gewerkschaften um die Bildung umfassender Koalitionen der 'Verlierer' [...] Die größte Schwierigkeit bestand darin, die unterschiedlichen Situationen und Interessen der verschiedenen beträchtlich geschwächten Sektoren in eine gemeinsame Strategie umzusetzen" (Palomino 2002: 262). Die potenzielle situationsabhängige Kohärenz in Bezug auf Arbeitsmarktreformen ist dabei als mittelmäßig einzuschätzen. Wie bei den Arbeitgebern betreffen die meisten der neoklassischen Arbeitsmarktreformen die Arbeitnehmer im formellen Sektor in gleicher Weise, nämlich negativ, und bieten damit die notwendige Voraussetzung für die Bildung von Protestkoalitionen gegen die Arbeitsmarktreform. Dies gilt jedoch nicht für solche Reformen, welche die kollektiven Verhandlungen und das Gewerkschaftssystem betreffen: hier sind die Statusinhaber (Gewerkschaften mit *personería*) negativ betroffen, während die Gewerkschaften ohne *personería* profitieren. Dieser Interessenkonflikt unter den Gewerkschaften hemmt die Bereitschaft zur Koalitionsbildung.

6.2.1.1.4 Hierarchisierungsgrad

Das Verhältnis der Gewerkschaften zu ihren Mitgliedern, den Arbeitnehmern, war zum Beginn des Untersuchungszeitraumes 1983 streng hierarchisch. Laut einer viel zitierten Studie des Arbeitsministeriums hatten 1983 70% der Gewerkschaften keine demokratisch legitimierte Führung (vgl. z.B. Schreuers 1995: 87; Birle 2002a: 161). Der 1983 eingebrachte Gesetzesentwurf Alfonsíns zur Demokratisierung der Gewerkschaften scheiterte zunächst und wurde im Sommer 1984 in modifizierte Form verabschiedet (vgl. Abschnitt 7.2). Dadurch wurde prinzipiell ein höherer Legitimierungsdruck der Gewerkschaftsführung und damit ein geringerer Hierarchisierungsgrad geschaffen. In der Praxis änderte sich jedoch wenig: Auf Grundlage des neuen Gesetzes fanden bis 1985 Wahlen in den Gewerkschaften statt, bei denen aber die alte Führung weitgehend, d.h. zu 90%, bestätigt wurde (vgl. Borner/Marmora 1985: 44ff; Birle 2002a: 162).

Da die Wahllisten üblicherweise von der Gewerkschaftsbürokratie zusammengestellt werden und zum Teil Einheitslisten bestehen (vgl. González 2001), ist die Bedeutung der innergewerkschaftlichen Wahlen nach wie vor eher gering, so dass sich der Hierarchisierungsgrad der Gewerkschaften nicht nennenswert verringert hat. Insofern ist auch der Bewertung Sommavillas nicht zuzustimmen, dass das Gesetz zur Gewerkschaftlichen Neuordnung die innergewerkschaftliche Konsensfindung wesentlich erschwerte (Sommavilla 1996: 142) – der Mangel innergewerkschaftlichen Konsenses ist nicht auf die abnehmende Hierarchisierung der Gewerkschaften zurückzuführen als vielmehr auf die latenten Interessenkonflikte und die mangelnde Kohärenz der Gewerkschaften untereinander. In der Tat weisen die meisten Gewerkschaften, zumal die großen Industriegewerkschaften und die Verbände zweiten und dritten Grades eine enorme Konstanz der Führungsstruktur auf. Unter den entscheidenden

Führungspersönlichkeiten der Gewerkschaftsbewegung gibt es seit dem Ende der Militärdiktatur kaum Veränderungen.

Ein weiteres Element der starken gewerkschaftlichen Hierarchisierung stellen die gewerkschaftlich kontrollierten Sozialwerke (*obras sociales*) dar. Sie "ermöglichten es den Führungshierarchien, die Arbeiter in klientelistische Beziehungsmuster einzubinden" (Birle 2002a: 155f) und zementierten die hierarchische Beziehung zwischen Gewerkschaftsführung und Mitgliedern. Dies trug aber gleichzeitig zur Entfremdung zwischen Gewerkschaftsführern und Basis bei (vgl. Palomino 2002: 259f).

Die Gewerkschaftsdachverbände, insbesondere die CGT, tragen zwar zum Interessenabgleich bei und fördern somit die Kohärenz der Arbeitnehmergruppe, sind aber nicht als hierarchisch übergeordnete Instanz zu sehen. Die Rolle der CGT "war mehr die eines 'politischen Clubs': Er diente den Mitgliedern als Diskussionsforum zur Verabredung gemeinsamer Vorhaben und war keinesfalls eine zentrale Instanz mit Kontrollbefugnissen gegenüber den Mitgliedsverbänden, kann also keine für die Mitglieder verbindlichen Entscheidungen treffen. Umgekehrt räumte die Satzung dem geschäftsführenden Vorstand, insbesondere aber dem Generalsekretär der CGT, ein beträchtliches Maß an Selbständigkeit gegenüber den Mitgliedsverbänden ein" (Grewe 1996: 200). Dies bedeutet, dass die CGT zwar formell einen hohen Hierarchisierungsgrad besitzt (große Handlungsfreiheit der CGT-Führung), faktisch aber nur einen geringen Hierarchisierungsgrad (keine Mobilisierungsfähigkeit der CGT-Mitglieder). Ein weiteres Indiz für einen geringen Hierarchisierungsgrad der CGT (wie auch anderer Dachverbände) ist die finanzielle Abhängigkeit von ihren Mitgliedern (vgl. den folgenden Abschnitt).

Die CTA ist in dieser Hinsicht den Gewerkschaften ersten Grades nicht unähnlich. Zwar wird die Führung der CTA direkt von dem Mitgliedern gewählt und insofern besteht nur eine eingeschränkte Autonomie der Organisationsführung gegenüber den Mitgliedern. Faktisch ist aber auch die CTA-Führung seit Jahren praktisch unverändert geblieben, der Hierarchisierungsgrad also hoch.

Insgesamt ist somit festzuhalten, dass *während des gesamten Untersuchungszeitraumes der Hierarchisierungsgrad der gewerkschaftlichen Führungen in Organisationen ersten Grades gegenüber den (individuellen) Mitgliedern hoch war, der Hierarchisierungsgrad der Dachverbände mit Ausnahme der CTA jedoch nur gering. Im Ergebnis resultiert daraus ein mittlerer Hierarchisierungsgrad (zugewiesener Variablenwert insgesamt: 0,5).*

6.2.1.1.5 Ressourcenausstattung

Die finanziellen Ressourcen der Gewerkschaften setzen sich aus Mitgliedsbeiträgen sowie aus den Beiträgen der Arbeitnehmer zu den Sozialwerken zusammen. Grundsätzliche Unterschiede in der Mittelausstattung ergeben sich nach dem rechtlichen Status der Gewerkschaften. Zu unterscheiden sind Gewerkschaften (ersten Grades) mit *personería gremial*, solche ohne *personería*, und Organisationen höheren Grades.

Gewerkschaften mit *personería gremial* verfügen seit der Wiederherstellung des Tarifrechts und der Rückgabe der Verwaltung der Sozialwerke an die Gewerkschaften im Jahr 1988 über relativ stabile Mittelzuflüsse in Form von Pflichtmitgliedsbeiträgen und Beiträgen der Arbeitnehmer und Arbeitgeber zu den *obras sociales*. Die Höhe der Pflichtmitgliedsbeiträge wird in kollektiven Verhandlungen mit den Arbeitgebern vereinbart und ist von allen Arbeitnehmern zu zahlen, die unter den Gültigkeitsbereich – also üblicherweise die Branche oder Region – des Tarifabschlusses fallen, also auch von nicht gewerkschaftlich organisierten Beschäftigten (generell gilt für Tarifverträge stets das *erga omnes*-Prinzip). Die Gewerkschaftsbeiträge werden direkt vom Arbeitgeber vom Arbeitslohn einbehalten und an die Gewerkschaft transferiert (vgl. Cox Edwards 1997: 131). Die Krankenversicherungsbeiträge werden ebenfalls direkt von Lohn abgezogen; sie betrugen im Untersuchungszeitraum meist 8% des Bruttolohns (5% Arbeitgeberanteil; 3% Arbeitnehmeranteil)

Im Gegensatz zu den Gewerkschaften ersten Grades mit *personería gremial* sind Organisationen zweiten und dritten Grades sowie Gewerkschaften ohne *personería gremial* von den Zuwendungen ihrer Mitglieder abhängig (vgl. Grewe 1996: 199).

Quantitative Daten über die Höhe der finanziellen Ressourcen sind nicht verfügbar. Ausgehend von den Mitgliedszahlen der Gewerkschaften ist aber *von einer bis 1987 mittelhohen und ab 1988 hohen Mittelausstattung zumindest der Gewerkschaften mit* personería gremial *auszugehen*: die Gesamtanzahl der gewerkschaftlich organisierten Arbeitnehmer stieg im Untersuchungszeitraum von 2,7 Millionen auf 3,3 Millionen an (vgl. Abschnitt 6.2.1.1.2), und Anzeichen für nennenswerte Veränderungen bei den (Real-)Beiträgen liegen, basierend auf einer Stichprobenanalyse von Tarifverträgen, nicht vor. Insofern sind die aus Mitgliedsbeiträgen resultierenden Gesamtressourcen der Gewerkschaften im Untersuchungszeitraum leicht angestiegen. Dies schließt jedoch nicht aus, dass die Mittelausstattung einzelner schrumpfender Gewerkschaften (etwa der Eisenbahnergewerkschaft *Unión Ferroviaria*, der UOM oder SMATA; vgl. Tabelle 20) erheblich gesunken ist. Das Gesamtvolumen der von den Gewerkschaften verwalteten *obras sociales* lag Anfang der 1990er bei rund 2,6 Milliarden US Dollar pro Jahr und 1998 bei rund 2,4 Milliarden US Dollar/Pesos. Zum Vergleich wurden die gesamten Mitgliedsbeiträge Anfang der 1990er auf 0,8 Milliarden US Dollar geschätzt (vgl. McGuire 1997: 225).

Für die Gewerkschaften zweiten und dritten Grades sowie für die Gewerkschaften mit *inscripción gremial* können entsprechende Hochrechnungen nicht angestellt werden, da sie von den Zuwendungen ihrer Mitglieder abhängig sind und deren Entwicklung über Zeit nicht bekannt ist. In jedem Fall ist ihre finanzielle Ausstattung weniger gut als diejenige der Gewerkschaften mit *personería*. Dennoch sind keine Anzeichen dafür erkennbar, dass die politisch wichtigen Gewerkschaften und Dachverbände im Untersuchungszeitraum über unzureichende finanzielle Ressourcen verfügten. Die *Ressourcenausstattung dieser Organisationen wird daher als im gesamten Untersuchungszeitraum als mittel* eingeschätzt.

Für den Indikatorwert werden die Ressourcenausstattungen von Gewerkschaften erster und höherer Ordnung gemittelt. Es werden daher die folgenden Variablenwerte zugewiesen: bis 1987 ein Wert von 0,5 und ab 1988 ein Wert von 0,75.

6.2.1.1.6 Intensität der Beziehungen zu den Reformverantwortlichen

Die Gewerkschaften hatten seit der ersten Regierung Peróns zu fast allen Regierungen enge Beziehungen. Selbst unter der letzten Militärdiktatur von 1976 bis 1983 waren die Verbindungen von Teilen der Gewerkschaften (und insbesondere der Gewerkschaftsführung) zur Regierung eng. Um die Intensität der Beziehungen detailliert zu erfassen, ist es unumgänglich, die verschiedenen Ebenen dieses Beziehungsgeflechtes zu analysieren. Im folgenden werden daher personelle und institutionelle Beziehungen der Gewerkschaften zu Parlament und Regierung untersucht.

Beteiligung der Gewerkschaften im Parlament: Als erster Näherungswert für die Beziehung der Gruppe der Arbeitnehmer zum Parlament kann der Sitzanteil der PJ und linker Parteien im Kongress herangezogen werden. Zwar wurde darauf hingewiesen, dass die Parteien in Argentinien nicht als Vertretung wirtschaftlicher Interessengruppen fungiert haben; die Beziehung zwischen Arbeitern und der peronistischen Partei PJ ist aber eine Ausnahme (vgl. Manzetti 1993: 77). Abbildung 30 gibt die Entwicklung der Sitzanzahl der PJ und linker Parteien im argentinischen Kongress wieder. Danach hatten arbeitnehmernahe Parteien mit Ausnahme der Periode 1983 bis 1989 zumindest in einer Kammer stets die absolute Mehrheit, von 1989 bis 1997 und ab 2001 sogar in beiden Kammern.

Abbildung 30: Repräsentation der Arbeitnehmer im Kongress (% der Sitze der PJ und linker Parteien), 1983-2004

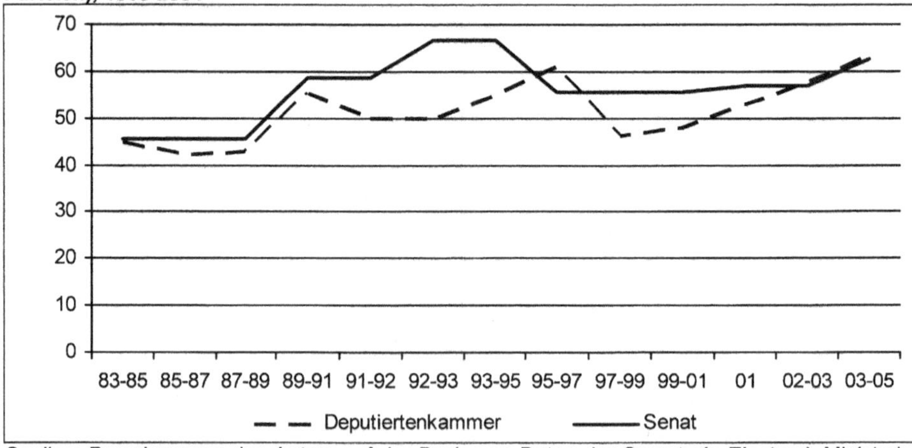

Quellen: Berechnungen des Autors auf der Basis von Daten der Secretaría Electoral, Ministerio del Interior, sowie Centro de Estudios Nueva Mayoría (2003).

Gemessen an der Anzahl der gewerkschaftlichen Kongressabgeordneten nahm die Intensität der Beziehungen zwischen Gewerkschaften und Parlament im Untersuchungszeitraum hingegen deutlich ab.[151] Die Anzahl der Gewerkschaftler in der Deputiertenkammer sank von 35 in der Legislaturperiode 1983-1985 auf zehn in der Periode 1993-1995 (vgl. Torre/ Gerchunoff 1999; Etchemendy/Palermo 1998) und

151 Der Anteil gewerkschaftlicher Funktionäre im Parlament misst die Intentsität der Beziehungen zwischen Gewerkschaften und Parlament direkter als der Anteil der PJ und linker Parteien, jedoch liegen nur bruchstückhafte Daten vor.

sechs in der Periode 1997-1999 (Clarín, 03.07.98). Hinzuzufügen ist, dass bereits ab 1986 und vor allem nach 1991 Gewerkschaftler auch zunehmend von den Listenplätzen der PJ verdrängt wurden (vgl. Manzetti 1993: 107f; Palomino 2002: 259f).

Dennoch hatten die Deputierten mit gewerkschaftlichem Hintergrund im Untersuchungszeitraum stets eine entscheidende Rolle in der Kommission zur Arbeitgesetzgebung (*Comisión de Legislación del Trabajo*) der Deputiertenkammer. Ihr Anteil stieg von 36% unmittelbar nach der Redemokratisierung auf fast 50% in der Periode 1991-1993 (Torre/Gerchunoff 1999). In der bis 2005 laufenden Periode wird die Kommission vom Gewerkschaftsfunktionär Saúl Ubaldini geleitet. Somit konnten die Gewerkschaften im gesamten Untersuchungszeitraum de facto stets eine entscheidende Rolle in den Gesetzgebungsverfahren ausüben, und dies trotz einer sinkenden unmittelbaren Repräsentation in der Kammer.

Beteiligung der Gewerkschaften an der Regierung: Nach dem Rücktritt des ersten Arbeitsministers der Regierung Alfonsín, Antonio Mucci, in der Folge der gescheiterten Gesetzesinitiative zur Neuordnung der Gewerkschaften wurde im April 1984 ein hochrangiger CGT-Funktionär, Hugo Barrionuevo, als persönlicher Delegierter des neuen Arbeitsministers Juan Manuel Casella berufen und damit beauftragt, einen modifizierten Gesetzesentwurf auszuarbeiten. Barrionuevo wurde nach dem Rücktritt Casellas in Folge des von der CGT organisierten Generalstreiks vom September 1984 selber Arbeitsminister. Auch der im März 1987 eingesetzte Nachfolger Barrionuevos, der orthodoxe Peronist Carlos Alderete, war als Generalsekretär der Elektrizitätsgewerkschaft *Luz y Fuerza* hochrangiger Gewerkschaftsfunktionär. Schließlich war auch der erste Arbeitsminister unter Menem, Alberto Triaca, zuvor lange hochrangiger CGT-Funktionär gewesen.

Mit dem Rücktritt Triacas im Januar 1991 endete die lange Periode, in der Arbeitsminister stets Gewerkschaftsfunktionäre waren. Die auf Triaca folgenden Arbeitsminister Díaz und vor allem Caro Figueroa, der eine maßgebliche Rolle für die Arbeitsmarktreformen der 1990er Jahre innehatte, waren keine Gewerkschaftler (vgl. Palomino 2002: 259f), ebensowenig ihre Nachfolger unter Menem und de la Rúa. Erst mit dem Amtsantritt des peronistischen Präsidenten Duhalde 2002 wurde die alte Tradition wieder aufgenommen. Alle ArbeitsministerInnen, welche seit 2002 im Amt gewesen sind, können entweder auf vorherige Funktionärstätigkeit in Gewerkschaften verweisen (die beiden Arbeitsminister unter Duhalde, Alfredo Atanasof und Graciela Camaño) oder waren zumindest als Berater für Gewerkschaften tätig (der seit dem Amtsantritt von Néstor Kirchner amtierende Carlos Tomada).

Zusammenfassend kann festgehalten werden, dass die personellen Beziehungen der Gewerkschaften zur Regierung bzw. zum Arbeitsministerium im Zeitraum 1984 bis Ende 1990 und dann wieder ab 2002 sehr eng gewesen sind. Es entbehrt dabei nicht einer gewissen Ironie, dass ausgerechnet unter der peronistischen Regierung Menem ab 1991 der Zugang der Gewerkschaften zur Macht schlechter war als zuvor unter der radikalen Regierung Alfonsín.

Historisch bedingte Beziehungen der Gewerkschaften und informelle Kontakte: Eine enge, historisch gewachsene Verzahnung besteht insbesondere zwischen den Gewerkschaften und der peronistischen Bewegung sowie deren Partei, der justizialistischen Partei (*Partido Justicialista*, PJ), die sich beispielsweise in unzähligen Doppelmitgliedschaften niederschlägt. In der Tat treten die Gewerkschaften in Argentinien auch zu allgemeinpolitischen Themen in die Öffentlichkeit und ersetzen damit teilweise die Rolle der Partei. Ein Beispiel für dafür ist die Periode nach der Redemokratisierung 1983. Nachdem die Wahlen von 1983 einen deutlichen Erfolg für die UCR und den Präsidenten Alfonsín und eine ebenso deutliche Niederlage für die Peronisten bedeutet hatten, spielten die Gewerkschaften eine hervorgehobene Rolle im politischen Bereich und ersetzten praktisch die Rolle der PJ, welche in einer tiefen Krise steckte. Mit der Oppositionsrolle der Gewerkschaften war verbunden, dass die Beziehungen zur Regierung eher auf Abgrenzung abzielten. Die Gewerkschaftsführung ging "deutlich in Opposition zu den Regierungspolitiken, wobei sie Allianzen mit den Unternehmern und anderen sozialen und politischen Kräften schmiedete" (Palomino 2002: 258). Die Beziehungen zwischen Gewerkschaften und Regierung waren während der gesamten Regierungszeit Alfonsíns eher konfliktiv, nicht zuletzt aufgrund des unmittelbar nach Amtsantritt unternommenen Vorstoßes der Regierung, die Gewerkschaften zu demokratisieren (vgl. Abschnitt 7.2). An der grundsätzlichen Konfrontationshaltung änderte auch die Tatsache nichts, dass die Arbeitsminister größtenteils aus dem Gewerkschaftslager stammten. So war der von 1984 bis 1987 amtierende Arbeitsminister Barrionuevo nicht bereit, die CGT als alleinigen Verhandlungspartner der Regierung zu akzeptieren. Stattdessen verhandelte er direkt mit Sektorgewerkschaften und favorisierte die Aushandlung sektoraler Tarifverträge ohne Beteiligung der CGT (vgl. Sommavilla 1996: 142f).

Mit dem Amtsantritt des Peronisten Menem ging aufgrund der historischen Verbindung zwischen peronistischer Bewegung und Gewerkschaften eine starke Verbesserung der Beziehungen zumindest zwischen Teilen der Gewerkschaften und Regierung einher, die trotz der neoliberalen Politik Menems über beide Amtsperioden anhielt. Trotz der im Laufe der Jahre entstehenden Konflikte blieb für die Regierung Menem die CGT stets der vorherrschende Verhandlungspartner in den verschiedenen Reformen. Als Gegenleistung für diese "Kanalisierung" wurden institutionelle Vorrechte der CGT und der stärksten Gewerkschaften in den 1990er Jahren nicht angetastet (vgl. Murillo 2001; Miodosky 2002: 14), wenngleich die Gewährung der *inscripción gremial* und somit die staatliche Anerkennung der CTA 1997 einen Versuch der Menem-Regierung darstellte, die Exklusivität des Zugangs der CGT zur Regierung abzuschwächen.

Zu der auf Menem folgenden, von Fernando de la Rúa angeführten Alianza-Regierung hatte die CGT keine vergleichbaren Kontakte. Stattdessen bestand aber eine direkte Beziehung zwischen einem anderen Gewerkschaftsdachverband, der CTA, und dem linken Koalitionspartner in der Alianza, der FREPASO, der auch der erste und für die Arbeitsmarktreform von 2000 verantwortliche Arbeitsminister unter de la Rúa, Alberto Flamarique angehörte. Im Unterschied zur vorherigen Zusammenarbeit zwischen CGT und der Regierung Menem war die Unterstützung der CTA für die Alianza-Regierung zu keinem Zeitpunkt offizielle Politik der CTA, so dass die Beziehung weniger stark ausgeprägt war.

Die erneute Regierungsübernahme durch die Peronisten zu Beginn des Jahres 2002 sowie die Wahl Kirchners stellten schließlich das klassische Beziehungsgeflecht zwischen Regierung und CGT wieder her: trotz Konflikten zwischen Regierung und zumindest Teilen der CGT verfügt ein Flügel der CGT, die CGT *oficialista*, über enge Beziehungen zur Regierung.

Versucht man, die drei beschriebenen Dimensionen der Beziehungsintensität zwischen Gewerkschaften und Reformverantwortlichen zusammenzufassen, so ist *bis auf das erste Jahr der Regierung Alfonsín (bis Mitte 1984) und die zwei Jahre der Regierung de la Rúa (2000-2001) eine hohe Intensität der Beziehungen festzustellen*: Die Beziehungen zur Legislative waren durchgängig von einer Vetofähigkeit der Gewerkschaften gekennzeichnet; die personellen Beziehungen zur Regierung waren in den Zeiträumen 1984 bis 1991 und ab 2002 sehr eng, und die informellen Beziehungen waren zu allen peronistischen Regierungen (also 1989-1999 und seit 2002) sehr gut. Die Intensitäten der verschiedenen bilateral Beziehungen werden für den Veriablenwert wieder gemittelt. Die Beziehungsintensität war demnach in den Jahre 1983 und 1999 bis 2000 mittelhoch (Variablenwert 0,5) und in den übrigen Jahren (1984-1998; 2001-2004) hoch (Variablenwerte zwischen 0,75 und 1).

Schließlich ist darauf hinzuweisen, dass die hohe Intensität der Beziehungen zwischen Gewerkschaften und Regierung nicht nur als Einflusskanal der Arbeitnehmer auf den Staat, sondern auch umgekehrt gesehen werden kann. So schreibt Birle, das System der engen Verflechtungen "vergrößerte die Verhandlungs- und Partizipationsmacht der Gewerkschaften, es verlieh dem Staat jedoch auch ein wirksames Kontrollinstrument über deren Aktivitäten und Binnenleben" (Birle 2002a: 155; vgl. auch Borner/Marmora 1985). Für die politökonomische Analyse der Arbeitsmarktreformen ist entscheidend, dass die intensiven Beziehungen, die über lange Perioden im Untersuchungszeitraum bestanden, einen engen Austausch der Präferenzen von Gewerkschaften und staatlichen Akteuren ermöglichten.

6.2.1.1.7 Zusammenfassende Bewertung

In der Literatur wird übereinstimmend festgestellt, dass die Gewerkschaften in Argentinien in den 1980er und 1990er Jahren an Durchsetzungsfähigkeit verloren haben, wobei als wesentliche Gründe die zunehmende Arbeitslosigkeit und Beschäftigung im informellen Sektor und die innere Zerstrittenheit der Gewerkschaften genannt werden (z.B. Godio/ Robles 2001). Dieser Befund wird durch die in der vorliegenden Arbeit untersuchten Indikatoren zumindest für die 1990er Jahre bestätigt; für die 1980er Jahre sowie den Zeitraum ab 2002 wird jedoch eine Verbesserung der Durchsetzungsfähigkeit festgestellt.

Abbildung 31 stellt die zeitliche Entwicklung der verschiedenen Indikatoren im Überblick dar. Wie in Abschnitt 5.2.5.4 beschrieben, wurde jedem Indikator je nach der ermittelten Ausprägung (gering; mittel; hoch) in jedem Jahr ein Wert von 0 bis 1 zugewiesen und die Werte der einzelnen Indikatoren addiert. Damit ergibt sich bei sechs Indikatoren ein Maximalwert der Durchsetzungschance von sechs.

Wie die Abbildung zeigt, lag der Höhepunkt der Durchsetzungsfähigkeit der Arbeitnehmer zu Beginn der Regierung Menem in den Jahren 1989 und 1990 und nahm dann kontinuierlich bis 2001 ab, um mit der Amtsübernahme von Duhalde im Jahr 2002 anzusteigen und seither wieder leicht abzusinken.

Abbildung 31: Strukturelle Durchsetzungsfähigkeit der Gruppe der Arbeitnehmer, 1983-2004

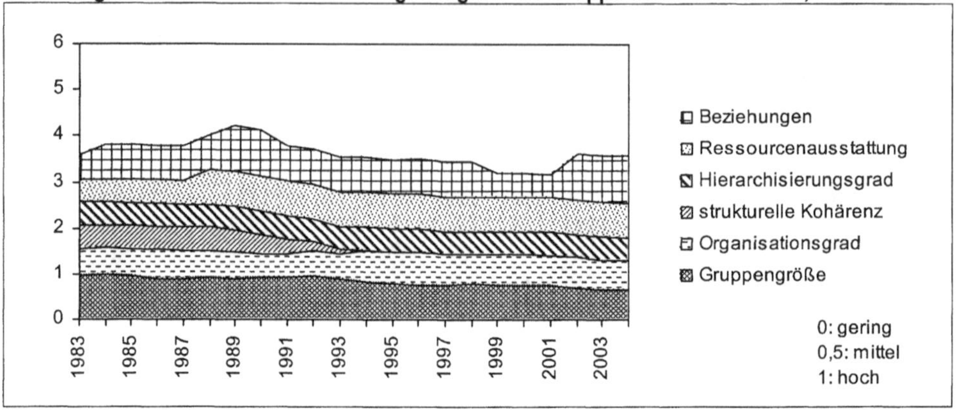

Die wesentlichen Faktoren für die langfristige Abnahme der Durchsetzungsfähigkeit waren die sinkende Gruppengröße und der Verlust an Kohärenz; eher kurzfristige Schwankungen der Durchsetzungsfähigkeit, sowie auch der Anstieg der Durchsetzungsfähigkeit von 1983 bis 1989, sind dagegen vor allem auf die Intensität der Beziehungen zwischen Gewerkschaften zurückzuführen.

Zusammenfassend kann der folgenden Beurteilung Galianis zugestimmt werden: "Unions' power [...] decreased during the 1990s [...]. However, unions still are an important and powerful political actor in the country" (Galiani 2002: 3).

6.2.1.2 Arbeitgeber/Unternehmer

6.2.1.2.1 Gruppengröße

Ähnlich wie für die Arbeitnehmer ist auch die Gruppengröße der Arbeitgeber nur auf der Basis der Daten für den Großraum Buenos Aires abschätzbar[152]. Wie Abbildung

152 Als Datenquelle wurde wieder die permanente Haushaltsbefragung gewählt. Diese unterscheidet zwei Kategorien, welche die Gruppe der Arbeitgeber konstituieren: Arbeitgeber (*patrones*) und Freiberufler (*profesionales*) unter den Selbständigen (*cuentapropistas*).
Andere potenzielle Datenquellen, insb. das Handelsregister (Registro Industrial de la Nación, RIN) und die Nationale Verwaltung der Sozialen Sicherung (Administración Nacional de Seguridad Social, ANSES) stellen keine Daten zur Verfügung. Lediglich zwei Werte liegen vor. Diese beziffern die Anzahl der in der Sozialen Sicherung registrierten Arbeitgeber auf 368.635 im Jahr 1998 (Ministerio de Trabajo y Seguridad Social 1999: 30) und 371.400 im Jahr 2000 (nach Beccaria/ Galin 2002: 84). Auch wenn diese Werte Selbständige ausschließen, so liegen sie dennoch 30%-40% unter den korrespondierenden EPH-Daten. Diese Diskrepanz ist dadurch zu erklären, dass die Klasse der Arbeitgeber in der EPH auch nicht registrierte Arbeitgeber (also unregistierte Microempresas etc.) umfasst, während die ANSES-Daten per definitionem nur registierte Arbeitgeber umfassen.

32 zeigt, sank der Anteil der Arbeitgeber und Freiberufler an den Erwerbspersonen aufgrund der Zunahme der Erwerbspersonen im Untersuchungszeitraum von 8,3% Anfang der 1980er Jahre auf 6,9% im Jahr 2000 und einen Tiefstwert von 5,1% im Jahr 2002. Der Rückgang bis 2000 ist vor allem auf den sinkenden Anteil der Freiberufler (von 3,8% auf 2,1%) zurückzuführen, während der Arbeitgeberanteil i.e.S. bis 2000 etwa konstant blieb, während der Krise dann aber von 4,8% (2000) auf 2,7% (2002) sank. In absoluten Zahlen (vgl. Tabelle A-II im Anhang) entspricht dieser Anteil, hochgerechnet auf ganz Argentinien[153], Werten zwischen 0,7 Mio und 0,94 Mio. Im Durchschnitt lag die Anzahl in den 1990er Jahren um rund 0,1 Million höher als in den 1980er Jahren (0,85 Mio gegenüber 0,76 Mio). Von 2000 bis 2002 sank die Anzahl von 0,94 Mio auf 0,71 Mio und stieg dann wieder auf 0,82 Mio.

Abbildung 32: Anteil der Arbeitgeber und Freiberufler an den Erwerbspersonen, in %, 1980-2003

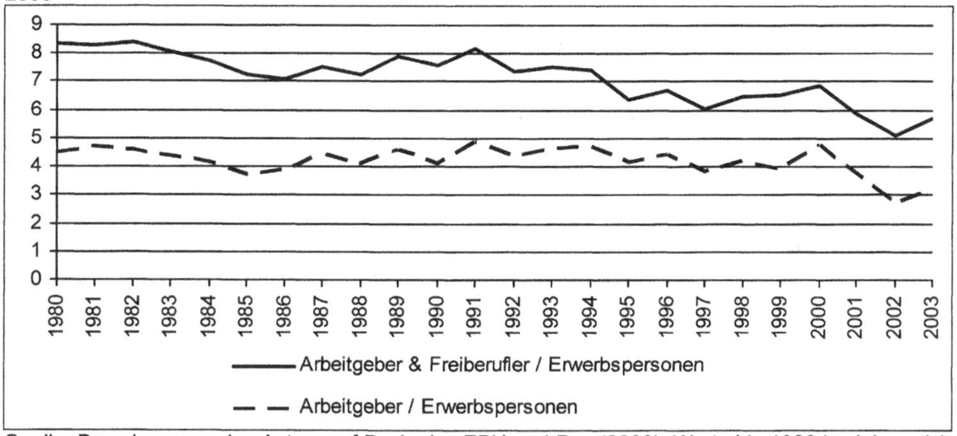

Quelle: Berechnungen des Autors auf Basis des EPH und Paz (2003); Werte bis 1986 beziehen sich auf Oktober; Werte ab 1987 auf Mai; vgl. Tabelle A-II im Anhang.

Für die Durchsetzungsfähigkeit der Gruppe der Arbeitgeber (& Freiberufler) auf der Basis der Indikators "Gruppengröße" kann zweierlei festgehalten werden. *Erstens die Größe der Gruppe ist, gemessen an den Arbeitnehmern, gering. Zudem hat ihr Anteil sich im Untersuchungszeitraum verringert, insbesondere seit 1991.*

6.2.1.2.2 Organisationsgrad

Angesichts der komplizierten Struktur des argentinischen Verbandswesens (vgl. auch Abschnitt 6.2.1.2.3) ist eine genaue Ermittlung der Organisationsgrades der Arbeitgeber aus verschiedenen Gründen nicht möglich. Erstens besteht keine klare Unterscheidung bzw. Aufgabenteilung zwischen Arbeitgeber- und Unternehmensverbänden. Obgleich nur Branchenverbände an kollektiven Verhandlungen teilnehmen, so verstehen sich doch alle Unternehmensverbände (einschließlich der Kammern) auch als Sprachrohr ihrer jeweiligen Mitglieder in Bezug auf Wirtschafts- und Arbeitsmarktpolitik. Daher müssen für die Ermittlung des Arbeitgeberorganisationsgrades

153 Auf der Basis des Verhältnisses der Erwerbspersonen des Großraums Buenos Aires zu den Erwerbspersonen in ganz Argentinien.

die Mitglieder aller Unternehmensverbände berücksichtigt werden. Zweitens sind die Unternehmer in erster Linie sektoral organisiert (in Industrie, Landwirtschaft und Dienstleistungen), ohne dass *realiter* ein umfassender nationaler Dachverband besteht. Andererseits existieren informelle Zusammenschlüsse von Unternehmen und Verbänden verschiedener Sektoren ohne formelle Mitgliedschaften. Schließlich sind Mehrfachmitgliedschaften eine Folge der Komplexität des Verbandswesens, so dass eine Addition der Verbandsmitgliedschaften zu einer Überschätzung des Organisationsgrades führt.

Nach Schätzungen lag der Organisationsgrad im industriellen Sektor in den 1980er Jahren bei über 80%. Die UIA alleine gab 1990 an, je nach Branche zwischen 80% und 100% der Industrieunternehmen zu repräsentieren (vgl. Birle 1995: 203). Die Agrarverbände hatten Ende der 1980er Jahre rund 500.000 Mitglieder (Szafowal 1994: 176), was ebenfalls einem Organisationsgrad von fast 100% entspricht. Ebenfalls hoch ist der Organisationsgrad im Dienstleistungssektor einzuschätzen: während die CAC Mitte der 1980er Jahre angab, mehr als 60% der führenden Dienstleistungsunternehmen zu repräsentieren, vertrat CAME zu dieser Zeit rund 400.000 Händler (Birle 1995: 223f).

Daten zur Entwicklung des Organisationsgrades der Arbeitgeber über Zeit liegen nicht vor. Es liegen aber keine Hinweise für größere Schwankungen des Organisationsgrades über Zeit vor.

Zusammenfassend kann festgehalten werden, *dass der Organisationsgrad der Gruppe der Arbeitgeber im gesamten Untersuchungszeitraum hoch gewesen ist und stets bei geschätzten 70% lag.*

6.2.1.2.3 Kohärenz

Die Gruppe der Arbeitgeber ist in einer Vielzahl von Organisationen und Gremien mit zum Teil überlappenden Mitgliedschaften und Kompetenzen organisiert, wobei die Organisationen gleichermaßen als Arbeitgeber- und Unternehmensverbände fungieren: "Eine funktionale Arbeitsteilung zwischen Wirtschafts- und Arbeitgeberverbänden existiert ebensowenig wie eine klare Hierarchie zwischen den Verbänden" (Birle 1995: 199).

Offiziell wird das Organisationssystem analog zu dem der Arbeitnehmer als dreistufige (bzw. vierstufige) Hierarchie dargestellt. Organisationen ersten Grades haben einzelne Unternehmen oder Unternehmer als Mitglieder. Sie können sich zu regionalen oder (landesweiten) Branchenverbänden zweiten Grades zusammenschließen, die sich ihrerseits in sektoralen Dachverbänden organisieren können. Es ist jedoch anzumerken, dass die dreistufige Hierarchie nur im Industriesektor aufgrund seiner Heterogenität voll ausgeprägt ist, während im Agrar- und Dienstleistungssektor keine klaren Trennlinien zwischen den Organisationsebenen existieren. In Abbildung 33 wird das System im Überblick dargestellt.

De facto wird das drei- bzw. vierstufige Organisationsprinzip durchbrochen. So stellt Schvarzer bereits für die Zeit vor 1983 fest, dass die UIA, der wichtigste Dachverband im Industriesektor, u.a. Mitgliedschaften von Organisationen ersten und zweiten Grades sowie von einzelnen Unternehmen hat. Im Jahr 2004 sind 68 zumeist große Unternehmen unmittelbare Mitglieder der UIA. Daneben sind Mehrfachmitgliedschaften häufig. Ein Grund für den faktischen Mangel an Struktur des Organisationssystems der Unternehmer bzw. Arbeitgeber ist nicht zuletzt Fehlen einer gesetzlichen Grundlage für das Verbandswesen.

Abbildung 33: Offizielles Organisationsprinzip der Arbeitgeber

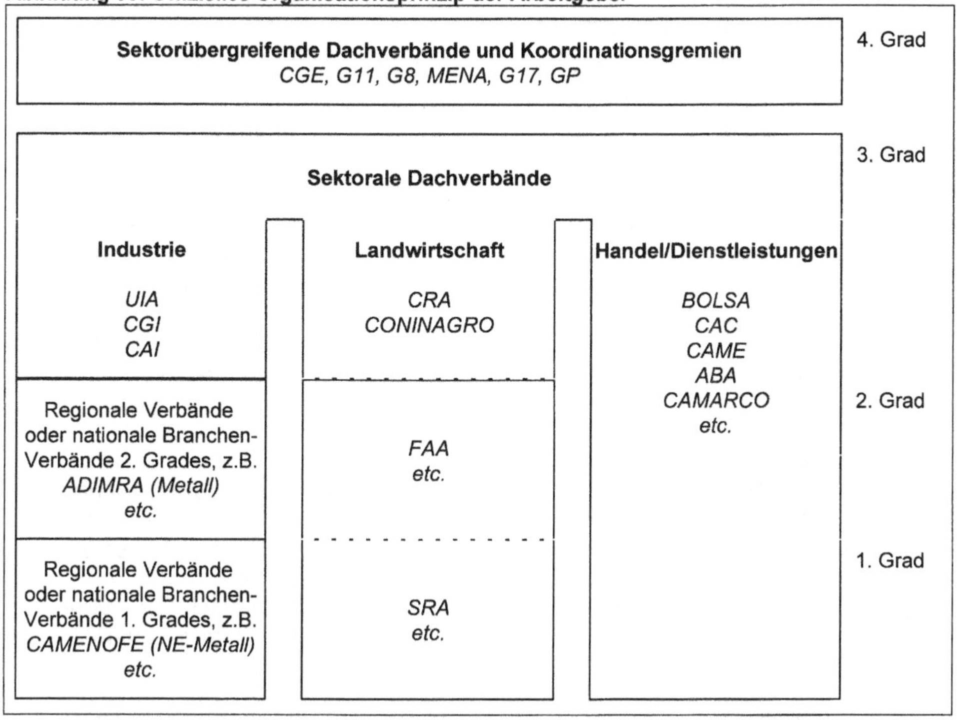

Im folgenden wird die Organisation des Verbandswesens in den drei Sektoren kurz skizziert und ein Fazit für die Kohärenz der Gruppe der Arbeitgeber gezogen.

Industriesektor

Im Industriesektor existieren seit 1984 und somit praktisch im gesamten Untersuchungszeitraum drei Dachverbände:

- *Unión Industrial Argentina* (UIA): Die UIA wurde 1887 gegründet und repräsentiert nach eigenen Angaben je nach Branche zwischen 80% und 100% der Industrieunternehmen (vgl. Birle 1995: 203f); die Anzahl der von der UIA vertretenen Industrieunternehmen überstieg Mitte der 1990er Jahre 60.000 (International Labour Organisation 1998). Die Anzahl der Vollmitglieder stieg von 83 im Jahr 1992 auf 92 im Jahr 2004.
  Die UIA ist der mit Abstand wichtigste Dachverband im Industriesektor. Nach eigenem Anspruch vertritt die UIA das gesamte Interessenspektrum der Industrie, die traditionellen und wichtigsten Mitglieder sind jedoch große Unternehmen mit

argentinischem Kapital, darunter die größten Industrieunternehmen, v.a. in der Metallbranche. Die Mitgliedschaft von KMU-Verbänden wurde erst 1981 durch eine Organisationsreform forciert. So werden die Interessen der KMU sowie der im Landesinneren angesiedelten Unternehmen kaum repräsentiert (vgl. Birle 2002a: 159).

- *Confederación General de la Industria* (CGI): Die CGI wurde 1952 mit Unterstützung der Peronisten als Gegengewicht zur UIA gegründet und nachdem sie während der Militärdiktatur verboten war, 1984 wieder zugelassen. Die CGI vertritt explizit KMU. Nach Schätzungen tragen die CGI-Mitglieder 5%-10% zum Industrieprodukt bei (vgl. Lattuada 1990: 8), wobei es zahlreiche Doppelmitgliedschaften in CGI und UIA gibt (vgl. Birle 1995: 206).
- *Consejo Argentino de la Industria* (CAI): Der CAI wurde 1982 als expliziter Dachverband der KMU gegründet; er steht damit in direktem Wettbewerb mit der CGI. Ebenso wie die CGI repräsentiert der CAI rund 5%-10% des Industrieproduktes[154].

Unter den drei Verbänden ist die UIA der dominierende Akteur. Sie hat im Untersuchungszeitraum ihre Position gegenüber der CGI und der CAI noch verbessern können (Birle 1995: 207). Durch die Erweiterung der Mitgliedsbasis auf KMU wurden jedoch vormals verbandsexterne Interessenskonflikte zwischen Großindustrie und mittelständischer Industrie internalisiert. Zudem wurde die Durchsetzungsfähigkeit der UIA im Untersuchungszeitraum durch zunehmende Konkurrenz von einzelnen Großunternehmen und informellen Unternehmenszusammenschlüssen unterminiert.

Die unmittelbare Interessenartikulation der Großunternehmen ist nicht zuletzt als Reaktion auf die zunehmende Interessenheterogenität innerhalb der UIA durch die Erweiterung der Mitgliedsbasis ab 1981 zu sehen. Da die UIA nach außen nur solche Positionen vertreten konnte, welche den Konsens der Mitglieder widerspiegelten, wurden die Forderungen zunehmend allgemeiner und die spezifische Durchsetzungsfähigkeit der UIA geringer (vgl. hierzu Abschnitt 6.2.1.2.4). Die führenden Großunternehmen setzten daher auf alternative Formen der Interessenartikulation gegenüber der Regierung.

Unter den informellen Unternehmenszusammenschlüssen sind vor allem die folgenden zu nennen:

- Der bereits 1967 gegründete *Consejo Empresario Argentino* (CEA) versammelt ca. 30 Großunternehmer aus verschiedenen Branchen. Aufgrund seiner engen Zusammenarbeit mit der Militärdiktatur des PRN – der von 1976 bis 1981 amtierende Wirtschaftsminister Martínez de Hoz war zuvor Vorsitzender des CEA gewesen, und noch 1982 war der CEA der Ansprechpartner des damaligen Wirtschaftsministers anstelle der UIA – war der CEA in den ersten Jahren der Demokratie diskreditiert und spielte keine politische Rolle. Er meldete sich erst 1989 wieder öffentlich zu Wort, um die Regierung Menem zu unterstützen. 1998 geriet der CEA aufgrund von Interessensdivergenzen zwischen export- und binnenmarktorientierten Unternehmern erneut in eine Krise.
- Die Gruppe der 9 *(Grupo de los Nueve, G9)* wurde 1983 in expliziter Abgrenzung zum CEA von neun Großindustriellen gegründet. Nachdem die Gruppe um weitere

154 Lattuada (1990: 8); Birle hält diesen Schätzwert für zu hoch und weist darauf hin, dass der CAI nur in wenigen Provinzen vertreten ist (Birle 1995: 207).

Unternehmer erweitert worden war, wurde sie ab 1985 als Kapitäne der Industrie (*Capitanes de la Industria, CI*) bezeichnet. Es ist anzumerken, dass die neuen Mitglieder des CI zum großen Teil auch Mitglieder des CEA waren, so dass die Neugründung des G9 im Nachhinein als taktischer Schritt beurteilt wurde, um den kontinuierlichen Einfluss der Großindustrie auf die neue demokratische Regierung ab 1983 ohne historische Vorbelastung zu gewährleisten (Ostiguy 1990; Birle 1995: 209f).

- Die *Asociación Empresaria Argentina* (AEA) wurde im Mai 2002 nach dem Abflauen der Proteste des Jahreswechsels 2001/2002 gegründet und ging aus Teilen des CEA und der Fundación Invertir hervor. Im Unterschied zu den anderen Zusammenschlüssen handelt es sich bei der AEA um eine formelle Gruppierung. Obgleich als Spitzenverband konzipiert (vgl. Argentinisches Tageblatt v. 01.06.2002), ist die AEA formell eine Organisation ersten Grades; sie nimmt nur physische Personen, d.h. Unternehmer – nicht Unternehmen – als Mitglieder auf. Bei der Gründung hatte die AEA ca. 40 führende nationale und ausländische Unternehmer als Mitglieder; bis 2004 ist die Anzahl auf 70 Mitglieder angewachsen, deren Unternehmen rund 210.000 Beschäftigte haben. Die AEA vertritt die freie Marktwirtschaft als wirtschaftspolitisches Ordnungsmodell und fordert eine liberale Wirtschaftspolitik des Staates.

Auch einzelne Industriellenfamilien übten einen starken Einfluss auf die Regierungen seit 1983 aus. Als Mittel dienten hierfür vor allem Parteispenden (vgl. Schreuers 1995: 99) sowie personelle Verbindungen bis in die Spitzen der Regierung hinein. So stellte Bunge & Born, ein führender argentinischer Mischkonzern, die ersten beiden Wirtschaftsminister der Regierung Menem.

Agrarsektor

Der Agrarsektor wird auf nationaler Ebene von vier Verbänden repräsentiert. Deutlicher noch als im Industriesektor wird das dreistufige Organisationsprinzip durchbrochen. So ist die SRA formal wegen der individuellen Mitgliedschaften ein Verband ersten Grades, die CRA hingegen ein Verband dritten Grades. Die wichtigsten Charakteristika der Verbände sind:

- *Sociedad Rural Argentina* (SRA): Die SRA wurde 1866 gegründet und war lange Jahre die wichtigste gesellschaftliche Gruppierung in Argentinien, was traditionell durch die enorme Bedeutung der Agrarexporte für die argentinische Volkswirtschaft bedingt war. Bis zur letzten Militärdiktatur war die SRA fast stets in der Regierung mit einem oder mehreren Ministern vertreten. Die SRA ist mit rund 10.000 Mitgliedern der kleinste Agrarverband (vgl. Birle 1995: 214) und vertritt v.a. Großgrundbesitzer aus der Region Buenos Aires (vgl. z.B. Schreuers 1995: 91).
- *Federaciones Agrarias Argentinas* (FAA): Die FAA wurde 1912 als Interessengruppe von Pächtern und Kleinbauern gegründet. Sie repräsentierte in den 1990er Jahren rund 100.000 kleine und mittlere Produzenten (vgl. Birle 1995: 218). Die FAA ist seit jeher an einer aktiven Rolle des Staates in der Wirtschaft interessiert und steht damit in deutlichem Widerstand zu den anderen Agrarverbänden (Birle 2002a: 159).
- *Confederaciones Rurales Argentinas* (CRA): Die CRA, gegründet 1942, sind ein Dachverband von 12 Verbänden und repräsentieren rund 100.000 Mitglieder, v.a. mittlere Produzenten.

- *Confederación Intercooperativa Agropecuaria Limitada* (CONINAGRO): CONINAGRO wurde 1956 gegründet und ist ein Genossenschaftsdachverband, der rund 450.000 Mitglieder vertritt. Trotz des hohen Repräsentationsgrades und der damit verbundenen großen wirtschaftlichen Bedeutung ist CONINAGRO weniger als Interessengruppe und mehr als Dienstleister für ihre Mitglieder in Erscheinung getreten (Birle 1995: 221f).

Die strukturelle Kohärenz der Verbände im Agrarsektor ist als geringer anzusehen als im Industriesektor. Diese liegt vor allem an der Tatsache, dass keiner der vier Verbände eine ähnlich dominante Stellung einnimmt wie die UIA in der Industrie. Es ist jedoch zu berücksichtigen, dass drei der Verbände (SRA, CRA und CONINAGRO) seit jeher vergleichbare Interessen vertreten haben. Schließlich führte der Rückgang der Weltmarktpreise für Agrarexportgüter 1997/98 zu einem breitem Bündnis und gemeinsamen Protestaktionen der vier Agrarverbände (vgl. Palomino 2002: 271). Bereits vorher hatten die Verbände ihre Aktionen miteinander koordiniert.

Eine abschließende Bewertung der Kohärenz im Agrarsektor ist daher schwierig. Sie ist aber für die betrachteten Arbeitsmarktreformen auch nicht nötig. Denn das allgemeine Arbeitsrecht schließt den Agrarsektor explizit aus; daher ist der Sektor auch von den Arbeitsmarktreformen nicht unmittelbar betroffen und wird keine starken Präferenzen entwickeln.

Dienstleistungssektor
Weniger noch als im Agrarsektor findet sich im tertiären Sektor eine hierarchische Verbandsstruktur. Neben Verbänden mit universellem (auch den Dienstleistungssektor transzendierenden) Vertretungsanspruch wie BOLSA und CAC koexistieren bzw. koexistierten im Handel, Baugewerbe und Finanzsektor oft mehrere Verbände. Im Untersuchungszeitraum ist jedoch ein Konzentrationsprozess unter den Verbänden zu beobachten gewesen. Die wichtigsten Verbände des Sektors sind:

- Die *Bolsa de Comercio de Buenos Aires* (BOLSA) ist die Interessenvertretung der in Buenos Aires tätigen Börsenhändler. Sie war gleichzeitig lange ein Klub der wirtschaftlichen Elite. Ihr politisches Gewicht verringerte sich aber in dem Maße, in dem andere Unternehmerverbände entstanden (Birle 1995: 223). Im Untersuchungszeitraum spielte sie keine wichtige politische Rolle mehr.
- Die 1924 gegründete *Cámara Argentina de Comercio* (CAC) ist der Verband der Handelsunternehmen. Nach ihrem Selbstverständnis repräsentiert sie aber allgemeine Unternehmerinteressen, nicht nur die des Handels. Die CAC ist eine der "Festungen der Wirtschaftsliberalen" (Birle 1995: 223).
- In Abgrenzung zur CAC, die in den 1970er Jahren zunehmend die Interessen der außenhandelsorientierten Unternehmen vertrat, wurde 1981 die *Coordinadora de Actividades Mercantiles Empresarias (CAME)* gegründet, die vor allem die kleinen und mittelständischen Handelsunternehmen vertritt. CAME repräsentierte Mitte der 1980er Jahre rund 400.000 Händler.
- Im Finanzsektor existierten traditionell vier Verbände. Die beiden wichtigsten, die ADEBA (Verband der inländischen Privatbanken) und ABRA (Verband der ausländischen Privatbanken) fusionierten 1998 zur *Asociación de Bancos Argentinos (ABA)*.

- Auch das Baugewerbe war in der zweiten Hälfte der 1990er Jahre durch einen Konzentrationsprozess gekennzeichnet. Nach einer Spaltung in den 1980er Jahren vereinigten sich die Verbände der Bauindustrie wieder zur *Cámara Argentina de la Construcción* (CAMARCO).

Sektorübergreifende Dachverbände und Koordinationsgremien

Ein stabiler, institutionalisierter sektorübergreifender Dachverband existierte im Untersuchungszeitraum nicht. Stattdessen bestanden informelle Zusammenschlüsse zwischen Verbänden verschiedener Sektoren. Diese Zusammenschlüsse entstanden oft als Reaktion zu bestimmten Politikvorhaben der Regierung und zerfielen wieder, sobald das entsprechende Thema zu den Akten gelegt war. Die wichtigsten Gremien, die in Argentinien seit 1983 existiert haben, sind die folgenden:

- *Confederación General Económica* (CGE): Die CGE ist Argentiniens einziger Unternehmerdachverband im eigentlichen Sinne, alle übrigen Gremien sind informelle Zusammenschlüsse. Die CGE wurde 1953 nach der Auflösung der UIA in der Folge von Peróns Wahlsieg gegründet und bildete traditionell ein Gegengewicht der Provinzen gegenüber der von Buenos Aires dominierten UIA. Wie die CGI war auch die CGE unter der Militärherrschaft verboten und wurde 1984 wieder zugelassen. Die Organisation war in den 1980er Jahren weitgehend mit dem Wiederaufbau ihrer Organisationsstrukturen beschäftigt und trat als politischer Akteur kaum auf (vgl. Birle 1995: 225). Auch danach konnte die CGE nicht annähernd an ihre Rolle anknüpfen, die sie unter den peronistischen Regierungen hatte. Vielmehr ist die Aufgabe der Interessenartikulation seit den 1980er Jahren von den informellen Bündnissen übernommen worden.
- Die von 1983 bis 1989 bestehende *Mesa del Empresariado Nacional (MENA)* war ein Bündnis von KMU und zählte die FAA, CAI und weitere fünf Verbände zu ihren Mitgliedern.
- Die Gruppe der Elf *(Grupo de los Once,* G11) bestand von 1984 bis 1985 und war das erste Bündnis, an dem sowohl Unternehmerverbände als auch Gewerkschaften teilnahmen. Die Mitglieder waren SRA, CRA, CONINAGRO, UIA, ADEBA, CAME, CACON, CAC, Confederación del Comercio, la Industria y la Construcción, UDECA und CGT. Die G11 entstand in Opposition zur Politik der Regierung Alfonsín und zerfiel 1985, nachdem die UIA ein Konzertierungsangebot der Regierung angenommen hatte und die CGT sowie die Agrarverbände die weitere Zusammenarbeit in der G11 aufkündigten (vgl. Manzetti 1993: 312f).
- Die Gruppe der Acht *(Grupo de los Ocho, G8)* war ein 1987 gegründeter Zusammenschluss wirtschaftsliberaler Verbände aus allen Sektoren: Industrie (UIA), Bausektor (CACON; Unión Argentina de la Construcción, UAC), Agrarsektor (SRA, CRA), Handel (CAC, BOLSA), Finanzsektor (ADEBA; ABRA). Die G8 unterstützte die Marktöffnungspolitik der Regierungen Alfonsín und Menem bis zum Ende der 1990er Jahre.
- Gegen Ende der 1990er traten in der G8 zunehmende Spannungen zwischen den Vertretern der Industrie und des Finanz- bzw. Dienstleistungssektors auf, die schließlich zum Auseinanderbrechen der G8 und Gründung der *Grupo Productivo (GP)* im August 1999 führten. Mitglieder der GP sind UIA, CRA und CAMARCO.
- Die Gruppe der 17 (*Grupo de los Diecisiete, G17*) G17 wurde 1987 als Bündnis gegen die Regierungspläne zur Reform der Arbeitsgesetze gegründet und umfasste die Mitglieder der G8 und weitere neun kleinere Verbände. Nach dem Erfolg

im Konflikt um die Arbeitsrechtsreform (vgl. Abschnitt 7.2) zerfiel das Bündnis wieder und wurde 1988 im Rahmen des Protestes gegen die Steuerpolitik kurzzeitig reaktiviert.

Wie ist nun die Kohärenz der Gruppe der Arbeitgeber einzuschätzen? Aus den bisherigen Ausführungen lassen sich folgende Schlussfolgerungen ziehen: die geringe Bedeutung des formellen sektorübergreifenden Dachverbands CGE und die wechselnden, oft kurzlebigen informellen Bündnisse sind klares Indiz für eine geringe strukturelle Kohärenz. Selbst innerhalb der Sektoren ist die Kohärenz nur gering: im Industriesektor konkurriert der hegemoniale Verband UIA mit den Bündnissen der Großunternehmen und im tertiären Sektor bestehen verschiedene etwa gleich starke Verbände. *Insgesamt ist die strukturelle Kohärenz der Arbeitgebergruppe also im gesamten Untersuchungszeitraum als gering einzuschätzen.* Als potenziell wichtige Akteure für die Arbeitsmarktreformen kommen zumindest sechs Arbeitgeberorganisationen in Frage: die UIA, die Bündnisse der Großunternehmen (als ein Akteur), die CAC, CAME sowie die Verbände der Banken und der Bauindustrie.

Gleichwohl sind im Untersuchungszeitraum einige Veränderungen der Durchsetzungsfähigkeit der genannten Akteure zu beobachten. So führte die Liberalisierung und Privatisierungspolitik zu einem Konzentrationsprozess unter den Unternehmen, der auch mit einem zunehmenden Gewicht ausländischer Investoren einherging. Nach Angaben der CEPAL stieg die Anzahl ausländischer Unternehmen unter den 500 größten Unternehmen in Argentinien von 116 (1990) auf mehr als 300 (2000); ihr Umsatzanteil stieg von 33,6% auf 70% (Muchnik 2001: 239; vgl. auch Birle 2002a: 175; Palomino 2002: 270ff). Die zunehmende Konzentration führte zu einer Schwächung der UIA im Vergleich zu den Bündnissen der Großunternehmen.

Zudem führte die Fusion bestehender und das Entstehen neuer Verbände – etwa der Supermarktketten und der privaten Rentenversicherer (AFJPs) – dazu, "dass die Interessenverbände dieser Unternehmen sich erstmals aktiv an den Diskussionen über die Arbeitsgesetzgebung beteiligten [...] Traditionell waren diese Funktionen fast ausschließlich von der Unión Industrial Argentina und den Verbänden der Bauindustrie wahrgenommen worden" (Palomino 2002: 272).

Dennoch zeigt das Beispiel der G17 im Jahr 1987, dass die verschiedenen Organisationen durchaus in der Lage waren, in für sie wichtigen Themen durch die Bildung von Koalitionen eine hohe situationsgebundene Kohärenz zu erreichen. Anders als andere wirtschaftspolitische Themenbereiche sind die verschiedenen Segmente der Gruppe der Arbeitgeber, also KMU und Großunternehmen, export- und binnenmarktorientierte Unternehmen, Unternehmen der verschiedenen Branchen, etc. durch die neoklassisch begründeten Arbeitsmarktreformen in gleicher Weise – nämlich positiv – betroffen, so dass keine Interessendivergenzen vorliegen. *Für die Reform des Arbeitsrechtes ist daher dem Befund der geringen strukturellen Kohärenz der Gruppe der Arbeitgeber (Variablenwert 0) der Befund einer potenziell hohen situativen Kohärenz durch Koalitionsbildung innerhalb der Gruppe entgegenzusetzen.*

6.2.1.2.4 Hierarchisierungsgrad

Der Hierarchisierungsgrad der relevanten Arbeitgeberorganisationen – UIA, Bündnisse der Großunternehmen, CAC, CAME, ABA und CAMARCO – variiert erheblich. An den beiden Extremen befinden sich die UIA mit einem geringen und die Unternehmensgruppierungen mit einem hohen Hierarchisierungsgrad.

UIA

Spätestens seit der Organisationsreform von 1981 und der Öffnung für KMU ist die UIA durch eine hohe Heterogenität gekennzeichnet, welche eine effektive Interessenartikulation gegenüber der Regierung erschwert (vgl. Manzetti 1993: 307). Die beiden wichtigsten Flügel innerhalb der UIA stellen die wirtschaftsliberal orientierten Großunternehmen in Form des *Movimiento Industrial Argentino* (MIA) und die Vertretung der binnenmarktorientierten KMU in Form des *Movimiento Industrial Nacional* (MIN). Im Untersuchungszeitraum ist eine Verstärkung der Spannungen zwischen den beiden Flügeln zu beobachten, insbesondere in den 1990ern (Palomino 2002: 270f). Das zunehmende Gewicht der KMU, welches sich unter anderem in der Wahl des Kleinunternehmers Osvaldo Rial an die Spitze der UIA im Jahr 1999 ausdrückte, hat dabei zu einem weiteren Verlust an Unterstützung seitens der Großunternehmen und somit zu einer weiteren Schwächung der UIA geführt. Es muss aber betont werden, dass der latente Konflikt zwischen Großunternehmen und KMU eine effektive Lobbyarbeit der UIA spätestens seit der zweiten Hälfte der 1980er Jahre behinderte. In der Literatur wird übereinstimmend festgestellt, dass "[d]as ständige Problem der Unión Industrial Argentina [...] die Selbständigkeit ihrer mächtigen Mitglieder [ist], die durch eigene Teilorganisationen ihr Interesse durchzusetzen versuchen" (Szafowal 1994: 177; vgl. auch Basualdo/Azpiazu 1989; Lattuada 1990; Sommavilla 1996: 163ff; Rubiolo González 2000: 148).

Der geringe Hierarchisierungsgrad der UIA resultiert zudem aus ihrer Organisationsstruktur, welche ungeeignet ist, einen Interessenausgleich zwischen den Mitgliedern herbeizuführen. Neben der *Asamblea*, die formal das höchste Gremium ist und jährlich tagt, ist vor allem der *Consejo General* mit 250 Mitgliedern (je zur Hälfte regionale und Branchenvertreter), das eigentliche Gremium zur Bestimmung der UIA-Politik. Der Consejo General tritt jährlich zu mindestens vier Sitzungen zusammen und entscheidet mit absoluter Mehrheit. Die weiteren wichtigen Organe sind die monatlich tagende *Junta Directiva* mit 69 Mitgliedern mit einer Amtszeit von einem Jahr (wobei Wiederwahlen zulässig sind) und das wöchentlich tagende *Comité Ejecutivo* mit 24 Mitgliedern, welches vom Präsidenten angeführt wird.

Der geringe Hierarchisierungsgrad der UIA zeigt sich unter anderem an der geringen Delegation von Kompetenzen an die Organisationsführung: so ist das entscheidende Organ für die Politikbestimmung der immerhin dreimonatlich tagende Consejo General mit 250 Repräsentanten, denen weniger als 100 Vollmitglieder der UIA gegenüberstehen. Auch die Leitungsorgane der UIA sind angesichts der Mitgliederanzahl sehr groß. Schließlich sind in allen Organen einschließlich des *Comité Ejecutivo* Entscheidungen mit absoluter Mehrheit zu treffen, so dass der Präsident nur über sehr geringe faktische Kompetenzen verfügt.

Für die politische Arbeit der UIA haben die Heterogenität der Mitgliederinteressen in Verbindung mit der "unzureichenden Organisationsstruktur" (Schreuers 1995: 91) zwei Konsequenzen: zum einen ist die UIA "[a]ufgrund ihrer Verpflichtungsfähigkeit gegenüber ihren Mitgliedern [...] nicht dazu in der Lage, solche internen Widersprüche zu verarbeiten und zu aggregieren. Sie tendiert vielmehr dazu, interne Konflikte zu umgehen und sich auf die Repräsentation allgemeiner, auf weitreichenden Konsens stoßender Forderungen zu beschränken" (Birle 1995: 208). Zum anderen führte die interne Heterogenität auch dazu, dass die UIA an vielen Reformen kaum konstruktiv oder gestaltend mitarbeiten konnte, sondern lediglich defensive Arbeit leistete, wenn ihre Mitglieder offensichtlich negativ von Reformvorhaben betroffen waren.

Bündnisse der Großunternehmen

Die verschiedenen Gruppierungen der führenden argentinischen Unternehmern – CEA, G9, CI und AEA – besitzen aufgrund ihrer Struktur alle einen *hohen Hierarchisierungsgrad*. Sie sind durch die Identität von Organisation und Organisationsmitgliedern gekennzeichnet[155]. Dadurch ist einerseits gewährleistet, dass die Organisation die Interessen der Mitglieder vertritt, andererseits garantieren die Organisationsmitglieder Kraft ihrer Funktion als Inhaber/ Manager in ihrem jeweiligen Unternehmen, dass Positionen der Organisation die Rückendeckung der wichtigsten Unternehmen in Argentinien besitzen.

Koalitionen der Arbeitgeberverbände

Die verschiedenen sektorübergreifenden Bündnisse von Arbeitgeberverbänden besitzen naturgemäß nur einen *geringen Hierarchisierungsgrad*. Sie können nur konsensuale Interessen repräsentieren und haben kein Mobilisierungspotential gegenüber ihren Mitgliedern. Eine Interessenaggregation findet nicht statt, daher führt das Auftreten von Interessendivergenzen in der Regel zum Auseinanderbrechen der Koalition; in der Tat gab es nur ein Bündnis, die G8, welches über einen längeren Zeitraum bestand hatte.

Angesichts der stark unterschiedlichen Ausprägungen des Hierarchisierungsgrades der verschiedenen Akteure in der Gruppe der Arbeitgeber wird der konsolidierte Hierarchisierungsgrad der Arbeitgeber aus dem Mittelwert gebildet. Es ergibt sich ein über den Untersuchungszeitraum *konstanter mittelhoher Hierarchisierungsgrad (Variablenwert 0,5).*

155 Für die AEA gilt dies nur eingeschränkt, da erstmals eine Verbandsstruktur aufgebaut worden ist. Allerdings wurde das Prinzip der Identität zwischen Mitgliedern und Organisation nur bedingt durchbrochen: das höchste Organ ist die *Comisión Directiva*, welche aus 30 Repräsentanten (bei 70 Mitgliedern) besteht, zumindest zehnmal pro Jahr zusammenkommt, um die Politik der AEA zu definieren, und mit absoluter Mehrheit entscheidet. Gleichzeitig wurde mit der Position des Exekutivdirektors erstmals eine permante Struktur geschaffen.

6.2.1.2.5 Ressourcenausstattung

Alle Verbände finanzieren sich vor allem aus Mitgliedsbeiträgen. Quantitative Informationen über die Ressourcenausstattung der meisten Arbeitgeberorganisationen, einschließlich der UIA, liegen jedoch nicht vor.[156]

Die sektorübergreifenden Koalitionen der Arbeitgeberverbände verfügen als informelle Zusammenschlüsse über kein eigenes Budget. Gleiches galt bis zur Gründung der AEA auch für die informellen Zusammenschlüsse der Großunternehmen. Es ist aber zu berücksichtigen, dass angesichts der Identität von Organisation und Mitgliedern bei CEA, G9 und CI davon ausgegangen werden muss, dass die vertretenen Unternehmen im Bedarfsfall Ressourcen zur Verfügung stellten. Die AEA wird zu einem gewissen Teil durch reguläre Beiträge der Mitglieder finanziert, weist jedoch in ihren Statuten ausdrücklich auch auf freiwillige und außerordentliche Zuwendungen der Mitglieder hin, so dass auch hier eher von der situationsgebundenen Zuweisung von Ressourcen durch die Mitglieder auszugehen ist. Angesichts der Tatsache, dass die Mitglieder der AEA rund die Hälfte des argentinischen Bruttosozialproduktes erwirtschaften, ist von einer *befriedigenden Ressourcenausstattung* der AEA wie auch der anderen Akteure in der Gruppe der Arbeitgeber auszugehen *(Variablenwert 1).*

6.2.1.2.6 Intensität der Beziehungen zu den Reformverantwortlichen

Zur Untersuchung der Beziehungen zwischen Arbeitgebern und den Reformverantwortlichen ist zwischen den Unternehmerverbänden, und hierunter insbesondere der UIA, und einzelnen (Groß-)Unternehmen bzw. informellen Gruppen von Unternehmen zu unterscheiden.

Beziehungen zur Regierung: Der klassische Zugangsweg der Arbeitgeber zur Regierung erfolgt über das Wirtschaftsministerium oder direkt über den Präsidenten, während unmittelbare Kontakte zum Arbeitsministerium lediglich punktuell und im Kontext spezifischer arbeitsmarktpolitischer Themen erfolgen. Zwar stellte die UIA unter der Regierung Alfonsín zeitweise einen Staatssekretär im Wirtschaftsministerium (vgl. Birle 1995: 273), aber zumindest in der Anfangszeit der Präsidentschaft bestand kein institutionalisierter Zugang der Arbeitgeber zur Regierung. Wirtschaftsminister Grinspun vertrat eine dezidierte Position der Nichteinmischung wirtschaftlicher Interessengruppen in die Politik der Regierung, welche bis zu seiner Ablösung 1985 den unmittelbaren Zugang verhinderte (vgl. Manzetti 1993: 311f). Unter Grinspuns Nachfolger Sourrouille verbesserten sich vorübergehend die Beziehungen zwischen Regierung und einer informellen Organisation der Arbeitgeber, den CI, welche unter Umgehung der UIA wirtschaftspolitische Maßnahmen absprachen. Auf institutioneller Ebene blieb die Intensität der Beziehung jedoch begrenzt. Zwar wurde 1985 ein Konzertierungsversuch, der *Consejo Económico Social* (CES) einberufen, der jedoch nicht zu einer wirklichen Intensivierung der Beziehungen zwischen Arbeitgebern und Regierung führte: "The administration's goal was not to make policy in concert with socioeconomic groups but rather to split the entrepreneurial front" (Manzetti 1993: 312f). In der Tat spielte der CES während seiner Lebensdauer für

156 Lediglich CAME veröffentlicht ihren finanziellen Ergebnisbericht. Demnach betrugen die Einnahmen im Jahr 2002 2,7 Millionen Pesos und im Jahr 2003 3,1 Millionen Pesos.

die Diskussion von wirtschafts- und arbeitsmarktpolitischen Reformen keine nennenswerte Rolle. Bis zum Ende der Regierung Alfonsín wurden den Arbeitgebern und insbesondere der UIA darüber hinausgehende institutionalisierte Mitspracherechte nicht gewährt, was zu einer zunehmenden generellen Konfrontationshaltung der Arbeitgeber gegenüber der Regierung führte.

Unter Menem nahmen die institutionalisierten Einflussmöglichkeiten der Arbeitgeber, insbesondere der einiger wichtiger Wirtschaftsgruppen, zunächst schlagartig zu. So stellte der argentinische Mischkonzern *Bunge & Born* die ersten beiden Wirtschaftsminister, deren Amtszeit zusammen aber nur rund ein halbes Jahr währte. Eine vergleichbare Position erhielten die Arbeitgeber in der Folgezeit nicht mehr. Spätestens seit der Amtsübernahme von Domingo Cavallo wurde das Wirtschaftsministerium von Technokraten geleitet, die zwar enge Kontakte zu den Arbeitgebern (insbesondere zu den Verbänden) unterhielten, jedoch nicht in institutionalisierter Form.

Beziehungen zum Kongress: Eindeutige Daten über die Repräsentation von Unternehmern im Kongress liegen nicht vor. Auch die Untersuchung von Sitzanteilen bestimmter Parteien im Kongress kann, im Gegensatz zu den Arbeitnehmern, nicht als Proxy herangezogen werden, da mit Ausnahme einiger kleiner Parteien (beispielsweise der UCD), welche jedoch im Kongress nie eine wichtige Rolle spielten, keine spezifisch unternehmerfreundliche Partei in Argentinien existiert: Weder die PJ noch die UCR boten den Unternehmerverbänden eine politische Heimat, und Versuche, eine nennenswerte Unternehmerpartei zu gründen, scheiterten am mangelnden Interesse der Wähler (vgl. Birle 2002a: 159f). Insofern bleibt für die Bewertung der Beziehungen zwischen Arbeitgebern und Kongress nur der Rückgriff auf qualitative Bewertungen der informellen Beziehungen.

Informelle Beziehungen zu Regierung und Parlament: Die UIA hatte während der Regierung Alfonsín anfangs eine hervorgehobene Stellung unter den Verbänden (vgl. Rubiolo González 2000: 147f). Die Aktivitäten der UIA wurde in dieser Zeit klar auf den Präsidenten konzentriert. Gegenüber dem Parlament fand kaum Lobbyarbeit statt, weil die Rolle des Parlaments als sekundär angesehen wurde. Dies änderte sich 1987, nach der für die UCR verloren gegangenen Parlamentswahl. Unmittelbar nach der Wahl gaben UIA und CAI offiziell bekannt, dass nunmehr ein verstärkter Druck auf den Kongress ausgeübt werden solle (Informe Industrial, Oktober 1987). Dieses Vorhaben wurde allerdings kaum in die Praxis umgesetzt: "Der direkte informelle Meinungsaustausch zwischen Regierung und Verbandsvertretern – sei es im Rahmen von Audienzen, die der Präsident der Privatwirtschaft gewährt, sei es anlässlich von gesellschaftlichen Aktivitäten (Clubs, Empfänge, Abendessen, Festveranstaltungen, etc.) – spielt für die Unternehmer [...] nach wie vor eine wichtigere Rolle als beispielsweise die Mitarbeit in Parlamentskommissionen" (Birle 1996: 215f; vgl. auch Lattuada 1990)

Bereits vorher, etwa seit 1985, hatte sich allerdings die Beziehung zwischen UIA und Präsident verschlechtert. "Die Verhandlungsmacht der UIA wurde durch den G9 und später durch die CI in Frage gestellt. Dies zeigte sich, als die CI [unter den Unternehmervertretern] im Zuge des Plan Austral zu privilegierten Gesprächspartnern der Regierung Alfonsín avancierten" (Birle 1995: 213). Daran änderte sich auch nach der

Wahl Menems 1989 zunächst nichts: Der Einfluss von Unternehmerverbänden auf die Regierung Menem blieb anfangs gering, obgleich sie den Regierungskurs generell unterstützten (vgl. Manzetti 1993).

Hingegen waren die Kontakte zwischen den wichtigsten Wirtschaftsgruppen und der Regierung Menem zunächst sehr eng. Nach 1989 wurde die Kritik (auch seitens des Präsidialamtes) an der Rolle der Wirtschaftsgruppen und der Durchsetzung von deren Partikularinteressen aber zunehmend heftiger, so dass es im Dezember 1989 zum Bruch der Allianz zwischen Regierung und *Bunge & Born* kam (vgl. Birle 1995: 337). Dies bedeutete aber dennoch keine Verschlechterung der Beziehungen zwischen der Gruppe der Arbeitgeber und der Regierung, denn anstelle der Großunternehmen intensivierten nun wieder die Verbände die Beziehungen zur Regierung. Im Februar 1990 wurde ein vorläufiges Grundsatzabkommen (*Acuerdo Básico Previo*) zwischen Regierung und allen wichtigen Unternehmerverbänden geschlossen, dem 1991 der Produktivitätspakt (*Acuerdo para la Reconversión de la Producción Industrial Argentina*) folgte (vgl. Birle 1995: 339ff).

Die Intensivierung der Beziehungen zwischen UIA und Regierung führte auch zu einer Stärkung der UIA innerhalb des Arbeitgeberlagers, da die Großunternehmen, die nun von direkten Kontakten zur Regierung abgeschnitten waren, sich verstärkt innerhalb der UIA engagierten. Dies äußerte sich auch in einer verstärkten Repräsentation der Großunternehmen in den Führungsgremien der UIA nach den internen Verbandswahlen vom April 1991 (vgl. Birle 1995: 341ff).

Insgesamt blieben die engen Beziehungen zwischen Arbeitgebern und der Regierung Menem auch in den Folgejahren bestehen, wobei vor allem die Arbeitgeberverbände privilegierte Gesprächspartner der Administration waren (vgl. Birle 1996: 213). Eine Verschlechterung der Beziehungen ist auch unter der folgenden Alianza-Regierung (1999-2001) nicht zu erkennen. Erst mit der Amtsübernahme des Peronisten Duhalde sowie unter dessen Nachfolger Kirchner nahm die Intensität der Beziehungen merklich ab.

Ein besonderer Fall der informellen Einflussnahme seitens der Arbeitgeber wurde in der Folge der Verabschiedung der Arbeitsmarktreform von 2000 im Senat offenkundig. Im September 2000 wurde der Vorwurf laut, mehrere Mitglieder des Senats hätten Geld für die Verabschiedung des eindeutig arbeitgeberfreundlichen Gesetzes zur Reform des Arbeitsrechts entgegengenommen. Dabei blieb in dem bis heute nicht völlig aufgeklärten Skandal unklar, "ob die Summen aus der Exekutive stammten oder diese nur als Durchlaufstation für eine Initiative [..] aus interessierten Kreisen der Wirtschaft gedient hatte" (Waldmann 2002: 72)[157]. Der Fall zeigt jedoch anschaulich, dass die Arbeitgeber über intensive (und effektive) Beziehungen zur Legislative verfügten.

Zusammenfassend kann festgehalten werden: Unter der Präsidentschaft Alfonsíns waren die Beziehungen zwischen Arbeitgebern und Regierung vergleichsweise wenig intensiv. Seit dem Amtsantritt Menems und bis zum Rücktritt de la Rúas Ende

157 Bis heute (August 2004) wurden vier Festnahmen erwirkt. Die Hintergründe des Skandals sind aber nach wie vor nicht aufgeklärt; die Ermittlungen dauern an.

2001 verfügten die Arbeitgeber dann stets über einen guten Zugang zur Regierung, entweder vermittelt durch die UIA oder über die informellen Bündnisse. Durch den Regierungswechsel von 2002 (Duhalde), der durch die Wahl von 2003 (Kirchner) bestätigt wurde, hat sich der Zugang der Arbeitgeber zur Regierung aber wieder erheblich verringert (vgl. Caro Figueroa 2004). Insofern wird die *Intensität der Beziehungen zwischen Arbeitgebern und Reformverantwortlichen im Zeitraum 1989-2001 als hoch (Variablenwert 1) und bis 1989 bzw. ab 2002 als mittel bewertet (Variablenwert 0,5).*

6.2.1.2.7 Zusammenfassende Bewertung

In der Gruppe der Arbeitgeber können im Untersuchungszeitraum, vor allem aber während der beiden Amtszeiten Menems, zwei gegenläufige Tendenzen in Bezug auf die Durchsetzungsfähigkeit festgestellt werden. Auf der einen Seite verringerte sich die Durchsetzungsfähigkeit von Unternehmer*verbänden* (vgl. auch Birle 2002a; Palomino 2002: 268ff) aus einer Reihe von Gründen:

- In wirtschaftlicher Hinsicht zweitrangige Unternehmer wurden in die Spitzenpositionen wichtiger Verbände gewählt. Zu nennen ist hier insbesondere die Wahl Osvaldo Rials an die Spitze der UIA. Dadurch verringerte sich das politische Gewicht der betreffenden Verbände sowohl gegenüber den Mitgliedern als auch gegenüber den Reformverantwortlichen.
- Großkonzerne (insbesondere ausländische) engagierten sich kaum in Verbänden. "Sie verfügten über genügend Macht, um ihre spezifischen Anliegen direkt gegenüber den politischen Entscheidungsträgern vorzubringen und waren nicht auf den 'Umweg' über die Verbände angewiesen" (Birle 2002a: 177).
- Auch KMU artikulieren sich zunehmend außerhalb ihrer Verbände, zum Teil gemeinsam mit den Gewerkschaften (Palomino 2002: 273). Den Höhepunkt dieser Entwicklung stellten die Proteste des Mittelstands, die sogenannten "*cacerolazos*" zur Jahreswende 2001/2002 dar.[158]
- Schließlich favorisierte Menem Absprachen auf persönlicher Ebene anstelle von solchen auf institutioneller Ebene (Rubiolo González 2000: 235).

Im Zuge des Bedeutungsverlustes der Verbände nahm also die Durchsetzungsfähigkeit von Großunternehmen bzw. deren informellen Zusammenschlüssen zu.

Was bedeutet dies für die Durchsetzungsfähigkeit der Gruppe der Arbeitgeber insgesamt? Angesichts der Tatsache, dass in Bezug auf Arbeitsmarktreformen, im Unterschied zu vielen anderen Bereichen der Wirtschaftspolitik, eine Präferenzdivergenz zwischen den unterschiedlichen Teilgruppen der Arbeitgeber nicht besteht – alle Arbeitgeber profitieren von neoklassischen Arbeitsmarktreformen (wenngleich eventuell in unterschiedlichem Ausmaß) – kann die unterschiedliche Entwicklung der

158 Der *cacerolazo*, das lautstarke Demonstrieren mit Kochtöpfen und Holzlöffeln vor Regierungsgebäuden, ist die klassische populäre Aktionsform des Mittelstands in Argentinien. Im Unterschied dazu setzen die unteren Schichten vermehrt *piquetes*, Straßenbarrikaden, ein. Die Proteste von 2001/2002 bildeten die bisher größte Vereinigung beider Aktionsformen, die mit dem Spruch "*piquete y cacerola, la lucha es una sola*" (Straßenblockade und Kochlöffelprotest – es ist ein gemeinsamer Kampf) sprichwörtlich geworden ist; vgl. auch Abschnitt 6.2.1.3.

Durchsetzungsfähigkeit von Verbänden und Bündnissen von Großunternehmen gegeneinander aufgerechnet werden.

Abbildung 34: Strukturelle Durchsetzungsfähigkeit der Gruppe der Arbeitgeber, 1983-2004

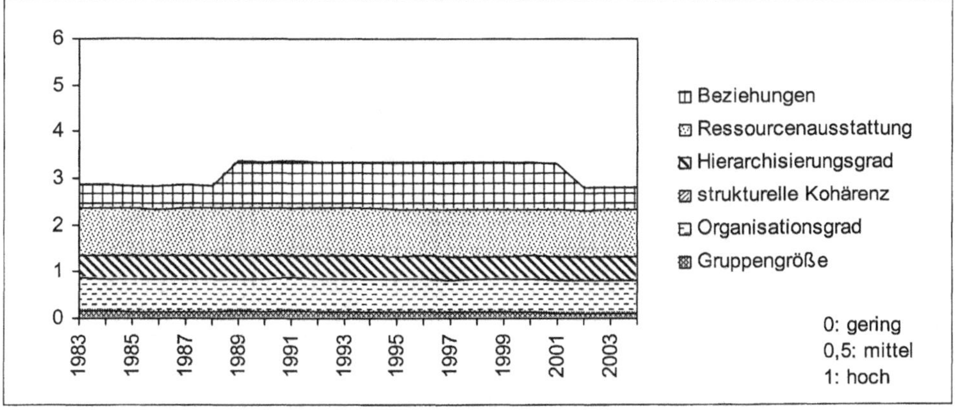

Schwankungen in der Durchsetzungsfähigkeit der Arbeitgeber im Untersuchungszeitraum resultierten vor allem aus den Unterschieden der Beziehungsintensität zwischen Arbeitgebern und Regierung in den verschiedenen Regierungsperioden. Abbildung 34 fasst die Bewertungen der sechs Determinanten grafisch zusammen.

6.2.1.3 Arbeitslose und informell Beschäftigte

6.2.1.3.1 Gruppengröße

Im Gegensatz zu den Arbeitgebern und Arbeitnehmern im formellen Sektor ist die Gruppe der Arbeitslosen und der im informellen Sektor Beschäftigten im Untersuchungszeitraum deutlich größer geworden. Abbildung 35 stellt die quantitative Entwicklung der beiden Teilgruppen seit 1980 für den Großraum Buenos Aires dar[159]. Wie man sieht, ist die Arbeitslosenquote von 1980 bis 1994 fast kontinuierlich (mit einer leichten Besserung in den Jahren 1991 und 1992) von knapp 3% auf etwa 10% gestiegen, verdoppelte sich dann im Zuge der Tequila-Krise 1995 auf 20% und schwankt seither um diesen Wert. Der Anteil der im informellen Sektor Beschäftigten an den Erwerbspersonen stieg seit 1980 fast kontinuierlich von 27% auf 44% an. Der Anteil der Gruppe an den Erwerbspersonen verdoppelte sich somit im Untersuchungszeitraum von knapp 30% auf mehr als 60%[160]; sie ist vor den Arbeitnehmern und den Arbeitgebern seit 1993 die deutlich größte Gruppe.

Einschränkend ist darauf hinzuweisen, dass zum Teil deutlich abweichende Schätzungen der Größe des informellen Sektors existieren. In den EPH-Daten, welche der Abbildung 35 zugrundeliegen, wird die Zugehörigkeit zum informellen Sektor anhand der fehlenden Beitragsleistung zur Rentenversicherung definiert. Abbildung 36 prä-

---

159 Daten über den informellen Sektor liegen nur für den Großraum Buenos Aires für den gesamten Untersuchungszeitraum vor. Landesweite Daten sind lückenhaft erst ab 1991 vorhanden.

160 In absoluten Zahlen entspricht dies einem Anstieg von 2,6 Mio (1980) auf 8,7 Mio (2003).

sentiert eine Übersicht verschiedener Schätzungen der Größe des informellen Sektors in Argentinien und zeigt, dass die EPH-Daten in etwa dem Mittelwert aller Schätzungen entsprechen.

Abbildung 35: Arbeitslose und informell Beschäftigte (in % der Erwerbspersonen), Großraum Buenos Aires, 1980-2003

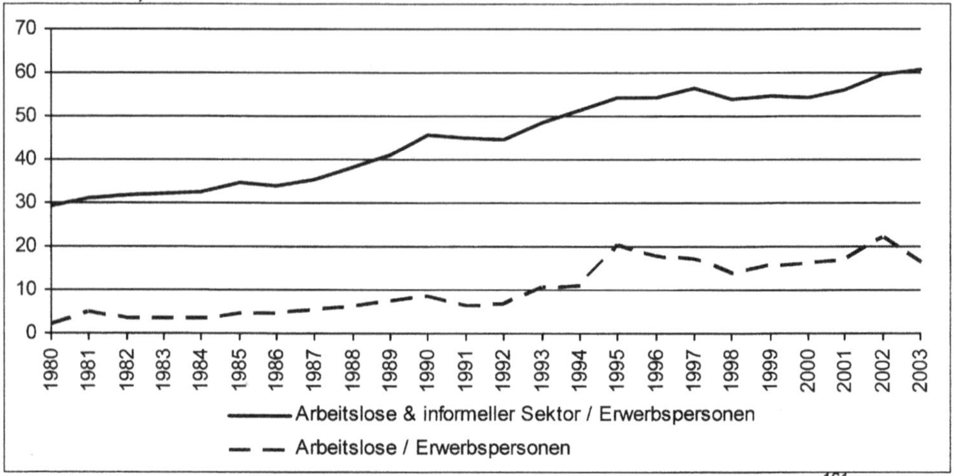

Quelle: Berechnungen und Schätzungen des Autors auf Basis des EPH und Paz (2003)[161]; Werte bis 1986 beziehen sich auf Oktober; Werte ab 1987 auf Mai; vgl. Tabelle A-II im Anhang.

Zusammenfassend kann festgehalten werden, dass die Gruppe der Arbeitslosen und informell Beschäftigten *zu Beginn der Untersuchungszeitraums mittelgroß war und dann kontinuierlich anstieg. Seit 1994 stellt die Gruppe mehr als die Hälfte der Erwerbspersonen (Variablenwert 1).*

6.2.1.3.2 Organisationsgrad

Im Gegensatz zu den Arbeitnehmern und Arbeitgebern ist bei der Gruppe der Arbeitslosen und im informellen Sektor Beschäftigten zunächst nicht klar, welche Organisationen überhaupt als Akteure der Gruppe der Arbeitslosen und im informellen Sektor Beschäftigten zu berücksichtigen sind. Denn neben originären Organisationen der Gruppe sehen sich auch einige insbesondere linke Parteien und Gewerkschaften, die eigentlich Arbeitnehmerorganisationen sind, als Vertreter der Arbeitslosen (vgl. Bienen/Gersovitz 1986; Nelson 1992). Wichtige Beispiele sind die CTA, die CCC und die trotzkistische Arbeiterpartei (*Partido Obrero*). Die verschiedenen Organisationen der Arbeitslosen werden zusammengefasst als *Piqueteros* bezeichnet (nach dem typischen Protestinstrument dieser Organisationen, der Straßenblockade).

161 Die EPH-Daten erlauben nur bei Arbeitnehmern eine Unterscheidung zwischen dem formellen und informellen Sektor. Alle Arbeitgeber wurden zum formellen Sektor gerechnet und unbezahlte Arbeiter zum informellen Sektor. Für die Schätzung des informellen Anteils unter den Selbstständigen wurden die Werte von Paz (2003) für die Jahre 1997-2002 extrapoliert. Vgl. für die Methodologie auch Gasparini (2000).

Abbildung 36: Informeller Sektor in Argentinien, Vergleich alternativer Daten, 1980-2003 (Beschäftigte im informellen Sektor in % aller Beschäftigten)

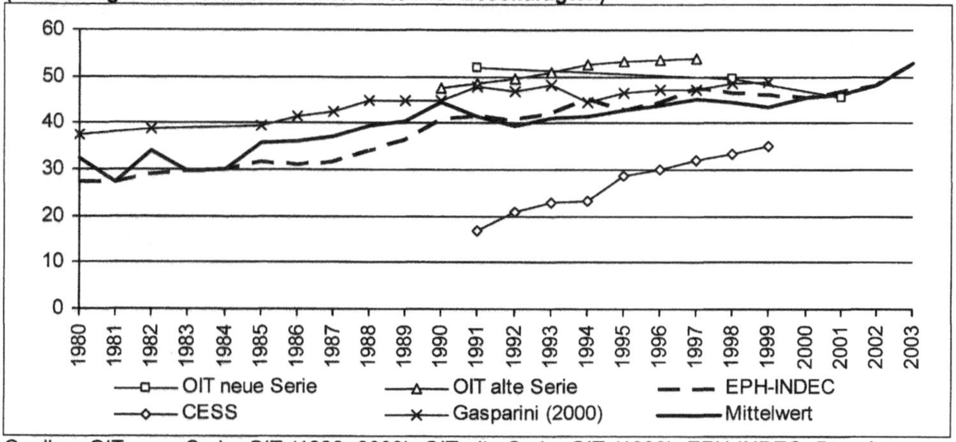

Quellen: OIT neue Serie: OIT (1999; 2002); OIT alte Serie: OIT (1998); EPH-INDEC: Berechnungen und Schätzungen des Autors auf Basis des EPH und Paz (2003); CESS-Daten nach Lema (1999).

Erste Protestaktionen der Arbeitslosen fanden (in Form von Straßenblockaden) im Jahr 1993 statt. Von einer Organisierung der Arbeitslosen kann aber erst seit 1996/ 1997 mit den Straßenblockaden von Neuqén, Salta und Jujuy gesprochen werden, welche sich rasch über das gesamte Land ausbreiteten. Diese ersten Protestaktionen richteten sich auch explizit gegen die Gewerkschaften und ihren Vertretungsanspruch (vgl. Birle 2002a: 170).

Quantitative Informationen über die Mitgliederanzahl und somit den Organisationsgrad liegen nicht vor, nicht zuletzt da viele Piquetero-Organisationen in der Regel keine formale Mitgliedschaft haben. Dennoch deutet die im Zeitraum von 1997 bis 2002 rasch steigende Anzahl von Piquetero-Organisationen in allen Landesteilen auf zunehmenden Organisationsgrad hin. Seither, und insbesondere seit der Amtsübernahme Kirchners wird allgemein aber ein Rückgang der Partizipation konstatiert. Schätzungen der Mitgliederanzahl von Piquetero-Gruppen in der Literatur variieren zwischen 20.000 (Fraga 2004) und mehreren Hunderttausend (Straub 2004), was einem Organisationsgrad von maximal 10% entspricht.[162]

An den Protesten zur Jahreswende 2001/2002 und in den ersten Monaten des Jahres 2002 nahm rund die Hälfte der argentinischen Bevölkerung teil. Dabei handelte es sich aber zum großen Teil auch um Angehörige der Mittelschicht, also Arbeitnehmer im formellen Sektor; der Anteil der Piqueteros an den Protesten ist nicht bekannt.

Insgesamt ist der Organisationsgrad der Gruppe nur als gering einzuschätzen (Variablenwert 0 bis 1996, danach bis 2000 leichter Anstieg auf 0,1; seither konstant).

162 Die Anzahl der Arbeitslosen und im informellen Sektor Beschäftigten in Argentinien liegt seit 2000 in der Größenordnung von 6 Millionen.

6.2.1.3.3 Kohärenz

Die Bewegung der Piqueteros ist durch die Existenz einer großen Anzahl von Organisationen gekennzeichnet, die zum großen Teil lokal begrenzt sind und eher Initiativcharakter haben. Viele Organisationen haben sich aber auch zu Verbänden zusammengeschlossen, die in Anlehnung an das Organisationsprinzip der Gewerkschaften, als Piquetero-Organisationen zweiten und dritten Grades bezeichnet werden können.

Von diesen Organisationen höheren Grades existieren Dutzende. Beispiele wichtiger Organisationen sind (vgl. Centro de Estudios Nueva Mayoría 2004; Valente 2004):

- *Movimiento Independiente de Jubilados y Desocupados* (MIJD), angeführt von Raúl Castells, eine eher radikale Gruppierung mit, nach eigenen Angaben, rund 10.000 Mitgliedern;
- der *Bloque Piquetero Nacional*, die Dachorganisation der radikalsten Gruppen, darunter der *Polo Obrero* (PO) und *Movimiento Territorial de Liberación* (MTL), die von den kommunistischen Parteien initiiert wurden;
- *Movimiento Teresa Rodriguez* (MTR) ist eine weitere wichtige Organisation des radikalen Flügels;
- der *Bloque Obrero Popular* (BOP) ist eine Dachorganisation mit acht Mitgliedsorganisationen, z.B. der *Unión de Trabajadores Piqueteros*. Der BOP hat sich vor allem mit innovativen Aktionen, etwa Besetzungen von Fahrkartenverkaufsstellen, etc., sowie Versuchen hervorgetan, Koalitionen und gemeinsame Aktionen mit Beschäftigten zu initiieren;
- die *Federación Tierra y Vivienda* (FTV), unter Führung von Luis D'Elía, gehört zur CTA und ist eine der am wenigsten radikalen Organisationen. Die FTV kooperierte bzw. kooperiert noch mit den Regierungen Duhalde und Kirchner und wird dafür von den radikaleren Organisationen, etwa dem MIJD, heftig kritisiert;
- die bereits als gewerkschaftliche Dachorganisation erwähnte CCC gehört zusammen mit der FTV zu den größten Piquetero-Organisationen; auch sie gehört zu den eher gemäßigten Organisationen und kooperierte mit den Regierungen Duhalde und, anfangs, Kirchner.

Anders als bei den Arbeitnehmer- oder Arbeitgeberverbänden existiert unter den Piqueteros keine dominante Organisation und keine hierarchische Struktur, welche die Interessen bündeln könnte. Im Gegenteil, mit Verweis auf die basisdemokratische Struktur lehnen einige der Organisationen die Bildung nationaler Strukturen explizit ab (vgl. Petras 2002).

Die geringe Kohärenz der Gruppe ergibt sich auch aus der Tatsache, dass linke Parteien erst mit einiger Verspätung das Potential der Piqueteros erkannt haben und dann deren Aktionsformen imitiert haben, was zu einer noch größeren Heterogenität der Bewegung geführt hat (vgl. Straub 2004). Darüber hinaus haben gruppeninterne Konflikte zwischen den Organisationen deutlich zugenommen, seit die gemäßigten Organisationen die Koadministration der Arbeitslosenunterstützungsprogramme inne haben.

Schließlich ist auch aus theoretischen Gründen nur eine geringe Kohärenz der Arbeitslosenbewegung zu erwarten. Da die Gruppenmitglieder miteinander im Wettbewerb um Arbeitsplätze konkurrieren ist ein besonderer Zusammenhalt als Gruppe nicht zu erwarten. So sind die Atomisierungstendenzen unter den Piquetero-Organisationen erklärlich, ebenso wie die Anfälligkeit der Organisationen für Kooptationsversuche des Staates.

Insgesamt ist Kohärenz der Gruppe der Arbeitslosen und im informellen Sektor Beschäftigten im gesamten Untersuchungszeitraum durchweg als gering anzusehen (Variablenwert 0).

6.2.1.3.4 Hierarchisierungsgrad

Die meisten Piquetero-Organisationen verweisen darauf, dass sie basisdemokratisch sind (vgl. Petras 2002) und über keine Hierarchie verfügen. Entscheidungen werden von allen Mitgliedern in Versammlungen getroffen, bei denen alle Mitglieder Rede- und Stimmrecht besitzen (vgl. Straub 2004).

Eine gewisse Professionalisierung und Bürokratisierung zumindest einiger Piquetero-Organisationen resultierte jedoch aus ihrer Teilnahme an der Verwaltung des Unterstützungsprogrammes *Plan Trabajar* und später des *Plan Jefes de Hogar* (vgl. Cramér/Sjöström 2003). Diese Beteiligung führte dazu, dass eine Reihe von Piquetero-Organisationen, welche bis dato nur informelle Zusammenschlüsse darstellten, sich formell registrieren ließen und permanente Strukturen aufbauten. Die deutlichsten hierarchischen Strukturen finden sich bei den größten sowie bei den von den Parteien und Gewerkschaften unterstützten Organisationen, etwa MIJD, FTV und CCC. Diese werden auch von professionellen Politikern angeführt. Bei diesen Organisationen wird das Prinzip der direkten Demokratie durchbrochen; dennoch ist der Rechtfertigungsdruck der Organisationsführung bei weitem höher als dies beispielsweise bei den Gewerkschaften der Fall ist.

Insofern ist der *Hierarchisierungsgrad der Piquetero-Organisationen im gesamten Untersuchungszeitraum als niedrig anzusehen*, wenngleich gewisse Tendenzen zur Bürokratisierung (und damit zur Hierarchisierung) seit dem Jahr 2000 zu beobachten sind *(Variablenwert 0 bis 1999, seither Anstieg bis auf 0,25)*.

6.2.1.3.5 Ressourcenausstattung

Die Mehrheit der Piquetero-Organisationen verfügt über praktisch keine finanziellen Ressourcen. Viele Organisationen sind nicht formalisiert und können daher auch keine Mitgliedsbeiträge erheben, und ohnehin verfügen die Mitglieder nicht über freie finanzielle Ressourcen, die sie den Organisationen zur Verfügung stellen könnten.

Im Gegensatz dazu verfügen die Piqueteros über nennenswerte nichtmonetäre Ressourcen, darunter vor allem die unentgeltliche Mitarbeit der Gruppenmitglieder, von denen viele als ehemalige Gewerkschaftsaktivisten auch über organisatorische und logistische Erfahrung verfügen. Weitere logistische Unterstützung wird durch Parteien (z.B. PO) und Gewerkschaften (v.a. CTA) zur Verfügung gestellt.

Angesichts der Tatsache, dass die spezifischen Aktionsformen der Piqueteros keine hohen Ansprüche an finanzielle Ressourcen stellen, ist also durchaus seit der Gründung der Organisationen 1996/1997 von einer angemessenen immateriellen Ressourcenausstattung auszugehen.

Darüber hinaus ist auch die materielle Ressourcenausstattung einiger wichtiger Piquetero-Organisationen zumindest seit 2000 als hinreichend und stabil zu bezeichnen. Die damalige Entscheidung der Alianza-Regierung, die Verwaltung des *Plan Trabajar* auf NRO zu übertragen, trug zu einer entscheidenden Verbesserung und Verstetigung der Ressourcenausstattung der betroffenen Piquetero-Organisationen bei, und verbesserte zugleich auch die personelle Ressourcenausstattung: die Empfänger der Unterstützungsleistungen des *Plan Trabajar* mussten im Gegenzug soziale Tätigkeiten leisten; diese Arbeit wurde oft für die Piquetero-Organisationen abgeleistet (vgl. Svampa/Pereyra 2003). Die Beteiligung an der Verwaltung des Plan Trabajar trug also zu einer Verbesserung sowohl der finanziellen als auch der personellen Ausstattung der Piqueteros bei.

Durch die Schaffung des *Plan Jefes de Hogar* (als Nachfolger des *Plan Trabajar*) unter Duhalde (2002) wurde die Anzahl der Leistungsempfänger verzehnfacht. Entsprechend stiegen auch die Budgets, welche von den Piquetero-Organisationen (v.a. FTV und CCC) in unmittelbarer Zusammenarbeit mit der Regierung verwaltet werden, wobei die Verteilung von 10% des Plan-Budgets unter alleiniger Verantwortung der Piqueteros liegt (Centro de Estudios Nueva Mayoría 2004). Insofern hat sich *die finanzielle Ressourcenausstattung seit der Gründung der Organisationen 1997 deutlich verbessert. Während bis einschließlich 1999 die Ressourcenausstattung nur gering war (Variablenwert 0), ist sie seit 2000 als angemessen zu bezeichnen (Variablenwert 0,5)*, wenngleich geringer als diejenige der Gewerkschaften oder Arbeitgeber.

6.2.1.3.6 Intensität der Beziehungen zu den Reformverantwortlichen

Ein konstituierendes Element der Piquetero-Organisationen Mitte der 1990er Jahre war das Fehlen von kollektiven Artikulationsmöglichkeiten der Arbeitslosen, denn üblicherweise geht mit dem Verlust des Arbeitsplatzes auch der Verlust der Mitgliedschaft in der Gewerkschaft einher, und die Teilnahme an Streiks geht als Aktionsform verloren. Aus dem Mangel an Beziehungen zur Regierung, aber auch anderen Interessengruppen bildeten sich als vorherrschende Artikulationsformen der Arbeitslosen neben Demonstrationen verschiedene neue Formen des Massenprotestes heraus, so etwa die Blockade von Verkehrswegen und die Besetzung von Plätzen und öffentlichen und wirtschaftlichen Einrichtungen (vgl. Auyero 2002). Die Wahl dieser Aktionsformen ist auch als Reaktion auf die offenbare Wirkungslosigkeit von (in Argentinien relativ verbreiteten) Demonstrationen und Generalstreiks zu sehen. Im Gegensatz zu diesen Protestformen können Blockaden von Hauptverkehrswegen etc. die Wirtschaft empfindlich treffen und haben sich als wesentlich effektiveres Instrument als Demonstrationen erwiesen (vgl. Straub 2004).

Neben diesen "klassischen" Piquetero-Aktionsformen gab es aber bereits seit 1997 auch direkte Beziehungen einzelner Piquetero-Organisationen zur Regierung, als erstere von der Menem-Administration in der Festlegung des Arbeitslosengeldes konsultiert wurden. Diese Beziehungen wurden im Jahr 2000 unter der Regierung de la Rúa auf technischer Ebene vertieft, als die Verwaltung des Arbeitsbeschaffungsprogrammes *Plan Trabajar* auf Nichtregierungsorganisationen übertragen wurde, darunter auch Piquetero-Organisationen. Eine weitere Ausweitung der Zusammenarbeit ergab sich unter der Regierung Duhalde ab 2002: die Verwaltung des Arbeitslosenunterstützungsprogrammes *Plan Jefes de Hogar* (der erheblich ausgeweitete Nachfolger des *Plan Trabajar*) wurde von städtischen Verwaltungen und NRO gemeinsam übernommen.

Auf politischer Ebene fanden erste direkte offizielle Kontakte zwischen Piquetero-Organisationen und Regierung zum Jahreswechsel 2001/2002 statt, als die Führer von CCC und FTV, Alderete und D'Elía, sowohl den kurzzeitigen Präsident Rodriguez Sáa als auch Präsident Duhalde trafen, um ihre Forderungen zu präsentieren (vgl. Cramér/Sjöström 2003). Die Zusammenarbeit einiger gemäßigter Piquetero-Organisationen mit der Regierung Duhalde wurde auf Ministerebene fortgesetzt. Ausdruck der andauernden Zusammenarbeit zwischen dem "offizialistischen" Flügel der Piqueteros (d.h. der FTV) und der Regierung sind schließlich verschiedene Einladungen im Kongress sowie die Teilnahme von drei Kabinettsmitgliedern beim nationalen Kongress der Piqueteros (vgl. Página/12 v. 20.02.2004).

Schließlich existieren auch zumindest seit der Alianza-Regierung, wenngleich in vergleichsweise geringem Umfang, persönliche Beziehungen zwischen Piquetero-Organisationen und der politischen Spitze. So war der Führer der FTV, Luis D'Elía, während der Alianza-Regierung FREPASO-Provinzabgeordneter. Auch der Führer der CCC, Carlos Alderete, verfügt als ehemaliger Arbeitsminister (unter Präsident Alfonsín) über gute Beziehungen zu den Reformverantwortlichen.

Die Intensität der Beziehungen der Arbeitslosenorganisationen zur Regierung sollte aber dennoch nicht überbewertet werden. Institutionalisierte Mitspracherechte bei der Politikdefinition fehlen fast völlig, ebenso wie eine nennenswerte Repräsentation von Arbeitnehmervertretern in Parlament. *Insgesamt sind die Beziehungen zur Regierung bis 2001 als schwach anzusehen (Variablenwert 0) und haben sich seither vertieft, ohne aber die Qualität der Beziehungen von Gewerkschaften oder Arbeitgebervertretern zur Regierung zur erreichen (zugewiesene Variablenwerte 0,25 im Zeitraum 2001-2002, seither 0,5).*

6.2.1.3.7 Zusammenfassende Bewertung

Bis 1997 war die Gruppe der Arbeitslosen und informell Beschäftigen nicht organisiert. Erst mit der Entstehung der Piquetero-Organisationen entstand die notwendige Voraussetzung zu kollektivem Handeln, aber die Chancen auf Durchsetzung der Arbeitslosenpräferenzen in Bezug auf die Arbeitmarktreformen blieben in der Anfangszeit der Bewegung gering. Vor allem seit dem Jahr 2000 ist jedoch ein Anstieg der Durchsetzungsfähigkeit zu beobachten, der auf folgenden Faktoren basiert (Abbildung 37):

- einer verbesserten Ressourcenausstattung durch die Beteiligung an der Verwaltung der Arbeitsbeschaffungsprogramme;

- einem leicht zunehmenden Hierarchisierungsgrad;
- einer Intensivierung der Beziehungen zu den Reformverantwortlichen.

Zudem ist die Gruppe seit 1993 die mit der größten Mitgliederanzahl, verfügt also über ein hohes Mobilisierungspotential.

Angesichts dieser Faktoren werden die Piqueteros von einzelnen Beobachtern bereits als wichtiger politischer Akteur betrachtet. Der ehemalige Arbeitsminister Caro Figueroa bezeichnet die Piquetero-Organisationen als "wichtige Repräsentationsstruktur der armen Lohnempfänger, der Arbeitslosen und der marginalisierten Bevölkerungsschichten" (Caro Figueroa 2004).

Abbildung 37: Strukturelle Durchsetzungsfähigkeit der Gruppe der Arbeitslosen und informell Beschäftigten, 1983-2004

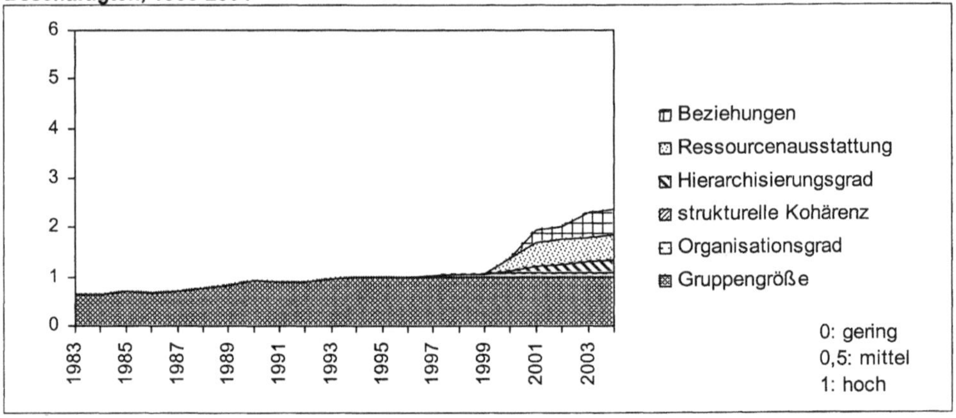

Die hier verwendeten Indikatoren legen eine vorsichtigere Einschätzung nahe: zwar haben die Durchsetzungschancen im Untersuchungszeitraum zugenommen, dennoch sind sie nach wie vor etwas geringer als diejenigen der Arbeitgeber und Arbeitnehmer. Insgesamt kann folgende Erwartung über den Einfluss der Gruppe der Arbeitslosen und informell Beschäftigten auf Arbeitsmarktreformen formuliert werden: Bis zum Jahr 2000 hat die Gruppe der Arbeitslosen keinen Einfluss auf die Formulierung von Reformen. Hingegen ist zu erwarten, dass die Präferenzen der Arbeitslosen zumindest ansatzweise in die Arbeitsmarktreformen von 2004 Eingang finden.

6.2.2 Bürokratische Akteure

6.2.2.1 ARBEITSVERWALTUNG

Ein eigenständiges Arbeitsministerium besteht in Argentinien seit 1971, als es unter dem Namen "Ministerium für Arbeit und Soziale Sicherung" (*Ministerio de Trabajo y Seguridad Social*, MTSS) aus dem zuvor bestehenden Wirtschafts- & Arbeitsministerium ausgegliedert wurde.[163]

163 Die Bezeichnung des Ministeriums wurde 1999 in Ministerium für Arbeit, Beschäftigung und Bildung von Humanressourcen (Ministerio de Trabajo, Empleo y Formación de Recursos Humanos)

Zur Arbeitsbürokratie gehören daneben noch die dem Arbeitsministerium nachgeordneten nationalen Behörden und Institutionen sowie die Arbeitsverwaltungen der Provinzen. Wichtige Institutionen der Arbeitsbürokratie sind die Nationale Verwaltung der Sozialen Sicherung (*Administración Nacional de Seguridad Social*, ANSES) und das Arbeitsinspektionswesen.

6.2.2.1.1 Gruppengröße

Die Gruppe der Arbeitsbürokratie wird gebildet durch die Mitarbeiter der Arbeitsbürokratie. Das Arbeitsministerium hatte im Untersuchungszeitraum stets zwischen 1.000 und 2.000 Mitarbeitern (mit abnehmender Tendenz) und war damit das kleinste Ministerium (Jefatura de Gabinete de Ministros - Subsecretaría de la Gestión Pública 2002). Zeitreihendaten über die nachgeordneten Verwaltungen liegen nicht vor. Das Arbeitsinspektionswesen hatte 1998 weniger als 1.000 Mitarbeiter (Ministerio de Trabajo y Seguridad Social 1999). Die Verwaltung der sozialen Sicherung ANSES hatte 2002 knapp 7.600 Mitarbeiter (ANSES 2002).

Insgesamt liegt die Anzahl der Mitarbeiter in der Arbeitsbürokratie folglich in der Größenordnung von 10.000. Ihr Anteil an den Erwerbspersonen lag damit bei rund 0,1%. *Die Gruppengröße war im gesamten Untersuchungszeitraum gering (Variablenwert 0).*

6.2.2.1.2 Organisationsgrad

Wie bereits in Abschnitt 5.2.4.1.2 dargestellt, ist der Organisationsgrad der bürokratischen Akteure, und somit auch der Arbeitsbürokratie, definitionsgemäß *hoch: alle Gruppenmitglieder sind organisiert (Variablenwert 1).*

6.2.2.1.3 Kohärenz

Wie bereits erwähnt ist das Arbeitsministerium nicht die einzige Institution der Arbeitsbürokratie. Daneben bestehen verschiedene nachgeordnete Bürokratien in Form eigenständiger Organisationen, insbesondere zur Verwaltung der sozialen Sicherungssysteme und im Arbeitsinspektionswesen.

Seit 1969 bestanden zwei unterschiedlichen Rentenkassen (eine für Arbeitnehmer und eine für Selbständige)[164]. 1990 wurde eine Vereinheitlichung des Systems durchgesetzt und durch Gesetz Nr. 23769 das Nationale Sozialversicherungsinstitut (*Instituto Nacional de Previsión Social*, INPS) gegründet, welches 1991 von ANSES abgelöst wurde (Dekrete 2284/91 und 2741/91). Seit 1992 ist ANSES zuständig für die Verwaltung der Familienzuschläge, den Nationalen Beschäftigungsfonds (*Fondo Nacional de Empleo*, FNE) und die Beschäftigungsprogramme.

---

und 2002 in das heute gültige Ministerium für Arbeit, Beschäftigung und Soziale Sicherung (Ministerio de Trabajo, Empleo y Seguridad Social, MTEySS) geändert. Im Verlauf dieser Arbeit wird einfach vom Arbeitsministerium oder MTSS gesprochen.

164 Einen guten Überblick über die – nicht nur – institutionelle Entwicklung der sozialen Sicherung in Argentinien liefert das Arbeitsministerium (Ministerio de Trabajo 2003).

1994 wurde im Rahmen der Sozialversicherungsreform die *Superintendencia de Administradoras de Fondos de Jubilaciones y Pensiones* (SAFJP) geschaffen, welche – in Zusammenarbeit mit der ANSES für die Überwachung des Systems der Alterssicherung (*Sistema Integrado de Jubilaciones y Pensiones*, SIJP) zuständig ist.

1996 wurde schließlich, im Rahmen der Reform der Arbeitsunfallversicherung, die *Superintendencia de Riesgos del Trabajo* geschaffen (durch Gesetz Nr. 24557), welche für die Überwachung der privaten Versicherungsunternehmen zuständig ist, die Arbeitsunfallversicherungen anbieten.

Alle bisher genannten Institutionen stehen unter der Aufsicht des Arbeitsministeriums und haben daher nur eine sehr geringe Möglichkeit, bei der Diskussion von Arbeitsmarktreformen als eigenständige Akteure mit eigenen Präferenzen aufzutreten. Anders ist dies, zumindest seit 1984, im Bereich des Arbeitsinspektionswesens, das im wesentlichen den Provinzen untersteht und die zu diesem Zweck eigene Behörden unterhalten.[165] Aufgabe des Inspektionswesens ist die Überwachung der Einhaltung gesetzlicher Regeln vor allem im Bereich der Arbeitssicherheit, der Hygiene sowie der sozialen Sicherung. Gerade der letztgenannte Aspekt hat im Zuge der stetig zunehmenden Schwarzarbeit (bzw. der informellen Beschäftigung) und den verschiedenen Gegeninitiativen der Regierungen seit Mitte der 1990er Jahre deutlich an Gewicht gewonnen und das Arbeitsinspektionswesen zu einem wichtigen Bereich der Arbeitsbürokratie werden lassen.

Das Inspektionswesen war bis 1984 unter nationaler Verantwortlichkeit, von 1984 bis 1996 unter alleiniger Verantwortlichkeit der Provinzen, und seit 1996 teilen sich Arbeitsministerium und Provinzen die Aufgabe, wobei die Kompetenzen des Arbeitsministerium eher gering sind: es ist für die nationale Koordinierung zuständig und hat die unmittelbare Verantwortlichkeit für Arbeitsinspektionen lediglich in Buenos Aires und der Provinz Jujuy. Zu Koordinationszwecken existiert darüber hinaus der Föderale Arbeitsrat (*Consejo Federal del Trabajo*, CFT), der 1998 im Rahmen des Föderalen Paktes für Arbeit (*Pacto Federal del Trabajo*, ratifiziert durch Gesetz Nr. 25212 v. 24.11.1999) geschaffen wurde. Im CFT hat zwar der Arbeitsminister den Vorsitz, aber dennoch dominieren in ihm die Provinzen (vgl. Beccaria/ Galin 2002: 76f).

Angesichts der Existenz unterschiedlicher, nicht unter dem Verantwortungsbereich des Arbeitsministeriums stehender Organisationen in einem wichtigen Teilbereich des Arbeitsrechts ist die Kohärenz der Arbeitsbürokratie *ab 1984 nur als eingeschränkt* zu bezeichnen *(Variablenwert 0,5)*, hat aber 1996 wieder leicht zugenommen *(Variablenwert 0,75)*.

6.2.2.1.4 Hierarchisierungsgrad

Das Arbeitsministerium sowie alle anderen Organisationen der Arbeitsbürokratie sind intern hierarchisch strukturiert. Eine durchgehende Hierarchiebeziehung zwischen Arbeitsministerium und allen anderen Behörden der Arbeitsbürokratie existiert aber nicht, wie im vorangegangenen Abschnitt erläutert wurde. Im Bereich des Inspek-

165 Vgl. zum folgenden Ministerio de Trabajo y Seguridad Social (1999).

tionswesens verfügt das Arbeitsministerium über keine Weisungsbefugnis gegenüber den Provinzbehörden.

Insofern war *der Hierarchisierungsgrad der Arbeitsbürokratie in allen Bereichen außer dem Inspektionswesen hoch, dort aber zwischen 1984 und 1996 nur gering und ab 1996 mittel.* Im Schnitt ergibt sich daraus die *folgenden Variablenwerte: 0,5 im Zeitraum 1984 bis 1996, seither 0,75.*

6.2.2.1.5 Ressourcenausstattung

Seit der Schaffung des Arbeitsministeriums 1971 sind die Kompetenzbereiche des Ministeriums annähernd konstant geblieben und umfassen die Arbeitsmarktpolitik, berufliche Bildung und soziale Sicherung. Die Kompetenzen sind im Gesetz Nr. 22520 (*Ley de Ministerios*) detailliert aufgelistet (Art. 23, zuletzt modifiziert durch Dekret 355/2002, zählt einen Katalog von 29 Punkten).

Gegenüber den Gewerkschaften bestehen die wichtigsten Kompetenzen des Arbeitsministeriums in der Gewährung (und Aberkennung) der *inscripción* und *personería gremial*. Obgleich diese an objektive Kriterien gebunden sind, verfügt das Arbeitsministerium über einen diskretionären Spielraum und somit gegenüber den Gewerkschaften über ein wichtiges Machtinstrument. Außerdem überwacht das Arbeitsministerium die Statuten, internen Wahlen und Abstimmungen und hat somit das Recht, in interne Prozesse der Gewerkschaften einzugreifen.

Die Arbeitgeber oder ihre Verbände unterliegen in ihren Beziehungen zum Arbeitsministerium nicht vergleichbaren Regelungen wie die Gewerkschaften. Zwar führt das Arbeitsministerium ein Register der Arbeitgeberorganisationen, deren Recht an der Teilnahme an kollektiven Verhandlungen ist aber nicht an die vorherige Anerkennung des Arbeitsministeriums gebunden.

Eine weitere wichtige Kompetenz besteht in der Notwendigkeit der Genehmigung von Tarifabschlüssen durch das Arbeitsministerium sowie die direkte Beteiligung des Ministeriums in Tarifverhandlungen durch die obligatorische Schlichtung.

Schließlich geht die Verantwortung für die soziale Sicherung mit erheblichen Mittelzuweisungen an das Arbeitsministerium einher. Der Anteil des Budgets des Arbeitsministeriums am föderalen Haushalt stieg von rund 15% im Jahr 1983 auf 40% 1998 und sank dann wieder auf 28% 2003 und 29% 2004.[166]

Diese finanzielle Ressourcenausstattung spiegelt sich allerdings nicht, wie bereits in Abschnitt 6.2.2.1.1 erwähnt, in der personellen Ausstattung wider: das Arbeitsministerium war im gesamten Untersuchungszeitraum das personell kleinste Ministerium. Lediglich rund 5% der nationalen Ministerialbürokratie war im Arbeitsministerium beschäftigt (Jefatura de Gabinete de Ministros - Subsecretaría de la Gestión Pública 2002). Setzt man Personal- und Finanzausstattung zueinander in Beziehung, so muss der Schluss gezogen werden, dass das Gros der Mitarbeiter im Ministerium für

166 Nach Daten des Ministerio de Economía y Producción (http://sg.mecon.gov.ar/ejecucion)

administrative Zwecke eingesetzt wird und entsprechend wenige Ressourcen für politische Aufgaben (darunter auch das Verfassen von Gesetzesentwürfen), Strategieentwicklung und Lobbying frei sind.

Eine gewisse, wenngleich eher geringe Kompetenzüberschneidung gibt es gegenüber dem Ministerium für Sozialentwicklung (*Ministerio de Desarrollo Social*), das im Rahmen seiner Verantwortlichkeit für die Sozialpolitik eigene Arbeitsbeschaffungsprogramme aufgelegt hat, wie etwa den Plan "*Manos a la Obra*". Auch zum Wirtschaftsministerium existieren Kompetenzüberschneidungen; diese werden in Abschnitt 6.2.2.2.5 untersucht.

Insgesamt ist festzustellen, dass das Arbeitsministerium (erwartungsgemäß) über weitreichende Kompetenzen in der Arbeitsmarktpolitik verfügt. Seine strategische Planungskompetenz und damit die Fähigkeit zur Durchsetzung der eigenen Präferenzen im Wettstreit mit konkurrierenden (insb. bürokratischen) Akteuren erscheint aber aufgrund der dünnen Personaldecke in Verbindung mit dem großen Umfang administrativer Aufgaben gering. Daher wird *die Ressourcenausstattung im Hinblick auf potenzielle Lobbyarbeit im Untersuchungszeitraum nur als mittel* bewertet *(Variablenwert 0,5).*

6.2.2.1.6 Intensität der Beziehungen

Beziehungen zur Regierung: Über das Arbeitsministerium bzw. den Arbeitsminister ist die Arbeitsbürokratie integraler Bestandteil der Regierung und verfügt somit über strukturell intensive Beziehungen. Auch die Tatsache, dass Entwürfe von Arbeitsmarktreformen in der Regel vom Arbeitsministerium verfasst werden, zeigt die hohe Intensität der Beziehungen. Die tatsächliche Qualität der Beziehungen hängt aber nicht zuletzt von der persönlichen Beziehung zwischen Arbeitsminister und Präsident ab. Diese war beispielsweise während der Amtszeit von Caro Figueroa (1993-1997) eher distanziert, unter dessen Nachfolger Erman González (1997-1999) hingegen sehr eng.

Beziehungen zum Kongress: Der Arbeitsminister ist gegenüber dem Kongress rechenschaftspflichtig. Abgesehen davon bestehen nur indirekte oder informelle Beziehungen zwischen Arbeitsbürokratie und Parlament. Gesetzesinitiativen können beispielsweise nur vermittelt über den Präsidenten im Kongress eingebracht werden.

Dennoch sind, insbesondere im Vergleich zu den gesellschaftlichen Gruppen, die Beziehungen zwischen Arbeitsbürokratie und Reformverantwortlichen als eng zu bewerten, die *Beziehungsintensität also hoch (Variablenwert 1).*

6.2.2.1.7 Zusammenfassung

Abbildung 38 fasst die Ergebnisse der vorherigen Abschnitte zusammen. Die Durchsetzungsfähigkeit war demnach 1983 am höchsten, sank dann auf den geringsten Wert in den Jahren 1984 bis 1995, und stieg dann wieder, um von 1996 bis 2004 konstant zu bleiben. Die Dynamik im Untersuchungszeitraum wird durch Veränderungen der Kohärenz und des Hierarchisierungsgrades erklärt.

Abbildung 38: Strukturelle Durchsetzungsfähigkeit der Arbeitsbürokratie, 1983-2004

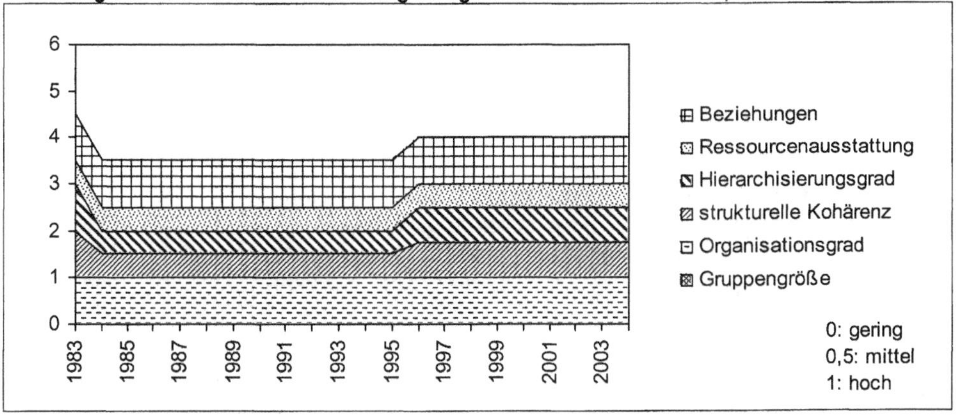

6.2.2.2 WIRTSCHAFTSBÜROKRATIE

Zur Gruppe der Wirtschaftsbürokratie gehören alle Mitarbeiter, die potenziell von den Arbeitsmarktreformen betroffen sind. Eine Reformbetroffenheit könnte in Form einer Kompetenzveränderung bestehen, die das Wirtschaftministerium beträfe. Insofern sind alle Mitarbeiter des Wirtschaftsministeriums Mitglieder der Gruppe "Wirtschaftsbürokratie".

Im Gegensatz zur Arbeitsbürokratie zählen die Mitarbeiter der nachrangigen Behörden und Institutionen des Wirtschaftsministeriums – dazu zählen unter anderen die Zentralbank, das nationale Statistikinstitut INDEC sowie verschiedene Kommissionen und Regulierungsbehörden – hingegen nicht zu den Gruppenmitgliedern, da bei ihnen keine Betroffenheit durch die Arbeitsmarktreformen anzunehmen ist: die Kompetenzen dieser Behörden werden durch die Arbeitsmarktreformen nicht tangiert.

6.2.2.2.1 Gruppengröße

Die Anzahl der Mitarbeiter im Wirtschaftministerium lag im Untersuchungszeitraum in der Größenordnung von 10.000. Ihr Anteil an den Erwerbspersonen lag damit in der Größenordnung von 0,1%. *Die Gruppengröße war im gesamten Untersuchungszeitraum gering (Variablenwert 0).*

6.2.2.2.2 Organisationsgrad

Wie bereits in Abschnitt 5.2.4.1.2 dargestellt, ist der Organisationsgrad der bürokratischen Akteure, und somit auch der Wirtschaftsbürokratie, definitionsgemäß *hoch (Variablenwert 1).*

6.2.2.2.3 Kohärenz

Im Untersuchungszeitraum waren verschiedene institutionelle Veränderungen im Wirtschaftsministerium zu beobachten. So wurde im Januar 2002 ein Produktionsministerium geschaffen, welches die Kompetenzen des Wirtschaftsministeriums beschnitt (Dekret 185/2002). Im Mai 2003 erfolgte die Wiedervereinigung von Produktions- und Wirtschaftsministerium (Dekret 1283/2003), aber gleichzeitig wurde ein Planungsministerium (*Ministerio de Planificación Federal, Inversión Pública y Servicios*) ausgegliedert.

Obwohl zwischen diesen Ministerien Kompetenzüberschneidungen bestanden bzw. bestehen, sind sie für die Arbeitsmarktpolitik nicht relevant, da die anderen Ministerien keine Kompetenzen in der Arbeitsmarktpolitik haben. Insofern ist in diesem Aktionsfeld das Wirtschaftsministerium der einzige Akteur der Wirtschaftsbürokratie. Die *Kohärenz der Gruppe ist also im gesamten Untersuchungszeitraum hoch (Variablenwert 1).*

6.2.2.2.4 Hierarchisierungsgrad

Das Wirtschaftsministerium ist hierarchisch strukturiert. Insofern war *der Hierarchisierungsgrad der Wirtschaftsbürokratie im gesamten Untersuchungszeitraum hoch (Variablenwert 1).*

6.2.2.2.5 Ressourcenausstattung

Die Ressourcenausstattung wird, wie die der Arbeitsbürokratie, anhand der Kompetenzen, der personellen und der finanziellen Ausstattung gemessen.

Das Wirtschaftsministerium verfügt über weitreichende Kompetenzen, welche in etwa die üblichen Verantwortlichkeiten eines Wirtschafts- und Finanzministeriums vereinigen. Nach der letzten Revision des Ministeriumsgesetzes (Ley de Ministerios) vom Mai 2003 besteht für das Ministerium ein umfassender Kompetenzkatalog mit 60 Punkten.

Von besonderer Relevanz sind hierunter die (auch vorher schon bestehenden) arbeitsmarktpolitischen Kompetenzen:

- Direkte Verantwortlichkeit für Lohnpolitik im öffentlichen Sektor (unter Beteiligung der betreffenden Ministerien) (Art. 2, Nr. 6, Dekret 1283/2003)
- "Beteiligung an der Erarbeitung von Normen über kollektive Verhandlungen im Privatsektor" (Nr. 7),
- "Beteiligung an der Arbeitsmarktpolitik" (Nr. 52).

Es liegt auf der Hand, dass unter Berufung auf diese Kompetenzen das Wirtschaftsministerium eine unmittelbare Beteiligung und somit eine wesentliche Rolle in der Formulierung von Arbeitsmarktreformen einfordern kann, selbst wenn diese offiziell unter Federführung des Arbeitsministeriums liegen.

Dennoch musste das Wirtschaftsministerium im Laufe des Untersuchungszeitraums eine wichtige Kompetenzeinbuße hinnehmen. So involvierten die wirtschaftlichen Stabilisierungsprogramme der 1980er Jahre, für die das Wirtschaftsministerium federführend war, Preis- und Lohnstopps, d.h. das Wirtschaftsministerium konnte unmittelbar in die Lohnpolitik eingreifen. Durch die Wiederherstellung der Tarifautonomie wurde dem Wirtschaftsministerium diese Ressource gesetzlich entzogen.

Die personellen Ressourcen des Wirtschaftsministeriums sind (gerade im Vergleich zum Arbeitsministerium) vergleichsweise groß gewesen (vgl. auch Abschnitt 6.2.2.2.1): Im Untersuchungszeitraum lag der Anteil der Mitarbeiter im Wirtschaftsministerium (einschließlich des Produktionsministeriums in den Jahren 2002-2003) bei konstant rund 30% aller Mitarbeiter der nationalen Ministerialbürokratie (Jefatura de Gabinete de Ministros - Subsecretaría de la Gestión Pública 2002).

Im Gegensatz dazu ist die finanzielle Ausstattung des Ministeriums gering und hat im Untersuchungszeitraum noch abgenommen. Während der Anteil am nationalen Staatshaushalt anfänglich noch rund 5% betragen hatte, sank dieser Anteil bis 1999 auf knapp 4% und danach stark bis auf unter 1% im Jahr 2004.

Zusammenfassend wird die Ressourcenausstattung des Wirtschaftsministeriums wie folgt bewertet: *bis 1988 war die Ressourcenausstattung aufgrund der weitreichenden Kompetenzen sowie der guten Personalausstattung hoch (Variablenwert 1), danach aufgrund der gesunkenen Kompetenzen mittel (Variablenwert 0,5).*

6.2.2.2.6 Intensität der Beziehungen

Für das Wirtschaftsministerium gelten die Ausführungen über die Intensität der Beziehungen zwischen Arbeitsministerium und Regierung bzw. Parlament entsprechend.

Daher sind, insbesondere im Vergleich zu den gesellschaftlichen Gruppen, die Beziehungen zwischen Wirtschaftsministerium und Reformverantwortlichen als eng zu bewerten, die *Beziehungsintensität ist also hoch (Variablenwert 1).*

6.2.2.2.7 Zusammenfassung

Abbildung 39 stellt die strukturelle Durchsetzungsfähigkeit der Wirtschaftsbürokratie bzw. des Wirtschaftsministeriums im Überblick dar. Demnach war die Durchsetzungsfähigkeit konstant relativ hoch, die einzige Veränderung im Untersuchungszeitraum war das Absinken der Ressourcenausstattung 1988. Bemerkenswert ist schließlich, dass die strukturelle Durchsetzungsfähigkeit des Wirtschaftsministeriums stets höher war als diejenige der Arbeitsverwaltung.

6.2.2.3 Internationale Finanzinstitutionen

In Argentinien spielen drei internationale Finanzinstitutionen eine potenziell wichtige Rolle in der Arbeitsmarktpolitik: die Interamerikanische Entwicklungsbank (IDB oder BID), die Weltbank (bzw. konkret innerhalb der Weltbankgruppe die Internationale Bank für Wiederaufbau und Entwicklung, IBRD), und der Internationale Währungsfonds.

Abbildung 39: Strukturelle Durchsetzungsfähigkeit der Wirtschaftsbürokratie, 1983-2004

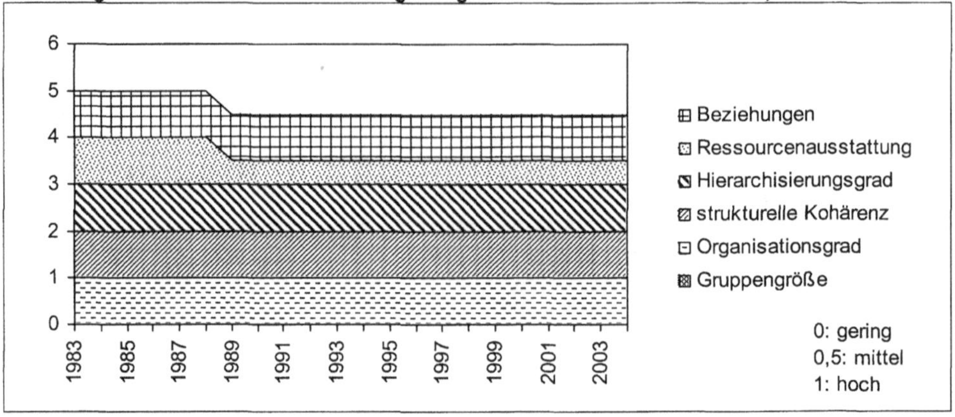

6.2.2.3.1 Gruppengröße

Gemessen an der Anzahl der Erwerbspersonen ist die Anzahl der Mitarbeiter internationaler Finanzinstitutionen in Argentinien verschwindend gering. Selbst wenn temporäre Projektmitarbeiter mitgezählt werden, liegt die Gruppengröße stets bei unter 1.000 Personen und ist somit *im gesamten Untersuchungszeitraum gering* gewesen *(Variablenwert 0)*.

6.2.2.3.2 Organisationsgrad

Wie bereits in Abschnitt 5.2.4.1.2 dargestellt, ist der *Organisationsgrad der internationalen Finanzinstitutionen definitionsgemäß hoch (Variablenwert 1)*.

6.2.2.3.3 Kohärenz

IDB, IBRD und IWF sind drei formal voneinander unabhängige Organisationen, die aber aufgrund ihrer vergleichbaren wirtschaftspolitischen Grundorientierung nicht zu unterschiedlichen Präferenzen in der Arbeitsmarktpolitik kommen. Dennoch zeigen einige Vorfälle im Untersuchungszeitraum im Zusammenhang mit den Stabilisierungsprogrammen der 1980er Jahre, dass die Kohärenz der IFI zunächst, insbesondere angesichts von Divergenzen zwischen IWF und Weltbank[167], eher gering war. So führte die Unterstützung des Frühlingsplans (*Plan Primavera*) von 1988 durch die Weltbank zu einem Konflikt mit dem IWF, der den Plan nicht akzeptiert hatte. Dieser Konflikt wurde erst mehr als ein Jahr später beigelegt, als sich IWF und Weltbank darauf einigten, dass in Zukunft der IWF die Federführung für kurzfristige Stabilisierungskredite übernehmen würde und die Bank für die Strukturanpassung (World Bank 1996: 18).

Seit Beginn der 1990er Jahre wurde die Zusammenarbeit der Organisationen somit auf institutioneller und programmatischer Ebene harmonisiert (vgl. Rubiolo González

---

167 Hingegen stimmen sich BID und Weltbank seit jeher untereinander ab.

2000: 225). Programme und Projekte der IFI in Argentinien werden seit den 1990er Jahren bereits im Vorfeld auf mögliche Überlappungen und Inkonsistenzen überprüft (vgl. z.B. die Country Assistance Strategies der Weltbank für Argentinien).

Die Kohärenz der IFI wird im Zeitraum bis 1990 als mittel (Variablenwert 0,5) und ab 1991 aufgrund der gestiegenen Koordination als hoch bewertet (Variablenwert 1).

6.2.2.3.4 Hierarchisierungsgrad

Wie bereits in Abschnitt 5.2.4.1.4 dargestellt, ist der *Hierarchisierungsgrad der IFI definitionsgemäß hoch (Variablenwert 1).*

6.2.2.3.5 Ressourcenausstattung

A priori verfügen Internationale Finanzinstitutionen über eine besondere Ressource gegenüber der Regierung eines Empfängerlandes: alleine durch die Tatsache, dass ein Land einen Kredit aufnimmt (aufnehmen muss), ergibt sich eine asymmetrische Beziehung zwischen Kreditgeber und Regierung (Haggard et al. 1995: 30), und die Finanzinstitution dominiert umso deutlicher und kann damit umso einfacher den Kredit mit Bedingungen verknüpfen, je stärker die Regierung von dem Kreditempfang abhängt. Die Ressourcenausstattung der Internationale Finanzinstitutionen kann daher anhand der gewährten Kredite gemessen werden. Als Indikator werden die Bruttoauszahlungen herangezogen, weil die effektiven Zahlungen in der Regel erst nach der Überprüfung der Erfüllung bestimmter Bedingungen erfolgt und somit ein direkter Zusammenhang zwischen vom Kreditgeber gewünschter Politik und Kreditauszahlung besteht.

Tabelle 21: Bruttoauszahlungen von IWF, IBRD und IDB an Argentinien (in USD Mio), 1983-2003

	1983	1984	1985	1986	1987	1988	1989	1990	1991	1992
IDB	265	199	204	154	131	231	504	331	491	333
IWF	1.198	0	1.000	555	1.270	536	236	437	400	824
IBRD	70	96	144	408	795	487	316	405	460	171
Summe	**1.533**	**295**	**1.348**	**1.117**	**2.196**	**1.254**	**1.056**	**1.173**	**1.351**	**1.328**
Anteil an Gesamtbruttozuflüssen	*38,0*	*35,9*	*29,4*	*34,4*	*49,3*	*51,4*	*73,2*	*73,9*	*47,5*	*38,7*

	1993	1994	1995	1996	1997	1998	1999	2000	2001	2002	2003
IDB	1.033	239	995	507	876	1.500	1.441	904	1.545	413	2.646
IWF	1.613	876	2.365	796	442	0	0	2.094	10.399	0	5.638
IBRD	1.507	548	941	1.077	797	2.029	1.573	1.019	1.329	1.190	1.587
Summe	**4.153**	**1.663**	**4.301**	**2.380**	**2.115**	**3.529**	**3.014**	**4.017**	**13.273**	**1.603**	**9.871**
Anteil an Gesamtbruttozuflüssen	*34,7*	*17,3*	*38,0*	*12,7*	*10,8*	*14,0*	*12,9*	*19,0*	*79,5*	..	..

Quelle: World Bank (1988ff; 1997ff); Jahresberichte von IBRD, IWF und IDB.

Tabelle 21 stellt die jährlichen Bruttoauszahlungen von IWF, IBRD und IDB an Argentinien im Zeitraum 1983 bis 2003 dar. Obgleich die Auszahlungen der drei Organisationen in den 1980er Jahren (bis 1992) durchschnittlich geringer waren als in den 1990er Jahren, war ihr Anteil an den Gesamtzuflüssen mit 30% bis über 70% deutlich höher als in den 1990er Jahren (v.a. ab 1994), wo er bis auf rund 10% fiel. Dies lag vor allem am geringen Vertrauen privater Gläubiger in die argentinische Wirtschaft angesichts der fast kontinuierlichen Krise bis 1991. Mit der Wiederkehr der Krise Ende der 1990er Jahre stieg der Anteil der Auszahlungen der multilateralen Institutionen dann wieder erheblich an. Insgesamt war die Bedeutung der Kredite der

IFI für Argentinien im gesamten Untersuchungszeitraum erheblich, sowohl in absoluten Zahlen, als auch – während der Mitte der 1990er – als Katalysator für den Zufluss privater Gelder, welche das Engagement der IFI als Siegel der Kreditwürdigkeit betrachteten.

Die Kreditsummen stellten für die argentinische Regierung zwar eine beträchtliche finanzielle Ressource dar, gleichwohl steht nur ein geringer Teil von ihnen in Zusammenhang mit arbeitsmarktpolitischen Maßnahmen:

- die IBRD und IBD unterstützten das 1993 aufgelegte *Trabajar*-Programm seit 1996 mit insgesamt USD 700 Mio (World Bank 2000: 10),
- der Sektorstrukturanpassungskredit der Weltbank von 1999 über ursprünglich USD 2,525 Mrd umfasste eine Komponente zur Arbeitsmarktreform,
- 2001 gewährte die IDB einen Zuschuss über USD 1,7 Mio für das Projekt "Private Sector Labor Intermediation".

Da prinzipiell die Gewährung aller Kredite von der Erfüllung (arbeitsmarkt-)politischer Bedingungen abhängig gemacht werden kann, ist die *Ressourcenausstattung der IFI im konstanten Untersuchungszeitraum als hoch* zu bewerten *(Variablenwert 1).*

6.2.2.3.6 Intensität der Beziehungen

Die Intensität der *Beziehungen zur Regierung* hat im Untersuchungszeitraum deutlich zugenommen. Zwar verfügen internationale Akteure nicht über institutionell garantierte Einflussmöglichkeiten, aber im Zusammenhang mit den gewährten Krediten hat sich vor allem während der 1990er Jahre eine enge Zusammenarbeit der Internationalen Finanzinstitutionen (vor allem IWF und Weltbank) mit der Regierung entwickelt. Die Beziehungsintensität ist bei den IFI also positiv mit der Ressourcenausstattung korreliert; sie basiert auf drei Ebenen von Kontakten. Bereits im Vorfeld der Kreditgewährung, bei der Aushandlung der Abkommen, werden Gespräche auf höchster politischer Ebene geführt und Bedingungen an die Kreditvergabe geknüpft. Gleiches gilt auch für periodische Missionen zur Überprüfung der Einhaltung der vereinbarten Bedingungen. Und schließlich stellen die Internationalen Finanzinstitutionen der Regierung Berater zur Seite, welche diese bei der Politikdefinition unterstützen.

Ein qualitativer Sprung in den Beziehungen zwischen *IWF* bzw. *Weltbank* und Regierung erfolgte mit der Machtübergabe von Alfonsín an Menem. "Während unter Alfonsín die Beteiligung von Vertretern internationaler Organisationen an Diskussionen innerhalb des Kabinetts undenkbar gewesen wäre, verläuft in der Regierung Menem keine Sitzung im Wirtschaftsministerium ohne die Anwesenheit eines Repräsentanten des IWF" (Rubiolo González 2000: 225). Diese prominente Rolle des IWF blieb auch während der Regierung de la Rúa bestehen, vor allem im Rahmen der Verhandlungen über das Stand-by Arrangement vom März 2000 und die bis September 2001 folgenden drei Erhöhungen auf schließlich USD 22 Mrd (International Monetary Fund - Independent Evaluation Office 2004: 63ff). Mit dem Kreditstop vom Dezember 2001 nahm die Intensität der Beziehungen stark ab und erhöhte sich erst wieder mit der Amtsübernahme von Kirchner im Mai 2003, blieb aber unter dem Niveau der 1990er Jahre.

Die Beziehungen der *IDB* zur Regierung sind noch weniger ausgeprägt; sie bestehen vor allem auf technischer Ebene, sind also eher als Beziehungen zur Bürokratie zu charakterisieren. Allerdings verfolgt die Bank seit einigen Jahren eine Strategie zur Ausweitung ihres Einflusses gerade auf die Entscheidungsträger der Arbeitsmarktpolitik in der gesamten Region:

> "The Bank should dedicate resources to assume a leading role in international fora related to labor isues. To mention just an example, the Interamerican Conference of Labor Ministries and the related entrepreneur's and union's meeting is a policy forum where the Bank can disseminate new policy ideas [...]. As part of the continuing dialogue that the Bank maintains with borrowing countries, this kind of fora give us the opportunity to develop an active role in shaping expectations and contributing to the agenda setting in labor policy issues" (Inter-American Development Bank 1998: 28ff).

Zudem sieht die Arbeitsmarktstrategie vor, dass die Kontakte der Bank zu den arbeitsmarktpolitischen Interessengruppen durch die folgenden Maßnahmen noch intensiviert werden: (1) Intensivierung des (informellen) Dialogs zwischen Bank, Regierung und Interessengruppen; (2) Schaffung von sektoralen Netzwerken sowohl auf der Ebene einzelner Länder als auch auf regionaler Ebene.

Eine Umsetzung dieser Strategie in Argentinien ist aber bisher nicht zu erkennen. Zwar unterstützt die IDB die Regierung seit 1996 im Bereich der Arbeitsmarktpolitik, aber diese Unterstützung erfolgt, wie bereits erwähnt, eher auf der operativen Ebene, so dass nicht von intensiven Beziehungen zur Regierung gesprochen werden kann.

Beziehungen zum Kongress: Die Internationalen Finanzinstitutionen verfügen über keinen direkten formellen Zugang zum Parlament. Alle Kontakte laufen vermittelt über die Regierung.

Zusammenfassend wird die Intensität der Beziehungen zwischen IFI und Reformverantwortlichen wie folgt bewertet: die Beziehungen zum Kongress waren im gesamten Untersuchungszeitraum gering. Die *Intensität der Beziehungen zur Regierung war bis 1989 gering (Variablenwert 0), von 1990 bis 2001 hoch (Variablenwert 1), sank im Jahr 2002/2003 wieder auf einen niedrigen Wert (Variablenwert 0) und ist seit Mitte 2003 auf einem mittleren Wert (Variablenwert 0,5).*

6.2.2.3.7 Zusammenfassung und Bewertung

Insgesamt sind die Durchsetzungschancen der IFI seit dem Beginn der 1990er Jahre – mit Ausnahme der Jahre 2002/2003 – als hoch einzuschätzen aufgrund der folgenden Faktoren (vgl. Abbildung 40):

- sie verfügt über direkte Einflusskanäle zu einigen der wichtigsten Akteuren im Bereich der Wirtschafts- und Arbeitsmarktpolitik, insbesondere die Regierung, die Bürokratie (Arbeits- und Wirtschaftsministerien) und Arbeitgeberverbände;
- sie verfügt über die Möglichkeit, den Empfängerländern finanzielle (positive wie negative) Anreize für die Durchführung (bzw. das Unterlassen) von Arbeitsmarktreformen anzubieten.

Die Dynamik in der Durchsetzungsfähigkeit resultiert aus den Schwankungen der Beziehungsintensität sowie aus der Zunahme der Kohärenz.

Abbildung 40: Strukturelle Durchsetzungsfähigkeit der Internationalen Finanzinstitutionen, 1983-2004

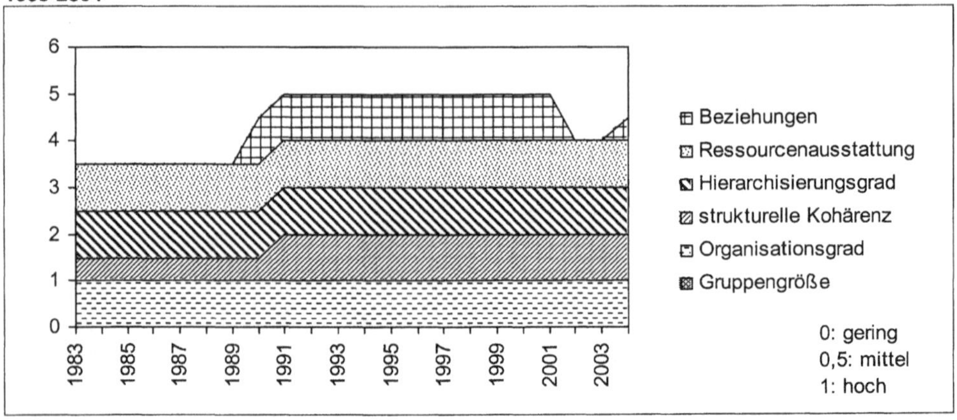

6.2.2.4 Internationale Arbeitsorganisation

6.2.2.4.1 Gruppengröße

Zwar verfügt die ILO über ein eigenes Büro in Argentinien; dessen Mitarbeiteranzahl ist aber gemessen an der Anzahl der Erwerbspersonen in Argentinien vernachlässigbar. Die Gruppengröße ist somit *im gesamten Untersuchungszeitraum gering* gewesen (Variablenwert 0).

6.2.2.4.2 Organisationsgrad

Wie bereits in Abschnitt 5.2.4.1.2 dargestellt, *ist der Organisationsgrad der internationalen Arbeitsorganisation definitionsgemäß hoch (Variablenwert 1).*

6.2.2.4.3 Kohärenz

Da in Bezug auf die Arbeitsmarktreformen in Argentinien keine Kompetenzstreitigkeiten zwischen Organisationseinheiten innerhalb der ILO existieren, *war die Kohärenz im gesamten Untersuchungszeitraum hoch (Variablenwert 1).*

6.2.2.4.4 Hierarchisierungsgrad

Wie bereits in Abschnitt 5.2.4.1.4 dargestellt, *ist der Hierarchisierungsgrad der internationalen Arbeitsorganisation definitionsgemäß hoch (Variablenwert 1).*

6.2.2.4.5 Ressourcenausstattung

Obwohl Daten über die Ressourcen der ILO in Bezug auf Argentinien nicht über den gesamten Untersuchungszeitraum verfügbar sind, so legen doch die vorliegenden Daten den Schluss nahe, dass *die Ressourcenausstattung der ILO im gesamten Untersuchungszeitraum gering* war *(Variablenwert 0)*. Die Budgets für technische Zusammenarbeit mit Argentinien seit 1996 schwankten zwischen USD 83.000 (in der Periode 1998/99) und USD 165.000 (in der Periode 2002/03) (International Labour Organisation - Director-General 1998ff). Es liegt auf der Hand, dass Budgets dieser Größenordnung (und insbesondere, wenn man sie mit den Argentinienkrediten der IFI vergleicht) nicht dazu geeignet sind, Politikentscheidungen des Empfängerlandes zu beeinflussen.

6.2.2.4.6 Intensität der Beziehungen

Genauso wie für die Internationalen Finanzinstitutionen gilt auch für die ILO, dass sie über keinerlei institutionalisierte Beziehungen zu den Reformverantwortlichen verfügt.

Ebenso wie die Internationalen Finanzinstitutionen hat die ILO keinerlei *Beziehungen zum Kongress*. Die *Beziehungen zur Regierung* beschränken sich auf das Arbeitsministerium, das sowohl in programmatischen als auch in technischen Fragen unterstützt wird. Kontakte bestanden daher während des gesamten Untersuchungszeitraums bis zur Ministerebene. Allerdings befasst sich das ständige Büro der ILO in Buenos Aires eher mit technischen Fragen, während politische Kontakte vor allem in Form von Expertenkommissionen und Kurzzeitmissionen existieren, also nicht dauerhaft sind. Insofern wird die *Beziehungsintensität während des gesamten Untersuchungszeitraums als mittel* bewertet *(Variablenwert 0,5)*.

Abbildung 41: Strukturelle Durchsetzungsfähigkeit der Internationalen Arbeitsorganisation, 1983-2004

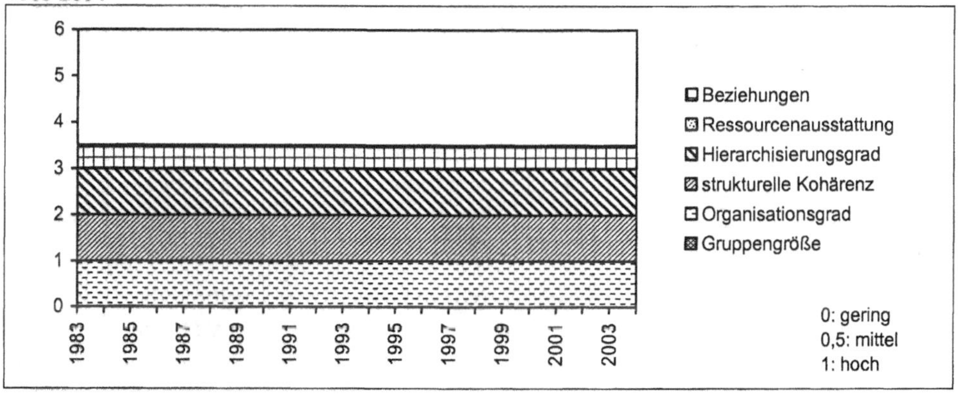

6.2.2.4.7 Zusammenfassung

Abbildung 41 fasst die verschiedenen Komponenten der strukturellen Durchsetzungsfähigkeit der ILO zusammen. Nennenswerte Veränderungen der Durchsetzungsfähigkeit im Untersuchungszeitraum konnten nicht festgestellt werden. Insgesamt ist die Durchsetzungsfähigkeit aufgrund der geringen Ressourcenausstattung und der begrenzten Beziehungen (abgesehen natürlich von der Gruppengröße) nur mittelmäßig, insbesondere wenn sie mit derjenigen der Internationalen Finanzinstitutionen verglichen wird.

6.2.3 Zusammenfassung: Strukturelle Durchsetzungsfähigkeit der Reformbetroffenen, 1983-2004

Bisher wurde die strukturelle Durchsetzungsfähigkeit der Reformbetroffenen für jede Gruppe und Organisation isoliert untersucht. Entscheidend ist aber der Vergleich der Durchsetzungschancen, denn per definitionem geht es für jeden Akteur ja darum, sich gegenüber anderen Akteuren durchzusetzen. Abbildung 42 vergleicht die strukturelle Durchsetzungsfähigkeit aller reformbetroffenen Gruppen im Verlauf des Untersuchungszeitraums.

Abbildung 42: Vergleich der strukturellen Durchsetzungsfähigkeit reformbetroffener Akteure, 1983-2004

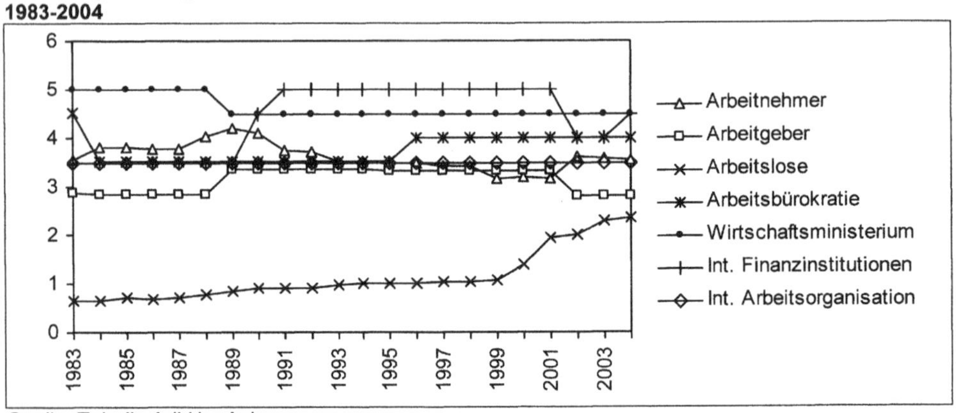

Quelle: Tabelle A-IV im Anhang.

Zwei Ergebnisse sind besonders auffallend: Erstens sind die strukturellen Durchsetzungschancen selbst der schwächsten bürokratischen Akteure höher als diejenigen der gesellschaftlichen Akteure (mit Ausnahme der Arbeitnehmer bis 1993 und ab 2002). Dieses zunächst überraschend erscheinend Ergebnis ist vor allem die Folge des hohen Organisations- und Hierarchisierungsgrades der bürokratischen Akteure sowie der oft hohen Kohärenz und Ressourcenausstattung.

Zweitens stellen im gesamten Untersuchungszeitraum Reformbefürworter (das Wirtschaftsministerium oder die Internationalen Finanzinstitutionen) stets die durchsetzungsfähigste Gruppe dar.

Damit ist allerdings noch keine Aussage über die Erfolgswahrscheinlichkeit von Arbeitsmarktreformen möglich. Hierzu müssen erst noch die Präferenzen sowie die situationsspezifische Durchsetzungsfähigkeit der Akteure ermittelt werden.

6.3 Erwartete Präferenzen und situationsspezifische Durchsetzungsfähigkeit der kollektiven Akteure

6.3.1 Präferenzen und Präferenzintensitäten

Die inhaltlichen Präferenzen und Präferenzintensitäten der *Reformbetroffenen* in Bezug auf die verschiedenen Reformmaßnahmen wurden in Abschnitt 5.2.5 theoretisch abgeleitet und dort in Tabelle 14 zusammengefasst. Die daraus gebildeten codierten Werte werden in Tabelle 22 zur Erinnerung und besseren Übersicht dargestellt.

Tabelle 22: Präferenzen und Präferenzintensitäten der Reformbetroffenen - Codierung

	Gesellschaftl. Akteure			Bürokratische Akteure			
Refombereich	Gewerk-schaften	Arbeitgeber	Arbeitslose	Arbeitsbüro-kratie	Wirtschafts-ministerium	Int. Finanz-institutionen	Int. Arbeits-organisation
Flexibilisierung kollektver Tarifverhandlungen	-1	0,5	0	-0,5	0	0,5	0
Senkung Lohnnebenkosten	-0,5	1	0,5	-0,5	0	0,5	0
Senkung Mindestlöhne	-0,5	0,5	0,5	0	0	0,5	-0,5
Senkung der Lohnstückkosten (Arbeitszeitverlängerung etc.)	-1	1	0	0	0	0,5	-0,5
Liberalisierung Kündigungsschutz	-1	1	0,5	-0,5	0	0,5	-0,5
Förderung befristeter Arbeitsverhältnisse	-0,5	1	0,5	-0,5	0	0,5	0
Verringerung von Marktmacht	-1	0,5	0	0	0	0,5	0,5
Ausbau des Inspektionswesens/Sicherung der Regelbefolgung	0,5	-0,5	-0,5	1	0	0,5	0,5
Gesamtreform	**-1**	**1**	**0,5**	**-0,5**	**0,5**	**0,5**	**0**

Zuordnung der Variablenwerte erfolgte entsprechend Tabelle 14 (S. 122) und Tabelle 18 (S. 126) nach folgendem Schlüssel: "++" gemäß Tabelle 14 entspricht 1; "+" = 0,5; "o" = 0; "-" bzw. "o/-" = -0,5; "--" = -1. Für die Grundlagen der Codierung vgl. Abschnitte 5.2.5 und 5.3.1.2.

Zudem ist noch zu prüfen, ob im Untersuchungszeitraum die *Reformverantwortlichen*, also insbesondere die Regierung eine eigene inhaltliche Präferenz für die Durchführung von neoklassisch begründeten Arbeitsmarktreformen entwickelt hat. Wie in Abschnitt 5.2.5.1 dargelegt worden ist, ist dies nur möglich, wenn erstens die Situation auf dem Arbeitsmarkt wahlentscheidend ist, zweitens durch Arbeitsmarktreformen eine Verbesserung auf dem Arbeitsmarkt vor der nächsten Wahl erwartet werden kann und folglich drittens der zeitliche Abstand zur nächsten Wahl hinreichend groß ist.

Die Erfüllung der dritten Voraussetzung ist am einfachsten zu prüfen. Im argentinischen Präsidialsystem sind die Präsidentschaftswahlen die für die Regierung entscheidende Wahl. Günstige Zeitfenster für die Ausbildung inhaltlicher Präferenzen der Regierung ergaben sich also stets unmittelbar im Anschluss an die Wahlen von 1983, 1989, 1995, 1999 und 2003, wobei zu berücksichtigen ist, dass mit der Verfassungsänderung die Amtszeit des Präsidenten von sechs auf vier Jahre verkürzt wurde, so dass auch die Notwendigkeit schneller Erfolge (nach maximal weniger als vier Jahren) der Reformen wuchs.

Eine entscheidende Bedeutung der Arbeitsmarktsituation für die Wiederwahl kann ab ca. 1992/1993 und somit lediglich für die drei letzten Zeitpunkte (nach den Wahlen von 1995, 1999 und 2003) angenommen werden. Denn während die offene Arbeitslosigkeit in den 1980er Jahren und noch bis 1992 zwischen knapp 5% und 7,5% pendelte, stieg sie zwischen 1992 und 1995 von 7,6% auf 17,5%, und sank seither nie wieder unter 13% (vgl. Tabelle A-II im Anhang).

Diese Entwicklung auf dem Arbeitsmarkt wird auch von Umfragedaten bestätigt. Während in den 1980er Jahren die Arbeitslosigkeit nur von untergeordneter Bedeutung war – unter anderem nach dem Lohnverfall (infolge der Inflation), den Auslandsschulden, der Inflation, Problemen in der Ausbildung und der Korruption – nimmt sie seit 1995 einen unangefochtenen Spitzenplatz ein (Tabelle 23).

Tabelle 23: Wichtigste Probleme in Argentinien nach Umfragen

Probleme	**1986**	**1987**	**1988**	**1989**	**1990**	**1991**	**1992**	**1993**	**1994**	**1995**	**1996**	**1997**	**1998**	**1999**	**2000**	**2001**	**2002**	**2003**
Arbeitslosigkeit	5	5	3	12	18	12	8	12	17	46	47	37	43	46	68	35	40	56
Korruption	4	5	10	10	14	21	17	19	17	13	15	15	13	12	10	11	13	13
Ausbildung	11	10	8	3	18	10	17	18	19	10	8	8	8	6	4	17	7	11
Verbrechen	2	3	3	5	4	4	4	6	7	4	4	8	10	9	8	8	10	6
Hunger	-----	-----	-----	-----	-----	-----	-----	-----	-----	-----	-----	-----	-----	-----	-----	-----	6	5
Politische Klasse	-----	-----	-----	-----	-----	-----	-----	-----	-----	-----	-----	-----	-----	-----	-----	-----	11	4
Rechtsprechung	-----	-----	-----	0	0	0	0	0	1	1	5	7	5	6	1	8	3	2
Gesundheit	-----	-----	-----	-----	5	3	9	9	8	3	2	4	2	3	3	4	2	2
Auslandsschulden	29	16	13	4	3	3	1	1	1	1	0	1	0	0	0	5	2	1
Drogen	2	5	2	11	6	6	10	8	5	3	3	4	6	4	1	6	1	1
Niedrige Löhne	30	35	44	38	23	34	32	25	23	12	13	12	10	11	2	2	1	1
Menschenrechte	3	2	2	3	1	1	1	1	1	0	0	0	0	0	0	1	0	0
Inflation	9	10	12	9	7	6	1	0	0	0	0	0	0	0	0	0	0	0
Renten	4	5	2	0	0	0	0	0	1	7	3	4	3	3	3	3	1	0
Militär	0	3	1	3	1	0	0	1	0	0	0	0	0	0	0	0	0	0
Total	**100**	**100**	**100**	**100**	**100**	**100**	**100**	**100**	**100**	**100**	**100**	**100**	**100**	**100**	**100**	**100**	**100**	**100**

Quelle: Centro de Estudios Nueva Mayoría, 11.08.2003, www.nuevamayoria.com.

Inwiefern schließlich die Regierungen davon ausgehen konnten, dass neoklassische Arbeitsmarktreformen die Situation auf dem Arbeitsmarkt verbessern würden, ist schwer zu beurteilen. Empirische, theoretische und metatheoretische Argumente spielen hierfür Hand in Hand. Theoretisch ist vor allem die Elastizität der Arbeitsnachfrage in Bezug auf die Lohnkosten wichtig. Je höher diese ist, je stärker also die Arbeitsnachfrage bei einer Senkung der Lohnkosten ansteigt, umso stärker wirken sich neoklassische Arbeitsmarktreformen auf dem Arbeitsmarkt aus. In der Tat deuten, wie in Kapitel 4 dargestellt, Abschätzungen der Elastizität darauf hin, dass die Elastizität der Arbeitsnachfrage in Abhängigkeit von den Lohnkosten größer ist als diejenige in Abhängigkeit vom Output. Gleichwohl sind diese Ergebnisse nicht unumstritten, so dass es einer Regierung dennoch vorteilhafter erscheinen kann, die Arbeitsnachfrage durch eine Erhöhung des Wachstums zu forcieren.

Eine grundsätzlichere (metatheoretische) Frage ist aber, ob die neoklassische Theorie den argentinischen Arbeitsmarkt adäquat wiedergibt und ob ihre Reformempfehlungen geeignet sind, die Probleme des Arbeitsmarktes zu überwinden. Wie in der Einführung bereits angedeutet, hat die neoklassische Theorie seit den 1980er Jahren eine hegemoniale Stellung inne; Strukturreformen in allen Ländern folgten ihren Rezepten. Seit dem Ende der 1990er Jahre hat aber die Attraktivität der Neoklassik abgenommen – nach nunmehr mehr als zehn Jahren Strukturreformen ist umstritten, ob eine nachhaltige Verbesserung der Wirtschaftssituation erreicht werden konnte. Damit kommt schließlich die empirische Ebene ins Spiel: die Präferenzen der Reformverantwortlichen werden auch durch Erfahrungen mit früheren, vergleichbaren Reformvorhaben modifiziert.

Aus den genannten Gründen lässt sich eine inhaltliche Präferenz der Regierung für oder gegen die Durchführung von Arbeitsmarktreformen nicht zwingend ableiten. Sie könnte aber lediglich ab 1995 bestanden haben, da vorher die Situation auf dem Arbeitsmarkt nicht wahlentscheidend war.

Eine theoretische Ableitung der Regierungspräferenzen ist daher nicht möglich; für die Herleitung von Prognosen über den Reformerfolg werden sie daher nicht berücksichtigt. Die Regierungspräferenzen werden aber in Kapitel 7 ebenso wie die Präferenzen der Reformbetroffenen ermittelt. Wenn dann für den Zeitraum nach 1995 eine auffällige Diskrepanz zwischen der prognostizierten und beobachteten Reformtätigkeit besteht, wird gesondert untersucht, inwiefern diese durch unberücksichtigte Regierungspräferenzen erklärt werden kann.

6.3.2 Situationsspezifische Durchsetzungsfähigkeit

Aus der Kombination von struktureller Durchsetzungsfähigkeit und Präferenzintensität kann nun für jede Reformmaßnahme sowie die Arbeitsmarktreform insgesamt die situationsspezifische Durchsetzungsfähigkeit aller Akteure ermittelt werden.[168] Diese wird für die Gesamtreform in Abbildung 43 wiedergegeben. Die entsprechenden Werte für die verschiedenen untersuchten Reformmaßnahmen finden sich in Tabelle A-VI im Anhang.

Wie der Vergleich von Abbildung 43 und Abbildung 42 zeigt, weicht die situationsspezifische Durchsetzungsfähigkeit deutlich von der strukturellen ab. Nun sind es gesellschaftliche Akteure – die Arbeitnehmer und die Arbeitgeber – welche die höchste Durchsetzungsfähigkeit aufweisen. Denn die Grundinteressen der Arbeitgeber und Arbeitnehmer sind durch die Reformziele direkt betroffen, so dass diese Gruppen starke Präferenzen entwickeln. Im Gegenzug dazu sind die Grundinteressen der bürokratischen Akteure von den Reforminhalten nicht unmittelbar betroffen – flexibilisierende Reformen können die Kompetenzen des Arbeitsministeriums oder auch des Wirtschaftsministeriums positiv, negativ oder auch gar nicht betreffen; dies hängt nicht von der Zielrichtung der Reform, sondern von der konkreten Ausgestaltung der Reform ab. Die situationsspezifische Durchsetzungsfähigkeit der ILO bildet einen Extremfall: da für sie eine klare Präferenz zur Arbeitsmarktreform nicht abgeleitet werden kann, sinkt die situationsspezifische Durchsetzungsfähigkeit auf Null.

---

168 Wie in Abschnitt 5.3.1.3 erläutert, ergeben sich die Werte der situationsspezifischen Durchsetzungsfähigkeit aus der Multiplikation der Werte für die strukturelle Durchsetzungsfähigkeit und die Präferenzintensität.

Neben der stärkeren Durchsetzungsfähigkeit der gesellschaftlichen Gruppen ist ein zweites wichtiges Ergebnis, dass gemessen an der situationsspezifischen Durchsetzungsfähigkeit ein Reformgegner (die Arbeitnehmer) mit Ausnahme von drei Jahren (1999-2001) stets die Überhand über die Reformbefürworter hatten.

Abbildung 43: Situationsspezifische Durchsetzungsfähigkeit in Bezug auf die Gesamtreform

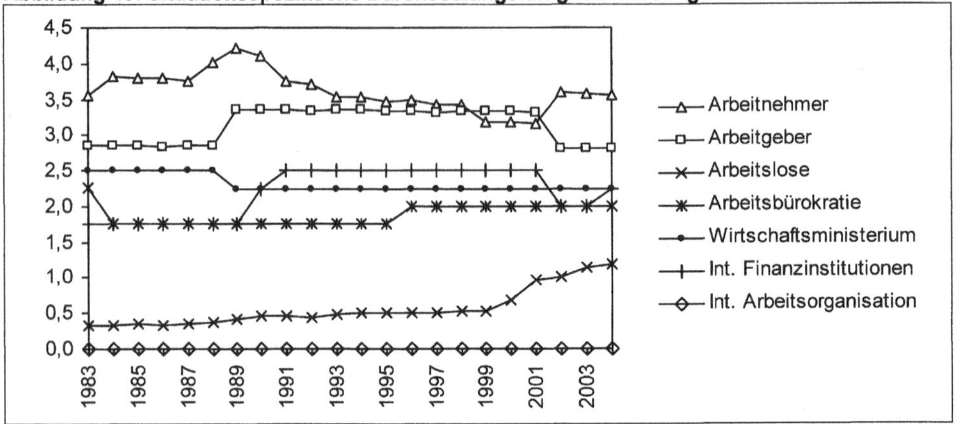

Anmerkung: Um einen direkten Vergleich zwischen struktureller und situationspezifischer Durchsetzungsfähigkeit zu ermöglichen, sind hier die Absolutwerte der situationsspezifischen Durchsetzungsfähigkeit wiedergegeben.

6.4 Prognosen über Wahrscheinlichkeit und Zeitpunkt der Durchführung von Reformen

Um nun endlich Prognosen über die Implementationswahrscheinlichkeit von Reformen abzuleiten, muss die situationsspezifische Durchsetzungsfähigkeit der Reformbefürworter derjenigen der Reformgegner gegenübergestellt werden. Dazu gibt es verschiedene Möglichkeiten (vgl. Abschnitt 0), je nachdem ob die Möglichkeit von Koalitionsbildung berücksichtigt wird oder nicht. Wird angenommen, dass es keine Koalitionen zwischen Reformgegner bzw. –befürwortern gibt, so ist die Implementation der Reform das Ergebnis des Wettstreits zwischen dem *stärksten* Gegner und dem *stärksten* Befürworter der Reform (Abbildung 44a). Wird hingegen angenommen, dass alle Reformgegner und alle Reformbefürworter jeweils miteinander koalieren, so ist die Implementation der Reform das Ergebnis des Wettstreits *aller* Akteure (Abbildung 44b).

Abbildung 44 stellt die Implementationswahrscheinlichkeit von Arbeitsmarktreformen in Argentinien im Zeitraum von 1983 bis 2004 für die beiden alternativen Annahmen dar. Zudem wird verglichen, welche Reformmaßnahmen am ehesten zu erwarten sind. Für die Abbildung gilt: Je höher ein Wert ist, desto größer ist die Implementationswahrscheinlichkeit. Bei einem Wert um Null neutralisieren sich Reformgegner und –befürworter; eine Prognose darüber, ob die Reform in diesem Fall durchgeführt wird, lässt sich aus dem Modell dann nicht ableiten (bei Absolutbeträgen von bis zu 0,5 wird keine Prognose formuliert). Negative Werte lassen die Verabschiedung von Reformen erwarten, welche der neoklassischen Reformerwartung widersprechen.

Abbildung 44: Durchführungswahrscheinlichkeit von Arbeitsmarktreformen in Argentinien, 1983-2004

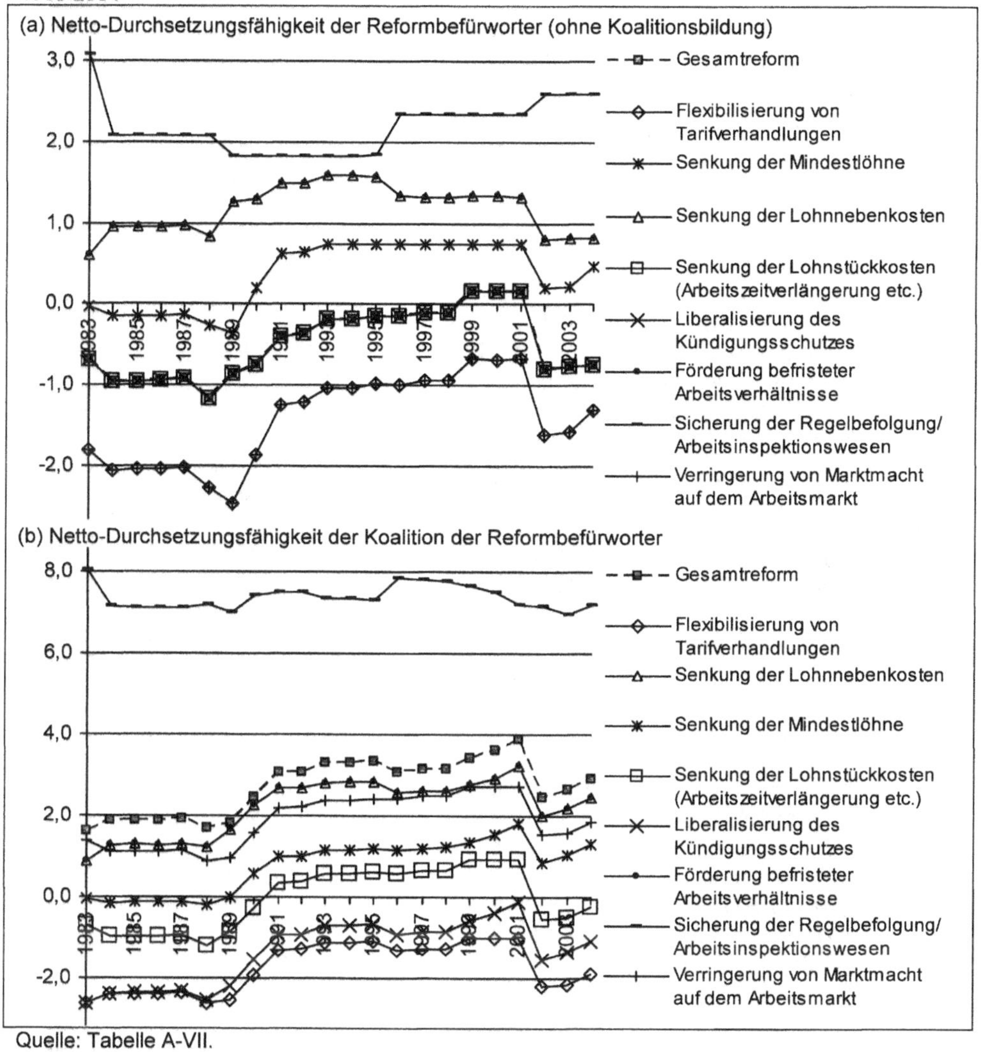

Quelle: Tabelle A-VII.

Die wesentlichen Prognosen auf der Basis der Betrachtung einzelner Akteure (Abbildung 44a) sind die folgenden:

1. *Neoklassische Arbeitsmarktreformen sind bis 1990 und ab 2002 nicht zu erwarten. Im Zeitraum 1991 bis 2001 sind die Reformbefürworter relativ am stärksten; allerdings liegen die Absolutbeträge unter 0,5, so dass eine klare Prognose bezüglich der Reformdurchführung nicht möglich ist. Nur in den Jahren 1999 bis 2001 ist die Durchsetzungsfähikeit der stärksten Reformbefürworter größer als die der stärksten Reformgegner, so dass vor allem in diesen drei Jahren ein "Reformfenster" existiert.*

2. *Die folgenden Reformmaßnahmen sind am leichtesten durchsetzbar, ihre Implementation ist daher am wahrscheinlichsten:*
   a. *Ausbau des Arbeitsinspektionswesens/Sicherung der Regelbefolgung,*
   b. *Senkung der Lohnnebenkosten,*
   c. *Förderung befristeter Arbeitsverhältnisse, und*
   d. *die Senkung der Mindestlöhne.*

   Während die Reformmaßnahmen (a) bis (c) im gesamten Untersuchungszeitraum zu erwarten sind, ist Maßnahme (d) nur im Zeitraum von 1991 bis 2001 wahrscheinlich.

3. *Reformmaßnahmen, deren Verabschiedung und Umsetzung nicht erwartet wird, sind:*
   a. *die Flexibilisierung der kollektiven Verhandlungen,*
   b. *der Abbau von Marktmacht (der Gewerkschaften) auf dem Arbeitsmarkt,*
   c. *die Liberalisierung des Kündigungsschutzes, und*
   d. *die Senkung der Lohnstückkosten durch Arbeitszeitverlängerung und andere Maßnahmen.*

   Die Maßnahmen (a) und (b) werden zu keinem Zeitpunkt im Untersuchungszeitraum erwartet. Eine eindeutige Prognose in Bezug auf Maßnahmen (c) und (d) ist, ebenso wie für die Gesamtreform, nicht für den gesamten Untersuchungszeitraum möglich, jedoch sind derartige Reformmaßnahmen vor allem bis 1990 und ab dem Jahr 2002 nicht wahrscheinlich.

Die Prognosen, welche auf der Basis der Annahme von Koalitionsbildung abgeleitet werden (Abbildung 44b), modifizieren die Prognosen 1 bis 3 teilweise:

4. *Während des gesamten Untersuchungszeitraums haben die Reformbefürworter eine höhere Durchsetzungsfähigkeit als die Reformgegner. Neoklassische Arbeitsmarktreformen sind daher jederzeit im Untersuchungszeitraum wahrscheinlich. Im Zeitraum 1989 bis 2001 sind die Reformbefürworter am stärksten; so dass Reformen am ehesten in dieser Zeit zu erwarten sind.*

5. *Die folgenden Reformmaßnahmen sind am leichtesten durchsetzbar, ihre Implementation ist daher am wahrscheinlichsten:*
   a. *Ausbau des Arbeitsinspektionswesens/Sicherung der Regelbefolgung,*
   b. *Senkung der Lohnnebenkosten,*
   c. *Förderung befristeter Arbeitsverhältnisse,*
   d. *der Abbau von Marktmacht (der Gewerkschaften) auf dem Arbeitsmarkt,*
   e. *die Senkung der Mindestlöhne, und*
   f. *die Senkung der Lohnstückkosten durch Arbeitszeitverlängerung und andere Maßnahmen.*

   Während die Reformmaßnahmen (a) bis (d) im gesamten Untersuchungszeitraum zu erwarten sind, ist Maßnahme (e) erst ab 1990 wahrscheinlich. Maßnahme (f) wird nur im Zeitraum 1993 bis 2001 erwartet, während von 1983 bis 1989 und 2002/2003 eher entgegenlautende Reformen erwartet werden.

6. *Reformmaßnahmen, deren Verabschiedung und Umsetzung nicht erwartet wird, sind:*

a. die Flexibilisierung der kollektiven Verhandlungen, und
b. die Liberalisierung des Kündigungsschutzes.

Die Maßnahmen (a) und (b) werden zu keinem Zeitpunkt im Untersuchungszeitraum erwartet, mit Ausnahme der Jahre 2001 und 2002, in denen keine eindeutige Prognose möglich ist.

Es ist darauf hinzuweisen, dass die Prognosen 4-6 prinzipiell nicht als Konkurrenz zu den Prognosen 1-3 konzipiert sind, sondern als Varianten. Dennoch ergeben sich unterschiedliche Aussagen in folgenden Punkten:

- Unter der Annahme der Koalitionsbildung (Prognose 4) werden neoklassische Reformen im gesamten Untersuchungszeitraum erwartet, während ohne Berücksichtigung von Koalitionen (Prognose 1) Reformen im Zeitraum bis 1990 und ab 2002 klar nicht erwartet werden. Für den Zeitraum 1991 bis 2001 liefert Prognose 1 keine klare Aussage;
- Ein Abbau der Marktmacht der Gewerkschaften und die Senkung der Lohnstückkosten durch Arbeitszeitverlängerung wird nur erwartet, wenn Reformbefürworter (aber auch Gegner) Koalitionen bilden (Prognose 5). Ohne Koalitionsbildung wird hingegen erwartet, dass diese beiden Maßnahmen von den Reformbefürwortern nicht durchgesetzt werden können, vor allem nicht bis 1990 und ab 2002 (Prognose 3).

TEIL 4 – ARBEITSMARKTREFORMEN IN ARGENTINIEN SEIT 1983 UND IHRE ERKLÄRUNG

Im folgenden Kapitel werden die seit 1983 in Argentinien erfolgten Veränderungen der Arbeitsgesetze dargestellt und die zugrundeliegenden Reformprozesse analysiert, wobei sechs Reformperioden unterschieden werden: die 1980er Jahre, 1991, 1995, 1998, 2000 und 2004. Der letzte Abschnitt von Kapitel 7 fasst die erfolgten Reformen vergleichend zusammen.

Im achten Kapitel werden die empirischen Befunde den soeben formulierten Prognosen gegenübergestellt und die Aussagekraft des Modells bewertet. Der eher theoretisch interessierte Leser mag daher das folgende Kapitel (v.a. die Abschnitte 7.1 bis 7.7) lediglich überfliegen und sich gleich Kapitel 8 zuwenden.

7 Arbeitsmarktreformen in Argentinien seit 1983

Seit dem Ende der Militärherrschaft im Dezember 1983 wurden in Argentinien mehr als 50 Gesetze und eine wesentlich höhere Anzahl an Dekreten erlassen, welche den Arbeitsmarkt unmittelbar betreffen (vgl. Tabelle 24; eine Liste ausgewählter Gesetze und Dekrete findet sich im Literaturverzeichnis).

Wesentliche Reformen des Arbeitsmarktes bzw. der Arbeitsmarktinstitutionen seit dem Ende der Militärdiktatur wurden 1991, 1995, 1998, 2000 und 2004 in Form der folgenden Gesetze verabschiedet[169]:

- 1991: Nationales Beschäftigungsgesetz (*Ley Nacional del Empleo*, LNE, Gesetz Nr. 24013 v. 17.12.1991[170])
- 1995: Beschäftigungsförderungsgesetz (*Ley de Promoción del Empleo* oder *Flexibilización Laboral*, Gesetz Nr. 24465 v. 28.03.1995) sowie KMU-Gesetz (*Regimen especial para las pequeñas y medianas empresas* oder *Ley de Pequeñas y Medianas Empresas*, Gesetz Nr. 24467 v. 28.03.1995)

---

169 Daneben wurde seit Beginn der 1990er Jahre auch die soziale Sicherung – Alterssicherung, Arbeitsunfälle, Gesundheitssystem und Arbeitslosensicherung – umfassend reformiert. Gesetze, welche primär auf die Reform der sozialen Sicherung abzielen, werden im folgenden nicht näher untersucht, obgleich sie natürlich, vermittelt über die Beiträge zur sozialen Sicherung, wichtige Implikationen für den Arbeitsmarkt haben. Die wichtigsten Reformen waren:

- in der Alterssicherung: die Privatisierung der Alterssicherung und Einführung des Kapitaldeckungssystems durch das Gesetz über die Reform der Alterssicherung (*Ley de Reforma Previsional* oder *Ley nacional del sistema integrado de jubilaciones y pensiones*, Gesetz Nr. 24241 v. 18.10.1993), das Gesetz über die solidarische Alterssicherung (*Ley de Solidaridad Previsional*, Gesetz Nr. 24463 v. 30.03.1995) und deren Änderungsgesetze;
- in Bezug auf die Versicherung von Arbeitsunfällen: das Gesetz über Arbeitsrisiken (*Ley sobre Riesgos del Trabajo*, LRT, Gesetz Nr. 24557 v. 04.10.1995) übertrug die Versicherung von Arbeitsunfällen auf private Versicherungsunternehmen;
- in Bezug auf das Gesundheitssystem wurden seit 1991 verschiedene Dekrete vor allem zur Reform der *obras sociales* erlassen (vgl. Godio et al. 1998).

170 Es wird immer das Datum der Publikation im Amtsblatt angegeben, nicht das der Verabschiedung im Kongress oder der Verkündung durch den Präsidenten.

- 1998: Arbeitsmarktreformgesetz (*Reforma Laboral*, Gesetz Nr. 25013 v. 24.09.1998) und Föderaler Arbeitspakt (*Pacto Federal del Trabajo*, Gesetz Nr. 25212 v. 06.01.2000)
- 2000: Gesetz für stabile Beschäftigung (*Ley Nacional de Empleo Estable* oder *Reforma Laboral*, Gesetz Nr. 25250 v. 02.06.2000)
- 2004: Gesetz über die Arbeitsrechtsordnung (*Ley de ordenamiento del régimen laboral*, Gesetz Nr. 25877 v. 19.03.2004)

Diese fünf Reformen bilden, zusammen mit den in den 1980er Jahren durchgeführten Reformen, welche sich auf die Organisation der Gewerkschaften und kollektive Verhandlungen beschränkten, den Schwerpunkt der empirischen Untersuchung.

Es fällt auf, dass umfassendere Reformen des Arbeitsmarktes erst seit dem Beginn der 1990er Jahre durchgeführt worden sind, obgleich die Anzahl der durchschnittlich pro Jahr verabschiedeten arbeitsrechtlichen Gesetze in den 1980er Jahren, d.h. unter der Regierung Alfonsín, höher war als in den Folgeperioden, d.h. den Regierungen Menem (1989-1999) und der Allianz (2000-2003), wie Tabelle 24 zeigt. Zudem fällt auf, dass der Gebrauch des präsidenziellen Vetos unter Alfonsín mit 1,2 pro Jahr deutlich höher war als unter Menem (0,8 pro Jahr, partielle Vetos mitgezählt) und den nachfolgenden Regierungen.

Tabelle 24: Verabschiedete Arbeitsgesetze und Vetos, 1983-2004

	Gesetze		Vetos total		Vetos partiell	
Zeitraum	gesamt	pro Jahr	gesamt	pro Jahr	gesamt	pro Jahr
1983-1989	21	3,5	7	1,2	0	0
1990-1999	26	2,6	4	0,4	4	0,4
2000-2004	10	2,2	0	0	0	0
Gesamt	57		11		4	

Quelle: Gesetzesdatenbank des argentinischen Kongresses

In den folgenden Abschnitten werden die grundlegenden Reformgesetze, ihr Zustandekommen und die Inhalte eingehender dargestellt. Zuvor wird die Ausgangsituation der Arbeitsmarktinstitutionen nach dem Ende der Militärdiktatur dargestellt.

7.1 Ausgangssituation: Argentinien nach dem Ende der Militärdiktatur

7.1.1 Die politische und wirtschaftliche Situation

Nach sieben Jahren Militärdiktatur übernahm im Dezember 1983 Raúl Alfonsín das Amt des Präsidenten. Die Militärs hinterließen der demokratischen Regierung einen Scherbenhaufen: die Wirtschaft befand sich seit Beginn der 1980er Jahre in einer sich stetig verschlimmernden Krise. 1981 und 1982 sank das BIP, die Inflation stieg von 101% im Jahr 1980 auf 344% 1983, das Haushaltsdefizit im gleichen Zeitraum von 7,5% auf 15,6% (Tabelle 25).

Außenpolitisch war das Land nach dem verlorenen Falkland-/Malwinenkrieg isoliert. Das für die argentinische Gesellschaft schlimmste Erbe der Diktatur war jedoch die traumatische Erfahrung des "schmutzigen Krieges" (*guerra sucia*), in dessen Verlauf Tausende Argentinier ermordet und ein Vielfaches mehr von den Sicherheitskräften entführt und gefoltert worden waren. 8.960 Personen blieben auch nach dem Ende der Diktatur verschwunden (Comisión Nacional sobre la Desaparición de Personas 1984).

Tabelle 25: Entwicklung ausgewählter Wirtschaftsindikatoren während der Militärdiktatur

			1976	1977	1978	1979	1980	1981	1982	1983
BIP Wachstum	%	a	-0,4	7,8	-3,5	7,4	3,1	-5,9	-3,1	3,8
Arbeitslosigkeit	%	b	4,5	2,8	2,8	2	2,3	4,5	4,8	4,2
Inflation	% pro Jahr	c	444	176	176	160	101	105	165	344
Auslandsschulden	USD Mrd	d	8,2	11,7	12,4	19	27,2	35,7	43,6	45,1
Fiskaldefizit	% des BIP	e	11,7	5,1	6,8	6,1	7,5	13,3	14,9	15,6

Quellen: a - CEPAL BADEINSO Datenbank; b - ILO LABORSTA Datenbank; c – INDEC; d - World Bank: World Debt Tables; e - Di Tella/Dornbusch (1989).

7.1.2 Arbeitsrechtliche Bestimmungen

Obgleich sich erste arbeitsrechtliche Regeln in Argentinien bereits im Bürgerlichen Gesetzbuch (*Código Civil*) von 1869 und im Handelsgesetzbuch (*Código de Comercio*) von 1890 finden, wurde in den 1930er Jahren zum ersten Mal ein eigenes arbeitsrechtliches Regelwerk erarbeitet (vor allem durch das Gesetz Nr. 11729 von 1934), welches in den späten 1940er und frühen 1950er Jahren unter Perón um Gesetze über die Gewerkschaften und kollektiven Verhandlungen ergänzt wurden.

Die ursprünglich existierenden, arbeitnehmer- und gewerkschaftsfreundlichen Gesetze waren 1976 zu Beginn der Militärdiktatur wesentlich verändert worden: es wurden staatliche Lohnkontrollen eingeführt; gleichzeitig wurden Gewerkschaftsaktivitäten, Tarifverhandlungen und Arbeitnehmerrechte (wie Streikrecht etc.) verboten bzw. radikal eingeschränkt sowie die Lohnnebenkosten gesenkt. "The government sought also to intensify wage inequality, considered to have been excessively narrowed due to trade union interference; greater wage heterogeneity, reflecting productivity differentials across firms, was expected to undermine the basis of centralized collective negotiation and union strength, and to stimulate labour mobility" (Marshall 1997: 10). Gleichzeitig wurde die Arbeitslosenversicherung für Arbeitnehmer im Baugewerbe eingeführt.

Nach dem Ende der Militärherrschaft wurde das argentinische Arbeitsrecht vor allem durch die folgenden, zentralen Gesetze geregelt:

- Das Arbeitsvertragsgesetz (*Ley de contrato de trabajo, LCT*, Gesetz Nr. 20744) von 1974 in der Fassung von 1976 (Änderungen durch Gesetz Nr. 21297) bildete die Grundlage des Arbeitsvertragsrechts für weite Teile der Arbeitnehmer im Privatsektor (öffentlich Angestellte, Arbeitnehmer in der Landwirtschaft und Hausangestellte sind außerhalb des Geltungsbereichs) und ist als das zentrale arbeitsrechtliche Gesetzeswerk anzusehen;
- Das Tarifverhandlungsgesetz (*Ley de Convenciones Colectivas de Trabajo, CCT*, Gesetz Nr. 14250 v. 13.10.1953) besaß zwar formale Gültigkeit, war aber de facto außer Kraft gesetzt, nachdem die Militärregierung kollektive Verhandlungen verboten hatte;

- Das Gewerkschaftsgesetz oder Gesetz über die Berufsverbände (*Ley de Asociaciones Sindicales*, Gesetz Nr. 22105 v. 15.11.1979) war von der Militärregierung erlassen worden und schränkte die Tätigkeit der Gewerkschaften stark ein.

Die zum Ende der Militärherrschaft gültigen arbeitsrechtlichen Bestimmungen werden in den folgenden Abschnitten kurz dargestellt.

7.1.2.1 KOLLEKTIVE VERHANDLUNGEN

Die gesetzliche Hauptgrundlage für kollektive Verhandlungen ist das CCT. Das CCT legitimiert Arbeitnehmer, vertreten durch Gewerkschaften mit Verhandlungsautorität (*personería gremial*) und Einzelunternehmen, Gruppen von Unternehmen oder Arbeitgeberverbände, kollektive Verhandlungen zu führen und Tarifverträge abzuschließen (CCT, Art. 1).

Für Tarifabschlüsse gilt das *erga omnes*-Prinzip, d.h. ein Tarifabschluss ist bindend für alle Arbeitnehmer des Sektors oder der Region, auch wenn diese nicht Mitglied der verhandelnden Gewerkschaft sind (CCT, Art. 3)[171]. Zudem kann das Arbeitsministerium den Geltungsbereich des Tarifabschlusses auf Antrag eines Tarifpartners auf andere Regionen erweitern (CCT, Art. 10). Aus diesen Regelungen folgte, dass kollektive Verhandlungen auf Branchenebene und landesweit erfolgen.

Die ebenfalls durch das CCT eingeführte "*ultraactividad*" (CCT, Art. 6) besagt, dass tarifvertragliche Regelungen auch nach dem Ende der Laufzeit eines Tarifvertrags bestehen bleiben, wenn kein neuer Tarifvertrag abgeschlossen wird. Jedoch war die *ultraactividad* auf normative Aspekte von Tarifverträgen beschränkt, d.h. all jene Klauseln, welche die allgemeinen Arbeitsbedingungen regelten. Regelungen über Löhne und Gehälter sowie die Pflichtgewerkschaftsbeiträge der Arbeitnehmer galten nur während der festgelegten Laufzeit des Tarifvertrags (vgl. Caro Figueroa 2004).

Aus diesen tarifrechtlichen Regelungen resultieren unter anderem die folgenden Rigiditäten und somit Reformbedarf aus neoklassischer Sicht:

- die *ultraactividad* verhindert die Anpassung von Tarifabschlüssen in wirtschaftlichen Krisenzeiten;
- das Primat von branchenweiten, nationalen Tarifabschlüssen gegenüber Unternehmensabschlüssen führt dazu, dass Firmenspezifika nicht berücksichtigt werden können und somit Unternehmen mit geringer Produktivität benachteiligt werden.

Zu berücksichtigen ist aber, dass seit der Militärdiktatur kollektive Verhandlungen verboten waren (durch de facto-Gesetz Nr. 22105 von 1979). Arbeitsbedingungen und Löhne wurden durch die jeweilige Regierung festgelegt bzw. unterlagen seit Beginn der 1980er Jahre einer vierteljährlichen Anpassung an die Inflation (Indexierung). Obgleich also die Tarifverträge *de iure* unter dem Status der *ultraactividad* weiter galten, wurden *de facto* die Arbeitsbedingungen durch die Regierung festgelegt. Aus neoklassischer Sicht ist ein solcher Eingriff in die Vertragsfreiheit der

171 Gleichzeitig müssen aber auch Nichtmitglieder die Gewerkschaftsbeiträge zahlen (CCT, Art. 9).

Tarifparteien nicht zu rechtfertigen; es ergibt sich also als weitere Reformerwartung, dass das Recht der kollektiven Verhandlungen wieder hergestellt wird.

7.1.2.2 MINDESTLÖHNE

Ein gesetzlicher Mindestlohn wurde in Argentinien erstmals 1945 eingeführt (Dekret-Gesetz Nr. 33302). Die 1983 gültige rechtliche Basis für den Mindestlohn war das LCT (LCT, Art. 116ff). Demnach ist der Mindestlohn "die Mindestentlohnung in Form von Bargeld, die ein Arbeiter ohne familiäre Unterhaltspflichten für die Ausübung seiner Arbeit in der gesetzlichen Arbeitszeit erhalten muss, und die eine angemessene Ernährung und Unterkunft, Ausbildung, Kleidung, gesundheitliche Betreuung, Transport, Freizeitbeschäftigung, Urlaub und Vorsorge gegen Notfälle ermöglichen muss" (LCT, Art. 116). Die Bedeutung des Mindestlohns in Argentinien lag neben der Tatsache, dass durch ihn die Monatslöhne (zumindest im formellen Sektor) nach unten begrenzt waren (LCT, Art. 103), vor allem auch in der Tatsache, dass der gesetzliche Mindestlohn als Bezugsgröße für Basislöhne in den Tarifverträgen verschiedener Sektoren (Öffentlicher Sektor, Landwirtschaft, Hausangestellte etc.), sowie bei der Kalkulation von Abfindungszahlungen und Entschädigungen bei Arbeitsunfällen herangezogen wurde (vgl. Godio et al. 1998).

Die Festlegung des Mindestlohns erfolgt nach dem Gesetz durch einen Nationalen Lohnrat (*Consejo Nacional del salario vital, mínimo y móvil;* Gesetz Nr. 16459 v. 1964), bestehend aus Vertretern von Arbeitgebern, Arbeitnehmern und Staat; die Häufigkeit der Festlegung war nicht gesetzlich geregelt. *De facto* war allerdings der Nationale Mindestlohnrat von der Militärregierung abgeschafft worden, und durch Gesetz 21307 war die Exekutive befugt, die Mindestlöhne festzulegen.

7.1.2.3 LOHNNEBENKOSTEN

Es existieren verschiedene Definitionen von Lohnnebenkosten. Im Folgenden werden damit staatlich geregelte Sozialabgaben auf den Lohn bezeichnet[172]. In Argentinien setzen sich diese aus den folgenden Komponenten zusammen: Familienzuschläge (*asignaciones familiares*), Beiträge zur Altersicherung, zur Gesundheitsversorgung der Rentner und Pensionäre (INSSJyP/PAMI) und zu den gewerkschaftlich verwalteten Krankenversicherungen (*obras sociales*). Die Höhe der Beiträge wird üblicherweise durch Dekrete festgelegt.

1983 belief sich der Arbeitgeberanteil an den Sozialleistungen auf 18,5% des Bruttolohnes und der Arbeitnehmeranteil auf 15%, insgesamt also 33,5% (vgl. Tabelle A-VIII). Die Zusammensetzung des Arbeitgeberanteils war wie folgt: 12% für Familienzuschläge, 4,5% für die Sozialwerke und 2% für die Rentnerkrankenkassen. Andere Sozialbeiträge waren unter der Militärherrschaft abgeschafft worden (Alterssicherung) oder wurden erst später eingeführt (Arbeitslosensicherung).

172 Manchmal werden alle Kosten, welche nicht unmittelbar für geleistete Arbeit gezahlt werden (also auch Uraubs- und Weihnachtsgeld, Lohnfortzahlung im Krankheitsfall, etc.) zu den Lohnnebenkosten gezählt.

7.1.2.4 Arbeitszeiten und andere Determinanten von Lohnstückkosten

Wie in Kapitel 3 dargestellt, hängen die Lohnstückkosten von der Arbeitsproduktivität ab. Als einfache Proxy wird oft der Stundenarbeitslohn herangezogen. Dieser berücksichtigt zwar keine Unterschiede der Arbeitsproduktivität aufgrund unterschiedlicher Ausbildung etc., wohl aber Arbeitszeiten, Urlaubsdauer u.ä. Die vorliegende Arbeit beschränkt sich auf die Angabe rechtlicher Regelungen zu Arbeitszeiten, Urlaubsdauer und gesetzlich vorgeschriebene Sonderzahlungen:

- *Regelarbeitszeit:* Die Arbeitszeit wird vom Arbeitszeitgesetz (*Régimen de jornada de trabajo*, Gesetz Nr. 11544 vom 12.09.1929) geregelt und im LCT bestätigt (LCT, Art. 196ff). Demnach beträgt die Regelarbeitszeit maximal acht Stunden täglich und 48 Stunden pro Woche. Die maximale Arbeitszeit bei Nacht beträgt 7 Stunden, bei gefährlicher oder ungesunder Arbeit beträgt die maximale Arbeitsdauer 6 Stunden täglich und 36 Stunden pro Woche (LCT, Art. 200).
- *Überstunden:* Der Lohnaufschlag für Überstunden beträgt 50% an Wochentagen und 100% an Feiertagen (LCT, Art. 201). Die Zahl der Überstunden wurde 1979 auf maximal 3 pro Tag, 48 pro Woche und 320 pro Jahr begrenzt (Dekret 2882/79), womit die seit 1933 bestehenden Grenzen von 200 Stunden pro Jahr und 30 pro Monat erhöht wurden (Dekret 16115/33 vom 28.01.1933, Art. 13).
- *Lohnfortzahlung bei Krankheit:* Bei einer Unternehmenszugehörigkeit von bis zu fünf Jahren besteht ein Lohnfortzahlungsanspruch von 3 Monaten, bei einer längeren Zugehörigkeit von 6 Monaten. Diese Zeiten verdoppeln sich, wenn der Arbeitnehmer Familienernährer ist (LCT, Art. 208).
- *Urlaub:* Der jährliche Mindesturlaub beträgt 14 Tage bei einer Unternehmenszugehörigkeit von bis zu fünf Jahren, 21 Tage bei einer Unternehmenszugehörigkeit von fünf bis zehn Jahren, 28 Tage bei zehn bis 20 Jahren und 35 Tage bei mehr als 20 Jahren Unternehmenszugehörigkeit (LCT, Art. 150).
- *Dreizehntes Monatsgehalt:* Seit 1945 ist in Argentinien ein dreizehntes Monatsgehalt, das sogenannte "*aguinaldo*" (Weihnachtsgeld) gesetzlich vorgeschrieben (LCT, Art. 121ff).

7.1.2.5 Kündigungsregelungen

Die Beendigung von Arbeitsverträgen ist in Titel XII des LCT (Art. 231-255) geregelt. Die wesentlichen Regelungen sind:

- *Kündigungsgründe:* Eine Kündigung aus wichtigem Grund (*extinción por justa causa*) kann ausgesprochen werden, wenn der andere Vertragspartner schwere Verletzungen des Arbeitsvertrags begangen hat (LCT, Art. 242); in diesem Fall finden die Vorschriften über Kündigungsfrist und Abfindungszahlung keine Anwendung. Weitere im Gesetz genannte Kündigungsgründe sind die Beendigung des Arbeitsverhältnissen aufgrund von force majeure (z.B. Tod des Arbeitgebers, LCT, Art. 249), Unfähigkeit des Arbeitnehmers (LCT, Art. 254) oder Konkurs des Arbeitgebers (LCT, Art. 251). Darüber hinaus kann der Arbeitgeber auch eine Kündigung ohne Angabe von Gründen aussprechen (*despido sin justa causa*).
- *Kündigungsfrist.* Bis zu einer Beschäftigungsdauer von fünf Jahren beträgt die Kündigungsfrist für den Arbeitgeber einen Monat zum Monatsende, bei mehr als fünf Jahren zwei Monate zum Monatsende. Arbeitnehmer können stets mit einer Frist von einem Monat kündigen (LCT, Art. 231).

- *Abfindungszahlungen:* bei Kündigung ohne wichtigen Grund hat der Arbeitgeber Abfindungszahlungen in Höhe von einem Monatslohn pro Beschäftigungsjahr zu zahlen, bei einem Minimum von zwei Monatslöhnen (LCT, Art. 245). Bei Kündigung aus den anderen im Gesetz genannten Gründen sind die Abfindungszahlungen halb so hoch (LCT, Art. 247 & 250). Für die Kalkulation der Abfindungszahlung wurde eine Höchstgrenze eingeführt: der zugrunde gelegte "Monatslohn" durfte die Höhe von drei Mindestlöhnen nicht übersteigen.

7.1.2.6 Befristung von Arbeitsverhältnissen

Arbeitsverträge waren grundsätzlich unbefristet abzuschließen (LCT, Art. 90). Befristete Arbeitsverhältnisse waren nur in Ausnahmefällen bis zu einer Länge von max. 5 Jahren möglich (LCT, Art. 93), z.B. bei Vertretungen im Krankheitsfall. Teilzeitarbeitsverträge waren nicht gesetzlich geregelt, aber auch nicht verboten.

7.1.2.7 Existenz von Marktmacht auf dem Arbeitsmarkt

Seit den 1940er Jahren besaßen die Gewerkschaften in Argentinien eine (nicht nur) von den Arbeitgebern beklagte Verhandlungsmacht, welche insbesondere aus dem Status der *personería gremial* und den damit verbundenen Privilegien resultierte (vgl. Abschnitt 6.2.1.1.3 oben). Durch die *personería* wurden Angebotsmonopole auf den sektoralen Arbeitsmärkten geschaffen, welche zu für die Unternehmen ungünstigen Tarifabschlüssen (höhere Lohnkosten) führten. Das Institut der *personería gremial* wurde auch von den bis 1983 herrschenden Militärs nicht angetastet, sondern als Druckmittel gegenüber den Gewerkschaften beibehalten: das Arbeitsministerium verfügte über die Möglichkeit, einer Gewerkschaft bei unliebsamem Verhalten den Status der *personería* zu entziehen, was praktisch einem Verbot gleichkam.

Die 1983 gültige Gewerkschaftsgesetzgebung hatte freilich viele andere wesentliche Aspekte des vorher gültigen peronistischen Rechts außer Kraft gesetzt und entsprach auch nicht internationalen Konventionen. Im Dezember 1983 waren die wichtigsten gesetzlichen Regeln bezüglich der Gewerkschaften, basierend auf dem Gesetz Nr. 22105 von 1979 (vgl. Borner/ Marmora 1985: 35f):

- die Illegalität der CGT (Art. 75) sowie von Arbeitnehmerorganisationen dritter Ordnung generell (Art. 67);
- das Verbot nationaler Einzelgewerkschaften; die bis 1976 existierenden großen Einzelgewerkschaften, wie UOM, waren in ihren Aktivitäten auf die Provinzebene beschränkt (Art. 67);
- das Arbeitsministerium besaß weitreichende Rechte zur Einmischung in die inneren Angelegenheiten der Gewerkschaften, etwa die Einberufung von Versammlungen (Art. 20ff) oder die Kontrolle über Verwaltung und Finanzen (Art. 64);
- schließlich verfügte das Arbeitsministerium über weitreichende Sanktionsmechanismen für den Fall der Nichteinhaltung der vom Minister verfügten Normen seitens der Gewerkschaften, die vom Entzug der *personería* bis zur direkten Intervention in die Gewerkschaftsaktivitäten reichten (Art. 61). "Damit war von vornherein jede Willküraktion [der Regierung] gesetzlich gedeckt" (Borner/Marmora 1985: 35).

Angesichts dieser Rechtslage konnte von der Existenz eines rechtlich begründeten Angebotsmonopols oder Verhandlungsmonopols der Gewerkschaften 1983 nicht die Rede sein. Zwar wurde die CGT unmittelbar nach der Amtsübernahme Alfonsíns im Dezember 1983 wieder zugelassen, ansonsten behielt das Gesetz jedoch zunächst seine Gültigkeit.

7.1.2.8 Sicherung der Regelbefolgung auf dem Arbeitsmarkt

Ein staatliches Arbeitsinspektionswesen bzw. eine Arbeitspolizei besteht in Argentinien seit 1904. Im Laufe der Geschichte wechselte die Verantwortlichkeit immer wieder von der Provinz- zur nationalen Ebene und zurück. Seit 1973 war das Inspektionswesen nationale Angelegenheit gewesen, nach der Wiederherstellung der konstitutionellen Ordnung übernahmen die Provinzregierungen 1984 aber wieder die ihnen gemäß Verfassung zustehende Verantwortlichkeit für das Inspektionswesen (vgl. Vázquez Vialard/Navarro 1990: 67ff).

Das hatte auch Konsequenzen für die Sanktionierung bei Nichtbeachtung der Regeln. Da diese ebenfalls von den Provinzen festgelegt wurden, gab es kein einheitliches System. In den meisten Provinzen waren Geldstrafen und die Schließung von Unternehmen bei Verstößen gegen das Arbeitsrecht vorgesehen, eine einheitliche Anwendung fand allerdings nicht statt. Auch das Gesetz Nr. 18694, welches Unter- und Obergrenzen für bestimmte Verstöße vorsah, wurde nicht mehr angewendet (vgl. Vázquez Vialard/Navarro 1990).

7.2 Reformansätze der 1980er

7.2.1 Reformumfeld

Die arbeitsrechtlichen Reformvorhaben der 1980er Jahre zielten nicht in erster Linie auf eine Liberalisierung des Arbeitsmarktes ab, sondern vielmehr auf eine Wiederherstellung eines gesetzlichen Rahmens für die Aktivitäten der Tarifparteien, deren Handlungsfreiheit unter der Militärdiktatur erheblich eingeschränkt worden waren. Eine Reform des Arbeitsmarktes hatte nur geringe Priorität und wurde von anderen Themen überlagert: In der Anfangsphase der Regierung Alfonsín war die Redemokratisierung nach sieben Jahren Militärdiktatur das beherrschende Thema, welches aber schnell von der rapide sich verschlechternden Wirtschaftslage abgelöst wurde, so dass bis 1989 eine Folge von wirtschaftlichen Stabilisierungsprogrammen die politische Agenda bestimmte und strukturelle Reformen insb. des Arbeitsmarktes in den Hintergrund traten.

Die wesentlichen arbeitsrechtlichen Reformen der Regierung Alfonsín betrafen die Stellung und Organisation der Gewerkschaften und müssen überwiegend im Kontext der Redemokratisierung gesehen werden. Die wichtigsten Gesetze waren in diesem Zusammenhang:

- das Gewerkschaftswahlgesetz von 1984 (*Régimen de elecciones para las asociaciones profesionales de trabajadores* oder *Ley de normalización sindical*, Gesetz Nr. 23071 v. 16.07.1984);

- das Gesetz über kollektive Verhandlungen von 1988 (*Ley de convenciones colectivas*, Gesetz Nr. 23545 v. 15.01.1988), welches das Gesetz Nr. 14250 in wesentlichen Teilen wieder für gültig erklärte; und
- das Gewerkschaftsgesetz[173] von 1988 (*Ley de asociaciones sindicales de trabajadores*, Gesetz Nr. 23551 v. 22.04.1988).

7.2.2 Reformbedarf

Ein struktureller Reformbedarf des argentinischen Arbeitsmarktes wurde während der 1980er Jahre von keinem Akteur gesehen. Die innenpolitische Diskussion war während des gesamten Jahrzehnts von der wirtschaftlichen Krise und verschiedenen Versuchen der Stabilisierung dominiert, so dass Strukturreformen des Arbeitsmarktes in den Hintergrund traten. Ein Entwurf der G11 angesichts der sich verschlechternden Wirtschaftslage Mitte der 1980er Jahre forderte beispielsweise Steuersenkungen, besseren Zugang zu Krediten und exportfördernde Währungspolitik, während die Rigidität des Arbeitsmarktes oder Lohnkosten nicht als Probleme angesehen wurden (vgl. Sommavilla 1996). In der Tat war während der Hochinflationsphasen eine höhere Flexibilität der Reallöhne gegeben.

Auch in anderen Bereichen war der Reformbedarf des argentinischen Arbeitsmarktes, wie bereits in Kapitel 4 analysiert, zumindest im regionalen Vergleich durchaus gering: dies gilt vor allem für die Höhe der Lohnnebenkosten, aber auch das (während der Militärherrschaft ausgesetzte) Tarifverhandlungsrecht sowie die Marktmacht der Gewerkschaften.

Aus neoklassischer Sichtweise war dennoch zumindest in einigen Bereichen Reformbedarf gegeben: Im Bereich der kollektiven Verhandlungen war die Tarifautonomie durch die Militärs suspendiert worden; hier ging es darum, durch die Wiederherstellung der Tarifautonomie stabile Rahmenbedingungen und die Vertragsfreiheit auf dem Arbeitsmarkt wiederherzustellen und die direkten Eingriffe des Staates in die kollektiven Verhandlungen zu eliminieren. Auch die Kündigungsregeln sowie das *de facto*-Verbot befristeter Arbeitsverhältnisse waren durchaus reformwürdig.

7.2.3 Die beobachteten Präferenzen der kollektiven Akteure

Die **Regierung** Alfonsín war 1983 mit dem Anspruch angetreten, die Demokratisierung der Gesellschaft voranzutreiben. Darunter fiel auch die Demokratisierung der (rechtsperonistischen) Gewerkschaften, welche in der Vergangenheit zum Sturz gewählter Regierungen beigetragen hatten und deren Spitzen auch mit den von 1976 bis 1983 regierenden Militärs des *Proceso de Reordenamiento Nacional* zusammengearbeitet hatten (vgl. Borner/Marmora 1985: 25). Unmittelbar nach dem Amtsantritt im Dezember 1983 legte die Regierung einen Gesetzesentwurf zur "Neuordnung der Gewerkschaften" (*Proyecto de Ley de Reordenamiento Sindical*) vor, welcher gewerkschaftsinterne Wahlen auf allen Ebenen und die Einführung überproportionaler Minderheitenrepräsentation in den gewerkschaftlichen Führungsgremien vorsah.[174]

---

173 Im Deutschen findet sich auch die Bezeichnung "Gesetz über die Berufsverbände" (Birle 1995).

174 Vgl. Borner/Marmora (1985: 39). Der vollständige Text des Gesetzesentwurfs ist in El Bimestre 16/1984 wiedergegeben.

Auch die Wiederherstellung der Tarifautonomie stand von Beginn an auf der Agenda der Regierung (zumindest des **Arbeitsministeriums**), wurde jedoch angesichts der Auseinandersetzungen mit den Gewerkschaften immer wieder verschoben, um über ein Druckmittel zu verfügen. Zudem legte das **Wirtschaftsministerium** im Rahmen der verschiedenen Stabilisierungspläne mehrfach Lohnerhöhungen bzw. Lohnstopps fest. Da diese Praxis mit der Tarifautonomie kaum vereinbar gewesen wäre, war das Wirtschaftministerium gegen eine vorzeitige Wiederherstellung der Tarifautonomie.

In Bezug auf eine Flexibilisierung des Arbeitsmarktes lassen sich hingegen keine Präferenzen der Regierung oder der beiden Bürokratien feststellen.

Die Präferenzen der **Gewerkschaften** waren im Verlauf der 1980er Jahre fast ausschließlich auf die Lohnpolitik sowie auf die Wiederherstellung der von den Militärs ausgesetzten Gewerkschaftsrechte konzentriert; Aussagen zu anderen Themenbereichen, bspw. zur Steuerpolitik (vgl. Rubiolo González 2000: 157ff), aber auch zu strukturellen Fragen der Arbeitsmarktpolitik fehlen hingegen fast völlig.

In Bezug auf die Gewerkschaftsrechte waren die Präferenzen der Gewerkschaften klar: einerseits wurde – etwa in den in den "26 Punkten" (*Propuesta Nacional Veintiseis Puntos* vom 18.07.1985) – die schnelle Wiederherstellung der einst von den Peronisten gewährten und weitreichenden Gewerkschaftsrechte gefordert, andererseits wurde jeder Versuch staatlicher Einmischung in gewerkschaftsinterne Angelegenheiten kategorisch zurückgewiesen. So wurde bereits unmittelbar nach der Amtsübernahme Alfonsín im Dezember 1983 der einhellige Widerstand gegen das Gesetzesvorhaben der Regierung zur Demokratisierung der Gewerkschaften, die sich durch das Gesetz in ihrer Existenz bedroht sahen, deutlich (vgl. Birle 1995: 230)[175].

Bei Tarifverhandlungen wurde eine maximalistische und unnachgiebige Haltung eingenommen (vgl. Sommavilla 1996: 128), wobei hier bis zur Wiederherstellung der Tarifautonomie 1988 das Ziel der Forderungen vor allem die Regierung war, besonders in der Folge der verschiedenen Stabilisierungsprogramme, in welchen die Regierung direkt die Löhne bestimmte (durch Lohnstopps oder Festsetzung von Korridoren für Lohnerhöhungen).

Die Präferenzen der Gewerkschaften in den 1980er Jahren müssen auch vor dem Hintergrund der allgemeinen politischen Situation gesehen werden. So stellte vor allem in der Anfangszeit der Alfonsín-Administration die CGT die eigentliche Opposition der UCR Regierung, da die PJ sowohl durch die Wahlniederlage von 1983[176] als auch durch interne Flügelkämpfe unfähig war, eine wirksame parlamentarische Opposition zu bilden (vgl. Taiana 1988). Zudem bestand, forciert durch den anfänglichen Versuch der Regierung, die interne Demokratisierung der Gewerkschaften zu erzwingen, eine generelle Konfrontationshaltung der CGT (zumindest der CGT-Füh-

---

175 Nach dem Sturz Peróns 1955 war bereits einmal von der Regierung der Versuch unternommen worden, die Gewerkschaften unter dem Leitmotiv der "Demokratisierung der Gewerkschaften" zu entmachten; vgl. Borner/Marmora (1985: 29ff).

176 Die Präsidentschaftswahl von 1983 wurde von der PJ überraschend verloren und war zudem die erste Wahl überhaupt, welche die Peronisten jemals in Argentinien verloren.

rung unter Ubaldini): insgesamt 13 Generalstreiks und Tausende von Einzelstreiks verdeutlichen generelle Ablehnung der Regierungspolitik von Alfonsín durch die Gewerkschaften in der Periode 1983-1989.

Während der gesamten Regierungszeit Alfonsíns war eine klare Präferenz der **Arbeitgeber** in Bezug auf strukturelle Arbeitsmarktreformen nicht erkennbar. Die Arbeitgeber hatten, wie andere Interessengruppen auch, vor allem die aktuellen wirtschaftspolitischen Probleme im Blick. Klare Präferenzen wurden lediglich in Bezug auf die Höhe der Lohnkosten geäußert. In diesem Zusammenhang kritisierten insbesondere die UIA und die SRA wiederholt das lohnpolitische Entgegenkommen der Regierung gegenüber den Gewerkschaften (vgl. z.B. Argentinisches Tageblatt v. 15.08.1987).

Einen zweiten Themenbereich, in dem die Arbeitgeber eine eindeutige Präferenz entwickelten, war die Wiederherstellung der Gewerkschaftsgesetzgebung, welche 1987 vom arbeitnehmernahen Arbeitsminister Alderete ausgearbeitet wurde und von den Arbeitgebern als einseitig arbeitnehmerfreundlich abgelehnt wurde (vgl. Birle 1995: 226).

Klare Präferenzen der weiteren kollektiven Akteure in Bezug auf Arbeitsmarktreformen lagen nicht vor: Die **Arbeitslosen** stellten bis gegen Ende der 1990er Jahre keine organisierte Gruppe dar; die **internationalen Finanzinstitutionen** entwickelten expliziten Arbeitsmarktstrategie erst in den 1990er Jahren (vgl. Inter-American Development Bank 1998: 27). Die **ILO** schließlich bot 1984 zwar an, die argentinische Regierung im Prozess der Wiederherstellung der Gewerkschaftsgesetzgebung zu unterstützen, verknüpfte dieses Angebot aber nicht mit inhaltlichen Vorschlägen.

7.2.4 Der Reformprozess

Bereits wenige Tage nach dem Amtsantritt legte die Regierung ihren Entwurf für das Gesetz zur Neuordnung der Gewerkschaften vor. Die Gegenreaktion der Gewerkschaften ließ nicht lange auf sich warten: die beiden Flügel der CGT, die *CGT-Azopardo* und die *CGT-Brasil,* vereinigten sich und lancierten eine breite Gegenkampagne (vgl. Sommavilla 1996: 140f). Aufgrund dieses breiten Widerstands und der erfolgreichen Lobbyarbeit der Gewerkschaften vor allem bei den PJ-Abgeordneten scheiterte das Gesetzesvorhaben PJ-Mehrheit im Senat, woraufhin Arbeitsminister Mucci zurücktrat.

Ein modifiziertes Gesetz, "das den Forderungen der Gewerkschaften in wesentlichen Punkten entsprach" (Birle 2002a: 161f), wurde im Juli 1984 verabschiedet. Die Änderunge betrafen die folgenden Punkte: Zunächst würden die nationalen Gewerkschaftsführungen gewählt, die dann die Wahlen der unteren Ebenen organisieren. Dadurch wurde gewährleistet, dass vor allem von der nationalen Gewerkschaftsführung unterstützte Kandidaten aufgestellt würden. Zudem wurde die obligatorische Minderheitenbeteiligung nicht in das Gesetz aufgenommen (vgl. Borner/Marmora 1985: 41f). Aufgrund dieser (und einiger weiterer) Regeln wurde die bestehende hierarchische Struktur der Gewerkschaften zementiert.

Auch in der Lohn- und Preispolitik suchte die Regierung in dieser Phase den Schulterschluss mit den Tarifparteien. In einem Konzertierungsvorschlag der Regierung an die UIA und CGT (der *Pacto de Olivos*) schlug sie freiwillige Lohn- und Preisbeschränkungen vor: die Unternehmer sollten Preise maßvoll erhöhen und Produktionskostensteigerungen nicht vollständig auf Preise umlegen, und die Arbeitnehmer sollten im Gegenzug Lohnsteigerungen an Produktivitätssteigerungen und nicht Preissteigerungen anknüpfen. Während der Regierungsvorschlag von der UIA rundweg abgelehnt wurde, herrschte innerhalb der CGT Uneinigkeit über das weitere Vorgehen. Da die Regierung aber ihrerseits nicht bereit war, auf Änderungsvorschläge der Tarifpartner einzugehen, scheiterte der Konzertierungsversuch (vgl. Sommavilla 1996: 143f).

Angesichts der weit verbreiteten Unzufriedenheit mit Stil und Inhalten der Wirtschaftspolitik der Regierung schlossen sich CGT und zehn Unternehmerverbände Ende 1984 zur Gruppe der 11 (*Grupo de los Once*, G11) zusammen, die im Januar 1985 ein Strategiedokument, die 20 Punkte (*20 Puntos*) vorlegten. Einige dieser Punkte betrafen auch Forderungen für die Arbeitsmarktpolitik: so wurden Vollbeschäftigung, die Anhebung der Reallöhne (jedoch gekoppelt an das Wirtschaftswachstum) sowie die Rückgabe der Verwaltung der *obras sociales* an die Gewerkschaften gefordert (vgl. Birle 1995: 232ff).

Als die meisten Unternehmerverbände die von der CGT verfolgte Konfrontationsstrategie nicht mittragen wollten, brach die G11 1986 auseinander. Die zunehmenden Spannungen zwischen der CGT und den Unternehmen in der G11 waren in der Folge des *Plan Austral* aufgetreten. Insbesondere die Forderungen der Unternehmer nach der Einführung von Zeitarbeitsverträgen wurde von den Gewerkschaften zurückgewiesen (vgl. Birle 1995: 238). Entsprechende Vorschläge im Rahmen der von der Regierung per Dekret geschaffenen Konzertation *Conferencia Económica Social* (CES) fanden keinen Eingang in formelle Gesetzgebungsverfahren.

Auch die Lohnstopps, welche im Juni 1985 im Rahmen des *Plan Austral* erlassen worden waren, hatten das Missfallen der CGT erregt, letztlich aber keine Protestaktionen nach sich gezogen, da die vorübergehende Eindämmung der Inflation aufgrund der Maßnahmen des *Plan Austral* in der Bevölkerung eine große Akzeptanz des Planes hervorgerufen hatten, und die CGT fürchtete, sich durch Protestaktionen zu isolieren (vgl. Birle 1995: 236). Unmittelbar nachdem im April 1986 der Lohn- und Preisstopp aufgehoben wurde und die Regierung einen Korridor für Lohnerhöhungen zwischen 18% und 25% festlegte, forderte die Gewerkschaft der Metallarbeiter UOM jedoch weit darüber hinausgehende Lohnerhöhungen. Nach Streiks und Interventionen des Arbeitsministeriums wurde schließlich im Juni 1986 eine Lohnerhöhung von 48% zwischen UOM und Metallarbeitgebern vereinbart (vgl. Birle 1995: 240ff).

Die Situation wiederholte sich ein Jahr später, als die UOM trotz eines erneuten Lohnstopps vom Februar 1987 Lohnerhöhungen forderte und Tarifverhandlungen einberufen wurden. Wieder wurde das Arbeitsministerium als Schlichter einberufen; der Schiedsspruch von 13% wurde jedoch von der UOM gerichtlich erfolgreich angefochten, und nach Intervention des Präsidialamtes wurde schließlich eine Lohnerhöhung von 28,7% vereinbart. Aus Protest gegen die Einmischung des Präsidialamtes trat Arbeitsminister Barrionuevo im März 1987 zurück.

Bereits vorher, Ende 1985, hatte die Regierung Pläne für eine Arbeitsgesetzgebung vorgelegt, um die Gesetze der Militärdiktatur abzulösen. Insbesondere ging es um kollektive Verhandlungen und ein neues Gewerkschaftsgesetz. Im Gegenzug erwartete die Regierung von der CGT die Unterzeichnung eines Stillhalteabkommens für die Wirtschaftspolitik, was von dieser aber strikt abgelehnt wurde (vgl. Sommavilla 1996: 169). Das Arbeitsministerium verzichtete daher auf eine Diskussion der Entwürfe im Rahmen des CES und legte die Gesetzesentwürfe im Kongress vor, wo sie aber scheiterten.

Kurz darauf trat Arbeitsminister Barrionuevo zurück und wurde vom orthodoxen Peronist und Gewerkschaftler Carlos Alderete (von der Gewerkschaft der Elektrizitätsarbeiter *Luz y Fuerza*/Gruppe der 15) abgelöst. Präsident Alfonsín versuchte, mit dieser Personalentscheidung die Konfrontationshaltung der CGT zu entschärfen, was zumindest teilweise gelang: während der knapp sechsmonatigen Amtszeit Alderetes wurde zumindest kein Generalstreik durchgeführt (nach acht Generalstreiks zwischen September 1984 und Januar 1987).

Stattdessen war die Amtszeit Alderetes durch scharfe Konflikte innerhalb des Kabinetts mit dem Wirtschaftsminister Sourouille gekennzeichnet. Während das Wirtschaftsministerium der Inflationseindämmung durch Preis- und Lohnstopps höchste Priorität einräumte, verfolgte das Arbeitsministerium eher wachstums- und verteilungspolitische Ziele. Zudem sicherte Alderete den Gewerkschaften die rasche Wiederherstellung der Tarifautonomie und der gewerkschaftlichen Verwaltungsautonomie über die *obras sociales,* sowie eine Anpassung der Löhne an die Inflationsrate zu, was auf den heftigen Widerstand des Wirtschaftsministeriums stieß (vgl. Sommavilla 1996: 199f).

Die von Alderete maßgeblich modifizierten Entwürfe des Gewerkschaftsgesetzes und des Gesetzes über kollektive Verhandlungen von der Deputiertenkammer am 18.06.1987 verabschiedet und an den Senat weitergeleitet. Auch der Konflikt zwischen Arbeitsministerium und Arbeitgebern gewann damit an Schärfe. Die Unternehmer intensivierten ihren Widerstand gegen das Gesetzespaket in Form einer Medienkampagne und durch direkte Kontakte zum Senat, mit dem Ziel, die Verabschiedung des Gesetzes bis nach den Wahlen vom September 1987 zu verschieben. Dies geschah in der Hoffnung, dass durch veränderte Mehrheitsverhältnisse im Senat eine Modifikation der Gesetze im Sinne der Arbeitgeber erfolgen könne. Zum Zwecke der Abstimmung von Positionen und Aktionen bildeten 17 Unternehmerverbände die Gruppe der 17 (vgl. Abschnitt 6.2.1.2.3)

Nachdem die Wahlen vom September 1987 der Regierung eine deutliche Niederlage brachten, trat Alderete als Arbeitsminister zurück. Dennoch wurden das Gewerkschaftsgesetz und das Kollektivverhandlungsgesetz mit den Stimmen der UCR und der PJ – und gegen den Widerstand der Arbeitgeber – verabschiedet und traten im April 1988 bzw. Januar 1989 in Kraft. In der Folge zerfiel die G17 wieder.

In der Lohnpolitik wurden nach den Wahlen vom September zunächst die Löhne erhöht (die Mindestlöhne um 75%, die Löhne im Privatsektor um 12% und im öffentlichen Sektor um 21%) und dann ab Mitte Oktober 1987 ein erneuter Preis- und Lohnstopp verhängt. Dieser wurde mit der Verabschiedung der Kollektivverhandlungsgesetzes hinfällig, weil durch das Gesetz den Tarifparteien die Tarifautonomie zugestanden wurde. Damit verlor der Staat (und insbesondere das Wirtschaftsministerium) ein wesentliches Instrument zur Inflationsbekämpfung.

Tabelle 26: Arbeitsmarktreformen der 1980er Jahre - Übersicht

Reformbereich	**Veränderungen durch die Reformen**
Erhöhung der Preisbildungsflexibilität	
Flexibilisierung kollektiver Verhandlungen	Volle Wiederherstellung der *Tarifautonomie* (Gesetz Nr. 23545)[177] *Tarifverhandlungsebene:* Wiederherstellung des Primats der nationalen Ebene (wie vor der Militärherrschaft; Gesetz Nr. 23545) *Ultraactividad:* Ausweitung auf alle Klauseln von Tarifverträgen, auch Löhne und Gewerkschaftsbeiträge (Gesetz Nr. 23545) (vgl. Caro Figueroa 2004)
Abschaffung oder Senkung der Mindestlöhne	Reaktivierung des Mindestlohnrates 1988 *Regelmäßige Anpassung der Mindestlöhne* an Inflationsrate (Ausnahmen: Hyperinflation 1985 und 1988/89)
Verringerung von Lohnnebenkosten	*Arbeitgeberanteile zur sozialen Sicherung:* Anstieg von 18,5% (1983) auf 28% (1989) durch Wiedereinführung des Arbeitgeberbeitrags von 7,5% zur Rentenkasse 1984 (Gesetz Nr. 23081), weitere Erhöhungen 1985 und 1987 (Dekret 2196/86) auf 11% und 12,5%; 1988 Senkung auf 11% (Gesetz Nr. 23568); Anhebung der Beiträge zu obras sociales von 4,5% auf 6% 1989 (Gesetz Mr. 23660; vgl. Tabelle A-VIII im Anhang)
Senkung von Lohnstückkosten	keine Veränderungen
Erhöhung der Beschäftigungsflexibilität	
Liberalisierung der Kündigungsregelungen	keine Veränderungen
Förderung befristeter Arbeitsverhältnisse	keine Veränderungen
Verbesserung der Rahmenbedingungen	
Verringerung von Marktmacht	Limitierte *Demokratisierung der Gewerkschaften* (Gesetz Nr. 23071, 1984) *Personería gremial:* formale Wiederherstellung (Gesetz Nr. 23551, Art. 25f)
Sicherung der Regelbefolgung	*Arbeitsinspektionswesen:* keine Veränderungen *Sanktionen:* keine Veränderungen

7.2.5 Reforminhalte und Bewertung

Die wesentlichen Inhalte der Reformen in den 1980er Jahren sind in Tabelle 26 dargestellt. Einige der Reformmaßnahmen entsprechen den neoklassischen Reformerwartungen: hierunter fallen die Wiederherstellung der Tarifautonomie sowie die Demokratisierung der Gewerkschaften (obgleich in diesem Bereich die letztendlich verabschiedete Reform nur eine Rumpfreform darstellte und die Entmachtung der Gewerkschaftsspitzen nicht gelang).

177 Bis 1988 kontrollierte die Regierung die Löhne im Rahmen der heterodoxen Stabilisierung: im Wechsel Lohnstopps (etwa 06/1985-04/1986 im Rahmen des Plan Austral und wieder 01/1987) und Festlegung von Korridoren für Lohnerhöhungen: 18%-25% im Privatsektor und 18%-21% im öffentlichen Sektor (04/1986-01/1987) (vgl. Birle 1995: 239ff; Marshall 1997: 12).

Andere Reformaspekte hingegen sind mit dem neoklassisch begründeten Reformbedarf nicht vereinbar. Hierunter fallen die Ausweitung der *Ultraactividad* sowie die Erhöhung der Lohnnebenkosten und der Mindestlöhne.

Tabelle 27 vergleicht neoklassische Reformerwartung (bzw. Reformbedarf), beobachtete Präferenzen und Reformergebnisse der 1980er Jahre. Das deutlichste Ergebnis der Periode ist, dass Arbeitsmarktreformen in der Dekade in der Tat nur eine untergeordnete Rolle spielten, sowohl was den Reformbedarf, als auch was die Präferenzen angeht. Insofern ist es kaum verwunderlich, dass kaum Arbeitsmarktreformen implementiert wurden. Die partiellen Änderungen des Arbeitsrechts deuten aber darauf hin, dass die Arbeitnehmer gegenüber den Arbeitgebern durchsetzungsfähig waren, vor allem was die Ausgestaltung des Kollektivverhandlungsrechts anging. Palomino weist darauf hin, dass das Gewerkschaftsgesetz, das Kollektivverhandlungsgesetz und das Gesetz über die gewerkschaftliche Kontrolle der Sozialwerke jeweils fast den gleichen Wortlaut hatten wie die entsprechenden Gesetze von vor der Militärdiktatur (vgl. Palomino 2002: 258). Diese Gesetze "stärkten die Machtkonzentration innerhalb der Gewerkschaften, erneuerten die Bindungen an den Staat und schrieben eine lange Tradition der argentinischen Arbeiterbewegung – hierarchische Zentralisierung, etatistische Orientierung und eingeschränkte Autonomie – fort" (Birle 2002a: 162).

Tabelle 27: Arbeitsmarktreformen der 1980er Jahre – Reformbedarf, beobachtete Präferenzen und Reformergebnisse

Reformbereich	akuter Reformbedarf	beobachtete Präferenzen: Regierung	Arbeitnehmer	Arbeitgeber	Arbeitslose	Arbeitsbürokratie	Wirtschaftsministerium	IFI	ILO	Reformergebnis
Flexibilisierung kollektiver Verhandlungen	o +*	o +*	– +*	+ +*	o o	o +*	o –*	o o	o +*	– +*
Mindestlohnsenkung	o	o	o	o	o	o	o	o	o	o
Lohnnebenkostensenkung	o	o	o	+	o	o	o	o	o	–
Lohnstückkostensenkung	o	o	–	+	o	o	o	o	o	o
Kündigungsschutzliberalisierung	+	o	o	o	o	o	o	o	o	o
Förderung befristeter Arbeitsverhältnisse	+	o	o	o	o	o	o	o	o	o
Verringerung von Marktmacht	o	+	–	+	o	o	o	o	o	o
Sicherung der Regelbefolgung	o	o	o	o	o	o	o	o	o	o
Gesamtreform[178]	**o**	**o**	**o**	**+**	**o**	**o**	**o**	**o**	**o**	**o**

Erläuterungen: *Wiederherstellung Tarifautonomie;
+: akuter Reformbedarf vorhanden bzw. Präferenz für neoklassische Reform bzw. Implementierung neoklassischer Reformmaßnahme;
o: kein akuter Reformbedarf vorhanden bzw. keine Präferenz bzw. keine Reform;
–: Präferenz gegen neoklassische Reform bzw. Implementierung einer Reform, welche der neoklassischen Reformerwartung widerspricht.

178 Wie in Abschnitt 5.2.5.4 erwähnt, sind die Präferenzen in Bezug auf die Gesamtreform nicht notwendigerweise die Summe der Präferenzen in Bezug auf die einzelnen betrachteten Reformmaßnahmen, da letztere nur einen Teilbereich der Gesamtreform abdecken.
Derselbe Hinweis gilt auch für die Tabellen in den Folgeabschnitten.

Aber auch andere Reformvorhaben, welche zu Lasten der Durchsetzungsfähigkeit der Gewerkschaften gegangen wären – insbesondere die Demokratisierung der Gewerkschaften –, wurden erfolgreich verhindert bzw. stark abgemildert. Schließlich wurde die Erhöhung der Lohnnebenkosten in der Periode gleichfalls gegen die Präferenzen der Arbeitgeber durchgesetzt.

7.3 Die Reform von 1991

7.3.1 Reformumfeld

Im Mai 1989 wurde Carlos Menem inmitten der Wirtschaftskrise zum neuen Präsidenten Argentiniens gewählt. Angesichts der rapide ansteigenden Inflation und der politischen Isolation, in der sich die alte Regierung befand, übergab Alfonsín das Amt jedoch vorzeitig an Menem, der sich im Gegenzug hatte zusichern lassen, dass die UCR im Kongress alle Gesetzesinitiativen der Regierung bis zum regulären Ende der Amtszeit im Dezember 1989 unterstützen würde.

Mit dieser parlamentarischen Rückendeckung wurden noch 1989 zwei Gesetze erlassen, welche die Kompetenzen des Präsidenten erweiterten und somit auch die Möglichkeit zur Durchführung von Arbeitsmarktreformen wesentlich beeinflussten. Es handelt sich um das Staatsreformgesetz (*Ley de reforma del Estado,* Gesetz Nr. 23696, 23.08.1989) und das Wirtschaftsnotstandsgesetz (*Ley de emergencia económica*, Gesetz Nr. 23697, 25.09.1989).

Die Arbeitsrechtsreform von 1990/1991 stellte die erste umfassende Reform seit der Verabschiedung LCT 1974 dar. Bereits kurz nach der Amtsübernahme begann die Regierung Menem an Reformentwürfen zu arbeiten. Gleichsam ein Vorläufer der Reform war 1990 ein Dekret des Arbeitsministeriums unter Menem, welches das Streikrecht im öffentlichen Dienst einschränkte (Dekret 2184/90). Das eigentliche Reformvorhaben bestand dann aus zwei Gesetzen, dem Nationalen Beschäftigungsgesetz (*Ley Nacional de Empleo*, LNE, Gesetz Nr. 24013 v. 17.12.91) und dem Gesetz über Arbeitsunfälle (*Ley de Accidentes de Trabajo*, Gesetz Nr. 24028 v. 17.12.91). Beide wurden im Januar 1990, also ein halbes Jahr nach der Regierungsübernahme, in den Kongress eingebracht.

Die Wahlen von 1991 stärkten die Regierung und bestätigten den eingeschlagenen Kurs. Erst daraufhin konnte das Gesetz Ende 1991 verabschiedet werden. Neben diesen beiden Gesetzen wurden weitere Teile der Reform bereits seit 1990 durch Dekrete durchgesetzt.

7.3.2 Reformbedarf

Nachdem es unter der Regierung Alfonsín kaum substanzielle Reformen des Arbeitsmarktes gegeben hatte und die Änderungen des Arbeitsrechtes am ehesten als eine Wiederherstellung des Status von 1976 bezeichnet werden müssen, war der argentinische Arbeitsmarkt gegen Ende der 1980er Jahre durch die folgenden Merkmale charakterisiert (vgl. auch Torre/Gerchunoff 1999: 30):

- die Arbeitsplatzsicherheit (bzw. Beschäftigungsstabilität) in individuellen Arbeitsbeziehungen war eines der Kernelemente des vorherrschenden Arbeitsmarktmodells. Ihren Ausdruck fand die Sicherung der Beschäftigung in den folgenden Merkmalen: es existierten fast ausschließlich unbefristete Arbeitsverträge, und für den Fall von Kündigungen waren hohe gesetzliche Abfindungen für Arbeitnehmer vorgesehen;
- die Arbeitsbedingungen waren im Detail gesetzlich geregelt. Bedingt durch den generellen Charakter der Gesetze waren die Arbeitsbedingungen kaum angepasst an die Bedingungen in – und vor allem Unterschiede zwischen – einzelnen Unternehmen;
- die Tarifverhandlungen erfolgten zentral auf Branchenebene mit dominanter Rolle der Gewerkschaften;
- aufgrund der Erhöhungen der Arbeitgeberanteile für die soziale Sicherung in den 1980er Jahren und ein von den Gewerkschaften organisiertes (ineffizientes) Gesundheitswesen waren die Lohnnebenkosten hoch;
- aufgrund des Konvertibilitätsplanes mit seiner Bindung des argentinischen Peso an den US Dollar fiel die Möglichkeit nominaler Lohnerhöhungen als zentrales Element der Tarifpolitik weg. Gleichzeitig stieg im Zuge der Außenöffnung der argentinischen Wirtschaft der Lohnkostendruck stark an;
- schließlich war das Arbeitsinspektionswesen vor allem aufgrund der Zuständigkeit der Provinzen komplex und uneinheitlich. Eine trilaterale Evaluierungskommission der ILO stellte fest, dass "das argentinische Inspektionswesen [...] ein disperses und verwirrendes Organisationssystem bildet, welches die Einheit und Effektivität der Inspektionsfunktion gefährdet" (Organización Internacional de Trabajo 1989; zit. nach Beccaria/Galin 2002: 77, Übers. DB).

Insgesamt stieg somit der akute Reformbedarf des argentinischen Arbeitsmarktes in der Folge des Konvertibilitätsplans von 1991 und der damit verbundenen Wirtschaftsstrukturreformen stark an.

7.3.3 Die beobachteten Präferenzen der kollektiven Akteure

Die Präferenzen der **Regierung** zu Beginn der 1990er Jahre basierten auf einer Analyse des Arbeitsmarktes, die zwei Reformstränge vorsah (Ministerio de Trabajo y Seguridad Social 1997). Zum einen wurde erwartet, dass die (weitere) Öffnung der argentinischen Volkswirtschaft und die Integration in die Weltwirtschaft, welche von den Strukturreformen seit den 1980er Jahren und dann insbesondere des Konvertibilitätsplanes von 1991 angestrebt wurden, eine gleichlautende Anpassung des Arbeitsmarktes, d.h. die Deregulierung der Arbeitsbeziehungen erforderlich machen würden. Damit sollten Investitionen gefördert und die Arbeitsnachfrage stimuliert werden. Zum zweiten sollten die Arbeitnehmer und Arbeitslosen besser qualifiziert werden, um den Erfordernissen der neuen Produktionsprozesse besser zu entsprechen.

Aus ihrer Arbeitsmarktdiagnose leitete die Regierung vor allem die Notwendigkeit einer Flexibilisierung der Kündigungsregeln ab, d.h. die Senkung der Abfindungszahlungen sowie die Vereinfachung der Kündigungsprozeduren. Gleichzeitig sollte eine Arbeitslosenversicherung (*Fondo Nacional del Empleo*) eingeführt werden. Zudem wurde auch die Schwächung der Gewerkschaften mittels der Einschränkung des

Streikrechts und der Dezentralisierung der Tarifverhandlungen angestrebt. Schließlich wurde von der Regierung die illegale Beschäftigung (der informelle Sektor) als ein weiteres gravierendes Problem auf dem Arbeitsmarkt angesehen (vgl. Miodosky 2002: 9), welches es durch die Reform zu verringern gelte. Lohnkostensenkungen wurden hingegen nicht als Ziele der Reform genannt. Im übrigen sind Konflikte zwischen Arbeitsbürokratie und Wirtschaftsministerium in Bezug auf die Reform nicht feststellbar. Die Regierung zeigte in dieser Frage keine unterschiedlichen Präferenzen.

Die **Gewerkschaften** kritisierten die geplante Arbeitsmarktreform heftig. Von September 1989 bis zum Sommer 1990 wandte sich vor allem die von Ubaldini angeführte Fraktion der CGT gegen das Vorhaben der Regierung, das Arbeitsrecht zu flexibilisieren (vgl. Sommavilla 1996: 268ff). Die Kernpunkte der CGT waren (vgl. auch Palomino 2002: 262f):

- die Bewahrung des durch die *personería gremial* gesicherten Repräsentationsmonopols;
- die führende Rolle der Gewerkschaften bei Tarifverhandlungen;
- die Beibehaltung der gewerkschaftlichen Kontrolle der Sozialwerke; sowie
- die Aufnahme von Gewerkschaftlern in die Wahllisten der PJ, um so die Repräsentation im Kongress und den parlamentarischen Kommissionen für Arbeitsrecht zu sichern.

Die **Arbeitgeberorganisationen**, und insbesondere die UIA, forderten eine Vereinfachung der Kündigungsprozeduren und die Senkung der Kündigungskosten aus folgenden Gründen (vgl. Godio et al. 1998):

- die Unterscheidung von gerechtfertigter und ungerechtfertigter Kündigung und die damit verbundenen Unterschiede in den Abfindungszahlungen führe zu häufigen Rechtsstreitigkeiten. Gerichtliche Auseinandersetzungen würden zudem durch die Tatsache begünstigt, dass Arbeitsrechtsstreitigkeiten für Arbeitnehmer kostenlos seien;
- die hohen Abfindungszahlungen führten dazu, dass Arbeitnehmer ungerechtfertigte Kündigungen provozierten, was eine Senkung der Produktivität zur Folge habe;
- die Rigidität der Kündigungsregeln senke die Neueinstellungsrate.

Aus den gleichen Gründen wurde die Einführung befristeter Arbeitsverträge ohne Abfindungszahlungen begrüßt. Auch die Senkung der Lohnkosten stand weiterhin auf der Agenda der Arbeitgeber.

Unter den **internationalen Finanzinstitutionen** trat der *IWF* grundsätzlich für die Flexibilisierung des Arbeitsmarktes ein. In einem Evaluierungsbericht über die Aktivitäten des Fonds in Argentinien wird konstatiert: "In the early 1990s, the IMF, the Argentine authorities, and most outside observers were in broad agreement that, for convertibility to remain viable, the restrictive labor market practices that had evolved over the previous half-century would have to be revised" (International Monetary Fund - Independent Evaluation Office 2004). Inwiefern aus dieser grundsätzlichen Präferenz für flexibilisierende Reformen auch Präferenzen für spezifische Reformmaßnahmen abgeleitet wurden, ist unklar. Angesichts der Tatsache, dass der Konvertibilitätsplan erst 1991 in Kraft trat und erst durch ihn die Notwendigkeit flexibler

Lohnkosten entstand, ist von der Existenz spezifischer Präferenzen in Bezug auf Arbeitsmarktreformen im Vorfeld der Reform von 1991 nicht auszugehen. Hingegen wies ein Arbeitspapier der *Weltbank* zum argentinischen Arbeitsmarkt bereits 1990 auf die Notwendigkeit von Reformen hin:

> "a set of policies should aim at decentralizing collective bargaining and the structure of labor unions. Another set of policies should aim at making labor contracts more flexible in order to attain higher labor mobility and to implement feasible programs designed to assist the unemployed. Finally, the application of macroeconomic policies should be done in combination with a dismantling of labor market intervention" (Riveros/Sánchez 1990: 40f).

In Bezug auf die Gewerkschaftsfreiheit wurde vom Expertenkomitee der **Internationalen Arbeitsorganisation** in ihren jährlichen Berichten die Modifikation des Gesetzes Nr. 23551 von 1988 gefordert. Die gegenwärtige Fassung des Gesetzes wurde in Bezug auf die *personería gremial* als nicht kompatibel mit der ILO-Konvention 87 über Gewerkschaftsfreiheit angesehen, die Argentinien 1960 ratifiziert hat. Insbesondere die Erfordernis, dass eine Gewerkschaft mindestens 10% mehr Mitglieder besitzen muss als eine bestehende, um den Status der *personería* zu erhalten, sowie die mit der *personería* verbundenen institutionellen Vorrechte (Steuerfreiheit, automatische Abzüge der Gewerkschaftsbeiträge von Gehalt durch den Arbeitgeber) wurden kritisiert, und die Regierung wurde aufgefordert, die beanstandeten Artikel im Gesetz zu modifizieren (International Labour Office 1989ff).

Quellen, welche einen Hinweis auf eine bestimmte Präferenz der ILO in Bezug auf die anderen Reformbereiche geben, liegen nicht vor.

7.3.4 Der Reformprozess

Noch im Jahr der Amtsübernahme begann die Regierung Menem mit den Arbeiten an der Arbeitsmarktreform. Erste Maßnahmen – welche insbesondere die Möglichkeit der Entlassung von Staatsangestellten betrafen – waren bereits im Wirtschaftsnotstandsgesetz enthalten. In dieser Frühphase bezogen sich die Reformen vor allem auf die öffentlichen Angestellten sowie auf die Stabilisierung der Wirtschaft während der Hochinflationsphase.

In diesem Zusammenhang brachte die Regierung Anfang 1990 eine Gesetzesinitiative im Kongress ein, die eine Einschränkung des Streikrechts in allen essenziellen Wirtschaftszweigen zum Ziel hatte, wobei die Definition eines "essenziellen Wirtschaftszweigs" der Regierung vorbehalten worden wäre. Nach heftigem Widerstand der Gewerkschaften scheiterte das Vorhaben im Mai, wurde jedoch per Dekret im Oktober 1990 durchgesetzt (vgl. Manzetti 1993: 233).

Der Gesetzesentwurf zur eigentlichen Reform (das Nationale Beschäftigungsgesetz) wurde vom Arbeitsministerium unter Minister Jorge Triaca ausgearbeitet. Triaca war zuvor Vorsitzender der Gewerkschaft der Plastikindustrie gewesen und gehörte in der CGT der Gruppe der 15 an, d.h. dem konservativen Flügel. Er verfügte zudem über gute Beziehungen zum unternehmerischen Establishment (Palomino 2002:

247). Die wesentlichen Forderungen der Arbeitgeber fanden Eingang in den Gesetzesentwurf, der im Februar 1990 im Senat eingebracht wurde. Aufgrund des Widerstands von Gewerkschaften wurde im Dezember 1990 ein überarbeiteter, abgeschwächter Entwurf eingebracht, der im April 1991 vom Senat verabschiedet wurde. In der Deputiertenkammer, in welcher die Gewerkschaften über eine stärkere Vertretung verfügen, wurden jedoch Modifikationen vorgenommen, die schließlich im November 1991 vom Senat bestätigt wurden.

Ein wichtiger Streitpunkt im Gesetz war die geplante Dezentralisierung der Tarifverhandlungen und die Abschaffung des Tarifverhandlungsmonopols der Gewerkschaften mit *personería gremial*. Aufgrund des Widerstands aller Fraktionen der CGT wurde dieses Vorhaben von der Regierung im Gesetz jedoch fallengelassen (vgl. Murillo 2001).

Obgleich auf Druck der Gewerkschaften einige Punkte aus dem Gesetzesvorhaben gestrichen wurden, beharrte die Regierung doch auf der Umsetzung dieser Punkte, die dann in Form von Dekreten verabschiedet wurden. Neben der bereits erwähnten Einschränkung des Streikrechts betrifft dies die Dezentralisierung der kollektiven Verhandlungen (die Möglichkeit von Tarifverhandlungen auf Unternehmensebene wurde in Dekret 2284/91 explizit erwähnt und zwei Jahre später in einem weiteren Dekret nochmals betont) sowie die Begrenzung von Lohnerhöhungen durch die Kopplung an Produktivitätsfortschritte. Trotz des Widerstands der Gewerkschaften wurden diese Dekrete durch den Kongress nicht überstimmt.

7.3.5 Reforminhalte und Bewertung

Das Nationale Beschäftigungsgesetz stellte die erste umfassende Arbeitsmarktreform seit den 1970er Jahren dar. Es reformierte fünf Bereiche:

- Zwar bekräftigte das Gesetz das prinzipielle Primat unbefristeter Arbeitsverhältnisse (LNE, Art. 27). Jedoch wurden zur unmittelbaren Stimulierung der Arbeitsnachfrage befristete Verträge mit verringerten Sozialabgaben eingeführt, die sogenannten "*contratos temporales promovidos*". Diese sollten insbesondere die Schaffung neuer Stellen sowie die Nachfrage nach jungen Arbeitslosen stimulieren[179];
- die Höhe der Abfindungszahlungen bei Kündigung wurden modifiziert;
- eine Arbeitslosenversicherung wurde eingeführt;
- um das Ausmaß informeller Arbeit zu verringern, wurden Strafzahlungen für die Nichtregistrierung von Arbeitnehmern festgelegt; und
- es wurden besondere Regelungen für Unternehmen in wirtschaftlichen Schwierigkeiten festgelegt.

Zudem wurde die Ratifizierung der ILO-Konventionen Nr. 4 und 141 (Nachtarbeit von Frauen) aufgehoben (LNE, Art. 26).

Das Arbeitsunfallgesetz schuf eine obligatorische, vom Privatsektor verwaltete Sozialversicherung und untergrub damit erstmals die von den Gewerkschaften verwalteten *obras sociales*.

179 Aufgrund der gegenüber normalen Arbeitsverträgen schlechteren Bedingungen für die Arbeitnehmer, die unter diesen Verträgen arbeiteten, bürgerte sich in Argentinien für diese Verträge die Bezeichnung "*contratos basura*" ein (wörtlich "Müllverträge").

Tabelle 28 gibt einen Überblick über die gesetzlichen Änderungen in den hier untersuchten Reformbereichen.

Tabelle 28: Die Arbeitsmarktreform von 1991 - Übersicht

Reformbereich	**Veränderungen durch die Reform (Gesetz Nr. 24013)**
Erhöhung der Preisbildungsflexibilität	
Flexibilisierung kollektiver Verhandlungen	*Tarifverhandlungsebene:* Explizite Einführung von Tarifverhandlungen auf Unternehmensebene (Dekrete 2284/91 und 470/93): Verhandlungen auf Unternehmensebene können auf Antrag eines Tarifpartners geführt werden und ergänzen die Abkommen der höheren Ebene. *Ultraactividad:* keine Änderungen
Abschaffung oder Senkung der Mindestlöhne	*Reaktivierung des paritätischen Nationalen Beschäftigungs-, Produktivitäts- und Mindestlohnrates* (*Consejo Nacional del Empleo, la Productividad y el Salario Mínimo Vital y Móvil*) mit je 16 Vertretern der Arbeitgeber und Arbeitnehmer, der neben dem Mindestlohn auch das Arbeitslosengeld festlegt (Dekret 1894/90 und LNE, Art. 135ff) *Festlegung der Mindestlöhne* erfolgt "periodisch" (LNE, Art. 135) und kann auf Wunsch eines Tarifpartners initiiert werden (LNE, Art. 138) *Verbot des Mindestlohns als Referenzgröße* für die Berechnung anderer Zahlungen
Verringerung von Lohnnebenkosten	*Allgemeine Sozialbeiträge:* Beiträge zur Arbeitslosenversicherung werden auf 1% festgelegt (0,5% Arbeitgeber, 0,5% Arbeitnehmer). Asignaciones familiares werden auf 9% (Arbeitgeber) festgelegt, von denen 1,5% für den *Fondo Nacional del Empleo* sind (LNE, Art. 145f); insgesamt Erhöhung der Arbeitgeberbeiträge von 25% auf 33% (Gesetz Nr. 23944 und LNE) *Lohnnebenkosten (Arbeitgeberanteile) bei befristeten geförderten Arbeitsverhältnissen* werden reduziert von insg. ca. 33% auf 20% bzw. 0%, je nach Vertragstyp.
Verringerung von Lohnstückkosten (außer Lohnnebenkosten)	*Lohnerhöhungen* in Kollektivverträgen dürfen Produktivitätserhöhungen nicht übersteigen (Dekrete 1334/91 und 470/93) Kalkulation der maximalen *Arbeitszeit* kann (per Tarifvertrag) auf der Basis von Durchschnittswerten erfolgen (LNE, Art. 25)
Erhöhung der Beschäftigungsflexibilität	
Liberalisierung der Kündigungsregelungen	*Kündigungsprozeduren für Unternehmen in wirtschaftlichen Schwierigkeiten* (LNE, Art. 98ff): Kollektiventlassungen (mehr als 15% bei bis zu 400 Beschäftigten; mehr als 10% bei 400-1000 Beschäftigten und mehr als 5% bei mehr als 1000 Beschäftigten) müssen vorher dem Arbeitsministerium angezeigt und unterliegen einem Schlichtungsprozess. *Schaffung einer Arbeitslosenversicherung* für alle Beschäftigten, die unter die Regeln des LCT fallen (LNE, Art. 111ff); Bezugsdauer des Arbeitslosengelds: max. 4 Monate bei Beitragsdauer von 12-23 Monaten; max. 8 Monate bei Beitragsdauer von 24-35 Monaten; max. 12 Monate bei Beitragsdauer von 36 und mehr Monaten (LNE, Art. 117) *Abfindungszahlungen:* bei Kündigung ohne wichtigen Grund ein Monatslohn pro Beschäftigungsjahr, bei einem Minimum von zwei Monatslöhnen; der Basismonatslohn für die Berechnung der Abfindungshöhe ist der Durchschnitt der Tariflöhne, für die Berechnung der Abfindungszahlung darf max. der dreifache Durchschnittstariflohn angesetzt werden (LNE, Art. 153)[180]; doppelt hohe Abfindungszahlungen für nicht registrierte Arbeitnehmer (LNE, Art. 15)

180 Durch das Wirtschaftsnotstandsgesetz war diese Obergrenze in der Zeit von 1989 bis 1991 ganz abgeschafft worden.

Reformbereich	Veränderungen durch die Reform (Gesetz Nr. 24013)
Förderung befristeter Arbeitsverhältnisse	*Einführung befristeter Arbeitsverträge* (*"contratos temporales promovidos"*; LNE, Art. 27ff) mit Dauer zwischen 6 und 24 Monaten (LNE, Art. 44) – 3 unterschiedliche Vertragstypen (s. unten)
Sicherung der Rahmenbedingungen	
Verhinderung von Markmachtbildung	Einführung eines *Streikverbots* bei "essenziellen Aktivitäten" (Dekret 2184/90). *Personería gremial:* keine Änderungen *Obras sociales:* Schaffung privater Arbeitsunfallversicherungen greift gewerkschaftliches Monopol bei Krankenversicherungen an. Die Beiträge für *obras sociales* werden an die Steuerbehörde (DGI) abgeführt, die sie dann an die Gewerkschaften weiterleitet (vorher direkt an die Gewerkschaften)
Sicherung der Regelbefolgung	*Arbeitsinspektionswesen:* Schaffung eines einheitlichen Arbeitsregisters (Sistema Unico de Registro Laboral; LNE, Art. 18ff) *Sanktionen:* Nichtregistrierten Arbeitnehmern müssen 25% des kumulierten Lohnes seit Einstellung nachgezahlt werden (LNE, Art. 8), wenn der Arbeitgeber nicht innerhalb von 30 Tagen die "Regularisierung" des Arbeitnehmers vornimmt (LNE, Art. 11); Arbeitgeber, die innerhalb von 3 Monaten nach Inkrafttreten des Gesetzes ihre Arbeitnehmer anmelden, müssen keine Strafe zahlen

Es ist anzumerken, dass der Nationale Mindestlohnrat in der Praxis keinerlei Bedeutung hatte, nicht zuletzt aufgrund der Entscheidungsregeln – Entscheidungen mussten mit Zweidrittelmehrheit getroffen werden. In der Tat blieben die Mindestlöhne im Zeitraum von 1993 bis 2003 nominal unverändert bei 200 Pesos. Dies entsprach auch der Vorstellung der Regierung (ebenso wie der neoklassischen Reformerwartung), dass Löhne zwischen den Tarifpartnern frei ausgehandelt werden sollten. Andererseits war bis 2002 auch die Inflationsrate so gering, dass in diesem Zeitraum die Konstanz des nominalen Mindestlohns auch keine Verringerung des realen Mindestlohns bedeutete.

Ein wichtiger Punkt in Bezug auf den Mindestlohn war das Verbot, diesen als Referenzgröße für andere Zahlungen (z.B. Abfindungszahlungen) herzunehmen. Dadurch wurde die praktische Bedeutung des Mindestlohn wesentlich verringert. Andererseits wurden die nominalen Mindestlöhne in der Zeit von 1991 bis 1993 deutlich angehoben.

Bei der Höhe der Abfindungszahlungen ist vor allem die Kalkulation der Basisgröße interessant: die alte Regelung hatte ein Maximum des "Monatslohns" von drei Mindestlöhnen festgesetzt. Diese Begrenzung war 1989 durch Gesetz Nr. 23697 zunächst aufgehoben worden, was zu einer deutlichen Erhöhung der Abfindungszahlungen führte. Die erneute Begrenzung der Basisgröße durch das LNE führte zwar zu einer Senkung der Abfindungskosten gegenüber der zwischenzeitlichen Regelung von 1989, aber dennoch waren die Abfindungszahlungen höher als in der alten Regelung des LCT, da der Durchschnitt der Tariflöhne natürlich höher ist als der Mindestlohn.

Der Abschluss befristeter Verträge (*contratos promovidos*) war an eine Reihe von Bedingungen geknüpft:

- sie mussten in Kollektivverträgen abgeschlossen, d.h. mit den Gewerkschaften mit *personería gremial* abgestimmt werden (LNE, Art. 30);
- sie konnten nur für neue bzw. zusätzliche Arbeitsplätze abgeschlossen werden, d.h. bei Neueinstellungen, welche die durchschnittliche Beschäftigtenzahl eines Unternehmens der letzten sechs Monate überstiegen; ebenso waren Unternehmen, welche in den 12 vorhergehenden Monate Kollektivkündigungen vorgenommen hatten, nicht zum Abschluss von *contratos promovidos* berechtigt (LNE, Art. 36);
- sie können nur in den folgenden Fällen abgeschlossen werden:
  - zur Einstellung von registrierten Arbeitslosen (LNE, Art. 43ff), mit Laufzeiten von 6-18 Monaten und bei einer Halbierung des Arbeitgeberanteils der Sozialabgaben (mit Ausnahme der *obras sociales*) – entsprechend einer Reduzierung des Arbeitgeberanteils von 33% auf 20% – sowie einer Halbierung der Abfindungszahlungen bei Vertragsablauf (bei Kündigung vor Vertragsablauf gelten die normalen Regelungen);
  - zur Aufnahme neuer unternehmerischer Aktivitäten (LNE, Art. 47ff), mit Laufzeiten von 6-24 Monaten, wobei die übrigen Regelungen denen für die Einstellung registrierter Arbeitsloser entsprechen;
  - als Ausbildungsverträge mit Jugendlichen von bis zu 24 Jahren (LNE, Art. 51ff), mit Laufzeiten von vier Monaten bis zu 2 Jahren und bei einer Eliminierung der Sozialabgaben (Arbeitgeber- und Arbeitnehmeranteil) und der Abfindungszahlungen bei Kündigung;
- sie müssen beim Arbeitsministerium registriert werden.

Tabelle 29: Die Arbeitsmarktreform von 1991 – Reformbedarf, beobachtete Präferenzen und Reformergebnisse

Reformbereich	akuter Reformbedarf	beobachtete Präferenzen: Regierung	Arbeitnehmer	Arbeitgeber	Arbeitslose	Arbeitsbürokratie	Wirtschaftsministerium	IFI	ILO	Reformergebnis
Flexibilisierung kollektiver Verhandlungen	+	+	–	+	o	o	+	+	o	o
Mindestlohnsenkung	o	o	o	o	o	o	o	o	o	o
Lohnnebenkostensenkung	+	o	o	+	o	o	o	o	o	–
Lohnstückkostensenkung	+	o	–	+	o	o	+	o	o	+
Kündigungsschutzliberalisierung	+	+	–	+	o	o	o	+	o	o
Förderung befristeter Arbeitsverhältnisse	+	+	–	+	o	+	+	+	o	+
Verringerung von Marktmacht	+	+	–	o	o	o	o	+	+	+
Sicherung der Regelbefolgung	+	+	o	o	o	+	o	o	o	+
Gesamtreform	**+**	**+**	**–**	**+**	**o**	**+**	**+**	**+**	**o**	**+**

Erläuterungen:

+: akuter Reformbedarf vorhanden bzw. Präferenz für neoklassische Reform bzw. Implementierung neoklassischer Reformmaßnahme;

o: kein akuter Reformbedarf vorhanden bzw. keine Präferenz/Präferenz nicht beobachtbar bzw. keine Reform;

–: Präferenz gegen neoklassische Reform bzw. Implementierung einer Reform, welche der neoklassischen Reformerwartung widerspricht.

Aus neoklassischer Sicht sind die Reformmaßnahmen in der Summe positiv zu bewerten (Tabelle 29). Insbesondere die *contratos promovidos* trugen durch ihre

Befristung und die damit wegfallenden Abfindungszahlungen und die reduzierten Lohnnebenkosten zur Flexibilisierung der Arbeitsverträge bei. Auch die Lohnkosten wurde durch die Bindung an Produktivitätsfortschritte sowie eine Flexibilisierung der Arbeitszeiten begrenzt.

In Bezug auf die Kündigungsregeln ist das Ergebnis der Reform als gemischt zu beurteilen. Zwar stellten die Regeln unter den *contratos promovidos* eine deutliche Flexibilisierung gegenüber dem *status quo* dar. Andererseits wurden bei den bestehenden, unbefristeten Arbeitsverhältnissen kaum Modifikationen vorgenommen und die Abfindungszahlungen durch die Veränderung der Berechnungsbasis (vom Mindestlohn auf den durchschnittlichen Tariflohn) sogar noch erhöht.
Eher symbolischer Natur waren die übrigen Maßnahmen der Reform:

- die bloße Erwähnung der Möglichkeit von Tarifverhandlungen auf Unternehmensebene stellte keine wirkliche Verbesserung gegenüber dem status quo dar, der seit jeher Tarifverhandlungen auf allen Ebenen erlaubt hatte;
- die Veränderungen in Bezug auf den Mindestlohn hoben sich gegenseitig auf; die Anhebung der realen Mindestlöhne widersprach der neoklassischen Reformerwartung, während das Verbot der Referenzfunktion sie erfüllte;
- die (wirtschaftliche) Macht der Gewerkschaften wurde durch die Schaffung privater Arbeitsunfallversicherungen kaum berührt, und die Einschränkung des Streikrechts wurde seit der durch den Konvertibilitätsplan erreichten Stabilisierung nicht angewendet;
- im Arbeitsinspektionswesen war die Schaffung eines einheitlichen Registers sowie die Festlegung von Sanktionen ebenfalls eher symbolischer Natur, da die nationalen Kompetenzen für die Implementation dieser Maßnahmen nicht gegeben waren – schließlich war das Inspektionswesen im Verantwortungsbereich der Provinzen.

7.4 Die Reform von 1995

7.4.1 Reformumfeld

Die Situation auf dem Arbeitsmarkt hatte sich 1995 gegenüber 1991 in der Folge des Konvertibilitätsplans 1991 aber auch aufgrund der Tequila-Krise 1994/95 deutlich verschlechtert. Die Arbeitslosigkeit war trotz hoher Wachstumsraten kontinuierlich von 6,5% im Jahr 1991 bis auf 11,5% im Jahr 1994 und 17,5% im Jahr 1995 angestiegen.

Im politischen Bereich waren die Jahre 1994 und 1995 durch die Dominanz von Präsident Menem und die Diskussion um die Verfassungsreform gekennzeichnet. Ein wesentliches Ziel Menems war es, durch die Verfassungsreform eine unmittelbare Wiederwahl zu ermöglichen, die nach der Verfassung von 1853 ausgeschlossen war. Nach langen Diskussionen wurde die Möglichkeit der direkten Wiederwahl des Präsidenten in der Verfassung etabliert, dafür aber die Amtszeit von sechs auf vier Jahre verringert. Unter der neuen Verfassung wurde Menem mit großer Mehrheit – knapp 50% der Stimmen gegenüber 30% für den zweitbesten Kandidaten – 1995 wiedergewählt und trat im Dezember des Jahres die zweite Amtszeit an. Diese deutliche Mehrheit stellte eine Bestätigung des eingeschlagenen Kurses gerade auch in der Wirtschaftspolitik, und insbesondere die erreichte Geldwertstabilität, dar und bestätigte die Regierung in der Fortführung ihres Liberalisierungskurses auch in der Arbeitsmarktpolitik.

7.4.2 Reformbedarf

Trotz der Reformen von 1991 war die Arbeitslosigkeit in Argentinien bereits vor dem externen Schock der Tequila-Krise deutlich angestiegen. Aus neoklassischer Sicht musste die Ursache dafür sein, dass die Reformen von 1991 entweder inhaltlich unzureichend gewesen waren, d.h. selbst nach ihrer Implementation der Arbeitsmarkt zu rigide war, oder die Reformen nur unzureichend implementiert worden waren. Das Reformumfeld verschärfte den Reformbedarf noch zusätzlich: Die Arbeitskosten rückten stärker in das Blickfeld vor allem der Arbeitgeber, da durch die Eindämmung der Inflation Lohnsenkungen durch eine der Inflation nachhinkende Lohnanpassung endgültig nicht mehr möglich waren und die internationale Konkurrenz massiv zugenommen hatte. Insgesamt war der Reformbedarf seit 1991 also noch angestiegen.

In Bezug auf die *contratos promovidos* ist durchaus zu konstatieren, dass die Reform von 1991 an der Implementation gescheitert ist. Aufgrund der Reformgestaltung – der Notwendigkeit der Registrierung von *contratos promovidos* beim Arbeitsministerium sowie die Erfordernis, dass sie nur über Kollektivverträge, d.h. mit Zustimmung der Gewerkschaften mit Verhandlungsmonopol, abgeschlossen werden konnten – wurden in der Praxis kaum entsprechende Arbeitsverträge abgeschlossen. So wurden 1992 vom Arbeitsministerium (landesweit) monatlich rund 1.200 *contratos promovidos* registriert, und diese Zahl stieg bis 1994 auf gut 5.000. Während der Zeitspanne von 1991 bis Ende 1994 wurden insgesamt 124.000 *contratos promovidos* beim Arbeitsministerium registriert (Ministerio de Trabajo y Seguridad Social 1998: 48; vgl. auch Hopenhayn 2001; Galiani 2002: 30). Von diesen wurde allerdings die Hälfte im Rahmen von mit dem *Fondo Nacional de Empleo* finanzierten Arbeitsbeschaffungsprogramm *Programas Intensivos de Trabajo* geschlossen (vgl. Beccaria/Galin 2002: 47). Insgesamt war die Nutzung der contratos promovidos also begrenzt. Damit wurde durch die Reform von 1991 kaum eine Flexibilisierung erreicht.

Auch die Arbeit der Arbeitsinspektionen in verschiedenen Provinzen wurde als hochgradig ineffektiv kritisiert. Gegenüber dem Status des Inspektionssystems Ende der 1980er Jahre waren laut einer Evaluierungsmission von 1994 keine Verbesserungen erzielt worden (vgl. Beccaria/Galin 2002: 76f). Auch die zunehmende informelle Beschäftigung – von knapp 39% der Erwerbspersonen im Jahr 1991 auf 40,2% im Jahr 1994 (vgl. Tabelle A-II im Anhang) – deutet darauf hin, dass das Inspektions- und Sanktionswesen nicht effektiv war.

7.4.3 Die beobachteten Präferenzen der kollektiven Akteure

Angesichts der zunehmenden Arbeitslosigkeit seit der Arbeitsmarktreform von 1991 argumentierte die **Regierung**, dass die trotz der vorherigen Reform noch bestehenden Rigiditäten des Arbeitsmarktes – hohe Kosten der sozialen Sicherung, die Macht der Gewerkschaften, die Zentralisierung der kollektiven Verhandlungen – für die unbefriedigende Entwicklung auf dem Arbeitsmarkt verantwortlich seien (vgl. Miodosky

2002: 3). Entsprechend war das erklärte Ziel der Regierung eine weitere Flexibilisierung des Arbeitsmarktes. Wie schon 1991 sind Konflikte zwischen **Arbeitsbürokratie** und **Wirtschaftsministerium** auch in Bezug auf die Reform von 1995 nicht feststellbar.

Da bei der Reform von 1995 im wesentlichen die gleichen Reformbereiche zur Debatte standen wie 1991, verwundert es kaum, dass auch die Präferenzen der CGT unverändert waren. Kernpunkt war nach wie vor (vgl. Palomino 2002) die Verteidigung der institutionellen Vorrechte der **Gewerkschaften** mit *personería gremial* (Monopol in kollektiven Verhandlungen; Primat der Verhandlungen auf Sektorebene und Beibehaltung der *ultraactividad*). Daneben wandten sich die Gewerkschaften auch gegen Bestrebungen zur Liberalisierung des Kündigungsrechts sowie gegen Lohnkostensenkungen.

Der wesentliche Forderungspunkt der **Arbeitgeber**, angeführt von der UIA, betraf die Verringerung der Lohnkosten, die vor Ergebnis der staatlichen Regulierung seien.[181]

> "In diesem Zusammenhang spielte die Flexibilisierung der Arbeitsgesetzgebung eine wichtige Rolle. Trotz Protesten der Gewerkschaften konnten sich die Unternehmer mit einem großen Teil ihrer diesbezüglichen Forderungen durchsetzen (Legalisierung von Beschäftigungsverhältnissen auf Zeit; Heraufsetzung der wöchentlichen Arbeitszeit; Senkung der Abfindungs- bzw. Entschädigungszahlungen bei Entlassungen und Arbeitsunfällen; Bindung von Lohnerhöhungen an Produktivitätsfortschritte; Zulassung von Kollektivverhandlungen auf Betriebsebene etc.)" (Birle 2002a: 173).

Hingegen führte die Zuweisung von Kontrollrechten im Rahmen des Arbeitsinspektionswesens an die Gewerkschaften (die Gewerkschaften konnten Arbeitskontrolleure, *controladores laborales*, benennen) zu Protesten verschiedener Arbeitgeberverbände, darunter auch der UIA, die kritisierte, dass staatliche Aufgaben damit an die Gewerkschaften übertragen würden (vgl. Beccaria/Galin 2002).

Unter den **Internationalen Finanzinstitutionen** nimmt die *Weltbank* in ihrer Länderstrategie für Argentinien von 1995 das erste Mal explizit und offiziell Bezug auf die Situation des Arbeitsmarktes. Dort heißt es, "an economy with weak financial system and rigid labor markets is even more vulnerable to shocks, particularly under a fixed exchange rate regime where changes in capital flows could be more pronounced" (zit. nach World Bank 1996: 32). Dennoch werden keine konkreten Reformempfehlungen formuliert, sondern lediglich Studien zur Effektivität der Arbeitsmärkte vorgeschlagen (World Bank 1996: 9). Auch für die *IDB* sind keine spezifischen Präferenzen in Bezug auf Arbeitsmarktreformen feststellbar.

Für den *IWF* stellte die Arbeitsmarktreform bereits ab 1992 eine wesentliche Komponente des Reformprogramms dar und wurde als Bedingung für die Vergabe der Erweiterten Fazilität von 1992 aufgenommen. Die Dezentralisierung der Tarifverhandlungen sowie die Flexibilisierung der Arbeitszeiten und befristeten Arbeitsver-

181 Vgl. Godio et al. (1998), Lo Vuolo (2000), Roca (2001) und Palomino (2002: 274).

hältnisse wurden vom IWF als vordringliche Maßnahmen angesehen (vgl. International Monetary Fund - Independent Evaluation Office 2004: 52)

In Bezug auf die Gewerkschaftsfreiheit blieb die Kritik der **ILO** an der *personería gremial* bestehen. Zudem beklagte die Expertenkommission der ILO seit 1992 den Status des Arbeitsinspektionswesens und forderte eine personelle Stärkung (vgl. International Labour Office 1989ff). Weitere Quellen, welche einen Hinweis auf eine bestimmte Präferenz der ILO geben, liegen nicht vor.

7.4.4 Der Reformprozess

Nachdem sich die Regierung gegenüber dem IWF verpflichtet hatte, die 1991 initiierten Arbeitsmarktreformen weiter voranzutreiben, brachte sie im November 1993 ein Gesetzesvorhaben im Kongress ein, welches als einen der Kernpunkte die Dezentralisierung der Tarifverhandlungen umfasste. Der Gesetzesentwurf stieß im Kongress auf weitreichende Ablehnung nicht nur der Abgeordneten mit gewerkschaftlichem Hintergrund, sondern wurde auch von den Arbeitgebern als nicht weitreichend genug abgelehnt. Angesichts dieser Opposition von beiden Seiten wurde das Projekt von der Regierung zurückgezogen.

Das Ergebnis des Reformvorhabens war für die Regierung eine klare Niederlage. Nicht nur war der Gesetzesentwurf im Parlament gescheitert, auch die gewerkschaftliche Opposition hatte sich klarer formiert: Ein Effekt der Debatte um das Reformvorhaben von 1993 war die Wiedervereinigung der CGT, welche eine direkte Reaktion auf die Drohung der Regierung war, die Sozialwerke zu privatisieren und damit der gewerkschaftlichen Kontrolle zu entziehen.

Anfang 1995 wurde erneut eine - abgeschwächte - Gesetzesinitiative gestartet, die dann auch vom Kongress verabschiedet wurde.

Aufgrund der unnachgiebigen Haltung der Arbeitgeberverbände kam eine nennenswerte Reform der kollektiven Verhandlungen auf gesetzlichem Wege nicht zustande. Da die Arbeitgeber auf ihrer Extremposition für eine Flexibilisierung des Tarifrechts bestanden, wurde kein entsprechendes Kapitel in das Gesetz mit aufgenommen (vgl. Caro Figueroa 2004).

Allerdings versuchte die Regierung im Dezember 1996, mittels dreier Dekrete die Dezentralisierung der Tarifverhandlungen sowie die Abschaffung der Ultraactividad voranzutreiben; diese Dekrete wurde jedoch in der Folge teilweise zurückgenommen, da sie vom Arbeitsgericht als nicht vollständig verfassungskonform beurteilt worden waren (vgl. Beccaria/Galin 2002: 57). Gleichzeitig stellten die Dekrete auch den Auftakt für die Diskussionen um die Arbeitsmarktreform dar, die schließlich 1998 verabschiedet wurde (vgl. Abschnitt 7.5).

7.4.5 Reforminhalte und Bewertung

Tabelle 30 gibt einen Überblick über die gesetzlichen Änderungen in den hier untersuchten Reformbereichen.

Die wesentlichen Vereinfachungen bei befristeten, geförderten Verträgen waren der Wegfall der Registrierungspflicht beim Arbeitsministerium, was den administrativen Aufwand verringerte, sowie der Wegfall des Abschlusses der Verträge in Kollektivverträgen; damit entfiel die Notwendigkeit der gewerkschaftlichen Zustimmung, und befristete Verträge konnten in individueller Form mit einzelnen Arbeitnehmern geschlossen werden.

Tabelle 30: Die Arbeitsmarktreform von 1995 - Übersicht

Reformbereich	**Veränderungen durch die Reform**
Erhöhung der Preisbildungsflexibilität	
Flexibilisierung kollektiver Verhandlungen	*Dezentralisierung* der Tarifverhandlungen für kleine Unternehmen mit bis zu 40 Beschäftigten (Gesetz Nr. 24467, Art. 99ff). Branchentarifverträge müssen besonderes Kapitel für kleine Unternehmen enthalten. Verhandlungen und Tarifabschlüsse auf Unternehmensebene haben im Konfliktfall Vorrang vor branchenweiten Abschlüssen (Dekret 1555/96). *Ultraactividad* wird durch Dekrete 1554/96 und 1555/96 für KMU abgeschafft: Tarifverträge gelten nach Ablauf ihrer Gültigkeit nur noch 3 Monate weiter.
Abschaffung oder Senkung der Mindestlöhne	Nominale Mindestlöhne bleiben unverändert.
Verringerung von Lohnnebenkosten	Übertragung der *Arbeitsunfallversicherung* auf private Versicherungsunternehmen; Beiträge müssen weiterhin vom Arbeitgeber gezahlt werden (LRT, Art. 23) und sind auf maximal 3% begrenzt (LRT, Art. 49) *Arbeitgeberbeiträge* zur sozialen Sicherung wurden durch verschiedene Dekrete schrittweise von 33% im Dezember 1993 auf durchschnittlich 21,8% ab Januar 1996 gesenkt *Lohnnebenkosten bei befristeten geförderten Arbeitsverhältnissen:* (Arbeitgeber- und Arbeitnehmeranteile) werden halbiert (Ausnahme: Beiträge für *obras sociales*) bzw. eliminiert, je nach Vertragstyp (Gesetz Nr. 24465, Art. 3f; siehe unten) *Probezeit:* während der gesetzlichen Probezeit keine Beiträge (weder Arbeitgeber- noch Arbeitnehmeranteile) zur sozialen Sicherung (außer *obras sociales* und Familienzuschläge) (Gesetz Nr. 24465, Art. 1)
Verringerung von Lohnstückkosten	*Urlaub:* in KMU können vom Gesetz abweichende Regeln per Tarifvertrag getroffen werden
Erhöhung der Beschäftigungsflexibilität	
Liberalisierung der Kündigungsregelungen	*Probezeit:* während der gesetzlichen Probezeit keine Kündigungsfristen und Abfindungszahlungen (Gesetz Nr. 24465, Art. 1) *Kündigungsregeln für kleine Unternehmen* können per Kollektivvertrag festgelegt werden (Gesetz Nr. 24467, Art. 92) *Kündigungsfristen bei kleinen Unternehmen:* 1 Monat zum Monatsende, unabhängig von der Dauer der Betriebszugehörigkeit (Gesetz Nr. 24467, Art. 95)
Förderung befristeter Arbeitsverhältnisse	*Befristete Verträge:* Vereinfachung der Regelungen für befristete geförderte Verträge (siehe Reform von 1991); Einführung neuer Vertragstypen (s. unten; Gesetz Nr. 24465, Art. 3f) *Einführung von Teilzeitverträgen* (weniger als 2/3 der tariflich vorgeschriebenen Arbeitszeit) (Gesetz Nr. 24465, Art. 2) *Probezeit:* Neueinführung bei unbefristeten Verträgen – längstens 3 Monate, Verlängerung durch Kollektivverträge auf 6 Monate möglich (Gesetz Nr. 24465, Art. 1)

Reformbereich	Veränderungen durch die Reform
Verbesserung der Rahmenbedingungen	
Verringerung von Marktmacht	keine Änderungen
Sicherung der Regelbefolgung	*Arbeitsinspektionswesen:* Stärkung der Aufsichtsfunktion des Arbeitsministeriums über das Inspektionswesen der Provinzen (Dekret 772/96); Übertragung von Kontrollaufgaben an Gewerkschaften (Dekret 1183/96) *Sanktionen:* keine Strafen gegen Verstöße im Bereich der Arbeitssicherheit, wenn das Unternehmen gemäß Verträgen mit ART Maßnahmen zur Verbesserung eingeleitet hat (Gesetz Nr. 24557, Art. 4)

Die neu eingeführten geförderten Typen befristeter Arbeitsverträge waren:

- Ausbildungsverträge für Jugendliche zwischen 14 und 25 Jahren mit einer Laufzeit von drei Monaten bis zwei Jahren: diese entsprachen im wesentlichen den Ausbildungsverträgen aus der Reform von 1991;
- Geförderte Verträge für die Einstellung von Arbeitssuchenden über 40, Behinderten, Frauen und Teilnehmern des Falklandkrieges, mit einer Dauer von zwischen sechs Monaten und zwei Jahren und einer Halbierung der Sozialabgaben (mit Ausnahme der *obras sociales*) sowie der Eliminierung der Abfindungszahlungen bei Vertragsablauf (bei Kündigung vor Vertragsablauf gelten die normalen Regelungen).

Ein weiterer wichtiger Teil der Arbeitsmarktreform, der ausschließlich in Form von Dekreten (Dekrete 2609/93 und 492/95) durchgeführt wurde, war die Senkung der Lohnnebenkosten. Die Arbeitgeberbeiträge zur sozialen Sicherung wurden ab Januar 1994 schrittweise von ursprünglich 33% drastisch (um bis zu 80%) abgesenkt, wobei die Reduzierung je nach der Armutsquote regional verschieden hoch ausfiel. So war sie in Buenos Aires am geringsten, betrug aber immer noch 30% gegenüber dem Niveau von 1993 (vgl. Abbildung 48 und Tabelle A-VIII).

Die Besitzstände der Gewerkschaften wurden zunächst geschont: die Flexibilisierung der Tarifverhandlungen beschränkte sich auf die Notwendigkeit der Einführung gesonderter Kapitel für KMU in Kollektivverträgen. Weder eine Dezentralisierung noch die Abschaffung der *ultraactividad* wurden hingegen im Gesetz verankert, ein Jahr später aber durch Dekrete verfügt – die allerdings nie in die Praxis umgesetzt wurden. Zudem wurde den Gewerkschaften im Zuge der Privatisierung der Arbeitsunfallversicherungen zugestanden, dass sie selber *Aseguradoras de Riesgos de Trabajo* gründen konnten (LRT, Art. 42), dadurch wurde eine Aushöhlung des gewerkschaftlichen Privilegs verhindert, die Krankenversicherungen zu verwalten.

Die Regelungen der Reform von 1995 war im Vergleich zur Reform von 1991 in den folgenden Aspekten weitergehend: die Zielgruppe war größer, die finanziellen Anreize für Arbeitgeber waren größer (wenngleich bei befristeten Verträgen nur in bescheidenem Rahmen durch den Wegfall der Abfindungszahlung am Vertragsende), und die Prozeduren zum Abschluss der befristeten geförderten Verträge wurden erheblich vereinfacht. Vor allem die Einführung der Probezeit stellte eine erhebliche Flexibilisierung und Verringerung der Lohnkosten dar.

Der IWF bewertete die Reform von 1995, obgleich im wesentlichen auf KMU beschränkt, als positives Zeichen dafür, dass "the Argentine political system was capable of supporting the politically painful policies [...] it could be viewed as a credible signal that more substantial action was imminent" (International Monetary Fund - Independent Evaluation Office 2004: 52). Diese Einschätzung erwies sich jedoch als falsch, wie die Reform von 1998 zeigen sollte.

Tabelle 31: Die Arbeitsmarktreform von 1995 – Reformbedarf, beobachtete Präferenzen und Reformergebnisse

		beobachtete Präferenzen								
Reformbereich	akuter Reform-bedarf	Regierung	Arbeitnehmer	Arbeitgeber	Arbeitslose	Arbeits-bürokratie	Wirtschafts-ministerium	IFI	ILO	Reformergebnis
Flexibilisierung kollektiver Verhandlungen	+	+	–	+	o	o	+	+	o	+
Mindestlohnsenkung	o	o	o	o	o	o	o	o	o	o
Lohnnebenkostensenkung	+	+	o	+	o	o	+	o	o	+
Lohnstückkostensenkung	+	+	–	+	o	o	+	+	o	o
Kündigungsschutzliberalisierung	+	+	–	+	o	o	+	o	o	o
Förderung befristeter Arbeitsverhältnisse	+	+	–	+	o	o	+	+	o	+
Verringerung von Marktmacht	+	o	–	+	o	o	o	o	+	o
Sicherung der Regelbefolgung	+	o	o	–	o	o	o	o	+	+
Gesamtreform	**+**	**+**	**–**	**+**	**o**	**o**	**+**	**+**	**o**	**+**

Erläuterungen:

+: akuter Reformbedarf vorhanden bzw. Präferenz für neoklassische Reform bzw. Implementierung neoklassischer Reformmaßnahme;

o: kein akuter Reformbedarf vorhanden bzw. keine Präferenz/Präferenz nicht beobachtbar bzw. keine Reform;

–: Präferenz gegen neoklassische Reform bzw. Implementierung einer Reform, welche der neoklassischen Reformerwartung widerspricht.

7.5 Die Reform von 1998

7.5.1 Reformumfeld

Die Arbeitsmarktreform, welche 1998 in Form des Gesetzes Nr. 25013 verabschiedet wurde, war das Ergebnis eines mehr als zwei Jahre dauernden Diskussions- und Aushandlungsprozesses. Bemerkenswert ist, dass die ursprünglich von der Regierung vorgesehene Reform im Laufe dieses Prozesses fast vollständig umgekehrt wurde. Tatsächlich begann die Diskussion um die Reform bereits mit der Verabschiedung der Reform von 1995.

Das politische Umfeld der Reformdebatte war durch drei wesentliche Geschehnisse charakterisiert: Erstens stieß die bereits erwähnte, vom Präsidenten per Dekret im Dezember 1996 verfügte Flexibilisierung der kollektiven Verhandlungen auf breiten Widerstand nicht nur von Gewerkschaften und Arbeitnehmern, sondern in weiten politischen und gesellschaftlichen Kreisen. Kritisiert wurde, dass der Präsident mit diesen Dekreten seine verfassungsmäßigen Kompetenzen überschritten hätte. Damit schied der Einsatz weiterer Dekrete zum Voranbringen der Arbeitsmarktreform aus.

Zum zweiten hatte die PJ die Wahlen zur Deputiertenkammer von 1997 klar verloren. Sie bekam nur 36,3% der Stimmen nach 43,0% zwei Jahre zuvor und verlor damit die absolute Sitzmehrheit (vgl. Abbildung 23). Damit war auch die Position des Präsidenten im Parlament geschwächt. Drittens schließlich hatte Menem zum Zeitpunkt der Reformdiskussion eine dritte Kandidatur für das Amt des Präsidenten bei der Wahl 1999 im Sinn, so dass davon auszugehen ist, dass Wiederwahlinteressen in der Reformdebatte eine Rolle spielten.

7.5.2 Reformbedarf

Die Reformen von 1995 hatten in einigen Bereichen eine Flexibilisierung des Arbeitsmarktes sowie die Senkung der Lohnkosten vorangebracht. Lediglich das Tarifrecht, die Kündigungsregeln (insb. die Höhe der Abfindungszahlungen) und die Stellung der Gewerkschaften waren nicht oder nur unwesentlich modifiziert worden. Zudem ist natürlich wieder nach der Effektivität der Reformen, insbesondere der befristeten Arbeitsverhältnisse zu fragen.

Als Folge der Einführung befristeter Beschäftigungsverhältnisse in den Reformen von 1991 und insbesondere 1995 war der Anteil unbefristeter Arbeitsverträge unter allen formellen Arbeitsverträgen von 94% im Dezember 1995 auf 89% im Jahr 1997 gefallen und erreichte im Jahr 1998 83% (vgl. Godio et al. 1998; Galiani 2002: 32). Die Nutzung der *contratos promovidos* hatte seit der Reform von 1995 deutlich zugenommen und erreichte im August und September 1998 Höchstwerte (vgl. Beccaria/Galin 2002: 49). Nach Schätzungen des Arbeitsministeriums waren die *contratos promovidos* im Zeitraum 1995 bis 1998 für rund 90% der geschaffenen Stellen verantwortlich. Insofern ist von einem Erfolg dieser Reform zu sprechen, so dass aus neoklassischer Sicht eine Reform dieser Beschäftigungsverhältnisse nicht zwingend nötig war.

Die Sonderregeln für KMU fanden in der Praxis kaum Anwendung. Bis Juni 1998 waren lediglich sechs KMU-spezifische Kollektivverträge abgeschlossen worden, was vor allem am Fehlen einer Spezifizierung der Verfahrensregeln des KMU-Gesetzes durch ein entsprechendes Dekret lag.

Damit war aus neoklassischer Sicht ein akuter Reformbedarf vor allem im Bereich des Tarifrechts, der Kündigungsregeln sowie der Macht der Gewerkschaften gegeben.

7.5.3 Die beobachteten Präferenzen der kollektiven Akteure

Laut Aussage des **Arbeitsministeriums** waren in den zehn Jahren vor der Reform von 1998 kaum nennenswerte Reformen des Arbeitsmarktes durchgeführt worden: "im Bereich der Arbeitsgesetzgebung gab es nur schwache Anstrengungen" (Ministerio de Trabajo y Seguridad Social 1998: 17). Die wesentlichen Ziele der Reform waren nach Aussage des Arbeitsministeriums (vgl. Ministerio de Trabajo y Seguridad Social 1998: 19):

- die notwendige Anpassung des Arbeitsrechts an die durch die Strukturreformen veränderten wirtschaftlichen Rahmenbedingungen, insb. den internationalen Wettbewerb;
- die Schaffung günstiger Rahmenbedingungen für (ausländische) Investoren;
- die Verbesserung der Arbeitsbedingungen, welche durch eine Fehlinterpretation des Begriffs der Flexibilität auf dem Arbeitsmarkt und eine falsche Anwendung der contratos promovidos erodiert waren.

In Bezug auf die wünschenswerte Ebene für Tarifverhandlungen stellte das Arbeitsministerium fest:

> "Es ist offensichtlich, dass die Organisationen zweiten Grades [d.h. die Föderationen oder Branchengewerkschaften, DB] die Gesamtheit der soziopolitischen und ökonomischen Realität unseres Landes berücksichtigen und daher über die Glaubwürdigkeit für die Vorbereitung und Teilnahme an kollektiven Verhandlungen verfügen, welche das neue Umfeld erfordern. Daher sind die Gewerkschaften höheren Grades besser geeignet, kollektive Verhandlungen zu führen" (Ministerio de Trabajo y Seguridad Social 1998: 28, Übers. DB).

Der vom Arbeitsministerium erarbeitete Gesetzesvorschlag, welcher im März 1998 im Senat eingebracht wurde, entsprach dem schließlich verabschiedeten Gesetz (vgl. unten). Auf Neuregelungen der *obras sociales* wurde verzichtet, da diese Angelegenheit des Gesundheitsministeriums seien, wie ein hoher Beamter des Arbeitsministeriums feststellte (vgl. Clarín, 19.03.98).

Im Gegensatz zum Arbeitsministerium befürwortete das **Wirtschaftsministerium** eine weitergehende Flexibilisierung des Arbeitsmarktes. Die wesentlichen Maßnahmen sollten nach Ansicht des Wirtschaftsressorts die Dezentralisierung der Tarifverhandlungen, das Ende der *ultraactividad*, die Senkung der Abfindungszahlungen und Lohnnebenkosten und die Beibehaltung der Probezeit von drei Monaten sein.

Präsident Menem schloss sich im wesentlichen der Auffassung des Arbeitsministeriums an (vgl. unten).

Die **CGT** hatte während der gesamten Reformdebatte zwei zentrale Präferenzen. Sie lehnten jede Dezentralisierung der Tarifverhandlungen sowie das Ende der *ultraactividad* kategorisch ab (vgl. Godio et al. 1998). Zudem widersetzten sie sich allen Versuchen, die Krankenversicherungen (*obras sociales*) zu liberalisieren bzw. versuchten, die bereits erfolgten Liberalisierungen (das Wahlrecht der Arbeitnehmer unter verschiedenen *obras sociales*) zurückzunehmen. Darüber hinaus befürworteten die Gewerkschaften die Abschaffung der *contratos promovidos* und die Kürzung der Probezeiten, und sie opponierten gegen weitere Senkungen der Lohnnebenkosten. Schließlich verlangte die CGT im August 1998, dass der Nationale Mindestlohnrat zusammengerufen würde.

Insgesamt befürwortete die CGT die Maßnahmen, welche das im März 1998 im Senat eingereichte Gesetzesvorhaben beinhaltete – was angesichts der Tatsache, dass die CGT als alleinige gesellschaftliche Interessengruppe unmittelbar an der Formulierung des Projekts beteiligt gewesen war, kaum überrascht. Andere Arbeitnehmerorganisationen – UOM, MTA, CTA und CCC – lehnten das Gesetzesvorhaben von CGT und Regierung ab, ohne jedoch eigene inhaltliche Präferenzen zu äußern (vgl. Clarín 17.02.98).

Die Präferenzen der **Arbeitgeber**, vertreten durch die G8, waren denen der Gewerkschaften geradezu diametral entgegengesetzt. Als entscheidende Punkte der Reform wurden zunächst die Liberalisierung der *obras sociales* sowie die Dezentralisierung der kollektiven Verhandlungen angesehen (vgl. Clarín, 02.10.97). Im Laufe der folgenden Monate nahmen die Forderungen der G8 jedoch an Schärfe zu. Ein Gesetzesvorschlag, den die G8 Anfang Mai 1998 im Senat einbrachte, kann als Katalog von Maximalforderungen interpretiert werden. Er enthält die folgenden Reformmaßnahmen (vgl. Clarín, 24.04.98):

- Abfindungszahlungen: Eliminierung der Mindestabfindung von 2 Monatslöhnen und Einführung einer maximalen Abfindung von 6 Monatslöhnen;
- Befristete Arbeitsverhältnisse: Beibehaltung der bestehenden *contratos promovidos* und Schaffung eines neuen Typs für KMU, mit einer Dauer von 6 Monaten, die bis auf 3 Jahre verlängerbar sind. Im Rahmen dieses Vertragstyps sollten die Sozialbeiträge der Arbeitgeber auf Familienzuschläge und *obras sociales* beschränkt sein und die Kündigungsregeln (Fristen und Abfindungszahlungen) keine Anwendung finden;
- Probezeit: Beibehaltung der geltenden Regeln von 3 Monaten, die per Kollektivvertrag auf 6 Monate verlängert werden können. Während der Probezeit sollten weder Sozialbeiträge gezahlt werden noch die Kündigungsregeln Anwendung finden;
- Kollektive Verhandlungen: Abschaffung der *Ultraactividad* und Vorrang von Verhandlungen auf Unternehmensebene. Zudem sollten Tarifverhandlungen in weiten Bereichen Vorrang vor gesetzlichen Bestimmungen erhalten;
- Lohnkosten: das dreizehnte Monatsgehalt sollte auf der Basis des jährlichen Durchschnittslohns eines Arbeitnehmers berechnet werden, anstelle auf Basis des höchsten im Jahr gezahlten Lohns.

Abweichende Stimmen kamen hingegen von CGE und CAI, den Verbänden der KMU, die das Vorgehen der G8 formell kritisierten, selbst aber keine klare Position in Bezug auf die Reform formulierten (vgl. Clarín 17.03.98).

Unter den **internationalen Finanzinstitutionen** stellte der Direktor des *IWF*, Michel Camdessus, anlässlich der Konferenz der Zentralbanken in Buenos Aires 1997 fest:

> "the key to preserving and expanding employment, particularly among the less skilled, is a flexible labor market that encourages mobility and keeps labor costs in line with labor productivity. [...] Much more needs to be done: to decentralize and reform the collective bargaining process, to increase the efficiency and contain the cost of the labor-run health care system, and to reduce the high cost of severance payments" (Camdessus 1997).

Diese Forderungen wurden auch im Zuge der Kreditverhandlungen offen an die Regierung herangetragen. Zudem forderte der IWF auch, das Arbeitsinspektionswesen zu stärken (vgl. Clarín, 25.07.98).

Die Positionen der *Weltbank* und der *IDB*[182] stimmte mit der des IWF überein. Die Unterstützung der Arbeitsmarktreform war in die Weltbank-Länderstrategie 1997-2000 aufgenommen worden und folgte der Leitlinie der Flexibilisierung des Arbeitsmarktes, welche vor allem durch die Senkung der Lohnnebenkosten, die Erhöhung der Mobilität von Arbeitskräften und die Erhöhung der Arbeitsproduktivität erreicht werden sollte.

Die Position der **ILO** glich im wesentlichen dem von der Regierung erarbeiteten Gesetzesvorschlag. So stellte der Generaldirektor der Organisation für Lateinamerika, Victor Tokman, fest, dass die Arbeitsmarktpolitik in den Jahren vor 1998 zu einer exzessiven Instabilität der Arbeitsbeziehungen und einer Verschlechterung der Situation der Arbeitnehmer gekommen sei. Insofern begrüßte Tokman die Eliminierung der *contratos promovidos* und die Beschränkung der Probezeit auf 30 Tage. Gleichzeitig sah er die Reduzierung der Abfindungszahlungen als überflüssig an, da diese in Argentinien im regionalen Vergleich ohnehin gering seien, ebenso wie die Lohnkosten. In Bezug auf die Tarifpolitik attestierte Tokman, dass auch zentralisierte kollektive Verhandlungen im Einklang mit den entsprechenden ILO-Konventionen stünden (vgl. Clarín 25.04.98).[183]

In Bezug auf die Gewerkschaftsfreiheit blieb die Kritik der ILO an der *personería gremial* bestehen. Ebenso wandte sich die Expertenkommission der ILO in ihrem Bericht von 1996 gegen eine eventuelle Verlängerung der Arbeitszeiten (vgl. International Labour Office 1989ff).

7.5.4 Der Reformprozess

Nachdem IWF-Vertreter unmittelbar nach der Reform von 1995 einen Vorschlag für weitergehende Reformen unterbreitet hatten, kam eine öffentliche Diskussion über den weiteren Verlauf der Reformen in Gang. Zunächst blieb die Regierung auf dem mit der Reform von 1995 eingeschlagenen Kurs und versuchte, eine weitere Flexibilisierung des Arbeitsmarktes durchzusetzen, vor allem im Tarifrecht. So wurden im Dezember 1996 Dekrete zur Abschaffung der Ultraactividad und zum Vorrang von kollektiven Verhandlungen auf Unternehmensebene erlassen, gegen die aber die Gewerkschaften umgehend vor dem Arbeitsgericht klagten, und die in erster und zweiter Instanz von den Arbeitsgerichten für ungültig erklärt wurden. Nachdem die Regierung im Mai 1997 von den Dekreten Abstand genommen hatte, wurde die

182 Bereits im Wirtschaftsbericht für das Jahr 1996 hatte die IDB grundsätzliche Reformempfehlungen vorgestellt (Inter-American Development Bank 1996); diese wurden in der "Labor Market Development Strategy" von 1998 weiter ausgearbeitet (Inter-American Development Bank 1998b) und im Bericht zur wirtschaftlichen und sozialen Entwicklung von 1998 komplettiert (Inter-American Development Bank 1998a).

183 Detaillierte Empfehlungen zu Arbeitsmarktreformen finden sich darüber hinaus in einem Positionspapier des Internationalen Arbeitsamts (Berry/Mendez 1999).

Prüfung der Verfassungsmäßigkeit der Dekrete vom Obersten Gerichtshof ausgesetzt.

Der Mai 1997 kann insgesamt als Wendepunkt der Reformdebatte gesehen werden. Die Regierung und die CGT verständigten sich auf ein Abkommen, nach dem die kommende Reform zwar eine Senkung der Abfindungszahlungen bei Kündigung und einen schrittweisen Abbau der *Ultraactividad* vorsehen würde, andererseits aber die Lohnnebenkosten der befristeten Arbeitsverträge auf die normalen Werte angehoben, die konkurrenzlose gewerkschaftliche Verwaltung der *obras sociales* garantiert und keine Maßnahmen zur Dezentralisierung kollektiver Verhandlungen getroffen würden. Die Arbeitgeber wurden eingeladen, das Abkommen ebenfalls zu unterzeichnen, lehnten dies aber ab. Auch innerhalb der Regierung war das Abkommen und die damit verbundene inhaltliche Wende der Regierungspolitik umstritten: sowohl Arbeitsminister Caro Figueroa als auch Wirtschaftsminister Roque Fernández favorisierten weitere Schritte zur Flexibilisierung des Arbeitsmarktes.

Die Redaktion des Gesetzesvorhabens begann im November 1997 und wurde einer Kommission übertragen, die aus der CGT-Spitze, Parlamentariern der PJ und dem Innenminister Carlos Corach bestand. Weder das Arbeitsministerium noch das Wirtschaftsministerium waren an der Kommission beteiligt. Angesichts seiner Entmachtung trat Caro Figueroa Ende November 1997 zurück und wurde durch den vormaligen Wirtschaftsminister Erman González abgelöst, der auch Wunschkandidat der CGT war (vgl. Clarín, 02.12.97).

Unter Erman González, der umgehend die Federführung für die Reform vom Innenministerium übernahm, schwenkte das Arbeitsministerium auf die gewerkschaftsfreundliche Linie um. Die Konflikte innerhalb der Regierung – insbesondere zwischen Arbeits- und Wirtschaftsministerium, das nach wie vor an der ursprünglichen Reformlinie festhalten wollte, schwelten aber weiter (vgl. Clarín, 13.12.97 u. 01.04.98). Jedoch stellte sich Menem mehrere Male demonstrativ hinter Erman González, so dass sich schließlich das Arbeitsministerium gegenüber den Kritikern aus dem Wirtschaftsressort durchsetzen konnte (vgl. Clarín, 04.04.98 u. 14.04.98). Die Gesetzesinitiative wurde im März 1998 im Senat eingebracht, wo die PJ über die absolute Mehrheit verfügte und somit eine Verabschiedung wahrscheinlich war.

Die Gewerkschaften waren der klar dominierende gesellschaftliche Akteur in der Definition der Reform. Sie setzten nicht nur ihre Kernforderungen durch, sondern darüber hinaus gestand ihnen die Regierung auch fast alle anderen Wünsche zu. Die Dominanz der Gewerkschaften in dieser Phase wurde beispielsweise im Januar 1998 deutlich, als Erman González in den Medien ankündigte, dass die Abfindungszahlungen für alle Arbeitnehmer um 30% gesenkt werden sollten. Die wütenden Proteste der Gewerkschaften führten dazu, dass der Arbeitsminister diese Ankündigung ohne weitere Diskussion einen Tag später zurücknahm (vgl. Clarín, 16/17.01.98). Auch Menem selber unterstützte die Verbeugungen des Arbeitsministers vor den Gewerkschaften, so dass die Zeitungen titelten, "Der Präsident gab der CGT das Lächeln zurück" (vgl. Clarín, 07.03.98).

Das Verhältnis zwischen Regierung und Arbeitgeberverbänden kühlte nach der Berufung von Erman González weiter ab. An der Formulierung der Gesetzinitiative waren die Arbeitgeber, vertreten durch die von der UIA angeführten G8 in der Folge nicht mehr beteiligt. Die Arbeitgeber sahen sich durch die Regierungspolitik in doppelter Hinsicht brüskiert, einmal durch den inhaltlichen Wandel (das Gesetzesvorhaben sollte auf dem Abkommen zwischen Regierung und CGT vom Mai 1997 basieren), und zudem durch die offensichtliche Bevorzugung der Gewerkschaften, welche eingeladen worden waren, unmittelbar an der Formulierung des Gesetzes teilzunehmen. Angesichts dieser Brüskierung lehnten die Arbeitgeber jede weitere Kooperation mit der Regierung ab und brachten am 01. Mai 1998 einen eigenen Gesetzesvorschlag im Senat ein, der dem Regierungsentwurf diametral entgegengesetzt war. Zudem versuchten sie, über den IWF Druck auf die Regierung auszuüben, das Gesetzesvorhaben zu modifizieren (vgl. Clarín, 04.05.98). Dennoch wurde der Gesetzesentwurf am 20. Mai 1998 im Senat verabschiedet und an die Deputiertenkammer weitergeleitet.

Deutlicher als in den vorhergehenden Reformen versuchte der IWF nach der partiellen Reform von 1995 auf die Regierung einzuwirken, schnell weitergehende Schritte zu treffen, und verband seine Forderungen mit der Gewährung weiterer finanzieller Unterstützung:

> "The IMF pressed the economic team that took office in July 1996 to submit legislation to reform collective bargaining agreements as a prior action for the approval of the revised SBA [stand-by agreement]. [...] A staff mission that visited Buenos Aires after the May 1997 agreement 'indicated to the authorities that, in its view, the proposed reforms fall well short of what is needed to ensure adequate flexibility in the labor market, and would not appear, in their present form, to deserve support' under the extended agreement then being negotiated" (International Monetary Fund - Independent Evaluation Office 2004: 53).

Trotzdem verständigten sich Regierung und IWF darauf, eine Arbeitsmarktreform, welche zumindest die in dem Abkommen vom Mai 1997 vereinbarten Liberalisierungen umfassen würde, als Kriterium für die erste Evaluierung der Erweiterten Fazilität Mitte 1998 aufzunehmen (vgl. Beccaria/Galin 2002: 57f)[184]. Tatsächlich entsprach der im Februar 1998 von der Regierung im Kongress eingebrachte Entwurf aber nicht den Vorstellungen des IWF, da das graduelle Ende der Ultraactividad aus dem Entwurf entfernt worden war und eine Zentralisierung der Tarifverhandlungen vorgesehen wurde. In Reaktion auf diesen Entwurf forderte die IWF-Evaluierungsmission im Juli 1998 verschiedene Modifikationen am Gesetzesentwurf (vgl. Clarín, 23.07.98):

- eine Verlängerung der gesetzlichen Probezeit auf sechs Monate, ohne Anrecht auf Abfindungszahlungen, aber bei Zahlung von Sozialbeiträgen;
- eine deutlichere Senkung der Abfindungszahlungen bei Kündigung als im Gesetzesentwurf vorgesehen sowie die Einführung eines individuellen Kapitalisierungssystems welches die Abfindungszahlungen mittelfristig ablösen solle;

184 Es ist darauf hinzuweisen, dass die Reform des Arbeitsmarktes in Form struktureller Benchmarks in das Kreditabkommen aufgenommen wurden, nicht als formale Konditionalität. Insofern war auch die Gewährung von Folgetranchen nicht an die Erfüllung der Reform gebunden (vgl. International Monetary Fund - Independent Evaluation Office 2004: 60).

- die Dezentralisierung der kollektiven Verhandlungen; und
- die Abschaffung der *Ultraactividad*.

In der Tat übernahm die Regierung einige der geforderten Veränderungen, vor allem die Verlängerung der Probezeit, und schlug der Deputiertenkammer die entsprechenden Modifikationen des Gesetzesentwurfs vor (vgl. Clarín 25.07.98). Der Abgeordneten entschieden sich jedoch gegen die Übernahme der IWF-Wünsche und verabschiedeten das Reformgesetz am 02. September 1998 in der Fassung, die im März 1998 eingebracht worden war. Allerdings zeigten die Umstände der Verabschiedung, wie umstritten das Gesetz bis zuletzt blieb: da viele Abgeordnete der Opposition die Abstimmung boykottierten und somit das nötige Quorum mehrmals nicht erreicht wurde, waren vier Anläufe nötig, um das Gesetz verabschieden zu können.[185]

7.5.5 Reforminhalte und Bewertung

Die Arbeitsmarktreform von 1998 stellte in wesentlichen Punkten eine Abkehr bzw. Umkehr der beiden vorhergehenden Reformen dar (vgl. Tabelle 32). Die wichtigste Änderung des Gesetzes war die weitgehende Aufhebung der *contratos promovidos* (nur Praktika und Ausbildungsverträge blieben bestehen, wurden aber unter das Arbeitsrecht subsumiert). Die Flexibilisierung der kollektiven Verhandlungen und die Verringerung der Gewerkschaftsmacht, an der sich die Regierung bereits seit 1991 mehr oder weniger erfolglos versucht hatte, wurde nicht einmal in Ansätzen vorangetrieben, und die Probezeit wurde verkürzt.

Tabelle 32: Die Arbeitsmarktreform von 1998 – Übersicht

Reformbereich	**Veränderungen durch die Reform (Gesetz Nr. 25013)**
Erhöhung der Preisbildungsflexibilität	
Flexibilisierung kollektiver Verhandlungen	*Tarifverhandlungen werden zentralisiert:* Verhandlungen auf Unternehmensebene erfolgen durch Vertreter der Branchengewerkschaft mit personería gremial. Vorrang von Branchenabschlüssen vor Abschlüssen auf Unternehmensebene (Art. 14f). Dekrete 1553/96-1555/96 (siehe 7.3.5 oben) werden aufgehoben (durch Dekret 50/99) *Ultraactividad:* alle Tarifverträge von vor 1988, welche seit Januar 1988 nicht mehr aktualisiert wurden, verlieren ihre Gültigkeit. 'Ultraaktive' Tarifverträge von nach 1988 gelten weiter, es sei denn, ein Tarifpartner erklärt das Ende; in letzterem Fall gilt der Tarifvertrag noch zwei Jahre (Art. 12).
Abschaffung oder Senkung der Mindestlöhne	Nominale Mindestlöhne bleiben unverändert.
Verringerung von Lohnnebenkosten	*Arbeitgeberbeiträge zur sozialen Sicherung:* Senkung von durchschnittlich 21,8% 1996 auf 18,1% ab August 1999 (Dekrete 1520/98 und 96/99) *Probezeit:* Während der gesetzlichen Probezeit sind keine Renten- und Arbeitslosenversicherungsbeiträge zu zahlen (Art. 3) *Befristete Verträge:* Aufhebung der reduzierten Sozialabgaben in den befristeten geförderten Verträgen aus den Reformen von 1991 und 1995 (Art 21)

185 Es ist geradzu ironisch, dass der Generalsekretär der UIA, Claudio Sebastiani, selbst Abgeordneter, in der abschließenden Abstimmung dazu beitrug, dass die notwendige Anwesenheit von 129 Abgeordneten erreicht wurde. Sebastiani musste daraufhin von seinem Amt in der UIA zurücktreten (vgl. Clarín, 03.09.98 und 09.09.98).

Reformbereich	Veränderungen durch die Reform (Gesetz Nr. 25013)
Verringerung von Lohnstückkosten (Arbeitszeitverlängerung)	keine gesetzlichen Änderungen
Erhöhung der Beschäftigungsflexibilität	
Liberalisierung der Kündigungsregelungen	*Kündigungsfristen:* 15 Tage für Arbeitnehmer; für Arbeitgeber: 15 Tage bei Betriebszugehörigkeit von einem bis drei Monaten, ein Monat bei 3 Monaten bis 5 Jahren und 2 Monate bei mehr als 5 Jahren Betriebszugehörigkeit (Art. 6) *Abfindungszahlungen:* bei Kündigung ohne wichtigen Grund ein Zwölftel des Monatslohns (2,5 Tageslöhne) für jeweils 10 Tage Arbeit, mit einer Mindesthöhe der Abfindung von zwei Zwölfteln (5 Tageslöhne); keine Änderungen bezüglich der Kalkulation des Basislohns im Vergleich zur Reform von 1991 (Art. 7); bei Kündigung im Falle von force majeure oder wirtschaftlichen Gründen reduzierte Abfindung von 1/18 für jeweils 10 Tage und Mindestabfindung von 2/18 (Art. 10) *Probezeit:* Während der Probezeit gelten die normalen gesetzlichen Regelungen zu Kündigungsfristen; Abfindungszahlungen werden in halber Höhe gezahlt (Art. 3).
Förderung befristeter Arbeitsverhältnisse	*Befristete Verträge:* Aufhebung der befristeten geförderten Verträgen aus den Reformen von 1991 und 1995 (Art 21); Einführung von Ausbildungsverträgen für Jugendliche von bis zu 28 Jahren; Dauer: 3 Monate bis 1 Jahr (Art. 1) und Praktika (Art. 2) *Probezeit:* Verkürzung der maximalen Probezeit auf 30 Tage; Verlängerung per Tarifvertrag auf sechs Monate möglich (Art. 3)
Verbesserung der Rahmenbedingungen	
Verringerung von Marktmacht	*obras sociales:* Einführung des Wahlrechts für Arbeitnehmer zwischen verschiedenen obras sociales (1997) *personería gremial:* keine Änderungen
Sicherung der Regelbefolgung	*Inspektionswesen:* Die Vorrangstellung der Provinzen im Arbeitsinspektionswesen wird bestätigt (*Pacto Federal del Trabajo*, Gesetz Nr. 25212) *Sanktionen:* Je nach Schwere des Vergehens gegen arbeitsrechtliche Vorgaben können Geldstrafen zwischen 80 und 5000 Pesos pro betroffenem Arbeitnehmer verhängt werden; im Wiederholungsfall Betriebsschließung möglich. Die Geldstrafen werden zur Verbesserung der Arbeitsmarktinstitutionen eingesetzt (*Pacto Federal del Trabajo*, Gesetz Nr. 25212)

Eine der wenigen Reformmaßnahmen, die im Einklang mit der neoklassischen Reformerwartung stand und als Flexibilisierung verstanden werden kann, ist eine Verringerung der Abfindungszahlungen für Arbeitnehmer mit weniger als 2 Jahren Betriebszugehörigkeit (Abbildung 45). Auch diese fiel allerdings eher gering aus und galt nach dem Prinzip der Besitzstandswahrung (Art. 5, Gesetz Nr. 25013) nur für nach dem Inkrafttreten des Gesetzes neu geschlossene Arbeitsverträge. Da dieser Maßnahme aber eine Verlängerung der Kündigungsfristen sowie die Verkürzung der Probezeit entgegenstand, kann von einer Flexibilisierung der Kündigungsregeln insgesamt nicht gesprochen werden (vgl. Tabelle 33).

Auch die Reglementierung des KMU-Gesetzes (Gesetz Nr. 24467 von 1995), in der eine Ausweitung der KMU-Definition (von maximal 40 auf 100 Mitarbeiter) angestrebt wurde, wurde nicht erreicht, obgleich nach Aussage des Arbeitsministeriums vom August 1998 ein entsprechendes Dekret vorbereitet worden war, das jedoch auf den Widerstand der CGT traf.

Abbildung 45: Abfindungszahlungen bei Entlassung in Abhängigkeit von der Betriebszugehörigkeit (in Vielfachen des Monatslohns)

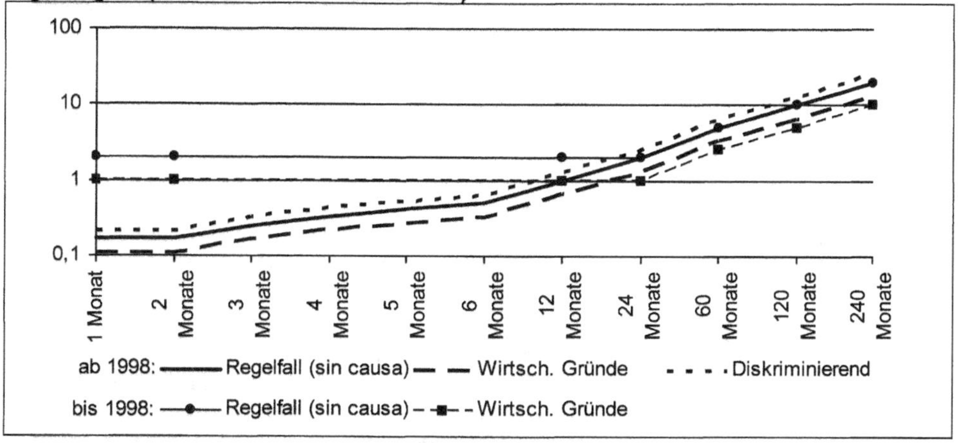

Damit bleiben lediglich zwei Reformbereiche, in denen mit der neoklassischen Erwartung konforme Maßnahmen getroffen wurden. Zum einen wurden die Sozialabgaben nochmals gesenkt, und zum anderen wurde im Rahmen des Föderalen Arbeitspaktes eine Initiative zur "Regularisierung" der Schwarzarbeit gestartet, welche sowohl eine Stärkung des Inspektionswesens als auch eine Erhöhung der Strafen für Arbeitgeber vorsah, welche unregistrierte Arbeitnehmer beschäftigen.

Tabelle 33: Die Arbeitsmarktreform von 1998 – Reformbedarf, beobachtete Präferenzen und Reformergebnisse

		beobachtete Präferenzen								
Reformbereich	akuter Reformbedarf	Regierung	Arbeitnehmer	Arbeitgeber	Arbeitslose	Arbeitsbürokratie	Wirtschaftsministerium	IFI	ILO	Reformergebnis
Flexibilisierung kollektiver Verhandlungen	+	–	–	+	o	–	+	+	o	–
Mindestlohnsenkung	o	o	–	o	o	o	o	+	o	o
Lohnnebenkostensenkung	o	+	–	+	o	o	+	+	o	+
Lohnstückkostensenkung	o	o	–	+	o	–	+	+	–	o
Kündigungsschutzliberalisierung	+	–	–	+	o	–	+	+	–	–
Förderung befristeter Arbeitsverhältnisse	o	–	–	+	o	–	+	o	–	–
Verringerung von Marktmacht	+	o	–	+	o	o	+	+	+	o
Sicherung der Regelbefolgung	+	+	o	o	o	+	o	+	o	+
Gesamtreform	**+**	**–**	**–**	**+**	**o**	**–**	**+**	**+**	**–**	**–**

Erläuterungen:

+: akuter Reformbedarf vorhanden bzw. Präferenz für neoklassische Reform bzw. Implementierung neoklassischer Reformmaßnahme;

o: kein akuter Reformbedarf vorhanden bzw. keine Präferenz/Präferenz nicht beobachtbar bzw. keine Reform;

–: Präferenz gegen neoklassische Reform bzw. Implementierung einer Reform, welche der neoklassischen Reformerwartung widerspricht.

Angesichts der auch nach der Verabschiedung des Gesetzes andauernden Kritik von Seiten der Arbeitgeber und den Verpflichtungen, welche die Regierung gegenüber dem IWF eingegangen war, wurde die Reform von Beginn an auch von der Regierung als provisorisch angesehen (vgl. Clarín, 06.09.98).

7.6 Die Reform von 2000

7.6.1 Reformumfeld

Wie 1995 begann auch 1998 unmittelbar im Anschluss an die Verabschiedung der Reform die Debatte um die nächste Arbeitsmarktreform, und diese umso heftiger, als bereits die Regierung selbst den provisorischen Status der Reform eingeräumt hatte.

Eine wesentliche Veränderung des Reformumfelds ergab sich durch den Regierungswechsel Ende 1999, als nach zehn Jahren Menem, der gemäß Verfassung nicht wiedergewählt werden konnte, durch Fernando de la Rúa von der UCR abgelöst wurde. Die konservative UCR hatte bereits einige Jahre zuvor ein Bündnis mit dem linksliberalen FREPASO geschlossen und war in der gemeinsamen Liste Alianza angetreten. Neben den Präsidentschaftswahlen gewann die Alianza auch die zeitgleich stattfindenden Wahlen zum Abgeordnetenhaus, verfehlte aber mit 124 von 257 Sitzen die absolute Mehrheit.

7.6.2 Reformbedarf

Die Arbeitsmarktlage verschlechterte sich von 1998 bis 2000 deutlich. Die Arbeitslosigkeit stieg von 12,9% auf 15,1%. Vor diesem Hintergrund stellte Pedro Pou, der Gouverneur der argentinischen Zentralbank, im Rückblick auf die 1990er Jahre fest, dass

> "[t]he rigidities of labor market institutions (such as centralized bargaining, high severance costs, and high wage taxes) have impeded the necessary adjustments in labor demand. [...] although some progress has been made in labor market flexibility and wage tax reductions, the remaining rigidities limit the ability of labor markets to adapt to the restructuring of the industrial sector" (Pou 2000: 15).

Wie von Pou angedeutet, war eine Ursache von Arbeitsmarktrigiditäten von den Reformen unter der Regierung Menem kaum berührt worden, nämlich die Zentralisierung der Tarifverhandlungen. Auch von wissenschaftlicher Seite wurde festgestellt, dass die Reformen der Regierung Menem zwar eine weitgehende Flexibilisierung der Arbeitnehmer bedeutet hatten, gleichzeitig aber die institutionellen Vorrechte der Gewerkschaften kaum angetastet worden waren (vgl. Murillo 2001; Miodosky 2002: 14).

Die in der Reform von 1998 vorgesehene Abschaffung der Ultraactividad hatte kaum praktische Auswirkungen, da sie auf solche ultraaktiven Tarifverträge beschränkt war, die seit 1988 nicht aktualisiert worden waren. Da aber praktisch alle Tarifverträge zumindest in Bezug auf die Tariflöhne modifiziert worden waren, war das Gesetz in dieser Hinsicht de facto nicht anwendbar (vgl. Beccaria/Galin 2002: 58).

Das Tarifverhandlungsrecht stellte damit weiterhin einen zentralen Reformbedarf dar. Gleichzeitig hatte die Reform von 1998 auch einen Rückschritt in anderen Bereichen des Arbeitsrechts bedeutet, so dass aus neoklassischer Sicht eine Korrektur, um nicht zu sagen eine Gegenreform nötig war.

7.6.3 Die beobachteten Präferenzen der kollektiven Akteure

In der **Regierung** Menem blieben die unterschiedlichen Auffassungen zwischen Arbeitsministerium und Wirtschaftsministerium bestehen. Während Wirtschaftsminister Roque Fernández beispielsweise eine Senkung der Abfindungszahlungen bei Kündigung forderte (und gegenüber dem IWF eine entsprechende Gesetzesinitiative ankündigte), lehnte der neue Arbeitsminister Uriburu dies mit dem Verweis auf die bereits in der Reform von 1998 erfolgte Reduzierung ab. Lediglich in Bezug auf den Mindestlohn herrschte Übereinstimmung: ein Zusammentreten des Mindestlohnrates wurde nicht gewünscht (vgl. Clarín, 30.05.1999).

Mit dem Regierungswechsel änderten sich die Regierungspräferenzen und das Verhältnis zwischen Arbeits- und Wirtschaftsminister deutlich. Bereits vor dem Amtsantritt der Regierung de la Rúa kündigte der designierte Arbeitsminister Flamarique eine Arbeitsmarktreform an, in welcher zum einen die Arbeitskosten für Unternehmer gesenkt werden sollten, die neue Arbeitnehmer unbefristet einstellen würden, und zum anderen die Tarifverhandlungen reformiert werden sollten (vgl. Miodosky 2002: 5).

In der Begründung des Regierungsentwurfs zur Arbeitsmarktreform von 2000 wurden zusätzlich zu den bereits in den 1990er Jahren diagnostizierten Problemen der Arbeitslosigkeit, Unterbeschäftigung und illegalen Beschäftigung auch die Arbeitsbedingungen (Sicherheitsaspekte, unbezahlte Überstunden) sowie die Unsicherheit der Arbeitsbeziehungen als gravierende Probleme genannt. Die grundlegenden Ziele der Reform sollten es sein, ein positives arbeitsrechtliches Umfeld für die Nachfrage nach unbefristeten Arbeitsplätzen nicht zuletzt von ausländischen Investoren zu schaffen.

In den einzelnen Reformbereichen war die ursprüngliche Position der Regierung wie folgt (vgl. Miodosky 2002: 13ff, Argentinisches Tageblatt, 04.03.2000, Clarín 15.01.2000):

- Die *ultraactividad* sollte abgeschafft werden und alle Tarifverträge im Status der *ultraactividad* sollten mit Verabschiedung des Gesetzes umgehend ihre Gültigkeit verlieren. Alle tarifvertraglich geregelten Aspekte sollten dann von den Tarifpartnern neu ausgehandelt werden.
- Tarifabschlüsse auf Unternehmensebene sollten Vorrang vor Branchenabschlüssen erhalten, und somit sollten die Änderungen der vorherigen Reform (im Gesetz 25013) wieder rückgängig gemacht werden. Außerdem sollten bei Verhandlungen auf Unternehmensebene auch Arbeitnehmervertreter beteiligt sein, welche nicht der Gewerkschaft mit *personería gremial* angehörten. Dies hätte de facto eine Aufhebung des Tarifverhandlungsmonopols der nationalen Gewerkschaften mit *personería gremial* bedeutet.

- Die Arbeitgeberbeiträge zur sozialen Sicherung sollten für neu und zusätzlich eingestellte Arbeitnehmer auf 12% des Bruttolohns gesenkt werden.
- Die Probezeit sollte auf generell 6 Monate (12 Monate in KMU) verlängert werden, mit der Möglichkeit zur Verdoppelung in Kollektivverträgen.
- Zudem sollte auch die Verfügungsgewalt über die *obras sociales* auf die Gewerkschaftsebene übergehen, welche an den kollektiven Verhandlungen beteiligt sein würde. De facto stellte dies einen Plan zur finanziellen Entmachtung der nationalen Gewerkschaften dar.

Andere Reformmaßnahmen, welche in der Regierung diskutiert worden waren, wurden nicht mit in die Gesetzesinitiative aufgenommen. Dazu zählten insbesondere eine Verringerung der Abfindungszahlungen und die Möglichkeit, den Jahresurlaub aufzuteilen (vgl. Argentinisches Tageblatt, 15.01.2000).

Für die Existenz unterschiedlicher Positionen von Arbeitsbürokratie, Wirtschaftsministerium und Regierung liegen im Zusammenhang mit der Reform von 2000 keine Anzeichen vor. Im Gegenteil: die Minister Machinea (Wirtschaft) und Flamarique (Arbeit) traten zu verschiedenen Gelegenheiten gemeinsam auf, um den Regierungsentwurf zu präsentieren (vgl. etwa Clarín, 24.02.2000).

Von Beginn der Reformdebatte an äußerten Vertreter der verschiedenen **Arbeitnehmerorganisationen** Kritik an den Reformplänen. So sagte der Vorsitzende der CGT im Januar 2000 "es gibt bei dieser Reform keinen einzigen Aspekt, den wir unterstützen können [...] Der einzige Zweck der Reform ist es, die Löhne zu senken und die Gewerkschaften zu schwächen" (zit. nach Clarín, 11.01.2000, Übers. DB).

Die Position der verschiedenen Gewerkschaften bezüglich bestimmter Aspekte des Reformvorhabens der Regierung waren:
- In Bezug auf die Dezentralisierung der Tarifverhandlungen und die damit verbundene Aufweichung des Verhandlungsmonopols für Gewerkschaften mit *personería gremial* waren die Arbeitnehmerorganisationen gespalten. Während die CGT darin eine Attacke auf die Tarifautonomie und einen unzulässigen Eingriff auf die freie Selbstorganisation der Arbeitnehmer sahen[186], befürwortete die (nicht über die personería gremial verfügende) CTA nicht nur den Reformvorschlag der Regierung, sondern forderte darüber hinaus eine grundsätzliche Reform der Gewerkschaftsgesetzgebung und die Abschaffung der *personería gremial*.[187]
- Die Befürchtung der Gewerkschaften bezüglich der Abschaffung der *ultraactividad* war, dass die notwendigen Neuverhandlungen von Tarifverträgen in einem für die

186 So sagte der CGT-Vertreter und peronistische Deputierte Gerardo Martínez während der ersten Lesung des Gesetzes: "Der Gesetzentwurf der Exekutive attackiert sowohl die Autonomie der Gewerkschaften, indem er Repräsentationsmechnismen vorschreibt, welche die Arbeiter selbst in den gewerkschaftlichen Statuten festgelegt haben, als auch die Prinzipien der Gewerkschaftsfreiheit, welche in der Verfassung und im Gesetz Nr. 23551 garantiert sind" (zit. nach Miodosky 2002: 18, Übers. DB).

187 Vgl. dazu die folgende Aussage von Claudio Lozano, Direktor des CTA-finanzierten IDEP: "Weder garantiert der Entwurf, dass Arbeiter frei wählen können, welche Organisation sie vertreten soll, noch schützt der die Arbeiter vor Entlassung, wenn sie sich autonom organisieren wollen" (zit. nach Página 12, 22.02.2000; Übers. DB).

Arbeitnehmer extrem ungünstigen wirtschaftlichen Umfeld stattfinden und somit erhebliche Zugeständnisse gegenüber den Arbeitgebern nötig machen würden.[188]

- Eine Verlängerung der Probezeit wurde abgelehnt (vgl. Argentinisches Tageblatt, 15.01.2000).
- Die CGT forderte weiterhin die Einberufung des Mindestlohnrates (vgl. Clarín, 30.05.1999).

Es sollte nicht unerwähnt bleiben, dass MTA und CTA eigene Reformvorhaben erarbeiteten und diese im Kongress als alternative Gesetzesvorhaben einbrachten:

- Eine Woche nach der Verabschiedung des Gesetzes 25250 reichte der MTA seinen alternativen Gesetzesentwurf "Fortschritt mit sozialer Gerechtigkeit" (*Progreso con justicia social*) im Kongress ein. Die wesentlichen Punkte dieses Entwurfs waren: eine Stärkung der Gewerkschaften bei unternehmerischen Entscheidungen (Mitspracherecht bei allen Änderungen der Arbeitsbeziehungen); die Zentralisierung der Tarifverhandlungen (Verhandlungen durch die nationalen Gewerkschaften, Primat von Branchenabschlüssen gegenüber Unternehmensabschlüssen); Stärkung der Einkommenssicherung von Arbeitnehmern im Insolvenzfall des Arbeitgebers durch Schaffung eines Fonds, der durch Arbeitgeberbeiträge zu finanzieren wäre; Erhöhung der Abfindungszahlungen bei Entlassung (Aufhebung der entsprechenden Artikel im Gesetz 25013); Kürzung der Arbeitszeit auf max. 40 Stunden wöchentlich und 8 Stunden pro Tag (für Frauen max. 35 Stunden pro Woche), bei gleichzeitiger Erhöhung der Urlaubstage; und schließlich, eine Anhebung des Mindestlohns (vgl. Miodosky 2002: 19ff).
- Das Konzept der CTA zielte auf eine grundsätzliche Umgestaltung der Arbeitsbeziehungen (und darüber hinaus des politischen Lebens in Argentinien) insgesamt ab und lässt sich daher im Detail nicht mit dem Regierungskonzept vergleichen. Das Projekt wurde im September 2000 in den Kongress eingebracht, dort jedoch nicht verhandelt. Weitere Versuche, das Reformwerk über öffentlichen Druck voranzubringen, scheiterten ebenfalls (Miodosky 2002: 23ff).

Die grundsätzliche Zielrichtung der Reform, und insbesondere des ursprünglichen Regierungsentwurfs zur Reform, wurde von **Arbeitgebern** begrüßt. Von Seiten ausländischer Investoren wurde beispielsweise geäußert, "die Arbeitsmarktreform wird sich positiv auf das Marketing Argentiniens als Investitionsziel auswirken. Eine überholte Arbeitsgesetzgebung erweckt den Eindruck, Argentinien sei ein zurückgebliebenes Land" (La Nación, 23.01.2000, Übers. DB). Ähnliche Äußerungen kamen von Seiten verschiedener Arbeitgeberverbände.[189]

---

188 "Bei einer Arbeitslosenquote von zwischen 13% und 18% geht es Arbeitern vor allen darum, Arbeit zu finden oder zu behalten. Unter diesen Bedingungen ist die Verhandlungsstärke eingeschränkt. Die neue Arbeitsmarktreform wird die Tarifabkommen formalisieren, die unter diesen ungleichen Bedingungen abgeschlossen worden sind. Und durch das Ende der ultraactividad werden neue Verhandlungen im gleichen Umfeld nötig werden. Diese werden dafür sorgen, dass auch die noch knapp 30% der Arbeitnehmer, welche noch unter dem Schutz der in der Vergangenheit erkämpften Rechte stehen, von der Flexibilisierung der Arbeit betroffen werden" (Claudio Lozano, zit. nach Página 12, 19.03.2000; Übers. DB).

189 So sagte Hermida Martínez von der UIA, "das Arbeitsrecht sollte die Möglichkeit vorsehen, dass Tarifverträge die gesetzlichen Regeln zum Beispiel zur Arbeitszeit, zur Freizeit oder zum Urlaub abändern" (zit. nach Clarín, 20.02.2000; Übers. DB). Ähnlich äußerte sich Carlos Melián von der Vereinigung argentinischer Banken (ABA): "der Entwurf stellt den Beginn der Anpassung des

Unzufrieden waren die Arbeitgeber hingegen mit den Kompromissen, welche die Regierung in den Verhandlungen mit der CGT und im Verlauf des Gesetzgebungsverfahrens einging und welche auf eine deutlich geringere Flexibilisierung des Tarifrechts hinausliefen als im ursprünglichen Regierungskonzept vorgesehen (vgl. Clarín, 24.12.2000).

Eine klare, konsistente Präferenz der **Arbeitslosen** in Bezug auf die Arbeitsmarktreform ist nicht feststellbar. Aufgrund der Heterogenität der Piquetero-Bewegung, aber auch aufgrund einer fehlenden Interessenaggregation innerhalb der einzelnen Bewegungen liegt kein klares Interessenprofil vor. Ein Beispiel für das Fehlen einer klaren Präferenzstruktur beschreibt Petras: "An einer typischen Straßenblockade werden die Befreiung von inhaftierten Militanten und der Rückzug der Polizei, Essenspakete, die Bereitstellung von staatlich subventionierten Arbeitsplätzen, angemessene Löhne, Arbeitslosenunterstützung, finanzielle Saathilfen und staatliche Investitionen in die Wasser- und Stromversorgung, asphaltierte Straßen und sanitäre Anlagen gefordert" (Petras 2002, Übers. DB).

Anhand der vorliegenden Informationen ist festzuhalten, dass die Piqueteros eine klare Präferenz für die Durchführung solcher Maßnahmen hatten, welche zu einer unmittelbaren Verbesserung ihrer Situation führten, also etwa die Ausweitung der Programme der Arbeitslosenunterstützung, eine Erhöhung der Leistungen dieser Programme, sowie die Schaffung von Arbeitsplätzen für die Piqueteros. Abgesehen von diesen Punkten bestand die Position der Piqueteros in einer diffusen Ablehnung der Reform.

Die **internationalen Finanzinstitutionen** äußerten sich im Vorfeld der Reform deutlicher denn je. Die Reformvorschlage der *Weltbank* waren:

- "elimination of centralized or sectoral collective bargaining agreements which are automatically extended to all workers in a sector, even if not signed and even when expired. This would have the particular advantage of being able to tailor labor agreements to regional conditions and to promote investment in that are adapted to the comparative advantage of different parts of the country;
- reduce the high barriers to labor mobility (hiring, firing, changes from one employer to another) by moving to a fully-funded unemployment insurance system based on individual accounts. This would have the advantage of allowing firms in effect to capitalize these costs so that they are not incurred at a point in time when the firm is typically experiencing financial difficulties. It would reduce the uncertainty about the eventual costs of engaging new employees;
- allow temporary employment that is not subject to full payroll taxes, as under the former modalidades promovidas, but still offer employees basic coverage to social services;

Arbeitsrechts an die Wirklichkeit auf dem Arbeitsmarkt dar [...] Die Anpassung der kollektiven Verhandlungen an reale Produktionseinheiten, also zum Beispiel der Abschluss regional begrenzter Tarifverträge oder Tarifverträge für Einzelunternehmen, werden es erlauben, dass die Arbeitsbedingungen und die Beschäftigung an die realen Produktionsbedingungen geknüpft werden können" (zit. nach Clarín, 20.02.2000; Übers. DB).

- extending adopting programs [...] which permit exceptions to present labor legislation for small and medium scale enterprises" (World Bank 2000: 41).

Der *IWF* empfahl wie die Weltbank, im Rahmen der Verhandlungen über ein neues Abkommen eine Flexibilisierung des Arbeitsrechts mit dem Ziel, die Arbeitslosigkeit zu senken, machte diese Reformen aber nicht zur Voraussetzung für den Abschluss des Abkommens, da das Staatsdefizit nur indirekt von solchen Reformen betroffen sei (vgl. Argentinisches Tageblatt, 15.01.2000). Während der IWF den ursprünglichen Reformentwurf der Regierung gut hieß, kritisierte er mit Zustimmung von Weltbank und IDB alle folgenden Modifikationen. So wurde in einem internen Papier vom März 2000 die Verkürzung der Probezeit von sechs auf drei Monate kritisiert und vor einer weiteren Verwässerung der Reform im Senat gewarnt (vgl. Clarín, 27./ 29.03.2000). Im April warnte der Vizepräsident des IWF, Stanley Fisher, in einem Treffen mit Wirtschaftsminister Machinea nochmals vor einer Aufweichung der Reform im Senat (vgl. Clarín 17.04.00).

Die Expertenkommission der **ILO** bezüglich der Anwendung der Konventionen und Empfehlungen der ILO stellte weiterhin im ihrem jährlichen Bericht fest, dass die *personería gremial* nicht in Einklang mit der Gewerkschaftsfreiheit gemäß ILO-Konvention Nr. 87 stehe (International Labour Office 1989ff). Auch die Notwendigkeit einer Stärkung des Arbeitsinspektionswesens wurde im Bericht des Jahres 2000 erneut betont. Die Kritik bezog sich auf die Abwesenheit eines Inspektionswesens in einigen Provinzen, das Fehlen einer adäquaten Ausbildung von Arbeitsinspektoren, die geringe Anzahl von Inspektoren sowie die Ineffektivität der Aufsichtbehörde für Arbeitsrisiken (SRT).

Daneben liegen keine neueren Quellen der ILO vor als das im Zusammenhang mit der Reform von 1998 vorgestellte Papier. Angesichts des kurzen Zeitraums zwischen den beiden Reformen und der Tatsache, dass es auch keine entgegengesetzten Präferenzäußerungen der ILO gab, ist davon auszugehen, dass sich die Präferenzen der ILO seit 1998 nicht geändert hatten, d.h. Reformen, welche auf eine Flexibilisierung des Arbeitsmarktes abzielen, als nicht unbedingt notwendig angesehen werden.

7.6.4 Der Reformprozess

Ausgangspunkt der Reform von 2000 war die vielfältige Kritik der vorhergehenden Reform (vgl. Clarín, 28.05.1998). Auch innerhalb der Regierung blieb die Reform umstritten: Der Wirtschaftsminister der Regierung Menem, Roque Fernández hatte die Reform wiederholt kritisiert und die Übereinstimmung mit den Ansichten des IWF betont (vgl. etwa Clarín, 26.09.1999), während das Arbeitsministerium keine Veränderungen an der Reform vornehmen wollte.

Dennoch wurden noch unter der scheidenden Regierung Menem Versuche zu einer erneuten Flexibilisierung des Arbeitsrechts unternommen, jedoch nicht mehr in die Praxis umgesetzt. So war geplant, für einen Zeitraum von 2 Jahren den Abschluss befristeter Arbeitsverträge von 12 Monaten (erneuerbar) generell freizugeben. Bei

Ablauf der Vertragsfristen wären keine Abfindungszahlungen fällig gewesen (Clarín, 25.06. und 08.07.1999).

Als weitere Ausgangspunkte der Reformen können die Analysen und Reformempfehlungen der Weltbank gelten, welche der designierten Regierung de la Rúa bereits vor deren Amtsantritt Ende 1999 zur Verfügung gestellt wurden. In der Tat stimmte der ursprünglich verbreitete Regierungsentwurf für die Reform in allen wesentlichen Punkten mit den Vorschlägen den Weltbank überein.

Die Empfehlungen der Weltbank wurden in verschiedenen öffentlichen Foren mit Repräsentanten von Gewerkschaften, Arbeitslosen, Kirchen, Universitäten etc. im Februar und März 2000 diskutiert. Die vorgeschlagene Flexibilisierung der Arbeitsmarktinstitutionen traf bei den meisten Teilnehmern auf Ablehnung. Zur Erhöhung der Beschäftigung wurde stattdessen eine Verkürzung der Arbeitszeiten vorgeschlagen. Im Ergebnis führten die Konsultationen der Weltbank aber zu keinen Änderungen der Vorschläge (vgl. Miodosky 2002: 23).

Die vom Arbeitsministerium ausgearbeitete Gesetzesinitiative stieß unmittelbar nach ihrer Präsentation im Januar 2000 auf den Widerstand der Gewerkschaften, insbesondere der CGT. Als Antwort erließ die Regierung ein Dekret (Dekret 446/2000), welches der CGT die Mehrheit in der Verwaltung der Sonderprogramme (*Administración de Programas Especiales*), einem Fonds von 360 Millionen Pesos/US Dollar, welcher für die fallweise Verwendung für die verschiedenen *obras sociales* bestimmt ist (vgl. Clarín, 19.01.2000; Argentinisches Tageblatt, 22.01.2000). Mit diesem Dekret, welches die von Menem 1998 hergestellten Mehrheitsverhältnisse (Dekret 53/1998) umkehrte – die neue Aufteilung der acht Sitze sah vier für die Regierung, drei für die Arbeitnehmer und einen für die Arbeitgeber vor –, wurde der CGT die Verfügungsgewalt über erhebliche Mittel entzogen. Gleichzeitig wirkte das Dekret spaltend auf die Arbeitnehmerorganisationen: während die betroffene CGT und der MTA das Dekret als Provokation betrachteten, fand es den Beifall der CTA (vgl. Página 12, 19.01.2000).

Dass das Dekret 446/2000 als Druckmittel gegenüber der CGT eingesetzt wurde, wird auch aus der Tatsache ersichtlich, dass es im Zuge der weiteren Verhandlungen über die Reform stückweise wieder aufgehoben wurde (vgl. Miodosky 2002: 9). Ferner garantierte auch die Regierung de la Rúa, so wie zuvor die Regierung Menem, der CGT den Status der *personería gremial* und das Recht, an allen Tarifverhandlungen teilzunehmen, und erreichte im Gegenzug zu diesen Zugeständnissen, dass die anderen Teile der Reform von einem Teil der CGT (zumindest zwischenzeitlich) akzeptiert wurden (Miodosky 2002: 14).

Bereits vor der ersten Lesung des Gesetzesvorhabens in der Deputiertenkammer wurden in direkten Verhandlungen zwischen Regierung und CGT Modifikationen am Regierungsentwurf vorgenommen (vgl. Clarín, 21/25.02.2000):

- die von der Regierung vorgesehene Neuverhandlung aller Aspekte der Tarifverträge unter *ultraactividad* wurde eingeschränkt. So wurde der CGT weiterhin die automatisch Abführung von Gewerkschaftsbeiträgen durch die Arbeitgeber zugesichert, und die Gültigkeit der *ultraactividad* verlängert (jeweils bis zum Datum der Neuaufnahme von Tarifverhandlungen).

- die Unterwanderung des Tarifverhandlungsmonopols im Zuge der Dezentralisierung der Tarifverhandlungen wurde abgeschwächt, indem die Anwesenheit von nationalen Gewerkschaftsvertretern bei allen Tarifverhandlungen auch auf Unternehmensebene zugesichert wurde. Gleichzeitig beharrte die Regierung aber auf dem Primat der Unternehmensabschlüsse vor Branchenabschlüssen.
- Den nationalen Gewerkschaften wurde die weitere Kontrolle der Sozialwerke zugesichert.
- Die Probezeit sollte 90 Tage betragen, durch Kollektivvertrag verlängerbar auf 180 Tage (Probezeiten für KMU sechs Monate, verlängerbar auf 12 Monate).

Als Gegenleistung für die Zugeständnisse zog die CGT unter Rodolfo Daer einen geplanten Streik für den Tag der Lesung des Gesetzesvorhabens zurück. Gleichzeitig beharrten aber der MTA unter Hugo Moyano und die CTA, welche an den Verhandlungen mit der Regierung nicht vertreten waren, auf dem Streik, und so fanden im Februar und nochmals anlässlich der Verabschiedung des Gesetzes im Senat teilweise gewaltsame Demonstrationen von jeweils rund 20.000-30.000 Demonstranten statt, welche eine Verabschiedung im Senat verzögerten (vgl. Argentinisches Tageblatt, 26.02., 22.04. und 29.04.2000; Clarín, 25.02. und 20.04.2000).

Die unterschiedlichen Positionen innerhalb der CGT führten Mitte März 2000 schließlich zur offenen Spaltung in eine offiziell von der Regierung anerkannte CGT (*CGT oficial*) unter Daer und eine *CGT disidente*, die unter Hugo Moyano die ehemalige MTA, die UOM und SMATA versammelte (vgl. Clarín, 17.03.2000).

Der von der Regierung im Abgeordnetenhaus eingebrachte Entwurf wurde mit der Mehrheit der Regierungsfraktion am 24.02.2000 verabschiedet und dem Senat weitergeleitet. Im weiteren Verlauf des parlamentarischen Gesetzgebungsverfahrens (d.h. im Senat) wurden die Zugeständnisse gegenüber den Arbeitnehmervertretern erweitert, so dass schließlich die Gültigkeit der *ultraactividad* bis zum Abschluss neuer Tarifverträge festgeschrieben wurde und die inhaltliche Vorgabe an die neuen Tarifverträge gemacht wurde, dass diese die bestehenden Regelungen zu Arbeitsbedingungen und Löhnen nicht unterbieten durften. Aufgrund der im Senat vorgenommenen Modifikationen musste der Gesetzesentwurf erneut der Deputiertenkammer vorgelegt werden, die ihn am 11.05.2000 endgültig verabschiedete.

Auch nach der Verabschiedung des Gesetzes hielt indessen der gewerkschaftliche Widerstand an und führte schließlich zum Rücktritt der Arbeitsministerin Patricia Bullrich im Oktober 2001. Zudem übten die Gewerkschaften auch Druck auf die Arbeitgeber aus, so dass diese ultraaktive Tarifverträge nicht für ungültig erklärten (vgl. Caro Figueroa 2004).

7.6.5 Reforminhalte und Bewertung

Der wichtigste Punkt der Reform war die Dezentralisierung der Tarifverhandlungen. Zum ersten Mal wurde ein deutliches Primat der Verhandlungen auf Unternehmensebene gesetzlich festgelegt (vgl. auch Beccaria/Galin 2002: 57). Daneben stellten auch die Änderungen in Bezug auf die Probezeit eine klare Flexibilisierung des geltenden Rechts dar (vgl. Tabelle 34).

Tabelle 34: Die Arbeitsmarktreform von 2000 – Übersicht

Reformbereich	**Veränderungen durch die Reform (Gesetz Nr. 25250)**
Erhöhung der Preisbildungsflexibilität	
Flexibilisierung kollektiver Verhandlungen	*Dezentralisierung:* Tarifverhandlungen können auf allen Ebenen (Unternehmen bis national) geführt werden; sie werden jeweils von Vertretern der verhandelten Ebene geführt (LEE, Art. 21). Es besteht aber Vorrang von Tarifverträgen auf Unternehmensebene gegenüber Tarifverträgen mit weiterem Geltungsbereich (LEE, Art. 25) *Arbeitnehmervertretung:* Verhandlungen auf Unternehmensebene erfolgen durch Vertreter der Unternehmensangestellten; Vertreter der Branchengewerkschaft können teilnehmen; falls Konflikt zwischen Unternehmens- und Branchenvertretern, setzt sich die Position des Unternehmensvertreters durch (LEE, Art. 24f) *Ultraactividad:* Tarifverträge unter 'ultraactividad' gelten noch zwei Jahre, sofern nicht vorher eine der Tarifparteien einen Vorschlag für Neuverhandlung macht. Wird innerhalb von zwei Jahren kein neuer Vertrag erzielt, erfolgt Schlichtung unter Führung des Arbeitsministeriums; bei Scheitern der Schlichtung gelten die Regeln des LCT. Basislöhne und Gewerkschaftsbeiträge der neuen Tarifverträge dürfen nicht unterhalb der Löhne in den bestehenden Tarifverträgen sein (LEE; Art. 28f)
Senkung der Mindestlöhne	Nominale Mindestlöhne bleiben unverändert.
Verringerung von Lohnnebenkosten	*Probezeit:* volle Sozialbeiträge sind vom ersten Tag an zu zahlen (LEE, Art. 1) *Sozialabgaben:* Arbeitgeber zahlen für zusätzliche, unbefristet eingestellte Arbeitnehmer nur zwei Drittel der Sozialabgaben (50% bei Arbeitnehmern älter als 45, jünger als 24 oder allein erziehenden Frauen; LEE, Art. 2); Erhöhung der allgemeinen Sozialabgaben (Arbeitgeberanteil) von 18,1% auf 21% (Dekret 814/2001)
Verringerung von Lohnstückkosten	*Überstunden:* Begrenzung der max. Überstunden auf 30 pro Monat und 200 pro Jahr (Dekret 484/00, Art. 1) *Arbeitszeiten und Urlaub* können in Kollektivverträgen abweichend vom Gesetz geregelt werden
Erhöhung der Beschäftigungsflexibilität	
Liberalisierung der Kündigungsregeln	*Probezeit:* Während der Probezeit keine Kündigungsfristen und Abfindungszahlungen (LEE, Art. 1)
Förderung befristeter Arbeitsverhältnisse	*Probezeit:* Verlängerung der Probezeit auf 3 Monate (6 für kleine Unternehmen mit bis zu 40 Mitarbeitern); Verlängerung per Tarifvertrag auf 6 bzw. 12 Monate möglich (LEE, Art. 1) *Befristete Arbeitsverhältnisse:* werden nicht wieder eingeführt
Sicherung der Rahmenbedingungen	
Verhinderung von Marktmachtbildung	*Personería gremial:* Steuervorteile für Gewerkschaften mit personería werden auch Gewerkschaften mit inscripción zuerkannt (Resolution 103/2001); Gewerkschaften mit inscripción erhalten das Recht, die *individuellen* Rechte von Mitgliedern zu vertreten (Dekret 757/2001)
Sicherung der Regelbefolgung	*Arbeitsinspektionswesen:* Schaffung eines einheitlichen Arbeitsinspektionssystems ("*Sistema Integrado de Inspección del Trabajo y de la Seguridad Social*"; LNE, Art. 19ff), um informelle Beschäftigung zu bekämpfen. Die Vorrangstellung der Provinzen im Arbeitsinspektionswesen wird bestätigt (Dekret 95/2001) *Sanktionen:* Verdopplung der Kündigungsabfindungszahlungen bei nichtregistrierten Arbeitnehmern (Gesetz Nr. 25323)

In anderen Bereichen ging die Reform von 2000 jedoch nicht so weit wie diejenigen von 1991 und 1995. Insbesondere wurde auf die Wiederzulassung von befristeten Verträgen verzichtet. Stattdessen wurde versucht, durch die Reduzierung von Sozialabgaben für neu geschaffene unbefristete Stellen die Arbeitsnachfrage anzukurbeln. Auch die allgemeinen Lohnnebenkosten wurden erhöht. Im Arbeitsinspektionswesen wurden ebenfalls nur marginale Veränderungen vorgenommen.

Insgesamt war die Reform im Vergleich zum status quo zwar ein Fortschritt im Sinne der neoklassisch begründeten Reformerwartungen (vgl. Tabelle 35) und wurde entsprechend von Arbeitgebern und IWF begrüßt. Sie hatte aber gleichwohl nicht die "ultraflexibilisierende" Wirkung, die ihr von gewerkschaftlicher Seite zugesprochen wurde.

Tabelle 35: Die Arbeitsmarktreform von 2000 – Reformbedarf, beobachtete Präferenzen und Reformergebnisse

		beobachtete Präferenzen								
Reformmaßnahme	akuter Reform-bedarf	Regierung	Arbeitnehmer	Arbeitgeber	Arbeitslose	Arbeits-bürokratie	Wirtschafts-ministerium	IFI	ILO	Reformergebnis
Flexibilisierung kollektiver Verhandlungen	+	+	–	+	o	+	+	+	o	+
Mindestlohnsenkung	o	o	–	o	–	o	o	o	o	o
Lohnnebenkostensenkung	o	+	–	+	o	+	+	+	o	–
Lohnstückkostensenkung	+	+	–	+	–	+	+	+	o	+
Kündigungsschutzliberalisierung	+	+	–	+	o	+	+	+	o	o
Förderung befristeter Arbeitsverhältnisse	+	–	–	+	o	–	o	+	o	–
Verringerung von Marktmacht	+	+	–	+	o	+	+	+	+	+
Sicherung der Regelbefolgung	+	o	o	o	o	+	o	o	+	+
Gesamtreform	**+**	**+**	**–**	**+**	**–**	**+**	**+**	**+**	**o**	**+**

Erläuterungen:

+ akuter Reformbedarf vorhanden bzw. Präferenz für neoklassische Reform bzw. Implementierung neoklassischer Reformmaßnahme;

o kein akuter Reformbedarf vorhanden bzw. keine Präferenz/Präferenz nicht beobachtbar bzw. keine Reform;

– Präferenz gegen neoklassische Reform bzw. Implementierung einer Reform, welche der neoklassischen Reformerwartung widerspricht.

7.7 Die Reform von 2004

7.7.1 Reformumfeld

Nachdem kurz nach der Verabschiedung der Reform von 2000 Gerüchte über einen Stimmenkauf bei der Verabschiedung des Gesetzes im Senat entstanden waren, die auch nach Einsetzung einer Untersuchungskommission und der Versicherung der Regierung, keine Zahlungen geleistet zu haben, zwar bestätigt, aber nie vollständig aufgeklärt werden konnten, setzte sich 2003 die einhellige Meinung von Regierung, Parlament, Arbeitnehmern und Arbeitgebervertretern durch, dass das Gesetz aufgrund der fragwürdigen Umstände seines Zustandekommens ersetzt werden müsse. Es sollte jedoch nicht übersehen werden, dass bereits seit dem Auftreten der Schmiergeldvorwürfe kurz nach der Verabschiedung im Jahr 2000 im Senat (vor

allem von peronistischer Seite) immer wieder Vorstöße unternommen worden waren, das Gesetz aufzuheben. Im Zeitraum von 2000 bis Ende 2003 wurden mehr als 40 entsprechende Gesetzesentwürfe im Senat eingebracht.
Da eine einfache Annullierung des Gesetzes jedoch ein arbeitsrechtliches Vakuum hinterlassen hätte (durch die Annullierung wären die Modifikationen anderer Gesetze durch das Gesetz 25250 nicht auch automatisch aufgehoben worden), bestand die Notwendigkeit einer inhaltlichen Neugestaltung.

Auch das politische Umfeld änderte sich zwischen 2000 und 2004 tiefgreifend. Angesichts der zunehmenden wirtschaftlichen Probleme 2000 und 2001 kam es gegen Ende des Jahres 2001 zu gewaltsamen Protesten gegen die Regierung de la Rúa, die daraufhin im Dezember 2001 zurücktrat. Nach einer chaotischen Übergangsphase mit drei Übergangspräsidenten in weniger als zwei Wochen übernahm der Peronist Duhalde Anfang Januar das Präsidentenamt bis zum Ende der Wahlperiode im Jahr 2003[190]. Aus den Wahlen von 2003 ging die PJ als klarer Sieger hervor und verfügte von nun an sowohl im Senat als auch in der Deputiertenkammer über eine absolute Mehrheit. Bei den Präsidentschaftswahlen setzte sich der (Links-) Peronist Néstor Kirchner gegen Carlos Menem durch. Menem hatte zwar den ersten Wahlgang mit 24% gegen 22% für sich entschieden, trat aber kurz vor dem entscheidenden zweiten Wahlgang angesichts einer drohenden Wahlniederlage von seiner Kandidatur zurück.

Trotz der Amtszeit von weniger als eineinhalb Jahren fielen in der Präsidentschaft von Duhalde wesentliche Entscheidungen, die das wirtschaftliche Umfeld der Reformen beeinflussten. So wurde das seit 1991 gültige Konvertibilitätsgesetz außer Kraft gesetzt und die Wechselkursbindung an den US Dollar aufgehoben. Gleichzeitig stoppte Argentinien die Zahlungen an die internationalen Gläubiger.

Das Notstandsgesetz Nr. 25561 vom 07.01.2002 hatte zudem die Kompetenzen des Präsidenten für die Dauer des Notstands erweitert und ermöglichte ihm, Dekrete zu erlassen welche "die Wirtschaft reaktivieren, das Beschäftigungsniveau erhöhen und die Einkommensverteilung verbessern" (Art. 1, Nr 2) würden. Die Dauer des Notstands war ursprünglich bis 10.12.2003 festgelegt, wurde aber durch Gesetz Nr. 25820 bis 31.12.2004 verlängert.

7.7.2 Reformbedarf

Die Regelungen des Gesetzes Nr. 25250 zur Dezentralisierung der kollektiven Verhandlungen wurden in der Realität kaum angewendet (Caro Figueroa 2004). Die Notwendigkeit der Reform in diesem Bereich blieb daher bestehen, ebenso wie in Bezug auf die Macht der Gewerkschaften.

In den anderen Reformbereichen hatte das Gesetz von 2000 jedoch zu einer deutlichen Flexibilisierung auf dem Arbeitsmarkt geführt, so dass aus neoklassischer Sicht kein weiterer dringender Reformbedarf bestand.

190 Duhalde entschied später, dass die Amtsperiode um ein halbes Jahr verkürzt und somit im Mai 2003 enden würde.

7.7.3 Die beobachteten Präferenzen der kollektiven Akteure

Von Beginn an lehnte die neue **Regierung** unter Kirchner die Flexibilisierung des Arbeitsmarktes ab. Unmittelbar nach seiner Amtsübernahme stellte Arbeitsminister Tomada fest: "das Gute an der Politik der 1990er ist, dass wir jetzt wissen, dass sie nichts taugte" (zit. nach Clarín, 01.06.2003, Übers. DB). Gleichzeitig wurde die Verbesserung der Einkommensverteilung als Regierungsziel proklamiert, welches auch über staatliche Eingriffe in die Lohnpolitik zu verfolgen sei (Clarín, 01.06.2003). Der Gesetzesvorschlag der Regierung sah unter anderem die folgenden Punkte vor (vgl. Clarín, 30.12.2003):

- die Erhöhung der Abfindungszahlungen bei Kündigung;
- Verkürzung der Probezeit auf einen oder maximal zwei Monate (ohne Verlängerungsmöglichkeit durch die Tarifparteien);
- die Re-Zentralisierung der kollektiven Verhandlungen;
- die Wiederherstellung der *ultraactividad*; und
- eine Erhöhung der Arbeitgeberbeiträge zur sozialen Sicherung.

Innerhalb der Regierung bestand Dissens in einigen Punkten des Reformvorhabens. So war Wirtschaftsminister Lavagna zunächst gegen eine Verkürzung der Probezeit und schlug vor, dass das Wirtschaftsministerium Verlängerungen der gesetzlichen Probezeit würde genehmigen können (vgl. Caro Figueroa 2004).

Die **CGT** (beide Fraktionen) forderte, dass Tarifverträge von der CGT geschlossen werden, nicht von den affiliierten Gewerkschaften (vgl. Prensa Obrera 832, 07.01. 2004). Die CTA hingegen war der Auffassung, "dass es mehrere Gewerkschaften pro Sektor geben solle, die Kollektivverträge abschließen können, und dass die Verhandlungsebene von den Tarifparteien festgelegt wird" (zit. nach Clarín, 31.12. 2003, Übers. DB), was Verhandlungen auf Unternehmensebene wahrscheinlich machen würde.

Insgesamt waren die Gewerkschaften (die beiden CGTs und die CTA) sich zunächst darin einig, dass das Gesetz 25250 annulliert werden müsse, um somit den Status von 1998 wiederherzustellen. Angesichts der Tatsache, dass dieses Vorgehen rechtliche Probleme aufwerfen würde, nannte die CGT als konkrete Forderungspunkte (vgl. Clarín, 15.01.2004):

- die Verkürzung bzw. Abschaffung der Probezeit;
- die Rückkehr zu "normalen" Abfindungszahlungen (Status vor 1998);
- die Re-Zentralisierung der Tarifverhandlungen sowie die Wiederherstellung der *ultraactividad* (vgl. auch Caro Figueroa 2004).

Die Arbeitgeberverbände forderten, dass im neu zu verabschiedenden Gesetz der Kern der Reform von 2000 erhalten bleibe, aber die Flexibilisierung noch weiter getrieben werden müsse. CAME schlug vor, dass in allen KMU (verstanden als alle Unternehmen mit bis zu 200 Arbeitnehmern) in einer auf zwei Jahre befristeten Periode Arbeiter für 400 Pesos im Monat eingestellt werden können. Dieser Vorschlag wurde von der UIA unterstützt, die zudem eine Dezentralisierung der Tarifverhandlungen fordert (vgl. Clarín, 16.12. und 31.12.2003). Schließlich forderte die AEA in ihrem Strategiepapier von 2004, "der Staat darf keine Lohnerhöhungen dekretieren". Außerdem wurden die Dezentralisierung der Tarifverhandlungen, die

Einführung verschiedener befristeter Arbeitsvertragstypen und die Einführung einer integralen Arbeitslosenversicherung gefordert (Asociación Empresaria Argentina 2004). Bereits im März 2001 hatte die arbeitgebernahe, vom ehemaligen menemistischen Arbeitsminister Caro Figueroa geleitete Stiftung Novum Millenium eine weitere Verringerung der Arbeitgeberbeiträge zur sozialen Sicherung, eine Vereinfachung der Arbeitnehmerregistrierung, eine weitere Dezentralisierung der Tarifverhandlungen sowie das Ende der *ultraactividad* angemahnt (vgl. Giordano et al. 2001).

Eine klare Position der ***Piquetero*-Organisationen** lag auch im Vorfeld der Reform von 2004 nicht vor. Während der Krise 2001/2002 trafen sich die Führer von FTV und CCC mit den Präsidenten Sáa und Duhalde und forderten von Sáa die Schaffung von 1 Million neuer Arbeitsplätze, was dieser versprach. Dieses Versprechen wurde in der Folgezeit von verschiedenen *Piquetero*-Organisationen immer wieder in Verhandlungen mit der Regierung benutzt, um Zugeständnisse zu erreichen (vgl. Cramér/Sjöström 2003: 33).

Vor der Verabschiedung des Gesetzes Nr. 25877 trafen sich Vertreter einiger *Piquetero*-Organisationen (*Bloque Piquetero Nacional*, MIJD, *Polo Obrero*, MTL und andere) mit dem Arbeitsminister und Senatsabgeordneten, um ihre Forderungen zu präsentieren. Die wesentlichen Forderungen waren die Annullierung des Gesetzes Nr. 25250, die Anhebung des Mindestlohns auf die Höhe des Warenkorbs für die Familie, die Reduzierung der Arbeitszeit auf sechs Stunden bzw. die Einhaltung der Arbeitszeit von 8 Stunden, die Begrenzung der Probezeit auf einen Monat, sowie die Abschaffung der privaten Renten- und Arbeitsunfallversicherung (vgl. Clarín, 15.01.2004; Página/12, 20.02.2004).

Im Gegensatz zu den vorhergehenden Reformen hielten sich die **internationalen Finanzinstitutionen** mit Äußerungen zur Reform zurück. Allerdings bestand der *IWF* im September 2000 nach dem Bekanntwerden des Bestechungsskandals im Senat, der zur Verabschiedung der Reform von 2000 geführt hatte, darauf, dass die Reform in der verabschiedeten Form bestehen bleibe (vgl. Clarín, 25.09.2000)[191].

Die Kritik der **ILO** an der durch die *personería gremial* induzierte mangelnde Gewerkschaftsfreiheit blieb auch vor der Reform von 2004 bestehen. Zudem stellt die Expertenkommission der ILO im Bericht von 2004 fest, dass es in Bezug auf den Status des Arbeitsinspektionswesens (ILO-Konvention 81) gegenüber 1999 keine Verbesserung gegeben habe (vgl. International Labour Office 1989ff). Weitere Quellen, die einen Hinweis auf eine bestimmte Präferenz der ILO geben, liegen jedoch nicht vor.

---

191 In diesem Zusammenhang interessant ist der Zielkonflikt des IWF, der ja auch für Transparenz und gegen Korruption eintritt (entsprechend der neoklassischen Reformforderung nach einer Sicherung der Rahmenbedingungen auf den Märkten). Auf dieses Problem angesprochen, sagte der Regionaldirektor des Fonds für die westliche Hemisphäre, Claudio Loser, "das Gesetz muss seine Gültigkeit behalten, trotz der Bestechungsvorwürfe. Das sind zwei unterschiedliche Dinge [...] Die Arbeitsmarkreform ist ein wichtiger Punkt für den IWF und die argentinische Wirtschaft. Sie darf nicht annulliert werden, weil sie positiv zu bewerten ist. [...] In Bezug auf die Korruptionsvorwürfe erlauben wir uns kein Urteil" (zit. nach Clarín, 25.09.2000, Übers. DB).

7.7.4 Der Reformprozess

Das Gesetzesvorhaben der Regierung entsprach in weiten Teilen den Vorstellungen der CGT und den meisten Gewerkschaften. Insbesondere die Regelungen über das Tarif- und Gewerkschaftsrecht (Re-Zentralisierung der Verhandlungen und Wiederherstellung der *ultraactividad*) kamen den Gewerkschaften entgegen, widersprachen hingegen der Vorstellungen der Arbeitgeber und ihrer Verbände.

Die Zusammenarbeit zwischen Regierung und Gewerkschaften war wesentlich enger als zwischen Regierung und Arbeitgebern. Das Arbeitsministerium hielt während der Phase der Reformdefinition regelmäßige Arbeitstreffen mit der *CGT oficial*, der *CGT disidente* und der CTA (vgl. Clarín, 29.12.2003 und 12.01.2004). Auffällig ist auch, dass in Dekreten explizit auf die Wünsche der CGT und anderer Gewerkschaften Bezug genommen wird (vgl. Dekret 905/2003). Die Arbeitgeber wurden trotz ihres Protestes in die Konsultationen kaum einbezogen, und dies augenscheinlich auf Anweisung des Präsidenten (vgl. Clarín, 04.02.2004).

Dennoch war der Widerstand der Arbeitgeber gegen das Reformprojekt nur sehr begrenzt. Zumindest in der Öffentlichkeit wurde kaum Protest laut, und einige Arbeitgeberverbände – CAME, CAC – gaben sich sogar im Großen und Ganzen mit der Reform zufrieden (vgl. Clarín, 13.02.2004). Drei Gründe könnten dafür verantwortlich sein. Erstens war die Reform von 2000 aufgrund der skandalösen Umstände ihres Zustandekommens in der Öffentlichkeit auch inhaltlich diskreditiert, so dass Verteidiger jener Reform kaum zu Wort kamen. Zweitens waren die Verbindungen der Arbeitgebervertreter zur neuen Regierung erheblich schwächer als die der peronistischen Gewerkschaften (vgl. Caro Figueroa 2004), so dass kein großes Interesse an einer Investition von Ressourcen in einen aussichtslosen Kampf bestand. Drittens schließlich waren zumindest die Lohnkosten des Exportsektors von der Regierung durch die Abwertung des Peso gesenkt worden, so dass die Arbeitgeber in diesem Sektor relativ zufrieden waren (vgl. Caro Figueroa 2004).

Das parlamentarische Gesetzgebungsverfahren verlief angesichts des breiten Konsenses über die Reform ungewöhnlich schnell. Der Senat verabschiedete den Regierungsentwurf in einer Rekordzeit von 13 Tagen mit nur einer Gegenstimme. Die einzige nennenswerte Modifikation betraf die Ablehnung der im Entwurf vorgesehenen Kompetenzkonzentration des Arbeitsinspektionswesens bei der Zentralregierung. Das so modifizierte Gesetz wurde nur eine Woche später, am 02.03.2004 im Abgeordnetenhaus mit 215 zu 23 Stimmen verabschiedet.

7.7.5 Reforminhalte und Bewertung

Das Reformgesetz von 2004 (*Ley de ordenamiento del regimen laboral*, Gesetz Nr. 25877 v. 19.03.2004) setzte die Reform von 2000 (Gesetz Nr. 25250) formell außer Kraft (Art. 1) und stellte in einigen Punkten eine Wiederherstellung des *status quo ante* dar (vgl. Tabelle 36): vor allem das alte Kollektivverhandlungsrecht mit dem Primat der Sektorebene und der *ultraactividad* wurde wieder hergestellt. Auch die Mindestlöhne wurden – zum ersten Mal seit mehr als 10 Jahren – erhöht.

Tabelle 36: Die Arbeitsmarktreform von 2004 – Übersicht

Reformbereich	**Veränderungen durch die Reform (Gesetz Nr. 25877)**
Erhöhung der Preisbildungsflexibilität	
Flexibilisierung kollektiver Verhandlungen	*Ultraactividad:* Wiederherstellung der Ultraactividad als Prinzip; Ausnahmen davon müssen im Tarifvertrag festgelegt werden (Art. 13) *Verhandlungsebene:* Primat der höheren Ebene vor Verhandlungen auf Unternehmensebene wird wieder hergestellt (Art. 21ff); In jedem Fall gelten die für die Beschäftigten vorteilhafteren Regeln (Art. 24)
Abschaffung oder Senkung der Mindestlöhne	*Erhöhung der Mindestlöhne:* um 50% bis Dezember 2003 auf 300 Pesos im Monat (Dekret 388/2003); weitere Erhöhung auf 350 Pesos im Monat ab Januar 2004 (Dekret 1349/2003)
Verringerung von Lohnnebenkosten	*Probezeit:* keine Änderung: volle Sozialbeiträge sind vom ersten Tag an zu zahlen (Art. 1) *Kleine Unternehmen:* für Neueinstellungen (zunächst befristet bis Ende 2004) in Unternehmen bis 80 Beschäftigten werden die Arbeitgeberanteile der Sozialabgaben um bis zu 50% reduziert (Art. 6) *Erhöhung der Lohnnebenkosten:* Einführung von Lebensmittelzuschlägen von zunächst 100 Pesos (Juli-Dez 2002), dann 150 Pesos (Jan-Juni 2003) und schließlich 200 Pesos (Juli-Dez 2003) (Dekrete 1273/02, 2641/02 und 905/03); Einführung einer weiteren Zusatzleistung von 50 Pesos monatlich ab Januar 2004 (Dekret 1347/03)
Verringerung von Lohnstückkosten	*Erhöhung der Tariflöhne:* Erhöhung aller Löhne im Privatsektor um 224 Pesos (Dekret 392/2003)
Erhöhung der Beschäftigungsflexibilität	
Liberalisierung der Kündigungsregelungen	*Kündigungsgründe:* Verbot von Kündigungen ohne wichtigen Grund, zunächst für eine Frist von 6 Monaten ab Januar 2002, dann verlängert bis Dezember 2004 (Gesetz 25561, Art. 16 und Dekrete 883/02, 662/03, 256/03, 1351/03, 369/04, 823/04). Bei Verstoß sind doppelt hohe Abfindungszahlungen zu leisten. *Kündigungsfristen:* 15 Tage für Arbeitnehmer; für Arbeitgeber: 15 Tage während der Probezeit, ein Monat bei Betriebszugehörigkeit bis 5 Jahren und 2 Monate bei mehr als 5 Jahren Betriebszugehörigkeit (Art. 3) *Abfindungen:* bei Kündigung ohne wichtigen Grund ein Monatslohn pro Beschäftigungsjahr, bei einem Minimum von einem Monatslohn; der Basismonatslohn für die Berechnung der Abfindungshöhe wird aus Kollektivverträgen berechnet (Art. 5) *Probezeit:* Während der Probezeit keine Abfindungszahlungen, sofern Kündigungsfristen respektiert werden (Art. 1)
Förderung befristeter Arbeitsverhältnisse	*Probezeit:* Probezeit bleibt bei 3 Monaten, jedoch ohne Ausnahme für kleine Unternehmen und Verlängerungsmöglichkeit durch Tarifverträge (Art. 1)
Sicherung der Rahmenbedingungen	
Verhinderung von Marktmachtbildung	keine Änderungen
Sicherung der Regelbefolgung	*Arbeitsinspektionswesen:* Zentralisierung und Vereinheitlichung des Arbeitsinspektionswesens (Art. 29ff) *Sanktionen:* keine Änderungen

Auf der Basis des Notstandsgesetzes Nr. 25561 griff die Regierung zudem seit 2002 erheblich in die Freiheit der Tarifparteien ein, indem verschiedene Lohnerhöhungen und Lohnersatzleistungen dekretiert und das Kündigungsrecht eingeschränkt wurde.

Der ehemalige menemistische Arbeitsminister Caro Figueroa stellt fest: "Der Kerngedanke [des Regierungsvorhabens] besteht darin, die Gewerkschaftsforderungen zu erfüllen und so das Kapitel der Arbeitsmarkflexibilisierung zu beenden, das während der Regierung der Alianza geschrieben wurde" (Caro Figueroa 2004). Diese Bewertung übersieht freilich, dass einige Aspekte der vorherigen Reform, etwa die Stärkung des Arbeitsinspektionssystems, übernommen wurden.

Dennoch stellt die Reform insgesamt aus neoklassischer Sicht einen Rückschritt gegenüber der Reform von 2000 dar (vgl. Tabelle 37).

Tabelle 37: Die Arbeitsmarktreform von 2004 – Reformbedarf, beobachtete Präferenzen und Reformergebnisse

Reformbereich	akuter Reform-bedarf	beobachtete Präferenzen								Reformergebnis
		Regierung	Arbeitnehmer	Arbeitgeber	Arbeitslose	Arbeits-bürokratie	Wirtschafts-ministerium	IFI	ILO	
Flexibilisierung kollektiver Verhandlungen	+	–	–	+	o	–	o	o	o	–
Mindestlohnsenkung	o	–	–	o	–	–	o	o	o	–
Lohnnebenkostensenkung	o	–	–	+	o	–	o	o	o	–
Lohnstückkostensenkung	o	–	–	+	–	–	o	o	o	–
Kündigungsschutzliberalisierung	o	–	–	+	–	–	+	o	o	–
Förderung befristeter Arbeitsverhältnisse	o	–	–	+	–	–	o	o	o	o
Verringerung von Marktmacht	+	o	–	o	o	o	o	o	+	o
Sicherung der Regelbefolgung	o	+	o	o	o	+	o	o	+	+
Gesamtreform	**o**	**–**	**–**	**+**	**–**	**–**	**o**	**o**	**o**	**–**

Erläuterungen:

+: akuter Reformbedarf vorhanden bzw. Präferenz für neoklassische Reform bzw. Implementierung neoklassischer Reformmaßnahme;

o: kein akuter Reformbedarf vorhanden bzw. keine Präferenz/Präferenz nicht beobachtbar bzw. keine Reform;

–: Präferenz gegen neoklassische Reform bzw. Implementierung einer Reform, welche der neoklassischen Reformerwartung widerspricht.

7.8 Vergleich und Bewertung der Reformen aus neoklassischer Sicht

In der Literatur wird Argentinien oft als das Beispiel schlechthin für umfassende Arbeitsmarktreformen in Lateinamerika genannt (vgl. Lora/Páges 1996; Marshall 1996; Organización Internacional de Trabajo 2000a; Dömeland/Gill 2002). In der Tat wurden seit Beginn der 1990er Jahre fünf umfassende Arbeitsrechtsreformen und eine Vielzahl weiterer Arbeitsrechtsnormen verabschiedet. Dennoch muss aus neoklassischer Sicht ein ernüchterndes Fazit der Reformen gezogen werden: nach 15 Jahren Reform unterscheiden sich die Arbeitsmarktinstitutionen heute nicht wesentlich von denen am Beginn der 1980er oder 1990er Jahre (Tabelle 38). Dies ist vor allem der Reform von 2004 zuzuschreiben, welche viele der Reformmaßnahmen im neoklassischen Sinne zurücknahm, die im Verlauf des vorhergehenden Jahrzehnts schrittweise eingeführt worden waren.

In den folgenden Abschnitten wird für jeden der untersuchten Reformbereiche ein Fazit gezogen.

Tabelle 38: Bewertung der argentinischen Arbeitsmarktreformen aus neoklassischer Perspektive

Reformbereich	Reformen: 1980er	1991	1995	1998	2000	2004	Vergleich der Arbeitsmarktrigidität: Anfang 1980er – 2004	Anfang 1990er – 2004
Flexibilisierung kollektiver Verhandlungen	–	o	+	–	+	–	–	o
Mindestlohnsenkung	o	o	o	o	o	–	o	o
Lohnnebenkostensenkung	–	–	+	+	–	–	–	+
Lohnstückkostensenkung	o	+	o	o	+	–	o	o
Kündigungsschutzliberalisierung	o	o	o	–	o	–	o	o
Förderung befristeter Arbeitsverhältnisse	o	+	+	–	–	o	o	o
Verringerung von Marktmacht	o	+	o	o	+	o	o	o
Sicherung der Regelbefolgung	o	+	+	+	+	+	+	+
Gesamtreform	**o**	**+**	**+**	**–**	**+**	**–**	**o**	**o**

Erläuterung:
o keine Reform;
\+ Reform entspricht neoklassischer Erwartung (Flexibilisierung bzw. Lohnkostensenkung);
– Reform entgegen neoklassischer Erwartung (stärkere Regulierung bzw. Lohnkostensteigerung)

7.8.1 Inhalte der Reformen

7.8.1.1 Flexibilisierung kollektiver Verhandlungen

Im Bereich der kollektiven Verhandlungen betraf die neoklassische Reformerwartung vor allem die Abschaffung der *ultraactividad* und die Dezentralisierung der Tarifverhandlungen.

Tabelle 39: Reformen der kollektiven Verhandlungen

	Basis 1983	**ab 1988**	**ab 1991**	**ab 1995**	**ab 1998**	**ab 2000**	**ab 2004**
Verhandlungsebene	kollektive Verhandlungen verboten	alle Ebenen erlaubt; Primat der höheren Ebene	explizite Einführung von Betriebsabschlüssen; Primat der höheren Ebene	---------------> (Primat von Abschlüssen auf Betriebsebene*)	--------------->	Primat von Abschlüssen auf Betriebsebene	Primat der höheren Ebene wieder hergestellt
Gültigkeitsdauer	bis zum Abschluss eines neuen Tarifvertrags (ultra-actividad)	------------->	--------------->	---------------> (Abschaffung der ultra-actividad für KMU*)	Nicht aktualisierte ultraaktive Verträge von vor 1988 werden ungültig	Auslaufen ultraaktiver Verträge innerhalb von 2 Jahren	Ultra-actividad wieder hergestellt
Gültigkeitsbereich	*erga omnes*	------------->	--------------->	--------------->	--------------->	--------------->	------------>
Ausnahmen				Sonderregeln für KMU			

* Diese Regeln wurden als nicht verfassungskonform beurteilt und daher nicht implementiert

Die verschiedenen Gesetzesinitiativen zur Dezentralisierung der Tarifverhandlungen waren, wie Tabelle 39 zeigt, alle nur wenig erfolgreich (vgl. auch Galiani 2002: 29f). Alle Vorstöße wurden im Prozess der Gesetzesverabschiedung aufgeweicht oder ex post von den Arbeitsgerichten annulliert. Erst nach mehreren Anläufen wurde in der

Reform des Jahres 2000 das Primat von Unternehmensabschlüssen gegenüber Branchenabschlüssen durchgesetzt, jedoch in der Reform von 2004 revoziert.

Eine analoge Bewertung gilt für die Versuche, die *ultraactividad* abzuschaffen. Zwar wurde, wiederum nach einigen vorsichtigen Ansätzen in den vorherigen Versuchen, im Reformgesetz von 2000 verfügt, dass alle noch geltenden Tarifverträge von vor 1988 neu zu verhandeln seien. Gleichzeitig wurde auf Druck der Gewerkschaften aber ebenso festgelegt, dass das Prinzip der tariflich festgelegten (auch von Nichtmitgliedern zu zahlenden) Gewerkschaftsbeiträge nicht angetastet blieb und dass die neu zu verhandelnden Tarifverträge die Arbeitnehmer in wesentlichen Punkten nicht schlechter stellen durften als die alten Verträge. Ein wesentliches Element der Flexibilisierung von Tarifverträgen, welches aus der Aufhebung der ultraactividad erwartet worden war, fiel damit weg. Und schließlich wurde auch diese Regelung durch die Gesetzesreform von 2004 widerrufen.

Dem Ausbleiben von Reformen des Tarifverhandlungsrechts steht jedoch ein deutlicher Wandel der Tarifverhandlungspraxis gegenüber: zwischen 1992 und 1997 kehrte sich die Dominanz der Verhandlungsebenen um (Abbildung 46). Während bis Anfang der 1990er Verhandlungen und Abschlüsse auf Sektorebene rund 80% ausmachten, sank ihr Anteil bis 1997 auf 20% ab und liegt seit einigen Jahren nur mehr bei rund 15%.

Abbildung 46: Ebenen kollektiver Verhandlungen, 1991-2003 (in %)

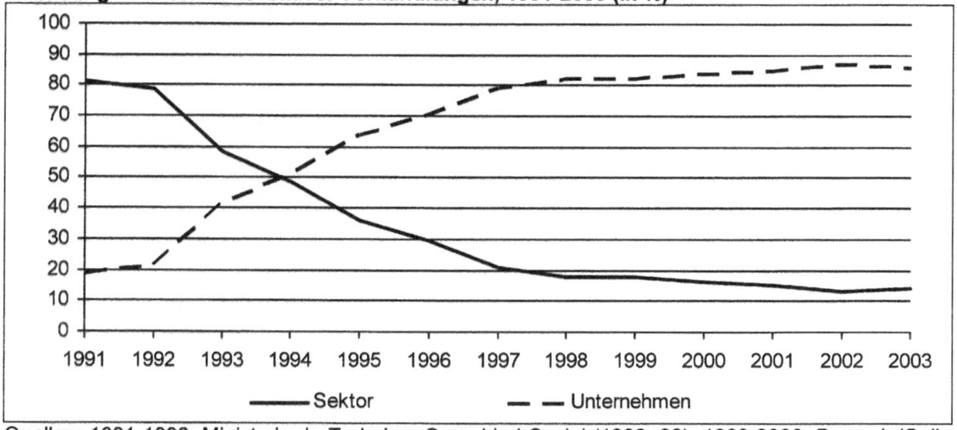

Quellen: 1991-1998: Ministerio de Trabajo y Seguridad Social (1998: 28); 1999-2000: Beccaria/Galin (2002: 68f); 2001-2003: Ministerio de Trabajo, Empleo y Seguridad Social (2003a); Werte für 2003: Januar bis Mai.

In der Tat waren Verhandlungen auf Unternehmensebene auf rechtlicher Ebene ja nie verboten gewesen. Vielmehr handelte es sich bei der Dominanz der Branchenabschlüsse um eine auf der Basis der institutionellen Strukturen (vor allem der Gewerkschaften) gewachsene Praxis (vgl. Consejo Empresario Argentino 1997), die sich im Verlauf der 1990er Jahre trotz des Ausbleibens gesetzlicher Reformen veränderte.

7.8.1.2 Abschaffung oder Senkung der Mindestlöhne

Im Untersuchungszeitraum waren keine nennenswerten Reformen in Bezug auf die Mindestlöhne erkennbar. Im Prinzip erfolgte eine Anpassung der Mindestlöhne an die Inflationsraten. Wenngleich während der Hochinflationsphasen in den 1980er Jahren der Wert der Mindestlöhne massiv verfiel, kann dies kaum als gewollte Reform interpretiert werden, zumal er zwischen 1992 und 1994 wieder angehoben wurde, wenngleich nicht auf das Niveau von 1980 (Abbildung 47).

Zwar wurden von 1994 bis 2003 die nominalen Mindestlöhne nicht erhöht, allerdings war diese Periode angesichts der Kopplung des Peso an den US Dollar durch eine geringe Inflation gekennzeichnet, so dass die Stagnation des nominalen Mindestlohns lange nicht zu einer Senkung der realen Mindestlohnhöhe führte.[192] Erst mit der Aufhebung des Konvertibilitätsplanes und der Abwertung des Peso bzw. des Inflationsanstiegs ab 2002 sanken die realen Mindestlöhne wieder. Durch zwei Dekrete im Jahr 2003, welche den nominalen Mindestlohn von 200 Pesos schrittweise auf 350 Pesos erhöhten, wurde diese Tendenz jedoch umgekehrt. Diese dezidierte Erhöhung der Mindestlöhne widerspricht der neoklassischen Reformerwartung.

Abbildung 47: Entwicklung der realen Mindestlöhne in Argentinien im regionalen Vergleich, 1980-2004 (Index, 1980=100)

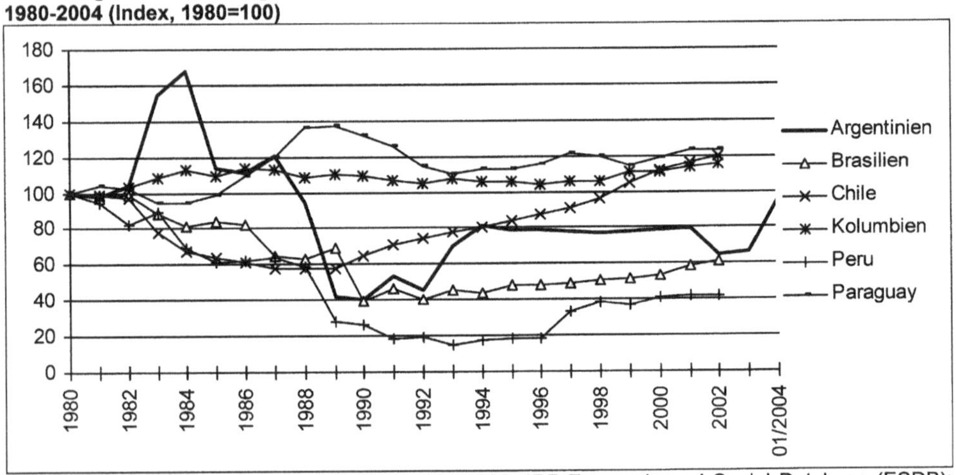

Quelle: eig. Berechnungen basierend auf: 1980-1990: IDB-Economic and Social Database (ESDB); 1991-2000: Organización Internacional de Trabajo (2003); 2001-2004: Ministerio de Trabajo, Empleo y Seguridad Social (2004b).

Auch im südamerikanischen Vergleich war die Entwicklung des argentinischen Mindestlohns über den gesamten Untersuchungszeitraum hinweg nicht unterdurchschnittlich. Lediglich in Paraguay, Chile und Kolumbien lagen die Mindestlöhne in den 1990er Jahren über denen Argentiniens.

Auch nennenswerte institutionelle Änderungen des Mindestlohns sind seit 1983 kaum zu verzeichnen gewesen. Die legale Reaktivierung des Mindestlohnrates war

192 Für eine detaillierte Analyse der argentinischen Mindestlohnentwicklung im Zeitraum 1980 bis 1997 siehe Cárcamo Manna (1998).

für die Praxis irrelevant, da Mindestlohnerhöhungen nach wie vor von der Regierung per Dekret durchgeführt wurden, während der Mindestlohnrat nie zusammentrat. Lediglich das Verbot von 1991, Mindestlöhne als Referenzgröße für die Berechnung von Abfindungs- und anderen Zahlungen heranzuziehen, kann als Reformmaßnahme im neoklassischen Sinn verstanden werden: durch diese Maßnahme wurde die Relevanz des Mindestlohns stark eingeschränkt. Wie erwähnt, hatte die Rolle des Mindestlohns in Argentinien vor allem in genau dieser Referenzfunktion bestanden.

Insgesamt wurden also keine Mindestlohnreformen durchgeführt; die starke Erhöhung der Mindestlöhne 2003 widerspricht hingegen der neoklassischen Reformerwartung.

7.8.1.3 Verringerung von Lohnnebenkosten

Die Entwicklung der Lohnnebenkosten in Argentinien seit 1980 wird in Abbildung 48 dargestellt. In diesem Bereich wurde in der Tat seit 1994 die neoklassische Reformforderung nach einer Senkung erfüllt, wenngleich seit 2001 wieder ein leichter Anstieg der Lohnnebenkosten zu beobachten ist, der vor allem als Folge der prekären Finanzsituation der sozialen Sicherungssysteme zu sehen ist. Die Arbeitgeberbeiträge liegen heute wieder etwa auf dem Niveau, dass sie Anfang der 1980er Jahre hatten, nachdem die Militärs die Beiträge drastisch gesenkt hatten.

Abbildung 48: Entwicklung der Lohnnebenkosten in Argentinien, 1980-2004, Arbeitgeber- und Arbeitnehmeranteile, in % vom Bruttolohn

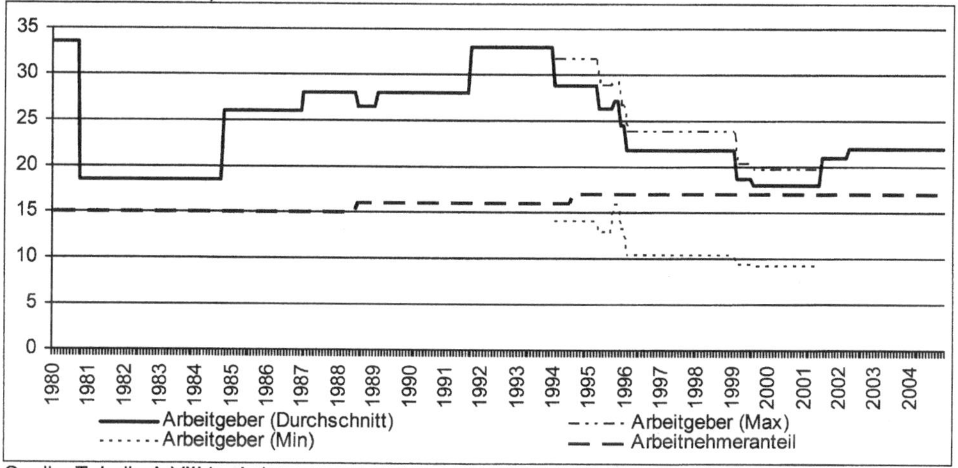

Quelle: Tabelle A-VIII im Anhang.

Zu berücksichtigen ist, dass Abbildung 48 lediglich die Lohnnebenkosten bei "normalen", d.h. unbefristeten Arbeitsverhältnissen angibt. Für die vor allem im Zeitraum von 1991 bis 1998 existierenden verschiedenen Typen von Zeitverträgen (*contratos promovidos*) wurden die Arbeitgeberbeiträge nochmals drastisch reduziert (bis zu 100%). Auch während der Probezeit wurden die Sozialbeiträge zeitweise reduziert (von 1995 bis 2000). Andererseits ist seit 2002 eine Erhöhung der Lohnnebenkosten durch dekretierte pauschale Lohnzuschläge zu beobachten, so dass die effektiven Lohnnebenkosten heute höher sind, als in der Abbildung.

7.8.1.4 Arbeitszeitverlängerung und andere Maßnahmen zur Senkung der Lohnstückkosten

Gesetzliche Maßnahmen (außer der Senkung der Lohnnebenkosten), welche eine Senkung der Lohnkosten zum Ziel hatten, waren im Untersuchungszeitraum rar. In Bezug auf die Arbeitszeiten waren folgende flexibilisierende Maßnahmen zu beobachten:

- 1991 wurde per Dekret festgelegt, dass in Tarifverträgen die Kalkulation der Arbeitszeiten auf der Basis von Durchschnittswerten über einen längeren Zeitraum erfolgen kann.
- seit 2000 können Arbeitszeiten und Urlaubsregeln in Kollektivverträgen vom Gesetz abweichen.

Neben diesen gesetzlichen Änderungen war die Praxis der behördlichen Genehmigung von beantragten Überstunden extrem liberal, so dass die bestehenden Obergrenzen für Überstunden praktisch außer Kraft gesetzt waren (vgl. Beccaria/Galin 2002: 53).

Auch die effektiv geleisteten Arbeitsstunden veränderten sich über einen langen Zeitraum nicht. Während 1990 pro Woche durchschnittlich 49,1 Stunden gearbeitet wurde, lag dieser Wert 1997 bei 49,2 Stunden. Jedoch ist danach ein deutliches Sinken der Wochenarbeitszeit zu beobachten, auf 44,4 Stunden im Jahr 1999 (Organización Internacional de Trabajo 2000b).

Unter den sonstigen Maßnahmen zur Begrenzung der Lohnkosten ist vor allem ein Dekret von 1991 zu nennen, das die Erhöhung der Löhne an Produktivitätsfortschritte knüpfte.

Insgesamt war damit bis Anfang dieses Jahrzehnts eine leichte Flexibilisierung der Lohnkosten bzw. Begrenzung der Lohnkostenanstiege erzielt worden. Die Erfolge wurden jedoch durch die Reform von 2004, welche eine Erhöhung der Löhne im Privatsektor per Dekret durchsetzte, konterkariert.

7.8.1.5 Liberalisierung der Kündigungsregelungen

Im Bereich des Kündigungsrechts wurden im Untersuchungszeitraum verschiedene Veränderungen vorgenommen, ohne dass aber von einer substanziellen Reform gesprochen werden kann.

Die Kündigungsfristen (Tabelle 40) wurden 1995 verkürzt: sie fielen für Arbeitnehmer mit einer Betriebszugehörigkeit von weniger als 3 Monaten ganz weg, und ebenso wurde die Erfordernis eliminiert, zum Monatsende zu kündigen; damit verkürzte sich die durchschnittliche Kündigungsfrist um zwei Wochen. Für KMU wurde die Frist auf 1 Monat begrenzt, unabhängig von der Betriebszugehörigkeit. Nachfolgende Reformen modifizierten die Kündigungsfristen kaum noch. Lediglich der Wegfall der KMU-

Sonderregelung und die graduelle Wiedereinführung einer Frist von 15 Tagen für neu eingestellte Beschäftigte in den Reformen von 1998 und 2004 erhöhten die durchschnittliche Kündigungsfrist wieder leicht. Dennoch sind die Fristen heute noch kürzer als zu Beginn der 1980er und 1990er Jahre.

Tabelle 40: Reform der Kündigungsfristen

Betriebszugehörigkeit	Basis 1983	ab 1991	ab 1995	ab 1998	ab 2000	ab 2004
bis 30 Tage	1 Monat zum Monatsende	-------------->	fristlos	-------------->	-------------->	15 Tage
31 Tage bis 3 Monate	1 Monat zum Monatsende	-------------->	fristlos	15 Tage	-------------->	-------------->
3 Monate bis 5 Jahre	1 Monat zum Monatsende	-------------->	1 Monat	-------------->	-------------->	-------------->
über 5 Jahre	2 Monate zum Monatsende	-------------->	2 Monate KMU: 1 Monat	2 Monate	-------------->	-------------->

Auch in Bezug auf die Höhe der Abfindungszahlungen kann von einer substanziellen Reform nicht gesprochen werden (Tabelle 41). Zwar wurde die Höhe der Mindestzahlung reduziert, andererseits aber die Referenzgröße erhöht (vom Mindestlohn auf den durchschnittlichen Tariflohn), und an der allgemeinen Berechnungsformel der Abfindungszahlung änderte sich nichts. Auch die vom Unternehmen zu leistenden Abfindungszahlungen bei einer Entlassung aus wirtschaftlichen Gründen wurden erhöht.

Tabelle 41: Reform der Abfindungszahlungen bei Entlassung ohne triftigen Grund (*sin justa causa*)

	Basis 1983	ab 1991	ab 1995	ab 1998	ab 2000	ab 2004
Mindestzahlung	2 Monatslöhne	--------------->	------------->	5 Tageslöhne	-------------->	1 Monatslohn
Kalkulationsregel	1 Monatslohn pro Jahr Betriebszugehörigkeit (jeweils ab mehr als 3 Monaten)	--------------->	------------->	2,5 Tageslöhne pro Monat Betriebszugehörigkeit (jeweils ab mehr als 10 Tagen)	-------------->	1 Monatslohn pro Jahr Betriebszugehörigkeit
Basisgröße	max. dreifacher Mindestlohn	max. dreifacher Durchschnittstariflohn	------------->	--------------->	-------------->	--------------->
Zahlung bei Entlassung aus wirtschaftlichen Gründen	50% der normalen Zahlungen	--------------->	------------->	67% der normalen Zahlungen	-------------->	--------------->
Andere Ausnahmen	---	doppelt hohe Abfindung bei unregistrierten Beschäftigten	KMU: Abweichungen per Tarifvertrag möglich	halbe Abfindungszahlungen während der Probezeit	keine Abfindungszahlungen während der Probezeit	ab 2002 befristete Verdopplung der Abfindungszahlungen (bis 12/2004 verlängert)

Obgleich der Nettoeffekt dieser verschiedenen Änderungen allgemein nicht berechnet werden kann, kann davon ausgegangen werden, dass er gering ist. Eine Systemveränderung (die Einführung eines individualisierten Kapitalisierungssystems, wie es auch für die Renten eingeführt wurde), wurde zwar seit 1998 diskutiert, aber nicht eingeführt.

Zu berücksichtigen ist aber, dass der Anwendungsbereich der Kündigungsregeln durch verschiedene andere Maßnahmen zeitweise eingeschränkt war. Insbesondere die im folgenden Abschnitt diskutierten befristeten Arbeitsverhältnisse führten zu einer Flexibilisierung der Beschäftigung.

7.8.1.6 BEFRISTETE ARBEITSVERHÄLTNISSE

Anfang der 1980er Jahre waren die Restriktionen für befristete Beschäftigungsverhältnisse so stark, das Zeitverträge in der Praxis so gut wie keine Anwendung fanden. 1991 wurden verschiedene Vertragstypen (*contratos promovidos*) geschaffen, die eine befristete Beschäftigung von bis zu zwei Jahren erlaubten (Tabelle 42). Zugleich wurden die Lohnnebenkosten und Kündigungsregeln für diese Verträge im Vergleich zu den Regeln für unbefristete Arbeitsverhältnisse reduziert.

Die Nutzung dieser befristeten Verträge war jedoch anfangs aufgrund der Registrierungserfordernisse und anderer Gründe gering, so dass in der Reform von 1995 nachgebessert und in der Folgezeit die *contratos promovidos* in der Praxis stark genutzt wurden: bis zu 90% der neuen Arbeitsverhältnisse wurden nach 1995 befristet geschlossen. Für die Zeit nach 1995 muss daher von einer deutlichen Flexibilisierung auf dem Arbeitsmarkt gesprochen werden.

Tabelle 42: Befristete Arbeitsverhältnisse

	Basis 1983	ab 1991	ab 1995	ab 1998	ab 2000	ab 2004
Gesetzliche Dauer max.	5 Jahre	4-24 Monate, je nach Vertragstyp	---------------------->	3-12 Monate	----------->	----------->
Erlaubte Vertragstypen	Nur, wenn es aufgrund der Arbeit erforderlich ist	Ausbildung; Praktikum; Beschäftigung junger Arbeitsloser; Schaffung neuer Stellen	Erweiterung gegenüber 1991 (Einstellung von Frauen, Personen über 40 Jahren etc.)	Ausbildung; Praktikum	----------->	----------->
Abfindungen	wie unbefristete Verträge	bei Ablauf: 0- ½ Monatslohn, je nach Vertragstyp; sonst: wie unbefristete Verträge	---------------------->	wie unbefristete Verträge	----------->	----------->
Kündigungsfrist	wie unbefristete Verträge	---------------------- >	---------------------->	--------------->	----------->	----------->
Sozialbeiträge	wie unbefristete Verträge	50%-100% Reduzierung, je nach Vertragstyp	---------------------->	wie unbefristete Verträge	----------->	----------->
Sonstiges	de facto keine Anwendbarkeit	Anwendung nur per Kollektivvertrag	Vereinfachung der Registrierung; Wegfall der Kollektivvertragspflicht			

1998 wurden die meisten befristeten Vertragstypen jedoch eliminiert – lediglich Ausbildungsverträge und Praktika blieben bestehen. Zudem wurde die Ungleichbehandlung zwischen den noch übrigen Zeitvertragstypen und unbefristeten Arbeitsverhältnissen in Bezug auf Lohnnebenkosten und Kündigungsregeln abgeschafft. Damit näherte sich die Rechtslage wieder der Ausgangssituation Anfang der 1980er Jahre an.

Die Möglichkeit von Probezeiten in Arbeitsverhältnissen wurde 1995 erstmals eingeführt (Tabelle 43). Gleichzeitig markierte die Reform von 1995 auch die flexibelste Regelung der Probezeit im Untersuchungszeitraum, da sie von Kündigungsschutz absah und den Arbeitgeber nur zur Zahlung reduzierter Sozialbeiträge verpflichtete. Nachfolgende Reformen behielten die Probezeit zwar bei, reduzierten aber die maximale Dauer, stellten den Kündigungsschutz wieder her oder eliminierten die Sonderregelung der Arbeitgeberbeiträge. Dennoch stellt die Regelung der Probezeit in der heutigen Form eine Flexibilisierung gegenüber der Situation Anfang der 1980er Jahre dar.

Über den gesamten Untersuchungszeitraum betrachtet waren die Reformen zwar (netto) im Einklang mit der neoklassischen Reformerwartung. Allerdings wurde durch die Eliminierung der *contratos promovidos* die wichtigste und am weitesten reichende Reform wieder zurückgenommen, so dass im Vergleich zwischen 2004 und dem Beginn der 1980er oder 1990er Jahre allenfalls von einer geringfügigen Zunahme der Beschäftigungsflexibilität gesprochen werden kann.

Tabelle 43: Reform der Probezeitregelungen

	Basis 1983	ab 1991	ab 1995	ab 1998	ab 2000	ab 2004
Gesetzliche Dauer max.	keine Probezeit	----------->	3 Monate	30 Tage	3 Monate (KMU: 6)	3 Monate
Max. Dauer per Kollektivvertrag			6 Monate	---------------->	6 Monate (KMU: 12)	3 Monate
Sozialbeiträge			nur obras sociales und Familienzuschläge	erste 30 Tage: keine; danach volle Beiträge	volle Beiträge	------------->
Kündigungsfristen			keine	normale Fristen	keine	15 Tage
Abfindungszahlungen			keine	50% der normalen Zahlungen	keine	------------->

7.8.1.7 Verringerung von Marktmacht auf dem Arbeitsmarkt

Die Verringerung von Marktmacht auf dem Arbeitsmarkt zielte in Argentinien insbesondere auf die Abschaffung des Verhandlungsmonopols der Gewerkschaften mit *personería gremial*. In diesem Bereich wurden keine Reformerfolge erzielt. In der Tat wurden nicht einmal Gesetzesinitiativen in dieser Richtung eingeführt. Generell gehörten Reformmaßnahmen, welche Vorrechte der Gewerkschaften in Frage stellten, zu den am wenigsten erfolgreichen. Die Gewerkschaften "verteidigten mit Klauen und Zähnen das Erbe ihrer eigenen Privilegien, welche sie unter den alten Spielregeln besessen hatten" (Palermo/ Novaro 1996: 343), und sie taten dies erfolgreich.

Lediglich kosmetische Veränderungen wurden verabschiedet. So wurden die Rechte der Gewerkschaften mit *inscripción gremial* marginal erweitert – ihnen wurde das

Vertretungsrecht individueller Mitglieder in Konflikten mit dem Arbeitgeber zugestanden, ebenso wie die steuerliche Gleichbehandlung wie den Gewerkschaften mit *personería* zugestanden – ohne dass aber die durch die *personería* begründete Monopolstellung angetastet worden wäre.

Auch andere Versuche, die Marktmacht der Gewerkschaften zu verringern, konnten kaum durchgesetzt werden: So wurde 1991 ein Streikverbot bei essenziellen Aktivitäten eingeführt, wobei die Regierung einen erheblichen Spielraum bei der Definition einer essenziellen Aktivität hatte; jedoch fand dieses Dekret in der Praxis kaum Anwendung. Auch verschiedene Versuche, das Gewerkschaftsmonopol für die Verwaltung der Krankenkassen (*obras sociales*) aufzulösen, scheiterten: zwar werden seit 1991 die Beiträge nicht mehr direkt an die Gewerkschaften abgeführt, sondern zunächst an die Steuerbehörde, die es dann an die Gewerkschaften weiterleitet, und seit 1998 können Arbeitnehmer zwischen den Krankenkassen wählen, aber diese Maßnahmen trugen kaum zur Abschwächung der gewerkschaftlichen Macht bei.

7.8.1.8 Sicherung der Regelbefolgung

In Untersuchungszeitraum wurde mit einer Reihe von Reformen des Arbeitsinspektionswesens versucht, die Anzahl nicht in der sozialen Sicherung registrierter Arbeitnehmer zu verringern und allgemein Verstöße gegen das Arbeitsrecht stärker zu ahnden – so wurden die Strafen für Verstöße im Untersuchungszeitraum mehrfach erhöht.

Dadurch wurden aber kaum Verbesserungen des Inspektionswesens erreicht. Durch die geltenden Regeln wird keine Abschreckung von Arbeitgebern gegen die Beschäftigung nichtregistrierter Arbeitnehmer bewirkt. Der Erwartungswert der Strafen (also die Kosten der Missachtung arbeitsrechtlicher Regeln) sind verschwindend gering und trotz der diversen Gesetzesänderungen im Untersuchungszeitraum noch gesunken: Während 1996 rund 21.000 Regelverstöße festgestellt und 11.500 Geldstrafen mit einem Gesamtvolumen von 12,5 Mio Pesos verhängt wurden, wurden im Jahr 2000 nur noch rund 10.000 Strafen mit einem Gesamtvolumen von gut 2 Mio Pesos verhängt (vgl. Beccaria/Galin 2002: 84). Beccaria und Galin schließen, dass "sich das Arbeitsinspektionswesen in den letzten zwei Jahrzehnten verschlechtert hat" (Beccaria/Galin 2002: 94, Übers. DB).

Ronconi führt dies auf ein institutionell begründetes fehlendes Anreizsystem zurück (Ronconi 2001): während die Erträge der Verringerung des informellen Sektors alleine der Zentralregierung zufallen (in Form erhöhter Beiträge zur sozialen Sicherung), haben die Provinzen den Löwenanteil der Kosten des Inspektionswesens zu tragen. In der Tat führte die Verantwortlichkeit der Provinzen für das Inspektionswesen zu einer Zersplitterung von Regeln und Institutionen und verhinderte über lange Zeit ein effektives Kontrollwesen.

Zwar wurden seit Beginn der 1990er Jahre Versuche zu einer Zentralisierung oder wenigstens Koordinierung des Inspektionswesens unternommen, an der grundsätzlichen Zuständigkeit der Provinzen wurden jedoch nur marginale Korrekturen vorgenommen: so wurde 1996 die Aufsichtsfunktion des nationalen Arbeitsministeriums über das Inspektionswesen gestärkt.

Erst 2004 gelang jedoch ein deutlicherer Schritt zur Zentralisierung und Vereinheitlichung des Inspektionswesens. Insofern ist erst spät im Untersuchungszeitraum die neoklassische Forderung nach einer Stärkung des Inspektionswesens erfüllt worden; freilich steht eine Bewertung der Implementierung dieser neuesten Reform noch aus.

7.8.2 Effektivität der Reformen

Obgleich die Effektivität der Reformen in der vorliegenden Arbeit nicht als formelles Kriterium für die Durchführung bzw. den Erfolg von Reformen herangezogen wird, soll hier kurz untersucht werden, inwiefern die Arbeitsmarktreformen zu einer Flexibilisierung des argentinischen Arbeitsmarktes beigetragen haben. Damit wird auch an die Messung faktischer Arbeitsmarktrigidität in Kapitel 4 angeknüpft.

7.8.2.1 Arbeitslosigkeit

Trotz der Reformen stieg die Arbeitslosigkeit in Argentinien nach 1991 von 6,5% bis 1995 auf 17,5% an und fiel seither nie mehr unter 12,9%[193]. Jedoch ist dieser Anstieg natürlich nicht unbedingt den Reformen anzulasten, sondern vor allem auch den verschiedenen Wirtschaftskrisen, die Argentinien seit 1991 durchlebte. In der Tat reagierte die Arbeitslosigkeit in den 1990er Jahren stärker auf das Wirtschaftswachstum als in den 1980er Jahren (Abbildung 49), d.h. die Reformen hatten tatsächlich den gewünschten flexibilisierenden Effekt.

Abbildung 49: Arbeitslosigkeit und Wachstum des BIP in Argentinien: 1980er und 1990er Jahre im Vergleich

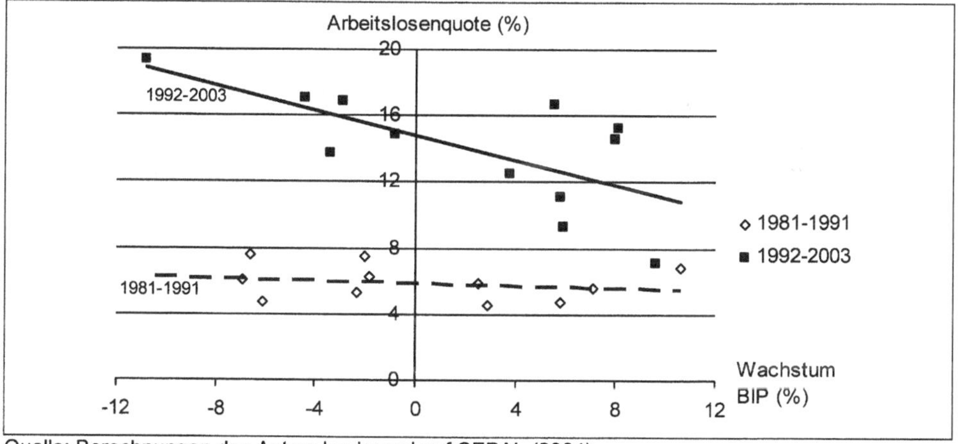

Quelle: Berechnungen des Autors basierend auf CEPAL (2004).

193 Vgl. Abschnitt 6.2.1.3.1 oben und Tabelle A-II im Anhang. Für eingehende Untersuchungen der Arbeitslosigkeit in Argentinien seit Beginn der 1990er Jahre siehe z.B. Pessino (1997), Galiani/ Nickell (1999), Neffa (2001) und Monza (2002).

7.8.2.2 Entwicklung des informellen Sektors

Trotz oder wegen der Reformen (je nach Sichtweise) stieg die Anzahl der nicht registrierten Beschäftigten auch in den 1990er Jahren weiter an, und zwar schneller als im Jahrzehnt zuvor: während die Anzahl der nicht registrierten Beschäftigten von 1980-1990 um ca. 1,2 Millionen zunahm, stieg ihre Anzahl von 1990-2000 um weitere knapp 3 Millionen[194].

Als Grund für den weiteren Anstieg der unregistriert Beschäftigten wird vor allem die mangelnde Akzeptanz der Reformen unter den Arbeitgebern angeführt (vgl. Giordano et al. 2001). So erweckte beispielsweise die Senkung der Lohnnebenkosten nicht den Eindruck langfristiger Planung, sondern schien sich eher aus konjunkturellen Aspekten zu ergeben. Die neuen Vertragstypen hingegen (*contratos promovidos*) waren die längste Zeit (1991-1995) mit hohen bürokratischen und Transaktionskosten verknüpft, welche vor allem für KMU prohibitiv waren, so dass die befristeten Verträge zunächst kaum genutzt wurden. Angesichts dieser weiter bestehenden Rigiditäten war ein Ausweichen auf unregistrierte Beschäftigungsverhältnisse die Folge.

Zudem war den Reformen eine Segmentierung des Arbeitsmarktes inhärent (vgl. Consejo Empresario Argentino 1997: 33), da die Flexibilisierungen in der Regel immer nur neue Arbeitsverträge betrafen, jedoch fast nie bestehende Vertragsverhältnisse.

7.8.2.3 Beschäftigung

Die Anzahl der Beschäftigten in Argentinien hat von 10,3 Mio im Jahr 1991 auf 12,2 Mio im Jahr 2003 zugenommen (Tabelle A-II). Allerdings war dieser Zuwachs vor allem auf den informellen Sektor zurückzuführen. Die Anzahl der registrierten Arbeitnehmer sank hingegen von 5,1 Mio 1990 auf 4,7 Mio 2003[195].

Trotz dieser negativen Entwicklung des Arbeitsmarktes erhöhte sich in der post-Reformperiode die Flexibilität der registrierten Beschäftigung (vgl. Abbildung 50): im Gegensatz zu den 1980er Jahren, in denen eine Beziehung zwischen Wirtschaftswachstum und Beschäftigung kaum zu erkennen war, ist seit 1992 die Veränderung der Anzahl registrierter Arbeitnehmer positiv mit dem Wachstum des BIP korreliert.

7.8.2.4 Lohnentwicklung

Während der Gültigkeit des Konvertibilitätsplans von 1991 bis Ende 2001 waren die durchschnittlichen Reallöhne konstant (vgl. Tabelle 11 oben und Abbildung 51). Sie sanken aber nach dem Ende des Konvertibilitätsgesetzes 2002 um 18% und 2003 nochmals um 14%.

194 Vgl. Abschnitt 6.2.1.3.1 oben und Tabelle A-II im Anhang. Zur Entwicklung des informellen Sektors nach der Reformdurchführung siehe auch Beccaria/Galin (2002: 72ff) und die dort angegebene Literatur.

195 Eine detaillierte Analyse von Beschäftigung und Fluktuationsrate in Argentinien seit 1995 liefern Castillo et al. (2002).

Abbildung 50: Wachstum der registrierten und unregistrierten abhängigen Beschäftigung und Wachstum des BIP in Argentinien: 1980er und 1990er Jahre im Vergleich

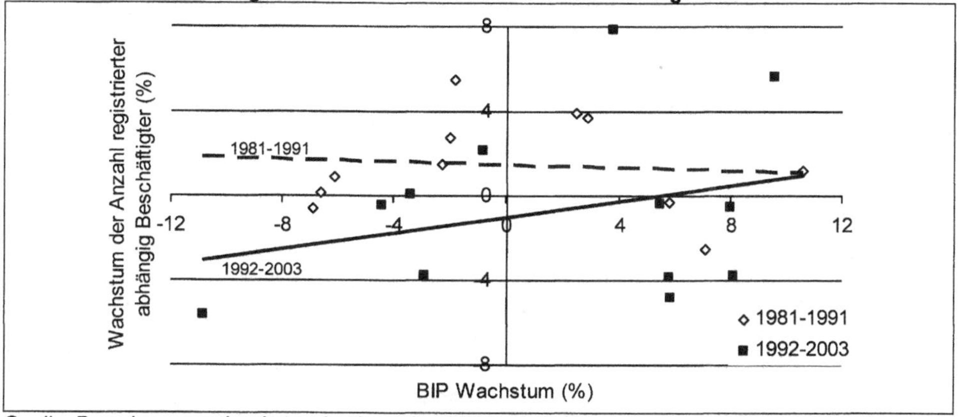

Quelle: Berechnungen des Autors basierend auf EPH-INDEC Daten.

Somit waren die Löhne in der post-Reformperiode eher starrer als in den 1980er Jahren, als das Lohnwachstum nicht mit dem Preisanstieg mithalten konnte. Dies bedeutet, dass die Arbeitsmarktreformen nicht zu einer Flexibilisierung der Löhne geführt haben. Erst mit dem erneuten Anstieg der Inflation ab 2002 sanken die Reallöhne wieder.

Abbildung 51: Wachstum der Reallöhne und Wachstum des BIP in Argentinien: 1980er und 1990er Jahre im Vergleich

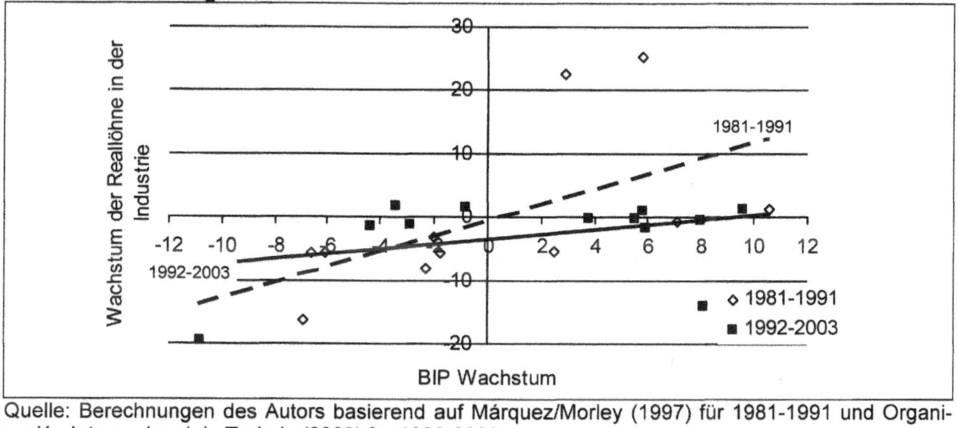

Quelle: Berechnungen des Autors basierend auf Márquez/Morley (1997) für 1981-1991 und Organización Internacional de Trabajo (2003) für 1992-2003.

Die Konstanz der Reallöhne ist gleichwohl noch kein Indiz für ein schwerwiegendes Problem auf dem Arbeitsmarkt. Aus Sicht der Arbeitgeber sind ja vor allem die Lohnstückkosten von Interesse. Diese sind bereits ab 1993 aufgrund der steigenden Arbeitsproduktivität gefallen, wie Tabelle 44 zeigt (vgl. auch Inter-American Development Bank 1998: 14ff; 2001). Insofern haben sich die Lohnkosten in der post-Reformperiode positiv entwickelt, ohne dass dies jedoch auf die Arbeitsmarktreformen zurückgeführt werden kann.

Tabelle 44: Lohnkosten, Arbeitsproduktivität und Lohnstückkosten in der Industrie, 1991-2003

	1991	1992	1993	1994	1995	1996	1997	1998	1999	2000	2001	2002	2003
Lohnkosten pro Monat	864	1.067	1.177	1.133	1.093	1.061	1.025	1.043	1.049	1.044	1.038	662	611
Arbeitsproduktivität	64,5	73,3	78,2	84,2	83,4	91,9	99,0	101,8	100,0	105,6	100,2	99,4	105,1
Stücklohnkosten	128,2	138,7	144,0	128,9	124,8	110,4	98,7	97,4	100,0	94,1	98,4	64,4	55,2

Lohnkosten pro Monat und Beschäftigtem in Pesos von 1999; Arbeitsproduktivität und Lohnstückkosten sind Indices (1990=100); Werte für 2003 beziehen sich auf das erste Halbjahr
Quelle: Ministerio de Trabajo, Empleo y Seguridad Social (2004a).

7.8.3 Zusammenfassende Bewertung

Ein gewünschtes Ziel der neoklassischen Arbeitsmarktreformen in Argentinien wurde erreicht: Der argentinische Arbeitsmarkt war in der post-Reformperiode flexibler als noch zuvor. Freilich ging diese Entwicklung mit einer deutlichen Verschlechterung der Qualität der Arbeitsbeziehungen einher. Auch ist nicht geklärt, ob die Flexibilisierung des Arbeitsmarktes ursächlich auf die Reformen zurückzuführen ist. Zu berücksichtigen ist in diesem Zusammenhang insbesondere, dass die Flexibilisierung des Arbeitsmarktes nicht ausschließlich das Ergebnis gesetzlicher Initiativen ist. Auch kollektive Verhandlungen, individuelle Arbeitsverträge etc. können zu einer Flexibilisierung führen (vgl. Galiani 2002: 4), wobei freilich immer das Arbeitsrecht den Rahmen vorgibt.[196]

Immerhin bescheinigt der aggregierte Rigiditätsindikator des Fraser Institute Argentinien eine deutliche Zunahme der Arbeitsmarktflexibilität: der Indexwert stieg von 3,5 im Jahr 1990 auf 5,9 im Jahr 1995 und 6,1 im Jahr 2000 (vgl. Tabelle 6 oben) – eine vergleichbare positive Entwicklung findet sich bei keinem der Referenzländer. Jedoch wird von allen Indices übereinstimmend die Rücknahme der Reformen nach 2000 festgestellt (vgl. Tabelle 6 oben), so dass die Arbeitsmarktinstitutionen in Argentinien heute – wie dies auch bereits in der Einführung zu Abschnitt 7.8 erwähnt wurde – als vergleichbar rigide wie Anfang der 1990er Jahre beurteilt werden.

Zwei wichtige Aspekte, welche die Effektivität der Reformen beeinflussen, sind bisher nur kurz thematisiert worden: es handelt sich um die Verlässlichkeit und Klarheit des rechtlichen Umfelds. In diesem Bereich sind die Reformen eher als kontraproduktiv zu bewerten:

- In Bezug auf die *Klarheit*: Durch die Reformen der 1990er wurden die bestehenden Gesetze nicht ersetzt, sondern zusätzliche Gesetze und Dekrete geschaffen, welche teilweise in Konflikt zu den bestehenden Gesetzen stehen (vgl. Palomino 2002: 246ff). In diesem Zusammenhang wird auch von "Deregulierung durch Hyperreglementierung" gesprochen (Coutrot 1999: 15). Dadurch entstand eine nicht unerhebliche Intransparenz des Arbeitsrechts.
- In Bezug auf die *Verlässlichkeit*: Die Einführung von Teilen der Reform durch Dekrete, aber auch die Rücknahme erfolgter Reformen im Rahmen folgender Gesetzesänderungen führten zu einer weit verbreiteten Skepsis vor allem unter den Arbeitgebern. So führt z.B. eine Senkung der Lohnnebenkosten nicht zu Neueinstellungen, weil unter den Arbeitgebern die Befürchtung verbreitet ist, dass die

196 In Argentinien wurde in kollektiven Tarifverträgen ab 1995 reger Gebrauch von den sich durch die gesetzlichen Veränderungen ergebenden Spielräume gemacht. Siehe dazu Montuschi (1997).

Lohnnebenkosten genauso einfach wieder erhöht werden können (vgl. Beccaria/Galin 2002: 107).

8 Schlussfolgerungen für die Theorie

8.1 Übereinstimmung von erwarteten und beobachteten Präferenzen

Tabelle 45 vergleicht die theoretisch deduzierten Präferenzen (gemäß Tabelle 14 bzw. Tabelle 22) mit den beobachteten Präferenzen der reformbetroffenen Akteure. Da bei empirischer Beobachtung unterschiedliche Präferenzintensitäten nicht klar unterschieden werden können, unterscheidet die Tabelle lediglich zwischen Präferenzen gegen die Reform ("-"), Präferenzen für die Reform ("+") und Indifferenz ("o"). Die Zeile "empirisch bestätigt" gibt für jede Reformmaßnahme und jeden kollektiven Akteur den Prozentsatz der Reformen an, in denen deduzierte und beobachtete Präferenzen übereinstimmen (100% bedeutet also, dass theoretisch deduzierte und beobachtete Präferenzen bei allen sechs untersuchten Reformen übereinstimmen). "Empirisch unbestimmt" heißt, dass ein Akteur keine Präferenz geäußert hat oder keine Präferenz beobachtet werden konnte. In allen Fällen, in denen keine klare Präferenz deduziert werden konnte, wurde das Fehlen einer beobachtbaren Präferenz als Übereinstimmung zwischen deduzierter und beobachteter Präferenz gewertet.

Es fällt auf, dass theoretisch deduzierte und empirisch beobachtete Präferenzen bei den gesellschaftlichen Akteuren und bei den externen Akteuren gut übereinstimmen, mit einer Ausnahme: die beobachteten Präferenzen der Arbeitslosen sind den deduzierten Präferenzen geradezu entgegengesetzt. Eigentlich wäre zu erwarten, dass sie die neoklassischen Reformen unterstützen, da sich dadurch die Wahrscheinlichkeit erhöht, eine Stelle im formellen Sektor zu finden. Stattdessen haben sie aber eher eine Präferenz für Maßnahmen, welche die Arbeitslosigkeit (zumindest nach der neoklassischen Arbeitsmarkttheorie) erhöhen und die durchschnittliche Dauer der Arbeitslosigkeit verlängern: Erhöhung der Mindestlöhne und der Arbeitslosenhilfe; Verkürzung der Arbeitszeit ohne Lohnkürzungen.

Warum haben die Arbeitslosen "falsche" Präferenzen? Zumindest drei Gründe kommen hierfür in Frage. Erstens könnte die Präferenzbildung auf der Basis von Erfahrungswerten erfolgen. Die Gruppe der Arbeitslosen hat sich erst im Vorfeld der Reform von 2000 organisiert. Die Gruppenmitglieder haben also erlebt, dass die (zumeist) neoklassisch inspirierten Reformen der 1990er keine Verringerung der Arbeitslosigkeit erzeugt haben, sondern geradezu zu einer Erhöhung der Arbeitslosenzahl und zu einer Zunahme prekärer Arbeitsbeziehungen geführt haben. Angesichts dieser Erfahrung erscheinen die durch eine flexibilisierende Arbeitsmarktreform erzielbaren Einkommensgewinne gering zu sein.

Zweitens ist die individuelle Wahrscheinlichkeit gering, als Ergebnis der Reform eine Stelle zu finden, selbst wenn der Zusammenhang zwischen Flexibilisierung und Erhöhung der Beschäftigung stimmt. Daher wird sich auch keine starke kollektive Präferenz für die Reform entwickeln. Es ist vielmehr davon auszugehen, dass die Arbeitslosen und informell Beschäftigten indifferent sind.

Tabelle 45: Übereinstimmungsgrad zwischen theoretisch deduzierten und empirisch beobachteten Präferenzen

	Reformbereich		Arbeitnehmer	Arbeitgeber	Arbeitslose	Arbeits-bürokratie	Wirtschafts-ministerium	Int. Finanz-institutionen	Int. Arbeits-organisation
Lohnkostenflexibilisierung/-senkung	Flexibilisierung kollektiver Verhandlungen	deduzierte Präferenz	-	+	o	-	o	+	o
		empirisch bestätigt	100%	100%	100%	33%	33%	67%	100%
		empirisch unbestimmt	0%	0%	n.a.	50%	n.a.	33%	n.a.
		empirisch nicht bestätigt	0%	0%	0%	17%	67% (+)	0%	0%
	Senkung Mindestlöhne	deduzierte Präferenz	-	+	+	o	o	+	-
		empirisch bestätigt	50%	0%	0%	83%	100%	17%	0%
		empirisch unbestimmt	50%	100%	67%	n.a.	n.a.	83%	100%
		empirisch nicht bestätigt	0%	0%	33%	17% (-)	0%	0%	0%
	Senkung Lohnnebenkosten	deduzierte Präferenz	-	+	+	-	o	+	o
		empirisch bestätigt	50%	100%	0%	17%	50%	33%	100%
		empirisch unbestimmt	50%	0%	100%	67%	n.a.	67%	n.a.
		empirisch nicht bestätigt	0%	0%	0%	17%	50% (+)	0%	0%
	Senkung Lohnstückkosten (Arbeitszeit-verlängerung etc.)	deduzierte Präferenz	-	+	o	o	o	+	-
		empirisch bestätigt	100%	100%	67%	50%	17%	50%	17%
		empirisch unbestimmt	0%	0%	n.a.	n.a.	n.a.	50%	83%
		empirisch nicht bestätigt	0%	0%	33% (-)	33% (-) 17% (+)	83% (+)	0%	0%
Beschäftigungsflex.	Liberalisierung Kündigungsschutz	deduzierte Präferenz	-	+	+	-	o	+	-
		empirisch bestätigt	83%	83%	0%	33%	33%	50%	17%
		empirisch unbestimmt	17%	17%	83%	50%	n.a.	50%	83%
		empirisch nicht bestätigt	0%	0%	17%	17%	67% (+)	0%	0%
	Förderung befristeter Arbeitsverhältnisse	deduzierte Präferenz	-	+	+	-	o	+	o
		empirisch bestätigt	83%	83%	0%	50%	33%	33%	83%
		empirisch unbestimmt	17%	17%	83%	33%	n.a.	67%	n.a.
		empirisch nicht bestätigt	0%	0%	17%	17%	67% (+)	0%	17% (-)
Rahmenbedingungen	Verringerung von Marktmacht	deduzierte Präferenz	-	+	+	o	o	+	+
		empirisch bestätigt	100%	67%	0%	83%	67%	50%	83%
		empirisch unbestimmt	0%	33%	100%	n.a.	n.a.	50%	17%
		empirisch nicht bestätigt	0%	0%	0%	17% (+)	33% (+)	0%	0%
	Sicherung Regelbefolgung	deduzierte Präferenz	+	-	-	+	o	+	+
		empirisch bestätigt	0%	17%	0%	67%	100%	17%	50%
		empirisch unbestimmt	100%	83%	100%	33%	n.a.	83%	50%
		empirisch nicht bestätigt	0%	0%	0%	0%	0%	0%	0%
	Gesamtreform	deduzierte Präferenz	-	+	+	-	+	+	o
		empirisch bestätigt	83%	100%	0%	33%	67%	67%	83%
		empirisch unbestimmt	17%	0%	67%	33%	33%	33%	n.a.
		empirisch nicht bestätigt	0%	0%	33%	33%	0%	0%	17% (-)

Anmerkung: Werte der Zeile "deduzierte Präferenz" ergeben sich aus Tabelle 22 (S. 191) nach folgendem Zuordnungsschlüssel: "-" entspricht -1 und -0,5; "o" entspricht 0; "+" entspricht +0,5 und +1. Werte der übrigen Zeilen geben den Grad an Übereinstimmung zwischen theoretisch deduzierten und beobachteten Präferenzen bei den 6 untersuchten Reformen in Prozent an (Bsp.: Übereinstimmung zwischen deduzierten und beobachteten Präferenzen bei 5 Reformen: 83%)

Quellen: Tabelle 22 (S. 191), Tabelle 27 (S. 213), Tabelle 29 (S. 221), Tabelle 31 (S. 228), Tabelle 33 (S. 237), Tabelle 35 (S. 247), Tabelle 37 (S. 253).

Drittens schließlich sind die empirisch beobachteten Präferenzen der Arbeitslosen v.a. auf eine unmittelbar wirkende Verbesserung ihrer Situation ausgerichtet: die Forderung nach einer sofortigen Erhöhung der Arbeitslosenhilfe hat Vorrang gegenüber einer höchstens mittelfristig wirkenden Erhöhung der Beschäftigungswahrscheinlichkeit. Damit im Einklang steht auch die Forderung nach einer Erhöhung des Mindestlohns, die zunächst auf der Basis der theoretischen Ableitung nicht erklärlich schien: denn die Höhe des Mindestlohns und der Arbeitslosenhilfe sind positiv miteinander korreliert.

Insofern besteht nur ein begrenzter Widerspruch zwischen theoretisch deduzierten und empirisch ermittelten Präferenzen. Die Arbeitslosen sind also keineswegs irrational; ihre Präferenzen werden vielmehr auf der Basis des spezifischen Reformkontextes gebildet, der bei der theoretischen Deduzierung in Abschnitt 5.2.5.2.3 nicht im Detail gewürdigt wurde. Lediglich die empirische beobachtete diffuse Ablehnung der Gesamtreform sowie die Ablehnung der Beschäftigungsflexibilität ist mit der theoretischen Erwartung schwer in Einklang zu bringen, wobei unklar ist, welches nun die "wahren" Präferenzen sind. Jedoch handelt es sich hier in jedem Fall um Präferenzen geringer Intensität.

Auch die beobachteten Präferenzen der nationalen Bürokratien stimmen nur bedingt mit den theoretisch deduzierten überein. Auch hierfür können verschiedene Faktoren verantwortlich sein. Erstens, darauf wurde bereits in Abschnitt 5.2.5.3 hingewiesen, dass die Arbeitsbürokratie Präferenzen weniger in Bezug auf die Ziele als vielmehr in Bezug auf die konkrete institutionelle Umsetzung der Reformen haben wird, weil vor allem dadurch die Kompetenzausstattung der Bürokratie berührt wird. Für das Wirtschaftsministerium konnten keine spezifischen Präferenzen in Bezug auf einzelne Reformmaßnahmen deduziert werden.

Hinzu kommt, dass die Präferenzen der nationalen Bürokratien aufgrund ihrer spezifischen Situation im politischen System kaum beobachtbar sind. Denn anders als gesellschaftliche Akteure oder auch die internationalen Organisationen werden Präferenzäußerungen nicht dokumentiert, schon gar nicht öffentlich. Vielmehr finden Verhandlungen innerhalb der Institutionen hinter verschlossenen Türen statt.

Schließlich fungieren die nationalen Bürokratien auch als Mittler zwischen gesellschaftlichen Akteuren und Regierung. In Argentinien (wie auch in vielen anderen Ländern) bestehen einerseits enge Beziehungen zwischen Unternehmen bzw. Arbeitgebern und dem Wirtschaftsministerium und andererseits enge Beziehungen zwischen den Gewerkschaften und dem Arbeitsministerium. Es ist daher nicht auszuschließen, dass Ministerien in ihren Präferenzäußerungen als Sprachrohr gesellschaftlicher Interessen fungieren. In diesem Zusammenhang ist besonders interessant, dass in *allen* Fällen, in denen die deduzierten und beobachteten Präferenzen des Wirtschaftsministeriums nicht übereinstimmten, das Wirtschaftsministerium die Position der Arbeitgeber – aber auch der Internationalen Finanzinstitutionen – vertrat (für die Arbeitsbürokratie galt das nicht in gleichem Umfang).

Welches sind nun die "wahren" Präferenzen der Arbeitsbürokratie und des Wirtschaftsministeriums? Angesichts der geschilderten Schwierigkeiten für die Beobachtbarkeit der wahren Präferenzen, welche aus der spezifischen institutionellen Position der nationalen Bürokratien resultiert, erscheint es zweckmäßig, den theoretisch deduzierten Präferenzen den Vorzug zu geben. Daher sind bezüglich der bürokratischen Präferenzen keine Korrekturen der in Abschnitt 6.4 formulierten Prognosen über die Reformwahrscheinlichkeit nötig.

Hingegen ist zu untersuchen, inwiefern eine Korrektur der Präferenzen der Arbeitslosen die Prognosen über die Reformwahrscheinlichkeit verändern kann. Diese "Sensitivitätsanalyse" ergibt die folgenden Modifikationen in den Prognosen (vgl. Tabelle A-IX, Tabelle A-X und Abbildung A-II im Anhang):

Prognose 1: keine Veränderung.
Prognose 2: Eine Senkung der Mindestlöhne ist bis 2001 wahrscheinlich. 2003/ 2004 wird (aufgrund der starken Präferenz der Arbeitslosen) eher eine Erhöhung *der Mindestlöhne erwartet. Da aber der Variablenwert unter 0,5 liegt, wird die Prognose nicht modifiziert*
Prognose 3: keine Veränderung.

Prognose 4': keine grundsätzliche Veränderung, allerdings ist die Durchsetzungsfähigkeit der Reformbefürworter weniger stark ausgeprägt als in der ursprünglichen Prognose. Von 2002 bis 2004 gleichen sich die Durchsetzungskraft der Reformbefürworter und -gegner fast aus (Variablenwerte von 0,5 und weniger), so dass eine Prognose in diesem Zeitraum nicht mehr möglich ist.
Prognose 5': eine Senkung der Mindestlöhne gehört nicht mehr zu den erwarteten Reformmaßnahmen und die Förderung befristeter Verträge wird ab 2002 nicht mehr erwartet.
Prognose 6': neben der Dezentralisierung der kollektiven Verhandlungen und der Liberalisierung des Kündigungsschutzes wird auch die Senkung der Mindestlöhne zu keinem Zeitpunkt im Untersuchungszeitraum erwartet; im Gegenteil, Mindestlohnerhöhungen werden in den Zeiträumen 1983 bis 1990 und ab 2001 erwartet.

Insgesamt sind die modifizierten Prognosen skeptischer, was die Implementierungswahrscheinlichkeit neoklassisch begründeter Reformmaßnahmen angeht. Dies betrifft vor allem die Prognosen, welche von einer Koalitionsbildung unter den Reformgegnern bzw. den Befürwortern ausgehen (Prognosen 4'-6'); hingegen werden die Prognosen, welche nur die jeweils stärkste Gruppe der Reformgegner und -befürworter berücksichtigen, durch die Anpassungen der Präferenzen nur marginal verändert.

8.2 Übereinstimmung zwischen politökonomisch erwarteten und beobachteten Reformen

Nachdem nun die in Argentinien seit 1983 durchgeführten (oder auch nicht durchgeführten) Arbeitsmarktreformen im Detail dargestellt worden sind, können die empirischen Befunde den in Abschnitt 6.4 abgeleiteten und in Abschnitt 8.1 teilweise modifizierten Prognosen gegenübergestellt und damit Rückschlüsse auf die Vorhersage- bzw. Erklärungskraft der Prognosen gezogen werden. Es sei nochmals betont, dass aufgrund der heuristischen Funktion des Modells im Rahmen der vorliegenden Arbeit ein Prognosentest im eigentlichen Sinn nicht möglich ist (vgl. Kapitel 5).

Zur Erleichterung der folgenden Ausführungen zur Übereinstimmung zwischen politökonomisch erwarteten und beobachteten Reformen werden die Prognosen hier wiederholt und tabellarisch den Ergebnissen von Kapitel 7 gegenübergestellt.

8.2.1 Prognosen über einzelne Arbeitsmarktreformmaßnahmen

Prognosen über einzelne Reformmaßnahmen wurden in Abschnitt 6.4 in zwei Blöcken formuliert: den Prognosen 2 und 5 (sowie 5'), die Aussagen über wahrscheinliche neoklassische Arbeitsmarktreformen machen, wurden die Prognosen 3 und 6 (bzw. 6') gegenübergestellt, die Erwartungen für Reformmaßnahmen mit geringer Implementationswahrscheinlichkeit formulieren.[197]

Prognosen über wahrscheinliche neoklassische Reformmaßnahmen:

> ***Prognose 2:*** *Die folgenden Reformmaßnahmen sind am leichtesten durchsetzbar, ihre Implementation ist daher am wahrscheinlichsten:*
> *a. Ausbau des Arbeitsinspektionswesens/Sicherung der Regelbefolgung,*
> *b. Senkung der Lohnnebenkosten,*
> *c. Förderung befristeter Arbeitsverhältnisse, und*
> *d. die Senkung der Mindestlöhne.*
>
> *Während die Reformmaßnahmen (a) bis (c) im gesamten Untersuchungszeitraum zu erwarten sind, ist Maßnahme (d) nur im Zeitraum von 1991 bis 2001 wahrscheinlich.*
>
> ***Prognose 5:*** *Die folgenden Reformmaßnahmen sind am leichtesten durchsetzbar, ihre Implementation ist daher am wahrscheinlichsten:*
> *a. Ausbau des Arbeitsinspektionswesens/Sicherung der Regelbefolgung,*
> *b. Senkung der Lohnnebenkosten,*
> *c. Förderung befristeter Arbeitsverhältnisse,*
> *d. der Abbau von Marktmacht (der Gewerkschaften) auf dem Arbeitsmarkt,*
> *e. die Senkung der Mindestlöhne, und*
> *f. die Senkung der Lohnstückkosten durch Arbeitszeitverlängerung und andere Maßnahmen.*
>
> *Während die Reformmaßnahmen (a) bis (d) im gesamten Untersuchungszeitraum zu erwarten sind, ist Maßnahme (e) erst ab 1990 wahrscheinlich. Maßnahme (f) wird nur im Zeitraum 1993 bis 2001 erwartet, während von 1983 bis 1989 und 2002/2003 eher entgegenlautende Reformen erwartet werden.*
>
> ***Prognose 5':*** *die Senkung der Mindestlöhne gehört nicht mehr zu den erwarteten Reformmaßnahmen und die Förderung befristeter Verträge wird ab 2002 nicht mehr erwartet.*

Prognosen über neoklassische Reformen mit geringer Implementationswahrscheinlichkeit:

> ***Prognose 3:*** *Reformmaßnahmen, deren Verabschiedung und Umsetzung nicht erwartet wird, sind:*
> *a. die Flexibilisierung der kollektiven Verhandlungen,*
> *b. der Abbau von Marktmacht (der Gewerkschaften) auf dem Arbeitsmarkt,*
> *c. die Liberalisierung des Kündigungsschutzes, und*
> *d. die Senkung der Lohnstückkosten durch Arbeitszeitverlängerung und andere Maßnahmen.*

---

197 Die Prognosen 1 und 4 über die Gesamtreformen werden in Abschnitt 8.2.2 überprüft.

Die Maßnahmen (a) und (b) werden zu keinem Zeitpunkt im Untersuchungszeitraum erwartet. Eine eindeutige Prognose in Bezug auf Maßnahmen (c) und (d) ist, ebenso wie für die Gesamtreform, nicht für den gesamten Untersuchungszeitraum möglich, jedoch sind derartige Reformmaßnahmen vor allem bis 1990 und ab dem Jahr 2002 unwahrscheinlich.

***Prognose 6:** Reformmaßnahmen, deren Verabschiedung und Umsetzung nicht erwartet wird, sind:*

a. die Flexibilisierung der kollektiven Verhandlungen, und

b. die Liberalisierung des Kündigungsschutzes.

Die Maßnahmen (a) und (b) werden zu keinem Zeitpunkt im Untersuchungszeitraum erwartet, mit Ausnahme der Jahre 2001 und 2002, in denen keine eindeutige Prognose möglich ist.

***Prognose 6':** neben der Dezentralisierung der kollektiven Verhandlungen und der Liberalisierung des Kündigungsschutzes wird auch die Senkung der Mindestlöhne zu keinem Zeitpunkt im Untersuchungszeitraum erwartet; im Gegenteil, Mindestlohnerhöhungen werden in den Zeiträumen 1983 bis 1990 und ab 2001 erwartet.*

Diese Prognosen werden in Tabelle 46 den beobachten acht Reformmaßnahmen in den sechs Reformperioden gegenübergestellt (insgesamt liegen also 48 Beobachtungen vor). Zur besseren Übersichtlichkeit der Prüfergebnisse sind durch den empirischen Befund bestätigte Prognosenwerte grün dargestellt; bei roten Werten widerspricht der empirische Befund der Prognose; und bei den schwarz dargestellten Werten ist eine Prognosenüberprüfung nicht möglich, da keine eindeutige Erwartung formuliert und/oder keine eindeutige Reformbewertung vorgenommen werden konnte.

Die tatsächlich erfolgten Reformaßnahmen sind:

- die Senkung der *Lohnnebenkosten* zwischen 1994 und 2001 (seither ein leichter Anstieg);
- die Förderung *befristeter Arbeitsverhältnisse* von 1991 bis 1998 (aber ihre weitgehende Abschaffung 1998);
- die Sicherung der Regelbefolgung/der *Ausbau des Arbeitsinspektionswesens* (wenngleich kaum implementiert) seit dem Beginn der 1990er Jahre;
- Maßnahmen zum *Abbau gewerkschaftlicher Macht* wurden 1991 und 2000 verabschiedet;
- in Bezug auf die *Mindestlöhne* gab es bis 2003 keine nennenswerten Veränderungen, und dann eine erheblich Lohnanhebung;
- bei den *kollektiven Verhandlungen* wurden 1995 und 2000 Reformen durchgeführt, die jedoch in den jeweils folgenden Reformperioden wieder zurückgenommen wurden;
- in Bezug auf die Senkung der *Lohnstückkosten* wurden 1991 und 2000 begrenzte Reformmaßnahmen verabschiedet, durch die Reform von 2004 erhöhten sich die Kosten jedoch wieder;
- im Bereich des *Kündigungsschutzes* konnten neoklassische Reformmaßnahmen zu keinem Zeitpunkt durchgesetzt werden.

Die Bewertung der **Prognosen 2 und 3** (keine Berücksichtigung von Koalitionen) ist wie folgt: überwiegend richtig vorhergesagt werden die Maßnahmen zum *Ausbau des Arbeitsinspektionswesens*, zur *Kündigungsschutzliberalisierung* und zur *Senkung der*

Lohnstückkosten. Bei der *Förderung befristeter Arbeitsverhältnisse*, der *Mindestlohnsenkung*, der *Flexibilisierung von Tarifverhandlungen* und der *Senkung der Lohnnebenkosten* stehen bestätigten Erwartungen zu einzelnen Reformperioden widerlegte Erwartungen zu anderen Zeitpunkten gegenüber. In Bezug auf die *Verringerung der Marktmacht von Gewerkschaften* liegen die Prognosen falsch.

Tabelle 46: "Überprüfung" von Prognosen 2, 3, 5 und 6

	Reformen					
	1980er	1991	1995	1998	2000	2004
Beobachtete Reformen (vgl. Tabelle 38)						
Flexibilisierung kollektiver Verhandlungen	–	o	+	–	+	–
Lohnnebenkostensenkung	–	–	+	+	–	–
Mindestlohnsenkung	o	o	o	o	o	–
Lohnstückkostensenkung (versch. Maßnahmen)	o	+	o	o	+	–
Kündigungsschutzliberalisierung	o	o	o	–	o	–
Förderung befristeter Arbeitsverhältnisse	o	+	+	–	–	o
Verringerung von Marktmacht	o	+	o	o	+	o
Sicherung der Regelbefolgung	o	+	+	+	+	+
Erwartete Reformen gemäß Prognosen 2 und 3						
Flexibilisierung kollektiver Verhandlungen	– / ✓	– / •	– / ×	– / ✓	– / ×	– / ✓
Lohnnebenkostensenkung	+ / ×	+ / ×	+ / ✓	+ / ✓	+ / ×	+ / ×
Mindestlohnsenkung	o / ✓	+ / •	+ / •	+ / •	+ / •	o / •
Lohnstückkostensenkung (versch. Maßnahmen)	– / •	o / •	o / ✓	o / ✓	o / •	– / ✓
Kündigungsschutzliberalisierung	– / •	o / ✓	o / ✓	o / •	o / ✓	– / ✓
Förderung befristeter Arbeitsverhältnisse	+ / •	+ / ✓	+ / ✓	+ / ×	+ / ×	+ / •
Verringerung von Marktmacht	– / •	– / ×	– / •	– / •	– / ×	– / •
Sicherung der Regelbefolgung	+ / •	+ / ✓	+ / ✓	+ / ✓	+ / ✓	+ / ✓
Erwartete Reformen gemäß Prognosen 5 und 6						
Flexibilisierung kollektiver Verhandlungen	– / ✓	– / •	– / ×	– / ✓	– / ×	– / ✓
Lohnnebenkostensenkung	+ / ×	+ / ×	+ / ✓	+ / ✓	+ / ×	+ / ×
Mindestlohnsenkung	o / ✓	+ / •	+ / •	+ / •	+ / •	+ / ×
Lohnstückkostensenkung (versch. Maßnahmen)	– / •	o / •	+ / •	+ / •	+ / •	– / ✓
Kündigungsschutzliberalisierung	– / •	– / •	– / •	– / ✓	o / ✓	– / ✓
Förderung befristeter Arbeitsverhältnisse	+ / •	+ / ✓	+ / ✓	+ / ×	+ / ×	+ / •
Verringerung von Marktmacht	+ / •	+ / ✓	+ / •	+ / •	+ / ✓	+ / •
Sicherung der Regelbefolgung	+ / •	+ / ✓	+ / ✓	+ / ✓	+ / ✓	+ / ✓
Erwartete Reformen gemäß Prognose 5' und 6'						
Flexibilisierung kollektiver Verhandlungen	– / ✓	– / •	– / ×	– / ✓	– / ×	– / ✓
Lohnnebenkostensenkung	+ / ×	+ / ×	+ / ✓	+ / ✓	+ / ×	+ / ×
Mindestlohnsenkung	– / •	o / ✓	o / ✓	o / ✓	o / ✓	– / ✓
Lohnstückkostensenkung (versch. Maßnahmen)	– / •	o / •	+ / •	+ / •	+ / ✓	– / ✓
Kündigungsschutzliberalisierung	– / •	– / •	– / •	– / ✓	– / •	– / ✓
Förderung befristeter Arbeitsverhältnisse	+ / •	+ / ✓	+ / ✓	+ / ×	+ / ×	o / ✓
Verringerung von Marktmacht	+ / •	+ / ✓	+ / •	+ / •	+ / ✓	+ / •
Sicherung der Regelbefolgung	+ / •	+ / ✓	+ / ✓	+ / ✓	+ / ✓	+ / ✓

Erläuterungen:

- o keine Reform;
- \+ Reform im neoklassischen Sinne (Flexibilisierung bzw. Lohnkostensenkung);
- – Reform entgegen neoklassischer Erwartung (stärkere Regulierung bzw. Lohnkostensteigerung);
- ✓ Prognose bestätigt;
- × empirischer Befund widerspricht der Prognose;
- • Prognosenbewertung nicht möglich, da keine eindeutige Erwartung und/oder kein eindeutiger Befund.

Ähnlich gemischt fällt die Bewertung der Vorhersagekraft der **Prognosen 5 und 6** (Berücksichtigung von Koalitionen) aus. Überwiegend richtig prognostiziert werden die Maßnahmen zum *Ausbau des Arbeitsinspektionswesens*, zur *Kündigungsschutz-liberalisierung*, zur *Verringerung der Marktmacht von Gewerkschaften* und zur *Senkung der Lohnstückkosten.* Bei der *Förderung befristeter Arbeitsverhältnisse*, der *Mindestlohnsenkung*, der *Flexibilisierung von Tarifverhandlungen* und der *Senkung der Lohnnebenkosten* stehen bestätigten Erwartungen zu einzelnen Reformperioden widerlegte Erwartungen zu anderen Zeitpunkten gegenüber.

Die modifizierten **Prognosen 5' und 6'** schneiden etwas besser ab. Sie prognostizieren die Reformmaßnahmen in fünf von acht untersuchten Reformbereichen überwiegend richtig: den *Ausbau des Arbeitsinspektionswesens*, die *Kündigungsschutz-liberalisierung*, die *Verringerung der Marktmacht von Gewerkschaften,* die *Senkung der Lohnstückkosten* und die *Mindestlohnsenkung.* In den übrigen drei Bereichen – *Förderung befristeter Arbeitsverhältnisse*, *Flexibilisierung von Tarifverhandlungen* und *Senkung der Lohnnebenkosten* – stehen aber auch hier wieder bestätigten Erwartungen zu einzelnen Reformperioden widerlegte Erwartungen zu anderen Zeitpunkten gegenüber.

Die Ergebnisse von Tabelle 46 werden in Tabelle 47 im Hinblick auf die Erklärungskraft der Prognosen zusammengefasst. Dort wird die Anzahl der empirischen Beobachtungen genannt, die mit den verschiedenen Prognosen übereinstimmen, widersprechen bzw. nicht prüfbar sind.

Tabelle 47: "Überprüfung" von Prognosen 2, 3, 5 und 6 – Zusammenfassung

	Anzahl richtiger Prognosenwerte (✓)	Anzahl unbestimmter Ergebniswerte (•)	Anzahl falscher Prognosenwerte (×)
Prognosen 2 und 3 (ohne Koalitionsbildung)	20 (42%)	18 (38%)	10 (21%)
Prognosen 5 und 6 (mit Koalitionsbildung)	20 (42%)	19 (40%)	9 (19%)
Prognosen 5' und 6' (mit Koalitionsbildung, modifiziert)	24 (50%)	16 (33%)	8 (17%)

Alle Prognosen liegen bei mehr als 40% der Beobachtungen richtig und bei rund 20% falsch. Eine vergleichende Aussage über die Annahme bezüglich der Koalitionsbildung ist kaum möglich – die Ergebnisse der Prognosen ohne (Prognosen 2 und 3) und mit Koalitionsbildung (Prognosen 5 und 6) sind fast identisch. Wie sich bereits bei der vorangegangenen Bewertung auf Basis der Tabelle 46 andeutete, haben die modifizierten Prognosen mit Berücksichtigung von Koalitionsbildung (Prognosen 5' und 6') eine deutlich höhere Erklärungskraft (50% aller Prognosewerte richtig).

8.2.2 "Gesamtpaket" der Arbeitsmarktreformen

> ***Prognose 1:*** *Neoklassische Arbeitsmarktreformen sind bis 1990 und ab 2002 nicht zu erwarten. Im Zeitraum 1991 bis 2001 sind die Reformbefürworter relativ am stärksten; allerdings liegen die Absolutbeträge unter 0,5, so dass eine klare Prognose bezüglich der Reformdurchführung nicht möglich ist.*

Prognose 4: *Während des gesamten Untersuchungszeitraums haben die Reformbefürworter eine höhere Durchsetzungsfähigkeit als die Reformgegner. Neoklassische Arbeitsmarktreformen sind daher jederzeit im Untersuchungszeitraum wahrscheinlich. Im Zeitraum 1989 bis 2001 sind die Reformbefürworter am stärksten; so dass Reformen am ehesten in dieser Zeit zu erwarten sind.*
Prognose 4': *keine grundsätzliche Veränderung gegenüber Prognose 4, allerdings ist die Durchsetzungsfähigkeit der Reformbefürworter weniger stark ausgeprägt als in der ursprünglichen Prognose. Von 2002 bis 2004 gleichen sich die Durchsetzungskraft der Reformbefürworter und -gegner fast aus (Variablenwerte von 0,5 und weniger), so dass eine Prognose in diesem Zeitraum nicht mehr möglich ist.*

Prognosen 1, 4, und 4' sind Prognosen über das "Gesamtpaket" der Arbeitsmarktreformen. In Analogie zum Vorgehen im vorherigen Abschnitt werden sie in Tabelle 48 den beobachten sechs Reformen gegenübergestellt.

Tabelle 48: Überprüfung von Prognosen 1, 4 und 4'

	Reformen					
	1980er	1991	1995	1998	2000	2004
Beobachtetes Gesamtreformergebnis (vgl. Tabelle 38)	o	+	+	–	+	–
Erwartete Reformen gemäß Prognose 1	– / •	o / •	o / •	o / •	o / •	– / ✓
Erwartete Reformen gemäß Prognose 4	+ / •	+ / ✓	+ / ✓	+ / ×	+ / ✓	+ / ×
Erwartete Reformen gemäß Prognose 4'	+ / •	+ / ✓	+ / ✓	+ / ×	+ / ✓	o / •

Erläuterungen:
o keine Reform;
\+ Reform im neoklassischen Sinne (Flexibilisierung bzw. Lohnkostensenkung);
– Reform entgegen neoklassischer Erwartung (stärkere Regulierung bzw. Lohnkostensteigerung);
✓ Prognose bestätigt;
× empirischer Befund widerspricht der Prognose;
• Prognosenbewertung nicht möglich, da keine eindeutige Erwartung und/oder kein eindeutiger Befund.

Reformen, die in der Summe der Maßnahmen der neoklassischen Reformerwartung entsprachen, wurden 1991, 1995 und 2000 durchgeführt. "Gegenreformen" wurden 1998 und 2004 verabschiedet.

Alle drei Prognosen schneiden im Schnitt leicht positiv ab, dennoch sind die Prognosen unterschiedlich zu bewerten: Prognose 1 kann kaum getestet werden, da nur in zwei von sechs Reformen eine klare Erwartung formuliert wird; diese wird durch die "Gegenreform" von 2004 bestätigt; die gleichlautende Erwartung für die 1980er Jahre konnte aber wegen des Fehlens eines klaren Befundes in den 1980er Jahren nicht getestet werden.

Die neoklassischen Reformen von 1991, 1995 und 2000 stehen in Einklang mit den Prognosen 4 und 4'. Prognose 4' schneidet insgesamt am besten ab, da für die letzte Reformperiode von 2003/2004 keine falsche Erwartung formuliert wird. Insgesamt ist die Erfolgsquote der Prognosen über die Gesamtreformen aber deutlich geringer als bei den Reformen über einzelne Reformmaßnahmen. Für dieses schlechtere Abschneiden können zumindest zwei mögliche Erklärungen genannt werden: zum einen ist die Bewertung der Gesamtreform problematischer als die Bewertung einzelner Reformmaßnahmen – während bei Einzelmaßnahmen relativ einfach angebbar ist, ob sie der neoklassischen Reformerwartung entsprechen, setzt sich die Gesamtreform in der Regel aus gegensätzlichen Einzelmaßnahmen zusammen, so dass der Ermessensspielraum bei der Bewertung der Gesamtreform größer ist. Dieses Aggregationsproblem betrifft sowohl die Formulierung der Prognosen als auch die Bewertung der beobachteten Reformen.

Zum anderen ist auch die Fallanzahl bei der aggregierten Betrachtung wesentlich geringer, so dass das Prüfergebnis wesentlich stärker von einzelnen Beobachtungen abhängt.

Auffällig ist auch, dass die Reform von 1998 als einzige von keiner der Prognosen richtig vorhergesagt wird. Warum gelang es den Befürwortern einer neoklassischen Reform (also Arbeitgebern und internationalen Finanzinstitutionen) nicht, sich im politischen Prozess durchzusetzen?

In Bezug auf die IFI, insbesondere den IWF, wurde postuliert, dass ihre situationsspezifische Durchsetzungsfähigkeit in Bezug auf die Arbeitsmarktreformen gering sei (vgl. Abschnitt 6.3). Diese scheint im Umfeld der Reform von 1998 in besonderem Maße gegolten zu haben, wie eine Analyse der unabhängigen Evaluierungsabteilung des IWF andeutet:

> "Our evaluation suggests that the IMF rightly emphasized labor market reforms, particularly in the early years of the convertibility regime, but when political obstacles surfaced, it was reluctant to jeopardize its relationship with Argentina over labor market matters. Internal memos suggest that the softening of the WHD's [IMF's Western Hemisphere Department] position from May to September 1997 was a response to management's perceptions. In the fall of 1998, following the Congressional rejection of a labor reform law, the staff took a position that the Board discussion of the review be postponed until the authorities had taken appropriate measures, such as implementing the law by decree. This position, however, was overruled by management and, in its report to the Board, the staff only stated its 'regret' at the outcome. It should be noted that most Executive Directors, when they met on September 23, 1998, did not share the staff's concerns; some accepted the arguments of the authorities that the new law was not as regressive as alleged, while others merely encouraged the authorities to follow through on their promises of introducing complementary legislation.
>
> The turbulence in world financial markets in 1997 and 1998 undoubtedly weighed heavily on the minds of management and Executive Directors. These considerations argued against disrupting the IMF's relationship with Argentina at a time when the country was one of the few major emerging market economies that seemed relatively unscathed by the global flight to safety. Understandably, any concerns the IMF may have had were not aired publicly. A two-sentence press release issued after the September 1998 meeting simply stated: "substantial progress has been made in the

> implementation of the structural reforms included in the program." However, this forbearance on an issue that was ultimately central to the viability of the convertibility regime had its costs, because policies that a few months earlier were meant to be at the core of the IMF-supported program would be delayed to the point where they would have little impact on the economy's ability to respond to the shocks of 1999–2000" (International Monetary Fund - Independent Evaluation Office 2004: 54).

Aufgrund des Reformumfelds stand ein Abbruch der Beziehungen des IWF zu Argentinien nicht zur Debatte. Daher waren Drohungen, Kredite auszusetzen, nicht glaubwürdig, so dass eine wesentliche Determinante der Durchsetzungsfähigkeit des IWF (die Ressourcenausstattung), nicht eingesetzt werden konnte.[198]

Auch für die Arbeitgeber war das Reformumfeld 1997-1998 eher ungünstig. Die Vielzahl der Wirtschaftsreformen der vorherigen Jahre hatte unterschiedliche Gewinner und Verlierer innerhalb der Unternehmen generiert, so dass eine einheitliche Position der Unternehmerschaft gegenüber der Regierung nicht existierte und die Kohärenz der Arbeitgeber zu dieser Phase gering war (vgl. auch Rubiolo González 2000: 200f).

Dieser Schwäche der Reformbefürworter stand eine zunehmende Stärke der Gegner neoklassischer Reformen gegenüber. Neben dem Entstehen der *Piquetero*-Bewegung, welche in den Prognosen aufgrund des noch geringen Organisationsgrades nicht berücksichtigt wurde, nahm die situationsspezifische Durchsetzungsfähigkeit der Arbeitnehmer nach der Reform von 1995 stetig zu, welches vor allem eine Folge der hohen Anzahl der Gruppenmitglieder war. Denn im Vorfeld der Reform von 1998 beabsichtigte der amtierende Präsident Menem, der laut Verfassung nicht wiedergewählt werden konnte, durch eine erneute Änderung der Verfassung eine zweite Wiederwahl zu ermöglichen, und benötigte dafür einen starken Partner, den er in den Gewerkschaften fand. Die den Gewerkschaften und Arbeitnehmern entgegenkommende Reform kann als eine Gegenleistung für die Unterstützung im Kampf um die Ermöglichung einer dritten Amtszeit gesehen werden.[199] Diese Interpretation wird auch durch den Verlauf der Reformdiskussion (vgl. Abschnitt 7.5.4) mit zwei Richtungswechseln der Regierung gestützt: der deutlichen Richtungswende der Regierung im Zeitraum 1996-1997 (Abkehr von bisherigen Reformkurs und Ersetzen des reformfreudigen Arbeitsministers) folgte eine erneute Kehrtwende Menems nach der Verabschiedung der Reform von 1998, nachdem er auf die Präsidentschaftskandidatur verzichtet hatte (erneutes Zugehen auf die Arbeitgeber).

Trotz der Verabschiedung verschiedener neoklassischer Reformen in den 1990er Jahren wurde eine tiefgreifende Liberalisierung des Arbeitsmarktes nicht erreicht. Dieses Ergebnis stimmt vor allem mit Prognose 1 überein, die keine deutlichen Reformen erwarten ließ, da die Durchsetzungsfähigkeit der Reformbefürworter kaum

198 Labaqui/Rodriguez López (2002) weisen darauf hin, dass auch die Haltung der damaligen US-amerikanischen Regierung eine wichtige Rolle für die nachgiebige Haltung des IWF spielten.

199 Eine ähnliche Interpretation lieferte das Argentinische Tageblatt bereits für die Reform von 1995, die verwässert worden sei, weil "Menem schon an eine neue Wiederwahl dachte und die Unterstützung der Gewerkschaften suchte, [...] und dann Erman González kam und eine Gegenreform durchsetzte, die einen klaren Rückschritt darstellte" (Argentinisches Tageblatt v. 15.01.2000).

höher war als die der Reformgegner. In der Tat wurden die meisten Reformen so konzipiert, dass Besitzstände der Beschäftigten gewahrt wurden: die Flexibilisierung betrifft entweder neue Vertragstypen (die contratos promovidos) oder nur Verträge, die ab der Gültigkeit des neuen Gesetzes geschlossen wurden. Eine wichtige Ausnahme, welche alle Arbeitsverträge – auch die bestehenden betraf – war die Reduzierung der Beiträge zur sozialen Sicherung. Doch hier wurde darauf geachtet, dass die Arbeitnehmeranteile (mehr oder weniger) konstant blieben. Beitragsänderungen bezogen sich alleine auf den Arbeitgeberanteil.

Insofern verfügten die Arbeitnehmer des formellen Sektors mit den Gewerkschaften über eine Vetomacht, welche dafür sorgte, dass Reformen zumindest abgemildert wurden. Dennoch war die Gruppe der Arbeitnehmer im formellen Sektor von den Reformen betroffen: zwar wurden die Besitzstände der unbefristet Beschäftigten gewahrt, aber gleichzeitig wurde diese Gruppe der privilegierten Arbeitnehmer immer kleiner. Der Verlust einer unbefristeten Stelle bedeutete, dass ein Arbeitnehmer bei einer eventuellen neuen Beschäftigung unter die neuen Regeln fiel.

Die Gewerkschaften hatten im Zeitraum von 1989 bis 2001 an zwei Fronten zu kämpfen. Die verschiedenen Reformeninitiativen sahen stets Maßnahmen in zwei Bereichen vor, zum einen die Flexibilisierung des Arbeitsmarktes und zum zweiten die Schwächung der Position der Gewerkschaften, sei es durch die Dezentralisierung der Tarifverhandlungen, sei es durch direkte Angriffe auf gewerkschaftliche Privilegien. Die Strategie der Regierungen Menem und de la Rúa bestand darin, den Gewerkschaften gegen Zugeständnisse bei den gewerkschaftlichen Privilegien deren Stillhalten in Bezug auf die Flexibilisierung des Arbeitmarktes zu erkaufen. Einige Kommentatoren stellen sogar fest, dass die Gewerkschaften seit 1991 jegliche Aktivität ausschließlich am Ziel der Verteidigung eigener institutioneller Privilegien ausrichteten und dafür die Vertretung ihrer Mitgliederinteressen preisgaben: "jegliches gewerkschaftliches Handeln basierte auf der Verteidigung der Obras Sociales und des Gesundheitssystems, dass diese repräsentieren, obgleich oft andere Arbeitnehmeransprüche vorgeschoben wurden, um die wahren Beweggründe des gewerkschaftlichen Aufbegehrens zu verschleiern" (Strega 2000: 283f, Übers. DB; vgl. auch Cortés/Marshall 1999).

Die Gewährung von Zugeständnissen an die Regierung, welche zu Lasten der *Gruppen*mitglieder, also der einzelnen Arbeitnehmer gingen, gleichzeitig aber die *Organisation* unangetastet ließen, führten zu einer Verselbständigung der Organisation und somit zur Entfremdung zwischen Arbeitnehmern und Gewerkschaften, welche mittelfristig die Gewerkschaften geschwächt hat: der fortschreitende Ansehensverlust von Gewerkschaften und Gewerkschaftsführern in der Bevölkerung[200] sowie das Entstehen eines neuen Dachverbandes mit individueller Mitgliedschaft, der CTA, und die voranschreitende Institutionalisierung der Piquetero-Bewegung sind deutliche Indi-

200 Während die Gewerkschaften in den 1980er Jahren noch bei über der Hälfte der Bevölkerung (vgl. Catterberg 1991) positiv bewertet wurden, sank das Ansehen während der 1990er Jahre zusehends: 1994/1995 hatten nur noch weniger als 20% der Bevölkerung ein positives Bild der Gewerkschaften, und seit 1999 liegt die Zustimmung bei unter 10% (vgl. Nación 06.08.2002, sowie verschiedene Umfragen des *Centro de Estudios Nueva Mayoría*).

zien für eine fortschreitende Erosion der Verhandlungsmacht der traditionellen Gewerkschaften (vgl. auch González 2001).

Insofern könnten sich die relativen Erfolge der Gewerkschaften im Kampf gegen die Arbeitsmarktreformen der 1990er Jahre als ein Pyrrhussieg erweisen. Bereits bei den Protesten zur Jahreswende 2001/2002 spielten traditionelle Verbände keine entscheidende Rolle mehr. Auch offiziell ist die Spaltung der Arbeitnehmerbewegung nun vollzogen. Im Vorfeld der Reform von 2004 waren alle drei damals bestehenden Gewerkschaftsdachverbände (die beiden CGTs und die CTA) in die Konsultationen eingebunden. Eine sich weniger arbeitnehmerfreundliche darstellenden Regierung als die derzeit amtierende wird die institutionelle Spaltung wie auch das schlechte Ansehen der Gewerkschaften in der Öffentlichkeit nutzen können, um erneut neoklassische Arbeitsmarktreformen voranzubringen.

8.3 Zusammenfassende Bewertung, offene Fragen und zukünftiger Forschungsbedarf

Insgesamt ist die Vorhersagekraft der Prognosen zufriedenstellend, wobei die *modifizierten Prognosen* (also nach "Korrektur" der Arbeitslosenpräferenzen; vgl. Abschnitt 8.1) *mit Koalitionsbildung* (Prognosen 4-6 bzw. 4' bis 6') sowohl in Bezug auf die Gesamtreform als auch in Bezug auf einzelne Reformmaßnahmen besser abschneiden als diejenigen ohne Koalitionsbildung (Prognosen 1-3). Dies deutet darauf hin, dass für das Ergebnis eines Reformprozesses nicht nur die Präferenzen der Hauptakteure eine Rolle spielen (bei Arbeitsmarktreformen typischerweise die Gewerkschaften als Reformgegner und die Arbeitgeber als Reformbefürworter), sondern auch die Präferenzen anderer, weniger direkt betroffener Gruppen. Hierbei ist es nicht nötig, dass Reformbefürworter oder –gegner formale Koalitionen bilden, sondern es reicht aus, wenn beispielsweise verschiedene reformbefürwortende Gruppen unkoordiniert ihre Position vertreten. Für die Regierung als Reformagent bedeutet dies, dass es sinnvoller sein kann, diffus reformbefürwortende Gruppen und Akteure einzeln zu mobilisieren, als Reformgegner und –befürworter im Rahmen von Konzertationen an einen Tisch zu bringen.

Trotzdem bleiben einige offene Fragen. Die erste davon resultiert natürlich aus dem Scheitern der Prognosen angesichts der Reform von 1998. Offensichtlich wurde hier eine wichtige Determinante der Durchsetzungsfähigkeit von Akteuren nicht berücksichtigt. Wie im vorhergehenden Abschnitt angedeutet wurde, spielte das Wiederwahlinteresse bei der Reform von 1998 eine wichtige Rolle. In der Tat war die Reform die einzige im Untersuchungszeitraum, die relativ kurz vor Wahlen stattfand. Alle anderen wurden zu Beginn der jeweiligen Amtsperiode verabschiedet. Eine Kombination des hier vorgestellten Ansatzes mit Modellen politischer Konjunkturzyklen könnte darin bestehen, die Determinante "Gruppengröße" je nach Zeitpunkt im politischen Konjunkturzyklus zu gewichten: das Gewicht wäre dann unmittelbar nach Wahlen gering und würde bis zur nächsten Wahl ansteigen, um dann nach der Wahl wieder abzufallen.

Auch die "richtige" Ermittlung von Präferenzen wirft weiterhin Fragen auf. Die in Abschnitt 8.1 dargestellten Diskrepanzen zwischen theoretisch erwarteten und empirisch beobachteten Präferenzen vor allem bei der Gruppe der Arbeitslosen machen deutlich, dass die theoretische Deduktion von Akteurspräferenzen stark von den Annahmen über die zugrundegelegten Nutzenfunktionen abhängen. Insofern erscheint eine Gegenüberstellung der deduzierten Präferenzen mit empirisch beobachtbaren Präferenzen in jedem Fall notwendig zu sein, auch wenn dies einen erheblichen Forschungsaufwand erfordert.

Eine weitere offene Frage, zu der das hier entwickelte Modell nur wenig beitragen konnte – weder auf der theoretischen noch auf der empirischen Ebene – ist die Rolle der nationalen Bürokratien. Angesichts der komplexen Rolle der Bürokratien, die sowohl zu den Reformverantwortlichen als auch zu den Reformbetroffenen gehören, ist die hier erfolgte Zurechnung zu den Reformbetroffenen der Wirklichkeit nicht angemessen. Die mangelnde Beobachtbarkeit von Präferenzen und Aktivitäten der Bürokratien im Reformprozess tragen ein Übriges dazu bei, dass die Arbeitsverwaltung und das Wirtschaftsministerium in weiten Teilen eine "black box" geblieben sind. Angesichts der Komplexität der Bürokratie dürfte aber eine realitätsadäquate Integration in das Modell schwierig werden, wenn die Modellstruktur nicht über die Maßen komplex werden soll.

Schließlich kann kritisiert werden, dass das Modell in einem nicht zu unterschätzendes Ausmaß subjektive Bewertungen erfordert. Ob Reformen eher der neoklassischen Reformerwartung entsprechen oder nicht, ist eben oft nicht objektiv entscheidbar bzw. hängt von Details ab, die sich erst im Laufe der Implementierung ergeben. Auch die Bewertung der Durchsetzungsfähigkeit von kollektiven Akteuren basiert zum Teil auf qualitativen und mithin subjektiven Faktoren.

Im Rahmen der Arbeit wurde versucht, die Subjektivitätsproblematik abzuschwächen, indem erstens durch die Berücksichtigung verschiedener Reformmaßnahmen und verschiedener Reformperioden die Anzahl der Beobachtungszeitpunkte erhöht wurde. Dadurch wurde der Einfluss einzelner potentieller Fehlbewertungen auf das Gesamtergebnis reduziert. Zudem wurde – wo immer möglich – versucht, auf bereits existierende Bewertungen in der Literatur zurückzugreifen und somit die Bewertungen auf eine breitere, intersubjektive Basis zu stellen. Dennoch kann natürlich nicht erwartet werden, dass alle im Verlauf der Arbeit vorgenommenen Einzelbewertungen unstrittig sind.

Ohnehin kann dem Analysemodell (möglicherweise zu Recht) vorgeworfen werden, dass es unhandlich ist und jegliche theoretische Eleganz vermissen lässt. Denkt man an die zwei grundsätzlichen Schulen in der Politischen Ökonomie, ist ein solcher Vorwurf vor allem von Seiten der wirtschaftswissenschaftlichen Linie zu erwarten. Im Gegensatz dazu werden Historiker und Vertreter der politikwissenschaftlichen Linie der Politischen Ökonomie (möglicherweise ebenso zu Recht) darauf hinweisen, dass im Rahmen des hier angewendeten Analysemodells viele Details der Aushandlung von Arbeitsmarktreformen nicht berücksichtigt werden oder die Ermittlung der Durchsetzungsfähigkeit formalistisch erfolgt.

Diese Kritik von verschiedener Seite mag gerechtfertigt sein. Dennoch sollte nicht übersehen werden, dass das Modell für die Arbeitsmarktreformen in Argentinien

Erklärungskraft besitzt. Von sechs Reformen steht lediglich eine im Gegensatz zu den aus dem Modell abgeleiteten (modifizierten) Prognosen, und die Trefferquote in Bezug auf die einzelnen Reformmaßnahmen liegt bei 50%. Ob es sich bei diesen Ergebnissen um statistische Artefakte handelt (was angesichts der relativ geringen Zahl von Beobachtungen durchaus möglich ist), lässt sich nur durch weitere Fallstudien feststellen. Weitere Länderstudien sind daher wünschenswert.

TEIL 5 – SCHLUSS

9 Chancen und Wünschbarkeit neoklassischer Arbeitmarktreformen in Argentinien

Joseph Stiglitz beklagte, als er über die Regierungsverhandlungen über Strukturreformen (auch des Arbeitsmarktes) während seiner Zeit als Chefvolkswirt der Weltbank sprach, "[i]t was finance ministers and central bank governors – and outsiders who often seemed to be representing international financial interests – that had the seats at the table, not labor unions or labor ministers" (Stiglitz 2000: 1). Dieser Eindruck einer absoluten Durchsetzungsfähigkeit der Wirtschaftsinteressen wird durch die Ergebnisse der vorliegenden Untersuchung über die Arbeitsmarktreformen in Argentinien nicht bestätigt. Wenngleich es richtig sein mag, dass Arbeitnehmervertreter und Arbeitsministerien in internationalen Verhandlungen nicht oder zumindest nicht angemessen repräsentiert sind, so zeigt das Beispiel Argentinien doch, dass sie im innenpolitischen Konflikt über Arbeitsmarktreformen durchaus über eine hohe Durchsetzungsfähigkeit verfügen. Dies gilt vor allem für die Eigeninteressen der Arbeitnehmer*organisationen.*

Für die Durchsetzung neoklassisch begründeter Arbeitsmarktreformen stellt dies ein Problem dar. Natürlich können, das haben auch die Arbeitsmarktreformen in Argentinien gezeigt, Regierungen den Gewerkschaften gegen Zusicherung ihrer Organisationsprivilegien Zugeständnisse in Bereichen abkaufen, in denen nur die Gewerkschaftsmitglieder, nicht aber die Gewerkschaften selbst betroffen sind. Zu einer umfassenden neoklassischen Reform gehört aber auch die Abschaffung der Organisationsprivilegien selbst, und in diesem Bereich konnten in Argentinien tatsächlich bisher keine nennenswerten Fortschritte erzielt werden. Allerdings hat die Reformpolitik eine zunehmende Entfremdung der Arbeitnehmer bzw. Gewerkschaftsmitglieder von den Gewerkschaftsorganisationen bzw. -funktionären bewirkt. Diese wachsende Spaltung zwischen Gruppe und Organisation wird mittelfristig aufgrund der sinkenden Mobilisierungsmacht eine geringere Durchsetzungsfähigkeit der Gewerkschaften nach sich ziehen und somit den bisher stärksten Gegner neoklassischer Arbeitsmarktreformen schwächen.

Es bleibt die Frage, – und hiermit wird sowohl der positivistische Ansatz dieser Arbeit als auch die Fixierung auf die neoklassische Arbeitsmarkttheorie verlassen – ob die Umsetzung des neoklassischen Reformprogramms überhaupt wünschenswert ist. Dass die Neoklassik das hegemoniale Paradigma der 1980er und 1990er Jahre darstellte, ist unbestritten, auch wenn Domingo Cavallo, der Architekt der argentinischen Strukturreformen der frühen 1990er Jahre, feststellt: "the IMF and the so-called Washington Consensus had no influence at all" (Cavallo 2004: 151). Genauso unbestritten ist aber auch die zunehmende Kritik in den vergangenen Jahren, selbst von hochrangigen Vertretern der Institutionen, welche selbst maßgeblich zur Verbreitung des neoklassischen Modells beigetragen haben. Um nochmals Joseph Stiglitz zu zitieren:

> "I am just completing serving three years as Chief Economist of the World Bank. During that time, labor market issues did arise, but all too frequently, mainly from a narrow economics focus, and even then, looked at even more narrowly through the lens of neo-classical economics. Wage rigidities – often the fruit of hard fought bargaining – were thought to be part of the problem facing many countries, contributing to their high unemployment; a standard message was to increase labor market flexibility – the not so subtle subtext was to lower wages and lay off unneeded workers. Even when labor market problems are not the core of the problem facing the country, all too often workers are asked to bear the brunt of the costs of the adjustment" (Stiglitz 2000: 1).

Auch in Argentinien, so scheint es, hat das neoklassische Modell an Attraktivität verloren. Die Reformen von 1991, 1995 und 2000, welche zweifellos – wenngleich in unterschiedlichem Ausmaß – Umsetzungen neoklassischer Reformempfehlungen darstellten, führten nicht zu den gewünschten Effekten. Die Arbeitslosigkeit stieg ebenso wie Anzahl und Ausmaß prekärer Arbeitsbeziehungen, und selbst wenn diese Entwicklungen nicht den Arbeitsmarktreformen zugerechnet werden können, so muss doch die Frage gestellt werden, wie fundamental bzw. wie weitgehend neoklassische Arbeitsmarktreformen sein müssen, um zu Verbesserungen auf dem Arbeitsmarkt zu führen. Aus neoklassischer Sicht ist zu folgern, dass die durchgeführten Reformen jedenfalls nicht tiefgreifend genug waren, um eine weitere Abwanderung von Erwerbspersonen in die Irregularität zu verhindern, wie der Anstieg der Beschäftigung im informellen Sektor gerade auch seit dem Beginn der 1990er Jahre anzeigt.

In der Tat haben die neoklassisch inspirierten Reformen in Argentinien eher dazu geführt, dass die Arbeitsbedingungen im formellen Sektor sich den Bedingungen des informellen Sektors angenähert haben. Solche Reformen können zwar als Abbau der Arbeitsmarktsegmentierung interpretiert werden, aber kaum als Verbesserung der Arbeitsmarktlage.

Angesichts dieser Erfahrungen sind die Aussichten für weitere neoklassische Arbeitsmarktreformen in Argentinien schlecht: eine erneute Deregulierung scheint politisch kaum durchsetzbar. Und der Trend zur Unzufriedenheit mit den Folgen neoklassischer Arbeitsmarktreformen ist nicht auf Argentinien beschränkt. Auch in den anderen Ländern der Region werden die zunehmende Instabilität sowie die prekären Bedingungen in den Arbeitsbeziehungen beklagt (vgl. CEPAL 2000: 97ff).

Die Arbeitsmarktreform von 2004 hat bereits die Unzufriedenheit und Abkehr vom vorherrschenden Paradigma der 1990er Jahre angezeigt, indem sie auf eine Rückkehr zu mehr Regulierung und Kontrolle setzte, unter anderem mit stärkeren staatlichen Eingriffen in der Lohnpolitik und mit dem Ausbau des Arbeitsinspektionssystems. Und die Tatsache, dass der Arbeitsmarkt sich seit der Regierungsübernahme der Peronisten 2002 und der Rücknahme vorheriger neoklassischer Reformen in einem konstanten Aufwind befindet, wird dazu beitragen, dass mögliche neoklassische Arbeitsmarktreformansätze in Zukunft auf noch stärkeren Widerstand treffen als bisher schon.

Literaturverzeichnis

Ausgewertete Rechtsquellen

Grundlegende Arbeitsgesetze bis Dezember 1983 (chronologisch)

Ley n° 11544, 29/08/1929, Régimen de jornada de trabajo.

Ley n° 11729, 26/09/1933, Código de comercio. Modificación de varios artículos.

Ley n° 14250, 13/10/1953, Ley de Convenciones Colectivas de Trabajo.

Ley n° 18694, 29/05/1970, Trabajo. Infracciones - uniformidad de sanciones.

Ley n° 18695, 29/05/1970, Trabajo. Ordenamiento y regulación- sanciones.

Ley n° 20744 (texto ordenado de 1976), 05/09/1974, Ley de contrato de trabajo.

Ley n° 22105, 15/11/1979, Ley de Asociaciones Sindicales.

Ley n° 22520, 18/12/1981, Ley de ministerios

*Gesetze und Dekrete seit Dezember 1983 (chronologisch; grundlegende Rechtstexte sind **fett** gedruckt)*

Ley n° 23041, 22/12/1983, Sueldo anual complementario.

Ley n° 23060, 22/03/1984, Fondo nacional de la vivienda (fonavi), contribuciones a cargo de los empleadores y de los trabajadores autónomos: restablecimiento.

Ley n° 23071, 04/07/1984, Régimen de elecciones para las asociaciones profesionales de trabajadores.

Ley n° 23072, 04/07/1984, Asociaciones gremiales de trabajadores.

Ley n° 23081, 29/08/1984, Contribuciones a cargo de los empleadores en el régimen jubilatorio para trabajadores en relación de dependencia.

Ley n° 23099, 28/09/1984, Multas por infracción de normas de caracter laboral: actualización.

Ley n° 23545, 22/12/1987, Ley 14250 (convenciones colectivas de trabajo): modificaciones.

Ley n° 23546, 22/12/1987, Convenciones colectivas de trabajo; normas de procedimiento para la negociación colectiva.

Decreto 199/88, 15/02/1988, Convenciones colectivas de trabajo. ley 14250 - delegación.

Ley n° 23551, 23/03/1988, Ley de asociaciones sindicales de trabajadores.

Decreto 467/88, 14/04/1988, Reglamentación. Asociaciones sindicales.

Ley n° 23568, 15/06/1988, Modificaciones al sistema nacional de previsión.

Ley n° 23660, 29/12/1988, Obras sociales: régimen.

Ley n° 23696, 17/08/1989, Reforma del Estado.

Ley n° 23697, 01/09/1989, Emergencia económica.

Ley n° 23769, 28/12/1989, Instituto Nacional de Previsión Social - creación.

Decreto 1894/90, 19/09/1990, Consejo Nacional del Salario Vital Mínimo y Móvil.

Decreto 2184/90, 16/10/1990, Trabajo. Servicios esenciales - reglamentación.

Ley n° 23928, 27/03/1991, Ley de convertibilidad del Austral

Ley n° 23942, 22/05/1991, Leyes 18694 y 18695 (infracciones a las leyes laborales): modificación.

Decreto 1334/91, 15/07/1991, Convenios colectivos de trabajo -rectificaciones.

Ley n° 23966, 01/08/1991, Impuestos / previsión social.

Decreto 2284/91, 31/10/1991, Desregulación ecónomica - reforma fiscal.

Ley n° 24013, 13/11/1991, Ley nacional de empleo.

Ley n° 24028, 14/11/1991, Accidentes de trabajo.

Decreto 2741/91, 26/12/1991, Administración Nacional de la Seg. Social (ANSES). Creación.

Decreto 340/92, 24/02/1992, Pasantías.

Ley nº 24185, 11/11/1992, Trabajo -convenciones colectivas. Negociaciones colectivas de trabajo para trabajadores del Estado.

Decreto 470/93, 18/03/1993, Convenciones colectivas de trabajo. Modifican dec. 199/88.

Ley nº 24241, 23/09/1993, Ley nacional del sistema integrado de jubilaciones y pensiones.

Decreto 2609/93, 22/12/1993, Aportes patronales -reducción.

Ley nº 24347, 23/06/1994, Ley 24241 (sistema integrado de jubilaciones y pensiones): modificación.

Decreto 1547/1994, 31/08/1994, Empleo - aprueban programa de pasantías.

Ley nº 24463, 08/03/1995, Ley de solidaridad previsional.

Ley nº 24465, 15/03/1995, Flexibilización laboral. (Ley de promoción del empleo)

Ley nº 24467, 15/03/1995, Régimen especial para las pequeñas y medianas empresas (pymes). (Ley de pequeñas y medianas empresas)

Ley nº 24522, 20/07/1995, Ley de concursos y quiebras.

Ley nº 24557, 13/09/1995, Ley sobre riesgos del trabajo (LRT).

Decreto 492/95, 22/09/1995, Obras sociales sindicales. Programa medico obligatorio - reducción de aportes.

Ley nº 24576, 18/10/1995, Ley de contrato de trabajo (ley 20744 - t.o. 1976): modificación.

Ley nº 24635, 10/04/1996, Ley de instancia obligatoria de conciliación laboral (SECLO).

Decreto 772/96, 15/07/1996, Inspección del trabajo. Policia del trabajo.

Ley nº 24692, 04/09/1996, Ley 20744, t.o. 1976 (contrato de trabajo): modificación.

Ley nº 24700, 25/09/1996, Ley 20744 (régimen de contrato de trabajo): modificaciones.

Ley nº 24714, 02/10/1996, Ley del régimen nacional de asignaciones familiares.

Decreto 1183/96, 17/10/1996, Empleo no registrado. Fiscalización - colaboración de asoc sindicales.

Decreto 1553/96, 18/12/1996, Convenciones colectivas de trabajo. Homologación - facultad para revocar.

Decreto 1554/96, 18/12/1996, Convenciones colectivas de trabajo. Negociación colectiva - procedimiento.

Decreto 1555/96, 18/12/1996, Convenciones colectivas de trabajo. Pequeña empresa: - reglamentación.

Decreto 197/97, 07/03/1997, Instituto Nacional de Serv. Soc. p/ Jub. y Cens. Cese de intervención - normas regulatorias.

Decreto 53/98, 15/01/1998, Administración de programas especiales. Creación - organismo descentralizado.

Ley nº 25013, 02/09/1998, Reforma laboral.

Decreto 1520/98, 24/12/1998, Sistema integrado de jubilaciones y pensiones. Contribuciones - nuevas alícuotas.

Decreto 50/99, 27/01/1999, Convenciones colectivas de trabajo. Comisión negociadora.

Decreto 96/99, 11/02/1999, Sistema integrado de jubilaciones y pensiones. Contribuciones - empleadores.

Ley nº 25164, 15/09/1999, Ley marco de regulación de empleo público nacional.

Ley nº 25165, 15/09/1999, Sistema de pasantias educativas. Creación.

Ley nº 25191, 03/11/1999, Trabajadores rurales. Registro único.

Ley nº 25212, 24/11/1999, Pacto federal del trabajo.

Ley nº 25250, 11/05/2000, Reforma laboral.

Decreto 446/2000, 02/06/2000, Obras sociales. Desregulación - derecho de opción.

Decreto 484/2000, 14/06/2000, Jornada de trabajo. Horas suplementarias - límite máximo.

Ley nº 25323, 13/09/2000, Incremento al doble de las indemnizaciones previstas por las leyes 20744 (t.o. 1976), artículo 245 y 25013, artículo 7, o las que en el futuro las reemplacen, cuando se trate de una relación laboral no registrada o que lo esté de modo deficiente.

Ley nº 25371, 29/11/2000, Sistema integrado de prestaciones por desempleo para los trabajadores comprendidos en el régimen nacional de la industria de la construcción.

Decreto 1122/2000, 29/11/2000, Trabajo y seguridad social. Inscripción en materia laboral y seguridad social.

Decretos 1171-1174/2000, 11/12/2000, Reforma laboral - reglamentación.

Decreto 95/2001, 25/01/2001, Reforma laboral. Reglamentación ley 25.250.

Decreto 757/2001, 11/06/2001, Asociaciones sindicales. Ref.: Decreto 467/88, art. 22

Decreto 814/2001, 20/06/2001, Contribuciones patronales. Normativa aplicable.

Ley nº 25561, 06/01/2002, Emergencia pública y reforma del régimen cambiario, ley de convertibilidad 23928 - su modificación.

Ley nº 25565, 06/03/2002, Ley de presupuesto. Administración nacional ejercicio 2002.

Decreto 883/2002, 27/05/2002, Ley 25561, art. 16 - prórroga.

Decreto 1273/2002, 17/07/2002, Asignación no remunerativo de Pesos cien.

Ley nº 25674, 06/11/2002, Ley 23551 (asociaciones sindicales): modificación. Participación sindical de la mujer.

Ley nº 25723, 27/12/2002, Decreto 814/2001 (contribuciones patronales, normativa aplicable a aquellas que se devenguen a partir del 01/07/2001): reducción.

Decreto 2641/2002, 19/12/2002, Salarios. Asignación no remunerativa.

Decreto 905/2003, 15/04/2003, Salarios. Asignaciones no remunerativas.

Decreto 256/2003, 24/06/2003, Suspensión despidos - prórroga.

Decreto 388/2003, 10/07/2003, Salario mínimo vital y móvil - fíjanse montos.

Decreto 392/2003, 10/07/2003, Salarios. Trabajadores sector privado - incrementase remuneración.

Ley nº 25800, 05/11/2003, Convenio sobre trabajo a domicilio (1996, número 177).

Ley nº 25801, 05/11/2003, Convenio sobre los representantes de los trabajadores (1971, número 135).

Ley nº 25802, 05/11/2003, Convenio 150 de la Organización Internacional del Trabajo sobre la administración del trabajo: cometido, funciones y organización.

Ley nº 25820, 19/11/2003, Emergencia pública y reforma del régimen cambiario. Ley 25.561 - su modificación.

Decreto 1347/2003, 29/12/2003, Salarios. Asignación no remunerativa - sector privado.

Decreto 1349/2003, 29/12/2003, Salario mínimo, vital y móvil - jornalizados.

Decreto 1351/2003, 29/12/2003, Trabajo. Suspensión de despidos - Prórroga.

Ley nº 25877, 02/03/2004, Ley de ordenamiento del régimen laboral.

Decreto 823/2004, 23/06/2004, Trabajo. Suspensión de despidos - Prórroga.

Ausgewertete Zeitungen

Argentinisches Tageblatt: 1983 – 2004

Clarín: 1996 – 2004

La Nación: 1995 – 2004

Página/12: 2000 – 2004

Wissenschaftliche Literatur

Acuña, Carlos H/Smith, William C 1994: The Political Economy of Adjustment: The Logic of Support and Opposition to Neoliberal Reform. In: Smith, William C/Acuña, Carlos H/Gamarra, Eduardo A (Hrsg.): Latin American Political Economy in the Age of Neoliberal Reform. Theoretical and

Comparative Perspectives for the 1990s. New Brunswick/London, Transaction Publishers: 17-66.

Agénor, Pierre-Richard 1996: "The Labor Market and Economic Adjustment." In: IMF Staff Papers 43 (2): 261-335.

Agénor, Pierre-Richard/Aizenman, Joshua 1999: "Macroeconomic Adjustment with Segmented Labor Markets." In: Journal of Development Economics 58: 277-296.

Aizenman, Joshua 1998: Fiscal Discipline in a Union. In: Sturzenegger, Federico/Tommasi, Mariano (Hrsg.): The Political Economy of Reform. Cambridge, Mass/London, The MIT Press: 185-208.

Alesina, Alberto/Drazen, Allan 1998: Why Are Stabilizations Delayed? In: Sturzenegger, Federico/Tommasi, Mariano (Hrsg.): The Political Economy of Reform. Cambridge, Mass/London, The MIT Press: 77-103.

Alonso, Guillermo 1998: "Democracia y reformas: las tensiones entre decretismo y deliberación. El caso de la reforma previsional argentina." In: Desarrollo Económico (150): 595-626.

Alston, Lee J/Libecap, Gary D/Mueller, Bernardo 1999: Titles, Conflict, and Land Use. The Development of Property Rights and Land Reform on the Brazilian Amazon Frontier. Ann Arbor, University of Michigan Press.

Arrow, Kenneth J 1970: The Organisation of Economic Activity. In: Hareman, R J/Margolis, J (Hrsg.): Public Expenditure and Policy Analysis. Chicago, Markham.

Austen-Smith, David 1997: Interest Groups: Money, Information, and Influence. In: Mueller, Dennis C (Hrsg.): Perspectives on Public Choice. A Handbook. Cambridge/New York/Melbourne, Cambridge University Press.

Austen-Smith, David/Wright, John R 1992: "Competitive Lobbying for a Legislator's Vote." In: Social Choice and Welfare 9: 229-257.

Azariadis, Costas 1975: "Implicit Contracts and Underemployment Equilibria." In: Journal of Political Economy 83 (6): 1183-1202.

Baily, Martin Neil 1974: "Wages and Employment under Uncertain Demand." In: Review of Economic Studies 41 (1): 37-50.

Bates, Robert H/Krueger, Anne O (Hrsg.) 1993: Political and Economic Interactions in Economic Policy Reform: Evidence from Eight Countries. Oxford, Basil Blackwell.

Bator, Francis 1958: "The Anatomy of Market Failure." In: Quarterly Journal of Economics: 351-357.

Baumol, William J 1965: Welfare Economics and the Theory of the State. London, London School of Economics.

Beccaria, Luis/Galin, Pedro 2002: Regulaciones laborales en Argentina. Evaluación y propuestas. Buenos Aires, Fundación OSDE/CIEPP.

Becker, Gary S 1957: The Economics of Discrimination. Chicago, University of Chicago Press.

--- 1983: "A Theory of Competition among Pressure Groups for Political Influence." In: Quarterly Journal of Economics 48 (3): 371-400.

Bell, Linda A 1997: "The Impact of Minimum Wages in Mexico and Colombia." In: Journal of Labour Economics 15 (3): 102-135.

Berger, Silvia/Szretter, Héctor 2002: Costos laborales de hombres y mujeres. El caso de Argentina. In: Abramo, Laís/Todaro, Rosalba (Hrsg.): Cuestionando un mito: Costos laborales de hombres y mujeres en América Latina. Lima, OIT-Oficina Regional para las Américas.

Berry, Albert/Mendez, Maria Teresa 1999: Policies to Promote Adequate Employment in Latin America and the Caribbean (LAC). Geneva, International Labour Office.

Bienen, Derk 2002: Mindestlohnreformen in Südamerika - ökonomische Rechtfertigung und praktische Umsetzung. Diskussionsbeitrag Nr. 90. Göttingen, Ibero-Amerika Institut für Wirtschaftsforschung.

Bienen, Derk/Freund, Corinna/Rittberger, Volker 1999: Gesellschaftliche Interessen und Außenpolitik. Die Außenpolitiktheorie des utilitaristischen Liberalismus. Tübinger Arbeitspapiere zur Internationalen Politik und Friedensforschung, Nr. 33. Tübingen, Attempto.

Birdsall, Nancy/Graham, Carol/Sabot, Richard (Hrsg.) 1998: Efficiency- and Equity-Enhancing Reforms in Latin America. Washington, DC, Brookings Institution Press.

Birle, Peter 1995: Argentinien: Unternehmer, Staat und Demokratie. Frankfurt am Main, Vervuert.

--- 2002a: Gewerkschaften, Unternehmerverbände und Staat: Der schwierige Abschied vom Klassenkampf durch Mittelsmann. In: Bodemer, Klaus/Pagni, Andrea/Waldmann, Peter (Hrsg.): Argentinien heute. Politik, Wirtschaft, Kultur. Frankfurt am Main, Vervuert: 153-182.

--- 2002b: Parteien und Parteiensystem in der Ära Menem - Krisensymptome und Anpassungsprozesse. In: Birle, Peter/Carreras, Sandra (Hrsg.): Argentinien nach zehn Jahren Menem. Wandel und Kontinuität. Frankfurt/Main, Vervuert: 213-242.

Birle, Peter/Carreras, Sandra (Hrsg.) 2002: Argentinien nach zehn Jahren Menem. Wandel und Kontinuität. Bibliotheca Ibero-Americana, Bd. 86. Frankfurt/Main, Vervuert.

Black, Duncan 1958: The Theory of Committees and Elections. Cambridge, Cambridge University Press.

Bodemer, Klaus/Pagni, Andrea/Waldmann, Peter (Hrsg.) 2002: Argentinien heute. Politik, Wirtschaft, Kultur. Bibliotheca Ibero-Americana, Bd. 88. Frankfurt am Main, Vervuert.

Borner, Jutta/Marmora, Leopoldo 1985: Argentinien: Die Gewerkschaften in der neuen Demokratie - neue Demokratie in den Gewerkschaften? In: Ramalho, Luiz (Hrsg.): Lateinamerikanische Gewerkschaften zwischen staatlicher Gängelung und Autonomie. Fallstudien zu Argentinien, Brasilien, Chile, Costa Rica, Ecuador und Guyana. Saarbrücken/Fort Lauderdale, Breitenbach: 25-54.

Botero, Juan/Djankov, Simeon/La Porta, Rafael, et al. 2004: The Regulation of Labor. o.O.

Bour, Juan L 1995: Mercado de Trabajo y Productividad en la Argentina. FIEL Discussion Paper. Buenos Aires, FIEL.

Bour, Juan L/Susmel, Nuria 1997: Las estadísticas laborales. Documento de Trabajo N° 52. Buenos Aires, FIEL.

Brodsky, Melvin 1994: "Labor Market Flexibility. A Changing International Perspective." In: Monthly Labor Review 117 (11): 53-60.

Buchanan, James M/Tullock, Gordon 1962: The Calculus of Consent. Logical Foundations of Constitutional Democracy. Ann Arbor, University of Michigan Press.

Burki, Shahid J/Perry, Guillermo E 1997: The Long March: a Reform Agenda for Latin America and the Caribbean in the Next Decade. Washington, DC, World Bank.

--- 1998: Beyond the Washington Consensus: Institutions Matter. Washington, DC, World Bank.

Calmfors, Lars 1993: "Centralisation of Wage Bargaining and Macroeconomic Performance - A Survey." In: OECD Economic Studies 21: 161-191.

Canitrot, Adolfo/Díaz, Alejandro Rodolfo 1995: Libro blanco sobre el empleo en la Argentina. Buenos Aires, Ministerio de Trabajo y Seguridad Social.

Capon Filas, Rodolfo 1989: El nuevo derecho sindical argentino. Buenos Aires.

Cárcamo Manna, Leandro M 1998: El salario mínimo en Argentina. Evolución, alcance y efectos (1980-1997). Trabajo presentado en la reunión anual de la Asociación Argentina de Economía Política, Mendoza, Argentina.

Card, David/Krueger, Alan B 1994: "Minimum Wages and Employment: A Case Study of the Fast-Food Industry in New Jersey and Pennsylvania." In: American Economic Review 84 (4): 772-793.

--- 2000: "Minimum Wages and Employment: A Case Study of the Fast-Food Industry in New Jersey and Pennsylvania: Reply." In: American Economic Review 90 (5): 1397-1420.

Caro Figueroa, Armando 1988: Flexibilización del mercado laboral y crecimiento económico. Buenos Aires, Editorial Tesis.

--- 1993: La flexibilidad laboral: fundamentos comparados para la reforma del mercado de trabajo argentino. Buenos Aires, Editorial Biblos/AM Consultores.

--- 1997: Modernización laboral: cuadernos de un reformador empecinado. Buenos Aires, Fundación del Trabajo.

Casabonne, Rodolfo 1985: Argentinien: Konzentrierung der Wirtschaftspolitik und innergewerkschaftliche Demokratie. In: Ramalho, Luiz (Hrsg.): Lateinamerikanische Gewerkschaften zwischen staatlicher Gängelung und Autonomie. Fallstudien zu Argentinien, Brasilien, Chile, Costa Rica, Ecuador und Guyana. Saarbrücken/Fort Lauderdale, Breitenbach: 55-74.

Castillo Freeman, Alida/Freeman, Richard B 1991: Minimum Wages in Puerto Rico: Textbook Case of a Wage Floor? NBER Working Paper No. 3759. Cambridge, Mass., NBER.

Castillo, Victoria/Cesa, Verónica/Filippo, Agustín, et al. 2002: Dinámica del empleo y rotación de empresas: la experiencia en el sector industrial de Argentina desde mediados de los años noventa. Serie estudios y perspectivas 9. Buenos Aires, CEPAL.

Catterberg, Edgardo 1991: Argentina Confronts Politics: Political Culture and Public Opinion in the Argentine Transition to Democracy. Boulder, Colo., Lynne Rienner.

Cavallo, Domingo 2004: "Argentina and the IMF During the Two Bush Administrations." In: International Finance 7 (1): 137-150.

Cavarozzi, Marcelo/Nelson, Joan M/Urrutia, Miguel 1994: Economic and Political Transitions in Latin America: The Interplay between Democratization and Market Reforms. In: Nelson, Joan M (Hrsg.): A Precarious Balance. An Overview of Democracy and Economic Reforms in Eastern Europe and Latin America. Panama/San Francisco, International Center for Economic Growth/Overseas Development Council/Institute for Contemporary Studies: 33-51.

CEPAL 2000: Panorama Social de América Latina 1999-2000. Santiago de Chile, CEPAL.

Chrystal, K Alec 2000: Introduction: Public Choice Analysis of Economic Policy. In: Chrystal, K Alec/ Pennant-Rea, Rupert (Hrsg.): Public Choice Analysis of Economic Policy. Basingstoke/London, Macmillan: 1-6.

Coe, David T/Snower, Dennis J 1997: "Policy Complementarities: The Case for Fundamental Labor Market Reform." In: IMF Staff Papers 44 (1): 1-35.

Collier, Ruth Berins/Mahoney, James 1997: "Adding Collective Actors to Collective Outcomes. Labor and Recent Democratization in South America and Southern Europe." In: Comparative Politics 29: 285-303.

Cornia, Giovanni A/Jolly, Richard/Stewart, Frances (Hrsg.) 1987: Adjustment with a Human Face. Oxford, Clarendon Press.

Corrales, Javier 1998: "Coalitions and Corporate Choices in Argentina, 1976-1994: The Recent Private Sector Support of Privatisation." In: Studies in Comparative International Development 32 (4): 24-51.

--- 1999: "Contribuyen las crisis económicas a la implementación de reformas de mercado? La Argentina y Venezuela en los '90." In: Desarrollo Económico 39 (153): 3-29.

--- 2000: "Presidents, Ruling Parties, and Party Rules. A Theory on the Politics of Economic Reform in Latin America." In: Comparative Politics 32 (4): 127-150.

Cortés, Rosalía/Marshall, Adriana 1993: "State Social Intervention and Labour Regulation: The Argentine Case." In: Cambridge Journal of Economics 17 (4).

--- 1999: "Estrategia económica, instituciones y negociación política en la reforma social de los noventa." In: Desarrollo Económico 39 (154).

Cortina, Rubén/Robles, Alberto José 2000: La necesidad de un Observatorio de Negociaciones Colectivas (ONC) en Argentina. Buenos Aires, Instituto del Mundo del Trabajo.

Coughlin, Peter J 1990: "Majority Rule and Election Models." In: Journal of Economic Surveys 3 (157-188).

Cox Edwards, Alejandra 1993: Labor Market Legislation in Latin America and the Caribbean. Latin American and the Caribbean Technical Department Regional Studies Report. 31. Washington, D.C., World Bank.

--- 1995: Labor and Economic Reforms in Latin America and the Caribbean. In: Bank, World (Hrsg.): Regional Perspectives on World Development Report 1995. Washington, D.C., World Bank.

Cox Edwards, Alejandra/Edwards, Sebastian 1994: Labor Market Distortions and Structural Adjustment in Developing Countries. In: Horton, Susan/Kanbur, Ravi/Mazumdar, Dipak (Hrsg.): Labor Markets in an Era of Adjustment. Washington, DC, World Bank. Vol. I.

Dahl, Robert A 1961: Who Governs? Democracy and Power in an American City. New Haven, CT, Yale University Press.

Díaz Cafferata, Alberto M/Figueras, Alberto J/Capmourteres, Ernesto E, et al. 1997: Indicadores de la fuerza de trabajo. Un análisis regional: Argentina 1980-1996. Bahía Blanca (Arg.).

Dicapua, María de los Angeles 2000: Atados con alambre: flexibilización, trabajo y trabajadores en Argentina. Rosario (Arg.), Laborde Editor.

DiNardo, John/Fortin, Nicole M/Lemieux, Thomas 1996: "Labor Market Institutions and the Distortion of Wages, 1973-1992: A Semiparametric Approach." In: Econometrica 64 (5): 1001-1044.

Dollar, David/Svensson, Jakob 1998: What Explains the Success or Failure of Structural Adjustment Loans? Washington, DC, World Bank.

Downs, Anthony 1957: An Economic Theory of Democracy. New York, Harper and Row.

--- 1967: Inside Bureaucracy. Boston, Little, Brown.

Drazen, Allan 2000: Political Economy in Macroeconomics. Princeton, NJ, Princeton University Press.

Dunlop, John Thomas 1944: Wage Determination under Trade Unions. New York/London.

--- (Hrsg.) 1957: The Theory of Wage Determination. Proceedings of a Conference held by the International Economic Association. London/New York, Macmillan/St. Martin's Press.

Duryea, Suzanne/Jaramillo, Olga/Pagés, Carmen 2003: Latin American Labor Markets in the 1990s: Deciphering the Decade. Research Department Working Paper No. 486. Washington, DC, Inter-American Development Bank.

Easton, David 1965: A Systems Analysis of Life. Chicago, University of Chicago Press.

Edwards, Sebastian 1995: Crisis and Reform in Latin America. From Despair to Hope. Oxford.

Edwards, Sebastian/Lustig, Nora Claudia 1997: Introduction. In: Edwards, Sebastian/Lustig, Nora Claudia (Hrsg.): Labor Markets in Latin America. Combining Social Protection with Market Flexibility. Washington, DC, Brookings Institution Press: 1-23.

--- (Hrsg.) 1997: Labor Markets in Latin America. Combining Social Protection with Market Flexibility. Washington, DC, Brookings Institution Press.

Ehrenberg, Ronald G/Smith, Robert S 1997: Modern Labor Economics. Theory and Public Policy. Reading, Mass. etc., Addison-Wesley.

Emmerij, Louis 1995: Social Tensions and Social Reform in Latin America. In: Turnham, David/Foy, Colm/Larraín, Guillermo (Hrsg.): Social Tensions, Job Creation and Economic Policy in Latin America. Paris: 109-125.

Estévez, Alejandro 1997: La influencia de los lobbies sobre el Estado en la Argentina de las privatizaciones; los casos de Areolíneas Argentinas, Ley de Patentes y Reforma Laboral (1989-1995). In: Blutman, Gustavo (Hrsg.): Investigaciones en Administración Pública y Actores Sociales. Buenos Aires, UBA-CIAP. Tomo 2.

Etchmendy, Sebastián 1995: Límites al decisionismo? El Poder Ejecutivo y la formulación de la legislación laboral 1983-1994. In: Sidicaro, Ricardo/Mayer, J (Hrsg.): Política y sociedad en los años del Menemismo. Buenos Aires: 127-154.

Fallon, Peter/Verry, Donald 1988: The Economics of Labour Markets. Oxford/New Jersey, Philip Allan.

FIEL 1997: El empleo en la Argentina: el rol de las instituciones laborales. Buenos Aires, Fundación de Investigaciones Económicas Latinoamericanas.

--- (Hrsg.) 2000: La economía oculta en la Argentina. Buenos Aires, Fundación de Investigaciones Económicas Latinoamericanas.

--- 2001: Análisis de la Ley de Riesgos del Trabajo. Buenos Aires, Fundación de Investigaciones Económicas Latinoamericanas.

Fine, Ben 1998: Labour Market Theory. A Constructive Reassessment. London/New York, Routledge.

Flanagan, Robert J 1984: "Implicit Contracts, Explicit Contracts, and Wages." In: American Economic Review 74 (2 (Papers & Proceedings)): 345-349.

Forteza, Alvaro/Rama, Martín 2000: Labor Market "Rigidity" and the Success of Economic Reforms Across more than One Hundred Countries. Working Paper No. 2521. Washington, DC, World Bank.

Franz, Wolfgang 1994: Arbeitsmarktökonomik. Berlin etc., Springer-Verlag.

Frenkel, Roberto/Damill, Mario 1988: Política de estabilización y mercado de trabajo - Argentina, 1985-1987. Buenos Aires, CEDES/Editorial Humanitas.

Frenkel, Roberto/Fanelli, José María 1986: Argentina y el FMI en la última década. In: SELA (Hrsg.): El FMI, el Banco Mundial y la crisis latinoamericana. Mexico: 105-161.

Fundación Friedrich Ebert (Hrsg.) 1991: Flexibilidad Laboral. Aportes para un debate pendiente. Buenos Aires, Fundación Friedrich Ebert.

Galiani, Sebastián 2002: Labor Market Reform in Argentina: Where do we stand? Stanford, CA, Center for Research on Economic Development and Policy Reform, Stanford University.

Galiani, Sebastián/Nickell, Stephen 1999: Unemployment in Argentina in the 1990s. Working Paper DTE 219. Buenos Aires, Instituto Torcuato di Tella.

Galiani, Sebastián/Sanguinetti, Pablo 2002: Mercosur and the behavior of labor markets in Argentina and Uruguay. Integration in the Americas Conference, 05 April 2002, Albuquerque, University of New Mexico.

Gamarra, Eduardo A 1994: Market-Oriented Reforms and Democratization in Latin America: Challenges of the 1990s. In: Smith, William C/Acuña, Carlos H/Gamarra, Eduardo A (Hrsg.): Latin American Political Economy in the Age of Neoliberal Refom. Theoretical and Comparative Perspectives for the 1990s. New Brunswick/London: 1-15.

Gasparini, Leonardo C 2000: La informalidad laboral en la Argentina: evolución y caracterización. In: FIEL (Hrsg.): La economía oculta en la Argentina. Buenos Aires, FIEL: 161-223.

--- 2001: Microeconometric Decompositions of Aggregate Variables. An Application to Labor Informality in Argentina. XXXVI Reunión Anual de la Asociación Argentina de Economía Política, 14-16 Nov 2001, Buenos Aires.

Gaudio, Ricardo/Thompson, Andrés 1990: Sindicalismo peronista/Gobierno Radical. Los años de Alfonsín. Buenos Aires.

Gill, Indermit S/Montenegro, Claudio E/Dömeland, Dörte (Hrsg.) 2002: Crafting Labor Policy. Techniques and Lessons from Latin America. Washington, DC/New York, World Bank/Oxford University Press.

Giordano, Osvaldo/Torres, Alejandra 1997: Las instituciones laborales en el contexto de reformas estructurales. In: FIEL (Hrsg.): El empleo en la Argentina. Buenos Aires.

--- 2000: La simplificación de la registración laboral. Serie Documentos #18. Buenos Aires, Fundación Novum Millenium.

Godio, Julio 1991: El movimiento obrero argentino (1955-1990). De la resistencia a la encrucijada menemista. Buenos Aires.

--- 1997: El futuro del empleo en Argentina: trabajo productivo o flexibilidad laboral. Buenos Aires, Corregidor.

--- 2000: Historia del movimiento obrero argentino 1870-2000. Buenos Aires.

--- 2004: Mapa sindical. Buenos Aires, IMT.

Godio, Julio/Cortina, Rubén/Rizzi, Sergio, et al. (Hrsg.) 1998: La incertidumbre del trabajo. Qué se esconde detrás del debate por la estabilidad laboral en Argentina? Buenos Aires, Editorial Corregidor.

Godio, Julio/Robles, Alberto José 2001: "Observatorio del movimiento sindical argentino." In: Pistas 3.

Godio, Julio/Slodky, Javier 1988: El regreso de la negociación colectiva. Buenos Aires.

Goldin, Adrián 1997: El trabajo y los mercados. Sobre las relaciones laborales en Argentina. Buenos Aires, Editorial Eudeba.

González Anaya, José Antonio 1999: Labor Market Flexibility in Thirteen Latin American Countries and the United States. Revisiting and Expanding Okun Coefficients. Washington, DC, World Bank.

González, Mariana Laura 2001: "El movimiento sindical en Argentina ante las transformaciones en el mundo del trabajo." In: Enoikos 18.

Gordon, D.F. 1974: "A Neoclassical Theory of Keynesian Unemployment." In: Economic Inquiry 12 (4): 431-459.

Greskovits, Béla 1998: The Political Economy of Protest and Patience. East European and Latin American Transformations Compared. Budapest, Central European University Press.

Grewe, Hartmut 1994: Vom Peronismus zum Menemismus: Argentiniens Gewerkschaftssystem im Umbruch. In: Grewe, Hartmut/Mols, Manfred (Hrsg.): Staat und Gewerkschaften in Lateinamerika. Paderborn: 41-126.

Grossman, Gene M/Helpman, Elhanan 2001: Special Interest Politics. Cambrigde, Mass., MIT Press.

Gruber, Jonathan 1997: "The Incidence of Payroll Taxation: Evidence from Chile." In: Journal of Labour Economics 15 (3, pt. 2): S72-S101.

Guasch, J Luis 1997: Reforma laboral y creación de empleo. La agenda incompleta de los países de América Latina y el Caribe. Buenos Aires, CIEDLA.

--- 1999: Labor Market Reform and Job Creation: The Unfinished Agenda in Latin American and Caribbean Countries. Washington, DC, World Bank.

Guasch, J Luis/Gill, Indermit/Pessino, Carola 1996: Estimating the Benefits of Labor Reform in Argentina. World Bank Discussion Paper. 1371. Washington, D.C., World Bank.

Gwartney, James D/Wagner, Richard E 1988: Public Choice and the Conduct of Representative Government. In: Gwartney, James D/Wagner, Richard E (Hrsg.): Public Choice and Constitutional Economics. Greenwich, CT/London, Jai Press: 3-28.

Haggard, Stephan/Kaufman, Robert R 1995: The Political Economy of Democratic Transitions. Princeton, NJ, Princeton University Press.

Haggard, Stephan/Lafay, Jean-Dominique/Morrisson, Christian 1995: The Political Economy of Adjustment in Developing Countries. Paris, Development Centre of OECD.

Haldenwang, Christian von 1995: Dezentralisierung und Anpassung in Lateinamerika. Argentinien und Kolumbien. Münster/Hamburg, Lit.

Hall, Peter A 1997: The Role of Interests, Institutions, and Ideas in the Comparative Political Economy of the Industrialized Nations. In: Lichbach, Mark Irving/Zuckerman, Alan S (Hrsg.): Comparative Politics. Rationality, Culture, and Structure. Cambridge, Cambirdge University Press: 174-207.

Hamermesh, Daniel S 1993: Labor Demand. Princeton, N.J., Princeton University Press.

Harris, John R/Todaro, Michael P 1970: "Migration, Unemployment, and Development: A Two Sector Analysis." In: American Economic Review 60 (1): 126-142.

Harrison, Ann/Leamer, Edward 1997: "Labor Markets in Developing Countries: An Agenda for Research." In: Journal of Labour Economics 15 (3): 1-19.

Hart, Oliver D/Holmstrom, Bengt 1987: The Theory of Contracts. In: Bewley, Truman (Hrsg.): Advances in Economic Theory. Cambridge, Cambridge University Press.

Heckman, James/Pagés, Carmen 2000: The Cost of Job Security Regulation: Evidence from Latin American Labor Markets. Working Paper No. 430. Washington, DC, Inter-American Development Bank.

--- 2001: Law and Employment: Lessons from Latin America and the Caribbean. An Introduction. In: Heckman, James/Pagés, Carmen (Hrsg.): Law and Employment: Lessons from Latin America and the Caribbean, Basil Blackwell.

Hicks, John 1932: The Theory of Wages. New York/London, MacMillan.

Hidalgo, Juan Carlos 1999: Mercado de trabajo y convertibilidad: los impactos de los cambios en el mercado laboral argentino. Santa Fe, Universidad Nacional del Litoral.

Hopenhayn, Hugo 2001: Labor Market Policies and Employment Duration: The Effects of Labor Market Reform in Argentina. Research Network WP No. R. 407. Washington, DC, IDB.

Horton, Susan/Kanbur, Ravi/Mazumdar, Dipak (Hrsg.) 1994: Labor Markets in an Era of Adjustment. Washington, DC, World Bank.

Inter-American Development Bank 1996: Economic and Social Progress in Latin America. 1996 Report. Washington, DC, Inter-American Development Bank.

--- 1998a: Facing Up to Inequality in Latin America. Economic and Social Progress in Latin America. 1998-1999 Report. Washington, DC, Inter-American Development Bank/Johns Hopkins University Press.

--- 1998b: Labor Market Development Strategy. Draft for discussion as of 26 Feb 1998. Washington, DC, Inter-American Development Bank - Social Programs and Sustainable Development Department - Social Programs Division.

--- 2003: Good Jobs Wanted. Labor Markets in Latin America. 2004 Economic and Social Progress Report. Washington, DC, Inter-American Development Bank/Johns Hopkins University Press.

International Labour Office 1999: The Role of the ILO in Technical Cooperation. Report VI presented at the 87th Session of the International Labour Conference. Geneva, ILO.

International Labour Organisation 1998: World Labour Report 1997-98. Geneva, International Labour Organisation.

International Labour Organisation - Office for Latin America 1994: Panorama Laboral 1994. Lima, International Labour Organisation.

International Monetary Fund - Independent Evaluation Office 2004: Report on the Evaluation of the Role of the IMF in Argentina, 1991-2001. Washington, DC, IMF.

Jackson, Peter M/Garratt, Dean 2000: Public Policy and Public Choice. In: Chrystal, K Alec/Pennant-Rea, Rupert (Hrsg.): Public Choice Analysis of Economic Policy. Basingstoke/London, Macmillan: 117-148.

Jackson, Peter Mc Leod 1983: The Political Economy of Bureaucracy. Totowa, N.J., Barnes & Noble.

Kacef, Osvaldo (Hrsg.) 1997: El mercado laboral en Argentina: diagnóstico y políticas. La Plata, Ministerio de Economía de la Provincia de Buenos Aires.

Kaltefleiter, Viola 1995: Die Entwicklungshilfe der Europäischen Union. Rechtfertigung, Effizienz und politische Ökonomie staatlicher Entwicklungshilfe. Heidelberg, Physica-Verlag.

Katzenstein, Peter J (Hrsg.) 1978: Between Power and Plenty. Foreign Economic Policies of Advanced Industrial States. Madison/London, University of Wisconsin Press.

Kraemer, Moritz 1997: Politische Ökonomie von Wirtschaftsreformen: Mexiko 1982-1994. Frankfurt a.M., Vervuert.

Krasner, Stephen D 1984: "Approaches to the State. Alternative Conceptions and Historical Dynamics." In: Comparative Politics 16 (2): 223-246.

Krebs, Tom/Maloney, William F 1999: Quitting and Labor Turnover: Microeconomic Evidence and Macroeconomic Consequences. World Bank Working Paper 2068. Washington, D.C., World Bank.

Krueger, Anne O 1993: Political Economy of Policy Reform in Developing Countries. Cambridge, Mass./London, MIT Press.

Labán, Raúl/Sturzenegger, Federico 1994: "Distributional Conflict, Financial Adaptation and Delayed Stabilization." In: Economics and Politics 6 (3): 257-278.

--- 1998: Fiscal Conservatism as a Response to the Debt Crisis. In: Sturzenegger, Federico/Tommasi, Mariano (Hrsg.): The Political Economy of Reform. Cambridge, Mass/London, The MIT Press: 105-125.

Labaqui, Ignacio/Rodriguez López, Gabriela 2002: Argentina and the IMF: It takes Two to Tango? Buenos Aires.

Lattuada, Mario 1990: El Estado argentino y los industriales (1983-1989). CLADE Serie Informes 1. Buenos Aires, CLADE.

Lindenboim, Javier (Hrsg.) 2000-2001: Crisis y metamorfosis del mercado de trabajo. Cuadernos del CEPED, no. 4-5. Buenos Aires, CEPED.

Lindenboim, Javier/Danani, Claudia (Hrsg.) 2003: Entre el trabajo y la política: las reformas de las políticas sociales argentinas en perspectiva comparada. Buenos Aires, Biblos.

Lippman, Steven A/McCall, John J 1976: "The Economics of Job Search: A Survey. Parts I and II." In: Economic Inquiry 14 (2 and 3): 155-189 and 347-368.

Llanos, Mariana 2002: Über Gesetze und Dekrete: Eine Neuinterpretation der Beziehungen zwischen Präsident und Kongress im Argentinien der 90erJahre. In: Birle, Peter/Carreras, Sandra (Hrsg.): Argentinien nach zehn Jahren Menem. Wandel und Kontinuität. Frankfurt/Main, Vervuert: 53-84.

Lo Vuolo, Rubén Mario 1994: Análisis de la actual situación del mercado de trabajo y su probable proyección futura. Buenos Aires, Ministerio de Trabajo y Seguridad Social.

--- 2000: Alternativas. La economía como cuestión social. Buenos Aires, Altamira.

Loayza, Norman V/Palacios, Luisa 1997: Economic Reform and Progress in Latin America and the Caribbean. Working Paper No. 1829. Washington, DC, World Bank.

López, Ramón/Riveros, Luis A 1989: Macroeconomic Adjustment and the Labour Market in Four Latin American Countries. In: Standing, Guy (Hrsg.): Towards Social Adjustment: Labour Market Concerns in Structural Adjustment. Genf, ILO.

Lora, Eduardo 1993: "Macroeconomía del salario mínimo." In: Debates de Coyuntura Económica 30: 21-35.

Lora, Eduardo/Márquez, Gustavo 1998: The Employment Problem in Latin America: Perceptions and Stylized Facts. Research Department Working Paper No. 371. Washington, DC, Inter-American Development Bank.

Lustig, Nora Claudia/McLeod, Darryl 1997: Minimum Wages and Poverty in Developing Countries: Some Empirical Evidence. In: Edwards, Sebastian/Lustig, Nora Claudia (Hrsg.): Labor Markets in Latin America. Combining Social Protection with Market Flexibility. Washington, DC, Brookings Institution Press: 62-103.

Maihold, Günther 1996: "Erblinden" die Institutionen und versagen die Akteure? Regierbarkeit und Zukunftsfähigkeit der Demokratie in Lateinamerika. In: Bodemer, Klaus von (Hrsg.): Lateinamerika Jahrbuch 1996. Frankfurt a.M.: 62-91.

Mainwaring, Scott 1992: Transitions to Democracy and Democratic Consolidation. Theoretical and Comparative Issues. In: Mainwaring, Scott/O'Donnell, Guillermo/Valenzuela, J Samuel (Hrsg.): Issues in Democratic Consolidation. The New South American Democracies in Comparative Perspective. Notre Dame: 294-341.

Maloney, William 1998a: The Structure of Labor Markets in Developing Countries: Time Series on Competing Views. World Bank Working Paper 1940. Washington, D.C., World Bank.

Maloney, William F 1998b: Are Labor Markets in Developing Countries Dualistic? Policy Research Working Paper No. 1941. Washington, DC, World Bank.

--- 1998c: "Does Informality Imply Segmentation in Urban Labor Markets? Evidence from Sectoral Transitions in Mexico." In: World Bank Economic Review 13: 275-302.

--- 1999: Self-Employment and Labour Turnover: Cross-Country Evidence. World Bank Working Paper 2102. Washington, D.C., World Bank.

Maloney, William F/Nuñez, Jairo 2001: Measuring the Impact of Minimum Wages: Evidence from Latin America. Working Paper No. 2597. Washington, DC, World Bank.

Manzetti, Luigi 1993: Institutions, Parties, and Coalitions in Argentine Politics. Pittsburgh/London, University of Pittsburgh Press.

Margheritis, Ana 1999: Ajuste y Reforma en Argentina (1989-1995). Buenos Aires, Grupo Editor Latinoamericano.

Márquez, Gustavo 1994: Regulación del Mercado de Trabajo en América Latina. Caracas, Ediciones Iesa.

--- 1995: Reforming the Labor Market in a Liberalized Economy. Washington, DC, Inter-American Development Bank/Johns Hopkins University.

Márquez, Gustavo/Páges, Carmen 1998: Ties that Bind: Employment Protection and Labor Market Outcomes in Latin America. Paper prepared for the Seminar "Employment in Latin America: What is the Problem and How to Address it?", Cartagena, Colombia.

Marshall, Adriana 1997: State Labour Market Intervention in Argentina, Chile and Uruguay: Common Model, Different Versions. Geneva, Employment and Training Department, International Labour Office.

Marshall, Alfred 1920: Principles of Economics. New York, MacMillan.

McGuire, James W 1997: Peronism without Perón. Unions, Parties, and Democracy in Argentina. Stanford, Cal., Stanford University Press.

Meulders, Danièle/Wilkin, Luc 1987: "Labour Market Flexibility." In: Labour and Society 12 (1 (special edition)).

Ministerio de Trabajo, Empleo y Seguridad Social 2003: Libro blanco de la previsión social. Buenos Aires, MTEySS.

Ministerio de Trabajo y Seguridad Social 1999: Inspección del trabajo en la Argentina. Informe Anual. Buenos Aires, MTSS.

Miodosky, Marisa 2002: Rupturas y continuidades en la política laboral del gobierno de la Alianza. Análisis del proceso político desencadeno en torno a la Ley Nacional de Empleo Estable. Ponencia preparada para el 1° Congreso Nacional de Políticas Sociales, Quilmes, 30/31 Mayo de 2002.

Mitchell, Timothy 1991: "The Limits of the State: Beyond Statist Approaches and their Critics." In: American Political Science Review 85 (1): 77-96.

Mondino, Guillermo/Sturzenegger, Federico/Tommasi, Mariano 1998: Recurrent High Inflation and Stabilization: A Dynamic Game. In: Sturzenegger, Federico/Tommasi, Mariano (Hrsg.): The Political Economy of Reform. Cambridge, Mass/London, The MIT Press: 145-164.

Montuschi, Luisa 1997: Tendencias recientes en las relaciones laborales y en la organización del trabajo. Análisis de experiencias con referencia al papel de los sindicatos. Buenos Aires, CEMA.

Monza, Alfredo 2002: Los dilemas de la política de empleo en la coyuntura Argentina actual. Buenos Aires, Fundación OSDE / CIEPP.

Morales, Juan Antonio 1996: Economic Policy after the Transition to Democracy: A Synthesis. In: Morales, Juan Antonio/McMahon, Gary (Hrsg.): Economic Policy and the Transition to Democracy. The Latin American Experience. Basingstoke/London: 1-29.

Morley, Samuel A 1995: Poverty and Inequality in Latin America: The Impact of Adjustment and Recovery in the 1980s, Johns Hopkins University Press.

Morrisson, Christian 1996: The Political Feasibility of Adjustment. Policy Brief No. 13. Paris, OECD.

Mortensen, Dale T 1986: Job Search and Labor Market Analysis. In: Ashenfelter, Orley/Layard, Richard (Hrsg.): Handbook of Labor Economics. Amsterdam, Elsevier/North-Holland. 2: 849-919.

Mueller, Dennis C 1979: Public Choice. Cambridge, Cambridge University Press.

--- 2003: Public Choice III. Cambridge, Cambridge University Press.

Muno, Wolfgang 1997: Die politische Dynamik ökonomischer Reformen. Dokumente und Materialien. 23. Mainz, Institut für Politikwissenschaft der Johannes Gutenberg-Universität Mainz.

Muranaka, Kyoko 1997: Korporatismus als Teil des Interessenvermittlungssystems am Beispiel Mexiko und Argentinien. Heidelberg, Universität Heidelberg.

Murillo, Maria Victoria 1997: Union Politics, Market-Oriented Reforms, and the Reshaping of Argentine Corporatism. In: Chalmers, Douglas (Hrsg.): The New Politics of Inequality in Latin America. Oxford, Oxford University Press.

--- 2000: "Del populismo al neoliberalismo: sindicatos y reformas de mercado en América Latina." In: Desarrollo Económico 40 (158): 179-212.

Mustapic, Ana M 2002: Das argentinische Parteiensystem von 1983 bis 2001. In: Bodemer, Klaus/Pagni, Andrea/Waldmann, Peter (Hrsg.): Argentinien heute. Politik, Wirtschaft, Kultur. Frankfurt am Main, Vervuert: 319-336.

Neffa, Julio C (Hrsg.) 2001: Evolución y determinantes de la persistencia en la desocupación. Un enfoque multidimensional. Buenos Aires, INDEC.

Nelson, Joan M 1994a: Crisis económica y políticas de ajuste. Bogotá, Grupo Editorial Norma.

--- 1994b: Organized Labor, Politics, and Labor Market Flexibility in Developing Countries. In: Horton, Susan/Kanbur, Ravi/Mazumdar, Dipak (Hrsg.): Labor Markets in an Era of Adjustment. Washington, DC, World Bank: 347-375.

Neumark, David/Wascher, William 2000: "Minimum Wages and Employment: A Case Study of the Fast-Food Industry in New Jersey and Pennsylvania: Comment." In: American Economic Review 90 (5): 1362-1396.

Nino, Carlos S 1992: Un país al margen de la ley. Estudio de la anomia como componente del subesarrollo argentino. Buenos Aires, Emecé Editores.

Niskanen, William A Jr. 1971: Bureaucracy and Representative Government. Chicago, Aldine.

Nolte, Detlef 1996: Ein neuer Perón? Eine Bilanz der ersten Präsidentschaft von Carlos Menem (1989-1995). In: Nolte, Detlef/Werz, Nikolaus (Hrsg.): Argentinien. Politik, Wirtschaft, Kultur und Außenbeziehungen. Frankfurt am Main, Vervuert: 98-124.

Nolte, Detlef/Werz, Nikolaus (Hrsg.) 1996: Argentinien. Politik, Wirtschaft, Kultur und Außenbeziehungen. Schriftenreihe des Instituts für Iberomerika-Kunde, Bd. 42. Frankfurt am Main, Vervuert.

Oatley, Thomas 2004: "Why is Stabilization Sometimes Delayed? Reevaluating the Regime-Type Hypothesis." In: Comparative Political Studies 37 (3): 286-312.

OECD 1999: Employment Outlook. Paris, OECD.

Oliva, Miguel 2000: Consecuencias de las políticas públicas sobre el mercado laboral en Argentina en el período 1989-1999. In: CEPED (Hrsg.): Crisis y metamorfosis del mercado de trabajo: parte 1 reflexiones y diagnóstico. Buenos Aires, FCEUBA: 43-54.

Olson, Mancur 1965: The Logic of Collective Action. Cambridge, Mass., Harvard University Press.

--- 1992: Die Logik des kollektiven Handelns. Kollektivgüter und die Theorie der Gruppen. Tübingen, J.C.B. Mohr (Paul Siebeck).

Organización Internacional de Trabajo 2000: La reforma laboral en América Latina. Un análisis comparado. Lima, Oficina Internacional de Trabajo - Oficina Regional de la OIT para América Latina y el Caribe.

--- 2001: Panorama Laboral 2001. Lima, OIT.

--- 2002: Panorama Laboral 2002. Lima, OIT.

Ott, Alfred E 1991: Grundzüge der Preistheorie. Göttingen, Vandenhoeck & Ruprecht.

Palomino, Héctor 1987: "Las corporaciones están entre nosotros." In: El Bimestre Político y Económico 4 (34): 22-24.

--- 2002: Die Beziehungen zwischen Gewerkschaften, Unternehmern und Staat: Akteure und Spielregeln im Wandel. In: Birle, Peter/Carreras, Sandra (Hrsg.): Argentinien nach zehn Jahren Menem. Wandel und Kontinuität. Frankfurt/Main, Vervuert: 243-278.

Paz, Jorge 2003: Transiciones en el mercado de trabajo y protección laboral en la Argentina. Trabajo presentado en el seminario-taller "Historias laborales y frecuencia de aportes al Sistema de Seguridad Social", Buenos Aires, Conicet/OIT/Secretaría de Seguridad Social.

Pennant-Rea, Rupert 2000: Public Choice and Public Policy. In: Chrystal, K Alec/Pennant-Rea, Rupert (Hrsg.): Public Choice Analysis of Economic Policy. Basingstoke/London, Macmillan: 7-19.

Pessino, Carola 1997: Argentina: The Labor Market during the Economic Transition. In: Edwards, Sebastian/Lustig, Nora Claudia (Hrsg.): Labor Markets in Latin America. Combining Social Protection with Market Flexibility. Washington, DC, Brookings Institution Press: 151-200.

Pessino, Carola/Gill, Indermit 1996: Determinants of Labor Demand in Argentina: Estimating the Benefits of Labor Policy Reform. Buenos Aires, CEMA.

Pessino, Carola/Gill, Indermit S/Guasch, José Luis 2002a: Increasing Labor Demand in Argentina. In: Gill, Indermit S/Montenegro, Claudio E/Dömeland, Dörte (Hrsg.): Crafting Labor Policy. Techniques and Lessons from Latin America. Washington, DC/New York, World Bank/Oxford University Press: 129-154.

--- 2002b: Understanding Labor Supply Dynamics in Argentina. In: Gill, Indermit S/Montenegro, Claudio E/Dömeland, Dörte (Hrsg.): Crafting Labor Policy. Techniques and Lessons from Latin America. Washington, DC/New York, World Bank/Oxford University Press: 101-127.

Pfister, Enrique 1998: Das Problem demokratischer Konsolidierung in Argentinien: Politische Reformen und ökonomische Handlungszwänge. Hamburg, Universität der Bundeswehr: 266.

Pigou, Arthur Cecil 1920: The Economics of Welfare. London, Macmillan and Co.

Pini, Mónica 1994: "Los sindicatos frente a la reforma del Estado." In: Realidad Económica 94: 100-112.

Piore, Michael J 1975: Notes for a Theory of Labor Market Stratification. In: Edwards, Richard/Reich, Michael/Gordon, David M (Hrsg.): Labor Market Segmentation. Lexington, D.C. Heath.

Pissarides, Christoper A 1985: Job Search and the Functioning of the Labour Market. In: Carline, David/Pissarides, Christopher A/Siebert, W Stanley/Sloane, Peter (Hrsg.): Labour Economics. London, Longman: 159-185.

PREALC 1990: Empleo y Equidad: Desafío de los 90. Working document 354, PREALC.

Pritzl, Rupert F J 1996: "Verteilungskonflikte und Interessengruppen in Lateinamerika." In: Aus Politik und Zeitgeschichte (B48-49/96): 38-46.

Przeworski, Adam 1991: Democracy and the Market: Political and Economic Reforms in Eastern Europe and Latin America. Cambridge/New York, Cambridge University Press.

--- 1995: Sustainable Democracy. Cambridge/New York, Cambridge University Press.

Rama, Martín 1995: "Do Labor Market Policies and Institutions Matter? The Adjustment Experience in Latin America and the Caribbean." In: Labour Special Issue: S243-S268.

Rama, Martín/Artecona, Raquel 2000: A Database of Labor Market Indicators across Countries. unpublished manuscript. Washington, DC, World Bank.

Ramalho, Luiz (Hrsg.) 1985: Lateinamerikanische Gewerkschaften zwischen staatlicher Gängelung und Autonomie. Fallstudien zu Argentinien, Brasilien, Chile, Costa Rica, Ecuador und Guyana. ASA-Studien, Bd. 6. Saarbrücken/Fort Lauderdale, Breitenbach.

Reich, Michael/Gordon, David M/Edwards, Richard 1978: Arbeitsmarktsegmentation und Herrschaft. In: Sengenberger, Werner (Hrsg.): Der gespaltene Arbeitsmarkt. Probleme der Arbeitsmarktsegmentation. Frankfurt/New York, Campus.

Richter, Wolfram F/Wiegard, Wolfgang 1993: "Zwanzig Jahre "Neue Finanzwissenschaft". Teil I: Überblick und Theorie des Marktversagens." In: Zeitschrift für Wirtschafts- und Sozialwissenschaften 113 (2): 169-224.

Riveros, Luis 1992: Labor Markets, Economic Restructuring, and Human Resource Development in Latin America. Washington, DC, Inter-American Development Bank, Economic and Social Development Department.

--- 1996: Minimum Wages in Latin America: The Controversy about their Likely Effects. Revised version of a paper presented at the Conference on Labour Market Policy in Canada and Latin America under Economic Integration, University of Toronto, December 1994, Toronto.

Riveros, Luis A/Sánchez, Carlos E 1994: Argentina. In: Horton, Susan/Kanbur, Ravi/Mazumdar, Dipak (Hrsg.): Labor Markets in an Era of Adjustment. Washington, DC, World Bank. Vol. 2: Case Studies: 61-98.

Roca, Emilia E 2001: La seguridad social en un contexto de precariedad laboral. Precariedad laboral, vulnerabilidad social y seguridad socioeconómica, Buenos Aires, DSE/CIEPP/CEPED.

Rodrik, Dani 1996: "Understanding Economic Policy Reform." In: Journal of Economic Literature 34: 9-41.

Rojo, Pablo/Canosa, Armando 1992: "El Programa de desregulación del gobierno argentino." In: Boletín Informativo Techint (269): 29-49.

Rosen, Sherwin 1985: "Implicit Contracts: A Survey." In: Journal of Economic Literature 23: 1144-1175.

Rousseau, Jean-Jacques 1972: Du contrat social. Oxford, Clarendon Press.

Rowthorn, Bob 1992: Corporatism and Labour Market Perfomance. In: Pekkarinen, J/Pohjola, M/Rowhorn, Bob (Hrsg.): Social Corporatism: A Superior Economic System? Oxford, Clarendon Press.

Rubiolo González, Mónica 2000: Argentinien: Gesellschaft, Staat und Steuerpolitik. Vergleichende Analyse der Steuerreformen unter den Regierungen Alfonsín und Menem. Saarbrücken, Verlag für Entwicklungspolitik Saarbrücken.

Sachs, Jeffrey D 1990: Social Conflict and Populist Policies in Latin America. In: Brunetta, Renato/Dell'Aringa, Carlo (Hrsg.): Labour Relations and Economic Performance. London, Macmillan: 137-169.

Saint-Paul, Gilles 1994: "Do Labor Market Rigidities Fulfil Distributive Objectives - Searching for the Virtues of the European Model." In: IMF Staff Papers 41 (4): 624-642.

--- 1995: Poverty, Redistribution, and Political Conflicts. A Theoretical Framework with Application to Latin America. In: Turnham, David/Foy, Colm/Larraín, Guillermo (Hrsg.): Social Tensions, Job Creation and Economic Policy in Latin America. Paris: 209-224.

--- 1996: Dual Labor Markets: A Macroeconomic Perspective. Cambridge, Mass./London, MIT Press.

--- 2000: The Political Economy of Labour Market Institutions. Oxford etc., Oxford University Press.

--- 2002: Some Thoughts on Macroeconomic Fluctuations and the Timing of Labor Market Reform. Discussion paper No. 611. Bonn, IZA.

Sapsford, David/Tzannatos, Zafiris 1993: The Economics of the Labour Market. Basingstoke/London, Macmillan.

Sautter, Hermann 2004: Neue Politische Ökonomie und Wirtschaftsethik. Antworten der Wirtschaftswissenschaft auf den Versuch eines Paradigmenwechsels. Referat für die Fritz Thyssen-Stiftung "Der Gestaltungsanspruch der Wissenschaften: Gegenstände, Methoden, Ziele - Annäherung an die Zeit zwischen 1965 und 1985, 10.-13. Juni 2004 in Frankfurt/M., überarb. Fassung v. 28.06.2004. Göttingen.

Senen González, Santiago 2001: "El movimiento sindical en Argentina: entre el justo reclamo y la política partidista." In: Pistas 4.

Sesselmeier, Werner/Blauermel, Gregor 1997: Arbeitsmarkttheorien. Ein Überblick. Heidelberg, Physica-Verlag.

Siebert, Horst 1997: "Labor Market Rigidities: At the Root of Unemployment in Europe." In: Journal of Economic Perspectives 11 (3): 37-54.

Skocpol, Theda 1985: Bringing the State Back In: Strategies of Analysis in Current Research. In: Evans, Peter B/Rueschemeyer, Dietrich/Skocpol, Theda (Hrsg.): Bringing the State Back In. Cambridge, Cambridge University Press: 3-27.

Sloan, John/Tedin, Kent 1987: "The Consequences of Regime Type for Public Policy Outputs." In: Comparative Political Studies 20 (1): 98-124.

Smith, W Rand 1993: "International Economy and State Strategies. Recent Work in Comparative Political Economy." In: Comparative Politics 25 (3): 351-372.

Snidal, Duncan 1985: "The Game Theory of International Politics." In: World Politics 38 (1): 25-57.

Social Security Administration (USA) 2004: Social Security Programs Throughout the World: The Americas, 2003. Washington, DC, Social Security Administration.

Solow, Robert M 1990: The Labor Market as a Social Institution. Cambridge, Mass./Oxford, Basil Blackwell.

Stigler, George J 1946: "The Economics of Minimum Wage Legislation." In: American Economic Review 36 (3): 358-365.

--- 1962: "Information in the Labor Market." In: Journal of Political Economy 70 (5): 94-105.

--- 1975: The Theory of Economic Regulation. In: Stigler, George J (Hrsg.): The Citizen and the State. Essays on Regulation. Chicago, University of Chicago Press: 114-141.

Stiglitz, Joseph E 2000: Democratic Development as the Fruits of Labor. Keynote Address at the Industrial Relations Research Association Annual Meeting, January 2000. Boston.

Strega, Enrique 2000: Sindicatos, empresarios, gobierno y las reformas laborales. Buenos Aires, Ciudad Argentina.

Sturzenegger, Federico/Tommasi, Mariano (Hrsg.) 1998: The Political Economy of Reform. Cambridge, Mass./London, MIT Press.

Thompson, Andrés 1988: "Negociación colectiva, democracia y crisis económica. Argentina 1983-1988." In: Boletín Informativo Techint (255): 47-68.

Tornell, Aaron 1995: Are Economic Crises Necessary for Trade Liberalization and Fiscal Reform? The Mexican Experience. In: Dornbusch, Rüdiger/Edwards, Sebastian (Hrsg.): Reform, Recovery and Growth: Latin America and the Middle East. Chicago, University of Chicago Press.

Torre, Juan Carlos/Gerchunoff, Pablo 1999: La economía política de las reformas institucionales en Argentina. Los casos de la política de la privatización de entel, la reforma de la seguridad social y la reforma laboral. Washington, DC, Inter-American Development Bank.

Truman, David B 1951: The Governmental Process. Political Interests and Public Opinion. New York, Knopf.

Velasco, Andrés 1998: The Common Property Approach to the Political Economy of Fiscal Policy. In: Sturzenegger, Federico/Tommasi, Mariano (Hrsg.): The Political Economy of Reform. Cambridge, Mass/London, The MIT Press: 165-184.

Waldmann, Peter 1996: Anomie in Argentinien. In: Nolte, Detlef/Werz, Nikolaus (Hrsg.): Argentinien. Politik, Wirtschaft, Kultur und Außenbeziehungen. Frankfurt am Main, Vervuert: 58-80.

--- 2002: Regelsprengender Individualismus: Ein Essay zum Normenverständnis der Argentinier. In: Bodemer, Klaus/Pagni, Andrea/Waldmann, Peter (Hrsg.): Argentinien heute. Politik, Wirtschaft, Kultur. Frankfurt am Main, Vervuert: 59-79.

Walton, John 1989: Debt, Protest, and the State in Latin America. In: Eckstein, Susan (Hrsg.): Power and Popular Protest: Latin American Social Movements. Berkely, Cal., University of California Press: 299-328.

Weede, Erich 1996: Economic Development, Social Order, and World Politics. With Special Emphasis on War, Freedom, the Rise and Decline of the West, and the Future of East Asia. Boulder/London, Lynne Rienner.

Weeks, John 1998: Economic integration in Latin America: Impact on labour. Employment and Training Papers 18. Geneva, ILO.

Welch, Finis 1974: "Minimum Wage Legislation in the United States." In: Economic Inquiry 12 (3): 285-318.

--- 1976: Minimum Wage Legislation in the United States. In: Ashenfelter, Orley/Blum, James (Hrsg.): Evaluating the Labor Effect of Social Programs, Princeton University Press.

Weller, Jürgen 1998: La evolución del empleo en América Latina en los años noventa. Paper prepared for the 1998 meetings of the Latin American Studies Association, Chicago, 24-26 Sept., 1998.

--- 2001: Economic Reforms, Growth and Employment: Labour Markets in Latin America and the Caribbean. Santiago de Chile, CEPAL.

Williamson, John 1990: The Progress of Policy Reform in Latin America. Policy Analyses in International Economics. 28. Washington, DC, Institute for International Economics.

--- (Hrsg.) 1994: The Political Economy of Policy Reform. Washington, DC, Institute for International Economics.

--- 1996: Are the Latin American Reforms Sustainable? In: Sautter, Hermann/Schinke, Rolf (Hrsg.): Stabilization and Reforms in Latin America: Where do we stand. Frankfurt a.M./Madrid, Vervuert/Iberoamericana: 247-255.

World Bank 1995: World Development Report 1995: Workers in an Integrating World. Oxford/Washington, DC, Oxford University Press/World Bank.

--- 1997: World Development Report 1997: The State in a Changing World. Oxford/Washington, DC, Oxford University Press/World Bank.

Zürn, Michael 1997: "Assessing State Preferences and Explaining Institutional Choice. The Case of Intra-German Trade." In: International Studies Quarterly 41 (2): 295-320.

Anhang

Tabelle A-I: Ratifikation von ILO-Konventionen in Argentinien und anderen ausgewählten Ländern

Land	1980	1985	1990	1995	2000	2004	Annullierung von Ratifikationen seit 1980
Uruguay	82	81	94	99	99	101	2 (1982: C2, C89)
Brasilien	54	57	66	79	85	89	1 (1996: C158)
Argentinien	60	61	65	65	68	70	2 (1981: C4; 1992: C20)
Peru	62	62	66	67	63	66	4 (1996: C20; 1997: C4, C41, C45)
Chile	41	41	41	48	57	57	1 (1997: C45)
Ecuador	52	52	56	56	59	59	0
Kolumbien	45	47	49	52	56	59	0
Venezuela	26	50	51	51	51	52	1 (1985: C103)
Bolivien	39	39	42	43	46	47	0
Paraguay	33	33	33	35	35	36	1 (2001: C60)
Spanien	105	115	122	124	124	128	1 (1992: C89)
Frankreich	102	110	114	114	114	121	1 (1992: C89)
Italien	81	101	102	101	106	108	2 (1992: C89; 2001: C4)
Deutschland	64	66	69	74	75	76	1 (1992: C96)
UK	72	71	71	69	72	74	6 (1982: C94; 1983: C95; 1985: C26; 1988: C45; 1994: C99, C101)
Japan	36	37	39	42	44	46	0
China	14	14	17	18	20	23	0
Singapur	20	20	20	20	20	22	0
Korea	0	0	0	4	11	20	0
Indonesien	8	8	9	10	15	17	0
Malaysia	11	11	10	10	13	14	1 (1990: C105)
USA	7	7	10	12	13	14	0

Anmerkung: Anzahl der ratifizierten ILO-Konventionen jeweils am 31. Dezember des angegebenen Jahres; Ausnahme: 2004 (Juli) - annullierte Ratifikationen sind berücksichtigt. Die Spalte "Annullierung von Ratifikationen" gibt die Anzahl und Nummern der zwischen 1980 und 2004 deratifizierten Konventionen an.
Quelle: ILO APPLIS Datenbank
http://webfusion.ilo.org/public/db/standards/normes/appl/index.cfm?lang=EN

Tabelle A-II: Argentinien und Großraum Buenos Aires: Erwerbspersonenstruktur, 1980-2003

		1980	1981	1982	1983	1984	1985	1986	1987	1988	1989	1990	1991
Argentinien													
Gesamtbevölkerung	in '000	28 094	*28 536*	*28 978*	*29 421*	*29 863*	30 305	*30 749*	*31 192*	31 636	32 081	32 527	32 974
Städtische Gesamtbevölkerung	in '000	*23 308*	*23 761*	*24 216*	*24 674*	*25 135*	*25 598*	*26 065*	*26 535*	*27 008*	*27 484*	*27 964*	28 447
Erwerbspersonen (PEA; urban)	in '000	*8 950*	*9 124*	*9 287*	*9 216*	*9 513*	*9 740*	*10 074*	*10 402*	*10 546*	*10 925*	*10 920*	11 039
Erwerbsquote	in %	38,4	38,4	38,4	37,4	37,9	38,1	38,7	39,2	39,1	39,8	39,1	39,5
Beschäftigte (urban, formell und informell)	in '000	*8 722*	*8 691*	*8 795*	*8 772*	*9 074*	*9 138*	*9 514*	*9 791*	*9 885*	*10 087*	*10 095*	10 291
Beschäftigtenquote	in %	37,4	36,6	36,3	35,6	36,1	35,7	36,5	36,9	36,6	36,7	36,1	36,2
Arbeitslose (urban)	in '000	*228*	*433*	*492*	*433*	*433*	*594*	*559*	*609*	*664*	*830*	*814*	748
Arbeitslosenquote	in %	2,6	4,8	5,3	4,7	4,6	6,1	5,6	5,9	6,3	7,6	7,5	6,5
Großraum Buenos Aires (GBA)													
Gesamtbevölkerung	in '000	9 587	9 945	9 918	*10 164*	10 409	10 252	10 583	10 788	10 914	11 073	11 160	10 863
Erwerbspersonen (PEA)	in '000	3 790	3 890	3 881	*3 960*	4 039	3 955	4 230	4 415	4 404	4 643	4 565	4 441
Arbeitslose	in '000	87	196	143	*143*	143	184	190	236	276	353	393	281
Arbeitnehmer (formeller Sektor)	in '000	1 866	1 896	1 886	1 934	1 981	1 883	1 897	1 993	2 069	2 108	2 131	2 075
Arbeitgeber + Freiberufler	in '000	316	323	325	319	313	287	300	331	319	367	345	364
Arbeitslose & informeller Sektor	in '000	1 104	1 205	1 232	1 272	1 313	1 374	1 438	1 554	1 686	1 915	2 089	2 002
Erwerbspersonen (PEA)	in %	100,0	100,0	100,0	100,0	100,0	100,0	100,0	100,0	100,0	100,0	100,0	100,0
Arbeitslose	in %	2,3	5,0	3,7	3,6	3,5	4,7	4,5	5,3	6,3	7,6	8,6	6,3
Arbeitnehmer (formeller Sektor)	in %	49,2	48,7	48,6	48,8	49,0	47,6	44,9	45,1	47,0	45,4	46,7	46,7
Arbeitgeber + Freiberufler	in %	8,3	8,3	8,4	8,1	7,7	7,3	7,1	7,5	7,2	7,9	7,6	8,2
Arbeitslose & informeller Sektor	in %	29,1	31,0	31,7	32,1	32,5	34,7	34,0	35,2	38,3	41,2	45,8	45,1
Informeller Sektor	in %	26,8	25,9	28,1	28,5	29,0	30,1	29,5	29,9	32,0	33,6	37,1	38,8

(Fortsetzung nächste Seite; Anmerkungen am Tabellenende)

(Forsetzung von Tabelle A-II)

		1992	1993	1994	1995	1996	1997	1998	1999	2000	2001	2002	2003
Argentinien													
Gesamtbevölkerung	in '000	33 421	33 869	34 318	34 768	35 220	35 672	36 125	36 578	37 032	37 487	37 944	38 401
Städtische Gesamtbevölkerung	in '000	28 933	29 426	29 920	30 410	30 898	31 384	31 871	32 357	32 842	33 484	34 124	34 393
Erwerbspersonen (PEA; urban)	in '000	11 365	11 755	11 936	12 365	12 422	12 889	13 097	13 412	13 644	13 909	14 135	14 393
Erwerbsquote	in %	40,0	41,3	41,0	42,0	41,5	42,2	42,2	42,6	42,6	42,5	42,4	42,8
Beschäftigte (urban, formell und informell)	in '000	10 555	10 660	10 608	10 280	10 352	11 007	11 464	11 568	11 613	11 534	11 397	12 191
Beschäftigtenquote	in %	36,5	36,2	35,5	33,8	33,5	35,1	36,0	35,7	35,4	34,4	33,4	35,4
Arbeitslose (urban)	in '000	811	1 096	1 328	2 086	2 069	1 881	1 634	1 843	2 031	2 375	2 737	2 202
Arbeitslosenquote	in %	7,0	9,6	11,5	17,5	17,2	14,9	12,9	14,3	15,1	17,4	19,7	15,6
Großraum Buenos Aires (GBA)													
Gesamtbevölkerung	in '000	10 993	11 123	11 254	11 316	11 508	11 634	11 774	11 863	11 956	12 106	12 168	12 308
Erwerbspersonen (PEA)	in '000	4 558	4 924	4 893	5 187	4 999	5 236	5 363	5 521	5 411	5 462	5 347	5 589
Arbeitslose	in '000	303	522	541	1 051	900	893	754	860	870	941	1 177	920
Arbeitnehmer (formeller Sektor)	in '000	2 185	2 172	2 043	2 012	1 923	1 931	2 099	2 112	2 078	2 049	1 862	1 839
Arbeitgeber + Freiberufler	in '000	336	369	364	329	336	316	346	362	372	322	271	320
Arbeitslose & informeller Sektor	in '000	2 036	2 383	2 509	2 819	2 717	2 958	2 892	3 017	2 939	3 061	3 188	3 387
Erwerbspersonen (PEA)	in %	100,0	100,0	100,0	100,0	100,0	100,0	100,0	100,0	100,0	100,0	100,0	100,0
Arbeitslose	in %	6,6	10,6	11,1	20,3	18,0	17,1	14,1	15,6	16,1	17,2	22,0	16,5
Arbeitnehmer (formeller Sektor)	in %	47,9	44,1	41,8	38,8	38,5	36,9	39,1	38,3	38,4	37,5	34,8	32,9
Arbeitgeber + Freiberufler	in %	7,4	7,5	7,4	6,3	6,7	6,0	6,5	6,5	6,9	5,9	5,1	5,7
Arbeitslose & informeller Sektor	in %	44,7	48,4	51,3	54,3	54,4	56,5	53,9	54,7	54,3	56,0	59,6	60,6
Informeller Sektor	in %	38,0	37,8	40,2	34,1	36,4	39,4	39,9	39,1	38,2	38,8	37,6	44,1

Anmerkungen: *Kursive* Werte: Schätzungen/interpoliert bzw. extrapoliert; Argentinien: Jahresdurchschnittswerte, außer 2003: Werte für Mai; GBA: Werte bis 1986 für Oktober, Werte ab 1987 für Mai

Quellen: ILO LABORSTA Datenbank (Gesamtbevölkerung); Berechnungen des Autors auf Basis von Daten des MTEySS und EPH-INDEC.

Tabelle A-III: Gewerkschaftsmitglieder und Gewerkschaftsdichte in Argentinien, 1982-2000

		Quelle	1982	1983	1984	1985	1986	1987	1988	1989	1990	1991	1992	1993	1994	1995	1996	1997	1998	1999	2000
Arbeitnehmer im formellen Sekt	*in '000*	*a*	*4.514*	*4.500*	*4.666*	*4.637*	*4.519*	*4.696*	*4.955*	*4.960*	*5.097*	*5.158*	*5.449*	*5.185*	*4.984*	*4.796*	*4.778*	*4.753*	*5.126*	*5.130*	*5.240*
Gewerkschaftsmitglieder in '000																					
ILO World Labour Report	in '000	b	..	..	..	..	3.262	..	..	..	..	..	..	..	..	3.200	..	..	..	..	..
Fundación Invertir Argentina	in '000	c	..	..	..	..	..	..	..	..	..	..	3.182	..	..	..	3.727	..	..	..	..
OIT Panorama Laboral	in '000	d	..	..	..	..	..	..	..	..	2.664	2.694	2.773	2.868	2.912	3.017	3.155	3.274	3.327	3.407	3.466
González - MTSS	in '000	e	2.837	2.839	2.953	2.989	2.969	..	..	..	..	..	..	..	4.027	3.848	..	..	..	..	3.644
González - korr. Schätzungen	in '000	f	2.337	2.338	2.432	2.461	2.445	..	..	..	..	..	..	..	3.419	..	..	..	..	..	3.305
Mittelwert aller Schätzungen	%		*2.587*	*2.588*	*2.693*	*2.725*	*2.892*	..	..	..	*2.664*	*2.694*	*2.978*	*2.868*	*3.453*	*3.355*	*3.441*	*3.274*	*3.327*	*3.407*	*3.472*
Gewerkschaftsmitglieder bezogen auf Arbeitnehmer im formellen Sektor (in %)																					
ILO World Labour Report	%	b	..	..	..	..	72,2	..	..	..	..	..	..	..	..	66,7	..	..	..	..	..
Fundación Invertir Argentina	%	c	..	..	..	..	..	..	..	..	..	..	58,4	..	..	..	78,0	..	..	..	..
OIT Panorama Laboral	%	d	..	..	..	..	..	..	..	..	52,3	52,2	50,9	55,3	58,4	62,9	66,0	68,9	64,9	66,4	66,1
González - MTSS	%	e	62,9	63,1	63,3	64,5	65,7	..	..	..	..	..	..	..	80,8	80,2	..	..	..	..	69,5
González - korr. Schätzungen	%	f	51,8	51,9	52,1	53,1	54,1	..	..	..	..	..	..	..	68,6	..	..	..	..	..	63,1
Mittelwert aller Schätzungen	%		*57,3*	*57,5*	*57,7*	*58,8*	*64,0*	..	..	..	*52,3*	*52,2*	*54,6*	*55,3*	*69,3*	*69,9*	*72,0*	*68,9*	*64,9*	*66,4*	*66,3*

Quellen:
a Berechnungen des Autors auf Basis von Daten des EPH-INDEC;
b International Labour Organisation (1998);
c Fundación Invertir Argentina 1997 (http://www.invertir.com/argentina/c17-223.html);
d OIT (2002: Cuadro 3b);
e González (2001), basierend auf Angaben der Gewerkschaften gegenüber dem MTSS;
f González (2001), basierend auf Schätzungen verschiedener Autoren.

Tabelle A-IV: Strukturelle Durchsetzungsfähigkeit reformbetroffener Gruppen - Codierung

	1983	1984	1985	1986	1987	1988	1989	1990	1991	1992	1993	1994	1995	1996	1997	1998	1999	2000	2001	2002	2003	2004
Gesellschaftliche Gruppen																						
Arbeitgeber	2,9	2,9	2,8	2,8	2,9	2,8	3,4	3,4	3,4	3,3	3,3	3,3	3,3	3,3	3,3	3,3	**3,3**	**3,3**	**3,3**	2,8	2,8	2,8
Arbeitnehmer	**3,6**	**3,8**	**3,8**	**3,8**	**3,8**	**4,0**	**4,2**	**4,1**	**3,8**	**3,7**	**3,5**	**3,5**	**3,5**	**3,5**	**3,4**	**3,4**	3,2	3,2	3,2	**3,6**	**3,6**	**3,6**
Arbeitslose	0,6	0,7	0,7	0,7	0,7	0,8	0,8	0,9	0,9	0,9	1,0	1,0	1,0	1,0	1,0	1,0	1,1	1,4	2,0	2,0	2,3	2,4
Bürokratische Gruppen																						
Arbeitsbürokratie	4,5	3,5	3,5	3,5	3,5	3,5	3,5	3,5	3,5	3,5	3,5	3,5	3,5	4,0	4,0	4,0	4,0	4,0	4,0	4,0	4,0	4,0
Wirtschaftsministerium	**5,0**	**5,0**	**5,0**	**5,0**	**5,0**	**5,0**	**4,5**	**4,5**	4,5	4,5	4,5	4,5	4,5	4,5	4,5	4,5	4,5	4,5	4,5	**4,5**	**4,5**	**4,5**
Int. Finanzinstitutionen	3,5	3,5	3,5	3,5	3,5	3,5	3,5	**4,5**	**5,0**	**5,0**	**5,0**	**5,0**	**5,0**	**5,0**	**5,0**	**5,0**	**5,0**	**5,0**	**5,0**	4,0	4,0	**4,5**
Int. Arbeitsorganisation	3,5	3,5	3,5	3,5	3,5	3,5	3,5	3,5	3,5	3,5	3,5	3,5	3,5	3,5	3,5	3,5	3,5	3,5	3,5	3,5	3,5	3,5

Hervorgehobene Werte geben die jeweils größte strukturelle Durchsetzungsfähigkeit in den beiden Gruppen an. Grundlagen für die Codierung: Abschnitte 5.3.1 und 6.2.

Tabelle A-V: Strukturelle Durchsetzungsfähigkeit reformverantwortlicher Gruppen - Codierung

	1983	1984	1985	1986	1987	1988	1989	1990	1991	1992	1993	1994	1995	1996	1997	1998	1999	2000	2001	2002	2003	2004
Regierung	**1.5**	**1.5**	**1.5**	**1.5**	**1.5**	**1.5**	**2**	**2**	**2**	**2**	**2**	**2**	**2**	**1.5**	**1.5**	**1.5**	**1.5**	**1.5**	1	**2**	**2**	**2**
Kongress	**1.5**	**1.5**	**1.5**	**1.5**	**1.5**	**1.5**	1	1	1	1	1	1	1	**1.5**	**1.5**	**1.5**	**1.5**	**1.5**	**2**	1	1	1
Oberster Gerichtshof	0.5	0.5	0.5	0.5	0.5	0.5	0.5	0.5	0.5	0.5	0.5	0.5	0.5	0.5	0.5	0.5	0.5	0.5	0.5	0.5	0.5	0.5

Hervorgehobene Werte geben die größte strukturelle Durchsetzungsfähigkeit an. Grundlagen für die Codierung: Abschnitte 5.3.1 und 6.1.

Tabelle A-VI: Situationsspezifische Durchsetzungsfähigkeit der reformbetroffenen Akteure – Berechnete Werte

Gesamtreform

	1983	1984	1985	1986	1987	1988	1989	1990	1991	1992	1993	1994	1995	1996	1997	1998	1999	2000	2001	2002	2003	2004
Gesellschaftliche Gruppen																						
Arbeitgeber	2,9	2,9	2,8	2,8	2,9	2,8	3,4	3,4	3,4	3,3	3,3	3,3	3,3	3,3	3,3	3,3	3,3	3,3	3,3	2,8	2,8	2,8
Arbeitnehmer	-3,6	-3,8	-3,8	-3,8	-3,8	-4,0	-4,2	-4,1	-3,8	-3,7	-3,5	-3,5	-3,5	-3,5	-3,4	-3,4	-3,2	-3,2	-3,2	-3,6	-3,6	-3,6
Arbeitslose	0,3	0,3	0,3	0,3	0,4	0,4	0,4	0,5	0,5	0,4	0,5	0,5	0,5	0,5	0,5	0,5	0,5	0,7	1,0	1,0	1,2	1,2
Bürokratische Gruppen																						
Arbeitsbürokratie	-2,3	-1,8	-1,8	-1,8	-1,8	-1,8	-1,8	-1,8	-1,8	-1,8	-1,8	-1,8	-1,8	-2,0	-2,0	-2,0	-2,0	-2,0	-2,0	-2,0	-2,0	-2,0
Wirtschaftsministerium	2,5	2,5	2,5	2,5	2,5	2,5	2,3	2,3	2,3	2,3	2,3	2,3	2,3	2,3	2,3	2,3	2,3	2,3	2,3	2,3	2,3	2,3
Int. Finanzinstitutionen	1,8	1,8	1,8	1,8	1,8	1,8	1,8	2,3	2,5	2,5	2,5	2,5	2,5	2,5	2,5	2,5	2,5	2,5	2,5	2,0	2,0	2,3
Int. Arbeitsorganisation	0,0	0,0	0,0	0,0	0,0	0,0	0,0	0,0	0,0	0,0	0,0	0,0	0,0	0,0	0,0	0,0	0,0	0,0	0,0	0,0	0,0	0,0

Flexibilisierung von Tarifverhandlungen

	1983	1984	1985	1986	1987	1988	1989	1990	1991	1992	1993	1994	1995	1996	1997	1998	1999	2000	2001	2002	2003	2004
Gesellschaftliche Gruppen																						
Arbeitgeber	1.4	1.4	1.4	1.4	1.4	1.4	1.7	1.7	1.7	1.7	1.7	1.7	1.7	1.7	1.7	1.7	1.7	1.7	1.7	1.4	1.4	1.4
Arbeitnehmer	-3.6	-3.8	-3.8	-3.8	-3.8	-4.0	-4.2	-4.1	-3.8	-3.7	-3.5	-3.5	-3.5	-3.5	-3.4	-3.4	-3.2	-3.2	-3.2	-3.6	-3.6	-3.6
Arbeitslose	0.0	0.0	0.0	0.0	0.0	0.0	0.0	0.0	0.0	0.0	0.0	0.0	0.0	0.0	0.0	0.0	0.0	0.0	0.0	0.0	0.0	0.0
Bürokratische Gruppen																						
Arbeitsbürokratie	-2.3	-1.8	-1.8	-1.8	-1.8	-1.8	-1.8	-1.8	-1.8	-1.8	-1.8	-1.8	-1.8	-2.0	-2.0	-2.0	-2.0	-2.0	-2.0	-2.0	-2.0	-2.0
Wirtschaftsministerium	0.0	0.0	0.0	0.0	0.0	0.0	0.0	0.0	0.0	0.0	0.0	0.0	0.0	0.0	0.0	0.0	0.0	0.0	0.0	0.0	0.0	0.0
Int. Finanzinstitutionen	1.8	1.8	1.8	1.8	1.8	1.8	1.8	2.3	2.5	2.5	2.5	2.5	2.5	2.5	2.5	2.5	2.5	2.5	2.5	2.0	2.0	2.3
Int. Arbeitsorganisation	0.0	0.0	0.0	0.0	0.0	0.0	0.0	0.0	0.0	0.0	0.0	0.0	0.0	0.0	0.0	0.0	0.0	0.0	0.0	0.0	0.0	0.0

Senkung der Lohnnebenkosten

	1983	1984	1985	1986	1987	1988	1989	1990	1991	1992	1993	1994	1995	1996	1997	1998	1999	2000	2001	2002	2003	2004
Gesellschaftliche Gruppen																						
Arbeitgeber	2,9	2,9	2,8	2,8	2,9	2,8	3,4	3,4	3,4	3,3	3,3	3,3	3,3	3,3	3,3	3,3	3,3	3,3	3,3	2,8	2,8	2,8
Arbeitnehmer	-1,8	-1,9	-1,9	-1,9	-1,9	-2,0	-2,1	-2,1	-1,9	-1,9	-1,8	-1,8	-1,7	-1,7	-1,7	-1,7	-1,6	-1,6	-1,6	-1,8	-1,8	-1,8
Arbeitslose	0,3	0,3	0,3	0,3	0,4	0,4	0,4	0,5	0,5	0,4	0,5	0,5	0,5	0,5	0,5	0,5	0,5	0,7	1,0	1,0	1,2	1,2
Bürokratische Gruppen																						
Arbeitsbürokratie	-2,3	-1,8	-1,8	-1,8	-1,8	-1,8	-1,8	-1,8	-1,8	-1,8	-1,8	-1,8	-1,8	-2,0	-2,0	-2,0	-2,0	-2,0	-2,0	-2,0	-2,0	-2,0
Wirtschaftsministerium	0,0	0,0	0,0	0,0	0,0	0,0	0,0	0,0	0,0	0,0	0,0	0,0	0,0	0,0	0,0	0,0	0,0	0,0	0,0	0,0	0,0	0,0
Int. Finanzinstitutionen	1,8	1,8	1,8	1,8	1,8	1,8	1,8	2,3	2,5	2,5	2,5	2,5	2,5	2,5	2,5	2,5	2,5	2,5	2,5	2,0	2,0	2,3
Int. Arbeitsorganisation	0,0	0,0	0,0	0,0	0,0	0,0	0,0	0,0	0,0	0,0	0,0	0,0	0,0	0,0	0,0	0,0	0,0	0,0	0,0	0,0	0,0	0,0

(Fortsetzung nächste Seite; Anmerkungen am Ende der Tabelle)

(Fortsetzung Tabelle A-VI)

Senkung der Mindestlöhne

	1983	1984	1985	1986	1987	1988	1989	1990	1991	1992	1993	1994	1995	1996	1997	1998	1999	2000	2001	2002	2003	2004
Gesellschaftliche Gruppen																						
Arbeitgeber	1,4	1,4	1,4	1,4	1,4	1,4	1,7	1,7	1,7	1,7	1,7	1,7	1,7	1,7	1,7	1,7	1,7	1,7	1,7	1,4	1,4	1,4
Arbeitnehmer	-1,8	-1,9	-1,9	-1,9	-1,9	-2,0	-2,1	-2,1	-1,9	-1,9	-1,8	-1,8	-1,7	-1,7	-1,7	-1,7	-1,6	-1,6	-1,6	-1,8	-1,8	-1,8
Arbeitslose	0,3	0,3	0,3	0,3	0,4	0,4	0,4	0,5	0,5	0,4	0,5	0,5	0,5	0,5	0,5	0,5	0,5	0,7	1,0	1,0	1,2	1,2
Bürokratische Gruppen																						
Arbeitsbürokratie	0,0	0,0	0,0	0,0	0,0	0,0	0,0	0,0	0,0	0,0	0,0	0,0	0,0	0,0	0,0	0,0	0,0	0,0	0,0	0,0	0,0	0,0
Wirtschaftsministerium	0,0	0,0	0,0	0,0	0,0	0,0	0,0	0,0	0,0	0,0	0,0	0,0	0,0	0,0	0,0	0,0	0,0	0,0	0,0	0,0	0,0	0,0
Int. Finanzinstitutionen	1,8	1,8	1,8	1,8	1,8	1,8	1,8	2,3	2,5	2,5	2,5	2,5	2,5	2,5	2,5	2,5	2,5	2,5	2,5	2,0	2,0	2,3
Int. Arbeitsorganisation	-1,8	-1,8	-1,8	-1,8	-1,8	-1,8	-1,8	-1,8	-1,8	-1,8	-1,8	-1,8	-1,8	-1,8	-1,8	-1,8	-1,8	-1,8	-1,8	-1,8	-1,8	-1,8

Senkung der Lohnstückkosten (Arbeitszeitverlängerung etc.)

	1983	1984	1985	1986	1987	1988	1989	1990	1991	1992	1993	1994	1995	1996	1997	1998	1999	2000	2001	2002	2003	2004
Gesellschaftliche Gruppen																						
Arbeitgeber	2.9	2.9	2.8	2.8	2.9	2.8	3.4	3.4	3.4	3.3	3.3	3.3	3.3	3.3	3.3	3.3	3.3	3.3	3.3	2.8	2.8	2.8
Arbeitnehmer	-3.6	-3.8	-3.8	-3.8	-3.8	-4.0	-4.2	-4.1	-3.8	-3.7	-3.5	-3.5	-3.5	-3.5	-3.4	-3.4	-3.2	-3.2	-3.2	-3.6	-3.6	-3.6
Arbeitslose	0.0	0.0	0.0	0.0	0.0	0.0	0.0	0.0	0.0	0.0	0.0	0.0	0.0	0.0	0.0	0.0	0.0	0.0	0.0	0.0	0.0	0.0
Bürokratische Gruppen																						
Arbeitsbürokratie	0.0	0.0	0.0	0.0	0.0	0.0	0.0	0.0	0.0	0.0	0.0	0.0	0.0	0.0	0.0	0.0	0.0	0.0	0.0	0.0	0.0	0.0
Wirtschaftsministerium	0.0	0.0	0.0	0.0	0.0	0.0	0.0	0.0	0.0	0.0	0.0	0.0	0.0	0.0	0.0	0.0	0.0	0.0	0.0	0.0	0.0	0.0
Int. Finanzinstitutionen	1.8	1.8	1.8	1.8	1.8	1.8	1.8	2.3	2.5	2.5	2.5	2.5	2.5	2.5	2.5	2.5	2.5	2.5	2.5	2.0	2.0	2.3
Int. Arbeitsorganisation	-1.8	-1.8	-1.8	-1.8	-1.8	-1.8	-1.8	-1.8	-1.8	-1.8	-1.8	-1.8	-1.8	-1.8	-1.8	-1.8	-1.8	-1.8	-1.8	-1.8	-1.8	-1.8

Liberalisierung des Kündigungsschutzes

	1983	1984	1985	1986	1987	1988	1989	1990	1991	1992	1993	1994	1995	1996	1997	1998	1999	2000	2001	2002	2003	2004
Gesellschaftliche Gruppen																						
Arbeitgeber	2,9	2,9	2,8	2,8	2,9	2,8	3,4	3,4	3,4	3,3	3,3	3,3	3,3	3,3	3,3	3,3	3,3	3,3	3,3	2,8	2,8	2,8
Arbeitnehmer	-3,6	-3,8	-3,8	-3,8	-3,8	-4,0	-4,2	-4,1	-3,8	-3,7	-3,5	-3,5	-3,5	-3,5	-3,4	-3,4	-3,2	-3,2	-3,2	-3,6	-3,6	-3,6
Arbeitslose	0,3	0,3	0,3	0,3	0,4	0,4	0,4	0,5	0,5	0,4	0,5	0,5	0,5	0,5	0,5	0,5	0,5	0,7	1,0	1,0	1,2	1,2
Bürokratische Gruppen																						
Arbeitsbürokratie	-2,3	-1,8	-1,8	-1,8	-1,8	-1,8	-1,8	-1,8	-1,8	-1,8	-1,8	-1,8	-1,8	-2,0	-2,0	-2,0	-2,0	-2,0	-2,0	-2,0	-2,0	-2,0
Wirtschaftsministerium	0,0	0,0	0,0	0,0	0,0	0,0	0,0	0,0	0,0	0,0	0,0	0,0	0,0	0,0	0,0	0,0	0,0	0,0	0,0	0,0	0,0	0,0
Int. Finanzinstitutionen	1,8	1,8	1,8	1,8	1,8	1,8	1,8	2,3	2,5	2,5	2,5	2,5	2,5	2,5	2,5	2,5	2,5	2,5	2,5	2,0	2,0	2,3
Int. Arbeitsorganisation	-1,8	-1,8	-1,8	-1,8	-1,8	-1,8	-1,8	-1,8	-1,8	-1,8	-1,8	-1,8	-1,8	-1,8	-1,8	-1,8	-1,8	-1,8	-1,8	-1,8	-1,8	-1,8

(Fortsetzung nächste Seite; Anmerkungen am Ende der Tabelle)

(Fortsetzung Tabelle A-VI)

Förderung befristeter Arbeitsverhältnisse

	1983	1984	1985	1986	1987	1988	1989	1990	1991	1992	1993	1994	1995	1996	1997	1998	1999	2000	2001	2002	2003	2004
Gesellschaftliche Gruppen																						
Arbeitgeber	2,9	2,9	2,8	2,8	2,9	2,8	3,4	3,4	3,4	3,3	3,3	3,3	3,3	3,3	3,3	3,3	3,3	3,3	3,3	2,8	2,8	2,8
Arbeitnehmer	-1,8	-1,9	-1,9	-1,9	-1,9	-2,0	-2,1	-2,1	-1,9	-1,9	-1,8	-1,8	-1,7	-1,7	-1,7	-1,7	-1,6	-1,6	-1,6	-1,8	-1,8	-1,8
Arbeitslose	0,3	0,3	0,3	0,3	0,4	0,4	0,4	0,5	0,5	0,4	0,5	0,5	0,5	0,5	0,5	0,5	0,5	0,7	1,0	1,0	1,2	1,2
Bürokratische Gruppen																						
Arbeitsbürokratie	-2,3	-1,8	-1,8	-1,8	-1,8	-1,8	-1,8	-1,8	-1,8	-1,8	-1,8	-1,8	-1,8	-2,0	-2,0	-2,0	-2,0	-2,0	-2,0	-2,0	-2,0	-2,0
Wirtschaftsministerium	0,0	0,0	0,0	0,0	0,0	0,0	0,0	0,0	0,0	0,0	0,0	0,0	0,0	0,0	0,0	0,0	0,0	0,0	0,0	0,0	0,0	0,0
Int. Finanzinstitutionen	1,8	1,8	1,8	1,8	1,8	1,8	1,8	2,3	2,5	2,5	2,5	2,5	2,5	2,5	2,5	2,5	2,5	2,5	2,5	2,0	2,0	2,3
Int. Arbeitsorganisation	0,0	0,0	0,0	0,0	0,0	0,0	0,0	0,0	0,0	0,0	0,0	0,0	0,0	0,0	0,0	0,0	0,0	0,0	0,0	0,0	0,0	0,0

Verringerung von Marktmacht auf dem Arbeitsmarkt

	1983	1984	1985	1986	1987	1988	1989	1990	1991	1992	1993	1994	1995	1996	1997	1998	1999	2000	2001	2002	2003	2004
Gesellschaftliche Gruppen																						
Arbeitgeber	1,4	1,4	1,4	1,4	1,4	1,4	1,7	1,7	1,7	1,7	1,7	1,7	1,7	1,7	1,7	1,7	1,7	1,7	1,7	1,4	1,4	1,4
Arbeitnehmer	-3,6	-3,8	-3,8	-3,8	-3,8	-4,0	-4,2	-4,1	-3,8	-3,7	-3,5	-3,5	-3,5	-3,5	-3,4	-3,4	-3,2	-3,2	-3,2	-3,6	-3,6	-3,6
Arbeitslose	0,0	0,0	0,0	0,0	0,0	0,0	0,0	0,0	0,0	0,0	0,0	0,0	0,0	0,0	0,0	0,0	0,0	0,0	0,0	0,0	0,0	0,0
Bürokratische Gruppen																						
Arbeitsbürokratie	0,0	0,0	0,0	0,0	0,0	0,0	0,0	0,0	0,0	0,0	0,0	0,0	0,0	0,0	0,0	0,0	0,0	0,0	0,0	0,0	0,0	0,0
Wirtschaftsministerium	0,0	0,0	0,0	0,0	0,0	0,0	0,0	0,0	0,0	0,0	0,0	0,0	0,0	0,0	0,0	0,0	0,0	0,0	0,0	0,0	0,0	0,0
Int. Finanzinstitutionen	1,8	1,8	1,8	1,8	1,8	1,8	1,8	2,3	2,5	2,5	2,5	2,5	2,5	2,5	2,5	2,5	2,5	2,5	2,5	2,0	2,0	2,3
Int. Arbeitsorganisation	1,8	1,8	1,8	1,8	1,8	1,8	1,8	1,8	1,8	1,8	1,8	1,8	1,8	1,8	1,8	1,8	1,8	1,8	1,8	1,8	1,8	1,8

Ausbau des Arbeitsinspektionswesens

	1983	1984	1985	1986	1987	1988	1989	1990	1991	1992	1993	1994	1995	1996	1997	1998	1999	2000	2001	2002	2003	2004
Gesellschaftliche Gruppen																						
Arbeitgeber	-1,4	-1,4	-1,4	-1,4	-1,4	-1,4	-1,7	-1,7	-1,7	-1,7	-1,7	-1,7	-1,7	-1,7	-1,7	-1,7	-1,7	-1,7	-1,7	-1,4	-1,4	-1,4
Arbeitnehmer	1,8	1,9	1,9	1,9	1,9	2,0	2,1	2,1	1,9	1,9	1,8	1,8	1,7	1,7	1,7	1,7	1,6	1,6	1,6	1,8	1,8	1,8
Arbeitslose	-0,3	-0,3	-0,3	-0,3	-0,4	-0,4	-0,4	-0,5	-0,5	-0,4	-0,5	-0,5	-0,5	-0,5	-0,5	-0,5	-0,5	-0,7	-1,0	-1,0	-1,2	-1,2
Bürokratische Gruppen																						
Arbeitsbürokratie	4,5	3,5	3,5	3,5	3,5	3,5	3,5	3,5	3,5	3,5	3,5	3,5	3,5	4,0	4,0	4,0	4,0	4,0	4,0	4,0	4,0	4,0
Wirtschaftsministerium	0,0	0,0	0,0	0,0	0,0	0,0	0,0	0,0	0,0	0,0	0,0	0,0	0,0	0,0	0,0	0,0	0,0	0,0	0,0	0,0	0,0	0,0
Int. Finanzinstitutionen	1,8	1,8	1,8	1,8	1,8	1,8	1,8	2,3	2,5	2,5	2,5	2,5	2,5	2,5	2,5	2,5	2,5	2,5	2,5	2,0	2,0	2,3
Int. Arbeitsorganisation	1,8	1,8	1,8	1,8	1,8	1,8	1,8	1,8	1,8	1,8	1,8	1,8	1,8	1,8	1,8	1,8	1,8	1,8	1,8	1,8	1,8	1,8

Anmerkung: Positive Werte: Reformbefürworter; negative Werte: Reformgegner. Die Berechnung der Werte erfolgt durch Multiplikation der Werte für die strukturelle Durchsetzungsfähigkeit (Tabelle A-IV) und die Präferenz (Tabelle 22); vgl. Abschnitt 5.3.1.

Tabelle A-VII: Erwartete Durchführungswahrscheinlichkeit von Arbeitsmarktreformen in Argentinien, 1983-2004

	1983	1984	1985	1986	1987	1988	1989	1990	1991	1992	1993	1994	1995	1996	1997	1998	1999	2000	2001	2002	2003	2004
Ohne Koalitionsbildung																						
Gesamtreform	*-0.7*	*-1.0*	*-0.9*	*-0.9*	*-0.9*	*-1.2*	*-0.9*	*-0.8*	*-0.4*	*-0.4*	*-0.2*	*-0.2*	*-0.1*	*-0.2*	*-0.1*	*-0.1*	*0.2*	*0.2*	*0.2*	*-0.8*	*-0.8*	*-0.7*
Flexibilisierung von Tarifverhandlungen	-1.8	-2.1	-2.0	-2.0	-2.0	-2.3	-2.5	-1.9	-1.3	-1.2	-1.0	-1.0	-1.0	-1.0	-0.9	-0.9	-0.7	-0.7	-0.7	-1.6	-1.6	-1.3
Senkung der Lohnnebenkosten	0.6	0.9	0.9	0.9	1.0	0.8	1.3	1.3	1.5	1.5	1.6	1.6	1.6	1.3	1.3	1.3	1.3	1.3	1.3	0.8	0.8	0.8
Senkung der Mindestlöhne	0.0	-0.2	-0.1	-0.1	-0.1	-0.3	-0.4	0.2	0.6	0.6	0.7	0.7	0.8	0.8	0.8	0.8	0.8	0.8	0.8	0.2	0.2	0.5
Lohnstückkostensenkung (Arbeitszeitverlängerung etc.)	-0.7	-1.0	-0.9	-0.9	-0.9	-1.2	-0.9	-0.8	-0.4	-0.4	-0.2	-0.2	-0.1	-0.2	-0.1	-0.1	0.2	0.2	0.2	-0.8	-0.8	-0.7
Liberalisierung des Kündigungsschutzes	-0.7	-1.0	-0.9	-0.9	-0.9	-1.2	-0.9	-0.8	-0.4	-0.4	-0.2	-0.2	-0.1	-0.2	-0.1	-0.1	0.2	0.2	0.2	-0.8	-0.8	-0.7
Förderung befristeter Arbeitsverhältnisse	0.6	0.9	0.9	0.9	1.0	0.8	1.3	1.3	1.5	1.5	1.6	1.6	1.6	1.3	1.3	1.3	1.3	1.3	1.3	0.8	0.8	0.8
Verringerung von Marktmacht	-1.8	-2.1	-2.0	-2.0	-2.0	-2.3	-2.5	-1.9	-1.3	-1.2	-1.0	-1.0	-1.0	-1.0	-0.9	-0.9	-0.7	-0.7	-0.7	-1.6	-1.6	-1.3
Ausbau des Arbeitsinspektionswesens/ Sicherung der Regelbefolgung	3.1	2.1	2.1	2.1	2.1	2.1	1.8	1.8	1.8	1.8	1.8	1.8	1.8	2.3	2.3	2.3	2.3	2.3	2.3	2.6	2.6	2.6
Mit Koalitionsbildung																						
Gesamtreform	*1.6*	*1.9*	*1.9*	*1.9*	*1.9*	*1.7*	*1.8*	*2.5*	*3.1*	*3.1*	*3.3*	*3.3*	*3.4*	*3.1*	*3.2*	*3.2*	*3.4*	*3.6*	*3.9*	*2.4*	*2.6*	*2.9*
Flexibilisierung von Tarifverhandlungen	-2.6	-2.4	-2.4	-2.4	-2.3	-2.6	-2.5	-1.9	-1.3	-1.3	-1.1	-1.1	-1.1	-1.3	-1.3	-1.3	-1.0	-1.0	-1.0	-2.2	-2.2	-1.9
Senkung der Lohnnebenkosten	0.9	1.3	1.3	1.3	1.3	1.2	1.7	2.3	2.7	2.7	2.8	2.8	2.8	2.6	2.6	2.6	2.8	2.9	3.2	2.0	2.2	2.5
Senkung der Mindestlöhne	0.0	-0.2	-0.1	-0.1	-0.1	-0.2	0.0	0.6	1.0	1.0	1.1	1.2	1.2	1.2	1.2	1.2	1.4	1.5	1.8	0.8	1.0	1.3
Lohnstückkostensenkung (Arbeitszeitverlängerung etc.)	-0.7	-1.0	-0.9	-0.9	-0.9	-1.2	-0.9	-0.3	0.4	0.4	0.6	0.6	0.6	0.6	0.6	0.6	0.9	0.9	0.9	-0.6	-0.5	-0.2
Liberalisierung des Kündigungsschutzes	-2.6	-2.4	-2.4	-2.4	-2.3	-2.5	-2.2	-1.5	-0.9	-0.9	-0.7	-0.7	-0.6	-0.9	-0.8	-0.8	-0.6	-0.4	-0.1	-1.6	-1.4	-1.1
Förderung befristeter Arbeitsverhältnisse	0.9	1.3	1.3	1.3	1.3	1.2	1.7	2.3	2.7	2.7	2.8	2.8	2.8	2.6	2.6	2.6	2.8	2.9	3.2	2.0	2.2	2.5
Verringerung von Marktmacht	1.4	1.1	1.1	1.1	1.2	0.9	1.0	1.6	2.2	2.2	2.4	2.4	2.4	2.4	2.5	2.5	2.7	2.7	2.7	1.5	1.6	1.9
Ausbau des Arbeitsinspektionswesens/ Sicherung der Regelbefolgung	8.0	7.2	7.1	7.1	7.1	7.2	7.0	7.4	7.5	7.5	7.4	7.3	7.3	7.8	7.8	7.8	7.6	7.5	7.2	7.2	7.0	7.2

Anmerkung: Berechnung der Durchführungswahrscheinlichkeit gemäß Abschnitt 5.3.1.

Tabelle A-VIII: Entwicklung der Sozialbeiträge in Argentinien, 1980-2004 (in % vom Bruttolohn)

		Arbeitgeberanteile						**Arbeitnehmeranteil**
Zeitraum		Alterssicherung	Familienzuwendungen	Arbeitslosenversicherung[c] (*FNE*)	INSSJyP/ PAMI	Krankenversicherung (*obras sociales*)	*Gesamt*	*Gesamt*
bis 09/1980		15,00	12,00	0,00	2,00	4,50	*33,50*	*15,00*
10/1980-03/1984		0,00	12,00	0,00	2,00	4,50	*18,50*	*15,00*
04-09/1984		0,00	12,00	0,00	2,00	4,50	*18,50*	*15,00*
10/1984-10/1985		7,50	12,00	0,00	2,00	4,50	*26,00*	*15,00*
11/1985-12/1986		10,50	9,00	0,00	2,00	4,50	*26,00*	*15,00*
01/1987-06/1988		12,50	9,00	0,00	2,00	4,50	*28,00*	*15,00*
07/1988-01/1989		11,00	9,00	0,00	2,00	4,50	*26,50*	*16,00*
02/1989-08/1991		11,00	9,00	0,00	2,00	6,00	*28,00*	*16,00*
09-12/1991		16,00	9,00	0,00	2,00	6,00	*33,00*	*16,00*
01/1992-12/1993		16,00	7,50	1,50	2,00	6,00	*33,00*	*16,00*
01-06/1994	max[a]	15,32	7,18	1,42	1,93	5,74	*31,60*	*16,00*
	min	6,81	3,19	0,63	0,86	2,55	*14,04*	*16,00*
	mean[b]	13,98	6,55	1,30	1,76	5,24	*28,83*	*16,00*
07/1994-03/1995	max	15,32	7,18	1,42	1,93	5,74	*31,60*	*17,00*
	min	6,81	3,19	0,63	0,86	2,55	*14,04*	*17,00*
	mean	13,98	6,55	1,30	1,76	5,24	*28,83*	*17,00*
04-08/1995	max	14,40	6,75	1,35	1,80	4,50	*28,80*	*17,00*
	min	6,40	3,00	0,60	0,80	2,00	*12,80*	*17,00*
	mean	13,14	6,16	1,23	1,64	4,11	*26,28*	*17,00*
09-10/1995	max	14,40	6,75	1,35	1,80	5,00	*29,30*	*17,00*
	min	6,40	3,00	0,60	0,80	5,00	*15,80*	*17,00*
	mean	13,14	6,16	1,23	1,64	5,00	*27,17*	*17,00*
11-12/1995	max	12,80	6,00	1,20	1,60	5,00	*26,60*	*17,00*
	min	4,80	2,25	0,45	0,60	5,00	*13,10*	*17,00*
	mean	11,54	5,41	1,08	1,44	5,00	*24,47*	*17,00*
01/1996-11/1997	max	11,20	5,25	1,05	1,40	5,00	*23,90*	*17,00*
	min	3,20	1,50	0,30	0,40	5,00	*10,40*	*17,00*
	mean	9,94	4,66	0,93	1,24	5,00	*21,77*	*17,00*
12/1997-01/1999	max	12,01	5,25	1,05	0,59	5,00	*23,90*	*17,00*
	min	3,43	1,50	0,30	0,17	5,00	*10,40*	*17,00*
	mean	10,66	4,66	0,93	0,52	5,00	*21,77*	*17,00*
02-07/1999	max	8,51	5,25	1,05	0,59	5,00	*20,40*	*17,00*
	min	2,43	1,50	0,30	0,17	5,00	*9,40*	*17,00*
	mean	7,55	4,66	0,93	0,52	5,00	*18,67*	*17,00*
08/1999-06/2001	max	7,81	5,25	1,05	0,59	5,00	*19,70*	*17,00*
	min	2,23	1,50	0,30	0,17	5,00	*9,20*	*17,00*
	mean	6,93	4,66	0,93	0,52	5,00	*18,05*	*17,00*
07/2001-03/2002		16,00				5,00	*21,00*	*17,00*
04/2002-		15,00			2,00	5,00	*22,00*	*17,00*

Anmerkungen: Angegeben sind Regelsätze; niedrigere Sätze bestanden bzw. bestehen für *contratos promovidos*, während Probezeit etc.;

a: von 1994 bis 2001 galten regional unterschiedliche Beiträge; der höchste regionale Satz galt z.B. für Buenos Aires;

b: angegebene Durchschnittswerte sind nach Anzahl der Beschäftigten in den verschiedenen Regionen gewichtet;

c: Arbeitslosenversicherung 1991 eingeführt

Quellen: Gesetze Nr. 23081, Nr. 23568, Nr. 23660, Nr. 23966, Nr. 24013 und Nr. 25565, Dekrete 2196/86, 2609/93, 492/95, 197/97, 96/99, 1520/98 und 814/2001

Tabelle A-IX: Modifizierte Präferenzen auf der Basis empirischer Beobachtung (Abschnitt 8.1)

	Flexibilisierung Tarifverhandlungen	Senkung Lohnnebenkosten	Senkung Mindestlöhne	Lohnstückkostensenkung (Arbeitszeitverlängerung)	Liberalisierung Kündigungsschutz	Förderung befristeter Arbeitsverhältnisse	Verringerung von Marktmacht	Ausbau Inspektionswesen/ Regelbefolgung	**Gesamtreform**
Gesellschaftliche Gruppen									
Arbeitgeber	0.5	1	0.5	1	1	1	0.5	-0.5	**1**
Arbeitnehmer	-1	-0.5	-0.5	-1	-1	-0.5	-1	0.5	**-1**
Arbeitslose	0	***0***	***-1***	0	***-0.5***	***-0.5***	0	-0.5	***-0.5***
Bürokratische Gruppen									
Arbeitsbürokratie	-0.5	-0.5	0	0	-0.5	-0.5	0	1	**-0.5**
Wirtschaftsministerium	0	0	0	0	0	0	0	0	**0.5**
Int. Finanzinstitutionen	0.5	0.5	0.5	0.5	0.5	0.5	0.5	0.5	**0.5**
Int. Arbeitsorganisation	0	0	-0.5	-0.5	-0.5	0	0.5	0.5	**0**

Anmerkung: Modifizierte Werte sind fett kursiv angegeben; Basis: Tabelle 22.

Tabelle A-X: Erwartete Durchführungswahrscheinlichkeit von Arbeitsmarktreformen in Argentinien, 1983-2004 (korrigierte Werte gemäß 8.1)

	1983	1984	1985	1986	1987	1988	1989	1990	1991	1992	1993	1994	1995	1996	1997	1998	1999	2000	2001	2002	2003	2004
Ohne Koalitionsbildung																						
Gesamtreform	*-0.7*	*-1.0*	*-0.9*	*-0.9*	*-0.9*	*-1.2*	*-0.9*	*-0.8*	*-0.4*	*-0.4*	*-0.2*	*-0.2*	*-0.1*	*-0.2*	*-0.1*	*-0.1*	*0.2*	*0.2*	*0.2*	*-0.8*	*-0.8*	*-0.7*
Flexibilisierung von Tarifverhandlungen	-1.8	-2.1	-2.0	-2.0	-2.0	-2.3	-2.5	-1.9	-1.3	-1.2	-1.0	-1.0	-1.0	-1.0	-0.9	-0.9	-0.7	-0.7	-0.7	-1.6	-1.6	-1.3
Senkung der Lohnnebenkosten	0.6	0.9	0.9	0.9	1.0	0.8	1.3	1.3	1.5	1.5	1.6	1.6	1.6	1.3	1.3	1.3	1.3	1.3	1.3	0.8	0.8	0.8
Senkung der Mindestlöhne	0.0	-0.2	-0.1	-0.1	-0.1	-0.3	-0.4	0.2	0.6	0.6	0.7	0.7	0.8	0.8	0.8	0.8	0.8	0.8	0.6	0.0	-0.3	-0.1
Lohnstückkostensenkung (Arbeitszeitverlängerung etc.)	-0.7	-1.0	-0.9	-0.9	-0.9	-1.2	-0.9	-0.8	-0.4	-0.4	-0.2	-0.2	-0.1	-0.2	-0.1	-0.1	0.2	0.2	0.2	-0.8	-0.8	-0.7
Liberalisierung des Kündigungsschutzes	-0.7	-1.0	-0.9	-0.9	-0.9	-1.2	-0.9	-0.8	-0.4	-0.4	-0.2	-0.2	-0.1	-0.2	-0.1	-0.1	0.2	0.2	0.2	-0.8	-0.8	-0.7
Förderung befristeter Arbeitsverhältnisse	0.6	0.9	0.9	0.9	1.0	0.8	1.3	1.3	1.5	1.5	1.6	1.6	1.6	1.3	1.3	1.3	1.3	1.3	1.3	0.8	0.8	0.8
Verringerung von Marktmacht	-1.8	-2.1	-2.0	-2.0	-2.0	-2.3	-2.5	-1.9	-1.3	-1.2	-1.0	-1.0	-1.0	-1.0	-0.9	-0.9	-0.7	-0.7	-0.7	-1.6	-1.6	-1.3
Ausbau des Arbeitsinspektionswesens/ Sicherung der Regelbefolgung	3.1	2.1	2.1	2.1	2.1	2.1	1.8	1.8	1.8	1.8	1.8	1.8	1.8	2.3	2.3	2.3	2.3	2.3	2.3	2.6	2.6	2.6
Mit Koalitionsbildung																						
Gesamtreform	*1.0*	*1.2*	*1.2*	*1.2*	*1.2*	*0.9*	*1.0*	*1.5*	*2.2*	*2.2*	*2.3*	*2.3*	*2.4*	*2.1*	*2.1*	*2.1*	*2.4*	*2.2*	*1.9*	*0.4*	*0.3*	*0.6*
Flexibilisierung von Tarifverhandlungen	-2.6	-2.4	-2.4	-2.4	-2.3	-2.6	-2.5	-1.9	-1.3	-1.3	-1.1	-1.1	-1.1	-1.3	-1.3	-1.3	-1.0	-1.0	-1.0	-2.2	-2.2	-1.9
Senkung der Lohnnebenkosten	0.6	0.9	0.9	0.9	1.0	0.8	1.3	1.8	2.2	2.2	2.3	2.3	2.3	2.1	2.1	2.1	2.2	2.2	2.2	1.0	1.0	1.3
Senkung der Mindestlöhne	-1.0	-1.1	-1.2	-1.2	-1.2	-1.4	-1.2	-0.8	-0.3	-0.3	-0.3	-0.3	-0.3	-0.3	-0.3	-0.3	-0.2	-0.6	-1.1	-2.2	-2.4	-2.2
Lohnstückkostensenkung (Arbeitszeitverlängerung etc.)	-0.7	-1.0	-0.9	-0.9	-0.9	-1.2	-0.9	-0.3	0.4	0.4	0.6	0.6	0.6	0.6	0.6	0.6	0.9	0.9	0.9	-0.6	-0.5	-0.2
Liberalisierung des Kündigungsschutzes	-3.3	-3.0	-3.0	-3.0	-3.0	-3.3	-3.0	-2.5	-1.8	-1.8	-1.7	-1.7	-1.6	-1.9	-1.9	-1.9	-1.6	-1.8	-2.1	-3.6	-3.7	-3.4
Förderung befristeter Arbeitsverhältnisse	0.3	0.6	0.6	0.6	0.6	0.5	0.8	1.3	1.8	1.8	1.8	1.8	1.8	1.6	1.6	1.6	1.7	1.6	1.3	0.0	-0.1	0.1
Verringerung von Marktmacht	1.4	1.1	1.1	1.1	1.2	0.9	1.0	1.6	2.2	2.2	2.4	2.4	2.4	2.4	2.5	2.5	2.7	2.7	2.7	1.5	1.6	1.9
Ausbau des Arbeitsinspektionswesens/ Sicherung der Regelbefolgung	8.0	7.2	7.1	7.1	7.1	7.2	7.0	7.4	7.5	7.5	7.4	7.3	7.3	7.8	7.8	7.8	7.6	7.5	7.2	7.2	7.0	7.2

Anmerkung: Berechnung der Durchführungswahrscheinlichkeit gemäß Abschnitt 5.3.1.

Abbildung A-I: Erwartete Durchführungswahrscheinlichkeit von Arbeitsmarktreformen in Argentinien, nach Reformmaßnahmen, 1983-2004

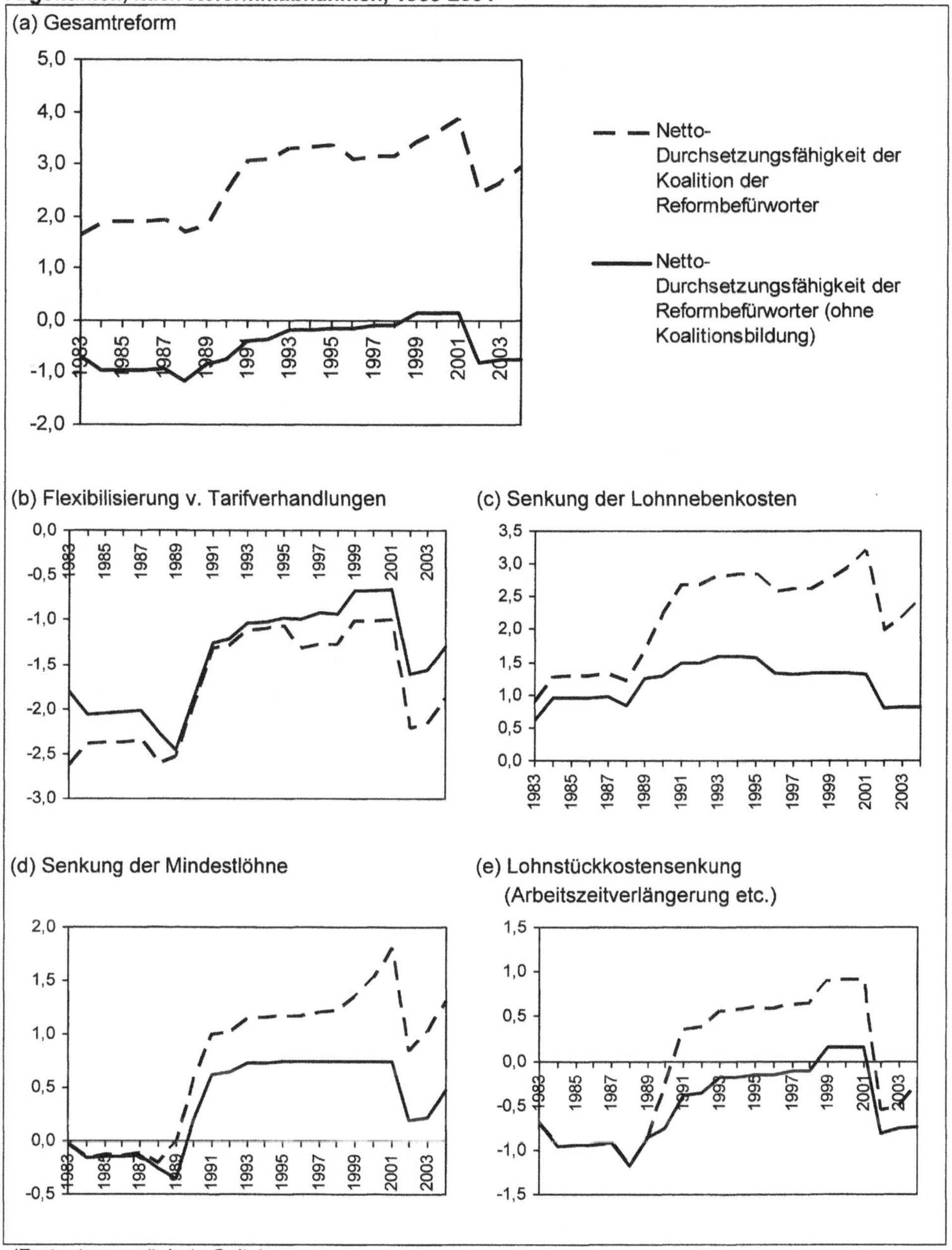

(Fortsetzung nächste Seite)

(Fortsetzung Abbildung A-I)

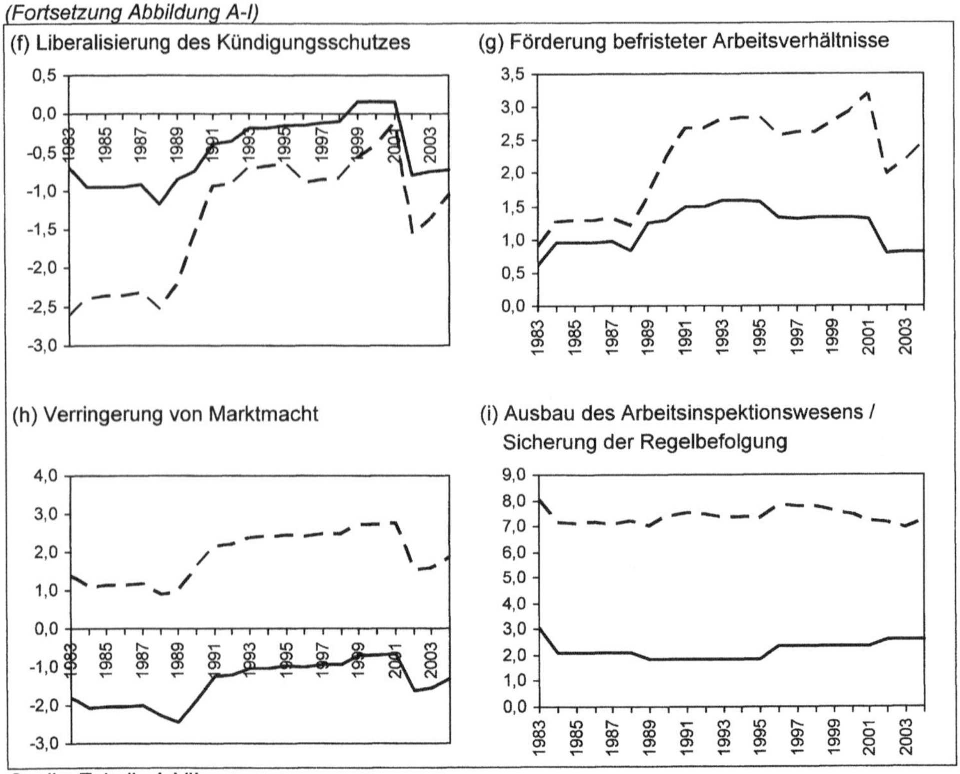

Quelle: Tabelle A-VII

Abbildung A-II: Modifizierte Erwartungen über die Durchführungswahrscheinlichkeit von Arbeitsmarktreformen in Argentinien, 1983-2004 (gemäß Abschnitt 8.1)

(a) Netto-Durchsetzungsfähigkeit der Reformbefürworter (ohne Koalitionsbildung)

(a1) gemäß Abschnitt 6.4

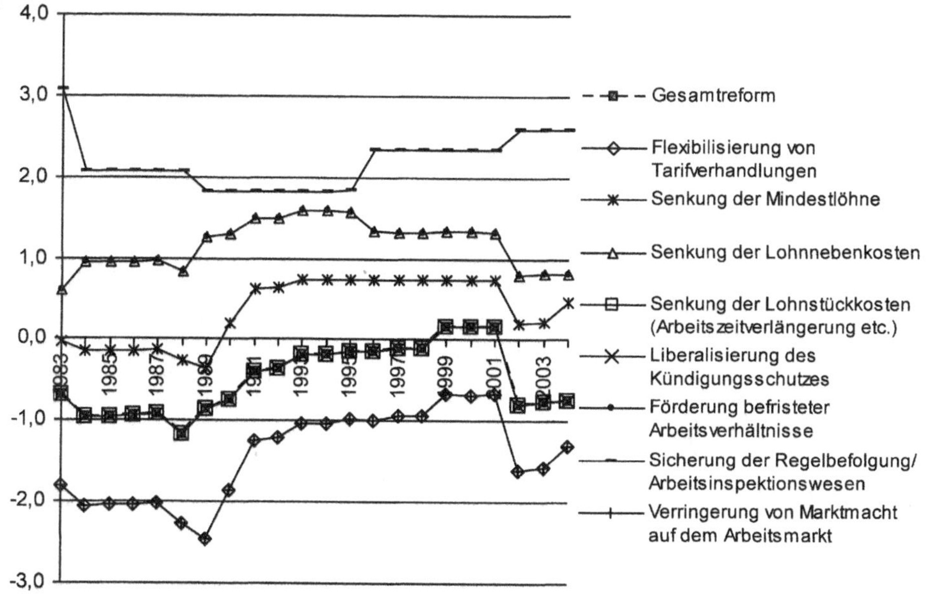

(a2) gemäß Abschnitt 8.1

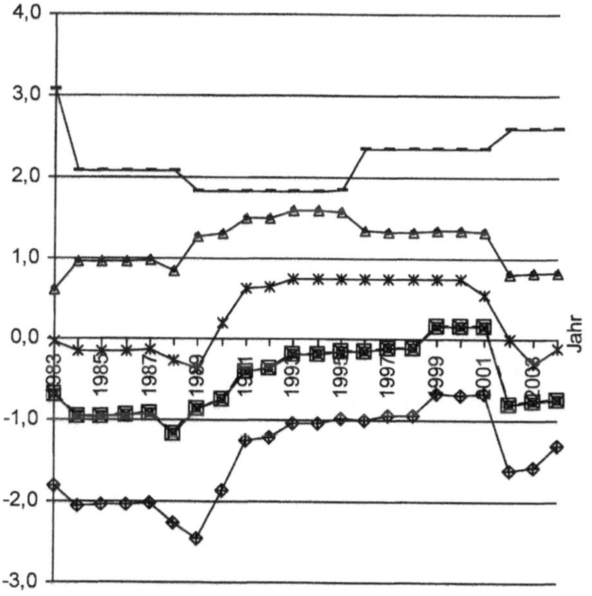

(Fortsetzung nächste Seite)

(Fortsetzung Abbildung A-II))

(b) Netto-Durchsetzungsfähigkeit der Koalition der Reformbefürworter

(b1) gemäß Abschnitt 6.4

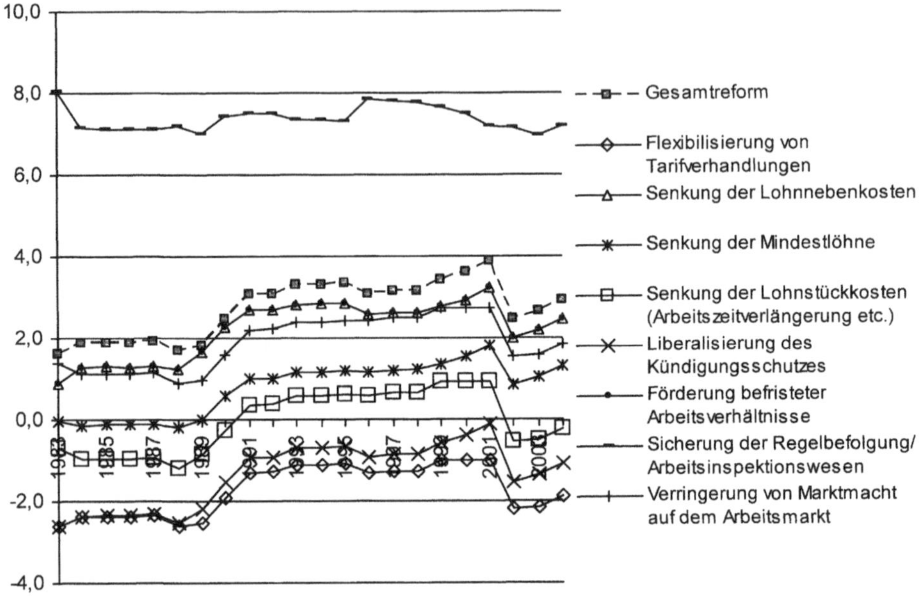

(b2) gemäß Abschnitt 8.1

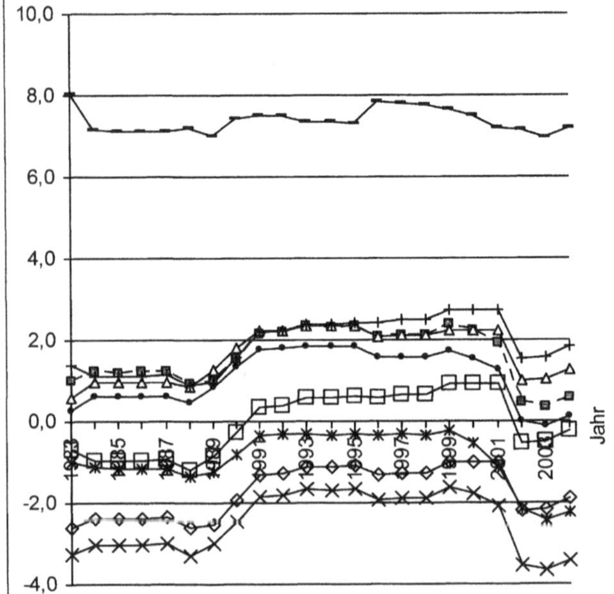

Göttinger Studien zur Entwicklungsökonomik
Göttingen Studies in Development Economics

Herausgegeben von / Edited by Hermann Sautter

Die Bände 1-8 sind über die Vervuert Verlagsgesellschaft (Frankfurt/M.) zu beziehen.

Bd./Vol. 9 Hermann Sautter / Rolf Schinke (eds.): Social Justice in a Market Economy. 2001.

Bd./Vol.10 Philipp Albert Theodor Kircher: Poverty Reduction Strategies. A comparative study applied to empirical research. 2002.

Bd./Vol.11 Matthias Blum: Weltmarktintegration, Wachstum und Innovationsverhalten in Schwellen ländern. Eine theoretische Diskussion mit einer Fallstudie über „Argentinien 1990-1999". 2003.

Bd./Vol.12 Jan Müller-Scheeßel: Die Privatisierung und Regulierung des Wassersektors. Das Beispiel Buenos Aires/Argentinien. 2003.

Bd./Vol.13 Ludger J. Löning: Economic Growth, Biodiversity Conservation, and the Formation of Human Capital in a Developing Country. 2004.

Bd./Vol.14 Silke Woltermann: Transitions in Segmented Labor Markets. The Case of Brazil. 2004.

Bd./Vol.15 Jörg Stosberg: Political Risk and the Institutional Environment for Foreign Direct Investment in Latin America. An Empirical Analysis with a Case Study on Mexico. 2005.

Bd./Vol.16 Derk Bienen: Die politische Ökonomie von Arbeitsmarktreformen in Argentinien. 2005.

www.peterlang.de

Jan Müller-Scheeßel

Die Privatisierung und Regulierung des Wassersektors

Das Beispiel Buenos Aires/Argentinien

Frankfurt am Main, Berlin, Bern, Bruxelles, New York, Oxford, Wien, 2003.
XVI, 277 S., zahlr. Tab.
Göttinger Studien zur Entwicklungsökonomik.
Herausgegeben von Hermann Sautter. Bd. 12
ISBN 3-631-51099-3 · br. € 45.50*

Seit über einem Jahrzehnt werden in Entwicklungs- und Schwellenländern Unternehmen des öffentlichen Sektors privatisiert. Als besonders problematisch gilt der Wassersektor auf Grund seiner ausgeprägten Monopoleigenschaften. Argentinien kann mit der Privatisierung der Wasserversorgung von Buenos Aires auf einen reichen Erfahrungsschatz verweisen. Dies nimmt der Autor zum Anlass, die Erfolge und Probleme der Privatisierung und Regulierung des argentinischen Wassersektors zu untersuchen. Ziel ist es, ausgehend von den argentinischen Erfahrungen einen Katalog von Handlungsregeln zu erarbeiten, der bei der Privatisierung öffentlicher Unternehmen in anderen Ländern beachtet werden sollte. Die Analyse erfolgt mittels des wirtschaftswissenschaftlichen Instrumentariums und den darauf aufbauenden normativen und positiven Regulierungsmodellen.

Aus dem Inhalt: Theoretische Grundlagen der Regulierung und Privatisierung im Wassersektor · Die Effizienz der Privatisierung und Regulierung des argentinischen Wassersektors · Vorschläge für institutionelle Verbesserungen bei der Regulierung und Privatisierung öffentlicher Unternehmen

Druck:
CPI Druckdienstleistungen GmbH
im Auftrag der
Kolibri 360 GmbH
Ferdinand-Jühlke-Str. 7
99095 Erfurt

FSC
www.fsc.org
MIX
Papier | Fördert
gute Waldnutzung
FSC® C083411

Kolibri 360 GmbH
Ferdinand-Jühlke-Straße 7
99095 Erfurt, Deutschland
produktsicherheit@kolibri360.de